LA COCINA DE TU VIDA

LA COCINA DE TU VIDA

KARLOS ARGUIÑANO

Planeta

NOTA

SOBRE EL USO DEL HORNO

Siempre que se indique la temperatura a la que se ha de hornear un alimento, el horno habrá de calentarse previamente, hasta alcanzar los grados requeridos, antes de introducirlo

SOBRE EL USO DE LA OLLA RÁPIDA

Todos los tiempos de cocción han de contarse a partir del momento en que suba la válvula

Una licencia de Atresmedia Corporación para Editorial Planeta

Av. Diagonal, 662-664, 08034 Barcelona
www.editorial.planeta.es
www.planetadelibros.com

Fotografías e ilustraciones del interior: © José Luis López de Zubiría, © Laura 10m, © Oksana Mizina / Shutterstock

Diseño de interior y composición: Burman Comunicación - Zigor Urrutia (Dirección de arte y diseño), Raúl Gazapo (Automatización) y Luis Carlos Orduz (Ilustraciones)

Primera edición: noviembre de 2021
Depósito legal: B. 16.044-2021
ISBN: 978-84-08-24919-1
Preimpresión: Safekat, S. L.
Impresión: Gráficas Estella
Printed in Spain – Impreso en España

El papel utilizado para la impresión de este libro está calificado como **papel ecológico** y procede de bosques gestionados de manera **sostenible**

SUMARIO

INTRODUCCIÓN

Cuando en una conversación entre familiares y amigos surge el tema de la comida, es habitual que recordemos tres o cuatro recetas que para nosotros son memorables. Nuestra memoria recuerda muy bien los aromas y los sabores y los relaciona con nuestras emociones. Por eso estas recetas se convierten en recuerdos imborrables que nos acompañarán a lo largo de nuestra vida. Son platos sencillos cocinados en casa, con productos frescos y sin mucha elaboración, pero hechos con mucho cariño. Es lo que popularmente se llama la *cocina de toda la vida*, la que se ha trasmitido de una generación a otra adaptándose a la época y que permanece en el tiempo por ser una cocina sencilla y saludable.

En este libro he querido rendir homenaje a lo que siempre ha sido la esencia de mi trabajo en los fogones: esas recetas caseras, fáciles, rápidas y saludables. He elegido para ti 950 recetas, todas ellas cocinadas en mi programa de televisión, donde la variedad es la nota predominante.

He incluido un apartado dedicado exclusivamente a las salsas porque me parece muy práctico y da mucho juego a la hora de cocinar. Existen combinaciones infinitas para cada una de ellas.

No menos interesante es el apartado de las ensaladas. Ya sabes lo importante que es comer todos los días algo crudo. En este capítulo he reunido más de 40 recetas para todos los gustos y temporadas. En el mundo de la ensalada no todo es lechuga y aquí encontrarás la demostración práctica de esta afirmación.

Tampoco faltan las verduras, hortalizas y las legumbres, cada vez más necesarias en una alimentación saludable y equilibrada. Al igual que los arroces, pastas y, por supuesto, los huevos; mi debilidad a la hora de comer.

Los capítulos más amplios son el dedicado a carnes y aves y el dedicado a pescados y mariscos, uno de mis preferidos. Por algo me casé con una pescadera y vivo frente al mar Cantábrico.

Y para cierre, cómo no, unos deliciosos postres elaborados con la ayuda de mi hermana Eva.

Una amplia selección de recetas, sencillas de elaborar y con productos fáciles de encontrar.

Y no olvides que lo que no puede faltar en la cocina es el cariño, el único ingrediente capaz de convertir tus platos en recuerdos imborrables cuando los compartes con la gente que más quieres.

Espero que las disfrutes tanto como yo.

Karlos Arguiñano

SALSAS

SALSA BECHAMEL

INGREDIENTES **(PARA UNOS 500 ML)**

50 ml de aceite de oliva virgen extra

50 g de harina

500 ml de leche

nuez moscada (opcional)

sal

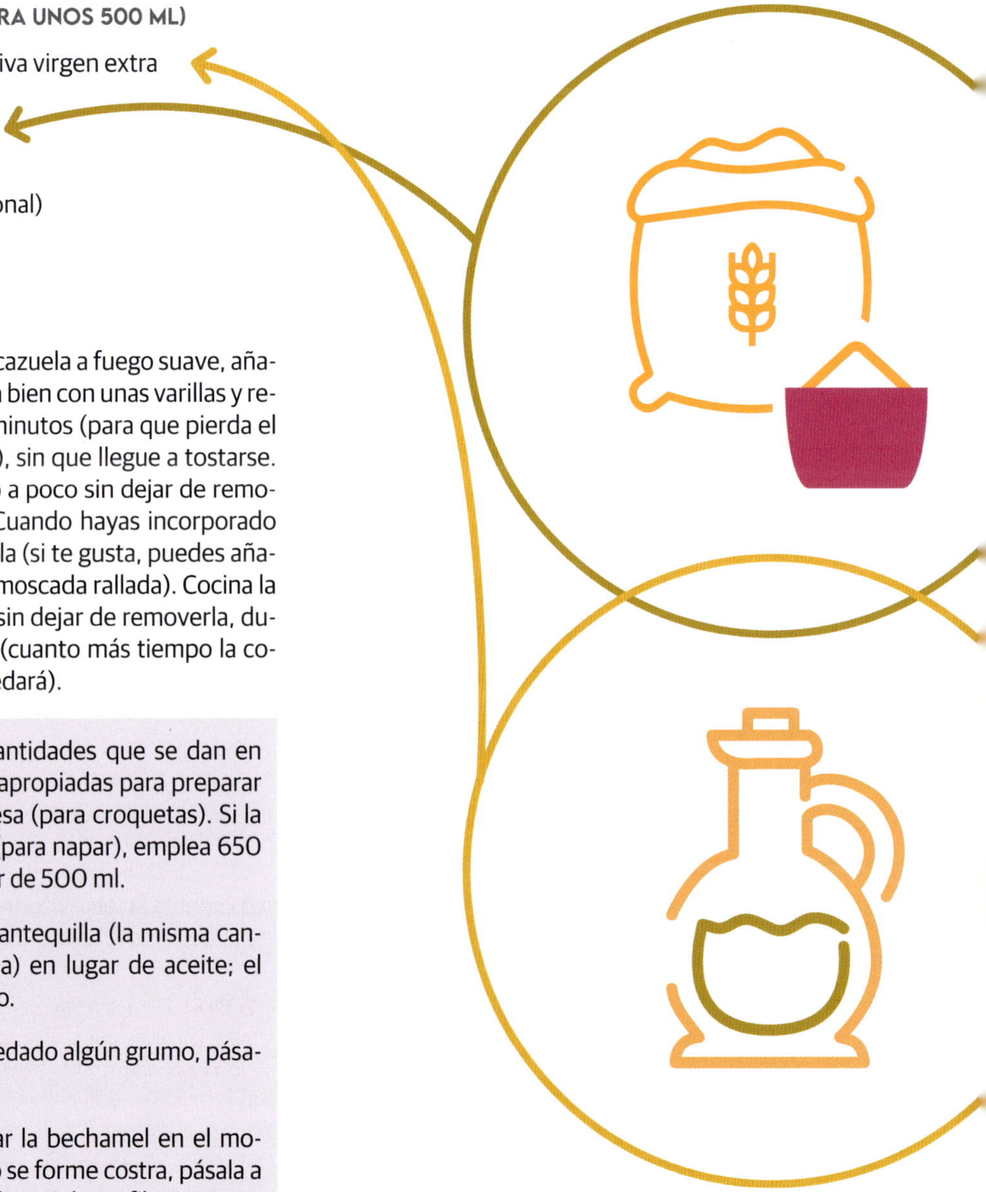

ELABORACIÓN

Pon el aceite en una cazuela a fuego suave, añade la harina, mézclala bien con unas varillas y rehógala durante 2-3 minutos (para que pierda el sabor a harina cruda), sin que llegue a tostarse. Agrega la leche poco a poco sin dejar de remover con las varillas. Cuando hayas incorporado toda la leche, sazónala (si te gusta, puedes añadir un poco de nuez moscada rallada). Cocina la salsa a fuego suave, sin dejar de removerla, durante 10-15 minutos (cuanto más tiempo la cocines, más suave quedará).

CONSEJOS: Las cantidades que se dan en esta receta son las apropiadas para preparar una bechamel espesa (para croquetas). Si la quieres más ligera (para napar), emplea 650 ml de leche en lugar de 500 ml.

PUEDES utilizar mantequilla (la misma cantidad que de harina) en lugar de aceite; el proceso es el mismo.

SI ves que te ha quedado algún grumo, pásala por el chino.

SI no vas a emplear la bechamel en el momento, para que no se forme costra, pásala a una fuente y cúbrela a piel con film transparente (con el film en contacto con la masa).

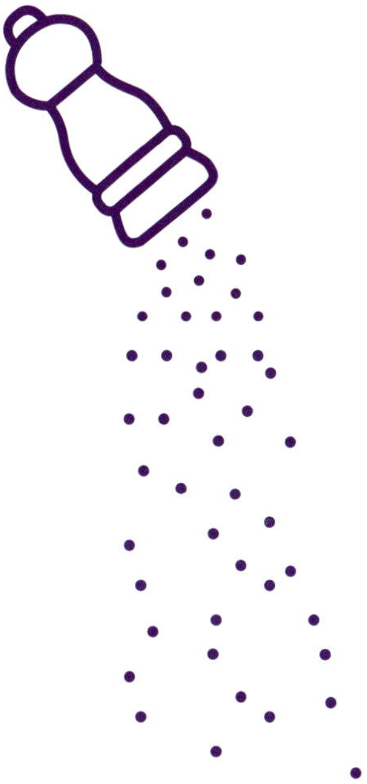

SALSA VELOUTÉ

INGREDIENTES **(PARA UNOS 500 ML)**

60 ml de aceite de oliva virgen extra

40 g de harina

500 ml de caldo

pimienta negra

sal

ELABORACIÓN

Pon el aceite en una cazuela a fuego suave, añade la harina, mézclala bien con unas varillas y rehógala durante 2-3 minutos. Agrega el caldo poco a poco sin dejar de remover con las varillas. Cuando hayas incorporado todo el caldo, salpimienta la salsa y cocínala a fuego suave, sin dejar de removerla, durante 10-15 minutos.

CONSEJO: Para las personas intolerantes a la lactosa, la salsa *velouté* es una buena opción para sustituir la bechamel: se puede utilizar de la misma manera en las recetas y tan solo tenéis que emplear caldo en lugar de leche. Si queréis utilizarla para hacer croquetas, es recomendable usar la misma cantidad de harina que de aceite.

SALSA MAYONESA

INGREDIENTES **(PARA UNOS 250 ML)**

1 huevo

200 ml de aceite de oliva virgen extra

15 ml de vinagre

sal

ELABORACIÓN

Casca el huevo en un bol, pásalo a un vaso batidor (que no sea mucho más ancho que la batidora) y agrega el vinagre, una pizca de sal y el aceite.

Introduce la batidora hasta el fondo en el vaso y empieza a triturar sin moverla. Cuando empiece a emulsionar, levanta un poco la batidora (suavemente y sin sacarla de la mezcla) y vuelve a bajarla. Repite este movimiento varias veces, levantando la batidora un poco más en cada movimiento, hasta que la salsa termine de emulsionar.

CONSEJOS: Hay muchas clases de vinagre, así que os recomiendo jugar con ellos para conseguir diferentes aromas y sabores. Si preferís, podéis sustituir el vinagre por zumo de limón.

SI no queréis o no podéis consumir huevo, podéis sustituir la mayonesa por una lactonesa, empleando 100 ml de leche (o bebida vegetal) en lugar de 1 huevo y siguiendo estos pasos: pon la leche con una pizca de sal en el vaso batidor, introduce la batidora y ponla en funcionamiento; agrega poco a poco el aceite y tritura hasta que espese; añade el vinagre y tritura brevemente para que se integre.

SI el sabor del aceite de oliva virgen extra os resulta muy fuerte, podéis hacer la mayonesa con aceite de oliva suave (acidez de 0,4º) o de girasol, y si queréis aligerarla, podéis añadirle un poco de agua.

SALSA MAYONESA DE AJO

INGREDIENTES **(PARA UNOS 200 ML)**

1 diente de ajo pequeño

1 huevo

150 ml de aceite de oliva virgen extra

15 ml de vinagre

sal

ELABORACIÓN

Pela el diente de ajo, pícalo y ponlo en un vaso batidor (que no sea mucho más ancho que la batidora). Agrega el huevo, el vinagre, una pizca de sal y el aceite.

Introduce la batidora hasta el fondo en el vaso y empieza a triturar sin moverla. Cuando empiece a emulsionar, levanta un poco la batidora (suavemente y sin sacarla de la mezcla) y vuelve a bajarla. Repite este movimiento varias veces, levantando la batidora un poco más en cada movimiento, hasta que la salsa termine de emulsionar.

CONSEJO: Al triturar el ajo, su sabor tiende a intensificarse, por lo que es muy importante no pasarse en la cantidad. Para que el ajo resulte más suave, córtalo por la mitad y retirarle el germen o brote que tiene en su interior.

SALSA VIZCAÍNA

INGREDIENTES **(PARA 750 ML)**

5 pimientos choriceros

2 dientes de ajo

2 cebollas rojas

20 g de miga de pan

125 ml de vino blanco

400 ml de caldo de verduras

75 ml de aceite de oliva virgen extra

sal

ELABORACIÓN

Pon los pimientos choriceros en un bol con agua caliente y déjalos a remojo durante unos 20-30 minutos. Cuando se hayan ablandado, sácales la carne, pícala y resérvala.

Pela los dientes de ajo, córtalos en láminas y ponlos a rehogar en una cazuela con un poco de aceite. Pela las cebollas, córtalas en juliana y agrégalas. Sazona y rehoga a fuego suave durante 20 minutos.

Trocea la miga de pan e incorpórala a la cazuela. Añade el vino blanco y el caldo de verduras. Añade la carne de los pimientos choriceros. Cocina todo durante 15 minutos a fuego suave.

Pasa la salsa por el pasapurés, cuélala y ponla a punto de sal.

CONSEJO: Si no dispones de pimiento choricero, puedes sustituirlo por ñoras. Además, ahora puedes encontrar en los supermercados o tiendas de alimentación botes con carne de pimiento choricero.

SALSA HOLANDESA

INGREDIENTES **(PARA UNOS 250 ML)**

3 yemas de huevo

15 ml de *txakoli* (o vino blanco)

200 g de mantequilla

sal

ELABORACIÓN

Coloca la mantequilla en un cazo y ponla a calentar a fuego suave hasta que se funda. Retira la espuma de la superficie.

Pon las yemas en un bol y móntalas con una batidora de varillas eléctrica. Sazona, agrega el *txakoli* y bate de nuevo para que se integre.

Pon a calentar un poco de agua en una cazuela, introduce el bol con las yemas y el *txakoli* y bátelas al baño maría (hasta que empiecen a cambiar de color). Agrega la mantequilla (sin añadir el suero, que habrá quedado en el fondo) poco a poco y sin dejar de batir, cocina hasta que la salsa espese y sazona.

CONSEJO: A la hora de preparar una salsa holandesa, es importante retirar la espuma de la mantequilla fundida antes de añadirla a las yemas de huevo. Y sabed que, si se os corta, no hay más que batirla bien para que monte de nuevo. También se puede aromatizar (al gusto) añadiéndole un poco de nuez moscada, pimienta blanca o cayena en polvo.

SALSA ROSA

INGREDIENTES **(PARA UNOS 325 ML)**

200 ml de mayonesa (véase *Salsa mayonesa*)

60 g de kétchup

20 g de mostaza

5 ml de tabasco

10 ml de salsa Perrins

40 ml de *brandy*

40 ml de zumo de naranja

ELABORACIÓN

En un bol, añade a la mayonesa el kétchup, la mostaza, el tabasco, la salsa Perrins, el *brandy* y el zumo de naranja y mezcla bien.

CONSEJO: La salsa rosa (también denominada *salsa cóctel* o *salsa rosada*) es una salsa fría que combina perfectamente con el marisco. También se utiliza para aderezar sándwiches, ensaladas de pasta, pescados o carnes.

SALSA DE TOMATE

INGREDIENTES **(PARA UNOS 750 ML)**

1 kg de tomates maduros

2 dientes de ajo

1 cebolla

75 ml de aceite de oliva virgen extra

sal

azúcar

ELABORACIÓN

Pela los dientes de ajo y córtalos en láminas. Pela la cebolla y pícala. Calienta el aceite en una cazuela, agrega el ajo y la cebolla y rehógalos a fuego suave durante unos 10 minutos, hasta que empiecen a dorarse.

Pela los tomates, trocéalos e incorpóralos a la cazuela. Añade una pizca de azúcar, sazona la salsa y cocínala a fuego suave durante 20-30 minutos.

Pasa la salsa por un pasapurés o tritúrala con la batidora.

CONSEJOS: Cuando vayas a calentar la salsa de tomate, no olvides colocar la tapa, pues es muy común que salpique.

LA mejor época del año para hacer una buena salsa de tomate es el verano, ya que es cuando los tomates están en su mejor momento, tanto de madurez como de precio. Durante el resto de las estaciones, siempre puedes recurrir al tomate en conserva (procura que sea de calidad), que también da muy buen resultado.

LA salsa de tomate se puede enriquecer añadiéndole otras hortalizas, como, por ejemplo, pimiento verde, puerro o zanahoria.

ENSALADAS

ENSALADA DE PEPINO

INGREDIENTES **(4 P.)**

2 pepinos
16 aceitunas negras
1 diente de ajo
aceite de oliva virgen extra
vinagre
perejil picado
pimienta
sal

ELABORACIÓN

Pela los pepinos, córtalos en rodajas finas y extiéndelas sobre una fuente. Salpimiéntalos y espolvoréalos con un poco de perejil picado.

Pica finamente un diente de ajo y espárcelo sobre el pepino.

Agrega las aceitunas negras.

Riega la ensalada con un chorrito de vinagre y un buen chorro de aceite.

CONSEJO: Si te parece que los pepinos están amargos, una vez cortados puedes ponerlos en un bol con agua fría y una pizca de sal durante media hora. Retíralos, sécalos y sírvelos a tu gusto.

CHICHARROS CON PIMIENTOS ROJOS EN ENSALADA

INGREDIENTES **(4 P.)**

2 chicharros
2 pimientos rojos asados y pelados
2 endibias
2 dientes de ajo
aceite de oliva virgen extra
pimienta
sal

Para la salsa rosa:

8 cucharadas de mayonesa
2 cucharadas de salsa de tomate
1 cucharada de *brandy*
½ cucharadita de salsa Perrins
unas gotas de tabasco
zumo de ½ naranja
sal

ELABORACIÓN

Distribuye las hojas de endibias por el borde de una fuente. Alíñalas con sal, aceite y 1 ajo picadito.

Corta los pimientos rojos en tiras y colócalos en el fondo de la fuente.

Limpia los chicharros y quítales la piel y las espinas. Filetéalos y corta los filetes en tiras. Salpimienta y fríe las tiras en una sartén con aceite y el otro diente de ajo sin pelar. Coloca las tiras fritas de chicharro sobre los pimientos.

Prepara la salsa rosa mezclando todos sus ingredientes en un bol. Aliña la ensalada con parte de la salsa y sirve el resto en una salsera.

ENSALADA ALEMANA DE PATATA

INGREDIENTES **(4 P.)**

3 patatas
2 salchichas (tipo Frankfurt)
¼ de cebolla morada
4 pepinillos
aceite de oliva virgen extra
10 hojas de cebollino
perejil
sal

Para la vinagreta:

75-100 ml de aceite de oliva virgen extra

2 cucharadas de vinagre de manzana

2 cucharadas de mostaza antigua

ELABORACIÓN

Lava las patatas. Pon a calentar una cazuela con abundante agua e introduce en ella las patatas (con piel). Cuécelas durante 30-35 minutos, hasta que estén a punto. Pélalas y córtalas en daditos.

Corta las salchichas en rodajas y saltéalas en una sartén con un chorrito de aceite.

Corta la cebolla en daditos y ponla en un bol grande. Corta 2 pepinillos en rodajas finas y agrégalos. Incorpora también las salchichas. Añade las patatas y sazónalas. Pica el cebollino, reserva unos trozos para decorar los platos y agrega el resto al bol.

Prepara la vinagreta mezclando la mostaza, el vinagre y el aceite (75-100 ml) en un bol. Viértela en el bol de las patatas y mezcla bien.

Para servir, coloca sobre los platos un aro redondo de emplatar y rellénalos con la ensalada de patata.

Corta los otros 2 pepinillos por la mitad a lo largo, hazles unos cortes (a lo largo) en paralelo sin separarlos del todo (como si fueran abanicos) y pon uno en cada plato.

Salpica los platos con el cebollino reservado, adórnalos con unas hojas de perejil y sirve.

CONSEJO: Cuando hagáis esta ensalada, es importante cocer bien las patatas, ya que no hay nada más desagradable que notar al morderlas que están duras.

ENSALADA TEMPLADA DE PESCADO

INGREDIENTES **(4 P.)**

100 g de salmón limpio
100 g de gallo limpio
16 gambas
2 chipirones limpios
2 endibias
½ lechuga
1 tomate
8 rabanitos
1 zanahoria
½ cebolla
aceite de oliva virgen extra
vinagre
15 granos de pimienta negra
sal

ELABORACIÓN

Pon a calentar una cazuela con agua y los granos de pimienta. Pela la cebolla y la zanahoria, córtalas en juliana y agrégalas a la cazuela. Corta los pescados en láminas finas y los chipirones en tiras y pela las gambas. Cuando el agua empiece a hervir, incorpóralos y escáldalos brevemente. Escúrrelos y retíralos.

Coloca en una fuente las endibias, la lechuga y el tomate, al gusto de cada uno. Distribuye encima el pescado, los chipirones y las gambas jugando un poco con los colores. Añade los rabanitos. Mezcla en un bol aceite, vinagre y sal, aliña la ensalada y sirve.

ENSALADA AL AROMA DE AZAFRÁN

INGREDIENTES **(4 P.)**

2 tomates
1 pepino
unas hojas de lechuga
50 g de jamón de pato en lonchas
4 champiñones
1 puñado de aceitunas
½ cebolleta
sal

Para la vinagreta de azafrán:

6 cucharadas de aceite de oliva virgen extra
2 cucharadas de vinagre de vino
unas hebras de azafrán
perejil picado
sal

ELABORACIÓN

Limpia bien las hortalizas y los champiñones y pela el pepino. Corta el tomate en gajos; el pepino, en rodajas, y los champiñones, en láminas. Trocea las hojas de lechuga.

En el borde de una fuente, coloca el tomate y, a continuación y siguiendo la vuelta de la fuente, el pepino. Añade en el centro la lechuga troceada y, sobre ella, las lonchas de jamón de pato. Agrega el champiñón en láminas y las aceitunas. Sazona.

Para la vinagreta, tuesta ligeramente las hebras de azafrán envueltas en papel de aluminio, desmenúzalas y pásalas a un bol. Añade el aceite, el vinagre, el perejil y la sal. Bate todo con un tenedor para que ligue.

Corta la cebolleta en aros y decora con ellos la ensalada. Aliña con la vinagreta y sirve.

ENSALADA CHINA

INGREDIENTES **(4 P.)**

1 lechuga iceberg

2 zanahorias

100 g de jamón cocido

50 g de maíz dulce (en conserva)

15 g de agar-agar (en tiras)

perejil

sal

Para el aliño:

100 ml de aceite de girasol

50 ml de vinagre de arroz

1 cucharada de azúcar

ELABORACIÓN

Pon las tiras de agar-agar en un bol, cúbrelas con agua y déjalas a remojo por lo menos durante 20 minutos.

Corta la lechuga por la mitad y después en juliana gruesa, colócala en un bol grande, cúbrela con agua y lávala bien. Escúrrela, sécala y ponla en un bol grande.

Pela las zanahorias, rállalas y agrégalas al bol de la lechuga. Sazona y mezcla un poco.

Para el aliño, mezcla en otro bol el aceite de girasol con el vinagre de arroz y el azúcar. Bate todo bien hasta que el azúcar se disuelva. Aliña la ensalada y repártela en 4 platos.

Corta el jamón en tiras y agrégalo junto con los granos de maíz. Escurre bien las tiras de agar-agar y colócalas encima. Adorna los platos con unas hojas de perejil y sirve.

CONSEJO: El agar-agar es un alga marina con muchísimas propiedades nutricionales (rica en fibra, minerales, etc.). No tiene sabor ni color. Comúnmente se utiliza como gelificante.

ENSALADA CON QUESO

INGREDIENTES **(4 P.)**

1 tomate

1 lechuga pequeña

2 aguacates

200 g de queso de vaca semicurado

1 cebolleta

aceite de oliva virgen extra

vinagre de sidra

sal

ELABORACIÓN

Limpia el tomate, córtalo en rodajas finas y colócalas en el borde de una fuente o plato. Limpia la lechuga y coloca las hojas en el centro. Saca la carne de los aguacates, trocéala y ponla sobre el tomate. Parte el queso en triángulos finos y repártelos sobre la lechuga. Corta la cebolleta en juliana fina y añádela por encima.

Sazona, aliña con aceite y vinagre y sirve.

ENSALADA DE PASTA Y CODILLO CON FRUTOS SECOS

INGREDIENTES **(4-6 P.)**

150 g de fusilli

1 codillo de cerdo (cocido)

1 manzana

2 cucharadas de maíz (cocido)

1 cucharada de nueces (peladas)

1 cucharada de pipas de calabaza (peladas)

50 g de canónigos

½ vaso de mayonesa

½ cucharada de mostaza

aceite de oliva virgen extra

vinagre

sal

ELABORACIÓN

Coloca el codillo en una bandeja apta para el horno, riégalo con un chorrito de aceite y hornéalo a 200 ºC durante 30 minutos. Deja templar. Quítale la piel, córtala en tiras y resérvala. Separa la carne del hueso, retira las grasas, corta la carne en daditos y resérvala.

Para hacer el aliño, pon la mayonesa en un cuenco, añade 3-4 cucharadas de agua para aligerarla un poco y mezcla bien con una varilla. Agrega la mostaza y mezcla hasta que esté todo bien ligado. Resérvalo.

En una cazuela con agua hirviendo y sal, pon a cocer la pasta durante el tiempo que se indique en el paquete. Escúrrela, colócala en un cuenco y resérvala.

Lava la manzana, quítale el corazón, córtala en daditos (con la piel) y añádela al cuenco con la pasta. Agrega los daditos de codillo, el maíz y el aliño y mezcla bien todo.

Pica las nueces y ponlas en una sartén con un chorrito de aceite. Añade las pipas de calabaza y tuesta todo hasta que coja color. Incorpora las nueces y las pipas a la ensalada y mezcla.

Sirve la ensalada en un lado del plato y acompaña con los canónigos aliñados con aceite, vinagre y sal. Adorna con las tiras de piel del codillo.

CONSEJO: Es preferible consumir el maíz dulce fresco el mismo día de su adquisición. Si no es posible, se podrá conservar en el frigorífico durante tres días aproximadamente.

ENSALADA DE AGUACATE, NARANJA Y GRANADA

INGREDIENTES **(4 P.)**

1 escarola

1 aguacate

1 naranja

1 granada

12 nueces peladas

sal

Para la vinagreta:

3-4 cucharadas de aceite de oliva virgen extra

1 cucharada de mostaza

zumo de 1 naranja

ELABORACIÓN

Lava la escarola, sécala, trocéala y resérvala en un bol.

Corta la granada por la mitad y golpéala con una cuchara por la parte de la piel hasta que salgan todos los granos. Resérvalos.

Pela (con una puntilla) la naranja en vivo eliminándole la piel y la parte blanca. Saca los gajos y resérvalos.

Para hacer la vinagreta, bate en un bol la mostaza con el zumo de la naranja y el aceite.

Corta el aguacate por la mitad, sácale la pulpa con una cuchara y córtalo en medias lunas.

Sazona la escarola, aderézala con la vinagreta y mezcla bien. Agrega los granos de granada, las nueces, las medias lunas de aguacate y los gajos de naranja.

Reparte la ensalada en 4 platos y sirve.

ENSALADA DE ALUBIAS BLANCAS CON TOMATITOS

INGREDIENTES **(4 P.)**

- 150 g de alubias blancas (remojadas desde la víspera)
- 12 tomates cherry
- 1 cebolleta
- 1 diente de ajo
- 1 pimiento verde
- 50 g de aceitunas negras
- 16 ramilletes de canónigos
- aceite de oliva virgen extra
- vinagre
- sal

ELABORACIÓN

Escurre las alubias y ponlas en la olla rápida. Cúbrelas con agua, sazona, cierra la olla y cuécelas durante 6-8 minutos. Escúrrelas, deja que se templen y resérvalas.

Corta la cebolleta en daditos y ponla en un bol grande. Pela el diente de ajo, córtalo de la misma manera y agrégalo. Retira el tallo y las semillas del pimiento, córtalo en daditos e incorpóralo. Sazona y aliña con un chorrito de vinagre y un buen chorro de aceite.

Corta las aceitunas en rodajas finas y añádelas.

Incorpora las alubias y mezcla bien.

Reparte las alubias con la vinagreta en 4 platos.

Lava los tomates, córtalos por la mitad y colócalos alrededor de las alubias. Añade los ramilletes de canónigos y sirve.

CONSEJO: Para eliminar parte de la sal de las aceitunas podéis enjuagarlas bajo el grifo de agua fría.

ENSALADA DE BACALAO

INGREDIENTES **(4 P.)**

600 g de bacalao desalado
2 patatas
1 cebolla
1 pimiento verde
2 tomates
1 pimiento del piquillo o morrón (en conserva)
mayonesa ligera
aceite de oliva virgen extra
sal

ELABORACIÓN

Cuece las patatas en una cazuela con agua durante 35 minutos. Pélalas, córtalas en láminas y resérvalas.

Coloca el bacalao en una cazuela con agua fría y ponlo a calentar. Retíralo antes de que el agua empiece a hervir. Desmenúzalo en láminas y resérvalo.

Corta en juliana fina la cebolla y el pimiento verde y ponlos a rehogar en una cazuela con un chorrito de aceite. Incorpora el bacalao en láminas y rehógalo brevemente.

Coloca en la base de los platos las patatas cocidas y sazónalas. Pon encima el salteado de verduras y bacalao. Corta el tomate y distribúyelo en los platos

Aliña la ensalada con la mayonesa, decora con el pimiento cortado en tiras y sirve.

ENSALADA DE ALUBIAS BLANCAS CON BACALAO

INGREDIENTES **(4 P.)**

300 g de alubias remojadas desde la víspera
400 g de bacalao desalado (lomo)
1 cebolla
1 cogollo de lechuga
2 pimientos rojos
1 pimiento verde
aceite de oliva virgen extra
1 hoja de laurel
sal

Para la vinagreta:

150 ml de aceite de oliva virgen extra
1 chorro de vinagre
1 diente de ajo
1 huevo cocido
pimiento rojo y verde
perejil picado

ELABORACIÓN

Escurre las alubias y ponlas en la olla rápida. Cúbrelas con agua y añade la cebolla pelada y el laurel. Sazona, cierra la olla y cuécelas durante 12-15 minutos. Retíralas y deja que se enfríen.

Pon agua en una cazuela e introduce en ella el bacalao. Cuando dé un hervor, retíralo y, con cuidado, sepáralo en láminas. Resérvalo.

Lava los pimientos y reserva ⅛ de pimiento rojo y ½ pimiento verde para la vinagreta. Corta el resto en tiras finas y saltéalas en una sartén con un chorrito de aceite.

Limpia las hojas del cogollo y repártelas en el fondo de una fuente. Mezcla las alubias con el bacalao y colócalas sobre la cama hecha con el cogollo.

Para la vinagreta, pica bien el ajo, el huevo cocido y el pimiento (rojo y verde) reservado y pásalos a un cuenco. Añade el aceite, el vinagre y el perejil y mezcla bien.

Aliña la ensalada con la vinagreta, decora con las tiras de pimiento fritas y sirve.

ENSALADA CÉSAR CON QUESO RONCAL

INGREDIENTES **(4 P.)**

250 g de lechugas variadas
1 pechuga de pollo (2 medias)
150-200 g de queso Roncal
2 rebanadas de pan de molde
aceite de oliva virgen extra
perejil
pimienta
sal

Para el aliño:
1 diente de ajo
4-5 filetes de anchoa en aceite
1 huevo
1 cucharada de mostaza
½ yogur natural
zumo de ½ limón
1 cucharada de salsa inglesa
125 ml de aceite de oliva virgen extra

ELABORACIÓN

Pon agua a calentar en un cazo, agrega el huevo y cuécelo durante 10 minutos desde el momento en que el agua empiece a hervir. Retíralo, refréscalo, pélalo, separa la yema y resérvala.

Pon agua a calentar en una cazuela y sazónala. Salpimienta las pechugas de pollo, átalas (por separado) con cuerda de cocina (de manera que queden recogidas) e introdúcelas en la cazuela. Añade también unas ramas de perejil y cuece las pechugas durante 15 minutos. Retíralas, escúrrelas, córtalas en filetes finos y resérvalos.

Lava, seca y trocea las hojas de lechuga y ponlas en una fuente grande.

Retira la corteza del queso, córtalo en dados y resérvalo.

Corta el pan en daditos y fríelos en una sartén con abundante aceite. Escúrrelos sobre un plato cubierto con papel absorbente.

Para hacer el aliño, pela y pica el diente de ajo y ponlo en el mortero. Pica las anchoas y agrégalas. Añade también la yema de huevo reservada y maja todo bien. Incorpora la mostaza, el yogur, el zumo de limón, la salsa inglesa y el aceite. Mezcla bien y reserva.

Para montar la ensalada, sazona las hojas de lechuga y reparte sobre ellas los filetes de pollo, los dados de queso y los costrones de pan frito. Aderézala con el aliño y sirve.

CONSEJO: Esta ensalada es perfecta para llevar al trabajo, pero tened en cuenta que no hay que aliñarla hasta el momento de consumirla. Lo mejor será que preparéis el aliño, lo paséis a un táper y lo llevéis así al trabajo.

ENSALADA DE CHAMPIÑONES Y GAMBAS

INGREDIENTES **(4 P.)**

500 g de champiñones
zumo de 2 limones
20 colas de gambas cocidas
1 loncha de jamón cocido picada
3 cucharadas de queso de untar
unas hojas de lechuga (para decorar)
3 cucharadas de aceite de oliva virgen extra
sal

ELABORACIÓN

Limpia los champiñones, córtalos en láminas finas, rocíalos con el zumo de limón, añade sal y deja que reposen durante 15 minutos.

En un bol mezcla el resto de los ingredientes, excepto el queso, y sazona. Incorpora los champiñones y mézclalo todo bien.

Sirve la ensalada en copas o en platos, coloca el queso en el centro (puedes aligerarlo con ½ vaso de nata) y decora con la lechuga cortada en juliana.

ENSALADA DE ENDIBIAS CON SALMÓN, PERA Y AGUACATE

INGREDIENTES **(4 P.)**

4 endibias
100 g de salmón ahumado
1 pera
1 aguacate
1 cebolleta pequeña
1 cucharada de mostaza antigua
aceite de oliva virgen extra
perejil
sal

ELABORACIÓN

Pela la pera, retírale las semillas, córtala en daditos y ponla en un bol. Corta también en daditos la cebolleta y el salmón e incorpóralos.

Corta la base de las endibias, quita las hojas exteriores (las más grandes) para rellenar y resérvalas. Corta los corazones de las endibias en daditos y añádelos al bol. Sazona. Pela el aguacate, córtalo en dados e incorpóralo.

Pon la mostaza en un bol pequeño, añade un chorrito de aceite, mezcla bien y aliña los ingredientes de la farsa (aguacate, pera, cebolleta, salmón y endibias).

Rellena las hojas de endibia con la farsa.

Decora los platos con unas hojas de perejil y sirve.

CONSEJO: Si no os entusiasman las endibias, podéis hacer el mismo plato utilizando cogollos de Tudela.

ENSALADA DE PASTA CON PIMIENTOS MORRONES

INGREDIENTES **(4 P.)**

250 g de fusilli de colores
3 pimientos morrones
150 g de beicon
1 diente de ajo
aceite de oliva virgen extra
sal

Para la vinagreta:

100 ml de aceite de oliva virgen extra
25 ml de vinagre
½ cebolleta
½ pimiento verde
1 diente de ajo
1 huevo cocido
sal

ELABORACIÓN

Cuece la pasta en agua hirviendo con sal y un chorrito de aceite. Refréscala en agua fría y resérvala.

Para la vinagreta, pica la cebolleta, el pimiento, el ajo y el huevo cocido. Pasa todo a un bol y añade el aceite, el vinagre y sal. Deja macerar.

Limpia los pimientos, ponlos en una placa de horno y añádeles un poco de sal y un chorrito de aceite. Hornéalos a 200 ºC durante 25 minutos. Deja que se templen, pélalos y córtalos en tiras. Pica finamente el ajo, mézclalo con los pimientos y añádeles un poco del líquido de la vinagreta.

Corta el beicon en dados y mézclalo con la pasta.

Sirve en una fuente, a un lado la pasta y al otro los pimientos, y salsea la pasta con la vinagreta.

ENSALADA DE MAR Y MONTAÑA

INGREDIENTES **(4 P.)**

½ conejo
8 langostinos
100 g de tomates cherry
2 patatas
2 aguacates
3 dientes de ajo
200 g de uvas
aceite de oliva virgen extra
vinagre
perejil picado
sal

ELABORACIÓN

Limpia los tomates cherry, córtalos en cuatro y pásalos a un bol. Añade aceite, vinagre, sal y perejil picado. Mezcla y deja macerar.

Pon las patatas (limpias y sin pelar) en una cazuela con agua y una pizca de sal y cuécelas durante unos 30 minutos, hasta que estén a punto. Retíralas, pélalas y córtalas en rodajas.

Abre los aguacates, retírales el hueso, pélalos y córtalos en láminas.

Pela los langostinos, retírales la cabeza, córtalos por la mitad a lo largo y cuécelos brevemente en una cazuela con agua y una pizca de sal. Escúrrelos.

Limpia bien el conejo, deshuesa los lomos y los muslos, sazónalos y trocéalos. Pela los ajos y pícalos finamente. Pon aceite en una sartén y saltea los trocitos de conejo con los ajos. Pásalos a un plato con papel de cocina para que escurran el aceite.

Retira las uvas del racimo y lávalas.

Monta la ensalada en una fuente amplia. A un lado, coloca las rodajas de patata; al otro, las láminas de aguacate, y en el centro, el conejo salteado. Sobre las patatas y los aguacates, pon las colas de langostino y las uvas. Salsea con la vinagreta de tomate.

ENSALADA DE COGOLLOS RELLENOS

INGREDIENTES **(4 P.)**

4 cogollos de Tudela
150 g de crema de queso
25 g de alcaparras
4 lonchas de salmón ahumado (150 g)
cebollino

Para la vinagreta:

3-4 cucharadas de aceite de oliva virgen extra
1 cucharadita de vinagre de Jerez
zumo de ½ limón
25 g de membrillo
20 g de piñones pelados
sal

ELABORACIÓN

Pon el queso crema en un bol, agrega las alcaparras y mezcla bien.

Corta cada loncha de salmón en 4 tiras anchas.

Separa las 4 primeras hojas de cada cogollo (nos interesa que sean las más grandes). Pon un poco de la mezcla de queso y alcaparras encima de cada una, extiéndela y cúbrela con 1 tira de salmón. Júntalas (de 4 en 4) formando 4 cogollos. Envuelve cada cogollo con film transparente de manera que las 4 hojas queden bien juntas. Introdúcelos en el frigorífico durante media hora aproximadamente. Retírales el film, córtalos por la mitad y coloca uno en cada plato.

Para hacer la vinagreta, pon el membrillo en un bol y aplástalo con un tenedor. Agrega el zumo de limón, el vinagre y el aceite. Sazona y mezcla bien.

Calienta una sartén sin aceite, agrega los piñones y tuéstalos un poco. Incorpóralos a la vinagreta, mezcla y aliña los cogollos.

Corta el cebollino finamente y salpica con él los platos. Sirve.

CONSEJO: Una de las grandes virtudes de los cogollos es que, como no hay que cocinarlos, no perderán ninguna vitamina y los consumiremos con todas sus propiedades intactas.

ENSALADA DE LANGOSTINOS Y GERMINADOS

INGREDIENTES **(4 P.)**

16 langostinos

200 g de germinados variados

2 patatas

60 ml de *brandy*

2 cucharadas de aceite de oliva virgen extra

½ cucharadita de vinagre

sal

Para la salsa:

zumo de 2 naranjas

1 cucharada de harina de maíz refinada

4 cucharadas de vinagre

1 cucharada de azúcar

1 trozo de guindilla

ELABORACIÓN

Cuece las patatas en una cazuela con abundante agua y una pizca de sal durante 25-30 minutos. Retíralas, pélalas, córtalas en rodajas y resérvalas.

Para hacer la salsa, introduce en un cuenco el azúcar, la harina de maíz, el zumo de naranja, la guindilla y el vinagre y mezcla todo bien. Pasa la mezcla a una cazuela y cocina hasta que se ligue la salsa (6 minutos aprox.). Cuélala con la ayuda de un colador y resérvala.

Mezcla los germinados en un cuenco, alíñalos con el aceite y el vinagre, sazónalos y resérvalos.

Corta las colas de los langostinos por la mitad a lo largo (de modo que los langostinos queden unidos por las cabezas) y saltéalos en una sartén con un chorrito de aceite. Sazónalos. Agrega el *brandy* y flambea.

Coloca 4 rodajas de patata en la base de cada plato, pon los germinados encima y, a los lados, 4 langostinos. Riega con la salsa y sirve.

ENSALADA DE TOMATE CON BONITO MARINADO

INGREDIENTES **(4 P.)**

500 g de bonito (lomos)

2 tomates grandes

1 cebolleta

1 pimiento verde

150 ml de aceite de oliva virgen extra

50 ml de vinagre

sal

ELABORACIÓN

Mezcla en una cazuela el aceite y el vinagre y caliéntalos.

Corta el bonito en filetes de 2 cm de grosor, sazónalos y extiéndelos sobre una fuente. Vierte encima la mezcla de aceite y vinagre y deja marinar durante 15 minutos.

Limpia los tomates y corta cada uno en 4 rodajas de 2 cm. Corta la cebolleta y el pimiento en aros.

Monta la ensalada colocando primero las rodajas de tomate; encima de cada una, pon unos aros de cebolleta (sin soltar) y un trozo de bonito marinado y finaliza con unos aros de pimiento y de cebolleta (sueltos). Aliña con el aceite y el vinagre de la marinada, sazona y sirve.

ENSALADA DE ESCAROLA, BACALAO Y NARANJA CON ALIÑO DE PIMENTÓN

INGREDIENTES **(4 P.)**

400 g de bacalao desalado desmigado

2 naranjas

150 g de escarola limpia

1 cebolleta

8 nueces

8 tomates secos en aceite

12 aceitunas negras (sin hueso)

aceite de oliva virgen extra

1 cucharadita de pimentón dulce

sal

ELABORACIÓN

Pon el bacalao en un bol, añade un buen chorro de aceite de oliva, la mitad del pimentón y la cebolleta cortada en daditos. Mezcla bien y reserva.

Pela las naranjas en vivo (sin pieles blancas), saca los gajos y resérvalos. Exprime (entre dos platos) los restos de las 2 naranjas, pasa el zumo a un bol y resérvalo.

Casca las nueces, pélalas y resérvalas.

Corta los tomates en dados y resérvalos.

Corta las aceitunas en rodajas y resérvalas.

Prepara el aliño añadiendo el resto del pimentón y un buen chorro de aceite al bol del zumo, mezcla bien y reserva.

Extiende la escarola en una fuente grande, agrega el tomate, sazona, vierte encima un poco del aliño y mezcla bien.

Separa la escarola dejando la parte central de la fuente vacía y pon el bacalao en el centro. Agrega las aceitunas y las nueces y coloca los gajos de naranja sobre el bacalao y sobre la escarola bordeando toda la fuente.

Adereza la ensalada con el resto del aliño. Sirve.

CONSEJO: Es importante no aliñar la ensalada hasta el último momento. Si la aliñáis antes, la escarola se pondrá mustia.

ENSALADA DE ESCAROLA, MANZANA Y QUESO AZUL

INGREDIENTES **(4 P.)**

1 escarola
1 manzana
150 g de queso azul
12 nueces
150 g de dulce de membrillo
aceite de oliva virgen extra
vinagre de manzana
sal

ELABORACIÓN

Lava la escarola, sécala, trocéala, ponla en una fuente y sazónala.

Lava la manzana, córtala en gajos y colócalos sobre la escarola.

Casca las nueces, pícalas un poco y salpica con ellas la ensalada.

Desmenuza el queso y añádelo.

Corta 100 g de membrillo en dados e incorpóralos.

Para el aliño, coloca en un vaso batidor el resto (50 g) del membrillo troceado, agrega un chorrito de vinagre y un buen chorro de aceite de oliva y tritura todo. Aliña la ensalada y sirve.

CONSEJO: Las ensaladas son buenas para cualquier época del año, solo hay que combinar bien los ingredientes, y si son de temporada (escarola, manzana y nueces en este caso), mejor que mejor.

ENSALADA DE BONITO

INGREDIENTES **(4 P.)**

1 rodaja de bonito de 300 g
1 cebolla
1 zanahoria
2 tomates
2 cebolletas
6 guindillas
aceite de oliva virgen extra
vinagre
perejil picado
6 granos de pimienta negra
sal

ELABORACIÓN

Corta la cebolla en juliana y la zanahoria en rodajas, ponlas en la parte de abajo de una vaporera con un poco de agua y los granos de pimienta y dale un hervor. Coloca sobre la vaporera el bonito, tapa y cuece al vapor durante 5 minutos. Retíralo, quítale las espinas y la piel y córtalo en tacos.

Pela los tomates, córtalos en rodajas y extiéndelas en un plato. Coloca los tacos de bonito sobre ellas. Añade las cebolletas cortadas en juliana y las guindillas picadas.

Aliña con aceite y vinagre, pon a punto de sal, espolvorea con perejil picado y sirve.

ENSALADA KIRKILLA

INGREDIENTES **(4 P.)**

1 lechuga
4 huevos
3 patatas
300 g de judías verdes
12 gambas
4 zanahorias
aceite de oliva virgen extra
vinagre
perejil
sal

ELABORACIÓN

Separa las hojas de la lechuga y ponlas a remojar con agua y un buen chorro de vinagre. Pasa cada hoja por el grifo de agua fría, escúrrelas bien y córtalas en juliana fina.

Pon a cocer los huevos y las patatas (lavadas y sin pelar). A los 10 minutos, retira los huevos. Deja cocer las patatas otros 20 minutos más.

Pela las patatas, córtalas en rodajas y resérvalas. Pela los huevos, pásalos por el pasapurés y resérvalos.

Limpia las judías, retírales las puntas y los hilos, córtalas en juliana fina y ponlas a cocer en la olla rápida con agua y una pizca de sal. En 1 minuto estarán a punto.

Pela las gambas y cuécelas en una cazuela con agua durante 1 minuto. Escúrrelas y resérvalas.

Pela las zanahorias y rállalas.

Para montar la ensalada, elige una fuente amplia. En el fondo coloca las rodajas de patata; encima, y tapando la parte central, pon las judías; alrededor de las judías, la zanahoria, y encima de esta, el huevo. Bordea con la lechuga. Decora la ensalada con las gambas y una rama de perejil. Aliña con aceite, vinagre y sal y sirve.

CONSEJO: Para preparar la lechuga, una vez limpias las hojas, deben secarse cuidadosamente, ya que un exceso de agua, al mezclarse con el aliño, dejaría la ensalada insípida y sin interés. Existen varios sistemas para secar las hojas: dejarlas escurrir en un cestillo o en un escurreverduras, pasarlas por la centrifugadora de verduras o envolverlas en un paño de cocina, en el que quepan holgadas, y agitar este hasta que el agua pase al paño.

ENSALADILLA RUSA

INGREDIENTES **(4-6 P.)**

4 patatas
2 zanahorias
3 huevos
200 g de bonito en aceite
150 g de guisantes cocidos
½ litro de mayonesa
sal

Para decorar:

4 hojas de lechuga
1 pimiento morrón
1 patata azul cocida
1 huevo cocido
12 gambas cocidas
12 aceitunas

ELABORACIÓN

Cuece las patatas (lavadas y con piel), los huevos y las zanahorias peladas en una cazuela con abundante agua. Deja que se enfríen.

Pela las patatas y los huevos, córtalos, junto a la zanahoria, en daditos y colócalos en un bol grande. Sazona. Agrega el bonito desmigado y los guisantes. Mezcla todos los ingredientes, añade la mayonesa y sirve en una fuente amplia.

Pon a remojo la lechuga, pasa cada hoja bajo el grifo, escúrrelas y córtalas en juliana fina. Corta el pimiento en tiras y la patata azul en rodajas. Decora a tu gusto con la lechuga, las tiras de pimiento, las rodajas de patata, el huevo cocido, las gambas y las aceitunas.

CONSEJO: Para la ensaladilla rusa es mejor cocer las patatas enteras y con piel para que no se deshagan, pero si las has pelado y troceado, añade unas gotas de vinagre al agua donde vayas a hervirlas.

ENSALADA DE BERROS, TOMATE Y AGUACATE

INGREDIENTES **(4 P.)**

3 patatas
3 huevos
2 tomates maduros
1 cebolleta
2 manojos de berros
2 aguacates maduros
aceite de oliva virgen extra
vinagre
unas hojas de cilantro fresco
sal

ELABORACIÓN

Pon las patatas y los huevos a cocer en una cazuela con agua. A los 10 minutos, retira los huevos y deja las patatas cociendo durante otros 10 minutos más. Pela los huevos y las patatas y corta estas en rodajas. Resérvalos.

Pela los tomates, retírales las pepitas, córtalos en dados y colócalos en un bol. Corta la cebolleta en juliana fina, pica el cilantro finamente y añádelos al bol. Agrega aceite y vinagre, sazona y mezcla un poco. Deja macerando durante 15 minutos.

Lava y corta los berros, eliminando los tallos más gruesos si los hubiera. Pela los aguacates y córtalos en láminas finas.

Puedes servir la ensalada en ración familiar (a tu gusto) o en ración individual. En este último caso, coge un aro, rellénalo con rodajas de patata, pon encima una capa de la mezcla de tomate y cebolleta (escurrida) y finaliza con las láminas de aguacate. Ralla encima el huevo cocido. Coloca alrededor del aro unos berros y sazónalos. Riega todo con la vinagreta de tomate y sirve.

CONSEJO: Con tomate, aguacate y cebolleta se puede preparar un delicioso y saludable aperitivo llamado guacamole. Se aplasta el aguacate con un tenedor y se le añade el tomate rallado, la cebolla picada y el cilantro fresco. Finalmente se aliña. Si lo van a tomar niños, conviene remojar previamente la cebolla para que no pique.

ENSALADA DE ARROZ

INGREDIENTES **(4 P.)**

200 g de arroz
250 g de judías verdes
2 huevos
1 tomate
hojas de lechugas variadas (batavia y hoja de roble)
aceite de oliva virgen extra
vinagre
perejil picado
sal

ELABORACIÓN

Pon abundante agua a calentar en una cazuela. Sazona, agrega el arroz y cuécelo durante 20 minutos. Retíralo, escúrrelo y refréscalo bajo el grifo de agua fría. Resérvalo.

Lava las judías, retírales las puntas y los hilos, córtalas por la mitad a lo largo y después en trozos de 4 cm. Pon agua a calentar en una cazuela, sazónala, agrega las judías y cuécelas durante 12-15 minutos. Escúrrelas y resérvalas.

Cuece los huevos en un cazo con agua durante 10 minutos desde el momento en que el agua empiece a hervir. Retíralos, refréscalos, pélalos, córtalos en cuartos y resérvalos.

Pela el tomate, córtalo en cuartos de luna y resérvalo.

Lava las hojas de lechuga, sécalas y córtalas (por separado) en juliana fina.

Adereza el arroz con aceite, vinagre, una pizca de sal y un poco de perejil picado. Mezcla bien.

Monta la ensalada en platos individuales y en filas: lechuga hoja de roble, tomate, judías, arroz y lechuga batavia. Coloca 2 cuartos de huevo cocido sobre el arroz y aliña con aceite, vinagre y sal.

CONSEJO: Para hacer esta ensalada podéis utilizar hojas variadas de lechugas de cuarta gama. Vienen envasadas y están ya listas para comer.

ENSALADA DE GARBANZOS CON BACALAO Y GRANADA

INGREDIENTES **(4 P.)**

200 g de garbanzos (remojados desde la víspera)

1 lomo de bacalao desalado (250 g)

1 granada

1 zanahoria

1 puerro

1 cebolleta pequeña

1 aguacate

aceite de oliva virgen extra

vinagre

perejil

15 granos de pimienta negra

sal

ELABORACIÓN

Pon agua a calentar en una olla rápida. Escurre los garbanzos e incorpóralos a la olla. Pela la zanahoria y limpia el puerro, córtalos en trozos y añádelos. Agrega los granos de pimienta, sazona, cierra la olla y cuece los garbanzos durante 20 minutos. Retira los garbanzos, escúrrelos y ponlos en un bol grande.

Retira la piel del lomo de bacalao, córtalo en filetes y colócalos en un recipiente. Cúbrelos con aceite y déjalos macerando durante 20 minutos como mínimo.

Corta la granada por la mitad y desgránala golpeándola (por la parte de la piel) con una cuchara. Reserva los granos.

Corta la cebolleta en daditos y agrégalos al bol de los garbanzos. Incorpora los granos de granada. Pela el aguacate, córtalo en dados y añádelos.

Adereza con sal, aceite y vinagre y mezcla bien.

Reparte la ensalada en 4 platos y coloca encima los filetes de bacalao. Adorna con unas hojas de perejil y sirve.

CONSEJO: Al desgranar una granada, hay que procurar que no nos salpique el líquido que suelta porque su mancha es muy difícil de eliminar.

ENSALADA DE PATATA CON VINAGRETA

INGREDIENTES **(4 P.)**

300 g de patatas cocidas
unas hojas de lechuga
1 pepino
4 huevos cocidos
1 cebolleta
sal

Para la vinagreta:

100 ml de aceite de oliva virgen extra
25 ml de vinagre
1 diente de ajo
1 cucharada de mostaza
perejil picado
sal

ELABORACIÓN

Pela las patatas, córtalas en rodajas no muy finas y cubre con ellas el fondo de una fuente.

Limpia bien las hojas de lechuga. Pela el pepino y córtalo en rodajas. Pela los huevos, separa las yemas de las claras, y pica las claras. Pica también la cebolleta.

Coloca las hojas de lechuga alrededor de las patatas. Sobre estas, dispón las rodajas de pepino y agrega las claras y la cebolleta picadas. Sazona.

Para la vinagreta, pon en un bol el aceite, el vinagre, el ajo picado, la mostaza y el perejil. Bate con un tenedor hasta que ligue. Sazona y vierte la vinagreta sobre la ensalada.

Decora con las yemas pasadas por el pasapurés y sirve.

ENSALADA DE JUDÍAS VERDES

INGREDIENTES **(4 P.)**

400 g de judías verdes
2 patatas
1 huevo
1 tomate
1 endibia
aceite de oliva virgen extra
vinagre
sal

ELABORACIÓN

Lava las patatas, ponlas en un cazo, cúbrelas con agua y cuécelas (con piel) durante 30-35 minutos. Retíralas, refréscalas, pélalas, córtalas en rodajas y resérvalas.

Lava las judías, córtales las puntas y, con ayuda de un pelador de verduras, retírales los hilos. Córtalas por la mitad a lo largo y después en trozos de 3 centímetros. Pon a calentar abundante agua en una cazuela. Cuando empiece a hervir, sazónala y agrega las judías. Cuécelas durante 10-12 minutos. Retíralas, escúrrelas, deja que se enfríen y resérvalas.

Pon el huevo en otro cazo con agua y cuécelo durante 10 minutos desde el momento en que el agua empiece a hervir. Retíralo, refréscalo, pélalo y córtalo en 4 cuartos.

Pela el tomate y córtalo en rodajas finas.

Suelta las hojas de endibia.

Monta 4 ensaladas individuales, disponiendo los ingredientes a tu gusto, y alíñalas con aceite, vinagre y sal.

CONSEJO: Si las judías verdes son tiernas, no hará falta quitarles los hilos.

ENSALADA DE MIJO CON ATÚN Y HUEVO

INGREDIENTES **(4 P.)**

200 g de mijo

120 g de atún (en aceite o escabeche)

12 huevos de codorniz

12 tomates cherry

1 zanahoria

cebollino

sal

Para la vinagreta:

125 ml de aceite de oliva virgen extra

25 ml de vinagre

perejil picado

sal

ELABORACIÓN

Para la vinagreta, pon el aceite en un bol, añade el vinagre, una pizca de sal y un poco de perejil picado. Mezcla bien y resérvala.

Cuece los huevos de codorniz en un cazo con agua durante 4-5 minutos desde el momento en que el agua empiece a hervir. Retíralos, refréscalos, pélalos, córtalos por la mitad y resérvalos.

Pon a calentar abundante agua en una cazuela. Cuando empiece a hervir, añade el mijo y sazónalo. Cuécelo durante 15 minutos. Escúrrelo y pásalo a un bol grande.

Lava los tomates, sécalos, córtalos por la mitad e incorpóralos al bol del mijo. Agrega el bonito desmenuzado. Pela la zanahoria y, con ayuda de un pelador, córtala en láminas finas y añádelas al bol. Sazona y mezcla bien. Vierte encima ¾ partes de la vinagreta y vuelve a mezclar. Reserva el resto de la vinagreta para dar el toque final a los platos.

Para servir, ayúdate de un aro redondo de emplatar y sirve 4 porciones. Coloca encima de cada una 3 huevos de codorniz cortados por la mitad y un poco de cebollino picado. Adereza los platos con el resto de la vinagreta y adórnalos con unas hojas de perejil.

CONSEJO: El mijo no contiene gluten y nos aporta una buena cantidad de minerales. Buena opción para deportistas, ya que al sudar durante el ejercicio suelen perder bastantes minerales.

ENSALADA DE MORRONES CON VENTRESCA

INGREDIENTES **(4 P.)**

3 pimientos morrones
200 g de ventresca de bonito en aceite
1 diente de ajo
12 aceitunas negras
175 ml de vinagre de Módena
1 cucharada de azúcar moreno
aceite de oliva virgen extra
perejil
sal

ELABORACIÓN

Pon el vinagre de Módena en un cazo y agrega el azúcar. Ponlo a fuego suave y deja reducir durante 15 minutos, hasta que espese. Pásalo a una salsera y deja que se enfríe.

Lava los pimientos y ponlos en una bandeja de horno. Riégalos con un poco de aceite y sazónalos. Hornéalos a 200 ºC durante 35-40 minutos. Deja que se templen, pélalos, córtalos (a mano) en tiras y ponlos en un bol grande. Pela 1 diente de ajo, pícalo finamente y añádelo. Sazona y riega con un chorrito de aceite.

Reparte los pimientos, la ventresca y las aceitunas en 4 platos. Aderézalos con un poco de la reducción de vinagre de Módena. Adorna los platos con unas hojas de perejil y sirve.

CONSEJO: A la hora de asar los pimientos, antes de colocarlos en la bandeja del horno podéis retirarles el tallo y las semillas. Así, después de asados no tendréis que retirar ninguna semilla y todo será mucho más fácil.

ENSALADA DE UVAS CON QUESO

INGREDIENTES **(4 P.)**

1 lechuga
24 uvas de mesa
150 g de queso fresco
1 tomate
12 langostinos o gambas
aceite de oliva virgen extra
vinagre
sal

ELABORACIÓN

Descorazona y pela el tomate, córtalo en rodajas finas y colócalo en la vuelta de una fuente. Limpia la lechuga, trocéala y ponla encima. Corta el queso en taquitos y agrégalos junto con los granos de uva limpios.

Pela los langostinos o las gambas y saltéalos en una sartén con un poco de aceite y sal.

Aliña la ensalada con aceite, vinagre y sal, dispón en el centro el salteado de langostinos o gambas y sirve.

ENSALADA DE RÚCULA, PERA Y QUESO

INGREDIENTES **(4 P.)**

200 g de hojas de rúcula
2 peras
200 g de perlas de queso fresco de cabra
12 nueces peladas
1 cucharada de mostaza antigua
aceite de oliva virgen extra
sal

ELABORACIÓN

Lava y seca las hojas de rúcula. Colócalas en una fuente y sazónalas.

Pela las peras, córtalas a tu gusto (dados, gajos) e incorpóralas.

Pica las nueces y salpica con ellas la rúcula y la pera.

Añade las perlas de queso.

Bate en un bol la mostaza con un buen chorro de aceite. Aliña la ensalada con la mezcla y sirve.

CONSEJO: En el mercado podréis encontrar diferentes variedades de perlas de queso fresco. Os recomiendo que, para variar, vayáis probándolas todas.

ENSALADA DE POCHAS Y AGUACATE

INGREDIENTES **(4 P.)**

500 g de pochas (alubia blanca fresca)
1 aguacate
1 tomate grande
20 hojas de cebollino
1 lima
aceite de oliva virgen extra
1 rama de romero
perejil
sal

ELABORACIÓN

Pon las pochas en una cazuela, cúbrelas con abundante agua fría y ponlas a cocer. Añade la rama de romero y sazónalas. Tapa la cazuela y cuece las pochas durante 30 minutos (aprox.) a fuego suave. Retíralas, escúrrelas bien, ponlas en un bol y deja que se enfríen.

Pela el tomate, córtalo en dados grandes y ponlo en un bol. Corta el cebollino en trozos de 1 cm y agrégalo. Exprime la lima y vierte el zumo encima. Riega todo con un buen chorro de aceite, mezcla y añádelo al bol de las pochas. Mezcla suavemente y pasa todo a una fuente grande.

Corta el aguacate por la mitad, retírale el hueso, sácale la pulpa, córtala en dados y colócalos sobre las pochas con tomate.

Reparte la ensalada en 4 platos, adórnalos con unas hojas de perejil y sirve.

ENSALADA CON QUESO FRESCO, PERA Y PISTACHOS

INGREDIENTES **(4 P.)**

1 lechuga pequeña
100 g de rúcula
200 g de queso fresco de cabra
1 pera
25 g de pistachos pelados
aceite de oliva virgen extra
vinagre de frambuesa
sal

ELABORACIÓN

Lava la lechuga y las hojas de rúcula y sécalas. Trocea las hojas de lechuga, ponlas en una fuente y añade las hojas de rúcula (enteras). Sazónalas.

Corta el queso en triángulos y colócalos alrededor de la lechuga y la rúcula, bordeando la fuente.

Pela la pera, córtala en dados y añádelos.

Para hacer el aliño, aplasta un poco los pistachos, ponlos en un bol, agrega aceite, vinagre y sal y mezcla. Aliña la ensalada y sirve.

CONSEJO: En esta receta se utiliza vinagre de frambuesa, pero, para dar diferentes toques a vuestras ensaladas, os recomiendo que experimentéis con otras variedades (miel, manzana, Jerez, Módena...).

ENSALADA DE REPOLLO, LOMBARDA Y ZANAHORIA

INGREDIENTES **(4 P.)**

250 g de repollo
250 g de col lombarda
3 zanahorias
1 cebolleta
1 manzana (Granny Smith)
50 g de pasas
aceite de oliva virgen extra
cebollino
perejil
sal

Para el aliño:

1 yogur griego
2 cucharadas de mostaza antigua
zumo de 1 limón
1 cucharada de vinagre de manzana
sal

ELABORACIÓN

Para preparar el aliño, pon el yogur, la mostaza, el zumo de limón, el vinagre y una pizca de sal en un bol. Bate bien los ingredientes y reserva.

Pela las zanahorias, rállalas y pásalas a un bol grande. Corta la cebolleta en juliana fina e incorpórala. Con una mandolina, corta el repollo y la lombarda en juliana fina y añádelos al bol. Sazona, mezcla bien, aliña la ensalada, vuelve a mezclar y deja que repose durante 1 hora.

Lava la manzana, córtala en daditos y agrega la mitad al bol. Añade también la mitad de las pasas. Riega con 2 cucharadas de aceite y mezcla bien.

Reparte la ensalada en 4 platos y salpícalos con el resto de las pasas y de los dados de manzana y con el cebollino bien picado. Adorna los platos con unas hojas de perejil y sirve.

CONSEJO: Esta ensalada admite una gran variedad de aliños. Lo que sí habría que tener en cuenta es la conveniencia de aliñarla con suficiente tiempo de antelación para que quede bien impregnada de los sabores del aliño.

ENSALADA WALDORF

INGREDIENTES **(4 P.)**

1 lechuga
2 manzanas
1 rama de apio
8 uvas rojas
12 nueces (peladas)
½ barra de pan integral
sal

Para el aliño:
1 yogur natural
2-3 cucharadas de mayonesa (véase *Salsa mayonesa*)
zumo de 1 limón

ELABORACIÓN

Corta 16 rebanadas finas de pan, extiéndelas sobre una bandeja de horno y hornéalas a 175 ºC hasta que se tuesten (6 minutos aproximadamente). Retíralas del horno y deja que se templen.

Suelta las hojas de la lechuga, lávalas bajo el grifo de agua, sécalas, córtalas en juliana fina y colócalas en un bol grande. Pela las manzanas, córtalas en dados y agrégalas. Limpia el apio, córtalo en medias lunas e incorpóralo.

Para el aliño, mezcla en un bol el yogur, la mayonesa y el zumo de limón. Riega con él la ensalada, sazona y mezcla bien.

Para servir, coloca un aro de emplatar en un plato y rellénalo con la ensalada. Retira el molde y repite el proceso con las otras 3 raciones. Lava las uvas y córtalas por la mitad. Coloca 2 uvas y 3 nueces encima de cada ensalada y acompáñalas con 4 rebanadas de pan.

CONSEJO: Para que la ensalada quede más fina, podéis pelar las uvas y quitarles las pepitas.

ENSALADA DE ATÚN Y PATATA

INGREDIENTES **(4 P.)**

200 g de atún en aceite
3 patatas
16 tomates cherry
16 aceitunas negras deshuesadas
perejil
sal

Para la vinagreta:
4 cucharadas de aceite de oliva virgen extra
1 cucharada de vinagre
1 cebolleta
½ pimiento verde
1 cucharada de mostaza a la antigua
sal

ELABORACIÓN

Para la vinagreta, corta la cebolleta en daditos y ponla en un bol. Lava el pimiento verde, córtalo de la misma manera y agrégalo. Añade la mostaza, el aceite, el vinagre y sal al gusto. Mezcla y resérvala.

Pon las patatas en una cazuela con agua y cuécelas durante 35 minutos a fuego medio. Retíralas, pélalas, córtalas en rodajas, extiéndelas en 4 platos y sazónalas. Distribuye encima el atún desmenuzado. Lava los tomates, córtalos por la mitad y colócalos al lado de las patatas.

Adereza la ensalada con la vinagreta. Corta las aceitunas por la mitad y salpica con ellas los platos. Decora con unas hojas de perejil y sirve.

CONSEJO: Nunca guardéis las patatas en el frigorífico. Para conservarlas en buenas condiciones, lo mejor es colocarlas en una despensa fresca o en el balcón, dentro de un saco de tela o caja de madera con rendijas, para que puedan ventilarse y respirar.

ENSALADA DE TRIGO SARRACENO Y TOMATE

INGREDIENTES **(4 P.)**

200 g de trigo sarraceno
2 tomates grandes
1 limón
2 aguacates
aceite de oliva virgen extra
30 hojas de cilantro
perejil
sal

ELABORACIÓN

Lava bien el trigo sarraceno bajo el grifo de agua fría. Pon 400 ml de agua a calentar en una cazuela, agrega el trigo sarraceno, sazona, tapa y cuécelo a fuego medio durante 20 minutos. Pásalo a un bol grande y deja que se enfríe. Corta el limón por la mitad y exprime medio sobre el trigo sarraceno. Pica 15 hojas de cilantro finamente e incorpóralas al bol. Mezcla todo bien y reserva.

Pela los tomates, corta cada uno en 4 rodajas gruesas y resérvalas.

Pela los aguacates, trocéalos y colócalos en el vaso americano. Agrega las otras 15 hojas de cilantro. Exprime el otro ½ limón encima, sazona, añade 25 ml de aceite y tritura.

Pon 2 rodajas de tomate en cada plato y sazónalas. Ayudándote con un aro, pon una porción de trigo sarraceno sobre cada rodaja de tomate. Riega con un chorrito de aceite y pon 1 cucharada de la crema de aguacate sobre cada montoncito de trigo sarraceno. Decora los platos con unas hojas de perejil y sirve.

CONSEJO: El trigo sarraceno no contiene gluten, por lo que es muy apreciado entre los celiacos.

ENSALADA DE ESPINACAS, QUESO Y ALBARICOQUES

INGREDIENTES **(4 P.)**

200 g de espinacas limpias (hojas pequeñas)

200 g de queso manchego semicurado

6 albaricoques

80 g de espirales de pasta

30 g de anacardos tostados

sal

Para el aliño:

5 cucharadas de aceite de oliva virgen extra

zumo de 1 limón

1 cucharadita de pimentón dulce

1 cucharada de semillas de amapola

sal

ELABORACIÓN

Pon agua a calentar en una cazuela. Cuando empiece a hervir, agrega la pasta y una pizca de sal y cuécela durante 10-12 minutos. Retírala, refréscala y resérvala.

Para el aliño, pon en un bol el pimentón, las semillas de amapola, el zumo de limón, el aceite y una pizca de sal. Mezcla bien y reserva.

Lava los albaricoques, córtalos en gajos y resérvalos.

Retira la corteza del trozo de queso y córtalo en triángulos.

Pon las espinacas en un bol grande, sazónalas, agrega la pasta, vierte encima 1 cucharada del aliño y mezcla bien. Reparte la mezcla en 4 platos y coloca encima los gajos de albaricoque. Agrega los triángulos de queso y salpica todo con los anacardos. Adereza la ensalada con el resto del aliño y sirve.

CONSEJO: Es importante que los albaricoques hayan madurado bien; de lo contrario, apenas tendrán sabor.

VERDURAS Y HORTALIZAS

PIMIENTOS RELLENOS DE HORTALIZAS Y CEREALES

INGREDIENTES **(4 P.)**

4 pimientos morrones pequeños
100 g de arroz
2 dientes de ajo
1 cebolleta
1 pimiento verde
4 espárragos verdes
20 g de pasas (sin pepitas)
50 g de maíz en conserva
aceite de oliva virgen extra
perejil
sal

ELABORACIÓN

Lava los pimientos y hazles un corte por la parte superior (la del tallo), pero sin retirarla (que quede una especie de tapa). Colócalos en una fuente apta para el horno e introdúcelos en el microondas durante 5 minutos a la máxima potencia. Retira la parte superior de los pimientos y quítales las pepitas. Resérvalos.

Calienta una cazuela con un chorrito de aceite. Golpea los dientes de ajo (sin pelar) y añádelos. Agrega el arroz, agua (el doble y un poco más) y sal (al gusto). Cocina el arroz durante 15 minutos. Retira los dientes de ajo y resérvalo.

Corta la cebolleta y el pimiento verde en daditos. Limpia los espárragos y córtalos y en cilindros.

Calienta una sartén con un chorrito de aceite, agrega las hortalizas y cocínalas durante 3-4 minutos. Incorpora el arroz, las pasas y el maíz y mezcla bien.

Sazona los pimientos por dentro, rellénalos con la mezcla anterior, colócales sus respectivas tapas y ponlos de nuevo en la fuente del horno. Tápalos con papel de aluminio y hornéalos a 190 ºC durante 30 minutos.

Sirve los pimientos, dales brillo untándolos con un poco de aceite y decora los platos con unas hojas de perejil.

CONSEJO: Introducir los pimientos en el microondas durante 5 minutos antes de rellenarlos y hornearlos es una buena idea porque pierden el punto de alimento crudo y siguen manteniendo la forma para rellenarlos sin dificultad.

PATATAS NUEVAS CON BERROS Y PANCETA

INGREDIENTES **(4 P.)**

1 kg de patatas nuevas
100 g de berros
2 lonchas de panceta (100 g)
500 ml de nata
500 ml de caldo de carne
aceite de oliva virgen extra
sal

ELABORACIÓN

Pela las patatas, córtalas en rodajas y fríelas en una sartén con abundante aceite. Retíralas a una fuente con papel absorbente para eliminar el exceso de aceite y sazónalas.

En una sartén, mezcla la nata y el caldo y deja que reduzcan durante 15 minutos. Pica finamente los berros, añádelos y remueve bien. Agrega las patatas y cocina el conjunto durante 5-6 minutos. Deja reposar durante 3 minutos.

Corta la panceta en daditos y ponla a dorar en una sartén con una gotita de aceite.

Sirve las patatas con su salsa en una fuente y acompáñalas con la panceta frita.

ACELGAS CON BAGNA CAUDA

INGREDIENTES **(4 P.)**

800 g de acelgas
250 g de calabaza
1 patata grande (350 g)
1 cebolla
perejil
sal

Para la bagna cauda:

8-10 filetes de anchoa en aceite
3 dientes de ajo
45 g de mantequilla
1 cucharada de aceite de oliva virgen extra

ELABORACIÓN

Para hacer la crema de calabaza, pela la patata y la calabaza, trocéalas y ponlas a cocer en una cazuela con 750 ml de agua. Pela la cebolla, córtala en dados y agrégala. Sazona, tapa la cazuela y cuece todo durante 15 minutos. Si queda muy caldoso, retira parte del caldo. Tritura y reserva.

Lava las hojas de acelga y separa las hojas de las pencas. Retira los hilos de las pencas. Corta las acelgas (pencas y hojas) en dados y ponlas a cocer en otra cazuela con agua. Sazona, tapa la cazuela y cuécelas durante 15 minutos. En el momento de servir, escúrrelas.

Para preparar la salsa *bagna cauda*, pon a calentar una sartén con el aceite y la mantequilla. Pela los ajos, pícalos y añádelos. Pica las anchoas, incorpóralas y cocina todo a fuego suave hasta que se deshagan.

Sirve la crema de calabaza en el fondo de los platos, pon encima las acelgas (escurridas) y salséalas con la salsa *bagna cauda*. Decora los platos con unas hojas de perejil.

CONSEJO: El uso de las acelgas en cocina es parecido al que realizamos con las espinacas. Se pueden comer cocidas con aceite o bechamel, en cremas, en tortilla, rebozadas e incluso rellenas.

PASTEL DE HORTALIZAS CON CRUJIENTE DE SÉSAMO

INGREDIENTES **(4 P.)**

1 cebolla
2 berenjenas
3 patatas
4 zanahorias
100 g de arroz
1 huevo
50 g de semillas de sésamo
aceite de oliva virgen extra
perejil
pimienta
sal

ELABORACIÓN

Pela la cebolla, pícala y ponla a pochar en una sartén con aceite. Sazónala. Lava las berenjenas y córtalas en daditos. Cuando la cebolla tome color, agrega las berenjenas, salpimienta y cocina a fuego moderado durante 15-18 minutos. Escurre y reserva.

Pela las patatas, trocéalas y ponlas a cocer en la olla rápida con un poco de agua y sal. Coloca encima la rejilla e introduce en ella las zanahorias (enteras y peladas). Cierra la olla y cocina todo durante 5 minutos. Retira las zanahorias, córtalas en daditos y resérvalas. Retira las patatas, pásalas por un pasapurés, condimenta el puré con sal y pimienta, mezcla bien y resérvalo.

En una cazuela pequeña, cuece el arroz en abundante agua hirviendo con sal durante 18 minutos. Retíralo, refréscalo en agua fría, escúrrelo y resérvalo.

Para montar el pastel, pon 4 aros de emplatar cuadrados sobre 4 platos (aptos para el horno). Coloca en ellos una primera capa de arroz, cubre con la berenjena, pon encima las zanahorias y termina con una ligera capa de puré de patata. Casca el huevo, ponlo en un bol, añade un poco de perejil picado, bátelo y baña con él la capa de puré de patata. Espolvorea con las semillas de sésamo y hornea a 180 ºC durante 6-8 minutos.

Retira los aros de emplatar. Decora con unas ramitas de perejil y sirve.

PATATAS CON ALMENDRAS

INGREDIENTES **(4 P.)**

1 kg de patatas
100 g de almendras fileteadas
1 cebolla
1 tomate
1 pimiento rojo
3 dientes de ajo
2-3 rebanadas de pan frito
aceite de oliva virgen extra
sal

ELABORACIÓN

Pela la cebolla, el tomate y los ajos. Retira el tallo y las semillas del pimiento. Corta todo en dados y rehógalos en una cazuela con un chorrito de aceite durante 10-12 minutos.

Pela las patatas, trocéalas y agrégalas a la cazuela. Cubre todo con agua, sazona y deja cocer a fuego lento durante 40 minutos.

Machaca en el mortero el pan frito con las almendras fileteadas, añade el majado a las patatas y cocina todo junto durante 5 minutos.

Sirve con un chorro de aceite crudo por encima.

ACELGAS EN ADOBO

INGREDIENTES **(4 P.)**

800 g de acelgas
1 huevo
1 diente de ajo
2 rebanadas de pan tostado
aceite de oliva virgen extra
2 cucharadas de vinagre
perejil
1 cucharada de pimentón
sal

ELABORACIÓN

Pon agua a calentar en un cazo, añade el huevo y cuécelo durante 10 minutos (contados desde que el agua empiece a hervir). Refréscalo, pélalo, córtalo en 4 gajos y resérvalo.

Lava las hojas de acelga, retírales los hilos y córtalas (tanto las pencas como las hojas) en trocitos.

Pon agua a calentar en una cazuela grande y sazónala. Cuando el agua empiece a hervir, agrega las acelgas y cuécelas durante 10 minutos aproximadamente. Escúrrelas y reserva por separado las acelgas y el caldo de la cocción.

Calienta una cazuela grande con un chorrito de aceite, pela el diente de ajo, córtalo en láminas y añádelo. Dóralo un poco, retíralo y ponlo en el mortero. Añade al mortero las rebanadas de pan tostado y el pimentón y maja todo bien. Agrega el vinagre y mezcla bien.

Pasa las acelgas a la cazuela donde has dorado el ajo y rehógalas durante 2 minutos. Incorpora el majado, remueve y vierte encima 250 ml del caldo reservado. Cocina todo conjuntamente durante 5 minutos.

Sirve las acelgas en 4 platos y pon 1 gajo de huevo en cada uno. Decora los platos con unas hojas de perejil.

CONSEJO: Si las acelgas son pequeñas y tiernas, no hará falta quitarles los hilos.

AGUACATE RELLENO DE CUSCÚS

INGREDIENTES **(4 P.)**

2 aguacates maduros
100 g de cuscús
1 cebolleta pequeña
½ pepino
½ pimiento verde
8-10 tomates cherry
½ limón
aceite de oliva virgen extra
perejil
1 cucharadita de menta picada (o hierbabuena)
sal

ELABORACIÓN

Pon el cuscús en un bol y cúbrelo con la misma cantidad de agua hirviendo. Sazónalo, tápalo con film transparente y deja que se hidrate hasta que absorba el agua (10 minutos aproximadamente).

Corta la cebolleta, el pepino y el pimiento en daditos y ponlos en un bol. Lava los tomates (reserva 4 para decorar), córtalos de la misma manera y agrégalos al bol. Abre los aguacates por la mitad, retírales la pulpa con cuidado de no romper las cáscaras (resérvalas), córtala en dados y añádelos al bol.

Exprime el limón encima e incorpora el cuscús, 1 cucharada de perejil picado, la menta picada, una pizca de sal y un chorrito de aceite. Mezcla bien y rellena los aguacates con la mezcla.

Corta los 4 tomates reservados en gajos finos y decora con ellos los aguacates rellenos. Decóralos con unas hojas de perejil.

CONSEJO: Si os sobra relleno, no hay problema: colocadlo en un bol y listo. Siempre habrá alguien que quiera repetir.

PATATAS GRATINADAS

INGREDIENTES **(4 P.)**

1 kg de patatas
2 huevos cocidos
100 g de queso rallado
aceite de oliva virgen extra
sal

Para la bechamel:
100 g de mantequilla
100 g de harina
500 ml de leche
sal

ELABORACIÓN

Pela las patatas, córtalas en rodajas finas y fríelas en una sartén con aceite. Sazónalas y resérvalas.

Prepara la bechamel (véase *Salsa bechamel*).

Coloca en el fondo de una fuente (apta para el horno) las rodajas de patatas fritas y cubre con la bechamel. Pica finamente los huevos cocidos. Espolvorea la bechamel con el huevo cocido y el queso rallado.

Gratina las patatas durante 3 minutos aproximadamente y sirve.

PASTEL DE PURÉS Y HORTALIZAS

INGREDIENTES **(4 P.)**

4 patatas grandes
2 puerros
1 cebolla
500 g de calabaza
50 g de arroz
12 espárragos verdes
12 pimientos del piquillo
100 g de queso rallado
aceite de oliva virgen extra
perejil
azúcar
sal

ELABORACIÓN

Para hacer el puré de patata, pon a calentar agua en una cazuela. Cuando empiece a hervir, añade las patatas (lavadas y con piel) y cuécelas durante 40 minutos. Escúrrelas, pélalas, trocéalas y pásalas por el pasapurés. Sazona, añade un poco de perejil picado y un chorrito de aceite y mezcla bien. Reserva el puré de patata en una manga pastelera.

Para hacer el puré de calabaza, lava bien los puerros, pela la cebolla, pícalos y ponlos a rehogar en una cazuela con un chorrito de aceite. Cuando tomen color, corta la calabaza en dados, añádela y cubre todo con agua. Agrega el arroz, sazona y deja que hierva todo junto durante 15-18 minutos. Retira el caldo y tritura las hortalizas con una batidora eléctrica. Reserva el puré de calabaza en una manga pastelera.

Limpia los espárragos, córtalos por la mitad a lo largo y saltéalos en una sartén con un chorrito de aceite durante 8 minutos. Sazónalos y resérvalos en un plato.

Coloca los pimientos del piquillo en una sartén con un chorrito de aceite, una pizca de sal y otra de azúcar y deja que se cocinen por los dos lados a fuego suave durante 15 minutos.

Para montar el pastel, extiende la mitad del puré de patata en el fondo de una fuente apta para el horno, coloca encima los espárragos salteados, cúbrelos con el puré de calabaza, pon encima los pimientos del piquillo y termina con otra capa de puré de patata. Espolvorea con el queso rallado y gratina el pastel en el horno durante 2-3 minutos.

Sirve y decora con una ramita de perejil.

PATATAS RELLENAS DE PIPERRADA Y HUEVO

INGREDIENTES **(4 P.)**

4 patatas grandes
4 huevos
2 dientes de ajo
1 pimiento morrón
2 pimientos verdes
1 cebolleta
100 ml de leche
20 tomates cherry
aceite de oliva virgen extra
vinagre
perejil
sal

ELABORACIÓN

Pela los dientes de ajo y córtalos en láminas. Pela el pimiento morrón. Retira el tallo y las semillas a los pimientos (morrón y verdes) y córtalos en juliana. Corta también en juliana la cebolleta. Pon todo a pochar en una sartén con aceite, sazona y cocina hasta que quede bien dorado (20-25 minutos). Reserva la piperrada.

Limpia las patatas y cuécelas en una cazuela con agua, un chorro de vinagre y una pizca de sal durante 35-40 minutos. Retíralas y deja que se enfríen. Córtales una tapa por la parte más ancha y vacíalas (reserva la pulpa).

Rellena las patatas con la piperrada, aplastándola un poco por la parte central. Colócalas en una fuente apta para el horno, casca sobre cada una 1 huevo, sazónalos y espolvoréalos con un poco de perejil picado. Hornea a 200 ºC durante 3-4 minutos.

Coloca la pulpa de las patatas en un vaso batidor, sazónala, agrega la leche y tritura todo con una batidora eléctrica. Reserva el puré.

Limpia los tomates, saltéalos en una sartén con un poco de aceite y espolvoréalos con un poco de perejil picado.

Sirve las patatas rellenas y acompáñalas con los tomates salteados y el puré.

PATATAS REBOZADAS EN SALSA VERDE CON BACALAO

INGREDIENTES **(4 P.)**

4 patatas
200 g de bacalao desalado
harina y huevo batido (para rebozar)
2 dientes de ajo
½ cebolla
125 ml de vino blanco
4 espárragos en conserva
1 huevo cocido
aceite de oliva virgen extra
perejil
sal

ELABORACIÓN

Pela las patatas y córtalas en rodajas de ½ centímetro. Sazónalas, pásalas por harina y huevo batido y fríelas (por los dos lados) en una sartén con aceite brevemente (para que cojan un poco de color). Retíralas y resérvalas en un plato.

Pela los dientes de ajo y pícalos finamente, pica la cebolla del mismo modo y ponlos a dorar en una cazuela ancha con un poco de aceite. Cuando empiecen a coger color, añade las patatas y el vino y guísalas durante 20 minutos. Escúrrelas, retíralas a una fuente amplia y resérvalas. Si ves que el líquido de la cazuela ha mermado mucho, agrega un poco de agua.

Trocea el bacalao y los espárragos e incorpóralos a la salsa. Añade un poco de perejil picado y cocina todo durante 3 minutos. Pica el huevo cocido, añádelo y mezcla todo.

Salsea las patatas, espolvorea nuevamente con perejil picado y sirve.

ALCACHOFAS CON PATATAS Y JAMÓN

INGREDIENTES **(4 P.)**

12 alcachofas
3 patatas
4 lonchas de jamón serrano
aceite de oliva virgen extra
perejil
sal

ELABORACIÓN

Pon agua a calentar en una olla rápida. Pela las patatas, córtalas en trozos grandes y agrégalas a la olla. Pela las alcachofas eliminándoles las hojas exteriores (2-3 capas), retírales las puntas y los tallos, introdúcelas en la olla, sazónalas y añade unas ramas de perejil. Cuécelas durante 3 minutos.

Cuando baje la válvula, retira las alcachofas y escúrrelas (boca abajo) sobre una fuente cubierta con papel absorbente. Córtalas por la mitad y extiéndelas bordeando los cuatro lados de una fuente grande rectangular. Escurre también las patatas y ponlas en el centro de la fuente.

Calienta un chorrito de aceite en una sartén. Corta el jamón en dados, agrégalo a la sartén y rehógalo brevemente. Riega las alcachofas y las patatas con el jamón y reparte todo en 4 platos. Decóralos con unas hojas de perejil.

CONSEJO: Los tallos de las alcachofas se pueden aprovechar. Basta con pelarlos y cocerlos a la vez que las alcachofas.

COLIFLOR CON CÚRCUMA Y SÉSAMO

INGREDIENTES **(4 P.)**

1 coliflor
3 dientes de ajo
2 cucharadas de sésamo
aceite de oliva virgen extra
2 cucharadas de cúrcuma molida
1 cucharadita de comino molido
perejil
sal

ELABORACIÓN

Calienta abundante agua en una cazuela y sazónala.

Separa la coliflor en ramilletes, lávalos y agrégalos a la cazuela. Cuécelos durante 8-10 minutos (es importante que quede al dente). Retíralos y escúrrelos.

Pela los dientes de ajo, córtalos en daditos y ponlos en un bol grande. Agrega la cúrcuma, el comino, una pizca de sal y 100 ml de aceite. Mezcla bien hasta que todos los ingredientes queden bien integrados.

Introduce (con ayuda de dos cucharas) los ramilletes de coliflor en la mezcla, escúrrelos bien y colócalos en un recipiente apto para el horno.

Espolvorea la coliflor con las semillas de sésamo y hornéala a 220 ºC durante 10-15 minutos.

Sirve la coliflor, rocíala con un poco de aceite y decora los platos con unas hojas de perejil.

CONSEJO: La cúrcuma es una raíz de la familia del jengibre. La cúrcuma fresca necesita oscuridad y debe utilizarse rápidamente, ya que la luz hace que pierda color y sabor. Se puede guardar durante 2-3 semanas en el cajón de las verduras del frigorífico.

CREMA DE ACELGAS CON TIRITAS DE POLLO

INGREDIENTES **(4 P.)**

- 8 hojas de acelga
- ½ pechuga de pollo
- 3 patatas
- 4 zanahorias
- 6 cucharadas de harina
- 1 cucharada de levadura en polvo
- 1 cucharadita de pimentón
- 200 ml de cerveza
- aceite de oliva virgen extra
- tomillo
- perejil
- pimienta
- sal

ELABORACIÓN

Limpia las acelgas, pícalas y ponlas a cocer en una olla rápida con agua y una pizca de sal. Pela las patatas, trocéalas y añádelas. Pela las zanahorias, pícalas e incorpóralas. Cierra la olla y cocina durante 4 minutos. Escurre las hortalizas y tritúralas con la batidora eléctrica. Cuela y reserva la crema.

Para las tiras de pollo, mezcla la harina con la levadura y el pimentón e incorpora poco a poco la cerveza, mezclando todo bien. Agrega 1 pizca de tomillo y mezcla. Deja reposar la masa durante 15 minutos. Corta el pollo en tiras muy finas, salpimiéntalas y pásalas por la masa. Fríelas en una sartén con aceite y retíralas a una fuente con papel absorbente.

Sirve la crema de acelga, acompáñala con las tiras de pollo y decora con unas hojas de perejil.

SANJACOBOS DE PATATA

INGREDIENTES **(4 P.)**

- 2-3 patatas
- 100 g de jamón cocido (en lonchas)
- 100 g de queso (en lonchas)
- harina y huevo batido (para rebozar)
- 1 cebolla
- 2 dientes de ajo
- 1 cucharadita de harina
- 125 ml de vino blanco
- 250 ml de caldo de carne
- aceite de oliva virgen extra
- 1 hoja de laurel
- perejil picado
- sal

ELABORACIÓN

Pela las patatas y, con ayuda de una mandolina, córtalas en rodajas finas. Cubre la mitad de las rodajas con ½ loncha de jamón y ½ loncha de queso y cúbrelas con el resto de las rodajas de patata. Sazona las patatas rellenas, pásalas por harina y huevo batido y fríelas en una sartén con abundante aceite. Retíralas a una fuente con papel absorbente y resérvalas.

Pela la cebolla y los dientes de ajo, pícalos en dados y ponlos a pochar en una cazuela con parte del aceite (colado) utilizado para freír las patatas. Sazona, añade el laurel y cocínalas durante 15-20 minutos. Añade la harina y rehógala bien. Vierte encima el vino blanco y el caldo de carne y deja que hierva la salsa.

Cuando la salsa rompa a hervir, agrega un poco de perejil picado e incorpora las patatas rellenas. Cocina todo junto durante 4 minutos, para que se mezclen los sabores, y sirve.

CREMA DE ACELGAS CON TOMATES CHERRY SALTEADOS

INGREDIENTES **(4 P.)**

500 g de acelgas
12 tomates cherry
3 patatas
1 cebolla
2 dientes de ajo
1 huevo cocido
aceite de oliva virgen extra
sal

ELABORACIÓN

Pela la cebolla y los dientes de ajo, pícalos y ponlos a pochar en la olla rápida con un poco de aceite.

Limpia las acelgas y separa las pencas de las hojas. Reserva las pencas. Pica las hojas e incorpóralas a la cazuela. Pela las patatas, trocéalas y añádelas. Cubre con 1.250 ml de agua, sazona, cierra la olla y cocina durante 6-8 minutos. Tritura todo con una batidora eléctrica y cuela la crema.

Corta las pencas en juliana fina rehógalas en una sartén con aceite hasta que estén doradas. Retíralas y resérvalas.

Corta los tomates en 4 y saltéalos brevemente en la sartén donde rehogaste las pencas. Retíralos y resérvalos.

Sirve la crema de acelgas en una sopera y agrega las pencas, los tomates salteados y el huevo cocido (picado).

CREMA DE CALABACÍN CON HORTALIZAS Y QUESO

INGREDIENTES **(4 P.)**

2 calabacines
2 zanahorias
1 brócoli
250 g de queso curado
2 patatas
1 puerro
aceite de oliva virgen extra
pimienta
sal

ELABORACIÓN

Lava los calabacines y córtalos (con piel) en dados. Pela las patatas y trocéalas. Limpia bien el puerro, retirándole la parte superior y la inferior, y pícalo. Cuece las hortalizas en una cazuela con 1.500 ml de agua y sal durante 20 minutos. Tritura todo con una batidora eléctrica o un vaso americano. Cuela y reserva la crema.

Cubre una bandeja de horno con papel de hornear, ralla el queso y extiéndelo sobre el papel. Cúbrelo con otra lámina de papel de hornear y coloca encima otra bandeja de horno para que presione. Hornéalo a 180 ºC durante 10 minutos. Retira la tortita de queso del horno y resérvala.

Pela las zanahorias, córtalas en juliana fina y saltéalas en una sartén con un poquito de aceite. Limpia el brócoli, sepáralo en ramilletes y saltéalo. Sirve la crema de calabacín y acompáñala con la zanahoria y el brócoli salteados y la tortita de queso.

ALCACHOFAS CON SALSA HOLANDESA

INGREDIENTES **(4 P.)**

12 alcachofas

perejil

sal

Para la salsa holandesa:

3 yemas de huevo

1 cucharadita de *txakoli* (o vino blanco)

200 g de mantequilla

sal

ELABORACIÓN

Pela las alcachofas retirándoles 2-3 capas de hojas. Córtales los tallos y las puntas y cuécelas durante 4 minutos en una olla rápida con abundante agua y una pizca de sal. Cuando baje la válvula, abre la olla, retira las alcachofas y ponlas boca abajo en una fuente. Deja que escurran y córtalas por la mitad.

Para preparar la salsa holandesa, coloca la mantequilla en un cazo y ponla a fundir a fuego suave. Pon las yemas de huevo en un bol y móntalas con una batidora de varillas eléctrica. Sazona, vierte encima el *txakoli* y sigue montándolas. Pon a calentar un poco de agua en una cazuela, introduce el bol con las yemas y el *txakoli* y sigue montándolas al baño maría. Agrega la mantequilla (sin añadir el suero que queda en el fondo) poco a poco y termina de montarlas.

Reparte las alcachofas en 4 recipientes, pon un poco de salsa holandesa sobre cada una y gratínalas en el horno hasta que la salsa se dore un poco. Sirve y decora los platos con unas hojas de perejil.

CONSEJO: La salsa holandesa se puede aromatizar (al gusto) añadiéndole un poco de nuez moscada, pimienta blanca o cayena en polvo.

ALCACHOFAS CON VINAGRETA DE MOSTAZA

INGREDIENTES **(4 P.)**

8 alcachofas

perejil

sal

Para la vinagreta de mostaza:

1 cucharada de mostaza a la antigua

1 cucharada de miel

½ cebolleta

1 diente de ajo

½ pimiento verde pequeño

⅛ de pimiento rojo

150 ml de aceite de oliva virgen extra

30 ml de vinagre (o al gusto de cada uno)

sal

ELABORACIÓN

Calienta abundante agua en la olla rápida y agrega unas ramas de perejil.

Limpia las alcachofas retirándoles las hojas exteriores. Córtales las puntas y los tallos e introdúcelas en la olla. Sazona, cierra la olla y cuécelas durante 4 minutos. Retira las alcachofas y córtalas por la mitad.

Para preparar la vinagreta, pon la mostaza y la miel en un bol. Corta la cebolleta y el diente de ajo (pelado) en daditos y agrégalos al bol. Lava el pimiento verde, córtalo en daditos y añádelo. Pela el pimiento rojo, córtalo de la misma manera e incorpóralo. Agrega el vinagre y el aceite y sazona (al gusto). Mezcla bien y reserva la vinagreta.

Sirve 2 alcachofas en cada plato y acompáñalas con la vinagreta. Decora los platos con unas hojas de perejil.

CONSEJO: Las alcachofas pueden ser un plato por sí mismas (cocinadas a la plancha, en tempura o rellenas) o bien formar parte de una guarnición de carnes o pescados.

CREMA DE CALABAZA CON GAMBAS Y ESPÁRRAGOS

INGREDIENTES **(4 P.)**

500 g de calabaza
250 g de gambas
8 espárragos verdes
3 patatas
1 cebolla
1 tomate maduro
1 puerro
2 dientes de ajo
aceite de oliva virgen extra
pimienta
sal

ELABORACIÓN

Pela la calabaza, las patatas, la cebolla, el tomate y los dientes de ajo, limpia bien el puerro (retirándole la parte superior y la inferior) y trocea todo. Pon las hortalizas en una cazuela con 2 litros de agua, un poco de sal y 3 cucharadas de aceite y cuécelas durante 20-25 minutos. Tritura todo con la batidora eléctrica y reserva la crema.

Pela las gambas y salpimiéntalas. Limpia los espárragos y córtalos en trozos de 3 cm. En una sartén con aceite, saltea brevemente los espárragos, incorpora las gambas y saltea conjuntamente durante 1-2 minutos.

Sirve la crema de calabaza en una sopera y añádele la guarnición de gambas y espárragos salteados.

CREMA DE BRÓCOLI CON BOCADOS DE MIJO

INGREDIENTES **(4-6 P.)**

1 brócoli grande o 2 pequeños
100 g de mijo
1 patata
1 diente de ajo
½ cebolleta
aceite de oliva virgen extra
15 hojas de cilantro fresco
1 cucharadita de *curry*
sal

ELABORACIÓN

Coloca el mijo en un recipiente con agua fría y lávalo tres o cuatro veces, cambiando de agua. Escúrrelo bien. En una cacerola, pon a hervir 200 ml de agua (doble cantidad que de mijo) con una pizca de sal. Cuando rompa a hervir, agrega el mijo y cuécelo durante 20 minutos a fuego lento. Escúrrelo, pásalo a un cuenco y deja que se enfríe bien.

Pela la patata y trocéala. Limpia el brócoli y sepáralo en ramilletes. Pon a cocer la patata pelada y el brócoli en una cazuela con agua hirviendo y sal. Tapa y cocina durante 5-6 minutos. Retira el exceso de agua, tritura con la batidora eléctrica y reserva la crema.

Añade al cuenco del mijo el *curry*, la cebolleta y el diente de ajo (picaditos), el cilantro (picado) y sal. Mezcla con las manos hasta unir todo bien y deja reposar durante 30 minutos para que se mezclen los sabores.

Forma bolitas de bocado (bocaditos) con el mijo y fríelas por los dos lados en una sartén con aceite hasta que se doren. Retira y escurre los bocaditos sobre un plato cubierto con papel absorbente.

Reparte la crema de brócoli en 4-6 platos hondos, coloca encima los bocaditos de mijo y sirve.

CREMA DE ESPINACAS Y PATATA CON HORTALIZAS EN TEMPURA

INGREDIENTES **(6 P.)**

1 kg de espinacas
4 patatas
2 dientes de ajo
2 cebollas
3 puerros
1 zanahoria
1 pimiento verde
150 g de harina de tempura
aceite de oliva virgen extra
sal

ELABORACIÓN

Pela los dientes de ajo y 1 cebolla, y limpia bien los puerros (retirándoles la parte superior y la inferior). Pica las hortalizas y ponlas a dorar en una olla rápida con un chorrito de aceite. Cuando las hortalizas empiecen a tomar color, pela las patatas, trocea e incorpóralas a la olla. Cúbrelas con agua, sazona, cierra la olla y cocínalas durante 5 minutos. Tritura todo con una batidora eléctrica y reserva la crema en una jarra.

Limpia las espinacas y cuécelas durante 2 minutos en una cazuela con agua y una pizca de sal. Escúrrelas. Incorpora a las espinacas la mitad de la crema de puerros y patatas, tritura con una batidora eléctrica y resérvala en otra jarra.

Mezcla en un cuenco la harina de tempura con 200 ml de agua bien fría y bátelas hasta conseguir una mezcla homogénea.

Pela la zanahoria y córtala en bastones. Retira el tallo y las semillas al pimiento y córtalo del mismo modo. Pela la otra cebolla, córtala en cuartos y deshoja las capas. Introduce las hortalizas en la masa de tempura y fríelas en una sartén con abundante aceite caliente. Retíralas y escúrrelas sobre un plato cubierto con papel absorbente.

Sirve en los platos las dos cremas (a ser posible a la vez y sin que se mezclen) y acompaña con las hortalizas en tempura.

CREMA DE CEBOLLAS CON PURÉ DE PATATAS

INGREDIENTES **(4 P.)**

4 cebollas grandes
4 patatas
1.500 ml de caldo de verduras
100 g de arroz
1 diente de ajo
1 loncha gruesa de jamón
aceite de oliva virgen extra
1 cucharadita de perejil picado
pimienta
sal

ELABORACIÓN

Pela las cebollas, córtalas en trozos grandes y rehógalas en la olla rápida con un chorrito de aceite y una pizca de sal hasta que se doren bien.

Agrega el caldo y el arroz, cierra la olla y cuece durante 4 minutos.

Tritura todo con una batidora eléctrica y reserva la crema.

Pela las patatas, trocéalas y cuécelas en una cazuela con agua durante 20 minutos. Escúrrelas, pásalas por el pasapurés y salpimienta el puré. Pela el diente de ajo, pícalo finamente y añádelo. Agrega el perejil picado y mezcla todo.

Corta el jamón en tacos y dóralos en una sartén con un poco de aceite. Incorpora el jamón al puré y mezcla bien.

Reparte la crema en 4 recipientes individuales aptos para el horno y pon 1 cucharada de puré en cada uno. Gratina en el horno durante 3 minutos y sirve.

BORRAJA CON REFRITO DE JAMÓN

INGREDIENTES **(4 P.)**

1.200 g de borraja
100 g de jamón serrano
2 patatas (500 g)
2 dientes de ajo
aceite de oliva virgen extra
perejil
1 cucharadita de pimentón
sal

ELABORACIÓN

Pon a calentar agua en la olla rápida.

Retira las hojas de las borrajas, lava las pencas, córtalas en trozos de 3-4 cm y añádelas a la olla. Pela las patatas, trocéalas (cascándolas) e incorpóralas. Sazona, cierra la olla y cuece todo durante 2-4 minutos. Escurre las borrajas y las patatas y pásalas a una fuente.

Pela los dientes de ajo, córtalos en láminas y dóralos en una sartén con un chorrito de aceite. Corta el jamón en dados, añádelo y rehógalo brevemente. Retira la sartén del fuego, agrega el pimentón y mezcla bien. Riega con el refrito las borrajas con patatas.

Sirve y decora los platos con unas hojas de perejil.

CONSEJO: No hace falta pelar los tallos de las borrajas: una vez cocidos, los pelitos que tienen desaparecen.

SETAS AL HORNO

INGREDIENTES **(4 P.)**

24 setas de cardo (de cultivo)
2 dientes de ajo
1 trozo de guindilla
aceite de oliva virgen extra
perejil
sal

ELABORACIÓN

Pela los dientes de ajo, pícalos y ponlos en el mortero con la guindilla. Añade un poco de perejil picado y una pizca de sal y maja todo bien. Agrega 5-6 cucharadas de aceite y mezcla bien.

Limpia las setas. Extiende un poco de aceite en una bandeja de horno, colócalas encima, sazónalas y riégalas con el aceite de ajo, guindilla y perejil. Hornéalas a 220 ºC durante 8 minutos.

Sirve y decora los platos con unas hojas de perejil.

CONSEJO: Si no queréis encender el horno solo para hacer las setas, podéis cocinarlas a la plancha o en una sartén con un chorrito de aceite.

SOPA BORSCH

INGREDIENTES **(4 P.)**

500 g de remolacha
1 cebolla
1 patata
2 puerros
2 zanahorias
1 penca de apio
1 yogur natural
aceite de oliva virgen extra
perejil
nuez moscada
sal

ELABORACIÓN

Pela la cebolla, pícala finamente y rehógala en una cazuela con un poco de aceite. Sazona. Pela la remolacha y la patata, córtalas en daditos y añádelas. Cocina todo durante 20 minutos. Reserva.

Pela las zanahorias, córtalas en medias lunas y ponlas a cocer en una cazuela con abundante agua. Limpia los puerros, retirándoles la parte superior y la inferior, córtalos en rodajas e incorpóralos. Agrega la penca de apio entera y 4 ramas de perejil atadas con una lid de cocina. Sazona y cocina conjuntamente durante 15 minutos.

Retira el apio y el perejil del caldo y vuelca el resto en la cazuela de la remolacha. Añade 1 pizca de nuez moscada rallada y cuece a fuego no muy fuerte durante 10 minutos.

Sirve en 4 platos hondos, pon encima de cada uno 1 cucharada de yogur y decora con unas hojas de perejil.

CREMA DE PUERROS CON QUESO FRITO

INGREDIENTES **(4-6 P.)**

6 puerros
200 g de queso semicurado
3 patatas
3 zanahorias
harina, huevo batido y pan rallado (para rebozar)
aceite de oliva virgen extra
perejil
sal

ELABORACIÓN

Limpia los puerros, retirándoles la parte superior y la inferior, córtalos por la mitad, pícalos, colócalos en un colador y enjuágalos bien bajo el agua del grifo. Pela las patatas y trocéalas.

Pon 1 litro de agua en una olla rápida y añade los puerros, las patatas y una pizca de sal. Cierra la olla y cuece todo durante 3 minutos. Tritura todo con una batidora eléctrica, cuela la crema y resérvala.

Pela las zanahorias y, con el mismo pelador, córtalas en tiras finas. Saltéalas en una sartén con un poco de aceite, retíralas y resérvalas.

Corta el queso en triángulos o en rectángulos de bocado, rebózalos con harina, huevo batido y pan rallado y fríelos en una sartén con aceite hasta que se doren. Retíralos y escúrrelos.

Sirve la crema de puerros y acompáñala con las zanahorias salteadas y el queso frito.

SOPA DE AJO EN CREMA

INGREDIENTES **(4-6 P.)**

8 dientes de ajo
½ barra de pan de la víspera (125 g)
2 puerros
1 cebolla
½ gallina o 2 muslos de pollo
4 lonchas de jamón
1 chorizo
aceite de oliva virgen extra
perejil
1 cucharada de pimentón
sal

ELABORACIÓN

Limpia los puerros, retirándoles la parte superior e inferior, y pela la cebolla. Trocéalos y rehógalos en una olla rápida con 2 cucharadas de aceite. Añade el pollo y 1 rama de perejil, sazona y dora el pollo a fuego fuerte. Cubre todo con agua, cierra la olla y cocina durante 15-20 minutos. Cuela el caldo y resérvalo.

Coloca un papel de hornear en una bandeja de horno y pon sobre él las lonchas de jamón. Cúbrelas con otra lámina de papel de hornear y coloca un recipiente encima (apto para el horno) para que haga presión. Hornea el jamón a 160 ºC durante 15 minutos. Retíralo y resérvalo.

Pela 5 dientes de ajo y dóralos en una cazuela con un chorro de aceite. Corta el pan en rebanadas finas, añádelo a la cazuela y rehógalo. Agrega el caldo y el pimentón y cocina conjuntamente durante 20 minutos. Tritura todo con una batidora eléctrica y reserva la sopa.

Pela los otros 3 dientes de ajo, pícalos y dóralos en una sartén con un chorrito de aceite. Retíralos a un plato y espolvoréalos con perejil picado.

Pica el chorizo y fríelo en otra sartén con un poco de aceite. Retíralo y escúrrelo bien.

Sirve la sopa en una sopera y acompáñala con el chorizo, el ajo frito con el perejil y el crujiente de jamón.

SOPA DE AJO CON BACALAO

INGREDIENTES **(4-6 P.)**

1 cabeza de ajos
2 lomos de bacalao desalado (300 g)
harina (para rebozar)
10 rebanadas de pan de la víspera
1 cebolla
2 puerros
2 muslos de pollo
aceite de oliva virgen extra
perejil
1 cucharada de pimentón
sal

ELABORACIÓN

Retira la piel de los lomos de bacalao y córtalos en dados. Pásalos por harina y fríelos en una sartén con abundante aceite hasta que se doren. Resérvalos.

Para preparar el caldo, pon abundante agua en una olla rápida e introduce la cebolla (pelada y entera), los puerros (limpios y troceados), los muslos de pollo, 2-3 ramas de perejil y una pizca de sal. Tapa y cocina durante 5 minutos. Cuela y reserva el caldo.

Tuesta las rebanadas de pan en el horno a 180 ºC durante 5 minutos. Resérvalas.

Pela los ajos y dóralos en una cazuela con un chorrito de aceite. Trocea el pan tostado e incorpóralo a la cazuela. Agrega el pimentón y el caldo reservado, mezcla bien, para que se vaya deshaciendo el pan, y cocina durante 15-20 minutos.

Sirve la sopa bien caliente en platos hondos, coloca unos daditos de bacalao en el centro de cada uno y decora con una hojita de perejil.

HABITAS SALTEADAS CON MENTA

INGREDIENTES **(4 P.)**

400 g de habitas tiernas (desgranadas)

1 cebolleta

2 lonchas de panceta (100 g)

100 ml de vino de Jerez

aceite de oliva virgen extra

10 hojas de menta

sal

ELABORACIÓN

Corta la cebolleta en daditos y rehógala a fuego suave en una sartén con un chorrito de aceite durante 6-8 minutos.

Corta la panceta en dados y añádela. Cocínala hasta que se dore bien.

Incorpora las habas, sazónalas y cocínalas durante 8 minutos. Vierte encima el jerez y dale un hervor. Pica las hojas de menta y agrégalas. Saltea brevemente y sirve. Decora los platos con unas hojas de menta.

CONSEJO: Antes de desgranar las habas, es conveniente lavar bien las vainas para evitar que la suciedad exterior contamine los granos.

SOPA DE BERROS CON ALMEJAS

INGREDIENTES **(4-6 P.)**

100 g de berros
400 g de almejas
1 puerro
1 zanahoria
1 muslo de pollo
1 esqueleto de pollo
2 cebolletas
80 g de arroz
2 huevos
aceite de oliva virgen extra
perejil
sal

ELABORACIÓN

Para hacer el caldo, limpia el puerro, retirándole la parte superior y la inferior, pela la zanahoria e introdúcelos en una olla rápida con abundante agua. Añade el muslo y el esqueleto de pollo y 3 ramas de perejil y sazona. Tapa la olla y cocina todo durante 5 minutos. Cuela el caldo y resérvalo.

Pica finamente las cebolletas y póchalas a fuego lento en una cazuela con un chorrito de aceite durante 10 minutos. Añade el arroz y el caldo y deja hervir durante 10-12 minutos.

Limpia las almejas y los berros, añádelos a la cazuela y cocínalos durante 4 minutos (hasta que se abran las almejas).

Bate los huevos, incorpóralos a la sopa y remueve.

Sirve la sopa bien caliente.

SOPA DE TRUFA CON HOJALDRE

INGREDIENTES **(4-6 P.)**

100 g de trufa fresca
1 lámina de hojaldre
2 zanahorias
2 cebollas
2 muslos de pollo
2 pencas de apio
10 champiñones
100 g de *foie*
aceite de oliva virgen extra
perejil
sal

ELABORACIÓN

Pela 1 zanahoria y 1 cebolla, y ponlas (enteras) en una olla rápida. Añade los muslos de pollo y 1 manojo de perejil, cubre con agua y sazona. Cierra la olla y cocina durante 20 minutos. Cuela el caldo y deja que se enfríe.

Pela la otra cebolla y la otra zanahoria y pícalas finamente. Retira los hilos a las pencas de apio y pícalas (intenta que el picado sea similar). Rehoga la cebolla, la zanahoria y las pencas de apio a fuego lento en una sartén con un chorrito de aceite durante 15 minutos. Sazona. Limpia los champiñones, pícalos finamente, agrégalos a la sartén y rehógalos con las hortalizas durante 4-5 minutos más.

Reparte las hortalizas con champiñones en 4 cazuelitas o recipientes aptos para el horno. Corta el *foie* en daditos y las trufas en láminas. Coloca en cada cazuela unos daditos de *foie* y unas láminas de trufa, cubre con el caldo frío y resérvalas.

Estira el hojaldre bien fino y córtalo un poco más grande que la parte superior de las cazuelitas. Cubre la parte superior de las cazuelitas con el hojaldre, sellándolas bien, y hornea a 200 ºC durante 15 minutos. Sirve.

ALCACHOFAS SALTEADAS CON CREMA DE CALABAZA

INGREDIENTES **(4 P.)**

16 alcachofas
500 g de calabaza
1 cebolla
1 patata
4 dientes de ajo
aceite de oliva virgen extra
perejil
sal

ELABORACIÓN

Para preparar la crema de calabaza, calienta un poco de aceite en la olla rápida, pela la cebolla, córtala en dados grandes y agrégala. Pela la patata, cáscala y añádela. Pela la calabaza, trocéala e incorpórala. Sazona, cubre todo con agua, cierra la olla y cuece las hortalizas durante 3 minutos. Abre la olla, retira el exceso de agua y tritura los ingredientes con la batidora eléctrica. Reserva la crema.

Calienta una cazuela amplia con un chorrito de aceite. Pela las alcachofas retirándoles 3-4 capas de hojas y córtales la parte superior y el tallo. Corta las alcachofas en cuartos y añádelas a la cazuela. Sazónalas y rehógalas a fuego medio-suave durante 10-15 minutos.

Pela los dientes de ajo, córtalos en láminas y dóralos en una sartén con un chorrito de aceite.

Reparte la crema de calabaza en la base de 4 platos, coloca encima las alcachofas y salpícalas con las láminas de ajo. Decora los platos con unas hojas de perejil y sirve.

CONSEJO: Para que las alcachofas queden tiernas, es importante pelarlas bien.

SOPA DE ACELGAS CON QUESO GRATINADO

INGREDIENTES **(6 P.)**

6 hojas de acelga
60 g de queso curado
1 esqueleto de pollo
2 higaditos de pollo
1 muslo de pollo
1 puerro
2 zanahorias
1 cebolla
2 huevos cocidos
6 rebanadas de pan
aceite de oliva virgen extra
sal

ELABORACIÓN

Para preparar el caldo, pon a cocer el esqueleto, los hígados y el muslo de pollo a cocer en una cazuela con abundante agua. Limpia el puerro, retirándole la parte superior y la inferior, pícalo y añádelo. Pela las zanahorias y la cebolla, córtalas a la mitad e incorpóralas a la cazuela. Sazona y deja cocer durante 30 minutos a fuego suave. Retira las zanahorias y el muslo de pollo, córtalos en daditos y resérvalos. Cuela el caldo y ponlo nuevamente al fuego.

Limpia las acelgas y separa las hojas de las pencas. Con una puntilla, retira los hilos de las pencas, córtalas en bastones finos, incorpóralos al caldo y cuécelos durante 3-4 minutos. Corta las hojas de las acelgas en juliana fina, agrégalas y cuece durante 2-3 minutos más. Corta los huevos cocidos en daditos y añádelos. Añade también los daditos de zanahoria y de pollo reservados.

Forra una bandeja de horno con papel de hornear. Ralla el queso, forma 4 montones sobre la bandeja de horno forrada y gratínalos en el horno hasta que se tuesten.

Fríe las rebanadas de pan en una sartén con aceite. Escúrrelas sobre papel absorbente.

Sirve la sopa y decórala con el pan frito y los gratinados de queso.

SOPA DE HORTALIZAS CON PESTO

INGREDIENTES **(6 P.)**

1 cebolla
1 zanahoria
1 puerro
1 patata
1 nabo (pequeño)
50 g de espinacas
1 muslo de gallina
1 hueso de rodilla
1 diente de ajo pequeño
10 g de hojas de albahaca fresca
20 g de piñones
aceite de oliva virgen extra
perejil
sal

ELABORACIÓN

Pon a cocer en una olla rápida con abundante agua el muslo de gallina, el hueso de rodilla y 3-4 ramas de perejil. Sazona. Cierra la tapa y cocina durante 10 minutos. Cuela y reserva el caldo.

Limpia la cebolla, pícala y ponla a rehogar en una cazuela con un chorrito de aceite. Pela la zanahoria, limpia bien el puerro (retirándole la parte superior y la inferior), pícalos e incorpóralos a la cazuela. Sazona y rehoga conjuntamente durante 10 minutos. Pela la patata y el nabo, córtalos en dados y agrégalos. Vierte encima el caldo reservado, sazona y cocina todo a fuego moderado durante 15-20 minutos (hasta que la patata y el nabo estén tiernos).

Limpia las espinacas, pícalas, incorpóralas a la sopa y cocina todo junto durante 2-3 minutos más.

Para preparar el pesto, pela el diente de ajo, pícalo y ponlo en un mortero. Agrega los piñones y maja todo hasta conseguir una pasta. Incorpora las hojas de albahaca y maja de nuevo. Sazona y vete añadiendo el aceite (100 ml) muy poco a poco, sin parar de mover, para que la mezcla emulsione.

Añade el pesto a la sopa, mezcla y sirve.

BERENJENAS RELLENAS DE CARNE Y QUESO

INGREDIENTES **(4 P.)**

2 berenjenas

200 g de carne picada de ternera

150 g de queso de cabra al vino tinto

3 dientes de ajo

aceite de oliva virgen extra

perejil

pimienta

sal

Para la salsa bechamel:

30 ml de aceite de oliva virgen extra

30 g de harina

350 ml de leche

perejil picado

sal

ELABORACIÓN

Calienta una cazuela grande con abundante agua y sazónala. Corta las berenjenas por la mitad y agrégalas. Cuécelas durante 15 minutos. Retíralas, sécalas bien y vacíalas sin romperles la piel.

Pela los dientes de ajo, córtalos en daditos y rehógalos brevemente en una sartén con un chorrito de aceite. Incorpora la carne, salpimiéntala y cocínala brevemente. Pica la pulpa de las berenjenas y agrégala. Cocina conjuntamente durante 4-5 minutos.

Corta el queso en daditos, añádelo a la sartén y mezcla. Rellena las cáscaras de las berenjenas con esta mezcla.

Prepara la bechamel (véase *Salsa bechamel*), espolvoréala con un poco de perejil picado y cocínala durante 6-8 minutos.

Napa las berenjenas con la bechamel, introdúcelas en el horno y gratínalas hasta que se doren.

Sirve y adorna los platos con unas hojas de perejil.

CONSEJO: En vez de cocer las berenjenas, las podéis cocinar en el microondas durante 8-10 minutos.

CALABACÍN CRUJIENTE

INGREDIENTES **(4 P.)**

1-2 calabacines (según tamaño)

3 cucharadas de queso parmesano rallado

1 cucharada de ajo en polvo

200 g de *panko* (pan rallado japonés)

1 cucharada de orégano

perejil

sal

ELABORACIÓN

Lava el calabacín, córtalo en rodajas finas (mejor con una mandolina) y ponlas en un bol con agua.

Pon en una fuente honda el queso parmesano, el ajo, el orégano y el *panko.* Mezcla todo bien y reserva.

Escurre las rodajas de calabacín y pásalas por la mezcla de *panko* con queso, orégano y ajo.

Extiéndelas sobre una (o dos) bandeja de horno cubierta con papel de hornear. Hornéalas a 200 ºC durante unos 35-40 minutos. Retíralas del horno y sazónalas.

Sirve el calabacín en 4 platos y decóralos con unas hojas de perejil.

CONSEJO: El calabacín, además de ser barato y sano, nos da mucho juego en la cocina. Por daros algunas ideas: podéis hacer unos calabacines rellenos, unos chips, una crema, un paté, unos sanjacobos o un *carpaccio*.

CAZUELA DE ACELGAS

INGREDIENTES **(4 P.)**

600 g de acelgas
3 patatas
1 cebolla
1 diente de ajo
aceite de oliva virgen extra
1 cucharadita de pimentón dulce
sal

ELABORACIÓN

Limpia y pica las acelgas. Cuécelas en la olla rápida con un poco de agua y una pizca de sal durante 3 minutos. Escúrrelas.

Pela las patatas y córtalas en dados. Pela la cebolla y pícala. Sazona todo y fríe en una sartén con abundante aceite hasta que se doren las patatas. Escúrrelas bien.

Pon un chorrito de aceite en una cazuela amplia y baja. Agrega las patatas con cebolla y las acelgas. Mezcla y saltea brevemente. Sirve las acelgas con patatas en una fuente grande.

Pela el diente de ajo y pícalo finamente. Dóralo en una sartén con un poco de aceite. Retira la sartén del fuego, agrega el pimentón, mezcla bien y riega las acelgas con patatas con la mezcla.

CONSEJO: Las hojas tiernas de acelga se pueden tomar crudas en ensalada. Si son ya viejas, es mejor consumirlas sin tallos ni nervios, ya que aportan un sabor amargo.

ALCACHOFAS AL HORNO

INGREDIENTES **(4 P.)**

8 alcachofas grandes
8 dientes de ajo
150 g de beicon
1 cucharada de harina de maíz refinada
aceite de oliva virgen extra
sal

ELABORACIÓN

Quita las hojas más duras y corta las alcachofas por la parte inferior de manera que quede una base para apoyarlas. Golpéalas por la parte superior para que se abran un poco.

Colócalas en un recipiente hondo apto para el horno, sazónalas e introduce en cada una 1 diente de ajo picado. Pica el beicon, reserva la mitad y rellena con la otra mitad las alcachofas. Añade un chorro de aceite y 1 vaso de agua.

Hornéalas a 180 ºC hasta que estén tiernas (unos 30 minutos) y pásalas a un plato o fuente. Reserva el caldo que han soltado.

Fríe en una sartén con aceite la otra mitad del beicon picado. Añade el caldo reservado y la harina de maíz diluida en agua fría (para espesar la salsa).

Salsea las alcachofas y sirve.

BERENJENAS RELLENAS DE CHAMPIÑONES

INGREDIENTES **(4 P.)**

4 berenjenas
150 g de champiñones
3 cebollas
100 g de miga de pan desmenuzada
2 yemas de huevo
250 g de salsa de tomate (véase *Salsa de tomate*)
aceite de oliva virgen extra
perejil picado
sal

ELABORACIÓN

Corta las berenjenas a lo largo por la mitad, vacíalas con cuidado y pica la carne. Reserva las pieles. Pica finamente las cebollas. Limpia bien los champiñones y pícalos. Rehoga la carne de las berenjenas con las cebollas en una sartén con aceite. Cuando estén doraditas, agrega los champiñones, la miga de pan y perejil. Rehoga todo bien hasta obtener un relleno consistente. Pon a punto de sal, retira la sartén del fuego y liga el relleno con las yemas batidas. Rellena las berenjenas con la mezcla y un poquito de salsa de tomate.

Coloca las berenjenas en una placa de horno, rocíalas con un chorrito de aceite y hornéalas a 180 ºC durante 20 minutos.

Sirve las berenjenas acompañadas con un poco de salsa de tomate.

ALCACHOFAS CON ALMEJAS Y CALAMARES

INGREDIENTES **(4 P.)**

12 alcachofas
400 g de almejas
400 g de calamares pequeños
½ limón
1 cebolla o 2 cebolletas
1 diente de ajo
2 cucharadas de harina
aceite de oliva virgen extra
perejil picado
sal

ELABORACIÓN

Quita las hojas más duras de las alcachofas, córtales el tallo y las puntas y frótalas con limón para que no se ennegrezcan.

Cuece las alcachofas en una cazuela con agua, sal y 1 cucharada de harina. Cuando estén tiernas (12 minutos aproximadamente), escúrrelas, córtalas en mitades y resérvalas. Reserva también el caldo de cocción.

Pica la cebolla y póchala en una cazuela amplia y baja con un chorrito de aceite. Agrega la otra cucharada de harina. Rehoga y, sin dejar de remover, añade 4 cazos del caldo reservado. Incorpora las almejas y, cuando estén ya abiertas, añade las alcachofas, espolvorea con perejil picado y aparta la cazuela del fuego.

Limpia los calamares, sazónalos y saltéalos en una sartén con un poco de aceite y el diente de ajo entero. Añade los calamares salteados a la cazuela con las alcachofas con almejas, dales un hervor y sirve.

CALABACÍN RELLENO DE BACALAO

INGREDIENTES **(4 P.)**

2 calabacines

300 g de bacalao desalado (desmigado)

3 dientes de ajo

1 cebolleta

1 pimiento verde

200 ml de salsa de tomate (véase *Salsa de tomate*)

aceite de oliva virgen extra

perejil

sal

ELABORACIÓN

Lava los calabacines y cuécelos durante 10 minutos en una cazuela con abundante agua. Córtalos por la mitad a lo largo y vacíalos teniendo cuidado de no romperles la piel. Pica la pulpa de los calabacines y déjala escurrir sobre un colador. Reserva también las pieles.

Pela los ajos, córtalos en láminas y rehógalos en una cazuela con un chorrito de aceite. Pela la cebolleta, córtala en dados y agrégalos. Lava el pimiento, retírale el tallo y las semillas, córtalo del mismo modo y añádelo. Sazona y rehoga las hortalizas hasta que se ablanden y se doren un poco (8-10 minutos). Incorpora el bacalao desmigado, cocínalo brevemente y agrega la pulpa de los calabacines (escurrida) y la salsa de tomate. Cocina el ajoarriero durante 5-6 minutos y pon a punto de sal.

Rellena los calabacines, colócalos en una fuente (apta para el horno) y hornéalos a 220 ºC durante 6-8 minutos.

Sirve medio calabacín relleno en cada plato y decóralos con unas hojas de perejil.

CONSEJO: Si os sobra un poco de ajoarriero, os recomiendo aprovecharlo para hacer un rico bocadillo, igual que hacen los miembros de las peñas de Pamplona durante los sanfermines.

CALABACINES RELLENOS DE GAMBAS

INGREDIENTES **(4 P.)**

3 calabacines
24 gambas
½ copa de *brandy*
60 g de queso rallado
aceite de oliva virgen extra
perejil
sal

Para la salsa velouté:

75 ml de aceite de oliva virgen extra
75 g de harina
500 ml del caldo de gambas
sal

ELABORACIÓN

Lava los calabacines y córtalos en 8 trozos de 6-7 centímetros. Fríelos en una sartén con aceite (conviene taparlos porque salpican bastante) durante 6-8 minutos. Pásalos a un plato y saca la carne sin llegar al fondo (para que quede una base).

Pica la carne del calabacín y rehógala en la misma sartén. Pela las gambas (reserva las cabezas) e incorpóralas. Sazona y saltea todo junto, vierte encima el *brandy* y flambea. Retira del fuego, rellena con el salteado los calabacines y colócalos en una bandeja apta para el horno.

Para el caldo de gambas, pon las cabezas de gamba en una cazuela con 400 ml de agua, agrega unas ramas de perejil, sazona y cuece a fuego medio durante 15 minutos (vete retirando la espuma que sube a la superficie). Cuela el caldo.

En otra cazuela, prepara una *velouté* (véase *Salsa* velouté) con el caldo de gambas. Sirve un poco de *velouté* sobre cada calabacín.

Pon un poco de queso rallado sobre cada calabacín y gratínalos en el horno durante 2-3 minutos. Pásalos a una fuente, espolvoréalos con perejil picado y sirve.

CONSEJO: Los calabacines contienen mucha agua. Cuando vayáis a freírlos, conviene secarlos bien antes de sumergirlos en el aceite.

CALABAZA GRATINADA

INGREDIENTES **(4 P.)**

1 kg de calabaza
1 vaso de nata
100 g de queso de vaca en lonchas (para fundir)
100 g de mantequilla
aceite de oliva virgen extra
nuez moscada
sal

ELABORACIÓN

Cuece la calabaza pelada y cortada en dados en agua con sal y un chorro de aceite durante 25 minutos aproximadamente. Escúrrela (si quieres, puedes guardar el caldo para otra receta).

Coloca la calabaza en una fuente de horno, añade la nata y espolvorea con la nuez moscada. Reparte por encima el queso cortado en tiras y la mantequilla. Gratina durante 4 minutos aproximadamente. Sirve.

CARDO CON PANCETA

INGREDIENTES **(4 P.)**

1.500 g de cardo
200 g de panceta curada
1 cucharada de harina
350 ml de caldo de ave
20 g de almendra laminada
aceite de oliva virgen extra
sal
perejil

ELABORACIÓN

Pon agua a calentar en una cazuela. Suelta el cardo en pencas, retírales los hilos, córtalas por la mitad, y agrégalas a la cazuela. Sazónalas y cuécelas durante 20 minutos. Retira las pencas, córtalas en trozos de 2-3 cm y resérvalas.

Corta la panceta en trocitos y rehógala un poco en una tartera (cazuela amplia y baja) con un chorrito de aceite.

Añade la harina, rehógala un poco y vierte encima el caldo.

Introduce el cardo escurrido en la tartera y cocínalo en la salsa durante 6-8 minutos. Espolvorea con perejil picado.

Saltea las almendras en una sartén sin aceite, teniendo cuidado de que no se quemen.

Sirve los cardos y salpica los platos con las almendras. Decóralos con unas hojas de perejil.

CONSEJO: El cardo es el rey del invierno. La parte comestible son las pencas, y antes de cocinarlas hay que pelarlas muy bien, eliminándoles todas las hebras (hilos).

CARDO CON HUEVOS ESCALFADOS

INGREDIENTES **(4 P.)**

6 pencas de cardo
4 huevos
30 g de almendras tostadas
vinagre
unas gotas de zumo de limón
perejil picado
sal

Para la salsa **velouté:**

75 g de aceite de oliva virgen extra
75 g de harina
500 ml del caldo de cocción de los cardos
sal

ELABORACIÓN

Limpia el cardo y trocéalo retirando los hilos. Cuécelo en agua con sal y unas gotas de zumo de limón. Escúrrelo y resérvalo. Reserva también el caldo (medio litro aproximadamente).

Prepara una *velouté* (véase *Salsa* velouté) con el caldo de cocción de los cardos.

Machaca las almendras en el mortero. Agrega el cardo y las almendras a la *velouté* y deja cocer unos 5 minutos.

Escalfa los huevos en agua hirviendo con un chorro de vinagre y sal.

Sirve el cardo con los huevos escalfados espolvoreados con perejil picado.

COLES DE BRUSELAS GRATINADAS CON JAMÓN

INGREDIENTES **(4 P.)**

800 g de coles de Bruselas
150 g de jamón serrano
25 g de almendras tostadas y fileteadas
aceite de oliva virgen extra
sal

Para la velouté:

2 cucharadas de mantequilla
2 cucharadas de aceite de oliva virgen extra
2 cucharadas de harina
500 ml de caldo de verduras
sal

ELABORACIÓN

Cuece las coles en una cazuela con agua y sal. Cuando estén tiernas (unos 15 minutos), sácalas, escúrrelas bien y resérvalas.

Para hacer la *velouté,* derrite la mantequilla en una cazuela y añádele el aceite. Agrega la harina y rehógala, y, a continuación, vete incorporando el caldo poco a poco y sin dejar de remover. Ten en cuenta que tiene que quedar espesa. Pon a punto de sal.

Rehoga las coles en una cazuela con aceite. Pásalas a una fuente apta para el horno. Coloca encima las lonchas de jamón. Cubre con la *velouté* y gratina durante 2 o 3 minutos. Espolvorea con las almendras fileteadas y sirve.

CEBOLLAS RELLENAS ASADAS

INGREDIENTES **(4 P.)**

4 cebollas
125 g de jamón cocido
125 g de carne de ternera picada
1 cucharada sopera de pan rallado
2 dientes de ajo
2 huevos
1 pastilla de caldo de pollo
1 cucharada de harina de maíz refinada
50 ml de vino blanco
perejil
pimienta
sal

ELABORACIÓN

Corta la parte superior de las cebollas y pélalas. Retírales la parte interior (con mucho cuidado de no romperlas) con una cuchara parisién (sacabolas). Déjalas en dos capas. Para que no se muevan, forma una base cortando un poco la parte inferior.

Pica el interior de las cebollas finamente y ponlo en un bol. Corta en daditos el jamón cocido y agrégalo junto con la carne picada, el pan rallado y un poco de perejil picado. Pela los dientes de ajo, pícalos finamente y añádelos. Casca los huevos y separa las claras de las yemas; reserva las yemas e incorpora las claras al bol. Salpimienta y mezcla bien. Rellena las cebollas con esta mezcla y colócalas en un recipiente apto para el horno.

Pon 500 ml de agua a calentar en una cazuela. Cuando empiece a hervir, desmenuza encima la pastilla de caldo y caliéntala hasta que se disuelva.

Vierte el caldo en la fuente de las cebollas y hornéalas a 200 ºC durante 40 minutos.

Una vez horneadas, pasa el caldo de la fuente a una sartén y caliéntalo. Agrega un poco de harina de maíz refinada diluida en agua fría y dale un hervor hasta que espese. Retira la sartén del fuego. Mezcla las yemas reservadas con un poco de vino blanco, agrégalas a la sartén, remueve y añade un poco de perejil picado.

Sirve 1 cebolla en cada plato y salséalas. Decora con unas hojas de perejil.

CONSEJO: Si veis que durante el asado las cebollas se están poniendo oscuras por la parte superior, podéis taparlas con un trozo de papel de aluminio.

PANACHÉ DE VERDURAS

INGREDIENTES **(4 P.)**

8 alcachofas
8 patatas muy pequeñas
4 puerros
3 pencas de acelga
2 zanahorias
8 endibias
300 g de judías verdes
250 g de espinacas
4 tomates
6 ajos tiernos
aceite de oliva virgen extra
sal

ELABORACIÓN

Pela las patatitas y cuécelas en un cazo con agua y una pizca de sal durante 15-20 minutos. Escúrrelas y resérvalas.

Corta la parte inferior y superior de las alcachofas y pélalas eliminándoles 2-3 capas de hojas exteriores. Cuécelas durante 20 minutos en una cazuela con agua y una pizca de sal. Retíralas y escúrrelas boca abajo sobre una fuente cubierta con papel absorbente. Córtalas por la mitad y resérvalas.

Limpia los puerros retirándoles la parte inferior, la superior y 1 capa. Lávalos bien. Córtalos en trozos de 5 cm y colócalos en el accesorio para cocer al vapor. Separa las hojas de las acelgas y resérvalas para otra ocasión. Corta las pencas en trozos de 5 cm y colócalas en el accesorio para cocer al vapor. Pela las zanahorias, córtalas en rodajas y ponlas en el accesorio. Lava las judías verdes, córtalas en trozos de 5 cm y colócalas junto a las otras hortalizas. Calienta una cazuela grande con un poco de agua, coloca la vaporera con las hortalizas, tapa y cuece todo durante 15 minutos. Escurre y reserva.

Retira las hojas externas de las endibias y cuécelas en una cazuela con agua y una pizca de sal durante 12-15 minutos (según tamaño). Escúrrelas y resérvalas.

Calienta agua en una cazuela grande, agrega las espinacas y cuécelas durante 5 minutos. Escúrrelas bien y forma bolitas con ellas.

Corta el tomate en rodajas, fríelas y repártelas en 4 platos (aptos para el horno). Coloca sobre ellas las hortalizas cocidas y hornea a 160 ºC durante 4 o 5 minutos.

Limpia los ajos tiernos, córtalos en cilindros y sofríelos en una sartén con un poco de aceite. Saca las hortalizas del horno y vierte sobre ellas el refrito. Sirve con cuidado de que nadie se queme con el plato, que estará aún caliente.

COLIFLOR CON SALSA DE PIMENTÓN

INGREDIENTES **(4 P.)**

1 coliflor
4 dientes de ajo
1 cucharada de harina
1 pimiento verde
aceite de oliva virgen extra
1 cucharada de pimentón
perejil picado
sal

ELABORACIÓN

Corta la coliflor en ramilletes y cuécela en agua hirviendo con sal y un chorro de aceite durante 20 minutos. Una vez cocida, escúrrela y resérvala al calor. Reserva también un vaso del caldo de cocción de la coliflor.

Pela los ajos, córtalos en láminas y dóralos en una sartén con aceite. Retira la sartén del fuego, añade el pimentón y rehógalo. Vuelve a poner la sartén al fuego, agrega la harina, rehógala bien, incorpora el caldo reservado, mezcla y deja que hierva y reduzca unos minutos.

Coloca la coliflor en una fuente y salsea.

Por último, adorna el plato con el pimiento verde frito en aros y perejil picado.

CHAMPIÑONES RELLENOS DE ESPINACAS Y PIÑONES

INGREDIENTES **(4 P.)**

12 champiñones grandes
300 g de espinacas
20 g de piñones (pelados)
2 dientes de ajo
1 cucharada de mostaza a la antigua
1 cucharadita de miel
aceite de oliva virgen extra
perejil
sal

ELABORACIÓN

Enjuaga los champiñones en un bol con agua. Sácalos y sécalos. Retírales el tallo y reserva por separado los sombreros y los tallos.

Pela los dientes de ajo, córtalos en daditos y ponlos a rehogar en una tartera (cazuela amplia y baja) con un chorrito de aceite. Corta los tallos de la misma manera, añádelos y cocínalos durante 4-5 minutos.

Limpia las espinacas, córtalas en juliana fina e incorpóralas a la tartera. Sazona y cocina todo conjuntamente durante 10 minutos, hasta que las espinacas pierdan toda el agua. Retíralas a un bol, condiméntalas con la mostaza y la miel y mezcla bien. Reserva.

Calienta una sartén grande con un poco de aceite, añade los sombreros de los champiñones (dejando primero la parte redondeada hacia arriba), sazónalos, tápalos y cocínalos durante 2 minutos. Dales la vuelta y cocínalos durante otros 2 minutos más (si la sartén no es suficientemente grande, puedes hacerlos en dos tandas). Retíralos a un plato y resérvalos.

Extiende los champiñones sobre una bandeja de horno y rellénalos con las espinacas. Pon unos piñones encima de cada uno y gratínalos durante 2-3 minutos.

Sirve 3 champiñones en cada plato y decóralos con unas hojas de perejil.

CONSEJO: Si no vais a consumir los champiñones enseguida, lo mejor será colocarlos en una fuente amplia, taparlos con un paño limpio (de manera que sigan respirando) y conservarlos refrigerados.

COCIDO DE ACELGAS

INGREDIENTES **(6 P.)**

4 acelgas
300 g de garbanzos (lechosos)
200 g de alubias blancas
500 g de magro de cerdo
200 g de panceta fresca
1 chorizo fresco (125 g)
½ manita de cerdo
2 patatas
picos de pan (para acompañar)
perejil
1 cucharada de pimentón
sal

ELABORACIÓN

Pon los garbanzos y las alubias (por separado) a remojo la víspera.

Pon a calentar abundante agua en una olla rápida, agrega las carnes (magro, panceta, manita y chorizo), sazona, cierra la olla y cocina durante 20 minutos. Apaga el fuego, espera a que baje la válvula y abre la olla.

Escurre las alubias y los garbanzos, incorpóralos a la olla, ciérrala de nuevo y cocina todo junto durante 20 minutos más. Espera a que baje la válvula, abre la olla, retira las carnes (resérvalas) y desgrasa el caldo.

Pela las patatas, trocéalas (cascándolas) y agrégalas a la olla.

Limpia las acelgas, córtalas (pencas y hojas) en dados e incorpóralas junto con el pimentón. Cierra la olla de nuevo y cuece todo durante 4-5 minutos. Deja que baje la válvula y abre la olla.

Para preparar la *pringá*, pica las carnes (magro, panceta, manita y chorizo) y ponlas en un bol.

Reparte el cocido en 6 platos y acompáñalos con la *pringá* y unos picos de pan. Decora los platos con unas hojas de perejil.

CONSEJO: Con la *pringá* podemos rellenar bollitos de pan. En Sevilla es costumbre tomarla a la hora del cafelito matutino en forma de tostada (*tostá* de *pringá*), o como montadito a la hora de la cervecita.

CROQUETAS DE HORTALIZAS Y QUESO

INGREDIENTES **(4 P.)**

1 cebolleta
2 dientes de ajo
1 zanahoria
1 pimiento verde
1 calabacín
100 g de espinacas
1 l de leche
4 cucharadas de harina
100 g de queso para rallar
harina, huevo batido y pan rallado (para rebozar)
rabanitos (para decorar)
mantequilla
aceite de oliva virgen extra
1 rama de perejil
pimienta
sal

ELABORACIÓN

Pica la cebolleta y los dientes de ajo finamente y ponlos a pochar en una cazuela con un poco de aceite.

Corta la zanahoria (pelada), el pimiento y el calabacín (limpio y sin pelar) en dados pequeños e incorpóralos. Sazona y cocina todo junto durante unos 5 minutos.

Limpia las espinacas (si están un poco duras, retírales los tallos), pícalas, incorpóralas a la cazuela y cocínalas brevemente. Agrega la harina, rehógala y añade la leche (templada) poco a poco sin dejar de remover. Salpimienta y trabaja la masa a fuego suave durante 15 minutos.

Ralla encima el queso, mezcla bien y pasa la masa a una fuente amplia. Unta la superficie con un poco de mantequilla (para que no se forme costra) y deja que se enfríe.

Forma las croquetas, pásalas por harina, huevo batido y pan rallado y fríelas en una sartén con aceite bien caliente. Escúrrelas y sirve. Puedes decorar el plato con una rama de perejil y unos rabanitos.

CONSEJO: Para congelar croquetas, extiéndelas en una fuente (sin amontonar) e introdúcelas en el congelador. Al cabo de 12 horas, sepáralas y consérvalas en una bolsa de plástico limpia y cerrada. Para freírlas no es necesario descongelarlas. Se fríen, en aceite muy caliente, en 2 minutos, moviendo la sartén en vaivén para no tener que tocarlas.

COLIFLOR REBOZADA

INGREDIENTES **(4 P.)**

1 coliflor pequeña
3 huevos batidos (para rebozar)
harina (para rebozar)
500 ml de caldo de gallina
1 cucharada de fécula de patata (opcional)
4 huevos cocidos
aceite de oliva virgen extra
perejil picado
sal

ELABORACIÓN

Separa la coliflor en ramilletes y cuécela en agua hirviendo con una pizca de sal (si los ramilletes son muy grandes, es mejor partirlos en dos) durante unos 20 minutos. Escúrrela bien. Reboza los ramilletes de uno en uno pasándolos primero por harina y luego por huevo batido y fríelos en aceite caliente.

Pon en otra cazuela el caldo de gallina, caliéntalo bien e incorpora la coliflor rebozada. Pon a punto de sal. (Si el caldo resultase muy ligero, lígalo con fécula de patata.) Pica los huevos cocidos y añádelos.

Antes de servir, espolvorea con perejil picado.

EMPANADILLAS DE VERDURAS

INGREDIENTES **(4 P.)**

16 obleas para empanadillas
200 g de espinacas
200 g de acelgas
2 zanahorias
250 ml de bechamel
250 ml de salsa de tomate (véase *Salsa de tomate*)
aceite de oliva virgen extra
sal

ELABORACIÓN

Limpia las espinacas y las acelgas y pela las zanahorias. Cuece las hortalizas por separado (las espinacas, 2 minutos, y las acelgas y las zanahorias, 15 minutos). Escúrrelas, córtalas en daditos y mézclalas con la bechamel. Pon a punto de sal y deja enfriar.

Rellena las empanadillas y fríelas en abundante aceite. Acompaña las empanadillas con salsa de tomate y sirve.

SOPA DE CEBOLLA CON TOSTADAS DE PAN Y QUESO GRATINADAS

INGREDIENTES **(4 P.)**

3 cebollas grandes
1.500 ml de caldo de ave
8 rebanadas de pan
1 diente de ajo
50 g de queso rallado
aceite de oliva virgen extra
perejil
sal

ELABORACIÓN

Pela las cebollas, córtalas en juliana fina y ponlas a rehogar en una cazuela grande con un chorrito de aceite. Sazónalas y cocínalas a fuego medio-alto durante 20-30 minutos (hasta que se doren).

Vierte encima el caldo y cocina la sopa a fuego suave durante 20-25 minutos.

Extiende las rebanadas de pan sobre una bandeja de horno y hornéalas hasta que se tuesten. Retíralas del horno y deja que se enfríen. Pela el diente de ajo y unta con él las tostadas. Pon un poco de queso rallado sobre cada una y gratínalas en el horno hasta que el queso se tueste un poco.

Reparte la sopa en 4 platos hondos, pon 2 tostadas en cada uno y decora con unas hojas de perejil.

CONSEJO: Si queréis que la sopa conserve bien el calor, lo mejor es que la sirváis en una sopera o cazuela con la tapa puesta.

COGOLLOS CON VINAGRETA Y ANCHOAS

INGREDIENTES **(4 P.)**

4 cogollos de Tudela
8 filetes de anchoa en aceite
perejil

Para la vinagreta:

125 ml de aceite de oliva virgen extra
25 ml de vinagre
4 guindillas en vinagre
4 pepinillos en vinagre
2 pimientos del piquillo
1 cebolleta (pequeña)
1 diente de ajo (pequeño)
sal

ELABORACIÓN

Para preparar la vinagreta, pica finamente las guindillas, los pepinillos, los pimientos, la cebolleta y el diente de ajo (pelado) y ponlos en un bol. Añade el aceite y el vinagre, sazona y mezcla bien.

Lava los cogollos, sécalos y córtalos por la mitad (a lo largo). Corta cada mitad en 3 trozos (a lo largo).

Sirve 1 cogollo en cada plato, aderézalos con la vinagreta y reparte encima los filetes de anchoa. Decora los platos con unas hojas de perejil.

CONSEJO: Las vinagretas nos dan mucho juego porque se pueden elaborar con un sinfín de ingredientes: hortalizas, encurtidos, especias, frutas e incluso huevos o alimentos en salazón.

ESCALIVADA

INGREDIENTES **(4 P.)**

1 kg de berenjenas
1 kg de cebollas
1 kg de tomates
1 kg de pimientos rojos
aceite de oliva virgen extra
vinagre
sal gruesa

ELABORACIÓN

Quita los tallos a las berenjenas y pela las cebollas. Pon en un trozo de papel de aluminio 1 cebolla, un chorro de aceite de oliva y sal y haz un paquetito. Repite la misma operación con los tomates, los pimientos rojos y las berenjenas. Colócalos en una placa y hornéalos durante 1 hora a 180 ºC. Transcurrido este tiempo, deja templar.

Pela las berenjenas, los pimientos y los tomates. Corta todas las hortalizas asadas en tiras y pásalas a una fuente, cada una por su lado. Aliña con sal gruesa, aceite y vinagre y sirve.

COLES DE BRUSELAS CON PANCETA

INGREDIENTES **(4 P.)**

24 coles de Bruselas
6 lonchas finas de panceta
3 zanahorias
1 puerro
2 patatas
aceite de oliva virgen extra
perejil
sal

ELABORACIÓN

Elimina las hojas exteriores de las coles de Bruselas.

Corta las lonchas de panceta por la mitad a lo ancho y después a lo largo hasta conseguir 4 tiras de cada una. Envuelve cada col de Bruselas con 1 tira de panceta y pínchalas con un palillo para que la panceta no se suelte. Colócalas en un recipiente apto para el horno, riégalas con un chorrito de aceite y hornéalas a 180 ºC durante 20 minutos.

Calienta un poco de aceite en una olla rápida. Pela las zanahorias, córtalas en rodajas y añádelas a la olla. Limpia el puerro, córtalo en cuartos de luna y agrégalo. Pela las patatas, troceálas e incorpóralas. Cubre con agua, sazona, cierra la olla y cuece todo durante 4 minutos. Tritura los ingredientes con la batidora eléctrica hasta conseguir una crema homogénea.

Sirve la crema en el fondo de los platos y reparte encima las coles asadas. Decora los platos con unas hojas de perejil.

CONSEJO: Las coles se pueden preparar de muchas maneras, al vapor, cocidas, rebozadas, al horno o salteadas. Si las hacéis salteadas, aflorarán todos los matices de su sabor.

JUDÍAS VERDES CON PURÉ DE ZANAHORIA

INGREDIENTES **(4 P.)**

400 g de judías verdes
4 zanahorias
1 patata grande
1 cebolla
2 huevos
2 dientes de ajo
1 loncha gruesa de jamón serrano (100 g)
aceite de oliva virgen extra
perejil
sal

ELABORACIÓN

Pon 1 litro de agua a calentar en una cazuela grande. Pela las zanahorias, córtalas en medias lunas y agrégalas. Pela la patata, trocéala (cascándola) e incorpórala. Pela la cebolla, córtala en dados grandes y añádela. Sazona y cuece todo durante 15 minutos. (Si notas que queda mucho caldo en la cazuela, retíralo a un bol y resérvalo para otra ocasión.) Tritura y reserva la crema.

Pon los huevos en un cazo, cúbrelos con agua y cuécelos durante 10 minutos (contados desde el momento en que el agua empiece a hervir). Refréscalos, pélalos y resérvalos.

Retira las puntas y los hilos de las judías, córtalas en trozos de 4-5 centímetros y después en juliana fina. Calienta una cazuela con agua. Cuando empiece a hervir, agrega las judías, sazónalas y cuécelas durante 10 minutos.

Pela los dientes de ajo y córtalos en daditos. Corta la loncha de jamón en dados. Calienta una sartén con 2 cucharadas de aceite, agrega los ajos y los dados de jamón y rehógalos brevemente.

Sirve la crema en 4 platos hondos y pon encima de cada uno una porción de judías y un poco del refrito de ajos y jamón. Corta los huevos en 4 gajos y coloca 2 en cada plato. Decora con unas hojas de perejil.

CONSEJO: Habitualmente las judías verdes se comen cocidas, pero también se pueden consumir crudas (en ensalada), a la plancha o a la parrilla.

ESPÁRRAGOS CON VINAGRETA

INGREDIENTES **(4 P.)**

16-20 espárragos blancos en conserva
1 huevo cocido
Para la vinagreta:
1 cebolleta
½ pimiento verde
1 diente de ajo
100 ml de aceite de oliva virgen extra
25 ml de vinagre
sal

ELABORACIÓN

Para preparar la vinagreta, pica finamente la cebolleta, el pimiento verde y el diente de ajo. Pásalo todo a un bol y añade el aceite, el vinagre y una pizca de sal. Deja reposar la vinagreta durante 15 minutos.

Pica finamente, por separado, la yema y la clara del huevo cocido y resérvalas.

Sirve los espárragos en una bandeja. Cubre con la vinagreta y añade la yema a un lado de la fuente y la clara al otro.

SOPA DE AGUACATE

INGREDIENTES **(4 P.)**

4 aguacates
1.500 ml de caldo de ave
75 ml de nata
4 cucharadas de huevas de trucha (80 g)
perejil
pimienta
sal

ELABORACIÓN

Pela y trocea 3 aguacates, ponlos en una jarra, agrega parte del caldo y tritúralos con una batidora eléctrica.

Pasa la mezcla a una cazuela, añade el resto del caldo, sazona y cocina a fuego suave hasta que empiece a hervir. Retira la cazuela del fuego, incorpora la nata y mezcla bien.

Pela el otro aguacate, corta la pulpa en daditos y resérvalos.

Sirve en cada plato unos dados de aguacate, vierte sobre ellos la sopa, muele encima un poco de pimienta y decora los platos con unas huevas de trucha y unas hojas de perejil.

CONSEJO: Cuando un aguacate está en su punto, el rabillo de la parte superior debe poder retirarse con facilidad al pellizcarlo. Si al quitarlo vemos que el color tira a verde, aún le quedan unos días para madurar; si el color es marrón, está pasado. El tono perfecto es un amarillo dorado.

COLIFLOR AL AZAFRÁN

INGREDIENTES **(4 P.)**

1 coliflor de 800 g
3 lonchas de jamón serrano
aceite de oliva virgen extra
perejil
1 cucharadita de hebras de azafrán
sal

ELABORACIÓN

Pon agua a calentar en una cazuela grande, agrega las hebras de azafrán y una pizca de sal. Limpia la coliflor, sepárala en ramilletes y agrégala. Cuécela durante 12 minutos.

Extiende las lonchas de jamón entre dos trozos de papel de hornear, colócalos sobre una bandeja de horno y hornea el jamón a 200 ºC durante 12-15 minutos, hasta que quede bien seco.

Retira las lonchas de jamón del horno, deja que se enfríen, trocéalas y ponlas en el mortero. Májalas hasta que queden reducidas a polvo grueso.

Escurre la coliflor y repártela en 4 platos, riégala con un chorrito de aceite y espolvoréala con el jamón molido. Decora los platos con unas hojas de perejil y sirve.

CONSEJO: Si no tienes mortero, no te preocupes: puedes picar el jamón finamente con un cuchillo.

HABAS CON GUISANTES

INGREDIENTES **(4 P.)**

500 g de habas desgranadas
400 g de guisantes desgranados
1 cebolleta
1 cucharada de harina
aceite de oliva virgen extra
sal

ELABORACIÓN

Pon a calentar dos cazuelas con agua y sal. Introduce las habas en una, cuécelas durante 20 minutos, escúrrelas y resérvalas. Cuece los guisantes en la otra cazuela durante 20 minutos, escúrrelos, resérvalos y reserva también el caldo.

Corta la cebolleta en dados y rehógala en una cazuela con aceite. Añade la harina y rehógala un poco. Incorpora las habas y los guisantes con un poco del caldo reservado, cocina todo junto durante 5 minutos y sirve.

CREMA DE TOMATE

INGREDIENTES **(4 P.)**

750 g de tomates (pelados y sin semillas)
2 dientes de ajo
1 pastilla de caldo de pollo
1 cebolleta
250 g de espinacas
harina y huevo (para rebozar)
aceite de oliva virgen extra
perejil
sal

ELABORACIÓN

Calienta una cazuela con un chorrito de aceite. Pela los dientes de ajo, córtalos en láminas y añádelos. Corta la cebolleta en dados y agrégala a la cazuela. Rehoga las hortalizas durante 3-5 minutos. Pica los tomates, incorpóralos y rehoga todo brevemente. Añade 1 litro de agua y la pastilla de caldo y cocina los ingredientes durante 25-30 minutos.

Tritura todo con la batidora eléctrica hasta conseguir una crema homogénea.

Pon agua a calentar en una cazuela y sazónala. Lava las espinacas y, cuando el agua empiece a hervir, añádelas. Cuécelas durante 2 minutos. Retíralas, escúrrelas, pícalas bien y forma con ellas bolitas. Pásalas por harina y huevo batido y fríelas brevemente en una sartén con aceite. Escúrrelas sobre un plato cubierto con papel absorbente.

Reparte la crema de tomate y las bolitas de espinacas en 4 platos. Salpícalos con unas gotas de aceite, decóralos con unas hojas de perejil y sirve.

CONSEJO: Para pelar los tomates, podéis utilizar un pelador de verduras dentado o bien escaldarlos brevemente en una cazuela con agua hirviendo y después pelarlos a mano.

MENESTRA CON AJETES

INGREDIENTES **(4 P.)**

2 patatas
200 g de coliflor
4 zanahorias
2 pencas de cardo
4 alcachofas
50 g de espinacas
50 g de harina
8 ajos frescos
4 lonchas finas de jamón serrano
aceite de oliva virgen extra
perejil
sal

Para la velouté*:*
30 g de mantequilla
40 g de harina
400 ml del caldo de cocción de las hortalizas

ELABORACIÓN

Pon a calentar abundante agua en dos cazuelas.

Pela las patatas, córtalas en dados grandes e introdúcelos en una de las cazuelas. Separa la coliflor en ramilletes, lávalos y añádelos. Pela las zanahorias, córtalas en rodajas de 1 cm de grosor y agrégalas. Limpia las pencas de cardo eliminándoles los hilos, córtalas en trozos e incorpóralas. Sazona, tapa y cuece todo durante 15-20 minutos. Escurre las hortalizas y resérvalas. Cuela el caldo y reserva parte (400 ml) para la *velouté*.

Pela las alcachofas eliminándoles las hojas externas, córtales las puntas y los tallos e introdúcelas en la otra cazuela. Añade también unas ramas de perejil. Sazona, tapa la cazuela y cuece las alcachofas durante 15-20 minutos. Retíralas, córtalas en 4 y resérvalas.

Para hacer la *velouté*, funde la mantequilla en una tartera (cazuela amplia y baja), agrega la harina y rehógala un poco. Añade poco a poco el caldo reservado, mezcla bien y cocina la salsa durante 2-3 minutos. Limpia las espinacas, córtalas en juliana, introdúcelas en la salsa y cocínalas brevemente (2 minutos). Incorpora las hortalizas cocidas, remueve la cazuela suavemente para que se vayan mezclando y cocínalas en la salsa durante 2 minutos.

Prepara una tempura mezclando bien en un bol los 50 g de harina con 100 ml de agua bien fría e introduce en ella los ajos frescos (limpios y enteros). Fríelos brevemente (1-2 minutos) en una sartén con aceite caliente. Retíralos y escúrrelos sobre un plato cubierto con papel absorbente.

Corta las lonchas de jamón a la mitad y enróllalas.

Sirve la menestra, coloca en cada plato ½ loncha de jamón y 2 ajos frescos y decora con unas hojas de perejil.

CONSEJO: Ni se os ocurra tirar el aceite resultante de freír los ajos frescos. Coladlo y aprovechadlo para freír cualquier otra cosa, como patatas o huevos.

PUERROS ASADOS CON ROMESCO

INGREDIENTES **(4 P.)**

8 puerros grandes
aceite de oliva virgen extra
perejil
sal

Para la salsa romesco:
2 tomates
1 cabeza de ajos
5 ñoras
½ guindilla picante
2 rebanadas de pan fritas
10 avellanas tostadas
12 almendras tostadas
aceite de oliva virgen extra
vinagre
sal

ELABORACIÓN

Para preparar la salsa romesco, pon los tomates, la cabeza de ajos, las ñoras (sin tallo ni semillas) y la guindilla en una fuente apta para el horno. Riégalos con un chorrito de aceite, sazónalos y hornéalos a 200 ºC durante 10 minutos. Retira las ñoras y la guindilla y colócalas en el vaso batidor. Hornea el resto (ajos y tomates) durante 15-20 minutos más. Pela los tomates y añádelos al vaso batidor. Pela los ajos e incorpóralos. Agrega también el pan frito, las avellanas, las almendras, un chorrito de aceite, un chorrito de vinagre y una pizca de sal. Tritura bien y reserva la salsa.

Limpia los puerros, retirándoles la parte inferior (la de los pelos), la parte superior (la verde) y la primera capa. Ponlos en una fuente apta para el horno, sazónalos y riégalos con un chorrito de aceite. Hornéalos a 200 ºC durante 30 minutos aproximadamente (según el grosor de los puerros).

Sirve los puerros asados y acompáñalos con la salsa romesco. Decora los platos con unas hojas de perejil.

CONSEJO: El puerro, por su alto contenido de fibra, regula y mejora el tránsito intestinal.

HABAS FRESCAS CON SALMÓN AHUMADO

INGREDIENTES **(4 P.)**

700 g de habas frescas desgranadas

300 g de salmón ahumado

1 cebolla

1 puerro

2 dientes de ajo

1 cucharada de harina

aceite de oliva virgen extra

sal

ELABORACIÓN

Cuece las habas en agua con sal durante unos 20 minutos. Escúrrelas y reserva también el caldo.

Pica la cebolla y el puerro (solo lo blanco), corta los ajos en láminas y póchalo todo en una cazuela con aceite. Sazona, añade la cucharada de harina y rehógala. Incorpora las habas, mezcla bien y riega con un par de cazos del caldo reservado. Deja cocer durante 4-5 minutos.

Corta el salmón en tiras. Sirve las habas en una fuente y coloca las tiras de salmón por encima.

PIMIENTOS RELLENOS DE CARNE Y QUESO CON SALSA ESPAÑOLA

INGREDIENTES **(4 P.)**

12-14 pimientos del piquillo

250 g de carne de ternera

100 g de queso rallado

1 cebolleta

1 diente de ajo

1 cucharada de harina

1 vaso de leche

harina y 2 huevos batidos (para rebozar)

aceite de oliva virgen extra

perejil picado

sal

Para la salsa española:

1 cebolla

1 zanahoria

½ pimiento verde

1 cucharada de harina

1 vaso de vino blanco

4 cucharadas de salsa de tomate (véase *Salsa de tomate)*

500 ml de caldo de carne

aceite de oliva virgen extra

sal

ELABORACIÓN

Para hacer la salsa española, pica la cebolla, la zanahoria y el pimiento y ponlos a pochar en una cazuela con un poco de aceite. Sazona y cocina hasta que se dore. Agrega la harina y rehógala brevemente. Incorpora el vino, la salsa de tomate y el caldo y deja reducir durante 15 minutos. Pasa todo por el pasapurés. Pon la salsa en una cazuela amplia y de fondo bajo y resérvala.

Para el relleno, pica la carne finamente y resérvala. Pica también finamente la cebolleta y el diente de ajo y rehógalos en una sartén con aceite. Cuando estén bien doraditos, añade la carne picada. Saltea brevemente, agrega la cucharada de harina, rehógala, vierte encima la leche, mezcla bien y pon a punto de sal. Espolvorea con un poco de perejil picado, incorpora el queso y cocina hasta que el queso se disuelva. Pasa la farsa a un plato y deja que se temple.

Rellena los pimientos con la farsa, pásalos por harina y huevo batido y fríelos (vuelta y vuelta) en una sartén con aceite. Escúrrelos y pásalos a la cazuela donde tienes la salsa. Cocina todo junto durante 5 minutos. Sirve en una fuente amplia. Puedes decorar el plato con unas tiras de pimiento del piquillo.

CONSEJO: Para conseguir un corte diferente en la carne, lo mejor es hacerlo en casa y a cuchillo. Si no os atrevéis, solicitádselo a vuestro carnicero, que os lo hará con mucho gusto.

CAZUELA DE HORTALIZAS CON *VELOUTÉ*

INGREDIENTES **(4 P.)**

4 alcachofas

300 g de judías verdes

2 pencas de cardo

50 g de espinacas

4 zanahorias

200 g de coliflor

harina y huevo batido (para rebozar)

12 lonchas finas de jamón curado

aceite de oliva virgen extra

sal

Para la salsa velouté:

50 g de mantequilla

aceite de oliva virgen extra

2 cucharadas de harina

300 ml del caldo de cocción de las alcachofas y el cardo

pimienta

sal

ELABORACIÓN

Pon agua y una pizca de sal a calentar en una cazuela grande. Corta la parte superior e inferior de las alcachofas, pélalas retirándoles 2-3 capas de hojas y añádelas a la cazuela. Limpia las pencas de cardo, retirándoles todos los hilos, córtalas en trozos de 4 cm y agrégalos a la cazuela de las alcachofas. Cuece todo durante 20 minutos. Retira los cardos y resérvalos. Retira también las alcachofas, córtalas por la mitad y resérvalas. Cuela y reserva 500 ml del caldo de cocción.

Retira las puntas de las judías verdes, córtalas en trozos de 3 cm y cuécelas en una cazuela con agua y una pizca de sal durante 12 minutos. Escúrrelas y resérvalas.

Calienta otra cazuela con agua y una pizca de sal. Suelta la coliflor en ramilletes y agrégalos. Pela las zanahorias, córtalas en rodajas y añádelas a la cazuela. Cuece todo durante 20 minutos. Escurre y reserva.

Escalda las espinacas durante 2 minutos en una cazuela con agua hirviendo con una pizca de sal. Escúrrelas y resérvalas.

Prepara una *velouté* (véase *Salsa* velouté) con el caldo de cocción reservado.

Reboza en harina y huevo batido las alcachofas cortadas en cuartos, las espinacas en bolitas y la coliflor en pequeños ramilletes. Fríe todo en una sartén con abundante aceite caliente. Reserva en una fuente cubierta con papel absorbente.

Añade a la *velouté* los cardos, las judías y las zanahorias troceadas. Incorpora también las verduras rebozadas. Deja cocer a fuego lento durante 5 minutos. Si es necesario, añade algo más del caldo reservado.

Sirve la menestra con las lonchas de jamón por encima.

JUDÍAS VERDES CON JAMÓN

INGREDIENTES **(4 P.)**

600 g de judías verdes

100 g de jamón curado cortado en tacos

250 g de salsa de tomate (véase *Salsa de tomate*)

2 huevos cocidos

aceite de oliva virgen extra

sal

ELABORACIÓN

Limpia las judías, retírales las puntas y los hilos, trocéalas, y cuécelas en una vaporera con agua durante 20 minutos aproximadamente.

Fríe el jamón en una sartén con un chorrito de aceite y añádele la salsa de tomate. Cocina todo a fuego lento durante unos 5 minutos.

Escurre las judías, introdúcelas en la salsa de tomate con jamón, pon a punto de sal y mezcla bien. Sirve. Pica los huevos cocidos y espolvorea con ellos los platos.

BERENJENAS GRATINADAS RELLENAS DE POLLO

INGREDIENTES **(4 P.)**

2 berenjenas
200 g de pechuga de pollo
3 dientes de ajo
aceite de oliva virgen extra
perejil
pimienta
sal

Para la salsa bechamel:

30 g de harina
30 ml de aceite de oliva virgen extra
350 ml de leche
sal

ELABORACIÓN

Corta las berenjenas por la mitad, marca con una puntilla los bordes por la parte interior y retírales la pulpa con una cuchara parisién (sacabolas), teniendo cuidado de que la piel no se rompa. Reserva la pulpa.

Coloca las cáscaras vaciadas en un plato, tápalas con film transparente, introdúcelas en el microondas y cocínalas durante 5 minutos. Sácalas del microondas y retírales el film con cuidado, ya que el vapor podría quemarte. Resérvalas.

Corta la pulpa de las berenjenas en daditos y rehógalas durante 6-8 minutos a fuego suave en una sartén con un chorrito de aceite. Sazona, mezcla y resérvala.

Vierte un poco más de aceite en la sartén y ponlo a calentar. Pela los ajos, córtalos en daditos y añádelos a la sartén. Corta el pollo en dados, salpiméntalos e incorpóralos a la sartén. Saltéalo brevemente y agrega la pulpa de las berenjenas y un poco de perejil picado. Mezcla bien y reserva.

Prepara la bechamel (véase *Salsa bechamel*).

Rellena las cáscaras de las berenjenas con la mezcla de pollo y berenjena. Nápalas con la bechamel y gratínalas en el horno hasta que se doren.

Sirve y decora los platos con unas hojas de perejil.

CONSEJO: A diferencia de otras hortalizas, la berenjena no se puede consumir cruda. El calor de la cocción elimina los alcaloides tóxicos que contiene.

SHITAKE AL AJILLO CON CREMA DE PUERROS Y BROTES

INGREDIENTES **(4 P.)**

24 setas shitake

4 puerros

50 g de brotes tiernos (mostaza y rabanitos)

1 cebolleta

1 patata grande

100 ml de leche evaporada

2 dientes de ajo

aceite de oliva virgen extra

perejil

sal

ELABORACIÓN

Corta la cebolleta en dados y ponla a rehogar en una cazuela con un chorrito de aceite. Limpia los puerros, retirándoles la parte inferior, la parte superior y la primera capa, córtalos en medias lunas y agrégalos. Rehoga las hortalizas durante 2 minutos. Pela la patata, trocéala (cascándola) e incorpórala a la cazuela. Rehoga un poco y añade agua hasta cubrir los ingredientes. Sazona y cuece durante 15 minutos. Tritura todo con una batidora eléctrica, vierte encima la leche evaporada y sigue triturando hasta conseguir una crema homogénea. Resérvala.

Calienta una sartén grande con un chorrito de aceite. Pela los dientes de ajo, córtalos en láminas y agrégalos. Rehógalos brevemente.

Corta las setas en 4 trozos y añádelas. Sazona y saltéalas durante 4-5 minutos. Salpícalas con un poco de perejil picado.

Sirve la crema en el fondo de los platos y coloca sobre ella las setas. Reparte los brotes por encima.

CONSEJO: Las setas shitake se adaptan a casi cualquier receta, aunque en platos secos, como salteados, fritos o asados, no deben cocinarse demasiado porque menguan y se secan.

MENESTRA DE HORTALIZAS

INGREDIENTES **(6 P.)**

4 patatas pequeñas
2 zanahorias
4 espárragos blancos
300 g de judías verdes
250 g de guisantes frescos desgranados
250 g de habitas
2 hojas de acelga
8 alcachofas
1 diente de ajo
1 cebolleta
harina y huevo batido (para rebozar)
150 g de jamón
1 cucharada de harina
aceite de oliva virgen extra
perejil
sal

ELABORACIÓN

Pela y tornea las patatas. Pela las zanahorias, corta cada una en 4 y tornéalas. Retira la parte inferior del tallo de los espárragos, pélalos y córtalos por la mitad. Retira las puntas y los hilos de las judías, córtalas por la mitad a lo largo y después en trozos de 4-5 cm.

Pasa las acelgas por agua y separa la parte verde de las pencas. Pica las hojas. Limpia las pencas y córtalas en trozos de 4 cm.

Pon agua en la olla rápida e introduce en ella las patatas, las zanahorias, las judías, los espárragos, los guisantes, las habitas y las pencas y hojas de las acelgas. Sazona, tapa la olla y cuece durante 3 minutos.

Limpia las alcachofas, retírales las hojas externas, córtales un par de centímetros por la parte superior y quítales los tallos. Cuécelas durante 20-25 minutos en una cazuela con agua, sal y una rama de perejil. Déjalas templar, córtalas en cuartos y resérvalas.

Abre la olla, escurre bien las pencas y las hojas de acelga y forma bolitas con estas. Pasa todo (bolitas y pencas) por harina y huevo y fríelas en una sartén con aceite. Resérvalas. Retira de la olla el resto de las hortalizas, escúrrelas y resérvalas. Reserva también el caldo de cocción.

Pica el diente de ajo finamente y ponlo a dorar en una tartera grande con un poco de aceite. Pica la cebolleta e incorpórala. Deja pochar durante 5 minutos. Pica el jamón, agrégalo y rehógalo un poco. Añade la cucharada de harina, mezcla bien e incorpora todas las hortalizas menos las acelgas. Vierte encima un poco del caldo reservado, coloca encima las acelgas rebozadas, cocina todo junto durante 5 minutos y sirve.

CONSEJO: Para reducir las pérdidas de vitaminas y sales minerales al cocinar las verduras conviene usar la menor cantidad de agua posible, añadirlas al agua cuando ya esté hirviendo, dejarlas poco cocidas (al dente), cocerlas en trozos grandes y no dejarlas en el agua de cocción después de cocinadas si no se va a consumir ese líquido.

PISTO MANCHEGO

INGREDIENTES **(4 P.)**

4 tomates pelados
2 calabacines
2 cebolletas
2 dientes de ajo
aceite de oliva virgen extra
perejil picado
sal

ELABORACIÓN

Pon al fuego una cazuela con un chorro de aceite e incorpora los tomates troceados, el calabacín cortado en dados y la cebolleta y los ajos picados. Sazona, agrega un cacillo de agua y deja cocer a fuego lento durante 25 minutos.

Para servir, espolvorea con un poco de perejil picado y riega con un chorrito de aceite.

PARRILLADA DE VERDURAS CON VINAGRETA

INGREDIENTES **(4 P.)**

1 berenjena
4 cebolletas
1 calabacín
12 espárragos verdes
12 setas
2 tomates
aceite de oliva virgen extra
sal

Para la vinagreta de remolacha:

1 remolacha
100 ml de aceite de oliva virgen extra
25 ml de vinagre
sal

Para la vinagreta de almendras y avellanas:

25 g de almendras tostadas
25 g de avellanas tostadas
100 ml de aceite de oliva virgen extra
25 ml de vinagre
sal

ELABORACIÓN

Para la vinagreta de remolacha, pela la remolacha, córtala en 4 trozos y cuécela en la olla rápida con un poco de agua y una pizca de sal durante 3 minutos. Colócala en una jarra y tritúrala con una batidora eléctrica. Pásala a un bol, agrega el aceite, el vinagre y sal y mezcla bien. Resérvala.

Para la vinagreta de almendras y avellanas, pon estas en el mortero y májalas bien. Pásalas a un bol, agrega el aceite, el vinagre y sal y mezcla bien. Resérvala.

Corta la berenjena en rodajas, extiéndelas sobre una fuente amplia, sazónalas y déjalas reposar un poco para que suelten el agua y pierdan el amargor. Escúrrelas, sécalas y resérvalas.

Corta las cebolletas en cuartos y el calabacín en rodajas. Colócalos sobre la plancha, riégalos con un poco de aceite y cocínalos durante 10 minutos. A medida que se vayan haciendo, sazónalos con sal gruesa y retíralos a una fuente. Añade a la plancha los espárragos y las setas, sazónalos con sal gruesa, riégalos con un poco de aceite y cocínalos durante 10 minutos. Finalmente, cocina las rodajas de berenjena y los tomates cortados en rodajas gruesas durante 10 minutos.

Sirve las hortalizas en una fuente amplia y acompaña con las vinagretas.

CONSEJO: Para las vinagretas, podéis utilizar los ingredientes que más os apetezcan (mostaza, hierbas aromáticas, frutas…), lo único importante es combinarlos en la proporción exacta, ya que el propósito de una vinagreta es realzar el sabor, nunca disimularlo.

PIMIENTOS RELLENOS DE PATATA

INGREDIENTES **(4 P.)**

12 pimientos del piquillo
5 patatas
2 huevos
harina y 2 huevos batidos (para rebozar)
200 ml de salsa de tomate (véase *Salsa de tomate*)
aceite de oliva virgen extra
sal

ELABORACIÓN

Pela las patatas, córtalas en cuartos de luna finos (como para hacer una tortilla) y saltéalas en una sartén con aceite hasta que estén tiernas.

Bate los 2 huevos con un poco de sal en un bol y añade las patatas bien escurridas. Mezcla bien y rellena los pimientos uno a uno.

Pasa los pimientos por harina y huevo batido y fríelos en aceite caliente.

Sirve los pimientos rellenos sobre una fuente o plato con el fondo cubierto con salsa de tomate.

COLIFLOR CON SALSA DE ALMENDRA

INGREDIENTES **(4 P.)**

1 coliflor
500 ml de bebida de almendra
30 g de harina de trigo
30 g de harina de almendra
25 g de almendras laminadas
3-4 cucharadas de aceite de oliva virgen extra
perejil
sal

ELABORACIÓN

Pon agua a calentar en una cazuela. Suelta la coliflor en ramilletes, lávalos y añádelos. Sazona, tapa la cazuela y cuece la coliflor durante 20-25 minutos. Escúrrela y colócala en una fuente apta para el horno.

Calienta el aceite en una cazuela, agrega la harina de trigo y rehógala bien. Añade la harina de almendra y rehógala un poco. Incorpora la bebida de almendra poco a poco, sazona y cocina la salsa a fuego suave durante 8-10 minutos, sin dejar de remover.

Napa la coliflor con la salsa, esparce por encima las almendras laminadas e introduce la fuente en el horno. Gratina la coliflor hasta que se dore un poco.

Reparte la coliflor en 4 platos, decóralos con unas hojas de perejil y sirve.

CONSEJO: A la hora de espolvorear la coliflor con las almendras laminadas es importante que estén sin tostar. Si están tostadas, se pueden quemar.

PASTEL DE CALABAZA CON CREMA DE PUERROS

INGREDIENTES **(6 P.)**

1 kg de calabaza
3 puerros
1 cebolleta
4 huevos
1 vaso de nata
16 gambas
1 cucharadita de harina
mantequilla y pan rallado (para untar el molde)
aceite de oliva virgen extra
perejil
sal

ELABORACIÓN

Pela la calabaza y trocéala. Colócala sobre una placa de horno. Sálala y riégala con un poco de aceite. Hornéala a 180 ºC durante 15 minutos. Déjala templar, aplástala con un tenedor y resérvala.

Limpia la cebolleta y los puerros y pícalos finamente. Ponlos a pochar en una cazuela con un poco de aceite. Cuando vayan tomando color, agrega la harina y rehoga bien. Cubre con agua y cocina a fuego suave durante 15-20 minutos. Tritura con una batidora eléctrica y, si hiciera falta, pasa la crema de puerros por el chino.

Bate los huevos como para una tortilla, agrega la nata y bate de nuevo. Incorpora la calabaza y mezcla bien.

Unta un molde con un poco de mantequilla, espolvoréalo con pan rallado y vierte dentro la mezcla de calabaza, huevos y nata. Pela las gambas e incorpóralas. Pon el recipiente al baño maría y cocina en el horno a 180 ºC durante 40 minutos. Deja templar.

Desmolda el pastel y acompáñalo con la crema de puerros. Decora con una rama de perejil y sirve.

CONSEJO: La calabaza joven puede congelarse fácilmente cortándola en cubitos y escaldándola en agua hirviendo. Después se escurre, se introduce en bolsas de plástico y se congela.

PASTEL DE HORTALIZAS CON ESPÁRRAGOS

INGREDIENTES **(4 P.)**

1 coliflor pequeña
1 kg de zanahorias
3 huevos
16 espárragos blancos en conserva
mantequilla y pan rallado (para untar el molde)
200 ml de crema de calabaza (para acompañar)
sal

Para la bechamel:
100 g de mantequilla
5 cucharadas de harina
1 l de leche
sal

ELABORACIÓN

Separa la coliflor en ramilletes y cuécela en agua con sal durante 15-20 minutos. Escúrrela, trocéala y resérvala.

Pela las zanahorias, cuécelas en agua con sal durante 15-20 minutos, escúrrelas, pártelas por la mitad a lo largo y resérvalas.

Para hacer la bechamel, funde la mantequilla en una cazuela. Agrega la harina y rehógala un poco. Incorpora la leche poco a poco y sin dejar de remover. Cocina la bechamel durante 6-8 minutos sin dejar de remover. Añade la coliflor y los huevos batidos. Mezcla todo con una varilla hasta conseguir que quede hecho una masa y pon a punto de sal.

Unta un molde con mantequilla y pan rallado. Vierte en él una capa de masa cubriendo el fondo y coloca sobre ella una fila de zanahorias. Extiende encima otra capa de masa y otra de zanahorias. Repite esta operación hasta completar el molde.

Coloca el molde al baño maría y hornéalo a 160 ºC durante unos 40 minutos. Retíralo del horno, déjalo enfriar y desmolda.

Puedes tomarlo frío o caliente. Sirve el pastel cortado en rodajas, en una fuente con el fondo cubierto con crema de calabaza caliente, y adorna con los espárragos.

ENDIBIAS CON ENSALADILLA DE AGUACATE

INGREDIENTES **(4 P.)**

2 endibias
1 patata grande
1 cebolleta
100 g de atún o bonito en aceite
1 aguacate
200 ml de mayonesa
50 g de huevas de trucha
sal

ELABORACIÓN

Lava la patata, ponla en un cazo, cúbrela con agua, sazona y cuécela durante unos 30-35 minutos. Déjala templar, pélala, córtala en daditos y resérvala.

Limpia las endibias, suelta las hojas más grandes, colócalas en una fuente grande y resérvalas. Corta las hojas pequeñas en juliana fina y resérvalas.

Corta la cebolleta en daditos y ponla en un bol. Desmenuza el atún, añádelo y mezcla bien. Pela el aguacate, córtalo en dados y agrégalo. Incorpora también la patata y las hojas de endibia cortadas en juliana. Sazona, añade la mayonesa y mezcla bien.

Rellena las hojas de las endibias con ensaladilla, decóralas con las huevas de trucha y sirve.

CONSEJO: Para acelerar la cocción de la patata, podéis ponerla en un plato, cubrirla con film transparente y cocinarla en el microondas durante 8-10 minutos.

ESPÁRRAGOS CON HUEVAS DE TRUCHA

INGREDIENTES **(4 P.)**

16 espárragos blancos (en conserva)

50 g de huevas de trucha

perejil

Para la mayonesa de perejil:

1 huevo

200 ml de aceite de oliva virgen extra

15 g de hojas de perejil

vinagre

sal

ELABORACIÓN

Para preparar la mayonesa de perejil, pon a calentar un cazo con agua y, cuando empiece a hervir, agrega el perejil, escáldalo brevemente, escúrrelo, pásalo a un vaso americano, agrega el aceite y tritura bien. Casca el huevo, ponlo en un vaso batidor y añade una pizca de sal, un chorrito de vinagre y el aceite de perejil. Tritura los ingredientes con una batidora eléctrica hasta que liguen.

Reparte los espárragos en 4 platos (puedes cortar alguna punta de espárrago y colocarla de pie), pon en cada uno un poco de mayonesa y una porción de huevas de trucha. Decora los platos con unas hojas de perejil. Sirve el resto de la mayonesa de perejil en una salsera.

CONSEJO: Para evitar cualquier problema, antes de limpiar la batidora eléctrica es muy importante desconectarla de la electricidad.

PIMIENTOS RELLENOS DE CALAMAR

INGREDIENTES **(4 P.)**

16 pimientos del piquillo
750 g de calamares
3 dientes de ajo
2 cebollas
2 tomates
1 vaso de vino blanco
aceite de oliva virgen extra
sal

Para la bechamel:

3 cucharadas de aceite de oliva virgen extra
2 cucharadas de harina
500 ml de leche
nuez moscada
sal

ELABORACIÓN

Limpia bien los calamares y reserva las tintas.

Pica los ajos, las cebollas y los tomates y ponlos a pochar en la olla rápida con un poco de aceite. Sazona y agrega los calamares y el vino. Cierra la olla y cocina todo junto durante 5 minutos. Retira los calamares y pícalos finamente.

Disuelve las tintas con 100 ml de agua y agrégalas a la salsa. Deja que hierva durante 5 minutos y tritura con la batidora. Reserva la salsa.

Prepara la bechamel (véase *Salsa bechamel*) y añádele una pizca de nuez moscada. Incorpora los calamares picados. Mezcla bien y deja templar la masa.

Introduce la masa en una manga pastelera de plástico y rellena con ella los pimientos. Colócalos en una placa de horno y hornéalos hasta que se calienten.

Sirve un poco de salsa negra en el fondo del plato y coloca encima los pimientos rellenos.

CONSEJO: Los pimientos del piquillo van muy bien con el bacalao, el atún, los chipirones, los boquerones y todos los crustáceos. Realzan de forma muy especial los platos de huevos, combinan con el arroz, las patatas y las pastas y se acomodan a la fragilidad de los hojaldres. Por último, desempeñan un magnífico papel como guarnición.

PENCAS DE ACELGA CON TOMATE

INGREDIENTES **(4 P.)**

6 acelgas
5 tomates
1 cebolla
2 pimientos verdes
2 dientes de ajo
3 patatas
harina y 1 huevo batido (para rebozar)
aceite de oliva virgen extra
1 rama de perejil
sal
azúcar

ELABORACIÓN

Pica las cebollas, los pimientos verdes y los dientes de ajo y ponlos a pochar en una cazuela con aceite. Trocea los tomates e incorpóralos. Añade una pizca de sal y otra de azúcar y cocina durante 20-25 minutos. Pasa todo por el pasapurés y reserva la salsa de tomate.

Pon agua a calentar en una cazuela. Pela las patatas, córtalas en rodajas de 1 cm, introdúcelas en la cazuela, sazónalas y cuécelas durante 15 minutos. Escúrrelas y resérvalas.

Separa las hojas de las pencas de acelga (reserva las hojas para hacer un puré de verdura en otra ocasión), limpia las pencas, retirándoles los hilos, córtalas en trozos de 6 cm y cuécelas durante 15 minutos. Escúrrelas, pásalas por harina y huevo y fríelas.

Coloca en el fondo de una fuente las patatas cortadas en rodajas, cubre con la salsa de tomate y pon encima las pencas rebozadas. Adorna con una rama de perejil y sirve.

CONSEJO: Las acelgas, al igual que los cardos, son auténticas esponjas de sal, por lo que a la hora de sazonarlas hay que tener mucho cuidado.

LASAÑA DE CALABACÍN CON HORTALIZAS

INGREDIENTES **(4 P.)**

2 calabacines
2 zanahorias
1 cebolleta
8 espárragos blancos en conserva
2 cucharadas de pan rallado
3-4 lonchas de queso de barra
1 pimiento morrón
aceite de oliva virgen extra
sal

Para la veloute*:*

4 cucharadas de aceite de oliva virgen extra
2 cucharadas de harina
500 ml de caldo de verduras
pimienta negra
sal

ELABORACIÓN

Prepara la *velouté* (véase *Salsa* velouté).

Quita las puntas a los calabacines, y córtalos en láminas largas y finas. Pela las zanahorias y córtalas en bastoncitos. Corta la cebolleta en juliana. Corta los espárragos por la mitad a lo largo.

Monta la lasaña en una fuente de horno, poniendo las capas en este orden: calabacín, zanahorias, calabacín, cebolla, calabacín, espárragos y calabacín, y sazonando cada una de las capas. Cubre la lasaña con la *velouté*. Espolvorea con el pan rallado y cubre con el queso.

Hornea a 200 ºC durante 30 minutos.

Limpia el pimiento, córtalo en tiras y fríelas en una sartén con aceite.

Adorna el plato con las tiras de pimiento frito y sirve.

CONSEJO: Para elaborar este plato es muy recomendable tener un pelador de verduras. Hay muchos tipos, pero el más práctico es el de lama rotatoria, que permite pelar ágilmente las verduras y cortarlas en láminas muy finas.

COLIFLOR CON BECHAMEL DE ESPINACAS

INGREDIENTES **(4 P.)**

1 coliflor
250 g de espinacas
100 g de queso curado
aceite de oliva virgen extra
sal

Para la salsa bechamel:

3 cucharadas de aceite de oliva virgen extra
2 cucharadas de harina
250 ml de leche
pimienta (al gusto)
sal

ELABORACIÓN

Limpia bien la coliflor y déjala entera. Colócala en el accesorio para cocer al vapor y sazónala. Pon un poco de agua en la olla rápida, introduce el accesorio con la coliflor, tapa y cuécela durante 3 minutos.

Prepara la bechamel (véase *Salsa bechamel*) y cocínala durante 5 minutos.

Corta las espinacas (reserva unas 10 hojas) en juliana fina e incorpóralas a la bechamel, mezcla bien y cocina todo durante 2-3 minutos.

Sirve la coliflor en una fuente amplia, rocíala con la bechamel, ralla el queso por encima e introdúcela en el horno para gratinar. En 2-3 minutos estará a punto.

Pon un poco de aceite en una sartén, añade las hojas de espinacas reservadas y fríelas a fuego suave hasta que cristalicen. Pásalas a un plato y decora con ellas la coliflor.

ESPÁRRAGOS CON SABAYÓN DE *TXAKOLI*

INGREDIENTES **(4 P.)**

16 espárragos blancos (frescos)
1 diente de ajo
1 chalota
150 ml de *txakoli*
100 g de mantequilla
2 yemas
aceite de oliva virgen extra
cebollino (con sus flores)
unas hebras de azafrán
sal
azúcar

ELABORACIÓN

Calienta agua en una cazuela grande y añade 1 cucharadita de sal y otra de azúcar. Retira la parte inferior de los espárragos y pélalos. Introdúcelos en la cazuela y cuécelos durante 15 minutos. Escúrrelos y resérvalos.

Calienta un poco de aceite en un cazo, pela el diente de ajo, pícalo finamente e incorpóralo. Pica la chalota de la misma manera y añádela. Rehoga las hortalizas durante 3-4 minutos a fuego suave. Añade el *txakoli* y las hebras de azafrán y deja que reduzca durante 10 minutos a fuego suave. Cuela y reserva la reducción de *txakoli.*

Funde la mantequilla en un cazo.

Pon a calentar las yemas en un bol al baño maría (es decir, dentro de una cazuela con agua). Agrega a las yemas 1 cucharada de agua y móntalas con una batidora de varillas eléctrica. Añade, poco a poco, la reducción de *txakoli* sin dejar de batir. Añade del mismo modo la mantequilla fundida y sazona el sabayón.

Sirve 4 espárragos en cada plato y salséalos con el sabayón de *txakoli* (si te sobra sabayón, sírvelo en una salsera).

Pica las hojas de cebollino finamente y salpica con él los platos. Decóralos con las flores de cebollino.

CONSEJO: A la hora de elegir los espárragos, hay que tener en cuenta que estén rectos y que tengan las puntas cerradas. Una vez en casa, lo mejor es colocarlos en una fuente, taparlos con un paño húmedo y guardarlos en el frigorífico.

PIQUILLOS RELLENOS DE BACALAO DESMIGADO

INGREDIENTES **(4 P.)**

16 pimientos del piquillo

400 g de bacalao desmigado, sin espinas y desalado

1 cebolla

2 pimientos verdes

2 dientes de ajo

50 g de harina

250 ml de leche

aceite de oliva virgen extra

perejil

sal

Para la salsa:

10 pimientos del piquillo verdes

500 ml de nata

1 cucharada de pimienta verde

sal

ELABORACIÓN

Para el relleno, pica la cebolla, los pimientos verdes y los ajos y ponlos a pochar a fuego lento en una cazuela con aceite. Cuando estén pochados, añade el bacalao y saltea unos minutos. Agrega la harina, mezcla bien e incorpora la leche poco a poco sin dejar de remover. Pon a punto de sal. Vierte el relleno en una fuente y deja que se enfríe.

Para la salsa, pica los piquillos verdes y ponlos, junto con la nata, en una cazuela. Añade la pimienta verde y deja cocer de 10 a 15 minutos para que reduzca, se espese la salsa y se mezclen los sabores. Tritura la salsa con ayuda de la batidora eléctrica y cuélala. Pon a punto de sal.

Rellena los pimientos y pásalos a una placa de horno. Riega con un poco de aceite y hornéalos a 200 ºC durante 7 minutos.

Sirve los pimientos rellenos de bacalao con la salsa y adorna con perejil.

CONSEJO: Para que la acción de desalar el bacalao sea efectiva, es conveniente cambiar el agua cada 4 horas e introducirlo en el frigorífico desde el primer momento. La desalación durará unas 48 horas, siempre dependiendo del grosor del bacalao.

MORRONES RELLENOS DE HORTALIZAS

INGREDIENTES **(4 P.)**

4 pimientos morrones

¼ de repollo o col

4 cebolletas

2 pimientos verdes

150 g de judías verdes

2 zanahorias

4 dientes de ajo

300 g de setas

1 copa de vino blanco

aceite de oliva virgen extra

sal

ELABORACIÓN

Lava los pimientos morrones, colócalos en una fuente apta para el horno, sazónalos y riégalos con un poco de aceite. Hornéalos a 200 ºC durante 25 minutos. Deja que se templen, pélalos y vacíalos.

Pica la berza y cuécela (8 minutos) en una cazuela con agua y una pizca de sal. Escúrrela y resérvala.

Para la salsa, pica finamente 1 cebolleta y 2 dientes de ajo y ponlos a pochar en una cazuela con un poco de aceite. Pica las setas e incorpóralas. Agrega el vino blanco y 100 ml de agua, sazona y cocina durante 10 minutos.

Corta en juliana fina 3 cebolletas, los pimientos y las judías. Pela las zanahorias y saca tiras finas con un pelapatatas.

Corta 2 dientes de ajo en láminas y ponlos a dorar en una sartén con aceite. Incorpora las hortalizas (repollo o col, cebolletas, pimientos verdes, judías y zanahorias) y cocínalas durante 10 minutos.

Rellena los pimientos morrones con la farsa de hortalizas y colócalos en una fuente apta para el horno. Riega con la salsa de setas y hornea a 190 ºC durante 6 minutos.

CONSEJO: Los pimientos morrones frescos se distinguen por su color rojo brillante, su piel lisa y sin manchas, su carne firme y su tallo verde y rígido. ¡No lo olvidéis!

ESPÁRRAGOS VERDES CON JAMÓN Y QUESO

INGREDIENTES **(4 P.)**

16 espárragos verdes
4 lonchas de jamón cocido
125 g de queso de oveja curado
1 cebolla
4 rebanadas de pan de hogaza
aceite de oliva virgen extra
perejil
sal

ELABORACIÓN

Pela la cebolla y córtala en juliana fina. Ponla a rehogar a fuego suave en una sartén con un chorrito de aceite, sazónala y cocínala hasta que esté bien dorada (12 minutos aproximadamente). Reserva la cebolla caramelizada.

Limpia los espárragos y retírales la parte inferior del tallo. Calienta una sartén con un chorrito de aceite y agrégalos. Sazónalos y cocínalos durante 5-6 minutos. Córtalos por la mitad y resérvalos.

Corta las rebanadas de pan por la mitad, tuéstalas en un tostador y resérvalas.

Corta las lonchas de jamón cocido por la mitad y resérvalas.

Ralla el queso y resérvalo.

Para servir, pon sobre cada tostada un poco de cebolla caramelizada, coloca encima ½ loncha de jamón cocido y 2 espárragos y cubre con una buena porción de queso rallado. Decora los platos con unas hojas de perejil.

CONSEJO: Las partes inferiores de los tallos de los espárragos pueden servir para hacer una salsa o para hacer (junto con otras hortalizas) un buen puré.

PUERROS CON PATATA Y REFRITO DE PANCETA

INGREDIENTES **(4 P.)**

12 puerros
3 patatas
2 zanahorias
250 g de calabaza
1 l de caldo de verduras
200 g de panceta
4 dientes de ajo
aceite de oliva virgen extra
sal

ELABORACIÓN

Limpia los puerros y córtalos en aros. Pela las patatas, la zanahoria y la calabaza y trocéalas. Pon todo en una cazuela con el caldo de verduras y déjalo cocer durante 20 minutos aproximadamente. Deja que se temple y pon a punto de sal.

Pica la panceta, pela y filetea los ajos y rehoga todo en una sartén con aceite. Vierte este refrito sobre la porrusalda y sirve.

CALABACÍN CON JAMÓN Y QUESO

INGREDIENTES **(4 P.)**

2 calabacines
100 g de jamón cocido
145 g de queso crema
½ cebolla
150 ml de salsa de tomate (véase *Salsa de tomate*)
75 g de queso rallado
aceite de oliva virgen extra
perejil
sal

ELABORACIÓN

Lava los calabacines y córtalos en láminas finas. Escoge las 8 láminas más grandes y cocínalas brevemente (1 minuto por cada lado) en una sartén grande con un chorrito de aceite. Retíralas y resérvalas. Corta el resto de los calabacines en daditos y resérvalos.

Pela la cebolla, córtala en daditos e incorpórala a la sartén donde has cocinado las láminas de calabacín. Rehógala a fuego fuerte durante 2 minutos y agrega los daditos de calabacín. Sazona y cocina conjuntamente durante 15 minutos.

Corta el jamón cocido en daditos y añádelo a la sartén. Cocina todo conjuntamente durante 1-2 minutos. Apaga el fuego, incorpora el queso crema y mezcla bien.

Extiende las láminas de calabacín, pon una porción de relleno sobre cada lámina, enróllalas y colócalas sobre una fuente apta para el horno. Pon un poco de salsa de tomate sobre cada rollito, espolvoréalos con el queso rallado y gratínalos en el horno.

Sirve 2 rollitos en cada plato y decora con una hojita de perejil.

CONSEJO: Una vez en casa, conviene guardar los calabacines refrigerados en el cajón de las hortalizas, sin lavar y bien alejados de alimentos que emitan olores. De esta manera pueden aguantar durante varios días en perfectas condiciones.

JUDÍAS VERDES CON PATATAS

INGREDIENTES **(4 P.)**

700 g de judías verdes
3 patatas
2 zanahorias
3 dientes de ajo
aceite de oliva virgen extra
perejil
1 cucharadita de pimentón
sal

ELABORACIÓN

Pon abundante agua a calentar en una cazuela.

Limpia las judías, retírales las puntas y los hilos, córtalas en trozos de 2-3 cm y agrégalas a la cazuela. Pela las patatas, cáscalas e incorpóralas. Pela las zanahorias, córtalas en rodajas y añádelas. Sazona, tapa la cazuela y cuece todo durante 20-22 minutos.

Pela los dientes de ajo, córtalos en láminas y rehógalos en una sartén con un chorrito de aceite. Retira la sartén del fuego, agrega el pimentón, mezcla bien y vierte el refrito en la cazuela de las judías con patatas.

Sirve las judías con patatas y zanahorias (con más o menos caldo, a tu gusto) y decora los platos con unas hojas de perejil.

CONSEJO: Es importante que apartes la sartén del fuego antes de incorporar el pimentón para que este no se queme y adquiera un sabor amargo que podría estropear el guiso.

PUERROS CON BECHAMEL

INGREDIENTES **(4 P.)**

16 puerros

500 ml de bechamel (véase *Salsa bechamel*)

6 pimientos verdes medianos

50 g de queso rallado

aceite de oliva virgen extra

sal

ELABORACIÓN

Limpia bien los puerros y cuécelos en agua hirviendo con sal durante 25 minutos. Escúrrelos y resérvalos.

Limpia los pimientos, córtalos en aros y fríelos en aceite. Escúrrelos y colócalos en una fuente apta para el horno. Pon encima los puerros, cúbrelos con la bechamel, espolvorea con el queso rallado y gratina en el horno durante 5 minutos.

Retira del horno y sirve.

PUERROS CON PATATAS Y HUEVOS ESCALFADOS

INGREDIENTES **(4 P.)**

6 puerros

3 patatas

4 huevos

1 cebolleta

1 pimiento verde

1 tomate

aceite de oliva virgen extra

vinagre

pimentón

sal

ELABORACIÓN

Limpia bien los puerros retirándoles la parte inferior y la superior, hazles un corte longitudinal por la parte superior y enjuágalos bien bajo el agua del grifo; córtalos en medias lunas y ponlos a cocer en una cazuela con 1 litro de agua y una pizca de sal. Pela las patatas, trocéalas y añádelas a la cazuela. Cuece todo durante 15-20 minutos.

Pica la cebolleta y el pimiento y ponlos a pochar en una sartén con aceite. A los 3-4 minutos, incorpora el tomate (pelado y cortado en dados). Sofríe todo hasta que se dore bien. Añade el sofrito a la cazuela de los puerros, mezcla bien y sirve en una fuente amplia.

Escalfa los huevos en una cazuela con abundante agua (a punto de hervir) y un chorro de vinagre. Cocínalos durante 4 minutos, sácalos de la cazuela y retírales la parte de clara que sobresalga. Colócalos sobre los puerros con patatas, espolvoréalos con un poco de pimentón y riégalos con un poco de aceite.

CONSEJO: Si los huevos no son muy frescos, escálfalos de la siguiente forma: corta 4 trozos de film transparente, úntalos con un poco de aceite, casca 1 huevo encima de cada uno, salpimiéntalos y cierra el film haciendo un nudo. Escálfalos en una cazuela con abundante agua a punto de hervir.

ÑOQUIS DE CALABAZA CON PANCETA

INGREDIENTES **(4 P.)**

400 g de calabaza
4 lonchas de panceta
1 clara de huevo
350 g de harina
2 cebolletas
500 ml de nata líquida
aceite de oliva virgen extra
perejil
pimienta
sal

ELABORACIÓN

Pela la calabaza, córtala en dados, ponla en una fuente apta para el horno y ásala a 190 ºC durante 25-30 minutos. Retírala, ponla en un vaso de batidora y tritúrala con una batidora eléctrica.

Pasa el puré de calabaza a un bol y añade la clara de huevo, la harina y una pizca de sal. Mezcla bien hasta conseguir una masa homogénea. Deja que repose un poco (10 minutos), introdúcela en una manga pastelera y resérvala.

Corta las cebolletas en dados y rehógalas en una cazuela con un chorrito de aceite durante unos 10 minutos. Corta la panceta en dados, incorpórala a la cazuela y rehógala brevemente. Vierte encima la nata, sazona y deja que la salsa reduzca durante 6-8 minutos.

Calienta abundante agua en una cazuela y sazónala. Cuando empiece a hervir, corta la punta de la manga, presiona la masa y, con ayuda de unas tijeras, vete cortando pequeñas porciones directamente sobre la cazuela. Cuando los ñoquis floten, déjalos cociendo durante 2-3 minutos más.

Incorpora los ñoquis a la salsa, salpimienta y espolvorea con un poco de perejil picado. Mezcla y cocina todo junto durante 2 minutos.

Sirve los ñoquis y decora los platos con unas hojas de perejil.

CONSEJO: Tradicionalmente los ñoquis se elaboran con patata y harina, pero podéis innovar utilizando puré de otras hortalizas, como en esta receta.

PASTEL DE PIQUILLOS

INGREDIENTES **(6 P.)**

400 g de pimientos del piquillo
5 huevos
3 cucharadas soperas de salsa de tomate (véase *Salsa de tomate*)
400 ml de nata
harina (para el molde)
150 ml de mayonesa (véase *Salsa mayonesa*)
aceite de oliva virgen extra
perejil
sal

ELABORACIÓN

Casca los huevos en un bol grande. Sazónalos e incorpora la salsa de tomate y la nata. Bate todo bien con una varilla manual.

Tritura bien los pimientos con una batidora eléctrica o un vaso americano. Añade el puré de piquillos al bol y mezcla bien.

Unta un molde rectangular con un poco de aceite y coloca encima una tira larga de papel de hornear de manera que sobresalga un buen trozo por cada extremo. Unta el papel con un poco más de aceite y espolvoréalo con un poco de harina. Vierte la mezcla del pastel en el molde, colócalo sobre una bandeja de horno honda, vierte un poco de agua (unos 3 cm) en la bandeja y hornéalo al baño maría a 190 ºC durante 50-60 minutos.

Retira el pastel del horno, deja que se temple y córtalo en rodajas.

Sirve el pastel y acompáñalo con un poco de mayonesa. Decora los platos con unas hojas de perejil.

CONSEJO: El pastel de por sí ya es delicioso, pero si lo acompañáis con unas tostaditas de pan, será inmejorable.

HORTALIZAS A LA PLANCHA

INGREDIENTES **(4 P.)**

1 berenjena
1 pimiento verde
1 pimiento rojo
8 espárragos verdes
1 calabacín
aceite de oliva virgen extra
sal
sal Maldon

Para la vinagreta de tomate:
2 tomates
100 ml de aceite de oliva virgen extra
25 ml de vinagre
2 hojas de albahaca
1 rama de tomillo
unas tiras de cebollino
pimienta

ELABORACIÓN

Limpia bien todas las hortalizas. Corta la berenjena en bastones y los pimientos en tiras, retira la parte inferior de los espárragos y corta el calabacín en rodajas. Pon un poco de aceite sobre la plancha (bien caliente), coloca encima las hortalizas sazonadas y cocínalas por los dos lados durante 6-8 minutos. Retíralas y pásalas a una fuente amplia.

Para hacer la vinagreta, pela los tomates y córtalos en dados. Ponlos sobre la plancha hasta que se hagan. Pásalos a un bol y agrega el aceite y pimienta molida. Incorpora las hojas de albahaca picadas, las hojitas de tomillo y el cebollino picado. Agrega el vinagre y mezcla bien.

Aliña las hortalizas con la vinagreta de tomate. Espolvorea con un poco de sal Maldon y sirve.

CONSEJO: Cuando compréis hortalizas frescas, al llegar a casa es necesario sacarlas de las bolsas o envoltorios de plástico para que puedan respirar.

PATATAS GUISADAS CON TOMATE

INGREDIENTES **(4 P.)**

700 g de patatas
3 tomates maduros
2 cebolletas
3 dientes de ajo
200 g de panceta adobada
500 ml de caldo
2 huevos cocidos
aceite de oliva virgen extra
1 hoja de laurel
perejil picado
sal

ELABORACIÓN

Pica las cebolletas, los ajos y la panceta y fríelos en una cazuela con aceite. Pela y pica los tomates e incorpóralos a la cazuela junto con la hoja de laurel. Sazona y rehoga durante unos 10 minutos más a fuego suave.

Pela las patatas, córtalas en rodajas, incorpóralas a la cazuela y cubre con el caldo. Deja cocer de 15 a 20 minutos y pon a punto de sal.

Pela y pica los huevos cocidos, agrégalos, espolvorea con perejil picado y sirve.

ZANAHORIAS CON QUESO AL HORNO

INGREDIENTES **(4 P.)**

400 g de zanahorias cocidas
200 g de crema de queso
1 cebolla
1 diente de ajo
½ vaso de leche
2 huevos
2 vasos de arroz cocido
150 g de beicon
1 pimiento verde
aceite de oliva virgen extra
pimienta
sal

ELABORACIÓN

Pela la cebolla y el ajo, pícalos y póchalos en una cazuela con aceite. Pica las zanahorias, incorpóralas a la sartén y saltea unos minutos.

Mezcla la leche con los huevos y el queso en un bol y salpimienta. Agrega el arroz y mézclalo bien. Añade el salteado de zanahorias y vuelve a mezclar.

Pasa a una fuente apta para el horno y hornea a 160 ºC durante unos 12-15 minutos.

Corta el beicon en taquitos y el pimiento en dados, fríelos, repártelos sobre las zanahorias con queso y sirve.

GUISO DE PATATAS CON BACALAO

INGREDIENTES **(4-6 P.)**

500 g de bacalao (lomos) desalado
800 g de patatas
1 pimiento rojo
1 pimiento verde
1 cebolla
2 guindillas
750 ml de caldo de pescado
aceite de oliva virgen extra
perejil
sal

ELABORACIÓN

Pica finamente la cebolla, corta los pimientos en juliana fina y ponlos a pochar en una cazuela con aceite. Cuando se dore, añade las guindillas.

Pela las patatas, córtalas en rodajas gruesas e incorpóralas a la cazuela. Vierte encima el caldo y cocina a fuego medio durante 20 minutos.

En una sartén con un poco de aceite, fríe brevemente por los dos lados los lomos de bacalao. Pásalos a la cazuela de las patatas, dejando la piel hacia arriba, y guisa todo durante 5 minutos. Prueba y pon a punto de sal.

Retira las guindillas, decora con una rama de perejil y sirve.

CONSEJO: Si la salsa queda muy ligera, puedes aplastar un par de patatas y añadirlas al guiso para conseguir el espesor deseado.

PASTEL DE PUERROS Y GAMBAS

INGREDIENTES **(6 P.)**

4 puerros

250 g de gambas

mantequilla y harina (para el molde)

7 huevos

400 ml de nata

aceite de oliva virgen extra

perejil

sal

ELABORACIÓN

Retira la parte inferior, la superior y la primera capa de los puerros. Lávalos bien, pícalos finamente y rehógalos a fuego suave en una sartén con un chorrito de aceite durante 10-12 minutos (hasta que estén blandos). Pela las gambas, córtalas en trocitos, sazónalas y agrégalas a la sartén de los puerros. Saltéalas brevemente y retira la sartén del fuego.

Unta un molde alargado con un poco de mantequilla fundida, ponle una tira de papel de hornear a lo largo de manera que sobresalga un trozo de 6 cm por cada lado, vuelve a untarlo con otro poco de mantequilla y espolvoréalo con un poco de harina.

Bate los huevos en un bol, sazónalos, agrega la nata y bate de nuevo. Añade los puerros y las gambas rehogados y mezcla bien. Vierte la mezcla en el molde y hornéalo al baño maría a 180 ºC durante 45 minutos. Deja que se temple, desmóldalo y córtalo en porciones.

Sirve el pastel y decora los platos con unas hojas de perejil.

CONSEJO: Este tipo de pasteles se pueden consumir tanto en frío como en caliente. Son muy apropiados para tomar en reuniones familiares, ya que se pueden preparar con antelación.

PATATAS GUISADAS CON CHORIZO

INGREDIENTES **(4 P.)**

5 patatas
200 g de chorizo
2 cebollas
1.500 ml de caldo de verdura
aceite de oliva virgen extra
2 hojas de laurel

ELABORACIÓN

Pela las cebollas, pícalas y rehógalas en una cazuela con aceite. Corta el chorizo en 8 trozos, añádelos y sofríelos unos minutos.

Pela y trocea las patatas e incorpóralas a la cazuela. Rehógalas con cuidado de que no se peguen.

Añade el caldo y el laurel y deja cocer a fuego muy lento hasta que las patatas estén hechas y el caldo haya espesado (45 minutos aproximadamente). Sirve.

QUICHE DE PUERROS

INGREDIENTES **(4 P.)**

1 lámina de hojaldre (200 g)
10 puerros pequeños
3 huevos
1 vaso de leche evaporada
8 langostinos pelados
perejil picado
pimienta negra molida
sal

Para la salsa de pimiento:
1 cebolla
1 diente de ajo
1 pimiento morrón
1 l de caldo de carne
aceite de oliva virgen extra
sal

ELABORACIÓN

Quita la parte inferior y la superior de los puerros, lávalos bien, córtalos en aros y cuécelos en una cazuela con agua hirviendo y sal durante unos 15 minutos. Retíralos y pásalos a un colador para que se escurran bien.

Estira el hojaldre, ponlo en un molde de forma redonda y pínchalo. Coloca los bordes y hornea a 190 ºC durante 15 minutos.

Para preparar la salsa, pica la cebolla, el diente de ajo y el pimiento y ponlos a pochar en un cazo con un poco de aceite. Sazona y añade el caldo de carne. Déjalo cocer a fuego suave 15 minutos aproximadamente. Tritura y pasa todo por un chino. Reserva.

Bate los huevos y mézclalos con la leche evaporada, salpimienta y espolvorea con perejil picado.

Coloca sobre el hojaldre, intercalándolos, los puerros cocidos y los langostinos pelados. Cubre con la crema de huevo y leche y hornea a 180 ºC hasta que cuaje, unos 20-25 minutos. Para terminar, espolvorea con perejil picado.

Retira del molde y sirve la quiche acompañada con la salsa de pimiento.

CONSEJO: Cuando compréis puerros debéis fijaros en que la parte blanca sea firme y sin manchas y que la parte verde tenga las hojas bien verdes y brillantes. Cuando veáis puerros con buena parte de las hojas verdes cortadas, hay que sospechar no solo que son viejos, sino que estarán lo bastante crecidos como para haber formado un tallo floral, con lo cual solo serán aprovechables unas pocas capas.

PENCAS RELLENAS DE QUESO

INGREDIENTES (4 P.)

1 kg de acelgas

125 g de queso de oveja curado

2 dientes de ajo

1 cebolleta

100 g de champiñones

1 cucharada de harina

100 ml de *brandy*

20 g de piñones

harina y 3 huevos batidos (para rebozar)

aceite de oliva virgen extra

perejil

sal

ELABORACIÓN

Separa las hojas de las pencas de las acelgas (reserva las hojas para otra ocasión, por ejemplo, para hacer una crema). Pon abundante agua a calentar en una cazuela, agrega las pencas y cuécelas durante 10-12 minutos. Retíralas y escúrrelas bien sobre una fuente cubierta con papel absorbente. Córtalas por la mitad y resérvalas. Reserva también el agua de la cocción.

Para preparar la salsa de champiñones, pela los ajos, córtalos en daditos y ponlos a rehogar en una tartera (cazuela amplia y baja) con un chorrito de aceite. Corta la cebolleta del mismo modo, agrégala y rehoga todo durante 6-8 minutos. Limpia los champiñones, córtalos en láminas e incorpóralos a la tartera. Sazónalos y rehógalos durante 2 minutos. Añade la harina y rehógala un poco. Vierte encima el *brandy* y dale un hervor fuerte para que el alcohol se evapore. Agrega 125 ml del caldo reservado y cocina todo durante 10 minutos.

Tuesta los piñones en una sartén con unas gotas de aceite e incorpóralos a la salsa.

Retira la corteza del queso y córtalo en lonchas finas. Extiende la mitad de las pencas sobre una fuente, cúbrelas con las lonchas de queso y coloca encima el resto de las pencas. Pásalas por harina y huevo batido y fríelas hasta que se doren (1-2 minutos por cada lado) en una sartén con abundante aceite. Retíralas y escúrrelas sobre un plato cubierto con papel absorbente.

Espolvorea la salsa con un poco de perejil picado y remuévela. Reparte la salsa en 4 platos, coloca 2 pencas rellenas en cada uno y decóralos con unas hojas de perejil.

CONSEJO: Es interesante aprovechar las hortalizas de temporada, pues, además de estar en su mejor momento, es cuando más baratas las encontraremos.

PATATAS A LA ESPAÑOLA

INGREDIENTES **(4 P.)**

1 kg de patatas

1 sobre de levadura, harina y huevo batido (para rebozar)

aceite de oliva virgen extra

perejil picado

sal

Para la salsa española:

2 cebollas

2 zanahorias

500 g de carne de contra de ternera o vaca

2 cucharadas de harina

1.500 ml de caldo de carne

1 vaso de vino blanco

aceite de oliva virgen extra

sal

ELABORACIÓN

Pela las patatas y córtalas en rodajas de ½ cm. Sazónalas, pásalas por harina (mezclada con la levadura) y huevo y fríelas en abundante aceite. Retíralas y resérvalas.

Para preparar la salsa española, pela las cebollas y las zanahorias, pícalas y sofríelas. Añade los trozos de carne, después la harina y rehoga. Cubre con el caldo y añade el vaso de vino blanco. Pon a punto de sal y deja cocer durante 1 hora a fuego medio. Cuanto más tiempo cueza, saldrá más concentrada. Tritura la salsa con la batidora.

Coloca las patatas en una cazuela junto con la salsa española y espolvorea con perejil picado. Guisa a fuego suave durante 10 o 15 minutos y sirve.

PASTEL DE PATATA Y CARNE

INGREDIENTES **(4 P.)**

5 patatas

200 g de carne de ternera picada

150 g de carne de cerdo picada

150 g de crema de queso emmental

1 diente de ajo

1 cebolla

1 pimiento verde

1 vaso de salsa de tomate (véase *Salsa de tomate*)

1 huevo

aceite de oliva virgen extra

sal

pimienta negra

orégano

albahaca fresca

perejil

ELABORACIÓN

Pela y pica el diente de ajo y la cebolla y ponlos a pochar en una sartén con un chorrito de aceite. Pica el pimiento, agrégalo, sazona y deja cocinar. Una vez pochados, incorpora la carne picada de ternera y la de cerdo. Mezcla y rehoga. Salpimienta. Añade un poco de orégano. Pica unas hojas de albahaca e incorpóralas. Mezcla. Vierte la salsa de tomate y deja cocinar a fuego suave, para que se evapore el agua de la salsa. Reserva.

Lava las patatas y ponlas (con la piel) en la olla rápida cubiertas con agua y una pizca de sal. Cierra la olla y cocina (al 2) durante 5-8 minutos (dependiendo del tamaño) a partir de que suba la válvula de seguridad. Abre, retira las patatas a un plato y deja atemperar. Quítales la piel, trocéalas y pásalas por el pasapurés. Salpimienta. Casca un huevo, añádelo y mezcla. Separa el puré en dos cuencos diferentes y agrega perejil picado a uno de ellos. Mezcla.

Pon un molde en el centro del plato y rellena una primera capa con puré de patata. Coloca encima otra capa de carne y termina con otra de puré con perejil. Desmolda y pon encima un poco de queso emmental. Decora con una hojita de perejil y sirve.

PIQUILLOS RELLENOS DE MORCILLA DE ARROZ

INGREDIENTES **(4 P.)**

12 pimientos del piquillo
½ morcilla de arroz
1 cebolleta
1 manzana
250 ml de salsa de tomate (véase *Salsa de tomate*)
aceite de oliva virgen extra
perejil
sal

ELABORACIÓN

Corta la cebolleta en daditos y ponla a rehogar en una sartén con un chorrito de aceite. Pela la manzana y córtala en dados. Cuando la cebolleta empiece a dorarse, incorpora la manzana, sazónala y cocínala durante 4-5 minutos. Retira la piel a la morcilla, pica el relleno y agrégalo. Mezcla bien, rehoga brevemente y deja templar.

Rellena los pimientos y ponlos en una bandeja o fuente apta para el horno. Úntalos (con ayuda de un pincel de cocina) con un poco de aceite, sazónalos y hornéalos a 200 ºC durante 15 minutos.

Calienta la salsa de tomate, repártela en 4 platos y sirve 3 pimientos en cada uno. Decora los platos con unas hojas de perejil.

CONSEJO: Los pimientos del piquillo de Lodosa (D. O.) son una variedad de pimiento de pequeño tamaño (8-10 cm) que se produce en Navarra. Se asan directamente sobre la llama y se pelan a mano y en seco, sin emplear agua ni productos químicos, para que conserven todo su sabor.

PIMIENTOS RELLENOS DE CARNE

INGREDIENTES **(4 P.)**

16 pimientos del piquillo
300 g de carne picada (ternera y cerdo)
2 dientes de ajo
2 cebollas
2 cucharadas de harina
150 ml de leche
200 ml de caldo de carne
200 ml de vino de Jerez
200 ml de salsa de tomate (véase *Salsa de tomate*)
harina y huevo batido (para rebozar)
aceite de oliva virgen extra
sal
pimienta
perejil

ELABORACIÓN

Para el relleno, pela 1 diente de ajo y 1 cebolla, córtalos en daditos y rehógalos en una cazuela con un chorrito de aceite. Sazónalos. Cuando las hortalizas se doren un poco (5 minutos), salpimienta la carne, incorpórala y cocínala durante 3-4 minutos. Agrega 1 cucharada de harina y rehógala un poco. Añade la leche y 1 cucharadita de perejil picado y cocina todo durante 3-4 minutos. Prueba y pon a punto de sal. Pasa la mezcla a un bol y deja que se enfríe.

Para la salsa, pela el otro diente de ajo y la otra cebolla, córtalos en daditos y ponlos a rehogar en una cazuela con un chorrito de aceite. Sazona. Cuando empiecen a dorarse (5 minutos), añade la otra cucharada de harina y rehógala un poco. Agrega el caldo, el vino y la salsa de tomate, pon a punto de sal y cocina los ingredientes durante 10 minutos. Tritura y reserva la salsa.

Rellena los pimientos con la mezcla reservada, pásalos por harina y huevo batido y fríelos en una sartén con aceite. Ponlos en una tartera (cazuela amplia y baja) y vierte la salsa por encima. Cocina los pimientos en la salsa durante 10 minutos.

Sirve 4 pimientos rellenos en cada plato, salséalos y decóralos con unas hojas de perejil.

CONSEJO: Los pimientos rellenos dan mucho juego porque se pueden rellenar de cualquier cosa: desde bacalao, gambas o *txangurro* hasta morcilla.

PATATAS MEDITERRÁNEAS

INGREDIENTES **(4 P.)**

4 patatas medianas
200 g de bonito en aceite
2 cebolletas
4 cucharadas de salsa mayonesa (véase *Salsa mayonesa*)
1 o 2 pimientos verdes asados y pelados
1 pimiento rojo
8 aceitunas negras
aceite de oliva virgen extra
vinagre
perejil picado
sal

ELABORACIÓN

Lava las patatas e introdúcelas (con piel) en una cazuela con agua, sal y un chorrito de vinagre. Cuécelas a fuego lento, para que no se rompan, durante 35 minutos. Escúrrelas, pélalas y córtales, a lo largo, 1 o 2 cm (aproximadamente) de la parte superior. Vacía con una cuchara la pulpa de las patatas y resérvalas.

Pica finamente las cebolletas, desmiga el bonito, pásalos a un bol y mézclalos con la mayonesa y el perejil picado (si quieres, puedes añadir también un poco de la pulpa de patata). Rellena las patatas con esta mezcla.

Corta el pimiento rojo en tiras y fríelas. Corta también en tiras los pimientos verdes asados. Adorna las patatas con las tiras de pimiento verde, los aros de pimiento rojo y las aceitunas. Espolvorea con perejil picado y sirve.

CONSEJO: Para hacer patatas rellenas, se eligen patatas de tamaño parecido para que se cuezan a la vez. Con ayuda de un vaciador, se retira la pulpa, dejando una capa de patata de ½ cm de grosor. Después se rellenan como indique la receta.

PATATAS CON ESPINACAS

INGREDIENTES **(4 P.)**

1 kg de patatas
500 g de espinacas
5 dientes de ajo
1 cucharada de carne de pimiento choricero
200 g de bacalao desalado y desmigado
aceite de oliva virgen extra
sal

ELABORACIÓN

Cuece las espinacas en agua con sal, escúrrelas, trocéalas y resérvalas.

Pela las patatas y trocéalas cascándolas. Pica 3 dientes de ajo y dóralos en una cazuela con un poco de aceite. Cuando estén dorados, añade las patatas y rehógalas. Cúbrelas con agua y agrega el pimiento choricero y sal. Deja cocer durante 30 minutos.

Pela los otros 2 dientes de ajo, córtalos en láminas, sofríelos en una sartén con aceite y agrega el bacalao. Saltéalo e incorpora las espinacas. Añade este sofrito a las patatas, mezcla bien y cocina durante 5 minutos. Pon a punto de sal y sirve.

PATATAS EN SALSA VERDE

INGREDIENTES **(4 P.)**

- 700 g de patatas
- 200 g de almejas
- 200 g de mejillones cocidos y su caldo de cocción
- 2 cebolletas
- 1 diente de ajo
- 2 cucharaditas de harina
- 12 puntas de espárragos cocidos
- harina y 1 huevo batido (para rebozar)
- aceite de oliva virgen extra
- perejil picado
- sal

ELABORACIÓN

Pela las patatas y córtalas en rodajas de 5 cm de espesor. Sazona. Pásalas por harina y huevo y fríelas a fuego lento. Escúrrelas bien y resérvalas.

Pica la cebolleta y el ajo y póchalos en una cazuela con aceite. Sazona. Añade las cucharaditas de harina y remueve bien. Vierte encima el caldo de cocción de los mejillones e incorpora las patatas. Espolvorea con abundante perejil y añade las almejas y los mejillones. Agrega los espárragos y deja cocer unos minutos, hasta que se abran todas las almejas. Sirve.

PATATAS CON ZANCARRÓN

INGREDIENTES **(4 P.)**

- 800 g de patatas
- 500 g de zancarrón de ternera
- 1 cebolla roja
- 2 zanahorias
- ½ pimiento rojo
- 1 cucharada de carne de pimiento choricero
- harina y 1 huevo batido (para rebozar)
- 1 diente de ajo
- aceite de oliva virgen extra
- unas ramitas de perejil
- sal

Para cocer el zancarrón:

- 1 puerro
- 1 cebolla
- unas ramitas de perejil
- sal

ELABORACIÓN

Trocea el puerro y la cebolla y ponlos en la olla rápida con el zancarrón y el perejil. Cubre con 2 l de agua, sazona y cuece durante 40-45 minutos.

Pica la cebolla, las zanahorias y el pimiento rojo y póchalos en una cazuela con aceite. Sazona. Pela las patatas, córtalas en rodajas de aproximadamente un dedo de grosor, incorpóralas a la cazuela y rehógalas. Agrega la carne de pimiento choricero. Cubre con agua y deja cocer a fuego lento durante 25-30 minutos.

Corta el zancarrón cocido en rodajas (puedes usar el agua de cocción como caldo para otra receta), rebózalas en harina y huevo batido y fríelas en aceite bien caliente con un diente de ajo.

Coloca las rodajas de zancarrón y el ajo sobre las patatas, decora con unas ramitas de perejil fritas y sirve.

PIMIENTOS VERDES RELLENOS DE TORTILLA DE PATATAS

INGREDIENTES **(4 P.)**

4 pimientos verdes (italianos)
6 huevos
3 patatas
1 cebolla
200 ml de salsa de tomate (véase *Salsa de tomate*)
aceite de oliva virgen extra
sal (fina y gruesa)
perejil

ELABORACIÓN

Pela la cebolla, córtala en dados y ponla a freír en una sartén con abundante aceite. Pela las patatas, córtalas en cuartos de luna y agrégalas. Sazona y fríe el conjunto durante 15 minutos aproximadamente. Escúrrelas sobre un colador y pásalas a un bol.

Corta la parte superior de los pimientos bordeando el tallo (creando una especie de tapa), retírala (con el tallo) y elimínales las semillas. Reserva los pimientos y las tapas.

Casca los huevos en un bol, sazónalos, agrega un poco de perejil picado y bátelos bien. Incorpora las patatas con cebolla, mezcla bien y pasa todo a la sartén. Cuaja un poco los ingredientes (muy poco) y pásalos de nuevo al bol.

Para que los pimientos no hagan vacío y resulte más fácil rellenarlos, hay que cortarles la punta inferior. Rellénalos con la tortilla semicuajada y ciérralos con las tapas reservadas.

Calienta un poco de aceite en una tartera (cazuela amplia y baja), coloca en ella los pimientos y fríelos (por todos los lados) a fuego suave durante unos 10 minutos, hasta que se doren. Retíralos.

Sirve 1 pimiento relleno en cada plato y sazónalos (sal gruesa). Acompáñalos con un poco de salsa de tomate y decóralos con unas hojas de perejil.

CONSEJO: Para rellenar los pimientos, lo mejor es utilizar una cucharilla pequeña de café o postre.

PATATAS CON GAMBAS Y ESPINACAS

INGREDIENTES **(4 P.)**

700 g de patatas
200 g de gambas peladas
200 g de espinacas
2 dientes de ajo
aceite de oliva virgen extra
sal

ELABORACIÓN

Escalda las espinacas bien limpias en una cazuela con agua hirviendo y sal durante 1 minuto y medio o 2. Escurre y reserva.

Pela las patatas, córtalas en rodajas y rehógalas unos minutos en una cazuela con aceite. Sazona. Cubre con agua y deja cocer durante 20-25 minutos.

Pela los ajos, córtalos en láminas y dóralos en una sartén con aceite. Incorpora las gambas sazonadas y las espinacas y saltéalas de 2 a 3 minutos. Añade este salteado a la cazuela de las patatas.

Guisa todo junto durante 2 minutos más y sirve. Puedes presentarlo en una cazuela de barro.

PATATAS RELLENAS DE CHAMPIÑONES

INGREDIENTES **(4 P.)**

4 patatas
300 g de champiñones
2 dientes de ajo
1 cebolleta
1 pimiento verde
aceite de oliva virgen extra
perejil picado
sal

Para la salsa de champiñones:
2 dientes de ajo
200 g de champiñones
1 vaso de oporto
1 vaso de nata
aceite de oliva virgen extra
sal

Para la salsa bechamel:
2 cucharadas de aceite de oliva virgen extra
2 cucharadas de harina
200 ml de leche
sal

ELABORACIÓN

Para la salsa de champiñones, pela los dientes de ajo, córtalos en láminas y dóralos en una cazuela con un poco de aceite. Limpia los champiñones, córtalos en láminas e incorpóralos. Rehoga brevemente y agrega el oporto y la nata. Sazona y deja cocer a fuego medio durante 20 minutos. Tritura con una batidora eléctrica y reserva.

Lava las patatas y cuécelas (con piel) en una cazuela con agua y sal durante unos 35 minutos (no deben quedar demasiado blandas). Retíralas y deja que se enfríen. Córtalas por la mitad a lo largo y vacíalas. Reserva las patatas vaciadas y la pulpa.

Para el relleno, pela los ajos, córtalos en láminas y dóralos en una sartén con un poco de aceite. Pica la cebolleta y el pimiento e incorpóralos. Rehoga un poco y agrega los champiñones (limpios y cortados en láminas). Cocina durante 3-4 minutos, incorpora la pulpa de las patatas y mezcla bien. Rellena las patatas y colócalas en una bandeja de horno forrada con papel de hornear.

Prepara la bechamel (véase *Salsa bechamel*).

Cubre la parte superior de las patatas con la bechamel, introdúcelas en el horno y gratínalas durante 2 minutos.

Pon un poco de salsa de champiñones en el fondo de una fuente, coloca encima las patatas, espolvorea con perejil picado y sirve.

GRATINADO DE PUERROS CON SALSA HOLANDESA

INGREDIENTES **(4 P.)**

8 puerros
perejil
sal

Para la salsa holandesa:
200 g de mantequilla
3 yemas de huevo
zumo de ¼ de limón
sal

ELABORACIÓN

Pon a calentar abundante agua en una cazuela grande. Cuando empiece a hervir, sazónala.

Limpia los puerros, retirándoles la parte inferior (la de los pelos), la superior (la verde) y la primera capa. Añádelos a la cazuela y cuécelos durante 12-15 minutos a fuego suave. Retíralos y escúrrelos sobre una fuente cubierta con papel absorbente de cocina.

Para la salsa holandesa, funde la mantequilla en un cazo. Pon las yemas en un bol, añade el zumo de limón y una pizca de sal y móntalas con una batidora de varillas eléctrica. Incorpora poco a poco la mantequilla fundida (no añadas el suero que queda en la parte inferior del cazo) sin dejar de batir hasta conseguir una salsa espesa (de consistencia similar a la de una mayonesa).

Corta los puerros en trozos de unos 4 cm y repártelos en 4 platos aptos para el horno. Nápalos con la salsa holandesa, introdúcelos en el horno y gratínalos durante 2-3 minutos, hasta que la salsa holandesa se dore un poco. Sirve y decora los platos con unas hojas de perejil.

CONSEJO: Antes de añadir la mantequilla fundida a las yemas batidas, es importante eliminar la espuma que se forma en la superficie. Tampoco es conveniente agregar el suero que queda en el fondo del cazo.

PATATAS RELLENAS DE *TXISTORRA*

INGREDIENTES **(4 P.)**

4 patatas grandes
300 g de *txistorra*
30 g de miga de pan
1 vaso de leche
1 cebolla
½ pimiento verde
50 g de mantequilla
2 yemas de huevo
aceite de oliva virgen extra
puré de verduras (para acompañar)
pimienta
sal

ELABORACIÓN

Remoja la miga de pan en la leche. Pela la cebolla y pícala. Pica también el pimiento y la *txistorra.*

Para preparar el relleno, mezcla bien la cebolla, la carne de *txistorra,* la mantequilla, la miga de pan remojada en leche y el pimiento. Incorpora las yemas de huevo y salpimienta.

Pela las patatas y córtalas en dos a lo largo. Sécalas y vacíalas. Rellena las patatas y reconstrúyelas volviendo a unir las mitades. Átalas con cuerda de cocina en forma de cruz, sazónalas y úntalas con aceite. Envuélvelas en papel de aluminio y hornéalas durante 40-45 minutos a 180 ºC.

Retira el papel y la cuerda y sirve las patatas en una fuente con el fondo cubierto con el puré de verduras.

PATATAS RELLENAS DE GAMBAS

INGREDIENTES **(4 P.)**

4 patatas medianas
500 g de gambas peladas
1 diente de ajo
8 lonchas de queso de fundir
aceite de oliva virgen extra
perejil picado
sal

Para la guarnición:
8 champiñones
1 diente de ajo
1 pimiento rojo
aceite de oliva virgen extra
perejil picado
sal

ELABORACIÓN

Lava las patatas y cuécelas (sin pelar) en abundante agua con sal durante 35 minutos a fuego suave (para que no se rompan). Retíralas del agua y déjalas enfriar. Pélalas, córtalas por la mitad a lo largo y vacíalas con cuidado, dejando un dedo de grosor.

Saltea las gambas en una sartén con un chorrito de aceite y el ajo cortado en láminas. Sazona y espolvorea con perejil picado. Rellena cada mitad de patata con este salteado y cúbrelas con 1 loncha de queso.

Coloca las patatas en una fuente apta para el horno y gratínalas durante 4 o 5 minutos.

Para la guarnición, limpia bien los champiñones, trocéalos y saltéalos en una sartén con aceite y el diente de ajo picado. Corta el pimiento en tiras, añádelo y cocínalo durante 5 minutos. Sazona y espolvorea con perejil picado.

Sirve las patatas gratinadas acompañadas de su guarnición.

PUERROS CON VINAGRETA

INGREDIENTES **(4 P.)**

8 puerros grandes
perejil
sal

Para la vinagreta:

6 cucharadas de aceite de oliva virgen extra

2 cucharadas de vinagre de sidra

1 huevo

1 cebolleta (pequeña)

1 tomate (pequeño)

perejil picado

sal

ELABORACIÓN

Retira la parte inferior (la de los pelos) y la parte superior (la parte verde) de los puerros, y enjuágalos bien. Pon agua a calentar en una cazuela, sazónala y agrega los puerros. Cuécelos durante unos 20 minutos (según tamaño) a fuego suave. Escúrrelos, córtalos por la mitad y resérvalos en una fuente.

Cuece el huevo en un cazo con agua durante 10 minutos (contados desde el momento en que el agua empiece a hervir). Refréscalo, pélalo y separa la yema de la clara. Pica bien la clara y resérvala. Reserva aparte la yema.

Para preparar la vinagreta, corta la cebolleta en daditos y ponla en un bol. Pela el tomate, córtalo de la misma manera e incorpóralo. Agrega el aceite, el vinagre, una pizca de sal, un poco de perejil picado y la yema (aplastada con un tenedor). Mezcla bien.

Sirve los puerros en 4 platos, aderézalos con la vinagreta y salpícalos con la clara picada. Decora los platos con unas hojas de perejil.

CONSEJO: Si no queréis que se os estropee el plato, es muy importante limpiar los puerros muy bien.

REPOLLO CON ZANAHORIAS

INGREDIENTES **(4 P.)**

1 repollo (col)
3 zanahorias
2 patatas
6 ñoras
2 dientes de ajo
30 g de almendras laminadas
aceite de oliva virgen extra
perejil
1 cucharadita de pimentón
sal

ELABORACIÓN

Pon abundante agua a calentar en una cazuela grande y sazónala. Lava el repollo, córtalo en juliana fina y agrégalo a la cazuela. Pela las zanahorias, córtalas en medias lunas y añádelas. Pela las patatas, trocéalas (cascándolas) e incorpóralas. Tapa la cazuela y cuece todo durante 20-30 minutos. Retira las hortalizas, escúrrelas bien y ponlas en un bol.

Pon agua a calentar en un cazo. Retira el tallo y las semillas de las ñoras, agrégalas y cuécelas durante 20-30 minutos, hasta que se ablanden. Escúrrelas, retírales la pulpa raspándolas con una puntilla, pícala y resérvala.

Pela los dientes de ajo, córtalos por la mitad a lo largo y luego en láminas finas.

Pon a calentar un poco de aceite en una sartén, añade los ajos y las almendras y dóralos un poco. Agrega la pulpa de las ñoras y el pimentón, y mezcla bien.

Riega las hortalizas con el refrito, repártelas en 4 platos, decora con unas hojas de perejil y sirve.

CONSEJO: Si estamos siguiendo una dieta adelgazante, el repollo será un gran aliado, ya que apenas tiene calorías.

JUDÍAS VERDES CON CREMA DE CEBOLLA

INGREDIENTES **(4 P.)**

700 g de judías verdes
3 cebollas
4 patatas
2 dientes de ajo
aceite de oliva virgen extra
perejil picado
sal

ELABORACIÓN

Limpia las judías, córtales las puntas, retírales los hilos y trocéalas. Cuécelas en la olla rápida con un poco de agua y una pizca de sal durante 4 minutos. Escúrrelas y resérvalas. Reserva también el caldo de cocción.

Pela las cebollas, pícalas y ponlas a freír en una sartén con aceite. Cuando la cebolla esté dorada, escurre el aceite y pásala a una jarra. Agrega un poco del caldo de cocción reservado y tritura con la batidora hasta conseguir una crema homogénea.

Pela las patatas, córtalas en láminas y fríelas en la misma sartén donde has frito la cebolla (si hiciera falta, añade un poco más de aceite). Cuando estén casi hechas, pela los ajos, córtalos en láminas y añádelos. Antes de retirarlas de la sartén, espolvoréalas con perejil picado.

Sirve en el fondo de una fuente la crema de cebolla, coloca encima las judías, distribuye alrededor las patatas y pon un poco de crema de cebolla en el centro.

CONSEJO: Hay cebollas frescas y secas. Si es fresca, al partirla debe despedir un olor profundo, y si es seca, tiene que ser firme y no presentar ningún tipo de germinación. Si las compras en manojos atados, vigila que las del interior no estén blandas.

ESPINACAS CON JAMÓN GRATINADAS

INGREDIENTES **(4 P.)**

1 kg de espinacas
200 g de jamón serrano
1 cucharada de harina
1 vaso grande de leche
1 yema de huevo
100 g de queso semicurado
6-8 tomates cherry
aceite de oliva virgen extra
nuez moscada
sal

ELABORACIÓN

Limpia las espinacas muy bien. Pon a calentar un poco de agua con sal en una cazuela. Cuando hierva, agrega poco a poco las espinacas. A medida que vayan mermando, añade el resto. Escúrrelas, pícalas finamente y resérvalas.

Corta el jamón en taquitos y saltéalo en una sartén con un poco de aceite. Agrega la harina, rehógala bien y vete añadiendo la leche poco a poco sin dejar de remover para que no se formen grumos. Ralla encima un poco de nuez moscada y cocina hasta que espese.

Incorpora las espinacas y mezcla todo bien. Añade la yema de huevo y mezcla de nuevo. Prueba y pon a punto de sal.

Pasa la mezcla a recipientes individuales (aptos para el horno), ralla encima de cada uno un poco de queso y gratina en el horno durante 2-3 minutos.

Limpia los tomates cherry, córtalos por la mitad, sazónalos y saltéalos brevemente en una sartén con un poco de aceite. Adorna con ellos las espinacas y sirve.

CONSEJO: Si las espinacas son pequeñas y tiernas, puedes utilizarlas enteras, en cambio, si son grandes, lo mejor es romper suavemente con la mano los tallos y desecharlos.

MENESTRA DE ESPÁRRAGOS Y PENCAS

INGREDIENTES **(4 P.)**

8 espárragos
6 pencas de acelga
harina y huevo batido (para rebozar)
100 g de jamón curado en tacos
2 cucharadas de harina
100 g de guisantes cocidos
aceite de oliva virgen extra
sal

ELABORACIÓN

Cuece las pencas en una cazuela con agua con sal durante 10 o 15 minutos. Escúrrelas y resérvalas.

Pela los espárragos y cuécelos en otra cazuela con sal durante 15 o 20 minutos. Escúrrelos y resérvalos. Reserva también el caldo de cocción.

Corta las pencas y los espárragos en trozos y rebózalos en harina y huevo. Fríelos en aceite bien caliente, escúrrelos y resérvalos.

En una cazuela ancha, saltea con un poco de aceite el jamón. Añade las 2 cucharadas de harina, rehógala bien y agrega 1 vaso y medio del caldo reservado hasta obtener una salsa espesita. Incorpora los espárragos, las pencas y los guisantes y déjalos cocer, a fuego lento, durante unos 10 o 15 minutos.

Prueba y pon a punto de sal y sirve.

MIXTO DE VERDURAS CON *VELOUTÉ*

INGREDIENTES **(4 P.)**

4 alcachofas
300 g de judías verdes
2 pencas de cardo
4 zanahorias
50 g de espinacas
200 g de coliflor
harina y huevo batido (para rebozar)
12 lonchas finas de jamón curado
aceite de oliva virgen extra
sal

Para la salsa velouté*:*

50 g de mantequilla
1 chorrito de aceite de oliva virgen extra
2 cucharadas de harina
500 ml del caldo de cocción de las alcachofas y el cardo
pimienta
sal

ELABORACIÓN

Limpia las alcachofas, retírales las hojas más duras y córtales las puntas y los tallos. Limpia las judías y retírales los hilos y las puntas. Limpia las pencas de cardo y retírales los hilos. Pela las zanahorias y limpia bien las espinacas. Limpia la coliflor y sepárala en ramilletes.

Cuece en agua con sal y por separado las alcachofas (20 minutos), las judías (15 minutos), los cardos (25 minutos), las zanahorias (20 minutos), las espinacas (3-4 minutos) y la coliflor (20 minutos), escúrrelos y resérvalos. Reserva también 500 ml del caldo de cocción de las alcachofas y el cardo.

Para preparar la *velouté*, pon el aceite y la mantequilla a calentar en una cazuela. Agrega la harina y rehógala un poco. Vierte encima el caldo y cocina la *velouté* durante 6-8 minutos sin dejar de remover.

Reboza las espinacas hechas bolitas y la coliflor en pequeños ramilletes pasándolas por harina y huevo, fríelas en una sartén con aceite y escúrrelas. Trocea los cardos, las judías y las zanahorias y corta las alcachofas en cuartos.

Añade todas las hortalizas a la *velouté* y deja cocer a fuego lento durante 5 minutos. Si es necesario, añade algo más de caldo.

Sirve la menestra con las lonchas de jamón por encima.

CREMA DE COL LOMBARDA

INGREDIENTES **(4-6 P.)**

1 col lombarda (pequeña)
1 puerro
1 cebolleta
1 manzana
2 patatas
80 g de pan (de la víspera)
aceite de oliva virgen extra
sal
perejil

ELABORACIÓN

Calienta un chorrito de aceite en una cazuela grande.

Retira la parte inferior, la superior y la primera capa del puerro, hazle un corte en cruz por la parte superior (la verde) y enjuágalo bien. Córtalo en cuartos de luna y agrégalo a la cazuela. Corta la cebolleta en dados e incorpórala. Descorazona la manzana, pélala, trocéala y añádela. Rehoga todo durante 6-8 minutos a fuego suave.

Pela las patatas, trocéalas (cascándolas) y añádelas.

Corta la col lombarda en juliana y agrégala. Añade 1.500 ml de agua, sazona, tapa la cazuela y cuece todo a fuego suave durante 20 minutos. Tritura los ingredientes con una batidora eléctrica hasta conseguir una crema homogénea.

Corta el pan en rodajas finas y fríelas en una sartén con aceite. Retíralas y escúrrelas sobre un plato cubierto con papel absorbente.

Sirve la crema, acompáñala con el pan frito, riega los platos con un chorrito de aceite y decóralos con unas hojas de perejil.

CONSEJO: La col lombarda es una de las verduras estrella de la Navidad, sin embargo, sus propiedades la convierten en un ingrediente ideal para consumir durante todo el invierno.

CREMA DE ESPINACAS CON HUEVO, JAMÓN Y PIÑONES

INGREDIENTES **(4 P.)**

500 g de espinacas
1 huevo
2 lonchas de jamón serrano
30 g de piñones
1 cebolla
2 patatas
1 pastilla de caldo vegetal
200 ml de nata líquida
aceite de oliva virgen extra
perejil
sal

ELABORACIÓN

Pon a calentar agua en un cazo y sazónala. Cuando empiece a hervir, agrega el huevo y cuécelo durante 10 minutos. Retíralo, refréscalo, pélalo, pícalo y resérvalo.

Pela la cebolla, córtala en dados y ponla a rehogar en una cazuela con un chorrito de aceite. Pela las patatas, cáscalas y añádelas. Cocina durante 6-8 minutos. Cubre con agua caliente, agrega la pastilla de caldo, tapa la cazuela y cocina los ingredientes durante 10-15 minutos.

Limpia bien las espinacas, pícalas, incorpóralas, tapa la cazuela y cocínalas durante 6-8 minutos.

Escurre los ingredientes, ponlos en un vaso americano, agrega la nata y tritura todo bien hasta conseguir una crema fina y homogénea.

Corta el jamón en daditos. Calienta una sartén con un chorrito de aceite, agrega el jamón y los piñones y saltéalos brevemente.

Reparte la crema de espinacas en 4 platos y pon un poco de guarnición (huevo picado, jamón y piñones) en cada uno. Decora los platos con unas hojas de perejil y sirve.

CONSEJO: Es importante lavar bien las espinacas, porque suelen tener tierra y arenilla.

PUDIN DE ZANAHORIAS Y JUDÍAS VERDES

INGREDIENTES **(4 P.)**

1 kg de zanahorias cocidas (pequeñas)
300 g de judías verdes cocidas
6 huevos
500 ml de nata
mantequilla y pan rallado (para el molde)
pimienta
sal

Para la crema de calabaza:

300 g de calabaza
2 cebolletas
aceite de oliva virgen extra
sal

ELABORACIÓN

Para la crema de calabaza, corta la cebolleta en juliana, pica la calabaza y ponlas en una cazuela con aceite. Sazona y rehoga. Cubre con agua y deja cocer durante 20 minutos. Pasa por un pasapurés y después por un chino.

Unta un molde antiadherente con mantequilla y espolvoréalo con pan rallado. Bate los huevos con una pizca de sal y pimienta molida. Añade la nata y mezcla bien.

Cubre el fondo del molde con una capa de la crema de huevos y nata y vete alternando capas de zanahorias, judías y crema hasta rellenar todo el molde. Termina con una capa de crema.

Hornea a 160 ºC durante 1 hora al baño maría. Deja templar y desmolda.

Sirve el pastel, frío o caliente, con la crema de calabaza. Puedes decorar con un chorrito de aceite crudo por encima.

NIDOS DE PATATA CON GUISANTES

INGREDIENTES **(4 P.)**

1 kg de patatas
2 huevos
sal

Para el relleno:

250 g de carne picada
1 cebolla pequeña
1 copa de vino blanco
1 cucharada de pan rallado
aceite de oliva virgen extra
perejil picado
pimienta
sal

Para la guarnición:

400 g de guisantes desgranados pequeños
1 cebolleta
aceite de oliva virgen extra
sal

ELABORACIÓN

Lava las patatas y cuécelas (con piel) en agua con sal durante 40 minutos aproximadamente. Pélalas, trocéalas y pásalas por el pasapurés. Añade 2 yemas de huevo (reserva las claras) y condimenta con sal. Mezcla bien y reserva el puré.

Para el relleno, pela la cebolla, pícala y rehógala en una sartén con aceite. Cuando esté dorada, incorpora la carne picada y el vino blanco. Dale un hervor fuerte para evaporar el alcohol. Agrega el pan rallado, una pizca de sal y otra de pimienta molida. Incorpora perejil picado y mezcla.

Haz ocho bolas con el puré de patata y aplástalas un poco. Enharínalas, hazles un hueco en el centro y coloca en cada una 2 cucharadas de relleno. Bate las claras de huevo a punto de nieve y pon un montoncito encima de cada nido. Fríe los nidos de uno en uno en una sartén con abundante aceite. Escúrrelos y pásalos a una fuente.

Para la guarnición, pica la cebolleta y póchala en una sartén con aceite, agrega los guisantes, unas gotas de agua y una pizca de sal. Tapa y cocina a fuego suave durante 10 minutos.

Sirve los nidos acompañados de la guarnición de guisantes.

PATATAS GUISADAS

INGREDIENTES **(4-6 P.)**

800 g de patatas
1 cebolla
1 pimiento rojo
1 pimiento verde
750 ml de caldo de pescado
aceite de oliva virgen extra
perejil
sal

ELABORACIÓN

Pela la cebolla y pícala finamente y corta los pimientos en juliana fina. Pon todo a pochar en una cazuela con aceite.

Pela la cebolla y córtala en daditos. Retira el tallo y las semillas de los pimientos y córtalos en juliana fina. Ponlos a rehogar en una cazuela con un chorrito de aceite. Pela las patatas, córtalas en rodajas gruesas e incorpóralas a la cazuela. Cocina todo durante 8 minutos aproximadamente. Agrega el caldo y cocina a fuego medio durante 20 minutos más. Pon a punto de sal.

Sirve y decora los platos con unas hojas de perejil.

PATATAS CON GAMBAS

INGREDIENTES **(4 P.)**

1 kg de patatas
24 gambas peladas
1 cebolla o cebolleta
3 dientes de ajo
1 l (aprox.) de caldo de pescado o agua
aceite de oliva virgen extra
1 hoja de laurel
perejil picado
2 cucharadas de pimentón
sal

ELABORACIÓN

Pela la cebolla y pícala, pela los dientes de ajo y córtalos en láminas y ponlo todo a pochar en una cazuela con aceite. Añade la hoja de laurel y sazona. Una vez pochado, agrega el pimentón y rehoga. Pela las patatas, rómpelas en trozos, incorpóralas y rehógalas.

Añade el caldo hasta cubrir, rectifica de sal y cuece durante unos 30 minutos. Cuando falten 3 minutos para acabar la cocción, incorpora las gambas peladas. Espolvorea con perejil picado y sirve.

CREMA DE PATATA CON BRÓCOLI

INGREDIENTES **(4 P.)**

3 patatas
1 brócoli pequeño
1 zanahoria
1 puerro
200 ml de leche
aceite de oliva virgen extra
perejil
sal

ELABORACIÓN

Pela las patatas, córtalas (cáscalas) en trozos irregulares y ponlas a cocer en una cazuela con agua. Pela la zanahoria, córtala en cuartos de luna y añádela. Limpia el puerro, córtalo en medias lunas y agrégalo. Sazona, tapa la cazuela y cuece todo durante 20 minutos.

Tritura los ingredientes (si ves que tiene demasiado líquido, retira un poco) con una batidora eléctrica hasta conseguir una crema homogénea. Incorpora la leche y mezcla con la batidora.

Pon a calentar agua en una cazuela. Limpia el brócoli, sepáralo en ramilletes pequeños, introdúcelo en la cazuela, sazónalo y cuécelo durante 8-10 minutos.

Sirve la crema de patata en 4 platos, reparte encima los ramilletes de brócoli, adereza con un chorrito de aceite crudo y decora con unas hojas de perejil.

CONSEJO: Para intensificar el sabor de la crema, podéis rehogar las hortalizas antes de agregarles el agua.

PATATAS CON *TXISTORRA*

INGREDIENTES **(4 P.)**

5 patatas
1 ristra de *txistorra* (250 g)
2 cebollas
1.500 ml de caldo o agua
2 hojas de laurel
aceite de oliva virgen extra
sal

ELABORACIÓN

Pela la cebolla, pícala y rehógala en una cazuela con aceite durante 8 minutos. Corta la *txistorra* en trozos, incorpórala a la sartén y sofríela durante 4 minutos. Pela las patatas, trocéalas, añádelas y rehógalas, con cuidado de que no se peguen. Agrega el caldo y el laurel, pon a punto de sal y cuece todo a fuego muy lento durante 40 minutos (hasta que las patatas estén hechas, sin deshacerse, y el caldo haya espesado).

GUISANTES CON ALMEJAS

INGREDIENTES **(4 P.)**

500 g de guisantes desgranados
300 g de almejas
1½ cebollas
2 dientes de ajo
1 cucharadita de harina
aceite de oliva virgen extra
perejil picado
sal

ELABORACIÓN

En una cazuela con aceite, pocha 1 cebolla y los dientes de ajo, todo muy picadito. Sazona y añade los guisantes. Rehoga y cubre con agua caliente. Deja cocer unos 20 minutos. Escurre y reserva por separado los guisantes y el caldo.

Pica finamente el resto de la cebolla y rehógala en una sartén con aceite. Añade la harina, rehógala y agrega las almejas. Saltéalas y espolvorea con abundante perejil picado. Riégalas con 1 vaso del caldo de cocción reservado. Espera a que se abran todas las almejas y pon a punto de sal.

Mezcla los guisantes con las almejas en salsa (mejor en una cazuela baja), dale un hervor para que se mezclen los sabores y sirve.

CREMA DE ZANAHORIA CON BRÓCOLI Y PIPAS DE CALABAZA

INGREDIENTES **(4 P.)**

700 g de zanahorias
1 brócoli pequeño
30 g de pipas de calabaza
2 patatas
aceite de oliva virgen extra
perejil
sal

ELABORACIÓN

Pela las zanahorias, córtalas en medias lunas y ponlas a cocer en una cazuela con 1.500 ml de agua. Pela las patatas, trocéalas (cascándolas) y agrégalas. Sazona y cuece todo durante 20 minutos. Tritura hasta conseguir una crema homogénea.

Limpia el brócoli y sepáralo en ramilletes. Pon agua a calentar en una cazuela, agrega los ramilletes de brócoli, tapa la cazuela y cuécelo durante 8-10 minutos.

Saltea las pipas de calabaza en una sartén con un chorrito de aceite.

Reparte la crema de zanahoria en 4 platos y coloca unos ramilletes de brócoli en cada uno. Salpica los platos con las pipas de calabaza, decóralos con unas hojas de perejil y sirve.

CONSEJO: Las zanahorias son muy versátiles, ya que se pueden tomar de muchas maneras, bien sea crudas, como aperitivo, en ensaladas, en batidos o licuados de frutas y hortalizas, bien sea cocinadas como ingrediente de cremas, sopas y guisos. ¡Aprovechadlas!

SALMOREJO DE ESPÁRRAGOS VERDES

INGREDIENTES **(4 P.)**

500 g de espárragos verdes
1 diente de ajo pequeño
100 g de miga de pan
3 rabanitos
1 cucharada de mostaza antigua
aceite de oliva virgen extra
sal

ELABORACIÓN

Retira la parte inferior (2 cm) de los espárragos. Corta 20 puntas y resérvalas. Corta los espárragos en trozos de 3 centímetros y cuécelos durante 10 minutos en una cazuela con abundante agua y una pizca de sal. Retira los espárragos (reserva aparte el agua de la cocción).

Pon los espárragos en un vaso batidor, añade el diente de ajo (pelado y picado), la miga de pan y 250-300 ml del agua de la cocción de los espárragos. Agrega 100 ml de aceite, sazona y tritura bien. Deja que se atempere, pásalo a una jarra, introdúcelo en el frigorífico y espera a que esté bien frío.

Lava los rabanitos, córtalos en láminas finas y ponlos en un bol. Agrega la mostaza, un chorrito de aceite y una pizca de sal y mezcla bien.

Reparte el salmorejo en 4 platos hondos, agrega unas puntas de espárrago (cortadas por la mitad a lo largo) y unas láminas de rabanito y sirve.

CONSEJO: Si no os gustan los espárragos crudos, podéis cocer o saltear las puntas antes de añadirlas al salmorejo.

PATATAS A LA IMPORTANCIA CON SETAS

INGREDIENTES **(4 P.)**

4 patatas
300 g de setas de cardo
harina y huevo batido (para rebozar)
1 cebolleta
3 dientes de ajo
1 cucharada de harina
200 ml de vino blanco
1 pastilla de caldo de carne
aceite de oliva virgen extra
sal
perejil

ELABORACIÓN

Pela las patatas, lávalas y córtalas en rodajas de ½ cm de grosor. Sazónalas, rebózalas con harina y huevo batido y fríelas (por los dos lados) en una sartén con abundante aceite. Retíralas y resérvalas.

Corta la cebolleta y los dientes de ajo (pelados) en daditos y rehógalos durante 3-4 minutos en una tartera (cazuela amplia y baja) con un chorrito de aceite. Agrega la cucharada de harina, cocínala un poco, vierte encima el vino y dale un hervor. Añade 300 ml de agua y la pastilla de caldo.

Cuando empiece a hervir, incorpora las patatas y cocínalas en la salsa durante 15 minutos aproximadamente (si durante la cocción notáis que la salsa se seca, agregadle un poco más de agua).

Limpia las setas, córtalas por la mitad, sazónalas y saltéalas brevemente en una sartén con un chorrito de aceite. Agrégalas a la tartera y cocina todo junto durante un par de minutos. Espolvorea con un poco de perejil picado y sirve. Decora los platos con unas hojas de perejil.

CONSEJO: Las patatas a la importancia son un plato tradicional, originario de Castilla y León. Además de ser barato, es fácil, relativamente rápido de elaborar y muy socorrido para preparar en cualquier ocasión.

ESPÁRRAGOS GRATINADOS CON SALSA HOLANDESA

INGREDIENTES **(4 P.)**

20 espárragos blancos en conserva
1 rama de perejil

Para la salsa holandesa:
20 g de mantequilla
3 yemas de huevo
zumo de ½ limón
sal

ELABORACIÓN

Prepara la salsa holandesa (véase *Salsa holandesa*).

Escurre los espárragos, pásalos a una fuente apta para el horno, cúbrelos con la salsa holandesa y gratínalos en el horno durante 2-3 minutos.

Adorna con la rama de perejil y sirve.

ENDIBIAS CON SALSA DE QUESO

INGREDIENTES **(4 P.)**

8 endibias
150 g de panceta adobada
1 pimiento rojo
aceite de oliva virgen extra
sal

Para la salsa de queso:
50 g de queso roquefort
1 yema de huevo cocido
1 vaso de nata
perejil picado

ELABORACIÓN

Cuece las endibias en agua hirviendo con sal durante 25 minutos aproximadamente.

Para preparar la salsa de queso, pon en un bol la yema (picada y machacada con un tenedor) junto con el queso. Añade poco a poco la nata sin dejar de remover. Espolvorea con perejil picado y reserva.

Escurre bien las endibias, pártelas por la mitad a lo largo y dóralas en una sartén con un poco de aceite. Pásalas a una fuente y vierte en un lado la salsa fría de queso.

Corta el beicon en dados, pica el pimiento y saltéalos en una sartén con un poquito de aceite. Añádelos a las endibias y sirve.

SOPA DE ESPÁRRAGOS Y FIDEOS

INGREDIENTES **(4-6 P.)**

8 espárragos verdes
100 g de fideos (n.º 2)
1 huevo
1 cebolleta
1 zanahoria
1.500 ml de caldo de verduras
aceite de oliva virgen extra
perejil
1 cucharadita de pimentón
sal

ELABORACIÓN

Pon agua a calentar en un cazo, añade el huevo y cuécelo durante 10 minutos (contados desde el momento en que el agua empiece a hervir). Retíralo, refréscalo, pélalo, córtalo en daditos y resérvalo.

Calienta una cazuela con un chorrito de aceite. Pela la cebolleta, córtala en daditos y ponla a rehogar. Pela la zanahoria, córtala en cuartos de luna y añádela. Lava los espárragos, retírales la parte inferior del tallo, córtalos en rodajas finas e incorpóralos. Rehoga las hortalizas durante 2-3 minutos. Vierte encima el caldo, pon a punto de sal y cuece todo durante 10 minutos.

Agrega los fideos y el pimentón y cuece todo junto durante 5 minutos aproximadamente.

Incorpora el huevo picado y un poco de perejil picado. Mezcla y sirve la sopa. Decora los platos con unas hojas de perejil.

CONSEJO: Para hacer el caldo de verduras podéis utilizar las capas externas de la cebolleta, las partes inferiores de los espárragos o cualquier otra hortaliza que tengáis en el frigorífico.

SOPA DE HORTALIZAS CON BULGUR

INGREDIENTES **(4 P.)**

1 cebolleta
1 zanahoria
1 pimiento verde
½ calabacín
120 g de bulgur (grueso)
1 muslo de pollo
1 pastilla de caldo de pollo
aceite de oliva virgen extra
perejil
unas hebras de azafrán
sal

ELABORACIÓN

Retira la primera capa de la cebolleta, pela la zanahoria, retira el tallo y las semillas del pimiento y limpia el calabacín. Corta todas las hortalizas en dados y ponlas a rehogar en una cazuela con un chorrito de aceite. Sazónalas, rehógalas durante 6-8 minutos y retíralas a un plato. Reserva el aceite en la cazuela.

Retira la piel del muslo de pollo, deshuésalo, córtalo en dados, sazónalo, añádelo a la cazuela y rehógalo brevemente (si fuera necesario, puedes añadir un poco más de aceite).

Incorpora las hortalizas rehogadas, el bulgur, las hebras de azafrán, 1.500 ml de agua y la pastilla de caldo. Cuece los ingredientes durante 20 minutos a fuego suave-medio.

Sirve la sopa y decora los platos con unas hojas de perejil.

CONSEJO: El bulgur se puede utilizar en ensaladas, sopas o salteados. También es muy apreciado, como sustituto de la carne, para preparar albóndigas y hamburguesas vegetales.

ESPÁRRAGOS A LA PLANCHA CON PESTO

INGREDIENTES **(4 P.)**

16 espárragos blancos frescos
aceite de oliva virgen extra
perejil
sal
azúcar

Para el pesto:

30 g de hojas de albahaca
75 g de almendras tostadas
1 diente de ajo pequeño
zumo de 1 limón
3-4 cucharadas de aceite de oliva virgen extra
sal

ELABORACIÓN

Pon abundante agua a calentar en una cazuela. Retira la parte inferior (2 cm) de los espárragos, pélalos con un pelador de verduras e introdúcelos en la cazuela. Agrega una 1 cucharadita de sal y otra de azúcar y cuécelos durante 15 minutos. Escúrrelos y retíralos a una fuente.

Calienta una plancha con un poco de aceite. Agrega los espárragos y cocínalos durante 2-3 minutos por cada lado.

Para preparar el pesto, pon las almendras en el accesorio picador de la batidora y tritúralas hasta que queden reducidas a polvo. Resérvalas.

Pica las hojas de albahaca, colócalas en el accesorio picador, agrega el diente de ajo (pelado y troceado) y el zumo de limón. Tritura bien y pasa la mezcla a un bol. Añade las almendras molidas, una pizca de sal y el aceite y mezcla bien.

Sirve los espárragos, riégalos con un poco de aceite y acompáñalos con el pesto. Decora los platos con unas hojas de perejil.

CONSEJO: Este pesto no lleva queso, por lo que resultará perfecto para veganos o para quienes sean intolerantes a la lactosa.

PUDIN DE HORTALIZAS

INGREDIENTES **(6 P.)**

7 zanahorias
250 g de brócoli
1 calabacín
4 huevos
1 nuez de mantequilla y pan rallado (para el molde)
mayonesa (para acompañar)
perejil picado
sal

ELABORACIÓN

Pela las zanahorias, separa los ramilletes del brócoli y corta el calabacín en láminas a lo largo. Pon tres cazuelas con agua y una pizca de sal y cuece las hortalizas por separado: 15-20 minutos las zanahorias, 15 minutos el brócoli y 5 minutos el calabacín. Retíralas y escúrrelas sobre papel absorbente.

Pica 5 zanahorias cocidas, pásalas a un vaso batidor, añade los huevos, sazona y tritura con la batidora eléctrica hasta conseguir un puré homogéneo. Corta las otras 2 zanahorias en tiras y resérvalas.

Pon una tira de papel de hornear sobre un molde, úntalo con la mantequilla y espolvoréalo con pan rallado.

Coloca en el fondo del molde una capa del puré de zanahoria y, sobre ella las zanahorias en tiras; cúbrelas con otro poco de puré, pon encima los ramilletes de brócoli y cubre de nuevo con otro poco de puré; por último, cubre con las láminas de calabacín y vierte sobre ellas el resto del puré.

Introduce en el horno al baño maría y hornea a 160 ºC durante 45 minutos. Deja templar y desmolda.

Sirve el pudin acompañado con la mayonesa y espolvorea con un poco de perejil picado.

CONSEJO: Para comprobar el punto de cocción hay que presionar con los dedos en el centro; si notáis que se separa de las paredes, estará listo. Para más seguridad, se puede comprobar pinchando con una aguja de hacer punto; si sale limpia, estará listo.

ESPAGUETIS DE CALABACÍN CON LANGOSTINOS

INGREDIENTES **(4 P.)**

3 calabacines
20 langostinos
1 diente de ajo
200 ml de salsa de tomate (véase *Salsa de tomate*)
12 ajos frescos (limpios)
aceite de oliva virgen extra
perejil
1 guindilla cayena
pimienta
sal

ELABORACIÓN

Pela los langostinos y reserva por un lado las colas y por otro las cabezas con las cáscaras. Corta las colas por la mitad a lo largo y resérvalas.

Calienta un chorro de aceite en una cazuela, añade la cayena y el diente de ajo (pelado y cortado en láminas) y rehógalos brevemente. Incorpora las cabezas y las cáscaras de los langostinos y rehógalas un poco. Añade la salsa de tomate y cocina todo junto durante 6-8 minutos. Pasa todo a un chino y aplasta bien para sacar toda la salsa. Reserva la salsa.

Calienta un chorrito de aceite en una sartén. Corta los ajos frescos por la mitad, agrégalos a la sartén y cocínalos a fuego suave durante 5-6 minutos. Retíralos a un plato y resérvalos.

Con un sacapuntas (de cocina), forma los espaguetis de calabacín y resérvalos.

Salpimienta las colas de los langostinos y saltéalas brevemente en una sartén grande (o wok) con un chorrito de aceite (puedes aprovechar el aceite resultante de cocinar los ajos frescos). Retira los langostinos a una fuente y resérvalos. Introduce los espaguetis de calabacín (en dos tandas) en la sartén y cocínalos durante 3-4 minutos.

Sirve los espaguetis en 4 platos, salséalos y coloca encima los langostinos y los ajos tiernos. Decora con unas hojas de perejil.

CONSEJO: Podemos encontrar calabacines durante todo el año, pero su mejor temporada va de mayo a septiembre.

ENDIBIAS GRATINADAS

INGREDIENTES **(4 P.)**

8 endibias
zumo de ½ limón
50 g de jamón serrano
50 g de tocino
1 cebolleta
2 tomates pelados y picados
1 diente de ajo
4 cucharadas de queso rallado
8 cucharadas de pan rallado
125 ml de leche
aceite de oliva virgen extra
perejil picado
sal

ELABORACIÓN

Cuece las endibias con agua, sal y el zumo de limón durante unos 10 minutos. Escúrrelas y resérvalas.

Pica finamente el jamón, el tocino, la cebolleta, los tomates (pelados) y el ajo. Pásalo todo a un cuenco, añade el queso y el pan rallado y mézclalo todo. Agrega la leche, mézclala y espolvorea con perejil picado.

Pon parte de esta mezcla en el fondo de una fuente. Abre las endibias por la mitad a lo largo y colócalas encima. Cúbrelas con el resto de la mezcla.

Riega con un chorrito de aceite e introduce la fuente en el horno. Gratina durante 5 minutos y sirve.

GAZPACHO SIN PEPINO

INGREDIENTES **(4 P.)**

1.200 g de tomate pera (maduro)
50 g de miga de pan
½ pimiento verde
1 diente de ajo
3 cucharadas de aceite de oliva virgen extra
1 cucharada de vinagre
perejil
sal

Para la guarnición:

125 g de jamón serrano
½ pimiento verde
1 tomate pera
1 cebolleta

ELABORACIÓN

Trocea la miga de pan y déjala a remojo en un bol con agua durante 5 minutos. Lava los tomates, trocéalos y colócalos en el vaso americano. Pica el pimiento verde e incorpóralo. Pela el diente de ajo y añádelo. Agrega también la miga de pan remojada. Tritura todo bien.

Añade el vinagre y el aceite, sazona y vuelve a triturar. Cuela el gazpacho e introdúcelo en el frigorífico hasta que esté bien frío.

Para la guarnición, corta el jamón en daditos y ponlo en una fuente. Corta el pimiento de la misma manera y colócalo al lado del jamón. Pela el tomate y la cebolleta, córtalos del mismo modo y ponlos en la fuente.

Reparte el gazpacho en 4 platos hondos y acompáñalo con la guarnición. Decora los platos con unas hojas de perejil.

CONSEJO: Hay muchas bebidas apropiadas para el verano, pero si hay una muy especial es el gazpacho, ya que, además de refrescarnos, nos alimenta.

ROLLITOS DE PUERRO Y JAMÓN COCIDO

INGREDIENTES **(4 P.)**

8 puerros
8 lonchas de jamón cocido
harina y huevo batido (para rebozar)
2 dientes de ajo
1 cebolleta
1 cucharada colmada de harina
100 ml de vino blanco
aceite de oliva virgen extra
perejil
sal

ELABORACIÓN

Pon 1.500 ml de agua a calentar en una cazuela grande y sazónala. Limpia los puerros, eliminándoles la parte inferior, la superior y 1-2 capas de hojas, y agrégalos a la cazuela. Tapa y cuécelos durante 8-10 minutos. Retíralos, escúrrelos y córtalos por la mitad. Cuela el caldo y reserva 200 ml.

Corta las lonchas de jamón por la mitad y envuelve cada ½ puerro con ½ loncha de jamón. Pasa los rollitos por harina y huevo batido, y fríelos en una sartén con abundante aceite. Retíralos y escúrrelos sobre una bandeja cubierta con papel absorbente.

Para hacer la salsa, pela los ajos y la cebolleta, córtalos en daditos y rehógalos durante 3-4 minutos en una tartera (cazuela amplia y baja) con un chorrito de aceite. Agrega la cucharada de harina y rehógala un poco. Vierte encima el vino y dale un hervor. Añade los 200 ml del caldo reservado y 1 cucharada de perejil picado. Introduce los puerros en la salsa y cocínalos durante 2-3 minutos.

Sirve y decora los platos con unas hojas de perejil.

CONSEJOS: Si deseas reutilizar el aceite de la fritura de los puerros, acuérdate de colarlo para que no queden residuos y procura guardarlo en un recipiente opaco.

SOPA FRÍA DE CALABACÍN Y MANGO

INGREDIENTES **(4-6 P.)**

2 calabacines
2 mangos
1 patata
1 cebolleta
10 hojas de cebollino
1 cucharada de sésamo negro
aceite de oliva virgen extra
sal

ELABORACIÓN

Calienta una cazuela con agua, pela la patata, córtala en dados grandes y agrégala. Sazona. Cuece la patata durante 15-20 minutos. Escúrrela, retírala a un plato y deja que se enfríe. Reserva también el agua de la cocción.

Calienta un poco de aceite en una sartén, corta la cebolleta en cuartos de luna y añádela. Lava los calabacines, córtalos de la misma manera e incorpóralos a la sartén. Sazona y cocina las hortalizas (sin que lleguen a dorarse) a fuego suave durante 6-8 minutos. Deja que se enfríen.

Pela los mangos, corta ¼ parte de uno de ellos y resérvala para decorar. Corta el resto en dados.

Pon la patata cocida, los mangos y el rehogado de calabacín y cebolleta en un vaso americano. Agrega 400 ml del agua de cocción de la patata reservada, pon a punto de sal y tritura bien. Introduce la crema en el frigorífico hasta que esté bien fría.

Pica el cebollino finamente y corta el mango reservado en daditos.

Reparte la sopa en los platos y salpícalos con el cebollino, el mango y las semillas de sésamo. Rocía los platos con un chorrito de aceite y sirve.

CONSEJO: Las sopas frías, por su contenido en agua, favorecen la hidratación, algo fundamental durante los meses de verano.

LEGUMBRES

ALUBIAS BLANCAS CON CALABAZA

INGREDIENTES **(4 P.)**

400 g de alubias blancas (remojadas desde la víspera)
200 g de calabaza roja
2 puerros
2 zanahorias
1 cebolla
1 diente de ajo
aceite de oliva virgen extra
¼ de cucharadita de semillas de comino
1 cucharadita de pimentón
perejil picado
sal

ELABORACIÓN

Escurre las alubias y ponlas a cocer en una cazuela con 1.500 ml de agua fría. Limpia los puerros, pela las zanahorias, trocéalos y añádelos a la cazuela junto con un chorro de aceite y el comino. Cuece durante 60-75 minutos a fuego suave (si hiciera falta, agrega un poco más de agua). Pon a punto de sal.

Pela la cebolla y el diente de ajo, pícalos y ponlos a pochar en una sartén con aceite. Cuando la cebolla y el ajo estén dorados, corta la calabaza en daditos, agrégala, sazónala y rehógala durante 5 minutos. Añade el pimentón, espolvorea con perejil picado, saltea todo muy brevemente e incorpóralo a las alubias. Mezcla bien y sirve.

ALUBIAS BLANCAS CON CHORICEROS

INGREDIENTES **(4 P.)**

400 g de alubias blancas (remojadas desde la víspera)
2 pimientos choriceros
2 cebollas
1 zanahoria
4 dientes de ajo
1 pimiento verde
1 pimiento rojo
aceite de oliva virgen extra
3 clavos
sal

ELABORACIÓN

Escurre las alubias y ponlas a cocer en una cazuela con agua. Pela 1 cebolla, 1 zanahoria y 2 dientes de ajo y añádelos junto con los clavos, un chorro de aceite y sal. Cuece durante 60-75 minutos.

Retira los tallos y las semillas a los pimientos choriceros. Ponlos en un bol con agua caliente y déjalos a remojo durante 60 minutos. Con ayuda de una puntilla, retírales la pulpa, pícala y resérvala.

Pela el pimiento rojo, la otra cebolla y los otros 2 dientes de ajo, corta todo en dados y ponlos a pochar en una cazuela con aceite. Lava el pimento verde, córtalo de la misma manera y añádelo. Pon a punto de sal y rehoga todo durante 15 minutos.

Añade las alubias, bien escurridas, a la fritada de hortalizas junto con la pulpa de los pimientos choriceros. Mezcla suavemente, cocina a fuego lento durante 5 minutos y sirve.

ALUBIAS CANELA CON JUDÍAS VERDES

INGREDIENTES **(4 P.)**

300 g de alubias canela
300 g de judías verdes
1 zanahoria
1 cebolla
1 puerro
1 hoja de laurel
perejil
sal

ELABORACIÓN

La víspera, pon las alubias a remojo. Escúrrelas y ponlas en una olla rápida, cúbrelas con agua (2-3 dedos por encima) y sazónalas.

Pela la zanahoria e introdúcela en una red (de las que se utilizan para cocer legumbres). Pela la cebolla, córtala en 4 y agrégala a la red. Limpia el puerro (retirándole la parte inferior, la superior y la primera capa), córtalo en trozos y añádelo. Agrega también la hoja de laurel. Cierra la red e introdúcela en la olla. Tapa la olla y cuece las alubias durante 3 minutos.

Retira la red de la olla, saca la hoja de laurel, pasa las hortalizas a un vaso batidor y tritúralas con una batidora eléctrica. Vierte el puré de hortalizas en la olla con las alubias y remuévela hasta que quede integrado.

Retira las puntas y los hilos de las judías, córtalas por la mitad a lo largo y después en trozos de 3-4 centímetros. Pon agua y una pizca de sal a calentar en una cazuela. Agrega las judías y cuécelas durante 12 minutos. Escúrrelas.

Sirve las alubias en 4 platos y reparte las judías por encima. Decora los platos con unas hojas de perejil.

CONSEJO: En España, los expertos en nutrición recomiendan el consumo de 3-4 raciones de legumbres a la semana.

ALUBIAS BLANCAS CON JAMÓN Y ESPINACAS

INGREDIENTES **(4 P.)**

500 g de alubias blancas
150 g de jamón serrano
500 g de espinacas
1 trozo de hueso de jamón
1 zanahoria
½ cebolla
3 dientes de ajo
aceite de oliva virgen extra
1 hoja de laurel
comino
sal

ELABORACIÓN

La víspera, pon las alubias a remojo en agua fría.

Escurre las alubias y colócalas en la olla rápida. Agrega el hueso de jamón. Pela la zanahoria, pártela a la mitad e incorpórala. Pela la cebolla y los dientes de ajo y añádelos a la olla junto con una pizca de sal, una pizca de comino y la hoja de laurel. Cubre con agua, pon la tapa y cuece durante 10 minutos.

Abre la olla y retira el hueso y la hoja de laurel. Pasa la cebolla, la zanahoria, los ajos, un puñado de alubias y un poco de caldo a una jarra y tritura todo con la batidora eléctrica. Escurre las alubias, pásalas a una cazuela y agrégales el puré de hortalizas.

Corta el jamón en dados, fríelo brevemente en una sartén con un poco de aceite y añádelo a la cazuela de las alubias.

Limpia las espinacas, retírales el tallo y pícalas finamente. Saltéalas en la misma sartén donde has frito el jamón, incorpóralas a la cazuela y mezcla suavemente. Sirve las alubias en una fuente amplia.

ALUBIAS BLANCAS CON MOLLEJAS DE CORDERO

INGREDIENTES **(4 P.)**

300 g de alubias blancas
300 g de mollejas de cordero
1 puerro
1 pimiento verde
1 zanahoria
1 tomate
2 dientes de ajo
harina (para rebozar)
aceite de oliva virgen extra
perejil picado
sal

ELABORACIÓN

Pon las alubias a remojo la víspera.

Escurre las alubias, ponlas en la olla rápida y cúbrelas con 1.500 ml de agua. Limpia el puerro, pícalo finamente y añádelo. Lava el pimiento, pela la zanahoria y el tomate, pícalos e incorpóralos. Tapa y deja cocer durante 6-8 minutos.

Limpia las mollejas y córtalas en trozos de bocado. Sazónalas y enharínalas.

Pela los dientes de ajo, córtalos en láminas y ponlos a freír en una sartén con aceite. Antes de que se doren, añade las mollejas y fríelas durante 2-3 minutos. Escúrrelas sobre un plato forrado con papel absorbente.

Sirve las alubias en una fuente amplia, coloca encima parte de las mollejas y espolvorea con un poco de perejil picado. Sirve el resto de las mollejas en un plato.

GARBANZOS CON COGOLLOS Y PASAS

INGREDIENTES **(4 P.)**

400 g de garbanzos (remojados desde la víspera)

3 cogollos de lechuga

40 g de pasas

1 zanahoria

1 puerro

2 cebollas medianas

aceite de oliva virgen extra

perejil

1 cucharada de azúcar

sal

ELABORACIÓN

Escurre los garbanzos y ponlos en una olla rápida con abundante agua hirviendo. Agrega la zanahoria pelada y el puerro limpio. Sazona, cierra la olla y cuécelos durante 10-12 minutos. Cuando la válvula baje de nuevo, abre la olla y retira el puerro y la zanahoria. Escurre los garbanzos y resérvalos. Cuela y reserva el caldo.

Pela las cebollas, córtalas en dados y ponlas a rehogar en una sartén grande con un chorrito de aceite. Agrégales el azúcar y una pizca de sal y cocínalas durante 10-12 minutos, hasta que caramelicen. Incorpora los garbanzos.

Suelta las hojas de los cogollos y reserva las interiores (las más pequeñas) para decorar. Pica las grandes y añádelas a la sartén con las cebollas y los garbanzos. Incorpora también las pasas y saltea todo brevemente.

Agrega 200 ml del caldo reservado y cocina todo conjuntamente durante 5 minutos.

Reparte los garbanzos en 4 platos y decóralos con las hojas de los cogollos reservadas y unas hojas de perejil.

CONSEJO: El tiempo de cocción de los garbanzos puede variar en función de la variedad de garbanzo o del tipo de agua (dura o blanda) de vuestra zona.

HUMMUS DE BONIATO

INGREDIENTES **(4 P.)**

125 g de garbanzos (remojados desde la víspera)

2 boniatos (800 g)

60 g de *tahini*

1 cucharadita de ajo en polvo

zumo de 1 limón

12 rebanadas de pan tostado

2 zanahorias

1 cucharada de sésamo tostado

aceite de oliva virgen extra

perejil

1 cucharadita de comino molido

½ cucharadita de nuez moscada

½ cucharadita de canela en polvo

1 cucharadita de pimentón

sal

ELABORACIÓN

Pon agua a calentar en la olla rápida. Cuando el agua empiece a hervir, escurre los garbanzos y agrégalos. Sazona, tapa la olla y cuece los garbanzos durante 15 minutos. Retíralos y resérvalos. Reserva también 100-150 ml del caldo de la cocción.

Lava bien los boniatos. Envuelve cada uno con papel de aluminio, ponlos sobre una fuente apta para el horno y ásalos a 200 ºC durante 1 hora. Retíralos, deja que se templen, pélalos, trocéalos y ponlos en el vaso americano. Añade los garbanzos, el caldo reservado, un chorrito de aceite, el *tahini*, el comino, la nuez moscada, la canela, el ajo molido, el zumo del limón y una pizca de sal. Tritura bien.

Pela las zanahorias y córtalas en bastones.

Reparte el hummus en 4 platos, riégalos con un chorrito de aceite y espolvoréalos con el sésamo tostado y el pimentón. Coloca 3 bastones de zanahoria y 3 tostadas en cada plato, decora con unas hojas de perejil y sirve.

CONSEJO: Los términos boniato y batata son sinónimos. También se conoce como camote, moniato o patata dulce.

ALUBIAS CON ANCHOAS Y REPOLLO CRUJIENTE

INGREDIENTES **(4 P.)**

400 g de alubias negras
8 filetes de anchoa (en aceite)
½ repollo
1 cebolla
2 dientes de ajo
2 hojas de pasta filo
25 g de mantequilla
aceite de oliva virgen extra
perejil
sal

ELABORACIÓN

Pon las alubias a remojo en agua la víspera. En el momento de cocinarlas, escúrrelas y reserva el agua del remojo.

Pela la cebolla, pícala y dórala en la olla rápida con un chorrito de aceite. Sazona, añade las alubias y cúbrelas con el agua del remojo. Tapa y cocina durante 10-12 minutos.

Limpia el repollo y córtalo en juliana. Pela los dientes de ajo, córtalos en láminas y dóralos en una sartén con un chorrito de aceite.

Incorpora el repollo, sazónalo y saltéalo. Resérvalo.

Corta por la mitad las hojas de pasta filo. Funde la mantequilla y úntalas con ella. Reparte el repollo entre las 4 láminas y enróllalas. Parte cada rollito por la mitad (de manera que queden 8 rollitos), ponlos en una bandeja de horno y hornéalos a 180 ºC durante 6-8 minutos.

Sirve las alubias en 4 platos y acompaña cada uno con 2 filetes de anchoa y 2 rollitos. Decora con una ramita de perejil.

COCIDO MARAGATO

INGREDIENTES **(6 P.)**

300 g de garbanzos
200 g de lacón
250 g de cecina
200 g de morcillo
100 g de tocino
1 chorizo
1 manita de cerdo
1 oreja de cerdo
250 g de gallina
1 cebolla
500 g de patatas
½ repollo
2 dientes de ajo
100 g de fideos medianos
aceite de oliva virgen extra
perejil picado
1 cucharadita de pimentón
sal

ELABORACIÓN

La víspera, pon a remojo, por un lado, los garbanzos, y, por otro, el lacón y la cecina.

Pon agua abundante en una olla e introduce en ella el morcillo, el tocino, el chorizo, la manita, la oreja, la gallina, el lacón y la cecina. Cuece a fuego suave durante 1 hora y 45 minutos. Desgrásalo.

Pon agua en la olla rápida. Cuando empiece a hervir, añade los garbanzos (escurridos), la cebolla (pelada) y una pizca de sal. Cierra la olla y deja cocer durante 15 minutos.

Pela las patatas y trocéalas. Lava el repollo y pícalo. Cuece las patatas y el repollo en una cazuela con agua y una pizca de sal durante 20-30 minutos.

Pela los dientes de ajo, córtalos en láminas y dóralos en una sartén con aceite. Retira la sartén del fuego, añade un poco de perejil picado y el pimentón y mezcla bien. Escurre las patatas y el repollo, pásalos a una fuente y riégalos con el refrito.

Escurre los garbanzos (reserva y cuela el caldo) y pásalos a otra fuente. Retira las carnes y los embutidos (reserva y cuela el caldo) y pásalos a otra fuente.

Mezcla en una olla el caldo de cocción de los garbanzos con el de las carnes y embutidos y caliéntalo hasta que hierva. Añade los fideos y deja cocer durante 5 minutos.

Sirve en primer lugar las carnes y embutidos, a continuación los garbanzos y las hortalizas y, por último, la sopa.

ALUBIAS CON PIERNA DE CORDERO

INGREDIENTES **(4 P.)**

500 g de alubias negras frescas
1 pierna de cordero deshuesada (300 g)
½ repollo
2 tomates
1 zanahoria
2 cebolletas
1 puerro
3 dientes de ajo
12-16 guindillas en vinagre
aceite de oliva virgen extra
perejil
sal

ELABORACIÓN

Limpia el repollo, córtalo en juliana y cuécelo en una cazuela con agua, una pizca de sal y un chorrito de aceite durante 20 minutos.

Pon las alubias en la olla rápida y cúbrelas con 1.500 ml de agua fría. Ata la pierna de cordero con cuerda de cocina y añádela. Pela los tomates y las zanahorias, retira las hojas externas de las cebolletas y el puerro y pica todo finamente. Incorpora las hortalizas a la olla, sazona y agrega 3-4 cucharadas de aceite. Tapa y deja cocer durante 10-12 minutos.

Escurre el repollo y pásalo a un plato. Pela los dientes de ajo, córtalos en láminas y dóralos en una sartén con aceite. Vierte el refrito sobre el repollo. Pon las guindillas en otro plato, sazónalas con sal gruesa y riégalas con un chorrito de aceite.

Retira la pierna de cordero, retira las cuerdas y córtala en filetes. Sirve las alubias en una fuente, coloca encima los filetes de cordero, decora con una ramita de perejil y acompaña con el repollo y las guindillas.

ALUBIAS ROJAS CON ROLLITOS DE CODILLO

INGREDIENTES **(4 P.)**

400 g de alubias rojas
1 codillo de cerdo cocido (650 g)
2 dientes de ajo
1 cebolla
4 hojas de repollo
1 pimiento verde
aceite de oliva virgen extra
1 hoja de laurel
1 cucharadita de comino
1 cucharada de pimentón picante
sal

ELABORACIÓN

Pon las alubias a remojo la víspera.

Coloca el codillo en una fuente apta para el horno, riégalo con un chorrito de aceite y hornéalo a 200 ºC durante 20 minutos. Cuando esté bien dorado, retíralo y pica la carne.

Escurre las alubias, ponlas en la olla rápida y cúbrelas con agua. Pela los dientes de ajo y agrégalos. Pela la cebolla, pícala finamente e incorpórala junto con el laurel y el comino. Sazona y cuece durante 12-15 minutos.

Limpia las hojas de repollo, escáldalas durante 5 minutos en una cazuela con agua hirviendo y escúrrelas.

Lava el pimiento, pícalo finamente y ponlo a pochar en una sartén con aceite. Sazona y rehógalo hasta que se dore. Añade la carne de codillo picada y saltea bien para que se caliente. Agrega el pimentón y cocina brevemente.

Rellena las hojas de berza con el codillo salteado, colócalas en una fuente apta para el horno y hornea a 180 ºC durante 5 minutos (hasta que se calienten).

Sirve las alubias en una legumbrera y acompaña con los rollitos de codillo.

CREMA DE LENTEJAS CON CONEJO FRITO

INGREDIENTES **(4-6 P.)**

200 g de lentejas
1 conejo (1 kg)
3 cucharadas de arroz
1 cebolla
1 zanahoria
1 puerro
harina, 1 huevo batido y semillas de sésamo (para rebozar)
aceite de oliva virgen extra
1 hoja de laurel
perejil
pimienta
sal

ELABORACIÓN

Pon las lentejas en una olla rápida, cúbrelas con 1.250 ml de agua y agrega la hoja de laurel y el arroz. Pela la cebolla y la zanahoria y limpia el puerro. Trocea las hortalizas y añádelas a las lentejas. Sazona, cierra la olla y cocina durante 8-10 minutos. Tritura, cuela y reserva la crema.

Trocea el conejo en presas pequeñas y salpimiéntalas. Pasa los trocitos de conejo por harina, huevo batido y semillas de sésamo y fríelos en una sartén con abundante aceite. Retira a un plato con papel absorbente.

Sirve la crema en un plato sopero, acompáñala con unos trocitos de conejo y decora con una hojita de perejil.

CREMA DE ALUBIAS CON POLLO

INGREDIENTES **(4 P.)**

300 g de alubias rojas
350 g de pollo guisado (limpio y desmigado)
1 tomate
1 cebolla
1 puerro
1 diente de ajo
4 champiñones
½ pimiento verde
8 hojas de repollo escaldadas
aceite de oliva virgen extra
perejil picado
sal

ELABORACIÓN

Pon las alubias a remojo la víspera.

Escurre las alubias, pásalas a una cazuela y cúbrelas con 1.500 ml de agua. Lava el tomate y añádelo (entero). Pela la cebolla, limpia el puerro, trocéalos e incorpóralos a la cazuela. Agrega un poco de sal y un chorro de aceite y cuece a fuego suave durante 50-60 minutos (si es alubia nueva, unos 40 minutos).

Pela el ajo, córtalo en láminas y dóralo en una sartén con aceite. Limpia bien los champiñones y lava el pimiento, pícalos, agrégalos a la sartén y rehógalos durante 6-8 minutos. Incorpora el pollo desmigado, pon a punto de sal y cocina durante 2-3 minutos. Rellena las hojas de repollo escaldadas con este preparado formando una especie de paquetitos.

Cuando estén cocidas las alubias, tritúralo todo con una batidora y pásalo por un chino (si queda muy espeso, añade un poco de agua).

Vierte la crema de alubias en una legumbrera, coloca encima las hojas de repollo rellenas, espolvorea con perejil picado y sirve.

GARBANZOS CON ARROZ

INGREDIENTES **(6 P.)**

300 g de garbanzos
200 g de arroz
1 trozo de alga kombu (opcional)
1 morcilla de verduras
1 cebolla
2 dientes de ajo
2 puerros
1 huevo cocido
aceite de oliva virgen extra
perejil
½ cucharadita de pimentón
sal

ELABORACIÓN

La víspera, pon a remojo los garbanzos y el kombu.

Cuece la morcilla a fuego suave en una cazuela con una pizca de sal y unas ramas de perejil durante 30 minutos.

Pon agua a calentar en la olla rápida y, cuando esté hirviendo, agrega los garbanzos escurridos, el kombu y una pizca de sal. Tápala y deja cocer durante 15-20 minutos. Abre la olla y agrega el arroz.

Pela la cebolla y los dientes de ajo, limpia los puerros, pica todo finamente y ponlo a pochar en una sartén con un poco de aceite. Cuando se hayan dorado, agrega el pimentón, mezcla bien y añade todo a la olla. Deja cocer todo junto durante 20 minutos para que se cocine el arroz y se mezclen los sabores.

Pela el huevo cocido, pícalo, añádelo y mezcla bien.

Sirve el arroz con garbanzos en una legumbrera. Corta la morcilla en 6 rodajas y sírvela encima. Espolvorea con perejil picado.

GARBANZOS CON BERBERECHOS

INGREDIENTES **(4-6 P.)**

400 g de garbanzos
500 g de berberechos
1 puerro
1 cebolla
125 ml de vino blanco
1 cebolleta
1 pimiento verde
2 dientes de ajo
aceite de oliva virgen extra
sal

ELABORACIÓN

Pon los garbanzos a remojo la víspera.

Escurre los garbanzos y ponlos a cocer con 1.250 ml de agua caliente en la olla rápida. Limpia el puerro y pela la cebolla y agrégalos junto con un poco de sal. Cierra la olla y cuece durante 10 minutos.

Pon el vino en una sartén. Cuando esté caliente, añade los berberechos (bien limpios). Tápalos y espera 2-3 minutos hasta que se abran. Retira las conchas y reserva la carne en un plato.

Pica la cebolleta, el pimiento verde y los ajos finamente y ponlos a dorar en una sartén con un poco de aceite. Sazona y cocina las hortalizas durante 15 minutos. Incorpora los berberechos y saltéalos brevemente.

Agrega el salteado a los garbanzos, mezcla bien y sirve en una legumbrera.

ALUBIAS BLANCAS CON SALTEADO DE PIMIENTOS

INGREDIENTES **(4 P.)**

400 g de alubias blancas (remojadas desde la víspera)

6 pimientos verdes

1 cebolla

1 zanahoria

1 puerro

2 dientes de ajo

aceite de oliva virgen extra

perejil

1 cucharadita de pimentón

sal

ELABORACIÓN

Pon a calentar un poco de aceite en una olla rápida. Pela la cebolla, córtala en dados y agrégala. Pela la zanahoria, córtala en daditos y añádela. Limpia el puerro, pícalo finamente e incorpóralo. Rehoga las hortalizas durante 4-5 minutos.

Escurre las alubias, añádelas a la olla y cúbrelas con abundante agua. Mezcla bien, sazona, cierra la olla y cocina durante 4-5 minutos.

Lava los pimientos, extiéndelos sobre una bandeja de horno, riégalos con un chorrito de aceite y hornéalos a 200 ºC durante 25-30 minutos. Retírales los tallos y las semillas y pélalos con cuidado. Corta 5 pimientos en tiras y resérvalos. Corta el pimiento restante en dados e incorpóralo a la olla. Añade también el pimentón y mezcla suavemente.

Calienta una sartén con un chorrito de aceite. Pela los dientes de ajo, córtalos en láminas y añádelos. Fríelos un poco e incorpora los pimientos cortados en tiras, sazónalos y cocínalos brevemente (1-2 minutos).

Reparte las alubias en 4 platos hondos y acompáñalas con los pimientos verdes. Decora los platos con unas hojas de perejil y sirve.

CONSEJO: Hay muchas variedades de alubias, y en cada zona de España se conocen de una manera diferente: pochas, *fabes*, verdinas, habones, judiones, pintas, negras, rojas, caparrones, carillas...

GARBANZOS CON CHORIZO

INGREDIENTES **(6 P.)**

500 g de garbanzos
200 g de chorizo
1 cebolla
1 zanahoria
3 dientes de ajo
300 g de panceta
aceite de oliva virgen extra
1 hoja de laurel
sal

ELABORACIÓN

Pon los garbanzos a remojo la víspera.

Pela la cebolla, la zanahoria y los dientes de ajo, pícalos finamente y ponlos a dorar en la olla rápida con un poco de aceite durante 10-12 minutos. Añade el laurel y rehoga todo brevemente.

Corta la panceta en 6 trozos, agrégala, sazona y rehoga. Incorpora los chorizos y 1.500 ml de agua hirviendo (es importante que el agua esté hirviendo para que los garbanzos no se encallen).

Cuando comience a hervir, retira la grasa y la espuma que se concentra en la parte superior. Cierra la olla y deja cocer durante 15 minutos. Retira la tapa de la olla y desengrasa nuevamente.

Sirve el tocino y el chorizo (puedes cortar el chorizo en rodajas) en un plato y los garbanzos en una legumbrera, decorados con la hoja de laurel.

GARBANZOS CON ESPINACAS Y COQUINAS

INGREDIENTES **(4 P.)**

300 g de garbanzos
200 g de espinacas
400 g de coquinas
1 cebolla
1 zanahoria
1 puerro
2 dientes de ajo
½ cucharada de harina
125 ml de vino blanco
2 huevos cocidos
aceite de oliva virgen extra
1 cucharada de perejil picado
pimienta negra
sal

ELABORACIÓN

Pon los garbanzos a remojo la víspera.

Escurre los garbanzos y ponlos en la olla rápida con abundante agua hirviendo. Pela la cebolla y la zanahoria y añádelas. Limpia el puerro, trocéalo e incorpóralo. Agrega un poco de pimienta y de sal. Tapa y cocina durante 18-20 minutos.

Abre la olla, retira las hortalizas y desespuma. Limpia las espinacas, córtalas en tiras finas y añádelas a la olla. Cocina todo junto durante 3 minutos.

Pela los dientes de ajo, pícalos finamente y saltéalos en una cazuela con un poco de aceite. Añade la harina, rehógala, vierte encima el vino y remueve. Agrega a la cazuela las coquinas (bien limpias) y el perejil picado. Escurre los garbanzos con las espinacas e incorpóralos (añade un poco del caldo de cocer los garbanzos si es necesario). Cocina durante 2-3 minutos.

Pela los huevos cocidos y córtalos en cuartos.

Decora los garbanzos con el huevo cocido y sirve.

ALUBIAS DE TOLOSA CON BERZA Y MORCILLA

INGREDIENTES **(4 P.)**

400 g de alubias de Tolosa
1 berza (repollo)
1 morcilla de verdura
2 dientes de ajo
12 guindillas en vinagre
aceite de oliva virgen extra
perejil
sal

ELABORACIÓN

Pon las alubias en una cazuela. Cúbrelas con agua (2 litros) y, cuando empiecen a hervir, tapa la cazuela y déjalas cocer a fuego suave durante 2 horas y media. Para que el líquido vaya espesando durante la cocción, puedes remover la cazuela (sin meter ninguna cuchara) de vez en cuando. Cuando ya estén hechas, sazónalas y remueve la cazuela para que la sal se reparta bien.

Calienta agua en otra cazuela, introduce en ella la morcilla, sazona y cuécela durante 30 minutos. Aparta la cazuela del fuego. En el momento de servir, escurre la morcilla, pásala a una fuente y córtala en rodajas.

Corta la berza en juliana fina. Calienta agua en otra cazuela, agrega la berza, sazona y cocina durante 25 minutos. Escúrrela y ponla en una fuente grande.

Pela los dientes de ajo y córtalos en láminas. Calienta una sartén con un chorrito de aceite, agrega los ajos y rehógalos a tu gusto. Riega la berza con el refrito.

Sazona las guindillas y riégalas con un chorrito de aceite.

Sirve en cada plato una porción de alubias, una de berza y 2 rodajas de morcilla. Acompaña con las guindillas y decora los platos con unas hojas de perejil.

CONSEJO: Si las alubias de Tolosa son del año, no necesitan remojo.

GARBANZOS CON TORTAS DE PAN

INGREDIENTES **(4 P.)**

400 g de garbanzos
40 g de miga de pan remojada en leche
1 cebolleta
1 zanahoria
2 patatas
2 dientes de ajo
harina (para rebozar)
aceite de oliva virgen extra
perejil picado
sal

ELABORACIÓN

Deja a remojo la víspera los garbanzos.

Escurre los garbanzos y cuécelos en una cazuela con 1.500 ml de agua caliente junto con la cebolleta y la zanahoria durante 40 minutos. Pela las patatas, trocéalas, añádelas a la cazuela, pon a punto de sal y cocina durante otros 15 minutos.

Pela los dientes de ajo y májalos en un mortero junto con 1 cucharada de perejil picado. Añade este majado a la miga de pan remojada y mezcla bien. Forma con esta masa 4 tortas, enharínalas y fríelas en una sartén con aceite hasta que se doren.

Agrega las tortas a los garbanzos, espolvorea con perejil picado y sirve.

GARBANZOS CON TOMATES

INGREDIENTES **(4 P.)**

300 g de garbanzos
3 tomates
2 cebollas
2 zanahorias
1 puerro
200 g de chorizo
aceite de oliva virgen extra
perejil picado
2 clavos
sal

ELABORACIÓN

Pon a remojo los garbanzos la víspera.

Escurre los garbanzos y ponlos a cocer en una cazuela con agua caliente, un poco de sal, un chorro de aceite y los clavos. Pela 1 cebolla y 1 zanahoria, limpia el puerro, córtalos por la mitad y añádelos. Cuécelos hasta que estén tiernos (unos 50-55 minutos).

Pela la otra cebolla y la otra zanahoria, pícalas y póchalas en una cazuela con aceite. Sazona. Trocea el chorizo, pica finamente los tomates, añádelos y rehógalos durante 6-8 minutos. Incorpora los garbanzos bien escurridos y guisa todo junto durante 5 minutos.

Espolvorea con perejil picado y sirve.

CARILLAS ESTOFADAS

INGREDIENTES **(6 P.)**

300 g de carillas
2 dientes de ajo
1 cebolleta
1 puerro
1 zanahoria
1 pimiento verde
1 pimiento rojo
100 g de chorizo
150 ml de tomate natural triturado
aceite de oliva virgen extra
1 hoja de laurel
perejil
1 cucharadita de pimentón
sal

ELABORACIÓN

Pon las carillas a remojo la noche anterior.

Pon abundante agua a calentar en una cazuela. Escurre las carillas y agrégalas junto con el laurel y una pizca de sal. Tapa y cuécelas a fuego suave-medio durante 1 hora.

Calienta un chorrito de aceite en una cazuela. Pela los dientes de ajo, córtalos en dados y ponlos a rehogar. Corta en daditos la cebolleta y el puerro e incorpóralos. Pela la zanahoria, córtala de la misma manera y añádela. Retira el tallo y las semillas de los pimientos, pela el rojo, córtalos en daditos y agrégalos. Sazona y cocina las hortalizas durante 20 minutos, hasta que se ablanden y se doren (a tu gusto).

Retira la piel del chorizo, córtalo en rodajas, añádelo a la cazuela con las hortalizas y rehógalo brevemente. Incorpora el pimentón, el tomate, las carillas (escurridas) y agua de su cocción (lo justo para cubrir). Cocínalas a fuego suave durante 10 minutos.

Sirve las carillas y decora los platos con unas hojas de perejil.

CONSEJO: En el caso de que cocinéis las carillas en la olla, el tiempo de cocción se reducirá considerablemente: bastará con 12-15 minutos.

FABES CON AMASUELES

INGREDIENTES **(4 P.)**

300 g de *fabes*

400 g de almejas (*amasueles*, en asturiano)

2 cebollas

4 dientes de ajo

1 cucharadita de harina

100 ml de vino blanco

aceite de oliva virgen extra

1 hoja de laurel

perejil

8-10 hebras de azafrán

sal

ELABORACIÓN

La víspera, pon las *fabes* a remojo en un bol grande con abundante agua e introdúcelas en el frigorífico.

Escurre las *fabes* y ponlas a cocer a fuego suave en una cazuela con bastante agua. Pela 1 cebolla, córtala en 4 y agrégala. Añade el laurel y 2 dientes de ajo (pelados y enteros). Tapa la cazuela (pero no del todo) y cuécelas durante 2 horas a fuego muy suave. Durante la cocción, asústalas (agrégales un poco de agua fría) cada 30 minutos y remueve suavemente la cazuela, sin introducir ningún utensilio dentro. Retira los ajos, la cebolla y la hoja de laurel y reserva las fabes en la cazuela.

Pela la otra cebolla y los otros 2 dientes de ajo, pícalos finamente y ponlos a rehogar en una sartén con un poco de aceite. Cocínalos a fuego suave-medio hasta que la cebolla empiece a transparentar (15 minutos aprox.).

Agrega el azafrán y la harina y rehógalos brevemente. Vierte encima el vino y dale un hervor. Añade las almejas, tapa la sartén y espera a que se abran. Espolvoréalas con un poco de perejil picado.

Incorpora las almejas a las fabes y cocina todo junto durante 4-5 minutos a fuego suave. Prueba y pon a punto de sal.

Sirve y decora los platos con unas hojas de perejil.

CONSEJO: Para acelerar la cocción de las *fabes*, siempre podéis optar por utilizar la olla rápida.

GUISO DE GARBANZOS CON PULPO

INGREDIENTES **(4-6 P.)**

400 g de garbanzos
1 pulpo pequeño (1 kg)
3 dientes de ajo
1 cebolla
1 pimiento verde
1 tomate
aceite de oliva virgen extra
perejil
15 granos de pimienta negra
1 cucharada de pimentón dulce o picante (al gusto)
sal

ELABORACIÓN

Pon los garbanzos a remojo la víspera.

Limpia el pulpo y colócalo en una olla rápida sin agua. Sazónalo, cierra la olla y cocina durante 10 minutos. Retira el pulpo a una fuente, déjalo templar y trocéalo. Resérvalo.

Añade un poco más de agua al líquido que ha soltado el pulpo en la olla. Cuando empiece a hervir, agrega los garbanzos (escurridos) y los granos de pimienta. Sazona, tapa y cocina durante 15 minutos. Escurre los garbanzos y resérvalos. Reserva también el caldo.

Pela los dientes de ajo y la cebolla, pícalos y póchalos en una sartén con un chorrito de aceite. Lava el pimiento, retírale el tallo y las semillas, pícalo finamente y añádelo. Pela el tomate, pícalo e incorpóralo. Sazona y cocina las hortalizas a fuego moderado durante 15-20 minutos. Agrega el pimentón y remueve. Incorpora los garbanzos, el pulpo y 500 ml del caldo reservado. Deja hervir el conjunto durante 3-4 minutos.

Sirve en plato hondo o en una legumbrera y decora con una ramita de perejil.

GARBANZOS CON *TORTELLINI*

INGREDIENTES **(4 P.)**

300 g de garbanzos
150 g de *tortellini* rellenos de carne
1 zanahoria
1 cebolleta
1 huevo cocido
aceite de oliva virgen extra
perejil
sal

ELABORACIÓN

Pon los garbanzos a remojo la víspera.

Escurre los garbanzos y cuécelos en una cazuela con agua caliente durante 2 horas a fuego suave, hasta que estén tiernos.

Cuece los *tortellini* en abundante agua con sal durante 10 minutos. Escúrrelos y resérvalos.

Pela la zanahoria y la cebolleta, pícalas finamente y ponlas a pochar en una sartén con aceite. Sazona y cocina durante 10 minutos. Incorpora los *tortellini* y rehógalos. Agrega los garbanzos bien escurridos y sigue rehogando durante 5 minutos para que se mezclen bien todos los sabores.

Pela el huevo cocido y pícalo.

Sirve los garbanzos con *tortellini* en una fuente y espolvoréalos con el huevo y el perejil picados.

GUISO DE LENTEJAS

INGREDIENTES **(4 P.)**

500 g de lentejas
1 cebolla
2 dientes de ajo
300 g de morcilla
300 g de chorizo
4 hojas de repollo
aceite de oliva virgen extra
1 cucharadita de pimentón
sal

ELABORACIÓN

En una cazuela, pon a cocer las lentejas cubiertas de agua con un chorro de aceite y un poco de sal. Deja que cuezan a fuego suave durante unos 40 minutos.

Pela la cebolla y los dientes de ajo, pícalos y sofríelos en una sartén con un chorro de aceite. Cuando se doren, retíralos del fuego y agrega el pimentón. Rehoga con cuidado de que no se queme e incorpora este sofrito a las lentejas.

En una cazuela con agua hirviendo, cuece las morcillas durante 30 minutos. Escúrrelas y deja que se enfríen. Vacíalas y reserva la carne.

Retira la piel al chorizo, pícalo y saltéalo en una sartén con unas gotas de aceite. Resérvalo.

Limpia las hojas de repollo y escáldalas en una cazuela con agua hirviendo durante 1 minuto aproximadamente.

Envuelve la carne de la morcilla y del chorizo en las hojas de repollo e incorpóralas a la cazuela de las lentejas. Deja cocer durante otros 5 minutos y sirve.

HAMBURGUESAS DE GARBANZOS

INGREDIENTES **(4 P.)**

350 g de garbanzos (remojados desde la víspera)
1 cebolleta
2 dientes de ajo
½ cucharadita de levadura
harina y huevo batido (para rebozar)
150 g de hojas de lechugas variadas
aceite de oliva virgen extra
vinagre
20 hojas de cilantro
½ cucharadita de cúrcuma molida
sal

Para la salsa:
3 dientes de ajo
12 pimientos del piquillo
125 ml de vino blanco
aceite de oliva virgen extra
sal

ELABORACIÓN

Para la salsa, pela los ajos, córtalos en láminas y pica bien los pimientos. Rehógalos en una cazuela con un chorrito de aceite durante 5 minutos. Agrega el vino y una pizca de sal y cocina durante unos 15 minutos. Tritura con la batidora eléctrica y reserva la salsa.

Pon a calentar 1 litro de agua en la olla rápida. Cuando rompa a hervir, añade los garbanzos (escurridos) y una pizca de sal. Coloca la tapa y deja cocer durante 12-14 minutos. Escurre los garbanzos, pásalos por el pasapurés y reserva.

Pela la cebolleta y los dientes de ajo, pícalos finamente y mézclalos con el puré de garbanzos. Añade el cilantro picado, la cúrcuma y la levadura y mezcla bien. Deja reposar la masa en el frigorífico durante un mínimo de 30 minutos.

Da forma a las hamburguesas y rebózalas en harina y huevo batido. Fríelas durante 1-2 minutos por cada lado en una sartén con abundante aceite caliente. Retíralas y déjalas escurrir sobre papel absorbente.

Lava las hojas de lechuga, sécalas, colócalas en un bol y alíñalas con sal, vinagre y aceite.

Sirve las hamburguesas acompañadas de la ensalada y ligeramente bañadas con la salsa.

FABES CON MORCILLA Y CHORIZO

INGREDIENTES **(4 P.)**

300 g de *fabes*
1 morcilla de arroz (350 g)
2 chorizos frescos (180 g)
1 cebolla
1 cabeza de ajos
1 tomate
1 pimiento rojo
aceite de oliva virgen extra
2 hojas de laurel
perejil
10 granos de pimienta negra
1 cucharada de pimentón
unas hebras de azafrán
sal

ELABORACIÓN

La víspera, pon las *fabes* en un bol, cúbrelas con agua fría y déjalas a remojo (12 horas).

Escurre las *fabes*, ponlas en la olla rápida y cúbrelas con agua. Pela la cebolla, córtala por la mitad e introdúcela en una red de cocina junto con las hojas de laurel, la cabeza de ajos (entera) y los granos de pimienta. Corta el tomate en 4, trocea el pimiento, añádelos a la red, ciérrala e introdúcela en la olla. Agrega también el pimentón y el azafrán. Sazona, cierra la olla y cocina las *fabes* durante 12 minutos.

Retira la red de la olla, saca las hortalizas, pásalas (excepto la cabeza de ajos) a un vaso batidor y tritúralas. Agrega el puré a la olla y remueve los ingredientes (sin introducir ningún utensilio) hasta que el puré quede bien integrado con las *fabes*. En el momento de servir, caliéntalas.

Pon agua a calentar en un cazo, añade los chorizos y cuécelos durante 20-25 minutos. Retíralos, córtalos en rodajas e incorpóralos a la olla.

Retira la piel de la morcilla, córtala en rodajas y fríelas en una sartén con un chorrito de aceite. Retíralas y escúrrelas sobre un plato cubierto con papel absorbente.

Sirve las *fabes* con el chorizo, acompáñalas con las rodajas de morcilla y decora los platos con unas hojas de perejil.

CONSEJO: Después de utilizar la red, hay que lavarla bien y dejarla secar al aire libre. De esta manera no le saldrá ningún hongo y se conservará en perfectas condiciones hasta el siguiente uso.

POTAJE DE VIGILIA

INGREDIENTES **(4 P.)**

250 g de garbanzos
250 g de bacalao desalado
400 g de espinacas
1 cebolla
2 zanahorias
2 dientes de ajo
1 cucharada de harina
150 ml de salsa de tomate
aceite de oliva virgen extra
1 hoja de laurel
perejil
sal

ELABORACIÓN

Pon los garbanzos a remojo la víspera.

Pon agua a calentar en la olla rápida y, cuando esté hirviendo, añade los garbanzos escurridos y la hoja de laurel. Pela la cebolla, córtala en cuartos y agrégala. Pela 1 zanahoria, córtala en 4 y añádela. Sazona, cierra la olla y cuece los garbanzos durante 20-30 minutos (según variedad).

Calienta una tartera (cazuela amplia y baja) con un chorrito de aceite. Pela la otra zanahoria, córtala en cuartos de luna y agrégala. Pela los ajos, pícalos e incorpóralos. Sazona y cocina las hortalizas a fuego suave durante 4-5 minutos. Añade la harina, rehógala un poco e incorpora los garbanzos (escurridos), 150 ml del caldo de la cocción de los garbanzos y la salsa de tomate. Mezcla bien y cocina todo durante 5 minutos.

Lava las espinacas, pícalas un poco, y agrégalas. Tapa la tartera y cocina durante 2 minutos.

Corta el bacalao (con piel) en dados, añádelos a la tartera, tapa y cocina todo junto durante 2-3 minutos.

Sirve y decora los platos con unas hojas de perejil.

CONSEJO: En España hay muchas variedades de garbanzos. Para hacer este plato, siguiendo la buena costumbre de consumir productos *kilómetro cero*, os recomendaría utilizar cualquiera que se cultive en vuestra zona.

LENTEJAS CON ARROZ

INGREDIENTES **(4 P.)**

400 g de lentejas
200 g de arroz de grano largo
6 dientes de ajo
2 zanahorias
1 pimiento verde
1 cebolla
2 patatas medianas
aceite de oliva virgen extra
perejil
1 hoja de laurel
1 cucharadita de pimentón
sal

ELABORACIÓN

Pon el arroz en una cazuela, añade el doble de agua, una pizca de sal, 2 dientes de ajo (pelados y enteros) y 1 rama de perejil y cuece durante 10-12 minutos.

Pon las lentejas en la olla rápida, cúbrelas con agua y sazónalas. Añade la hoja de laurel y 4 ajos (pelados y enteros). Pela las zanahorias, córtalas en rodajas y agrégalas. Lava el pimiento y retírale el tallo y las semillas, pela la cebolla y las patatas, corta todo en dados e incorpóralo. Cierra la olla y cuece durante 7 minutos.

Pon una gota de aceite en un bol, extiéndelo con un pincel, espolvorea el interior con un poco de perejil picado y añade el arroz. Presiónalo y desmóldalo sobre un plato.

Calienta un poco de aceite en una sartén, apártala del fuego, agrega el pimentón, rehógalo brevemente y viértelo sobre las lentejas. Mezcla bien y sirve.

LENTEJAS AL *CURRY* CON CROQUETAS DE ARROZ Y ROMANESCO

INGREDIENTES **(4-6 P.)**

300 g de lentejas
2 romanescos
1 diente de ajo
2 cebollas
1 zanahoria
1 pimiento verde
aceite de oliva virgen extra
2 hojas de laurel
1 rama de canela
1 cucharadita de semillas de comino
1 cucharadita de coriandro molido
1 cucharadita de *curry*
sal

Para las croquetas de arroz:

75-100 g de arroz
1 diente de ajo
1 huevo
aceite de oliva virgen extra
1 cucharada de perejil picado
sal

ELABORACIÓN

Pela el diente de ajo, las cebollas y la zanahoria. Lava el pimiento y retírale el tallo y las semillas. Pica las hortalizas y ponlas a dorar en una olla rápida con un chorrito de aceite. Sazona y rehoga durante 15 minutos.

Añade las lentejas, el laurel, la canela, el comino, el coriandro y el *curry*. Rehoga brevemente y cubre con agua. Cierra la olla y deja que se cocine a fuego moderado durante 10-15 minutos. Retira las hojas de laurel y la rama de canela y reserva.

Cuece al vapor los ramilletes de romanesco en una vaporera con agua y sal durante 15 minutos. Reserva.

Cuece el arroz en una cazuela con abundante agua y sal durante 15-18 minutos. Escúrrelo, refréscalo con agua fría, escúrrelo de nuevo y resérvalo.

Para preparar las croquetas, pela el diente de ajo, pícalo, ponlo en un cuenco y mézclalo con el perejil, el huevo bien batido y el arroz cocido. Sazona y trabaja la mezcla. Forma pequeñas albóndigas y fríelas durante 1-2 minutos en una sartén con abundante aceite. Retíralas a un plato con papel absorbente.

Sirve las lentejas y acompáñalas con las albóndigas y el romanesco cocido.

LENTEJAS CON CONEJO

INGREDIENTES **(4 P.)**

200 g de lentejas
1 conejo troceado (1 kg)
1 pimiento verde
3 cebolletas
4 dientes de ajo
aceite de oliva virgen extra
1 hoja de laurel
pimienta
sal

ELABORACIÓN

Pon la víspera las lentejas a remojo.

Salpimienta los trozos de conejo y fríelos en una sartén con un poco de aceite hasta que se doren (6-8 minutos). Resérvalos.

Lava el pimiento, retírale el tallo y las semillas y córtalo en trozos grandes. Corta las cebolletas por la mitad y pela los ajos. Pon todo a pochar en una cazuela con 3-4 cucharadas de aceite.

Cuando se doren un poco las hortalizas, incorpora las lentejas escurridas, el laurel y los trozos de conejo. Cubre con agua y deja cocer durante 35 minutos.

Sirve en una legumbrera.

LENTEJAS CON MOLLEJAS DE PATO

INGREDIENTES **(4 P.)**

400 g de lentejas pardinas
6 mollejas de pato confitadas en conserva (y su grasa)
1 cabeza de ajos
2 patatas
1 puerro
1 cebolleta
1 pimiento verde
aceite de oliva virgen extra
perejil
sal

ELABORACIÓN

Pon las lentejas a cocer en una cazuela con 1.500 ml de agua, una pizca de sal y la cabeza de ajos entera. Cuando empiece a hervir, retira la espuma, baja el fuego y deja cocer durante 40 minutos.

Abre la lata de las mollejas y ponla al baño maría para que se funda la grasa. Retira las mollejas, córtalas en láminas y resérvalas.

Pela las patatas, córtalas en dados y fríelas en una sartén con la grasa de pato. Escúrrelas, sírvelas en una fuente amplia, sazónalas y espolvoréalas con perejil picado.

Limpia el puerro y la cebolleta, lava el pimiento y retírale el tallo y las semillas, pica todo finamente y ponlo a pochar en una cazuela con aceite. Cuando se dore, incorpora las mollejas, saltéalas brevemente y agrega todo a la cazuela de las lentejas. Mezcla y deja reposar durante 5 minutos. Sirve las lentejas en una legumbrera y la cabeza de ajos en un plato y acompaña con las patatas.

GARBANZOS CON CALAMARES

INGREDIENTES **(6 P.)**

300 g de garbanzos
500 g de calamares (limpios)
1 cucharadita de ajo en polvo
2 patatas medianas
aceite de oliva virgen extra
2-3 cucharadas de vinagre de Módena
1 cucharadita de orégano
2 hojas de laurel
perejil
1 cucharadita de azafrán
sal

ELABORACIÓN

Pon los garbanzos a remojo la víspera.

Pon agua a calentar en la olla rápida. Escurre los garbanzos y añádelos. Sazona, cierra la olla y cuécelos durante 15-20 minutos. Retira los garbanzos, cuela el caldo y resérvalos por separado.

Calienta un poco de aceite en la olla (limpia), corta los calamares en trozos de bocado, sazónalos, añádelos y dóralos un poco.

Incorpora los garbanzos, el orégano, el laurel, el ajo en polvo, el azafrán y el vinagre y cubre todo con el caldo. Pela las patatas, córtalas (cascándolas) en trozos pequeños e incorpóralas. Sazona, cierra la olla y cocina todo junto durante 4 minutos.

Sirve los garbanzos y decora los platos con unas hojas de perejil.

CONSEJO: Si no queréis tomaros el trabajo de remojar y cocer los garbanzos, podéis emplear un par de botes de garbanzos cocidos.

POCHAS CON RAPE

INGREDIENTES **(4 P.)**

400 g de pochas desgranadas (alubia blanca fresca)

400 g de rape (limpio)

1 cebolla

1 zanahoria

1 tomate

1 pimiento verde

aceite de oliva virgen extra

perejil picado

sal

ELABORACIÓN

Coloca las pochas en la olla rápida y cúbrelas con agua. Pela la cebolla, el tomate y la zanahoria; lava el pimiento y retírale el tallo y las semillas. Pica todo y añádelo a la olla. Sazona, agrega un chorrito de aceite y deja que hierva. Desespuma, cierra la olla y cocina durante 10 minutos. Deja enfriar la olla, quita la tapa y cocina a fuego suave durante 3-4 minutos más.

Corta el rape en 4 raciones, sazónalas y fríelas por los dos lados en una sartén con un chorrito de aceite durante 1-2 minutos (según os guste el punto del pescado).

Sirve las pochas en plato hondo, acompaña con el rape y espolvorea con perejil picado.

CONSEJO: Sabremos que el rape está fresco si su carne tiene consistencia firme, sus ojos son brillantes y no están hundidos y mantiene el olor marino poco pronunciado. Para que se conserve en óptimas condiciones, lo mejor es comprarlo en el último momento antes de volver a casa.

LENTEJAS CON OREJA DE CERDO

INGREDIENTES **(4-6 P.)**

500 g de lentejas

1 oreja de cerdo

2 dientes de ajo

1 cebolla

1 zanahoria

100 g de tocino fresco

100 g de chorizo

harina y huevo batido (para rebozar)

aceite de oliva virgen extra

1 rama de tomillo

2 hojas de laurel

1 cucharadita de pimentón

sal

ELABORACIÓN

Pon las lentejas a remojo la víspera.

Cuece la oreja en una olla rápida con agua y una pizca de sal durante 20 minutos.

Calienta un poco de aceite en una cazuela amplia, agrega los dientes de ajo (pelados y enteros) y rehógalos hasta que se doren. Pela la cebolla y la zanahoria, pícalas finamente, añádelas a la cazuela y sofríelas durante 6-8 minutos. Escurre las lentejas, corta el tocino y el chorizo en 4 e incorpóralos junto con el tomillo y el laurel. Cubre con agua, sazona y deja cocer durante 20 minutos a fuego medio.

Espolvorea con ½ cucharadita de pimentón y mezcla bien.

Retira la oreja de la olla y córtala en tiras (las partes que se rompan, añádelas a las lentejas). Pásalas por harina y huevo batido y fríelas en una sartén con aceite hasta que se doren. Espolvoréalas con ½ cucharadita de pimentón.

Sirve las lentejas en una legumbrera y acompáñalas con las tiras de oreja de cerdo rebozadas.

LENTEJAS CON PANCETA FRESCA

INGREDIENTES **(4 P.)**

300 g de lentejas
250 g de panceta
2 puerros
1 cebolleta
1 zanahoria
1 tomate
aceite de oliva virgen extra
perejil
sal

ELABORACIÓN

Limpia los puerros y pela la cebolleta y la zanahoria. Corta las hortalizas en daditos y rehógalas en una cazuela con un chorrito de aceite durante 5 minutos aproximadamente. Pela el tomate, córtalo en daditos, añádelo y cocínalo brevemente. Incorpora las lentejas, cúbrelas con abundante agua y sazónalas. Cuécelas durante 35-40 minutos.

Pon la panceta en la olla rápida, cúbrela con agua, sazónala y cuécela durante 40 minutos. Retírala y deja que se enfríe. En el momento de servir, córtala en 4 y dórala en una sartén con unas gotas de aceite.

Sirve las lentejas con la panceta y decora los platos con unas hojas de perejil.

CONSEJO: Si utilizáis la olla rápida para cocer las lentejas, con 12-13 minutos de cocción será suficiente.

LENTEJAS CON REFRITO

INGREDIENTES **(4 P.)**

400 g de lentejas
1 cebolla
1 puerro
1 pimiento verde
aceite de oliva virgen extra
1 cucharadita de pimentón dulce
sal

ELABORACIÓN

Pon las lentejas a remojo la víspera.

Escurre las lentejas, pásalas a una cazuela, cúbrelas con agua y añade un chorrito de aceite. Cuécelas durante 45 minutos a fuego suave y pon a punto de sal.

Pela la cebolla, limpia el puerro, lava el pimiento y retírale el tallo y las semillas. Pica finamente las hortalizas y rehógalas en una sartén con aceite durante 12 minutos. Sazona y espolvorea con el pimentón. Agrega el refrito a las lentejas, mezcla bien y sirve.

LENTEJAS CON PISTO E HIGADILLOS

INGREDIENTES **(4 P.)**

300 g de lentejas
100 g de hígados de pollo
1 calabacín pequeño
1 puerro
2 zanahorias
100 g de judías verdes
2 dientes de ajo
aceite de oliva virgen extra
1 hoja de laurel
perejil picado
sal

ELABORACIÓN

Pon las lentejas en una olla rápida, cúbrelas con agua, sazónalas, agrega la hoja de laurel y cuécelas durante 7 minutos. Resérvalas.

Limpia las hortalizas, pela el calabacín y las zanahorias y retira las puntas y los hilos a las judías. Corta el calabacín y el puerro en cuadraditos y las zanahorias y las judías verdes en bastoncitos. Pon todo a pochar en una sartén con 3-5 cucharadas de aceite y sazona. Cocina durante unos 10 minutos.

Pela los ajos, córtalos en láminas y dóralos en una sartén con aceite. Limpia los higadillos, trocéalos, sazónalos e incorpóralos. Espolvoréalos con perejil picado y saltéalos durante 2-3 minutos, hasta que se doren.

Sirve las lentejas en una legumbrera, el pisto en una fuente y los higadillos en otra para que cada uno se sirva a su gusto.

LENTEJAS CON HORTALIZAS

INGREDIENTES **(4 P.)**

300 g de lentejas
2 dientes de ajo
1 cebolla roja
1 puerro
2 zanahorias
1 pimiento verde
1 tomate
250 g de espinacas
aceite de oliva virgen extra
perejil
sal

ELABORACIÓN

Pela los dientes de ajo y la cebolla, córtalos en daditos y ponlos a rehogar en la olla rápida con un chorrito de aceite. Limpia el puerro, retirándole la parte inferior (la de los pelos), la superior (la verde) y la primera capa, córtalo en cuartos de luna finos y agrégalo. Pela las zanahorias, córtalas de la misma manera e incorpóralas. Retira el tallo y las semillas del pimiento, córtalo en daditos y añádelo. Rehoga las hortalizas durante 5-10 minutos.

Corta el tomate por la mitad, rállalo y agrégalo a la olla. Rehógalo un poco e incorpora las lentejas. Sazona, cubre con abundante agua, cierra la olla y cocina durante 15 minutos. Abre la olla.

Lava las espinacas, retírales el tallo, pícalas finamente, incorpóralas y dales un hervor durante 3-4 minutos.

Sirve y decora los platos con unas hojas de perejil.

CONSEJO: Las lentejas hay que cocerlas en abundante agua, ya que durante la cocción absorben mucha.

POTAJE CON ALBÓNDIGAS DE BACALAO

INGREDIENTES **(4 P.)**

- 200 g de alubias blancas
- 250 g de garbanzos
- 250 g de bacalao desalado y desmigado
- 2 cebolletas
- 2 tomates
- 60 g de miga de pan
- 200 ml de leche
- 2 huevos batidos
- harina (para rebozar)
- aceite de oliva virgen extra
- orégano
- perejil picado
- 1 cucharadita de pimentón picante o dulce (al gusto)
- sal

ELABORACIÓN

Pon las alubias y los garbanzos a remojo (por separado) la víspera.

Coloca la miga de pan con la leche en un cuenco y deja que se remoje.

Pon a cocer las alubias (escurridas) en una cazuela con 1.500 ml de agua fría. Cuando empiecen a hervir, agrega los garbanzos (escurridos) y un chorrito de aceite (también puedes añadir alguna hortaliza). Cuece durante 1 hora aproximadamente.

Para preparar el sofrito, corta las cebolletas en daditos y rehógalas durante 6-8 minutos en una sartén con un chorrito de aceite. Pela los tomates, córtalos de la misma manera y añádelos. Cocina todo durante 6 minutos más. Sazona, agrega el pimentón, mezcla y cocina todo junto durante otros 2 minutos. Añade el sofrito a la cazuela con las alubias y los garbanzos y mézclalo. Pon el potaje a punto de sal.

Mezcla el bacalao con la miga de pan remojada en leche y escurrida, los huevos batidos y una pizca de orégano. Forma albóndigas con esta masa, pásalas por harina y fríelas en una sartén con aceite bien caliente hasta que se doren. Escúrrelas sobre un plato con papel absorbente.

Agrega las albóndigas al potaje, apártalo del fuego y deja que repose durante unos 5 minutos.

Espolvorea con perejil picado y sirve.

POTAJE DE CALABAZA Y GARBANZOS

INGREDIENTES **(4 P.)**

- 300 g de calabaza
- 200 g de garbanzos cocidos
- 2 dientes de ajo
- 150 g de jamón curado
- 250 ml de caldo de verduras
- 300 g de espinacas cocidas
- harina y 1 huevo batido (para rebozar)
- aceite de oliva virgen extra
- sal

ELABORACIÓN

Pela los dientes de ajo y córtalos en láminas, corta el jamón en dados pequeños y ponlos a rehogar en una cazuela con aceite. Pela la calabaza, quítale las semillas, córtala en dados y añádela. Rehoga todo junto durante unos 8 minutos, hasta que se haga la calabaza. Agrega los garbanzos y el caldo, mezcla bien y cocina todo junto durante 5 minutos más.

Escurre bien las espinacas cocidas y haz con ellas unas bolitas. Rebózalas con harina y huevo batido y fríelas en una sartén con aceite bien caliente hasta que se doren. Escúrrelas sobre un plato con papel absorbente.

Incorpora las bolitas de espinaca al potaje, pon a punto de sal y sirve.

CREMA DE GARBANZOS CON BACALAO

INGREDIENTES **(4 P.)**

300 g de garbanzos
1 lomo de bacalao desalado (300 g)
2 cebolletas
2 puerros
1 pastilla de caldo de pollo
aceite de oliva virgen extra
perejil
1 cucharadita de pimentón

ELABORACIÓN

La víspera, pon los garbanzos en un bol grande, cúbrelos con agua y déjalos a remojo en el frigorífico.

Corta las cebolletas en dados y ponlas a rehogar en la olla rápida con un chorrito de aceite. Limpia los puerros (eliminándoles la parte inferior y superior y la primera capa), hazles un corte en cruz por la parte verde y enjuágalos bien bajo el grifo, córtalos de la misma manera y añádelos a la olla. Sazona y rehoga a fuego moderado durante 4-5 minutos.

Escurre los garbanzos y agrégalos a la olla. Añade 1.500 ml de agua caliente y la pastilla de caldo, tapa la olla y cocina todo durante 20 minutos. Tritura los ingredientes con una batidora eléctrica hasta conseguir una crema homogénea. Si hiciera falta, cuélala.

Pon el lomo de bacalao en una cazuela con agua hirviendo y cuécelo durante 7-8 minutos. Sácalo a un plato, deja que se temple, retírale la piel y las espinas y suéltalo en lascas.

Sirve la crema y pon encima las lascas de bacalao. Mezcla el pimentón con un chorrito de aceite y adereza con la mezcla la crema con bacalao. Decora los platos con unas hojas de perejil.

CONSEJO: El garbanzo tiene un alto contenido en fibra, por lo que, además de saciarnos, nos ayuda a combatir el estreñimiento.

POTAJE DE ALUBIAS BLANCAS CON ARROZ INTEGRAL

INGREDIENTES **(4 P.)**

250 g de alubias blancas
100 g de arroz integral
3 hojas de acelga
1 patata
4 dientes de ajo
1 cebolla
1 tomate
aceite de oliva virgen extra
pimentón
sal

ELABORACIÓN

Pon las alubias y el arroz a remojo (por separado) en agua fría la noche anterior.

Escurre las alubias, ponlas en una olla rápida, cúbrelas con agua y añade una pizca de sal y un chorrito de aceite. Pon la tapa y cuece durante 10 minutos.

Limpia las acelgas, retirándoles los hilos, y pícalas. Pela la patata y trocéala. Abre la olla, añade las acelgas y la patata, pon nuevamente la tapa y cocina durante 5 minutos más.

Escurre el arroz y ponlo a cocer en una cazuela con abundante agua y una pizca de sal. Pela 2 dientes de ajo, agrégalos y deja cocer durante 20 minutos.

Pela los otros 2 dientes de ajo, córtalos en láminas finas y dóralos en una sartén con aceite. Pela la cebolla, pícala finamente e incorpórala. Cuando coja color, pela el tomate, córtalo en dados y añádelo. Cocina todo junto durante 10 minutos, hasta que se poche bien.

Escurre el arroz, añádelo a la sartén con las hortalizas, espolvorea con un poco de pimentón, mezcla y añade el refrito a las alubias. Remueve suavemente y sirve.

POCHAS CON PAN DE MORCILLA

INGREDIENTES **(4 P.)**

1.200 g de pochas
1 puerro
1 cebolleta
1 pimiento verde
1 zanahoria
2 dientes de ajo
1 tomate
8 guindillas verdes en vinagre
aceite de oliva virgen extra
perejil
2-3 cucharadas de pimentón
sal

Para el pan de morcilla:

150 g de morcilla de verdura
20 g de levadura prensada
300 g de harina
mantequilla y harina (para el molde)

ELABORACIÓN

Cuece la morcilla en una cacerola con agua durante 30 minutos. Una vez cocida, retírale la tripa. Coloca en un vaso batidor la carne de la morcilla, la levadura, 180 ml de agua muy caliente y un poco de harina y tritura todo con la batidora. Vuelca el puré en un bol grande, incorpora el resto de la harina y mezcla bien con una lengüeta hasta que quede una masa compacta. Unta un molde rectangular con mantequilla, espolvoréalo con un poco de harina y coloca en él la masa. Repártela bien y déjala fermentar (cubierta con un paño limpio) durante 1 hora. Introduce el molde en el horno y hornea a 190 ºC durante 20 minutos. Deja templar, desmóldalo, córtalo en rebanadas y resérvalas.

Desgrana las pochas y ponlas a cocer en una olla rápida con 1 litro de agua. Limpia el puerro y la cebolleta, lava el pimiento verde y retírale el tallo y las semillas, pela la zanahoria y los dientes de ajo y lava el tomate. Agrega las hortalizas, enteras, a la olla y sazona. Pon la tapa y cocina durante 5-8 minutos.

Retira las hortalizas de la cazuela, pásalas por el pasapurés y añade esta crema a las pochas.

Calienta un poco de aceite en una sartén, apártala del fuego, agrega el pimentón y mezcla suavemente. Vierte el sofrito sobre las pochas.

Sirve las pochas en una fuente honda y coloca encima unas rebanadas de pan de morcilla. Acompaña con las guindillas aliñadas con sal gruesa y aceite y decora con una rama de perejil.

CREMA DE LENTEJAS

INGREDIENTES (4 P.)

200 g de lentejas
1 puerro
1 zanahoria
1 tomate
1 pastilla de caldo vegetal
50 g de arroz
2 dientes de ajo
2 rebanadas de pan de molde
aceite de oliva virgen extra
perejil
1 cucharada de pimentón

ELABORACIÓN

Limpia el puerro y el tomate y pela la zanahoria. Corta el puerro y la zanahoria en medias lunas y el tomate en dados grandes. Rehoga todo durante 3-4 minutos en una cazuela grande con un chorrito de aceite. Agrega la pastilla de caldo, las lentejas y 2 litros de agua y cuece a fuego suave durante 20 minutos. Incorpora el arroz y cuece todo junto durante 20 minutos más.

Tritura bien con una batidora eléctrica (si quieres, puedes colar la crema).

Corta las rebanadas de pan en dados y fríelos en una sartén con abundante aceite. Retira los costrones y escúrrelos sobre un plato cubierto con papel absorbente.

Pela los dientes de ajo, córtalos en láminas y dóralos en la misma sartén donde has frito el pan. Retira la sartén del fuego, agrega el pimentón, mezcla bien y vierte el refrito sobre la crema.

Sirve la crema con los costrones y decora los platos con unas hojas de perejil.

CONSEJO: Es muy interesante combinar legumbres y cereales, ya que de esta manera conseguimos una proteína vegetal de alto valor biológico.

POTAJE DE LENTEJAS Y SOJA CON ZANAHORIA SALTEADA

INGREDIENTES **(6 P.)**

300 g de lentejas
300 g de soja verde (judía mungo)
2 zanahorias
1 cebolla
2 dientes de ajo
2 patatas
300 g de chorizo
aceite de oliva virgen extra
1 hoja de laurel
sal

ELABORACIÓN

Pon la soja a remojo la víspera.

Pela la cebolla y los dientes de ajo, pícalos finamente y ponlos a pochar en la olla rápida. Cuando vayan tomando color, añade el laurel, la soja (escurrida), las lentejas y las patatas (peladas y troceadas). Cubre con agua, pon a punto de sal, cierra la olla y deja cocer durante 10 minutos.

Pincha el chorizo y ponlo a cocer en una cazuela con agua. Cocínalo a fuego medio durante 10 minutos, hasta que suelte la grasa. Retira el chorizo, córtalo en rodajas gruesas y resérvalas.

Pela las zanahorias y córtalas en láminas finas con la ayuda de un pelapatatas. Saltéalas a fuego medio en una sartén con un poco de aceite durante 3-5 minutos. Añádelas a las legumbres y mezcla bien.

Sirve las lentejas y la soja y acompáñalas con las rodajas de chorizo cocido.

POTAJE DE GARBANZOS Y CARABINEROS

INGREDIENTES **(6 P.)**

200 g de garbanzos (remojados desde la víspera)
8 carabineros
1 rama de apio
2 dientes de ajo
1 cebolla
250 g de judías verdes
aceite de oliva virgen extra
1 rama de romero
sal

ELABORACIÓN

Pon 600 ml de agua a cocer en la olla rápida. Cuando empiece a hervir, añade los garbanzos (escurridos), el apio (limpio) y la rama de romero. Sazona, pon la tapa y cuece durante 5 minutos.

Pela los dientes de ajo, córtalos en láminas y ponlos a dorar en una tartera (cazuela amplia y baja). Pela la cebolla, pícala finamente e incorpórala. Sazona y rehoga durante 8-10 minutos.

Retira las puntas y los hilos de las judías, córtalas en juliana y añádelas. Cocina todo durante 5-8 minutos.

Corta los carabineros por la mitad a lo largo, retírales cualquier suciedad que puedan tener y vuelve a cortarlos por la mitad. Añádelos a la tartera y rehógalos un poco. Incorpora los garbanzos a la tartera y guisa todo junto durante 5 minutos. Sirve.

SOPA MINESTRONE CON ALUBIAS BLANCAS

INGREDIENTES **(4-6 P.)**

100 g de alubias blancas
1.500 ml de caldo de verduras
2 lonchas de panceta fresca (100 g)
2 cebolletas
2 tallos de apio
1 puerro
1 zanahoria
175 ml de salsa de tomate (véase *Salsa de tomate*)
100 g de pasta corta (conchitas)
aceite de oliva virgen extra
perejil
sal

ELABORACIÓN

Pon las alubias en un bol, cúbrelas con agua y déjalas a remojo desde la víspera. Escúrrelas, colócalas en la olla y cúbrelas con el caldo. Cierra la olla y cuécelas durante 6-8 minutos.

Pon a calentar un chorrito de aceite. Corta la panceta en dados y añádelos a la sartén. Rehógalos un poco, sácalos a un plato y resérvalos.

Corta las cebolletas, las ramas de apio (limpias), el puerro (limpio) y la zanahoria (pelada) en daditos, agrégalos a la sartén donde has rehogado la panceta y rehógalos durante 10 minutos a fuego suave. Añade la panceta y mezcla bien.

Incorpora la salsa de tomate, las hortalizas con la panceta y la pasta a la olla y cocina todo junto durante 6-8 minutos. Pon a punto de sal, añade un poco de perejil picado y sirve. Decora los platos con unas hojas de perejil.

CONSEJO: Para hacer esta receta puedes sustituir la panceta fresca por panceta ahumada.

ARROCES

ARROZ CALDOSO CON BERBERECHOS

INGREDIENTES **(4 P.)**

300 g de arroz
1 kg de berberechos
12 gambas
cabeza y espinas de 1 pescadilla
2 cebolletas
2 dientes de ajo
2 puerros
aceite de oliva virgen extra
perejil
sal

ELABORACIÓN

Limpia bien los berberechos y ponlos a cocer en una cazuela con un poco de agua hasta que se abran. Retírales las conchas y reserva la carne.

Pela las gambas (resérvalas) y pon las cáscaras y las cabezas en otra cazuela con 1.500 ml de agua. Agrega la cabeza y las espinas de la pescadilla, unas ramas de perejil y una pizca de sal, y cuece durante 20 minutos. Cuela y reserva el caldo.

Pela las cebolletas y los dientes de ajo y limpia los puerros, pica todo y ponlo a pochar en una cazuela con un poco de aceite. Cuando se dore un poco, añade el arroz y rehógalo. Agrega 1.250 ml del caldo reservado y cocínalo durante 12 minutos sin dejar de remover.

Incorpora las gambas peladas y la carne de los berberechos, cocina durante 1 minuto y sirve.

ARROZ CON ALCACHOFAS Y BÍGAROS

INGREDIENTES **(4 P.)**

150 g de arroz
8 alcachofas
700 g de bígaros o caracolillos de mar
50 g de huevas de salmón o trucha
2 dientes de ajo
1 cebolla
1 l de caldo
aceite de oliva virgen extra
perejil
sal

ELABORACIÓN

Enjuaga los bígaros bajo el grifo de agua fría. Pon a calentar abundante agua en una cazuela. Cuando empiece a hervir, sazónala y agrega los bígaros. Cuécelos durante 1 minuto (contado desde el momento en que el agua empiece a hervir de nuevo). Escúrrelos y extrae la carne de los bígaros con ayuda de un alfiler. Resérvalos.

Pela y pica los ajos y dóralos en una cazuela con un chorrito de aceite. Pela la cebolla, pícala finamente y añádela a la cazuela. Sazona y deja que se doren. Limpia las alcachofas, quitándoles las hojas más duras y cortándoles los tallos. Corta en cuartos 4 alcachofas (reserva el resto), incorpóralas a la cazuela y rehógalas.

Añade el arroz, rehógalo, vierte encima el caldo y cocina durante 18-20 minutos.

Corta en láminas las otras 4 alcachofas y dóralas en una sartén con un chorrito de aceite. Retíralas y escúrrelas sobre un plato con papel absorbente.

Sirve un cacito de arroz en el centro del plato y coloca los bígaros a un lado y las alcachofas fritas al otro. Decora con las huevas y unas hojas de perejil.

SOPA DE ARROZ Y LANGOSTINOS

INGREDIENTES **(6 P.)**

100 g de arroz
18 langostinos
2 puerros
2 zanahorias
2 dientes de ajo
½ calabacín
aceite de oliva virgen extra
perejil
sal

ELABORACIÓN

Para hacer el *fumet*, pon 2.250 ml de agua a calentar en una cazuela. Añade la parte verde de los puerros (bien limpia). Pela los langostinos (resérvalos) y agrega las cabezas y las cáscaras a la cazuela. Sazona y cuece todo durante 10-15 minutos. Retira la espuma, cuela y reserva el *fumet*.

Limpia bien los puerros, córtalos en daditos y ponlos a rehogar en una cazuela con un chorrito de aceite. Pela las zanahorias y los ajos, córtalos de la misma manera y añádelos. Corta el calabacín en daditos e incorpóralo. Sazona y rehoga las verduras durante 10-15 minutos.

Añade el arroz y el *fumet*. Cuece todo durante 20 minutos aproximadamente.

Sazona los langostinos, saltéalos brevemente en una sartén con un chorrito de aceite y espolvoréalos con un poco de perejil picado. Agrega los langostinos a la sopa y sirve. Decora los platos con unas hojas de perejil.

CONSEJO: Este plato resulta estupendo para tomar durante los fríos días de invierno y, además, es muy fácil de preparar. También se pueden utilizar langostinos congelados, que siempre están a mejor precio.

ARROZ CON BROCHETAS DE POLLO Y LOMO

INGREDIENTES **(4 P.)**

300 g de arroz
250 g de pechuga de pollo
250 g de lomo adobado
250 g de judías verdes
2 zanahorias
12 ajos frescos
2 dientes de ajo
4 cebolletas pequeñas
2 pimientos
8 puntas de espárragos verdes
aceite de oliva virgen extra
sal

Para el caldo:
2 zanahorias
150 g de judías verdes
2 cebolletas
1 rama de perejil
sal

ELABORACIÓN

Para preparar el caldo, pon 1.250 ml de agua en una cazuela. Pela las zanahorias, córtalas en rodajas y añádelas. Retira las puntas de las judías verdes, córtalas en trozos de 3 cm e incorpóralas. Corta las cebolletas por la mitad y agrégalas. Añade unas ramas de perejil, sazona y cuece las hortalizas durante 10 minutos. Cuela y reserva el caldo.

Retira los hilos y las puntas a las judías verdes, pela las zanahorias y limpia los ajos frescos y corta todo en daditos. Pela los dientes de ajo y córtalos en láminas.

Pon aceite a calentar en una cazuela baja, añade las judías, las zanahorias y los ajos y rehoga todo brevemente. Sazona e incorpora el arroz. Mézclalo bien con las verduras, vierte encima el caldo reservado (el doble que de arroz y un poco más) y cocina durante 20 minutos.

Corta en dados el lomo, el pollo y el pimiento y monta las brochetas colocando en cada palito un trozo de lomo, una cebolleta, un trozo de pollo y uno de pimiento. Fríelas en una sartén con aceite. Retíralas y sazónalas. Fríe los espárragos verdes.

Pasa el arroz a una fuente, coloca encima las brochetas y los espárragos y sirve.

ARROZ CON CALABACÍN Y AJOS FRESCOS

INGREDIENTES **(4 P.)**

300 g de arroz
1½ calabacín
24 ajos frescos
1 cebolla grande
harina (para rebozar)
150 ml de salsa de tomate (véase *Salsa de tomate*)
aceite de oliva virgen extra
sal

ELABORACIÓN

Limpia los ajos tiernos y pela la cebolla; pícalos y ponlos a rehogar en una cazuela con aceite. Corta 1 calabacín en dados, añádelo y sazona. Rehoga las hortalizas durante 5 minutos.

Incorpora el arroz, rehógalo y agrega agua (el doble que de arroz y un poco más). Pon a punto de sal y deja que se haga todo a fuego lento durante 18-20 minutos.

Corta el otro ½ calabacín en rodajas, pásalas por harina con una pizca de sal, fríelas en aceite bien caliente y escúrrelas.

Sirve el arroz moldeándolo con una taza, decóralo con la salsa de tomate y acompáñalo con las rodajas de calabacín.

RISOTTO DE VERDURAS CON QUESO AZUL

INGREDIENTES **(4 P.)**

200 g de arroz
2 dientes de ajo
1 cebolleta
½ calabacín
1 zanahoria
1 pimiento verde
8 champiñones
1 l de caldo de verdura
100 g de queso azul de cabra
aceite de oliva virgen extra
perejil
sal

ELABORACIÓN

Pela los dientes de ajo, córtalos en dados y dóralos en una cazuela con un chorrito de aceite. Pela la cebolleta, córtala en dados y añádelos. Lava el calabacín, córtalo de la misma manera e incorpóralo. Pela la zanahoria y lava el pimiento, córtalos en dados y agrégalos. Retira la parte inferior de los champiñones, enjuágalos, córtalos en daditos e incorpóralos. Cocina todo a fuego moderado durante 5-6 minutos.

Agrega el arroz y rehógalo un poco. Vierte encima un poco de caldo, sazona y cocina sin dejar de remover. A medida que el arroz vaya absorbiendo el caldo, añade un poco más de caldo y repite el proceso hasta que el arroz esté a punto (16-18 minutos aproximadamente).

Trocea el queso, incorpóralo y sigue removiendo hasta que se funda y quede integrado en el *risotto*.

Reparte el *risotto* en 4 platos y decóralos con unas hojas de perejil.

CONSEJO: Es muy importante limpiar los champiñones muy bien, ya que, si les queda algún resto de tierra, estropearán el plato.

ARROZ CON POLLO AL HORNO

INGREDIENTES **(4 P.)**

300 g de arroz
8 alitas de pollo
100 g de panceta
1 puerro
1 zanahoria
1 diente de ajo
150 g de judías verdes
100 g de guisantes (desgranados)
700 ml de caldo de cocido
aceite de oliva virgen extra
perejil
pimienta
unas hebras de azafrán
sal

Para la mayonesa de ajo:

1 diente de ajo
1 huevo
150 ml de aceite de oliva virgen extra
vinagre
sal

ELABORACIÓN

Corta la panceta en dados y rehógala en una cazuela grande (apta para el horno) con un chorrito de aceite. Cuando se dore, retírala a un plato y resérvala.

Corta las alitas en tres y retírales las puntas. Salpimiéntalas, agrégalas a la cazuela y dóralas bien. Retíralas a una fuente y resérvalas.

Limpia el puerro y pela la zanahoria y el diente de ajo. Corta todo en daditos e incorpóralos a la cazuela. Lava las judías verdes, retírales las puntas y los hilos, córtalas en trocitos de 1 cm y agrégalas. Rehoga las verduras durante 4-5 minutos.

Incorpora el arroz, la panceta, las alitas, las hebras de azafrán, los guisantes y el caldo. Dale un hervor fuerte de 3 minutos, introduce la cazuela en el horno y hornea a 220 ºC durante 15 minutos. Retira la cazuela del horno, tápala con un paño limpio y deja que repose el arroz durante 3-4 minutos.

Prepara la mayonesa de ajo (véase *Salsa mayonesa de ajo*).

Sirve y decora los platos con unas hojas de perejil.

CONSEJO: La ración de arroz se calcula entre los 75 y los 100 g de arroz en crudo por persona. En el caso de que vaya como guarnición, entre 25 y 50 g sería suficiente.

ARROZ CON HUEVOS ESCALFADOS

INGREDIENTES **(4 P.)**

300 g de arroz
4 huevos
1 tomate
½ cebolla
½ pimiento morrón
1 zanahoria
750 ml de caldo de verduras
1 cucharada sopera de vinagre
aceite de oliva virgen extra
perejil picado
sal

ELABORACIÓN

Pela el tomate, la cebolla, el pimiento y la zanahoria, pícalos y rehógalos en una cazuela con un chorro de aceite durante 6-8 minutos. Sazona. Agrega el arroz, rehógalo bien y añade el caldo de verduras caliente (el doble que de arroz y un poco más). Prueba el punto de sal y deja cocer a fuego lento durante unos 20 minutos.

Mientras se hace el arroz, escalfa los huevos en una cazuela con agua hirviendo, sal y el vinagre.

Para servir, pasa el arroz a una fuente, acompáñalo con los huevos escalfados y espolvorea con perejil picado.

ARROZ CON MARISCO

INGREDIENTES **(4 P.)**

400 g de arroz
3 calamares (250 g)
20 almejas
4 cigalas
12 gambas
1 cebolla
2 dientes de ajo
1 l de caldo de pescado
1 limón
aceite de oliva virgen extra
perejil picado
unas hebras de azafrán
sal

ELABORACIÓN

Pela la cebolla y los dientes de ajo, pícalos finamente y rehógalos en una tartera (cazuela amplia y baja) con un poco de aceite hasta que se doren.

Limpia los calamares, córtalos en dados, agrégalos a la tartera y rehógalos brevemente. Vierte encima el caldo caliente, añade el arroz y las hebras de azafrán y sazona. Cuece a fuego fuerte durante 10 minutos.

Pela las cigalas y las gambas e incorpóralas a la cazuela junto con las almejas. Tapa y cocina durante 5 minutos más a fuego medio.

Deja reposar durante 4-5 minutos.

Sirve el arroz en el fondo de una fuente amplia y coloca encima las cigalas. Espolvorea con perejil picado y adorna con el limón.

ARROZ CON MEJILLONES AL CAVA

INGREDIENTES **(4 P.)**

250 g de arroz
20 mejillones
375 ml de cava
1 cebolla
2 dientes de ajo
250 ml de caldo de pescado
10 hojas de cebollino
aceite de oliva virgen extra
2 hojas de laurel
sal

ELABORACIÓN

Limpia bien los mejillones y retírales las barbas. Colócalos en una cazuela con el cava y el laurel y dales un hervor hasta que se abran. Escúrrelos, retírales las cáscaras (reserva 8 con la cáscara que contiene la carne) y reserva la carne. Cuela y reserva el líquido de cocción.

Pela la cebolla y los dientes de ajo, pícalos finamente y rehógalos en una tartera (cazuela amplia y baja) con un poco de aceite. Cuando empiecen a dorarse, añade el arroz, rehógalo, agrega el caldo reservado y el de pescado calientes y mezcla bien. Pica la mitad del cebollino y añádelo. Pon a punto de sal. Cocina durante 18-20 minutos.

Pica la carne de los mejillones y agrégala al arroz. Coloca encima los 8 mejillones con concha, adornando la cazuela. Pica el resto del cebollino y espárcelo por encima. Sirve.

ARROZ CON MOLLEJAS FRITAS

INGREDIENTES **(4 P.)**

300 g de arroz
250 g de mollejas de cordero
1 cebolla
3 dientes de ajo
1 zanahoria
1 calabacín
200 g de guisantes desgranados
4 espárragos verdes
harina (para rebozar)
aceite de oliva virgen extra
sal

Para el caldo:

1 tomate
1 puerro
1 cebolleta
1 zanahoria
perejil
sal

Para la mayonesa de ajo:

1 diente de ajo
1 huevo
150 ml de aceite de oliva virgen extra
1 chorrito de vinagre
sal

ELABORACIÓN

Para el caldo, pon el tomate, el puerro, la cebolleta, la zanahoria y unas ramas de perejil en una cazuela con 1 litro de agua y una pizca de sal y cuece durante 10 minutos. Cuela y reserva el caldo.

Pela la cebolla y pícala finamente. Pela 2 dientes de ajo y córtalos en láminas. En una tartera (cazuela amplia y baja) apta para el horno, rehoga la cebolla y los ajos con un poco de aceite. Pela la zanahoria, córtala en dados y agrégala. Corta el calabacín en dados y añádelos. Añade también los guisantes y rehoga todo durante 3 minutos.

Limpia las mollejas (reserva 3 o 4), pícalas e incorpóralas a la tartera. Agrega el arroz, rehógalo y vierte encima el caldo reservado (el doble que de arroz y un poco más). Cocínalo durante 3-4 minutos, pon a punto de sal e introduce la tartera en el horno a 220 ºC. Hornea durante 12-15 minutos. Saca el arroz del horno, tápalo y deja que repose durante 2-3 minutos.

Retira la parte inferior de los espárragos y cuécelos durante 5-6 minutos en una cazuelita con agua y una pizca de sal.

Prepara la mayonesa de ajo (véase *Salsa mayonesa de ajo).*

Pela el otro diente de ajo, córtalo en láminas y dóralo en una sartén con aceite. Sazona las mollejas reservadas, pásalas por harina y añádelas a la sartén. Fríelas y espolvoréalas con un poco de perejil picado.

Sirve el arroz y acompáñalo con las mollejas fritas y los espárragos cocidos.

RISOTTO CON SALMONETES

INGREDIENTES **(4 P.)**

250 g de arroz redondo
4 salmonetes (600 g)
1 cebolleta
6 ajos frescos
6 espárragos verdes frescos
125 ml de vino blanco
150 ml de nata líquida
aceite de oliva virgen extra
perejil
sal

ELABORACIÓN

Corta las cabezas de los salmonetes y sácales los lomos.

Pon 1 litro de agua en una cazuela y añade las cabezas y las espinas de los salmonetes y unas hojas de perejil. Sazona y cuece todo durante 15 minutos. Cuela el caldo y reserva 750 ml.

Calienta 3 cucharadas de aceite en una cazuela. Corta la cebolleta en daditos y agrégala. Limpia los ajos frescos, retirándoles la parte inferior, la superior y una capa, córtalos en rodajas finas e incorpóralas. Retira la parte inferior del tallo de los espárragos, córtalos en rodajas finas y agrégalas. Rehoga las hortalizas durante 5-6 minutos.

Agrega el arroz, rehógalo brevemente, vierte encima el vino y dale un hervor (para que se evapore el alcohol). Añade la mitad del caldo (375 ml) y cocina el arroz sin dejar remover. A medida que vaya absorbiendo el caldo, agrega el resto del caldo (375 ml) en dos tandas y cocínalo sin dejar de remover durante 18 minutos aproximadamente. Aparta la cazuela del fuego, añade la nata y remueve hasta que quede perfectamente integrada en el arroz.

Sazona los lomos de salmonete, riégalos con un chorrito de aceite y cocínalos a la plancha.

Reparte el *risotto* en 4 platos y coloca 2 lomos de salmonete encima de cada uno. Decora los platos con unas hojas de perejil y sirve.

CONSEJO: La elaboración del *risotto* tiene múltiples posibilidades y, una vez aprendida su técnica, está totalmente abierta a la imaginación de cada uno. Un gran plato para aprovechar los ingredientes que tengas por casa.

ARROZ CON MORCILLA Y MAYONESA DE AJO

INGREDIENTES **(4 P.)**

400 g de arroz
1 morcilla de arroz
1 cebolla
1 zanahoria
1 pimiento verde
2 puerros
1 l de caldo de carne
1 cabeza de ajos
aceite de oliva virgen extra
perejil
1 cucharadita de pimentón dulce
sal

Para la mayonesa de ajo:
1 diente de ajo
1 huevo
200 ml de aceite de oliva virgen extra
1 chorrito de vinagre
sal

ELABORACIÓN

Pela la zanahoria y la cebolla y pícalas. Retira el tallo y las semillas del pimiento y limpia los puerros. Pica todas las hortalizas y ponlas a pochar en una cazuela ancha (apta para el horno) con un chorrito de aceite. Sazónalas y rehógalas a fuego moderado durante 15-18 minutos.

Agrega el arroz, rehógalo bien y añade el pimentón. Vierte encima el caldo bien caliente (el doble que de arroz y un poco más). Pon a punto de sal y deja que hierva a fuego vivo durante 5-6 minutos.

Retira la piel a la morcilla, córtala en rodajas y fríelas en una sartén con aceite bien caliente hasta que se doren. Coloca la cabeza de ajos en el centro de la cazuela y dispón la morcilla frita alrededor. Introduce en el horno a 180 ºC y hornea durante 18-20 minutos. Saca la cazuela del horno, tapa con un paño limpio y deja que repose el arroz durante 5 minutos.

Prepara la mayonesa de ajo (véase *Salsa mayonesa de ajo*).

Sirve el arroz, acompáñalo con la mayonesa y decóralo con una ramita de perejil.

ARROZ CON HORTALIZAS AL *CURRY* Y HUEVOS ESCALFADOS

INGREDIENTES **(4 P.)**

200 g de arroz integral
1 cebolleta
2 zanahorias
1 pimiento verde
200 g de judías verdes
1 diente de ajo
½ calabacín
4 huevos
aceite de oliva virgen extra
vinagre
1 cucharadita de *curry*
sal

ELABORACIÓN

Pon el arroz en un cuenco con agua y déjalo a remojo durante una hora.

Pela la cebolleta y las zanahorias; retira el tallo y las semillas al pimiento y los hilos y las puntas a las judías. Pica finamente las hortalizas y ponlas a pochar en una tartera (cazuela amplia y baja).

Pela el diente de ajo y pícalo finamente y corta el calabacín en dados. Incorpóralos a la tartera y rehoga durante 5 minutos.

Escurre el arroz, agrégalo y rehógalo brevemente. Añade el *curry*, agua (el triple que de arroz) y una pizca de sal. Cocina durante 40 minutos. Tapa el arroz y deja que repose durante unos 5 minutos.

Pon agua a cocer en una cazuela. Cuando empiece a burbujear, agrega un chorro de vinagre y una pizca de sal y escalfa en ella los huevos.

Sirve el arroz y acompáñalo con los huevos escalfados.

ARROZ A LA CUBANA CON TOSTONES

INGREDIENTES **(4 P.)**

300 g de arroz

4 huevos

2 plátanos macho

10 ajos frescos limpios (o 2 dientes de ajo)

500 ml de salsa de tomate (véase *Salsa de tomate)*

aceite de oliva virgen extra

perejil

sal

ELABORACIÓN

Corta los ajos frescos en trozos de 1-2 centímetros y rehógalos en una cazuela con un chorrito de aceite (en el caso de utilizar dientes de ajo, aplástalos un poco, déjalos enteros y con piel, y dóralos un poco). Añade el arroz y agua (el doble que de arroz y un poco más) y sazónalo. Cocínalo a fuego medio durante 18 minutos aproximadamente.

Pela los plátanos, córtalos en rodajas gruesas y fríelas (por los dos lados) brevemente en una sartén con aceite. Retíralas a un plato y aplástalas con la base de un vaso (para que las rodajas de plátano no entren en contacto con el vaso, colócalas entre dos trozos de papel de hornear).

Introduce las rodajas nuevamente en la sartén y fríelas hasta que queden bien tostadas. Escúrrelas sobre un plato cubierto con papel absorbente. Sazona y reserva los tostones.

Casca los huevos y fríelos (de uno en uno) en la misma sartén donde has frito los tostones. Sazónalos.

Sirve en cada plato un poco de salsa de tomate, 1 huevo, unos tostones y una porción de arroz. Decóralos con unas hojas de perejil.

CONSEJO: Para hacer este plato, lo mejor es utilizar arroz de grano redondo. Para que estéticamente quede más bonito, podéis moldearlo introduciéndolo en un bol antes de volcarlo sobre los platos.

ARROZ CALDOSO DE ESPÁRRAGOS Y LANGOSTINOS

INGREDIENTES **(4 P.)**

400 g de arroz
12 espárragos verdes
24 langostinos
8 ajos frescos
75 ml de *brandy*
aceite de oliva virgen extra
sal
perejil

Para la mayonesa de ajo:

1 diente de ajo pequeño
1 huevo
150 ml de aceite de oliva virgen extra
1 chorrito de vinagre
sal

ELABORACIÓN

Pela los langostinos y pon las cabezas y las cáscaras a rehogar en una cazuela con un chorrito de aceite. Añade un manojo de perejil y cubre con 1.750 ml de agua. Cuece todo durante 15-20 minutos. Elimina la espuma del caldo, cuélalo y resérvalo.

Calienta un poco de aceite en una tartera (cazuela amplia y baja), agrega las colas de langostino, saltéalas brevemente y resérvalas en un plato.

Retira la parte inferior (la de los pelos), la superior (la más verde) y la primera capa de los ajos frescos. Córtalos en rodajas de 1 cm y añádelos a la tartera. Retira la parte inferior de los espárragos verdes, lávalos, córtalos de la misma manera que los ajos y agrégalos a la tartera. Sazona y cocina las hortalizas durante 3-4 minutos. Incorpora los langostinos, vierte el *brandy* y flambea.

Agrega el arroz, cúbrelo con el caldo (el triple que de arroz) y cocínalo durante 16 minutos removiéndolo de vez en cuando. Deja que repose durante 2 minutos.

Prepara la mayonesa de ajo (véase *Salsa mayonesa de ajo*).

Sirve el arroz en 4 platos, acompáñalos con la mayonesa de ajo y decóralos con unas hojas de perejil.

CONSEJO: Para retirar el intestino de los langostinos (que aporta un ligero sabor amargo) hay que realizar un corte no muy profundo en la parte superior de la cola; al hacerlo, veréis una especie de hilo negro, introducid la punta del cuchillo y extraedlo con cuidado.

ARROZ INTEGRAL A LA HORTELANA

INGREDIENTES **(4 P.)**

300 g de arroz integral
100 g de guisantes desgranados
2 zanahorias
½ pimiento rojo
1 cebolla
5 alcachofas cocidas
2 dientes de ajo
aceite de oliva virgen extra
sal

ELABORACIÓN

Pela las zanahorias, el pimiento, la cebolla y los ajos, pícalos y rehógalos con un poco de aceite en una cazuela durante 6-8 minutos.

Añade el arroz, rehógalo e incorpora los guisantes. Agrega agua (el triple que de arroz), pon a punto de sal y cuece durante unos 35-40 minutos.

Corta las alcachofas por la mitad y saltéalas en una sartén con un poco de aceite.

Sirve el arroz y acompáñalo con las alcachofas salteadas.

ARROZ EN SALSA VERDE

INGREDIENTES **(4 P.)**

200 g de arroz
3 patatas
2 cebolletas
10 ajos frescos
150 ml de vino blanco
750 ml de caldo de verduras
1 huevo cocido
aceite de oliva virgen extra
perejil
sal

ELABORACIÓN

Pela las patatas, córtalas en rodajas y fríelas a fuego fuerte en una sartén con aceite hasta que se doren.

Pela las cebolletas y pícalas. Limpia los ajos frescos y córtalos en trozos de unos 5 cm. Dora las cebolletas y los ajos en una tartera (cazuela amplia y baja) con 4 cucharadas de aceite. Incorpora las patatas y rehoga todo junto durante 5 minutos.

Añade el arroz, mezcla bien y vierte encima el vino y el caldo. Sazona y espolvorea con perejil picado. Deja cocer durante 16-18 minutos.

Pela el huevo cocido y córtalo en 4.

Decora el arroz con los cuartos de huevo y una rama de perejil y sirve.

ARROZ NEGRO CON CALAMARES Y MORRONES

INGREDIENTES **(4 P.)**

300 g de arroz
500 g de calamares
2 pimientos morrones
3 dientes de ajo
½ vaso de vino tinto
750 ml de caldo de pescado
1 cebolleta
aceite de oliva virgen extra
sal

ELABORACIÓN

Limpia los pimientos, colócalos en una fuente apta para el horno, riégalos con un chorro de aceite y sazónalos. Hornéalos a 200 ºC durante 25-30 minutos. Deja que se templen, pélalos y córtalos en tiras. Poco antes de servir, pela 2 dientes de ajo, córtalos en láminas y ponlos a dorar en una sartén con un poco de aceite; añade las tiras de pimiento y una pizca de sal y cocina durante 5 minutos.

Limpia bien los calamares. Pica los tentáculos finamente y corta los cuerpos en aros finos. Resérvalos.

Coloca las tintas de los calamares en el vaso de la batidora, agrega el vino y el caldo y tritura todo bien con una batidora eléctrica.

Pela la cebolleta y el diente de ajo restante, pícalos finamente y rehógalos durante 5 minutos en una tartera (cazuela amplia y baja). Incorpora los tentáculos picados y mezcla. Agrega el arroz, rehógalo brevemente y vierte encima la mezcla de caldo, vino y tintas. Sazona y cuece durante 18 minutos a fuego medio. Deja reposar durante 2-3 minutos.

Pon agua a cocer en una cazuela. Cuando empiece a hervir, sazónala, añade los aros de calamar y escáldalos durante 2 minutos. Retíralos y escúrrelos.

Coloca el arroz en el centro de una fuente amplia, pon encima los aros de calamar y, alrededor, las tiras de pimiento. Sirve.

ARROZ PARA NOVIOS

INGREDIENTES **(4 P.)**

300 g de arroz
300 g de carne de cordero deshuesada
2 cebolletas
½ pimiento morrón
1 diente de ajo
8 champiñones
100 g de guisantes desgranados y cocidos
½ limón
½ naranja
aceite de oliva virgen extra
pimienta
unas hebras de azafrán
sal

ELABORACIÓN

Pela las cebolletas, el pimiento y el ajo, pícalos finamente y rehógalos en una tartera (cazuela amplia y baja) con aceite durante 5 minutos. Limpia los champiñones, pícalos e incorpóralos.

Corta la carne en pequeños trozos, salpimiéntala, agrégala a la tartera y rehógala.

Cuando la carne esté doradita, incorpora el azafrán y el arroz. Rehoga durante unos minutos y añade agua (el doble que de arroz y un poco más). Sazona y cocina durante 15 minutos.

Incorpora los guisantes cocidos, tapa con un paño limpio la tartera y deja reposar durante 5 minutos.

Corta la naranja y el limón en medias rodajas, decora con ellas el arroz y sirve.

ARROZ CON ALMEJAS Y ESPÁRRAGOS

INGREDIENTES **(4 P.)**

300 g de arroz
500 g de almejas
12 espárragos verdes
1 pastilla de caldo de pescado
2 cebolletas
2 dientes de ajo
50 ml de *txakoli*
aceite de oliva virgen extra
perejil

ELABORACIÓN

Para hacer el caldo de pescado, pon a calentar 1 l de agua en una cazuela, desmenuza encima la pastilla de caldo y deja que hierva hasta que se deshaga.

Pela las cebolletas, córtalas en daditos y rehógalas durante 5 minutos en una tartera (cazuela amplia y baja) con un chorrito de aceite. Retira la parte inferior del tallo de los espárragos, córtalos en trozos de 1 cm, agrégalos a la tartera y rehógalos brevemente.

Incorpora el arroz, remuévelo un poco, añade 750 ml de caldo y cocínalo durante 18 minutos.

Pela los dientes de ajo, córtalos en daditos y rehógalos en una sartén con un chorrito de aceite. Añade las almejas, el *txakoli* y un poco de perejil picado. Tapa la sartén y espera a que las almejas se abran.

Coloca las almejas con su caldo sobre el arroz y sirve. Decora con unas hojas de perejil.

CONSEJO: Podéis utilizar almejas vivas o congeladas. En el caso de que sean congeladas, lo mejor será agregarlas (sin descongelar) directamente al arroz cuando le falten 5 minutos.

FIDEOS DE ARROZ CON VERDURAS Y SALSA DE SOJA

INGREDIENTES **(4 P.)**

200 g de fideos de arroz
½ pimiento morrón rojo
2 zanahorias
2 cebollas moradas
½ calabacín
8 espárragos verdes
2 cucharadas de salsa de soja
1 cucharada de miel
aceite de oliva virgen extra
sal

ELABORACIÓN

Pela el pimiento, las zanahorias y las cebollas, limpia el calabacín, retira la parte inferior a los espárragos y lávalos. Corta el pimiento, las zanahorias y el calabacín en bastones; las cebollas, en juliana, y los espárragos en 3, de forma que queden trozos de bocado.

Pon a calentar en una tartera (cazuela amplia y baja) unas 4 cucharadas de aceite, agrega las hortalizas, sazónalas y rehógalas durante 10 minutos (hasta que se doren bien). Añade 1 cucharada de salsa de soja y la miel y mezcla todo.

Calienta abundante agua en una cazuela grande y, cuando empiece a hervir, añade un poco de sal y los fideos. Cuécelos durante 4 minutos, sin dejar de remover para que queden lo más sueltos posible. Escúrrelos y remójalos con agua fría para detener la cocción.

Incorpora los fideos de arroz a la tartera con las hortalizas, añade la otra cucharada de salsa de soja y mezcla todo.

Sirve el arroz en una fuente amplia.

ARROZ SENCILLO

INGREDIENTES **(4 P.)**

400 g de arroz
200 g de mejillones
2 dientes de ajo
1 cebolla
1 zanahoria
1 pimiento verde
1 tomate
1 calamar (300 g)
1 l de caldo de verduras
100 g de pescadilla
100 g de congrio
200 g de gambas peladas
aceite de oliva virgen extra
sal

ELABORACIÓN

Limpia bien los mejillones y cuécelos en una cazuela con un vaso de agua y sal hasta que se abran. Retírales una de las valvas y resérvalos.

Limpia bien el calamar, pica los tentáculos y corta el cuerpo en dados. Resérvalo.

Pela la cebolla, la zanahoria y el tomate, quita el tallo y las semillas al pimiento y pica todo finamente. Pon a calentar un chorro de aceite en una cazuela (apta para el horno), agrega las hortalizas picadas, sazónalas y rehógalas durante 10 minutos. Añade el arroz y rehógalo bien. Incorpora el calamar, vierte encima el caldo (el doble que de arroz y un poco más) y pon a punto de sal. Cocínalo a fuego medio durante 15 minutos aproximadamente.

Limpia y trocea la pescadilla y el congrio, añádelos al arroz junto con las gambas y los mejillones y sazona. Cocina durante 3 minutos a fuego un poco más fuerte. Deja reposar y sirve.

ARROZ CON BERBERECHOS

INGREDIENTES **(4 P.)**

200 g de arroz
800 g de berberechos
100 ml de *txakoli*
2 dientes de ajo
1 cebolleta
1 pimiento verde
1 l de caldo de pescado
aceite de oliva virgen extra
cebollino
perejil
unas hebras de azafrán
sal

ELABORACIÓN

Pon los berberechos en una cazuela, agrega el *txakoli*, tapa la cazuela, enciende el fuego y cocínalos hasta que se abran. Retira las conchas y reserva la carne. Cuela el caldo resultante de la cocción de los berberechos y resérvalo.

Pon a calentar un poco de aceite, pela los dientes de ajo, córtalos en daditos y agrégalos. Pela la cebolleta, córtala en daditos y añádela. Retira el tallo y las semillas del pimiento, córtalo de la misma manera e incorpóralo. Sazona y rehoga las hortalizas durante 6-8 minutos.

Añade el arroz y unas hebras de azafrán y rehógalo bien. Vierte encima el caldo reservado de los berberechos y el caldo de pescado. Cocina el arroz durante 16-18 minutos. Deja que repose durante 2 minutos.

Reparte el arroz en 4 platos y coloca unos berberechos encima de cada uno. Corta el cebollino en trocitos de 1 cm, salpica con él los platos y decóralos con unas hojas de perejil.

CONSEJO: A la hora de colar el caldo resultante de cocer los berberechos, lo mejor será hacerlo con un colador cubierto con papel absorbente. De esta manera, no pasará ningún resto de arena.

RISOTTO CON DELICIAS DE ELCHE

INGREDIENTES **(4-6 P.)**

200 g de arroz
12 dátiles
12 almendras
6 lonchas de panceta
100 g de guisantes
1 cebolleta
1 zanahoria
6 setas de cardo
1 muslo de pollo
1 loncha gruesa de jamón serrano
aceite de oliva virgen extra
perejil
unas hebras de azafrán
sal

ELABORACIÓN

Desgrana los guisantes y resérvalos. Reserva también las vainas.

Pon a cocer las vainas de los guisantes en una cazuela con 600 ml de agua y sal. Tapa y deja cocer durante 10 minutos. Cuela el caldo y resérvalo.

Para hacer las delicias de Elche, deshuesa los dátiles e introduce 1 almendra en cada uno de ellos. Corta las lonchas de panceta por la mitad (a lo ancho) y envuelve 1 dátil con cada ½ loncha. Ensarta un palillo en cada delicia para que no se deshagan y fríelas en una sartén con abundante aceite. Retíralas a un plato con papel absorbente para eliminar el exceso de aceite.

Pela la cebolleta y la zanahoria, limpia las setas, pica todo finamente y rehógalo en una cazuela con un chorrito de aceite durante 6-8 minutos. Sazona. Deshuesa el muslo de pollo, córtalo en dados e incorpóralo. Corta el jamón en daditos y agrégalo junto con los guisantes y el azafrán. Remueve. Añade el arroz y rehógalo. Vete añadiendo el caldo poco a poco y cocina a fuego lento, sin dejar de remover, durante 16-18 minutos.

Sirve el *risotto* al momento, acompáñalo con las delicias de Elche y decora con una ramita de perejil.

RISOTTO CON HIGADILLOS DE POLLO Y JAMÓN

INGREDIENTES **(4 P.)**

300 g de arroz
300 g de higadillos de pollo
150 g de jamón serrano en lonchas finas
1 cebolla
1 pimiento verde
2 dientes de ajo
1 vaso de vino blanco
2 l de caldo de pollo
100 g de queso semicurado
aceite de oliva virgen extra
perejil
pimienta
sal

ELABORACIÓN

Pela la cebolla, retira el tallo y las semillas al pimiento, pícalos finamente y ponlos a dorar en una tartera (cazuela amplia y baja) con aceite. Pela los dientes de ajo, pícalos, añádelos y sazona. Rehoga durante 5 minutos, hasta que las hortalizas empiecen a dorarse.

Limpia los higadillos de pollo, trocéalos, salpimiéntalos e incorpóralos a la tartera. Rehógalos un poco, agrega el vino y el arroz y mezcla bien.

Vete añadiendo el caldo poco a poco y cocina a fuego medio durante 15 minutos sin dejar de remover.

Corta el queso en dados, incorpóralo y mezcla hasta que se funda.

Sirve el *risotto* en una fuente grande, acompáñalo con el jamón y decóralo con perejil.

ARROZ CON COSTILLA DE CERDO Y ALCACHOFAS

INGREDIENTES **(4 P.)**

300 g de arroz
750 g de costilla de cerdo
4 alcachofas
2 dientes de ajo
700 ml de caldo de verduras
aceite de oliva virgen extra
perejil
pimienta
unas hebras de azafrán
sal

ELABORACIÓN

Corta la costilla en trozos, salpiméntala y dórala a fuego medio en una cazuela amplia y baja (apta para el horno) con un chorrito de aceite. Cuando esté bien dorada, retírala a un plato y resérvala.

Corta la parte inferior y superior de las alcachofas, pélalas retirándoles 2-3 capas de hojas, corta cada una en 6 gajos y añádelas a la cazuela. Pela los ajos, córtalos en láminas e incorpóralos. Rehoga las hortalizas durante 2 minutos.

Incorpora a la cazuela la costilla, unas hebras de azafrán y el arroz. Rehoga todo conjuntamente y vierte encima el caldo. Sazona y cocina el arroz a fuego medio durante 8 minutos. Introduce la cazuela en el horno y hornea a 220 ºC durante 10 minutos.

Retira la cazuela del horno, tápala con un paño limpio y deja que repose durante 5 minutos.

Sirve el arroz y decora con unas hojas de perejil.

CONSEJO: Si queréis desgrasar un poco las costillas de cerdo, podéis cocerlas durante 5 minutos en la olla rápida antes de cocinarlas con el arroz.

ARROZ CONGRÍ

INGREDIENTES **(4 P.)**

300 g de arroz largo
150 g de alubias negras pequeñas
¼ de pimiento rojo
2 dientes de ajo
1 cebolleta
1 pimiento verde
aceite de oliva virgen extra
1 hoja de laurel
perejil
½ cucharadita de comino
sal

ELABORACIÓN

La víspera, pon las alubias en un bol grande, cúbrelas con abundante agua y déjalas a remojo.

Pasa las alubias con el agua del remojo a una olla rápida, agrega el pimiento rojo y la hoja de laurel, sazona, cierra la olla y cocínalas durante 6 minutos. Retira el pimiento y el laurel, escurre las alubias y resérvalas. Reserva también el caldo de cocción.

Pon a calentar un chorro de aceite en una cazuela. Pela los dientes de ajo, córtalos en dados y añádelos a la cazuela. Pela la cebolleta, córtala de la misma manera y agrégala. Retira el tallo y las semillas del pimiento verde, córtalo en daditos e incorpóralo. Rehoga las hortalizas durante 6-8 minutos.

Agrega el arroz y las alubias a la cazuela, rehógalos un poco y mezcla todo bien. Vierte encima el caldo reservado (el triple que de arroz). Añade el comino, pon a punto de sal y cocina todo durante 18 minutos. Deja que repose durante 3-4 minutos.

Sirve el arroz y decora con unas hojas de perejil.

CONSEJO: Para cocinar el arroz, es importante cocinarlo primero a fuego fuerte y, cuando absorba el líquido, bajar el fuego al mínimo y cocinarlo así hasta completar los 18 minutos.

TARTA DE *RISOTTO* AL AZAFRÁN

INGREDIENTES **(4 P.)**

150 g de arroz
1.500 ml de caldo de ave
1 cebolleta
2 dientes de ajo
4 lonchas de jamón cocido
4 lonchas de queso
aceite de oliva virgen extra
perejil
unas hebras de azafrán
sal

ELABORACIÓN

Pon a calentar el caldo en un cazo y resérvalo caliente.

Pela la cebolleta y los dientes de ajo, pícalos y rehógalos en una cazuela con un chorrito de aceite sin que lleguen a dorarse. Añade el arroz y rehógalo. Vierte encima el caldo caliente y agrega las hebras de azafrán. Sazona y cocina durante 18-20 minutos sin dejar de remover.

En una sartén con un chorrito de aceite, coloca la mitad del *risotto* y extiéndelo por el fondo. Mueve la sartén para que no se pegue. Coloca encima las lonchas de jamón y las de queso y cubre con la otra mitad del *risotto* extendiéndolo bien (tiene que quedar como una especie de torta). Cuaja por los dos lados a fuego suave, sin dejar de mover la sartén.

Corta la tarta en 4 porciones, sirve 1 en cada plato y decora con una ramita de perejil.

SUSHI A MI MANERA

INGREDIENTES **(4 P.)**

200 g de arroz
2 dientes de ajo
4 láminas de alga nori
100 g de bonito
1 loncha de salmón ahumado
3 langostinos
2 lonchas de jamón ibérico
4 rodajas finas de pepino
4 rodajas finas de tomate
2 láminas de aguacate
2 pepinillos
aceite de oliva virgen extra
sal

Para acompañar:
salsa de soja
jengibre marinado
vinagre de arroz
miel

ELABORACIÓN

Cuece el arroz a fuego medio en una cazuela con agua, los dientes de ajo y una pizca de sal durante 18 minutos.

Corta el bonito en filetes finos, cubre el fondo de un recipiente con sal gruesa, coloca encima los filetes de bonito, cúbrelos con más sal y déjalos reposar durante 30 minutos. Retira la sal del bonito y colócalo en otro recipiente cubierto con aceite. Resérvalo.

Tuesta cada lámina de alga nori en una sartén caliente (vuelta y vuelta) y colócalas sobre una esterilla. Cúbrelas con arroz y extiéndelo con una espátula dejando una franja de 2 cm alrededor sin cubrir (para manipular el arroz, remoja previamente las manos y todos los utensilios en agua fría).

Coloca sobre una de las láminas con arroz el salmón y el aguacate y enrolla el alga ayudado por la esterilla. Corta el *sushi* en rodajas de 2 dedos de grosor con un cuchillo bien afilado y mojado en agua fría. Repite el proceso rellenando otra lámina con el bonito y el pepino, otra con el jamón y el tomate y la última con los langostinos y los pepinillos cortados por la mitad a lo largo.

Sirve los diferentes *sushis* acompañados con la salsa de soja, el jengibre marinado, la miel y el vinagre de arroz.

ARROZ CON JUDÍAS Y CARNE

INGREDIENTES **(4 P.)**

200 g de arroz
200 g de judías verdes
400 g de costilla de cerdo (troceada)
2 muslos de pollo (troceados)
1 zanahoria
½ pimiento morrón rojo
1 tomate
650 ml de caldo para paella de carne
aceite de oliva virgen extra
1 rama de romero
pimienta
15 hebras de azafrán
1 cucharadita de pimentón dulce
perejil
sal

Para la mayonesa de ajo:
1 diente de ajo
1 huevo
200 ml de aceite de oliva virgen extra
vinagre
sal

ELABORACIÓN

Salpimienta las costillas de cerdo y ponlas a dorar en una tartera (cazuela amplia y baja) con un chorrito de aceite. Salpimienta también el pollo troceado y agrégalo. Dora todo bien. Retira las carnes a un plato y resérvalas.

Pela la zanahoria y el pimiento rojo, córtalos en dados y agrégalos a la cazuela. Lava las judías, retírales las puntas y los hilos, córtalas en trozos de 2 centímetros e incorpóralas a la cazuela. Rehoga las hortalizas durante 4-5 minutos.

Corta el tomate por la mitad, rállalo, incorpóralo y cocínalo durante 2 minutos. Agrega el caldo, el romero, el azafrán y el pimentón. Cuece las hortalizas durante 5 minutos.

Incorpora las carnes y el arroz. Mezcla y cocínalo durante 8 minutos a fuego fuerte y otros 8 minutos a fuego suave. Apaga el fuego.

Pasa la cazuela a la encimera, tápala con un paño limpio y deja que repose el arroz durante 5 minutos.

Prepara la mayonesa de ajo (véase *Salsa mayonesa de ajo).*

Sirve el arroz y acompáñalo con un poco de mayonesa de ajo. Decora con unas hojas de perejil.

CONSEJO: Si queréis eliminar parte de la grasa de las costillas de cerdo, podéis cocerlas en la olla rápida durante 10 minutos.

PASTAS Y MASAS

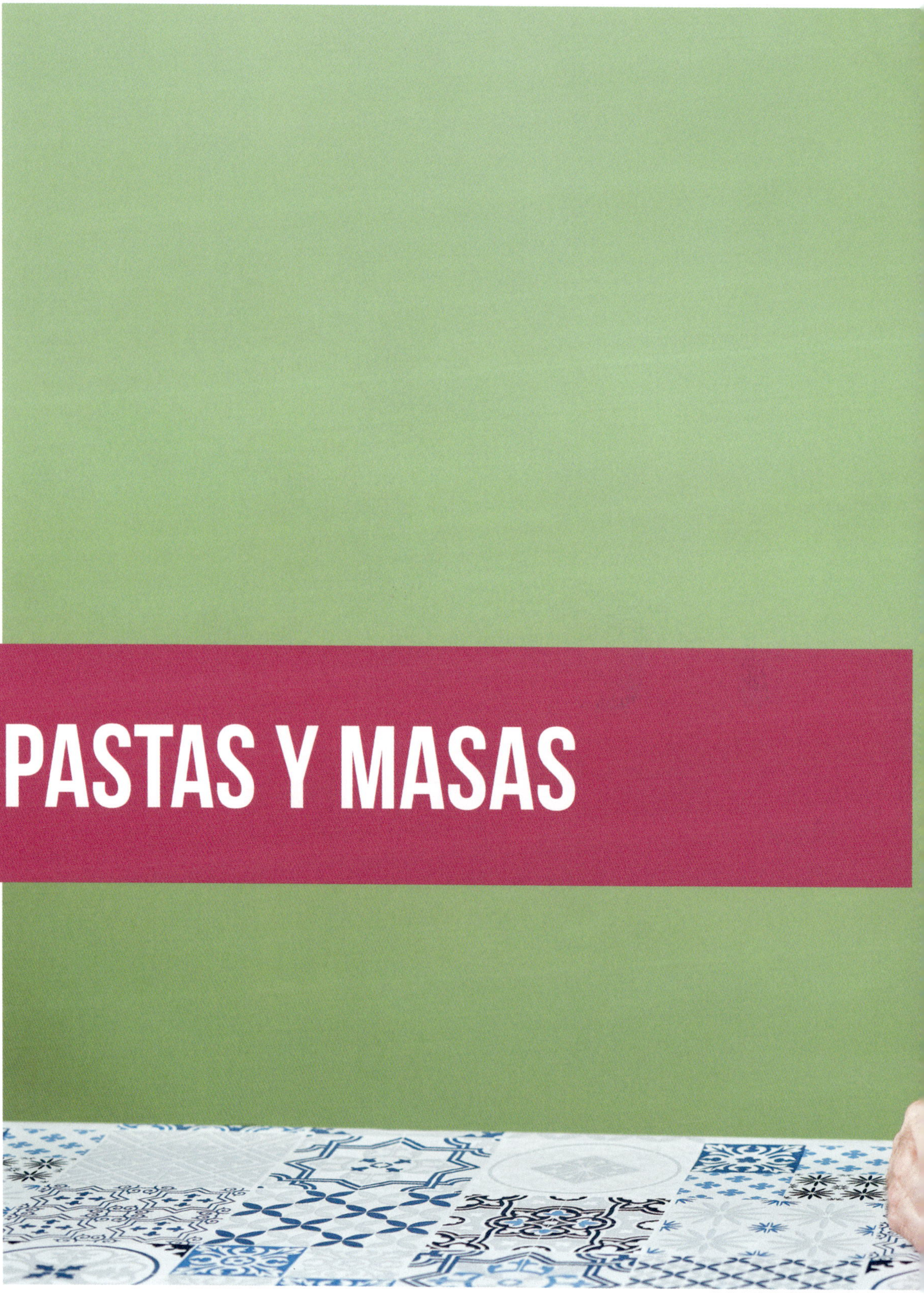

CALZONE DE QUESO, HUEVO Y JAMÓN

INGREDIENTES **(4 P.)**

4 huevos
200 g de queso
200 g de jamón cocido
1 tomate
20 hojas de albahaca
perejil
sal

Para la masa:

250 g de harina + 30 g para estirar y espolvorear
15 g de levadura fresca prensada
150 ml de agua tibia
2 cucharadas de aceite de oliva virgen extra
1 pizca de sal

ELABORACIÓN

Tamiza la harina sobre un bol grande. Diluye la levadura con 1 cucharadita de agua y agrégala al bol. Añade el resto del agua, el aceite y la sal. Amasa a mano (6-8 minutos) hasta conseguir una bola. Tápala con un paño de cocina limpio y déjala fermentar durante 30 minutos.

Corta la masa por la mitad. Agrega a una de las mitades un poco de harina y estírala con un rodillo hasta que quede bien fina. Repite la operación con la otra mitad. Corta 2 círculos grandes de masa utilizando un plato como guía.

Pica el jamón y el queso. Pela el tomate y córtalo en rodajas finas. Reparte, sobre la mitad de cada masa (en uno de los lados), el jamón, el tomate y el queso, pon 2 huevos en cada una, sazónalas y espolvoréalas con un poco de albahaca.

Unta los bordes con un poco de agua y ciérralos como si fueran empanadillas. Espolvorea la superficie de los calzones con un poco de harina, colócalos en una bandeja de horno forrada con papel de hornear y hornéalos a 220 ºC durante 18 minutos.

Sirve y decora con unas ramas de perejil.

CANELONES DE JAMÓN FRESCO Y CURADO

INGREDIENTES **(4 P.)**

12 placas de canelones
500 g de jamón fresco
5 lonchas de jamón serrano
2 cebolletas
500 g de pimientos morrones (en conserva)
2 dientes de ajo
25 g de harina
150 ml de leche
100 g de queso rallado
aceite de oliva virgen extra
perejil
azúcar
sal

ELABORACIÓN

Cuece las placas de canelones en una cazuela con abundante agua y sal durante el tiempo que se indique en el paquete. Escúrrelas y resérvalas.

Pica 1 cebolleta y dórala en una cazuela con un chorrito de aceite. Corta los pimientos en tiras e incorpóralos. Agrega 100 ml de agua, condimenta con una pizca de sal y otra de azúcar y cocina a fuego medio durante 20 minutos. Tritura todo con una batidora eléctrica, cuela y reserva la salsa.

Pela los dientes de ajo y pícalos. Pica también la otra cebolleta y el jamón serrano. Pon a dorar el ajo y la cebolleta en un sartén con aceite. Cuando tomen color, añade el jamón y saltea el conjunto. Corta el jamón fresco en dados pequeños, sazónalos, incorpóralos y saltéalos durante 2-3 minutos. Agrega la harina y rehógala un poco. Añade la leche y mezcla todo. Deja que se cocine el relleno durante 2-3 minutos sin dejar de remover.

Rellena los canelones con la farsa y colócalos en una fuente apta para el horno. Espolvoréalos con el queso rallado, introdúcelos en el horno y gratínalos a 200 ºC durante 5-8 minutos.

Cubre el fondo de una fuente con la salsa de pimiento, coloca encima los canelones gratinados, decora con una ramita de perejil y sirve.

SOPA DE FIDEOS CON MEJILLONES

INGREDIENTES **(4 P.)**

1 kg de mejillones
100 g de fideos (gruesos)
125 ml de vino blanco
1 cebolleta
1 puerro
1 zanahoria
1 tomate
1 l de caldo para paella
aceite de oliva virgen extra
12 hebras de azafrán
perejil

ELABORACIÓN

Limpia bien los mejillones y retírales las barbas. Pon a calentar el vino en una cazuela grande, agrega los mejillones, tápalos y cocínalos hasta que se abran. Saca la carne de los mejillones y resérvala en un plato. Cuela el caldo y resérvalo.

Corta la cebolleta en daditos y ponla a rehogar en una cazuela con 3 cucharadas de aceite. Corta la parte inferior y superior del puerro, retírale la primera capa, lávalo, córtalo en daditos y añádelo. Pela la zanahoria, córtala de la misma manera y agrégala. Cocina las hortalizas durante 6-8 minutos.

Corta el tomate por la mitad, rállalo y añádelo a la cazuela. Cocínalo un poco e incorpora los fideos, las hebras de azafrán, el caldo de los mejillones reservado y el caldo para paella. Cocina todo durante 10-12 minutos.

Pica los mejillones más grandes y deja enteros los pequeños. Añádelos a la cazuela y espolvorea con un poco de perejil picado.

Sirve la sopa y decora los platos con unas hojas de perejil.

CONSEJO: Tenemos la suerte de disponer de una gran variedad de pasta para sopa. En esta receta hemos utilizado fideos gruesos, pero podéis elegir la que más os guste (coditos, letras, estrellitas...).

TALLARINES CON MEJILLONES

INGREDIENTES **(4 P.)**

400 g de tallarines frescos
1 kg de mejillones
150 ml de vino blanco
1 cebolleta
3 lonchas de panceta (150 g)
400 ml de salsa de tomate (véase *Salsa de tomate*)
aceite de oliva virgen extra
1 guindilla cayena
perejil
sal

ELABORACIÓN

Limpia bien los mejillones y retírales las barbas. Calienta el vino blanco en una tartera (cazuela amplia y baja) y agrega los mejillones. Tápalos y espera a que se abran. Retira la carne de los mejillones y resérvala en un plato. Cuela el caldo y resérvalo.

Pon a calentar un chorrito de aceite en otra tartera. Corta la cebolleta en daditos, añádela y rehógala durante 6-8 minutos. Corta la panceta en dados, agrégala y rehógala un poco. Agrega la guindilla, la salsa de tomate y la mitad del caldo reservado. Deja que reduzca durante 5 minutos e incorpora la carne de los mejillones.

Calienta abundante agua en una cazuela grande y sazónala. Cuando empiece a hervir, agrega los tallarines y cuécelos durante el tiempo que indique el paquete. Retíralos y pásalos a la tartera de la salsa. Mezcla bien, agrega un poco de perejil picado y sirve. Decora los platos con unas hojas de perejil.

CONSEJO: Cuando compréis moluscos, es recomendable envolverlos con un trapo húmedo y guardarlos en la parte más baja del frigorífico (que es la menos fría) hasta el momento de consumirlos.

CANELONES DE ALUBIAS CON SALSA DE MORCILLA

INGREDIENTES **(4 P.)**

12 placas de canelones
100 g de alubia blanca
100 g de alubia roja
1 morcilla
6 dientes de ajo
2 cebolletas
100 g de espinacas
1 pimiento verde
150 ml de vino blanco
aceite de oliva virgen extra
perejil
sal

Para la bechamel:

2 cucharadas de aceite de oliva virgen extra
2 cucharadas de harina
500 ml de leche
perejil picado
pimienta
sal

ELABORACIÓN

Pon las alubias a remojo la víspera.

Escurre las alubias y cuécelas en una olla rápida con un poco de agua, unas ramas de perejil y una pizca de sal durante 15 minutos. Escúrrelas y resérvalas.

Cuece la morcilla en una cazuela con agua y una pizca de sal durante 20 minutos. Escúrrela y resérvala.

Pela 4 dientes de ajo y pícalos finamente, pica del mismo modo 1 cebolleta y rehoga todo en una sartén con aceite durante 6-8 minutos. Limpia las espinacas, pícalas finamente e incorpóralas. Agrega las alubias y saltea todo durante 2-3 minutos. Pasa el relleno a un bol y deja que se temple.

Cuece las placas de canelón en una cazuela con abundante agua y una pizca de sal durante el tiempo que se indique en el paquete. Refréscalos, escúrrelos y rellénalos con la farsa anterior.

Pela los otros 2 dientes de ajo y pícalos. Pica también la otra cebolleta. Pon a pochar el ajo y la cebolleta en una sartén con aceite. Lava el pimiento, retírale el tallo y las semillas, pícalo finamente, añádelo, sazona y rehoga todo durante 8 minutos. Abre la morcilla e incorpórala a la sartén. Vierte encima el vino, mezcla bien y cocina durante 5 minutos.

Prepara la bechamel (véase *Salsa bechamel*), salpiméntala y espolvoréala con un poco de perejil picado.

Coloca los canelones en el centro de una fuente apta para el horno y pon a los lados la salsa de morcilla. Cubre con la bechamel y gratina en el horno durante 2-3 minutos. Sirve.

CANELONES DE HORTALIZAS Y PANCETA

INGREDIENTES **(4 P.)**

16 placas de canelones
100 g de panceta
1 cebolla
1 pimiento verde
200 g de calabaza
1 calabacín
150 g de queso semicurado
aceite de oliva virgen extra
sal

Para la bechamel:

2 cucharadas de aceite de oliva virgen extra
2 cucharadas de harina
500 ml de leche
sal

ELABORACIÓN

Cuece las placas de canelones en una cazuela con agua y sal durante 10-12 minutos. Retíralas, pásalas por agua fría y extiéndelas sobre un paño limpio de cocina para que escurran.

Pela la cebolla, limpia el pimiento y retírale el tallo y las semillas. Pícalos finamente y rehógalos en una sartén con aceite durante unos 5 minutos. Corta la panceta en dados, añádelos y rehógalos brevemente. Pela la calabaza, limpia el calabacín, córtalos en dados e incorpóralos. Cocina todo junto durante 5 minutos más.

Prepara la bechamel (véase *Salsa bechamel*) y cocínala durante 5 minutos, hasta que espese. Agrega a la bechamel la mitad de las hortalizas y reserva el resto.

Rellena los canelones con la mezcla de hortalizas y bechamel, colócalos en una fuente apta para el horno y cúbrelos con la bechamel. Ralla encima el queso y gratínalos en el horno durante 2-3 minutos. Sirve.

CANELONES DE SALCHICHAS Y ESPINACAS CON PATATAS

INGREDIENTES **(4 P.)**

8 placas de canelones
8 salchichas
16 hojas de espinaca
3 patatas
75 g de queso rallado
aceite de oliva virgen extra
perejil
sal

Para la bechamel:

2 cucharadas de aceite de oliva virgen extra
1 cucharada de harina
250 ml de leche
pimienta
sal

ELABORACIÓN

Pela las patatas y córtalas en rodajas finas. Fríelas en una sartén con abundante aceite. Escúrrelas muy bien y extiéndelas sobre una fuente amplia apta para el horno.

Cuece las placas de canelones en una cazuela con abundante agua y una pizca de sal durante el tiempo que se indique en el paquete. Escúrrelas y resérvalas.

Limpia bien las hojas de espinaca y escáldalas durante 1 minuto en una cazuela con agua. Escúrrelas y resérvalas.

Fríe las salchichas en una sartén con un poco de aceite.

Envuelve las salchichas con las hojas de espinaca y envuélvelas, a su vez, con las placas de canelones. Coloca los canelones sobre las patatas.

Prepara la bechamel (véase *Salsa bechamel*) y salpimiéntala. Reparte la bechamel sobre los canelones, espolvoréalos con el queso rallado y gratínalos a 200 ºC durante 5 minutos, hasta que se dore un poco el queso.

Decora con una rama de perejil y sirve.

CANELONES DE CALABACÍN Y CHAMPIÑÓN

INGREDIENTES **(4 P.)**

16 placas de canelones
1 calabacín
200 g de champiñones
2 dientes de ajo
1 cebolleta
2 lonchas de jamón cocido (100 g)
125 g de queso rallado
1 tomate pequeño
aceite de oliva virgen extra
1 cucharada de semillas de amapola
perejil
sal

ELABORACIÓN

Cuece en una cazuela con agua hirviendo y sal las placas de canelón durante 8-10 minutos. Escúrrelas, refréscalas y resérvalas.

Para hacer el relleno de los canelones, pela los ajos, pícalos y ponlos a pochar en una cazuela con un chorrito de aceite. Pica la cebolleta y añádela. Limpia bien los champiñones, córtalos en láminas, incorpóralos y rehógalos durante 6-8 minutos. Sazona. Lava el calabacín, córtalo (con piel) en daditos y agrégalos a la cazuela. Tapa y cocina a fuego medio durante 15-20 minutos. Corta el jamón en daditos, añádelo y mezcla bien. Deja reposar hasta que se temple.

Coloca el queso rallado en un cuenco. Pela el tomate, pícalo finamente y añádelo. Agrega las semillas de amapola, mezcla todo bien y reserva.

Reparte el relleno de hortalizas sobre las placas de canelones y enróllalas. Coloca los canelones en una fuente apta para el horno untada con aceite. Reparte la mezcla de queso, tomate y amapola sobre los canelones y hornéalos a 190 ºC durante 6-8 minutos.

Sirve y decora con una ramita de perejil.

TALLARINES CON ALBÓNDIGAS DE TERNERA Y QUESO

INGREDIENTES **(4 P.)**

400 g de tallarines frescos

250 g de carne picada de ternera

30 g de queso de oveja curado

3 dientes de ajo

1 cebolleta

75 g de panceta

125 ml de vino blanco

400 ml de salsa de tomate (véase *Salsa de tomate*)

15 g de pan rallado

aceite de oliva virgen extra

1 atadillo de hierbas aromáticas frescas (laurel, orégano, romero, tomillo, perejil)

perejil

pimienta

sal

ELABORACIÓN

Pela 2 dientes de ajo, córtalos en daditos y ponlos a rehogar en una cazuela con un chorrito de aceite. Corta la cebolleta de la misma manera e incorpórala. Rehoga las hortalizas durante 3-4 minutos a fuego suave. Corta la panceta en tiras y añádelas. Rehoga todo bien durante 4-5 minutos más. Vierte encima el vino y deja que reduzca un poco. Agrega el atadillo de hierbas aromáticas y la salsa de tomate. Pon a punto de sal y cocina todo durante 20-30 minutos. Retira el atadillo de hierbas aromáticas y reserva la salsa.

Pela el otro diente de ajo, pícalo finamente, ponlo en un bol, incorpora la carne picada y salpiméntala. Ralla el queso encima y añade el pan rallado y un poco de perejil picado. Mezcla bien, forma albondiguitas y fríelas en una sartén con aceite. Escúrrelas e incorpóralas a la salsa.

Pon abundante agua a calentar en una cazuela. Sazona y, cuando empiece a hervir, introduce los tallarines y cuécelos durante el tiempo que se indique en el paquete.

Escurre los tallarines, colócalos en 4 platos y reparte las albóndigas y la salsa por encima. Decora los platos con unas hojas de perejil.

CONSEJO: A la hora de cocer la pasta, no hay que añadirle aceite. Si se agrega aceite al agua de la cocción, la salsa resbalará y no se integrará con los tallarines.

CANELONES DEL DÍA DESPUÉS

INGREDIENTES **(4 P.)**

16 placas de canelones
½ pollo asado
1 cebolla
1 pimiento verde
1 manzana
200 ml de salsa de tomate (véase *Salsa de tomate*)
125 g de queso rallado
aceite de oliva virgen extra
perejil
sal

Para la bechamel:

3 cucharadas de aceite de oliva virgen extra
2 cucharadas de harina
500 ml de leche
nuez moscada
sal

ELABORACIÓN

Pon en una cazuela abundante agua con un poco de sal. Cuando hierva, incorpora una a una las placas de canelones y cocínalas durante 10 minutos. Escúrrelas, refréscalas y resérvalas.

Prepara la bechamel (véase *Salsa bechamel*) y añádele una pizca de nuez moscada rallada. La consistencia no debe ser ni muy ligera ni muy espesa. Reserva.

Para el relleno de los canelones, pela la cebolla, lava el pimiento y retírale el tallo y las semillas, córtalos en juliana y póchalos en una sartén con un poco de aceite. Sazona. Pela la manzana, descorazónala, córtala en daditos pequeños e incorpórala a la sartén. Remueve y cocina durante 10-12 minutos. Deshuesa el pollo, desmígalo, incorpóralo a la sartén y saltea todo brevemente.

Rellena los canelones, enróllalos y colócalos en una fuente apta para el horno. Cúbrelos con la bechamel y la salsa de tomate y espolvoréalos con el queso rallado. Hornéalos a 220 ºC durante 5 minutos.

Decora con una ramita de perejil y sirve enseguida.

CANELONES RELLENOS DE CONEJO

INGREDIENTES **(4 P.)**

12 placas de canelones
½ conejo
2 dientes de ajo
2 cebollas
1 pimiento rojo
1 tomate
500 ml de salsa de tomate (véase *Salsa de tomate*)
50 g de queso emmental rallado
aceite de oliva virgen extra
perejil
20 granos de pimienta negra
sal

ELABORACIÓN

Pon un poco de agua en una olla rápida y añade un poco de sal y los granos de pimienta negra. Trocea el conejo e incorpóralo. Tapa la olla y cuece durante 10 minutos. Retira el conejo, desmígalo y resérvalo.

Calienta abundante agua en una cazuela. Cuando empiece a hervir, añade una pizca de sal, introduce las placas de canelones de una en una y cuécelas durante el tiempo que indique el paquete. Retíralas, refréscalas, escúrrelas y extiéndelas sobre un paño de cocina limpio.

Pela los dientes de ajo y las cebollas, pícalos y ponlos a rehogar en una cazuela con un chorro de aceite. Pela el pimiento, retírale el tallo y las semillas y añádelo y rehoga durante 10-12 minutos, hasta que se dore. Pela el tomate, pícalo finamente, agrégalo y rehógalo brevemente. Añade la carne de conejo desmigada y mezcla bien. Deja templar e introduce la farsa en una manga pastelera.

Rellena los canelones, colócalos en una fuente apta para el horno y cúbrelos con la salsa de tomate. Hornéalos a 180 ºC durante 20 minutos.

Retira los canelones del horno, espolvoréalos con el queso y gratínalos durante 3-4 minutos.

Decora con una rama de perejil y sirve.

QUICHE DE BRÓCOLI Y CHAMPIÑONES

INGREDIENTES **(4 P.)**

1 lámina de pasta brisa
1 brócoli (300 g)
200 g de champiñones
1 zanahoria
2 huevos
150 ml de nata
200 ml de salsa de tomate (véase *Salsa de tomate*)
aceite de oliva virgen extra
perejil
nuez moscada
sal

ELABORACIÓN

Estira la pasta brisa, córtala en 4 y cubre con ella 4 moldes redondos (individuales) de fondo desmontable. Cúbrelos con papel de hornear y, para que la masa no se levante durante el horneado, rellénalos con alubias y/o garbanzos (destinados a este fin). Coloca las tartaletas sobre una bandeja de horno y hornéalas a 180-200 ºC durante 20 minutos. Retíralas del horno y espera a que se templen.

Pela la zanahoria, córtala en cuartos de luna y rehógala en una sartén con un chorrito de aceite. Retira el tallo del brócoli, suéltalo en ramilletes, enjuágalos, sécalos y agrégalos a la sartén. Sazona y saltea las hortalizas durante 10 minutos. Escúrrelas y resérvalas.

Retira la parte inferior del tallo de los champiñones, enjuágalos en un bol con agua, sécalos y córtalos en láminas. Saltéalos durante 5-6 minutos en una sartén con un chorrito de aceite. Escúrrelos.

Mezcla las hortalizas con los champiñones y rellena las tartaletas con la mezcla.

Casca los huevos, ponlos en un bol, sazónalos y bátelos bien. Agrega la nata y bate de nuevo. Ralla encima un poco de nuez moscada, mezcla y reparte la crema entre las 4 tartaletas.

Hornea las quiches a 200 ºC durante 20 minutos. Retíralas del horno y deja que se templen un poco.

Sirve una quiche en cada plato y acompáñalas con un poco de salsa de tomate. Decora los platos con unas hojas de perejil.

CONSEJO: El brócoli es una buena fuente de vitamina C.

PASTEL DE MACARRONES CON CARNE

INGREDIENTES **(6 P.)**

250 g de macarrones
300 g de carne picada de ternera
1 cebolla
1 pimiento verde
250 ml de salsa de tomate (véase *Salsa de tomate*)
4 huevos
1 yogur natural
200 ml de nata
100 g de queso rallado
aceite de oliva virgen extra
6-8 hojas de albahaca
perejil
pimienta
sal

ELABORACIÓN

Pon abundante agua a calentar en una cazuela grande. Cuando empiece a hervir, agrega los macarrones, sazónalos y cuécelos durante 12-15 minutos. Escúrrelos y resérvalos.

Pela la cebolla, retira el tallo y las semillas del pimiento, córtalos en dados y añádelos a una sartén con un chorrito de aceite. Sazona y rehoga las hortalizas durante 6-8 minutos.

Salpimienta la carne picada y agrégala a la sartén. Cocínala durante 3-4 minutos, removiéndola de vez en cuando. Incorpora la salsa de tomate y las hojas de albahaca picadas y cocina todo a fuego moderado durante 4-5 minutos.

Cubre un molde de fondo desmontable con un trozo grande de papel de hornear.

Calienta un chorrito de aceite en una sartén, añade los macarrones y un poco de perejil picado y saltéalos brevemente. Distribúyelos en el molde.

Casca los huevos, ponlos en un bol y agrega una pizca de sal, el yogur y la nata. Bate bien y vierte la mezcla en el molde. Cubre los macarrones con la carne y espolvorea la superficie con el queso rallado. Hornéalos a 180 ºC durante 30-40 minutos.

Sirve y decora con unas hojas de perejil.

CONSEJO: En esta receta hemos utilizado carne de ternera, pero podéis hacerla con la carne que os guste más, o bien combinándolas entre sí: cerdo-ternera, ternera-cordero, pollo-ternera...

CANELONES RELLENOS DE HORTALIZAS

INGREDIENTES **(4 P.)**

12 placas de canelones
2 zanahorias
50 g de espinacas
250 g de coliflor
2 puerros (la parte blanca)
100 ml de nata
200 g de queso de oveja rallado
aceite de oliva virgen extra
perejil
sal

Para la bechamel:

40 ml de aceite de oliva virgen extra
40 g de harina
500 ml de leche
perejil picado
sal

ELABORACIÓN

Prepara la bechamel (véase *Salsa bechamel*), espolvoréala con un poco de perejil picado y mezcla. Pásala a un bol, cúbrela a piel con film transparente (para que no se forme costra) y resérvala.

Pela las zanahorias, limpia las espinacas, separa la coliflor en ramilletes y lávalos. Pica las hortalizas y cuécelas por separado (10 minutos las zanahorias, 3 minutos las espinacas y 10 minutos la coliflor). Escúrrelas y resérvalas.

Limpia los puerros, pícalos finamente y rehógalos a fuego suave en una sartén con un poco de aceite durante 5 minutos. Agrega las hortalizas cocidas y picadas y saltéalas brevemente. Añade 3-4 cucharadas de bechamel para que el relleno quede más espeso y ligado.

En una cazuela baja, pon abundante agua a cocer. Cuando empiece a hervir, añade una pizca de sal, incorpora las placas de canelones de una en una, cuécelas durante 10 minutos y escúrrelas.

Pon nuevamente la bechamel al fuego, incorpora la nata y mezcla bien. Rellena los canelones y colócalos en una fuente refractaria. Nápalos con la bechamel, espolvoréalos con el queso rallado y gratínalos en el horno durante 5 minutos.

Retíralos del horno, decóralos con una rama de perejil y sirve.

ESPAGUETIS CON SALSA DE CHAMPIÑONES Y QUESO

INGREDIENTES **(4 P.)**

400 g de espaguetis
400 g de champiñones
200 g de queso curado
6 chalotas
750 ml de nata
aceite de oliva virgen extra
orégano
20 granos de pimienta negra
sal

ELABORACIÓN

Pela las chalotas, pícalas finamente y ponlas a pochar en una cazuela con un poco de aceite. Limpia bien los champiñones, córtalos en láminas, añádelos a la cazuela, sazónalos y cocínalos durante 5 minutos. Con un cuchillo, aplasta los granos de pimienta e incorpóralos. Agrega la nata. Corta el queso en dados de 2 cm y añádelos. Deja que la salsa reduzca durante 10 minutos.

Pon abundante agua a cocer. Cuando empiece a hervir, añade una pizca de sal y los espaguetis. Cuece durante 8 minutos. Retira la pasta y pásala a la cazuela con la salsa. Espolvorea con un poco de orégano y mezcla bien.

Sirve en una fuente amplia.

CONSEJO: Según los italianos, la salsa siempre espera a la pasta —por lo que hay que preparar la salsa antes de cocer la pasta— y la familia, ya sentada, espera los platos, pues el mejor modo de disfrutar de la pasta es comiéndola recién hecha.

CANELONES RELLENOS DE SALCHICHAS

INGREDIENTES **(4 P.)**

16 placas de canelones
3 salchichas frescas
1 cebolleta
1 zanahoria
100 g de judías verdes
1 tomate
8 lonchas de queso (150 g)
aceite de oliva virgen extra
pimienta
perejil
sal

Para la bechamel:

2 cucharadas de aceite de oliva virgen extra
2 cucharadas de harina
500 ml de leche
perejil picado
sal

ELABORACIÓN

Pon agua a cocer en una cazuela amplia. Cuando empiece a hervir, sazónala, añade las placas de canelones de una en una y cuécelas durante 12 minutos. Retíralas, refréscalas, escúrrelas y extiéndelas sobre un paño de cocina limpio.

Pica la cebolleta finamente y ponla a pochar en una sartén con aceite. Pela la zanahoria y pícala finamente. Limpia las judías, retírales las puntas y los hilos y pícalas del mismo modo. Cuando la cebolleta vaya cogiendo color, añade la zanahoria y las judías y rehógalas un poco. Pela el tomate, córtalo en dados y agrégalo. Cocina todo junto durante unos 5 minutos. Abre las salchichas, retírales la carne e incorpóralas. Salpimienta y cocina durante 4-5 minutos. Pasa el relleno a una fuente y deja que se temple.

Rellena los canelones y colócalos en una fuente apta para el horno.

Prepara la bechamel (véase *Salsa* bechamel) y espolvoréala con un poco de perejil picado.

Napa los canelones con la bechamel, extiende las lonchas de queso por encima y gratínalos en el horno durante 4-5 minutos.

Decora con una rama de perejil y sirve.

FIDEOS CON CHAMPIÑONES Y HUEVO ESCALFADO

INGREDIENTES **(4 P.)**

400 g de fideos
500 g de champiñones
4 huevos
1 yema de huevo
1 cebolleta
10 ajos frescos
1 pimiento verde
1 l de caldo de ave
vinagre
aceite de oliva virgen extra
1 cucharadita de pimentón dulce
sal

ELABORACIÓN

Retira la primera capa de la cebolleta. Retira a los ajos la parte superior e inferior y la primera capa. Lava el pimiento y retírale el tallo y las semillas. Pica las hortalizas y ponlas a dorar en una cazuela ancha (apta para el horno) con un chorrito de aceite. Sazona y deja que se cocinen a fuego moderado durante 8-10 minutos. Limpia bien los champiñones, córtalos en láminas, agrégalos a la cazuela y cocina todo junto a fuego suave durante 10-15 minutos.

En una sartén con una gota de aceite, tuesta los fideos en dos tandas. Una vez dorados, incorpóralos a la cazuela, rehógalos y añade el caldo. Sazona y cocina hasta que hierva. Introduce la cazuela en el horno y hornea a 220 ºC durante 10 minutos.

Calienta agua en una cazuela. Cuando hierva, añade un chorrito de vinagre, casca los huevos, incorpóralos y escálfalos durante 4 minutos. Retíralos a un plato antes de que cuajen las yemas.

Coloca la yema en un cuenco, añádele el pimentón dulce y 75 ml de aceite y mezcla.

Sirve los fideos, acompáñalos con los huevos escalfados y riégalos con la mezcla de yema, aceite y pimentón.

LASAÑA BOLOÑESA

INGREDIENTES **(4-6 P.)**

- 9 placas de lasaña (precocida)
- 500 g de carne picada (cerdo y ternera)
- 4 dientes de ajo
- 1 cebolla
- 1 zanahoria
- 2 pimientos verdes
- 1 pimiento rojo
- 1 penca de apio
- 1 puerro
- 8 champiñones
- 200 g de panceta ibérica
- 100 g de salchichón
- 40 g de pasas (sin pepitas)
- 2 cucharadas de salsa de soja
- 500 ml de salsa de tomate (véase *Salsa de tomate*)
- 100 g de queso de oveja con trufa
- aceite de oliva virgen extra
- 1 cucharadita de orégano
- perejil
- sal

Para la bechamel:

- 100 g de mantequilla
- 100 g de harina
- 1 l de leche
- sal

ELABORACIÓN

Pela los ajos, la cebolla y la zanahoria, córtalos en daditos y ponlos a rehogar en una cazuela con un chorrito de aceite.

Retira los tallos y las semillas de los pimientos, pela el rojo, córtalos de la misma manera y añádelos. Limpia la rama de apio y el puerro, córtalos en daditos e incorpóralos. Sazona las hortalizas y cocínalas durante 10 minutos aproximadamente.

Retira la parte inferior del tallo de los champiñones y enjuágalos en un bol con agua. Sécalos, córtalos en daditos y añádelos. Corta también la panceta y el salchichón de la misma manera y agrégalos. Sazona la carne (cerdo y ternera) e incorpórala junto con las pasas, la salsa de soja, el orégano y la salsa de tomate y cocina la salsa boloñesa durante 20 minutos a fuego suave. Prueba y pon a punto de sal.

Pon las hojas de lasaña en un bol con agua y déjalas a remojo durante 15 minutos.

Prepara la bechamel (véase *Salsa bechamel*) y cocínala durante 6-8 minutos.

Monta la lasaña alternando las capas de pasta con salsa boloñesa y bechamel. Termina con una capa de pasta, cúbrela con el resto de la bechamel, ralla encima el queso y hornéala a 200-220 ºC durante 12 minutos.

Sirve y decora con unas hojas de perejil.

CONSEJO: Cuando vayáis a preparar salsa boloñesa, os recomiendo que hagáis más cantidad de la que realmente necesitáis para la receta. De esta manera podréis congelar el resto para hacer otro día unos deliciosos espaguetis.

HOJALDRE DE HORTALIZAS

INGREDIENTES **(4 P.)**

1 lámina de masa de hojaldre rectangular
1 cebolleta
1 calabacín (pequeño)
1 berenjena (pequeña)
1 tomate
1 huevo
20 g de piñones
aceite de oliva virgen extra
½ cucharadita de hierbas aromáticas al gusto (tomillo, orégano, romero...)
perejil
sal

ELABORACIÓN

Corta la cebolleta en cuartos de luna y ponla a rehogar en una sartén con un chorrito de aceite. Lava el calabacín y la berenjena, córtalos de la misma manera y agrégalos. Sazona y cocina las hortalizas durante 10 minutos.

Pela el tomate, córtalo en dados y añádelo. Saltea el conjunto brevemente a fuego fuerte hasta que se evapore el agua del tomate. Escurre las hortalizas y deja que se templen un poco.

Extiende la lámina de hojaldre (con su papel) sobre una bandeja de horno. Dobla el contorno del hojaldre formando un pequeño borde, pincha la base con un tenedor, cúbrelo con alubias secas (empleadas solo con este propósito) y hornéalo a 180 ºC durante 15-20 minutos. Retíralo del horno (retira las alubias), bate el huevo y unta con él los bordes.

Reparte las hortalizas sobre el hojaldre y espolvoréalas con las hierbas aromáticas y los piñones. Introduce el hojaldre de nuevo en el horno y caliéntalo a 180 ºC durante 5 minutos.

Corta el hojaldre en 4 porciones, decóralas con unas hojas de perejil y sirve.

CONSEJO: Para que el hojaldre no suba, además de pincharlo con un tenedor, lo mejor es ponerle peso encima durante el horneado. Reserva unas alubias o unos garbanzos y úsalos solo con este propósito.

HOJALDRITOS DE QUESO CON 3 SALSAS

INGREDIENTES **(4 P.)**

2 láminas de masa de hojaldre
200 g de queso
50 g de pasas de Corinto
100 ml de ron
1 zanahoria
1 pimiento verde
½ remolacha cocida
1 huevo batido
aceite de oliva virgen extra
perejil
sal

ELABORACIÓN

Pon las pasas a remojo en el ron.

Pela la zanahoria, córtala en rodajas finas y cuécela en un cazo con agua y una pizca de sal durante 10 minutos. Retira el tallo y las semillas al pimiento y trocéalo. Trocea también la remolacha cocida.

Tritura, por separado, el pimiento, la remolacha y la zanahoria (escurrida) con un chorrito de aceite. Bate bien con la batidora hasta conseguir una mezcla homogénea. Cuela y reserva las 3 salsas.

Corta el queso en 12 bastones de bocado.

Estira el hojaldre y corta 12 rectángulos (un poco mayores que los bastones de queso) para las bases. Corta otros 12 rectángulos de hojaldre (algo más grandes que las bases) para cubrir.

Coloca sobre cada base de hojaldre 3-4 pasas y, encima, 1 bastón de queso. Cubre con los otros 12 rectángulos de hojaldre y cierra la unión con la ayuda de un tenedor.

Coloca los hojaldres en una placa de horno, pinta la superficie con huevo batido y hornéalos a 180 ºC durante 15 minutos.

Sirve los hojaldres acompañados con las salsas y decora con una ramita de perejil.

CONSEJO: Para evitar que la zona por donde le hemos dado el corte a un queso se seque y se forme una costra dura, untaremos esta parte con un poco de mantequilla. La zona de corte se mantendrá fresca.

CAZUELA DE FIDEOS NEGROS

INGREDIENTES **(4 P.)**

400 g de fideos negros
500 g de calamares
1 cebolla
4 dientes de ajo
1 tomate
1 l de caldo de pescado
aceite de oliva virgen extra
perejil
sal

ELABORACIÓN

Pela la cebolla y pícala finamente. Pela los dientes de ajo y córtalos en láminas. Ponlos a rehogar en una cazuela con aceite. Pela el tomate y pícalo. Cuando el ajo y la cebolla empiecen a tomar color, agrega el tomate y rehógalo brevemente a fuego fuerte.

Limpia bien los calamares, trocéalos, incorpóralos a la cazuela y mezcla bien. Añade el caldo y los fideos, sazona y cocina todo junto durante 4 minutos.

Sirve y decora con una ramita de perejil.

FIDEUÁ CON VIEIRAS Y GAMBAS

INGREDIENTES **(4 P.)**

400 g de fideos huecos para fideuá
8 vieiras
16 gambas
4 dientes de ajo
750 ml de caldo de pescado
1 tomate
aceite de oliva virgen extra
perejil
12 hebras de azafrán
sal

ELABORACIÓN

Abre las vieiras, extrae la carne y límpiala, retirando las partes gelatinosas. Separa los corales y resérvalos. Corta en dados la carne blanca y resérvala. Retira la cabeza a las gambas, pélalas y resérvalas.

Pela 2 dientes de ajo, pícalos y dóralos en una cazuela grande con 4 cucharadas de aceite. Cuando estén dorados, agrega las vieiras y las gambas, sazónalas y saltea todo durante 2-3 minutos. Retíralas a un plato y resérvalas.

Incorpora los fideos a la cazuela, rehógalos un poco y añade el caldo y las hebras de azafrán. Mezcla bien y cocina durante 5-7 minutos.

Pela los otros 2 dientes de ajo, pícalos, colócalos en el mortero y májalos bien. Pela el tomate, pícalo y añádelo al mortero junto con un poco de perejil picado. Maja todo y vierte el majado sobre los fideos. Mezcla y deja cocer durante otros 5-7 minutos.

Distribuye sobre la fideuá las vieiras y las gambas reservadas, espolvorea con perejil picado y sirve.

ÑOQUIS CON CARNE Y TOMATE

INGREDIENTES **(4 P.)**

1 kg de patatas
1 zanahoria
1 huevo
250 g de harina + 50 g de harina para estirar la masa
200 g de redondo de ternera
400 ml de salsa de tomate (véase *Salsa de tomate*)
1 diente de ajo
1 cebolla
1 pimiento verde
aceite de oliva virgen extra
orégano
perejil
pimienta negra
sal

ELABORACIÓN

Para hacer los ñoquis, pela las patatas y la zanahoria, trocéalas y cuécelas en una cacerola con agua hirviendo y sal durante 10-12 minutos. Escúrrelas, pásalas por el pasapurés, colócalas en un bol y déjalas enfriar. Casca el huevo, añádelo al bol y mezcla bien. Incorpora la harina poco a poco mientras amasas hasta obtener una masa manejable.

Espolvorea una superficie limpia con un poco de harina y forma rollitos alargados con la masa. Córtalos en pequeñas porciones y hazles estrías con ayuda de un tenedor. Déjalos reposar durante 15 minutos.

Cuece los ñoquis en una cazuela con abundante agua hirviendo con sal durante unos 5 minutos. Cuando floten en el agua, están listos. Escúrrelos y resérvalos.

Pica finamente la carne de redondo y resérvala.

Pela el diente de ajo, pícalo y dóralo en una sartén con un chorrito de aceite. Pela la cebolla, limpia el pimiento y retírale el tallo y las semillas, pícalos finamente, añádelos a la sartén y rehógalos durante 10 minutos. Sazona. Agrega la carne picada y cocínala durante 3-5 minutos. Añade la salsa de tomate, el orégano y los ñoquis y cocina todo conjuntamente durante 4-5 minutos a fuego suave. Salpimienta. Sirve en una fuente o en 4 platos y decora con una ramita de perejil.

GALLETAS SALADAS DE QUESO Y ACEITUNAS

INGREDIENTES
(6 P./36 GALLETAS)

150 g de queso emmental rallado
50 g de queso parmesano rallado
50 g de aceitunas negras
200 g de harina
1 huevo
120 g de mantequilla
1 cucharada de orégano
hierbas aromáticas frescas
sal

ELABORACIÓN

Pon la harina, una pizca de sal, el huevo, los quesos y el orégano en un bol. Pica las aceitunas negras e incorpóralas. Trocea la mantequilla y añádela. Amasa los ingredientes hasta conseguir una masa homogénea.

Corta la masa en dos partes, redondéalas y forma 2 cilindros. Envuelve cada cilindro con film transparente y déjalos reposar en el frigorífico hasta que endurezcan (mínimo 1 hora).

Saca los cilindros del frigorífico, retírales el film, córtalos en rodajas de 0,5-1 cm y extiéndelas sobre una bandeja de horno cubierta con papel de hornear. Hornéalas a 200-210 ºC durante 15-20 minutos. Retíralas del horno y deja que se enfríen.

Sirve las galletas y decora con hierbas aromáticas frescas.

CONSEJO: A la hora de colocar las galletas sobre la bandeja, no es necesario dejar mucho espacio entre ellas porque, al no llevar levadura, apenas aumentarán su volumen.

FIDEOS CON CHAMPIÑONES Y HORTALIZAS

INGREDIENTES **(4 P.)**

400 g de fideos finos
500 g de champiñones
2 dientes de ajo
1 cebolleta
1 zanahoria
1 pimiento verde
1 puerro
450 ml de caldo de carne
aceite de oliva virgen extra
perejil
sal

ELABORACIÓN

Pela los ajos, la cebolleta y la zanahoria. Limpia el pimiento y retírale el tallo y las semillas. Limpia el puerro (retirándole la parte inferior, la superior y la primera capa) y enjuágalo bien. Corta las hortalizas en daditos y ponlas a rehogar en una tartera (cazuela amplia y baja) apta para el horno con un chorrito de aceite. Sazona y cocina durante 5-6 minutos a fuego medio.

Retira la parte inferior de los champiñones, ponlos en un bol, cúbrelos con agua y enjuágalos. Retíralos, sécalos un poco, córtalos en cuartos e incorpóralos a la tartera. Cocina todo junto durante 6-8 minutos más.

Calienta una sartén con un poco de aceite, añade la mitad de los fideos, tuéstalos un poco, retíralos a una fuente y resérvalos. Repite el proceso con el resto de los fideos.

Agrega los fideos tostados a la tartera, mezcla todo y vierte encima el caldo. Sazona y cocina brevemente, hasta que el caldo empiece a hervir. Introduce la tartera en el horno y hornea a 250 ºC durante 5 minutos.

Sirve los fideos y decora los platos con unas hojas de perejil.

CONSEJO: Dependiendo del tamaño de los fideos, necesitarán más o menos tiempo de cocción en el horno. Notaréis que están a punto cuando empiecen a levantarse.

FIDEUÁ DE RAPE

INGREDIENTES **(4 P.)**

300 g de fideos gruesos para fideuá
400 g de carrilleras de rape
1 cebolleta
1 tomate
2 dientes de ajo
500 ml de caldo de pescado
aceite de oliva virgen extra
perejil
12 hebras de azafrán
sal

ELABORACIÓN

Pica la cebolleta finamente y rehógala en una paellera (apta para el horno) con un poco de aceite durante 6-8 minutos. Corta las carrilleras de rape en dados, incorpóralas y saltéalas brevemente. Pela el tomate, córtalo en daditos y añádelo. Sazona y cocina todo durante 3-4 minutos.

Pela los dientes de ajo, córtalos en láminas y dóralos en una cazuela con un poco de aceite. Agrega los fideos y tuéstalos un poco.

Incorpora los fideos a la paellera y mezcla todo. Añade el caldo y las hebras de azafrán, prueba y pon a punto de sal.

Introduce la fideuá en el horno y hornéala durante 6-8 minutos a 220 ºC.

Retira la fideuá del horno, decórala con una ramita de perejil y sirve.

FIDEUÁ MARINERA

INGREDIENTES **(4 P.)**

250 g de fideos huecos para fideuá
1 rape pequeño (400 g)
250 g de gambas
400 g de almejas
1 zanahoria
1 puerro
1 cebolleta
1 diente de ajo
aceite de oliva virgen extra
perejil picado
sal

ELABORACIÓN

Limpia el rape, retírale la cabeza y la espina central (resérvalas), trocéalo y resérvalo. Pela las gambas, retírales las cabezas y reserva ambas por separado.

Pon la cabeza y la espina de rape y las cabezas de gamba en la olla rápida. Incorpora la zanahoria (pelada y cortada por la mitad), el puerro (limpio y cortado por la mitad) y el tallo de la cebolleta. Cubre con 600 ml de agua y sazona. Cierra la olla y cocina durante 5 minutos. Cuela y reserva el caldo.

Retira la primera capa de la cebolleta y pela el diente de ajo. Pícalos y póchalos en una cazuela con un poco de aceite. Añade los fideos y mezcla todo bien. Incorpora el rape y rehógalo brevemente. Agrega 500 ml del caldo reservado, las gambas y las almejas y pon a punto de sal. Cocina todo junto durante 3-4 minutos, hasta que se evapore el caldo y los fideos estén a punto.

Espolvorea la fideuá con un poco de perejil picado y sirve.

LASAÑA DE CONEJO Y ZANAHORIAS

INGREDIENTES **(4 P.)**

9 placas de lasaña
1 conejo de 1 kg
12 zanahorias
2 patatas
3 dientes de ajo
200 g de queso semicurado
aceite de oliva virgen extra
perejil
pimienta
sal

ELABORACIÓN

Pon abundante agua a cocer en una cazuela grande. Cuando empiece a hervir, añade una pizca de sal, incorpora las placas de lasaña y cuécelas durante el tiempo que indique el envase. Retíralas, refréscalas y escúrrelas sobre un paño de cocina limpio. Resérvalas.

Pela las patatas y 6 zanahorias, trocéalas y cuécelas en otra cazuela con 600 ml de agua y una pizca de sal durante unos 15 minutos. Retira la mitad del caldo y tritúralas con una batidora eléctrica. Reserva la crema.

Deshuesa el conejo, córtalo en daditos y salpimiéntalos. Pela los dientes de ajo, pícalos finamente y ponlos a rehogar en una sartén con un poco de aceite. Pela las otras 6 zanahorias y córtalas en dados pequeños. Antes de que los ajos se doren, agrega las zanahorias y cocínalas durante 2-3 minutos. Incorpora la carne de conejo y cocina el relleno durante 8-10 minutos.

Para montar la lasaña, cubre el fondo de una fuente apta para al horno con un poco de crema de zanahorias, extiende encima 3 placas de lasaña y cúbrelas con 1 capa del relleno y un poco de crema; repite el proceso y, para terminar, coloca 3 placas de lasaña y cúbrelas con crema de zanahorias y el queso cortado en triángulos.

Introduce la lasaña en el horno y gratínala durante 5 minutos. Decora con una ramita de perejil y sirve.

LASAÑA DE CHAMPIÑONES

INGREDIENTES **(4 P.)**

8 placas de lasaña
350 g de champiñones
200 g de espinacas
250 g de queso ricota
100 g de queso curado rallado
2 dientes de ajo
1 cebolla
250 g de jamón serrano (cortado en taquitos)
500 ml de salsa de tomate (véase *Salsa de tomate*)
50 g de queso parmesano rallado
aceite de oliva virgen extra
20 hojas de albahaca fresca
perejil
sal

ELABORACIÓN

Pon abundante agua a cocer en una cazuela grande. Cuando empiece a hervir, sazónala, añade las placas de lasaña y cuécelas durante el tiempo que indique el paquete. Retíralas, refréscalas y escúrrelas sobre un paño de cocina limpio. Resérvalas.

Limpia las espinacas, pícalas y cuécelas en una cazuela con agua y una pizca de sal durante 3-4 minutos. Escúrrelas, mézclalas con el queso ricota y el queso rallado y reserva el relleno.

Pela los dientes de ajo y la cebolla, pícalos finamente y ponlos a rehogar en una sartén con aceite. Cuando tomen color, añade el jamón y rehógalo brevemente. Limpia bien los champiñones, córtalos en láminas e incorpóralos a la sartén. Cocina todo junto durante 5 minutos. Agrega la salsa de tomate y la albahaca picada y mezcla.

Para montar la lasaña, coloca 2 placas de lasaña en una fuente rectangular de cristal (apta para el horno), cúbrelas con una capa de espinacas con queso, tapa con otras 2 placas y cúbrelas con una capa de champiñones. Repite las capas hasta terminar con una capa de champiñones.

Tapa la fuente con papel de aluminio, introdúcela en el horno y hornea a 200 ºC durante 10 minutos. Retira la lasaña del horno, espolvoréala con el parmesano rallado y gratínala en el horno durante 2 minutos.

Decora con una rama de perejil y sirve.

ESPAGUETIS AL AJILLO

INGREDIENTES **(4 P.)**

400 g de espaguetis

4 dientes de ajo

1 guindilla roja (o 1 cayena)

6 tomates deshidratados (secos o en aceite)

aceite de oliva virgen extra

perejil

sal

ELABORACIÓN

Pon abundante agua a calentar en una cazuela. Cuando empiece a hervir, sazónala y agrega la pasta. Cuécela durante el tiempo que indique el paquete.

Mientras se cuece la pasta, pela los dientes de ajo y córtalos en láminas. Corta la guindilla en rodajas y los tomates secos en juliana. Pon a calentar un buen chorro de aceite en una sartén y fríe todo a fuego suave (hay que tener cuidado de que no se quemen).

Incorpora los espaguetis (escurridos), espolvoréalos con un poco de perejil picado y mezcla bien.

Sirve la pasta y decora los platos con unas hojas de perejil.

CRUASANES DE QUESO CON FINAS HIERBAS

INGREDIENTES **(4 P.)**

1 lámina de hojaldre (rectangular)

150 g de crema de queso con finas hierbas

1 huevo

perejil

ELABORACIÓN

Corta la lámina de hojaldre por la mitad (a lo largo), monta un trozo sobre el otro y corta 9 triángulos. Separa los triángulos y extiéndelos sobre el papel que envuelve el hojaldre.

Reparte el queso sobre los triángulos de hojaldre y enróllalos empezando por la parte más ancha. Para darles la forma de cruasán, dobla un poco hacia dentro los extremos. Colócalos sobre una bandeja de horno cubierta con papel de hornear.

Casca el huevo y bátelo en un bol. Con ayuda de un pincel, unta los cruasanes por la parte superior con un poco de huevo batido. Hornéalos a 200 ºC durante 12-15, minutos hasta que estén dorados. Deja que se templen.

Sirve y decora con unas hojas de perejil.

CONSEJO: Los cruasanes admiten todo tipo de rellenos, dulces o salados. Por daros alguna idea, probad con crema de cacao y avellana, o con chistorra.

LASAÑA DE POLLO Y PIQUILLOS

INGREDIENTES **(4 P.)**

12 placas de lasaña
3 pechugas de pollo
12 pimientos del piquillo
250 g de queso semicurado rallado
aceite de oliva virgen extra
perejil
pimienta
sal
azúcar

Para la bechamel:

2 cucharadas de aceite de oliva virgen extra
2 cucharadas de harina
500 ml de leche
nuez moscada
sal

ELABORACIÓN

Pon abundante agua a cocer en una cazuela grande. Cuando empiece a hervir, añade una pizca de sal, incorpora las placas de lasaña y cuécelas durante el tiempo que indique el paquete. Retíralas, refréscalas y escúrrelas sobre un paño de cocina limpio. Resérvalas.

Pon cada pechuga sobre un trozo de film transparente, salpimiéntalas, espolvoréalas con abundante perejil picado, envuélvelas formando una especie de rollo y ciérralas bien. Cuécelas en una cazuela con agua durante 10 minutos. Retíralas y deja que se templen. Retira el papel film, corta las pechugas en rodajas y resérvalas.

Haz un corte a los pimientos del piquillo, ábrelos, colócalos en una fuente apta para el horno, riégalos con un poco de aceite y espolvoréalos con una pizca de sal y otra de azúcar. Hornéalos a 200 ºC durante 8 minutos aproximadamente. Resérvalos.

Prepara la bechamel (véase *Salsa bechamel*), sazónala, ralla encima un poco de nuez moscada y cocínala hasta que espese.

Para montar la lasaña, pon 2 placas de lasaña en el fondo de una fuente apta para el horno, cubre con una capa de pollo, tapa con otras 2 placas, distribuye encima los pimientos, cubre con queso y coloca encima otra capa de pollo y otra de pasta. Para terminar, cubre con la bechamel y espolvorea con un poco más de queso. Introduce la lasaña en el horno y gratínala durante 2-3 minutos. Decora con una rama de perejil y sirve.

MACARRONES AL GUSTO DE PATXI TRULA

INGREDIENTES **(4 P.)**

400 g de macarrones
5 pimientos verdes
3 chalotas
1 trocito de jengibre
150 g de queso curado (en lonchas)
aceite de oliva virgen extra
perejil
sal

ELABORACIÓN

Limpia los pimientos, retírales los tallos y las semillas, pícalos y rehógalos en una cazuela con aceite durante 5-6 minutos. Añade 1 cucharada de perejil, cubre con agua, sazona y cuece durante 10 minutos. Tritura con una batidora eléctrica, pasa la salsa por un colador y resérvala.

Pon abundante agua a cocer en una cazuela. Cuando empiece a hervir, agrega una pizca de sal, incorpora los macarrones y cuécelos durante el tiempo que indique el paquete. Escúrrelos y resérvalos.

Pica las chalotas finamente y ponlas en un recipiente grande. Ralla encima un poco de jengibre, mezcla bien, añade aceite hasta cubrir y deja que maceren durante unos 10 minutos. Agrega los macarrones y la salsa de pimientos y mezcla bien.

Pasa los macarrones a una fuente amplia (apta para el horno), coloca las lonchas de queso en la parte central y gratínalos en el horno durante 3-4 minutos. Decora con una rama de perejil y sirve.

LASAÑA FRÍA DE BONITO EN ESCABECHE

INGREDIENTES **(4 P.)**

6 placas de lasaña
250 g de bonito limpio
2 tomates
4 cogollos de lechuga
aceite de oliva virgen extra
vinagre
romero picado
cebollino
sal

Para el escabeche:
1 cebolleta
2 zanahorias
5 dientes de ajo
150 ml de vinagre
300 ml de aceite de oliva virgen extra
1 cucharadita de orégano

ELABORACIÓN

Para preparar el escabeche, pica la cebolleta en juliana gruesa, pela las zanahorias y córtalas en bastones y pela los dientes de ajo. Rehoga todo en una cazuela con un poco de aceite durante 5 minutos. Agrega el vinagre y el aceite, espolvorea con el orégano y cocina durante 20 minutos a fuego suave.

Corta el bonito en rodajas finas, sazónalas, introdúcelas en la cazuela, apaga el fuego y déjalas reposar en el escabeche durante 15 minutos.

Pela los tomates, corta uno en dados y el otro en rodajas y coloca cada uno en un bol. Sazónalos, alíñalos con aceite y vinagre y espolvoréalos con un poco de romero picado. Déjalos macerar durante 10-15 minutos.

Pon agua a cocer en una cazuela grande. Cuando empiece a hervir, añade una pizca de sal, incorpora las placas de lasaña y cuécelas durante el tiempo que indique el paquete. Retíralas de la cazuela, refréscalas, escúrrelas y córtalas por la mitad (se emplearán 3 mitades en cada plato).

Monta las lasañas en 4 platos: coloca en cada uno ½ placa de lasaña, cúbrela con 1 capa de bonito escabechado, coloca encima 1 capa de rodajas de tomate y repite hasta terminar con ½ placa de lasaña. Reparte por encima los dados de tomate, riega con un poco del escabeche y acompaña cada ración con 1 cogollo cortado en cuatro. Decora con unas ramas de cebollino.

MACARRONES AL PESTO

INGREDIENTES **(4 P.)**

½ kg de macarrones
50 g de piñones
125 g de queso rallado
aceite de oliva virgen extra
sal

Para el pesto:
20 hojas de albahaca fresca
1 diente de ajo
50 g de piñones
6 cucharadas de aceite de oliva virgen extra
sal

ELABORACIÓN

Pon a calentar agua en una cazuela. Cuando empiece a hervir, añade una pizca de sal, incorpora los macarrones, remuévelos un poco y cuécelos durante el tiempo que indique el paquete. Escúrrelos y resérvalos.

Para preparar el pesto, pela el diente de ajo, pícalo, colócalo en un mortero junto con una pizca de sal y las hojas de albahaca y maja todo. Incorpora los piñones ymájalos. Agrega el aceite y remueve hasta que quede todo bien mezclado. Reserva.

En una sartén con un poco de aceite saltea los piñones con los macarrones. Pásalos a una fuente (apta para el horno), deja un hueco en el centro (para el pesto) y espolvoréalos con el queso rallado. Introduce en el horno y gratina durante 2-3 minutos.

Para servir, pon un poco de pesto en el centro de los macarrones y sirve el resto en una salsera.

EMPANADA DE PARROCHAS

INGREDIENTES (6 P.)

500 g de parrochas (sardinas pequeñas) limpias
1 diente de ajo
4 cebollas
½ pimiento rojo
1 tomate maduro
aceite de oliva virgen extra
1 hoja de laurel
perejil
½ cucharadita de pimentón dulce
12 hebras de azafrán
sal

Para la masa (molde 30 cm de diámetro):

210 g de harina de trigo
100 g de harina de maíz
8 g de levadura fresca
100 ml de leche templada
100 ml del aceite resultante de la fritada
2 huevos
sal

ELABORACIÓN

Para hacer el relleno, pela el diente de ajo, las cebollas y el pimiento rojo, córtalos en dados y ponlos a rehogar a fuego medio en una cazuela con unos 150 ml de aceite. Sazona y cocina las hortalizas hasta que se doren bien (12-15 minutos aproximadamente).

Corta el tomate por la mitad, rállalo y agrégalo. Agrega también el pimentón, las hebras de azafrán y el laurel. Cocina a fuego suave durante 15-20 minutos.

Pon un colador grande sobre un bol, coloca en él las hortalizas, retira la hoja de laurel y deja que escurran bien todo el aceite. Reserva las hortalizas. Reserva también 100 ml del aceite de la fritada (para hacer la masa) y deja que se temple.

Para preparar la masa, mezcla las harinas en un bol grande. Diluye la levadura en la leche templada e incorpora la mezcla al bol. Agrega 1 huevo, el aceite reservado templado y una pizca de sal. Amasa hasta que los ingredientes queden perfectamente integrados. Cubre la masa con un paño limpio y deja que repose durante 1 hora.

Divide la masa en dos partes y estira una de ellas con el rodillo. Ponla sobre un trozo grande de papel de hornear y colócala sobre el molde. Cúbrela con la fritada de verduras, distribuye encima las parrochas y sazónalas.

Estira la otra mitad de masa, extiéndela sobre el relleno y corta los bordes sobrantes. Junta los bordes formando un repulgue (girando hacia dentro el borde exterior). Haz un pequeño corte redondo en la parte central (retirando la masa) y bordéalo con un churro (o cilindro) de masa. Bate el otro huevo y unta la empanada con él.

Hornea la empanada (a media altura) sobre la rejilla a 190 ºC durante 30 minutos. Si quieres que la parte inferior de la empanada también se tueste, bájala, ponla en la base del horno y hornéala durante 5 minutos más.

Sirve y decora con unas hojas de perejil.

CONSEJO: Podéis usar una amasadora. El proceso es el mismo y os ahorraréis esfuerzo y tiempo de amasado.

MACARRONES CON *BOLETUS* Y PROVENZAL

INGREDIENTES **(4 P.)**

400 g de macarrones
500 g de *boletus*
1 cebolla
1 puerro
1 pimiento verde
1 muslo de pollo
2 dientes de ajo
1 cebolleta
aceite de oliva virgen extra
perejil
sal

Para la provenzal:
2 cucharadas de pan rallado
2 cucharadas de ajo picado
2 cucharadas de perejil picado

ELABORACIÓN

Pela la cebolla, limpia bien el puerro, lava el pimiento y retírale el tallo y las semillas. Corta las hortalizas a la mitad.

Pon en una cazuela amplia el muslo de pollo, las hortalizas y 3-4 ramas de perejil. Cubre de agua, sazona y cuece todo durante 15-20 minutos. Retira el muslo y resérvalo. Desgrasa el caldo, cuélalo, reserva 150 ml y pasa el resto a una cazuela grande.

Pon a calentar el caldo y, cuando empiece a hervir, añade los macarrones y cuécelos durante el tiempo que indique el paquete. Escúrrelos y sírvelos en una fuente amplia apta para el horno.

Pela los dientes de ajo, córtalos en láminas y ponlos a rehogar en una sartén con aceite. Pica la cebolleta finamente, añádela a la sartén y rehógala durante unos 5 minutos.

Limpia los *boletus*, córtalos en láminas y añádelos a la sartén. Pica el muslo de pollo e incorpóralo. Saltea todo junto durante 3-4 minutos, añade el caldo reservado, mezcla, dale un hervor y sirve sobre los macarrones.

Mezcla los ingredientes de la provenzal, espolvorea con ella los macarrones y gratínalos en el horno durante 3-4 minutos. Decora con una rama de perejil y sirve.

MACARRONES GRATINADOS

INGREDIENTES **(4 P.)**

250 g de macarrones
1 cebolla
2 dientes de ajo
1 pimiento verde
7 tomates
½ calabacín
100 g de jamón
100 g de chorizo
100 g de queso rallado
aceite de oliva virgen extra
sal
azúcar

ELABORACIÓN

Pela la cebolla y los dientes de ajo; lava el pimiento y retírale el tallo y las semillas. Pica las hortalizas y rehógalas en una cazuela con aceite durante 6-8 minutos. Lava los tomates, trocéalos e incorpóralos. Sazona, añade una pizca de azúcar y cocina todo durante 20 minutos. Pasa la salsa por el pasapurés y resérvala.

Pon a calentar agua abundante en una cazuela grande. Cuando empiece a hervir, añade una pizca de sal, incorpora los macarrones y cuécelos durante el tiempo que indique el envase. Retíralos, refréscalos, escúrrelos y resérvalos.

Corta el calabacín, el jamón y el chorizo en daditos. Rehoga el calabacín en una sartén con aceite durante unos 10 minutos. Incorpora el chorizo y el jamón, saltea muy brevemente, añade la salsa de tomate y mezcla todo. Incorpora los macarrones y cocina conjuntamente durante 2 minutos.

Sirve los macarrones en una fuente, espolvoréalos con el queso y gratínalos en el horno durante 4-5 minutos.

CUSCÚS CON ESPINACAS, PASAS Y PIÑONES

INGREDIENTES **(4 P.)**

400 g de cuscús precocido
300 g de espinacas
30 g de piñones
1 pastilla de caldo de verduras
1 zanahoria
1 cebolleta
40 g de pasas
aceite de oliva virgen extra
perejil
1 cucharadita de *curry*
sal

ELABORACIÓN

Pon 400 ml de agua a calentar en una cazuela. Añade el *curry* y desmenuza encima la pastilla de caldo. Dale un hervor (1 minuto) hasta que la pastilla de caldo se disuelva.

Pon el cuscús en un bol grande, vierte encima el caldo y cúbrelo con film transparente. Deja que repose durante unos 10 minutos, hasta que absorba el agua. Pasado este tiempo, remuévelo con dos tenedores para que no quede apelmazado.

Pela la zanahoria, córtala en daditos y ponla a rehogar en una tartera (cazuela amplia y baja) con un chorrito de aceite. Corta la cebolleta de la misma manera e incorpórala. Sazona y cocina las hortalizas durante 6-8 minutos a fuego suave. Agrega los piñones (reserva unos pocos), las pasas y las espinacas y cocina todo junto durante 5 minutos aproximadamente.

Tuesta los piñones reservados en una sartén sin aceite.

Pon un aro o cortapastas cuadrado en el centro de cada plato y rellénalos con el cuscús. Coloca encima las hortalizas y salpícalas con los piñones tostados. Decora los platos con unas hojas de perejil.

CONSEJO: Los piñones se calientan enseguida, por lo que se queman con mucha facilidad. Para evitarlo, tuéstalos a fuego suave-medio removiéndolos con frecuencia.

CROQUETAS DE QUESO MANCHEGO

INGREDIENTES **(4-6 P.)**

75 g de harina

750 ml de leche

200 g de queso manchego semicurado

harina, huevo batido y *panko* (para rebozar)

aceite de oliva virgen extra

perejil

sal

ELABORACIÓN

Pon a calentar 75 ml de aceite en una cazuela. Agrega la harina y rehógala bien. Vierte la leche poco a poco y mezcla (sin dejar de remover) hasta conseguir una crema homogénea. Sazona y cocina la bechamel a fuego suave durante 8-10 minutos sin dejar de remover. Ralla el queso, incorpóralo a la bechamel y mezcla bien. Pasa la masa a una fuente, cúbrela a piel con film transparente y deja que se temple. Introduce la masa en el frigorífico y déjala reposar hasta que endurezca (mejor si es de un día para otro).

Corta la masa en porciones, enharínalas, dales forma (ovalada), introdúcelas en el huevo batido y rebózalas con el *panko.*

Calienta abundante aceite en una sartén, agrega las croquetas y fríelas hasta que se doren. Escúrrelas sobre una fuente cubierta con papel absorbente.

Sirve las croquetas y decora los platos con unas hojas de perejil.

CONSEJO: El *panko* se puede hacer en casa con pan duro. Basta con quitarle la corteza y rallarlo con un rallador que tenga los agujeros grandes.

MINIPIZZAS DE QUESO Y MEJORANA

INGREDIENTES **(6 P.)**

200 g de queso
2 dientes de ajo
1 cebolleta
1 pimiento rojo
aceite de oliva virgen extra
1 cucharada de mejorana seca
sal

Para la masa:

400 g de harina + 50 g para estirar
20 g de levadura prensada
175 ml de agua templada
2 cucharadas de aceite de oliva virgen extra
1 pizca de sal

ELABORACIÓN

Pon la harina en un cuenco. Desmenuza la levadura y añádela. Agrega la sal y el aceite. Incorpora el agua poco a poco, mientras amasas con una mano. Cuando hayas incorporado toda el agua, amasa con las dos manos hasta que quede una masa compacta. Tapa el cuenco con un paño de cocina limpio y deja reposar la masa durante 1 hora.

Pela los dientes de ajo y la cebolleta, pela el pimiento rojo y retírale el tallo y las semillas. Pica las hortalizas y confítalas a fuego moderado en una sartén con un chorrito de aceite durante 15-20 minutos. Sazona. Pasa las hortalizas a un vaso batidor y tritúralas con la batidora eléctrica. Reserva el puré.

Para hacer las bases de las *minipizzas*, espolvorea con harina una superficie plana y haz bolitas con la masa. Estíralas hasta que queden bien finas, dándoles forma circular, y colócalas en una bandeja de horno.

Extiende el puré sobre las *minipizzas*, coloca 1 trocito de queso en cada una y hornéalas a 200 ºC durante 10-12 minutos. Retíralas del horno, espolvoréalas con la mejorana y sirve.

PASTA CON ALMEJAS Y MEDALLONES DE RAPE

INGREDIENTES **(4 P.)**

400 g de tallarines
20 almejas
1 kg de cola de rape
12 tomates deshidratados
3 dientes de ajo
12 espárragos verdes
200 ml de salsa de tomate (véase *Salsa de tomate*)
harina y 1 huevo batido (para rebozar)
aceite de oliva virgen extra
perejil
sal

ELABORACIÓN

La víspera, coloca los tomates en un bol y cúbrelos de aceite.

Pon abundante agua a cocer en una cazuela. Cuando empiece a hervir, añade una pizca de sal, agrega los tallarines y cuécelos durante 8-10 minutos. Escúrrelos, refréscalos y resérvalos.

Pela 1 diente de ajo, córtalo en láminas y ponlas a dorar en una sartén con un chorrito de aceite. Limpia los espárragos, retírales las partes más duras (la parte inferior del tallo), córtalos en rodajas finas y añádelos a la sartén junto con los tomates (hidratados y escurridos) cortados en dados. Cocina durante 5-6 minutos. Incorpora los tallarines y la salsa de tomate y cocina durante 4-5 minutos más.

Corta el rape en 8 rodajas y sazónalo. Pela los otros 2 dientes de ajo, májalos en un mortero y ponlos a dorar en una sartén con abundante aceite. Pasa las rodajas de rape por harina y huevo, introdúcelas en la sartén y fríelas durante 30 segundos por cada lado. Retira el pescado y resérvalo.

Retira el aceite de la sartén hasta dejar solo 2 cucharadas, introduce en ella las almejas, tapa la sartén y cocínalas hasta que se abran.

Reparte la pasta en el centro de 4 platos. Coloca en cada uno 2 medallones de rape a un lado y 5 almejas al otro. Decóralos con una ramita de perejil y sirve.

PASTA CON BACALAO Y SALSA DE PIMIENTOS

INGREDIENTES **(4 P.)**

400 g de espaguetis
400 g de bacalao (desalado)
4 pimientos verdes
1 pimiento rojo
1 cebolleta
125 ml de vino blanco
1 cebolla
10 ajos frescos
2 dientes de ajo
aceite de oliva virgen extra
perejil
sal

ELABORACIÓN

Pela la cebolleta y pícala. Pela el pimiento rojo, lava los verdes, retírales el tallo y las semillas y pícalos. Rehoga la cebolleta y los pimientos en una cazuela con aceite durante 8-10 minutos. Agrega el vino y 200 ml de agua y deja reducir durante 10 minutos. Tritura con la batidora eléctrica y reserva la salsa de pimientos.

Pela la cebolla, pícala finamente y ponla a rehogar en una sartén con aceite. Limpia los ajos frescos, córtalos en rodajas e incorpóralos. Sazona y rehoga a fuego suave durante 10-12 minutos.

Calienta agua en una cazuela y, cuando hierva, añade el bacalao y escáldalo durante 2 minutos. Escúrrelo, desmígalo y resérvalo.

Pon a calentar agua abundante en una cazuela. Cuando empiece a hervir, añade una pizca de sal, incorpora los espaguetis y cuécelos durante 8-10 minutos. Escúrrelos y resérvalos.

Pela los dientes de ajo, córtalos en láminas y dóralos en una sartén con un poco de aceite. Incorpora los espaguetis y saltéalos brevemente.

Sirve los espaguetis, reparte por encima las hortalizas rehogadas y las láminas de bacalao, acompáñalos con la salsa de pimientos y decóralos con una rama de perejil.

PASTA CON BACALAO AL PILPIL

INGREDIENTES **(4 P.)**

400 g de pasta fresca (espaguetis)
2 lomos de bacalao desalado (400 g)
5 dientes de ajo
1 cebolleta
2 pimientos verdes
16 ajos frescos
½ guindilla seca
aceite de oliva virgen extra
perejil picado
sal

ELABORACIÓN

Pela los dientes de ajo y dóralos en una sartén con 150 ml de aceite. Retíralos a un plato y resérvalos. Incorpora los lomos de bacalao a la sartén y fríelos durante 4-5 minutos por cada lado a fuego medio. Retira el bacalao a un plato y deja que se temple. Quítale la piel, suéltalo en láminas y resérvalo. Pasa el aceite a una salsera y deja que se temple. Añade un poco del aceite (ya templado) a la sartén y empieza a ligarlo realizando sobre él movimientos circulares con un colador. Vete agregando el resto del aceite poco a poco y sin dejar de removerlo con el colador hasta conseguir un pilpil espeso. Resérvalo.

Pela la cebolleta, lava los pimientos y retírales los tallos y las semillas y limpia los ajos frescos. Pica las hortalizas y ponlas a rehogar en una sartén con un chorro de aceite. Añade la guindilla (cortada en rodajas), rehoga todo durante 10 minutos y agrega los dientes de ajo reservados.

Pon abundante agua a cocer en una cazuela. Cuando empiece a hervir, añade una pizca de sal, incorpora los espaguetis y cuécelos durante 3 minutos (o el tiempo que se indique en el envase). Escúrrelos e incorpóralos a la sartén con las hortalizas. Mezcla bien y sirve en una fuente amplia. Distribuye las láminas de bacalao sobre los espaguetis y a su alrededor, salsea con el pilpil y espolvorea con perejil picado.

CANELONES DE MORCILLO Y SETAS

INGREDIENTES **(4 P.)**

20 placas de canelones
500 g de morcillo (jarrete, zancarrón)
8 setas de cardo
1 puerro
1 zanahoria
2 dientes de ajo
70 g de harina
800 ml de leche
aceite de oliva virgen extra
perejil
nuez moscada
sal

ELABORACIÓN

Pon a calentar abundante agua en una tartera (cazuela amplia y baja). Cuando empiece a hervir, sazónala y agrega las placas de canelones de una en una. Cuécelas durante 10-12 minutos. Retíralas, escúrrelas sobre un paño limpio de cocina y resérvalas.

Pon abundante agua a calentar en la olla e introduce el morcillo en ella. Limpia el puerro, retirándole la parte superior y la inferior, y pela la zanahoria, córtalos en rodajas y agrégalos. Sazona, cierra la olla y cuece todo durante 1 hora. Abre la olla, retira la carne a un plato, desmenúzala y resérvala. Cuela el caldo de la cocción y resérvalo.

Limpia las setas y córtalas en dados. Calienta un poco de aceite en una sartén, pela los ajos, córtalos en daditos y agrégalos a la sartén. Rehógalos brevemente e incorpora las setas, sazónalas y saltéalas durante 3-4 minutos. Añade 1 cucharada de harina, rehógala y vierte encima 2 cazos del caldo reservado. Incorpora el zancarrón desmigado y un poco de perejil picado y mezcla bien. Pasa el relleno a una fuente y deja que se temple.

Rellena los canelones y colócalos en una fuente o en 4 platos aptos para el horno.

Calienta 3-4 cucharadas de aceite en una cazuela, añade el resto de la harina y rehógala un poco, removiéndola con una varilla manual. Agrega la leche poco a poco sin dejar de remover. Sazona y cocina la bechamel durante 6-8 minutos. Espolvoréala con un poco de perejil picado, ralla encima un poco de nuez moscada y mezcla bien.

Napa los canelones con la bechamel y gratínalos en el horno hasta que se doren.

Sirve y decora los platos con unas hojas de perejil.

CONSEJO: Para evitar que a la bechamel le salgan grumos es importante que la leche esté caliente. Si añadimos la leche fría, es fácil que, debido al contraste de temperaturas, se formen más grumos. Lo aconsejable es calentar previamente la leche (sin que llegue a hervir) para que se integre perfectamente con el resto de los ingredientes.

PASTA CON CHAMPIÑONES Y HUEVOS

INGREDIENTES **(4 P.)**

- 400 g de tallarines
- 250 g de champiñones
- 4 huevos
- 2 cebollas
- 2 dientes de ajo
- 200 g de jamón (cortado en taquitos)
- aceite de oliva virgen extra
- vinagre
- pimentón
- sal

ELABORACIÓN

Pela la cebolla y los dientes de ajo, pícalos finamente y dóralos en una cazuela con 3-4 cucharadas de aceite. Agrega los taquitos de jamón y rehógalos brevemente. Limpia bien los champiñones, córtalos en cuartos e incorpóralos. Cocina todo conjuntamente durante unos 5 minutos.

Pon abundante agua a cocer en una cazuela. Cuando empiece a hervir, agrega una pizca de sal, incorpora los tallarines y cuécelos durante el tiempo que indique el paquete. Escúrrelos.

Calienta 3 cucharadas de aceite en otra cazuela, añade los champiñones y los tallarines y mezcla bien.

Pon a cocer agua con un chorro de vinagre en una cazuela baja. Cuando empiece a hervir, baja el fuego y escalfa los huevos. Retíralos y escúrrelos bien.

Sirve los tallarines en una fuente, coloca encima los huevos escalfados y espolvoréalos con un poco de pimentón.

PASTA CON BUEY DE MAR

INGREDIENTES **(4 P.)**

- 300 g de pasta (tallarines, espaguetis...)
- 2 bueyes de mar
- 2 dientes de ajo
- 1 cebolla
- 1 pimiento verde
- 60 ml de *brandy*
- 200 ml de salsa de tomate (véase *Salsa de tomate*)
- 60 ml de jerez
- aceite de oliva virgen extra
- estragón
- perejil
- sal

ELABORACIÓN

Pon abundante agua a cocer en una cazuela grande. Cuando empiece a hervir, añade un puñadito de sal (50-60 g por cada litro de agua), introduce los bueyes y cuécelos durante 10-12 minutos. Retíralos y deja que se templen. Saca la carne del cuerpo y las pinzas de los bueyes (procura que no queden partes duras) y resérvala en un bol. Saca también el contenido del caparazón y resérvalo en otro bol. Limpia bien uno de los caparazones y resérvalo.

Pela los dientes de ajo y la cebolla; lava el pimiento y retírale el tallo y las semillas; pica todo finamente. Rehoga las hortalizas en una tartera (cazuela amplia y baja) hasta que se doren. Incorpora la carne de los bueyes, remueve hasta que se caliente, riega con el *brandy* y flambea. Añade unas hojas de estragón y la salsa de tomate y cocina durante 5 minutos.

Cuece la pasta en una cazuela con abundante agua y una pizca de sal durante el tiempo que se indique en el envase. Retírala, escúrrela y añádela a la cazuela. Mezcla bien y sirve en una fuente.

Pon en un bol el contenido de los caparazones, agrega el jerez y un poco de perejil picado. Mezcla y rellena el caparazón reservado. Sirve acompañando a la pasta.

CANELONES DE ESPINACAS Y PIÑONES

INGREDIENTES **(4-6 P.)**

20 placas de canelones
750 g de espinacas
100 g de piñones
1 cebolleta
250 ml de salsa de tomate (véase *Salsa de tomate*)
50 g de queso rallado
aceite de oliva virgen extra
perejil
sal

Para la salsa bechamel:

30 g de mantequilla
2 cucharadas de harina
500 ml de leche
nuez moscada
sal

ELABORACIÓN

Pon agua a calentar en una cazuela grande. Cuando empiece a hervir, sazónala y agrega las placas de canelones. Cuécelas durante el tiempo que indique el paquete. Escúrrelas, refréscalas, colócalas sobre un paño limpio de cocina y resérvalas.

Pon un poco de agua a calentar en una cazuela grande, sazónala y añade las espinacas. Escáldalas durante 2 minutos, escúrrelas bien, pícalas y resérvalas.

Prepara la bechamel (véase *Salsa bechamel*), cocínala durante 6-8 minutos, ralla encima un poco de nuez moscada y mezcla. Reserva la bechamel.

Corta la cebolleta en daditos y rehógala durante 4-5 minutos en una sartén con un chorrito de aceite. Agrega los piñones y saltéalos brevemente. Incorpora las espinacas y cocina todo durante 3-4 minutos. Añade 3 cucharadas de bechamel, mezcla bien y deja que se enfríe el relleno.

Rellena los canelones y colócalos en una fuente apta para el horno. Cúbrelos con la salsa de tomate y el resto de la bechamel, espolvoréalos con el queso rallado y hornéalos a 220 ºC durante 10 minutos.

Sirve y decora con unas hojas de perejil.

CONSEJO: Hoy hemos hecho la bechamel con mantequilla, pero perfectamente podéis hacerla con aceite de oliva.

APERITIVO ESPECIADO CRUJIENTE

INGREDIENTES **(4 P.)**

16 placas de canelones
2 cucharaditas de romero seco
1 cucharadita de *curry*
1 cucharadita de pimentón
1 cucharadita de ajo en polvo
aceite de oliva virgen extra
perejil
sal

ELABORACIÓN

Pon en 4 boles pequeños, y por separado, 1 cucharadita de romero, el *curry*, el pimentón y el ajo. Añade 2 cucharadas de aceite a cada uno y mezcla bien.

Pon a calentar en una cazuela abundante agua con una pizca de sal. Cuando el agua empiece a hervir, agrega las placas de canelones y cuécelas durante 6-8 minutos. Retíralas y deja que se templen sobre un paño limpio de cocina.

Corta las láminas en cuadrados, triángulos o rectángulos (a tu gusto) y colócalas sobre 2 bandejas de horno cubiertas con papel de hornear. Con un pincel, úntalas (a tu gusto) con los distintos aceites y espolvoréalas con el resto del romero y un poco de sal. Hornéalas a 240 ºC durante unos 6-7 minutos, hasta que estén doradas y empiecen a formar burbujas.

Retíralas y sirve. Decora los platos con unas hojas de perejil.

CONSEJO: Para elaborar este aperitivo podéis emplear las especias y hierbas aromáticas que más os gusten.

PASTA CON GUINDILLAS Y MOLLEJAS DE PATO

INGREDIENTES **(4 P.)**

400 g de pasta corta tricolor *(farfalle, fusilli...)*
20 guindillas en vinagre
10 mollejas de pato confitadas
2 huevos
100 ml de leche
aceite de oliva virgen extra
perejil picado
sal

ELABORACIÓN

Pon a cocer agua abundante en una cazuela. Cuando empiece a hervir, añade una pizca de sal e incorpora la pasta. Cuécela durante el tiempo que se indique en el envase. Escúrrela, refréscala y resérvala.

Pica la mitad de las guindillas (reserva el resto) y fríelas brevemente en una sartén con aceite. Corta las mollejas en filetes, añádelas a la sartén y saltéalas durante 1 minuto. Incorpora la pasta, mezcla y aparta del fuego.

Bate los huevos en un bol, sazona y espolvorea con perejil picado, agrega la leche y mezcla. Vierte la mezcla sobre la pasta y pásala a una fuente apta para el horno.

Hornea la pasta a 200 ºC durante 3 minutos. Retira la fuente del horno. Fríe brevemente el resto de las guindillas en una sartén con un poco de aceite, colócalas sobre la pasta y sirve.

CONSEJO: Si te gusta la pasta al dente, te recomiendo que, en recetas donde luego se gratina o se cocina con la salsa, acortes un poco el tiempo de cocción indicado por el fabricante.

PASTA CON MOLLEJITAS DE CORDERO

INGREDIENTES **(4 P.)**

200 g de pasta fresca (tallarines)
400 g de mollejas de cordero
12 ajos frescos
12 espárragos verdes
4 dientes de ajo
harina (para rebozar)
aceite de oliva virgen extra
vinagre
perejil
1 guindilla picante
sal

ELABORACIÓN

Limpia las mollejas en un recipiente con abundante agua fría y un chorrito de vinagre. Escúrrelas, sécalas bien y córtalas en trocitos. Sazónalas, pásalas por harina, ponlas en un colador y dale unos golpecitos para retirar el exceso de harina. Resérvalas.

Limpia bien los ajos tiernos. Limpia los espárragos y retírales la parte más dura. Corta los ajos y los espárragos en trozos de 2 cm y ponlos a rehogar en una sartén con un chorrito de aceite. Cocínalos durante 5-6 minutos a fuego moderado.

Pela los dientes de ajo, córtalos en láminas y ponlos a rehogar en una sartén con aceite bien caliente. Añade la guindilla cortada en aros. Incorpora las mollejas rebozadas y fríelas hasta que estén bien doradas. Retíralas a un plato con papel absorbente.

Pon abundante agua a cocer en una cazuela. Cuando empiece a hervir, añade una pizca de sal, incorpora la pasta y cuécela durante 2 minutos (o el tiempo que se indique en el envase). Escurre la pasta, incorpórala a la sartén con los ajos frescos y los espárragos y saltéala muy brevemente.

Sirve la pasta en el centro de los platos formando nidos, reparte las mollejas en los nidos y decora los platos con una ramita de perejil.

PASTA CON PURÉ DE CHAMPIÑONES Y ALCACHOFAS

INGREDIENTES **(4 P.)**

- 250 g de pasta grande (para rellenar)
- 500 g de champiñones
- 12 alcachofas
- 8 chalotas
- 1 cucharada de semillas de sésamo
- 2 dientes de ajo
- 4 lonchas de jamón
- 2 cucharadas de harina
- aceite de oliva virgen extra
- perejil
- sal

ELABORACIÓN

Limpia las alcachofas, retirándoles las hojas más duras, los tallos y las puntas, y ponlas a cocer en una cazuela con agua hirviendo y sal. Añade unas ramitas de perejil y cuece durante 15-18 minutos. Escúrrelas, córtalas por la mitad y resérvalas. Cuela el caldo de cocción y resérvalo.

Para preparar el puré, pica las chalotas y ponlas a rehogar en una sartén con un chorro de aceite. Limpia los champiñones, quitándoles bien la tierra, córtalos en cuartos, añádelos a la sartén y saltéalos durante unos 5 minutos. Pasa todo a un vaso batidor y tritura con la batidora eléctrica. Introduce el puré en una manga pastelera y resérvalo.

En una cazuela con agua hirviendo y sal, cuece la pasta durante el tiempo que se indique en el paquete (debe quedar al dente para poder rellenarla). Refréscala y escúrrela.

Rellena la pasta con el puré de champiñones y alcachofas. Unta con un poco de aceite una fuente (apta para el horno) y coloca en ella la pasta rellena. Espolvoréala con las semillas de sésamo y hornéala a 180 ºC durante 5-6 minutos.

Pela los dientes de ajo, córtalos en láminas y dóralos en una sartén con un chorro de aceite. Pica el jamón y saltéalo brevemente. Añade la harina y rehógala. Agrega poco a poco caldo de cocción de las alcachofas hasta obtener una salsa ligada. Incorpora las alcachofas reservadas y dales un hervor para que se calienten.

Sirve las alcachofas en una fuente formando un círculo, pon en el centro la salsa y, encima de esta, la pasta rellena.

PASTA SALTEADA CON FRUTOS SECOS

INGREDIENTES **(4 P.)**

- 400 g de macarrones
- 100 g de cacahuetes (pelados)
- 100 g de almendras picadas
- 100 g de maíz frito
- 2 dientes de ajo
- 2 cebolletas
- 1 pimiento verde
- 4 tomates
- aceite de oliva virgen extra
- perejil picado
- sal
- azúcar

ELABORACIÓN

Pela los dientes de ajo y las cebolletas, lava el pimiento y retírale el tallo y las semillas. Pica las hortalizas y ponlas a rehogar en una sartén con aceite. Cuando vayan cogiendo color, agrega los tomates (pelados y troceados), una pizca de sal y otra de azúcar y cocina la salsa durante 15 minutos.

Coloca el maíz frito en un vaso batidor, cúbrelo con aceite, tritúralo con una batidora eléctrica y resérvalo.

Pon a cocer abundante agua en una cazuela amplia. Cuando empiece a hervir, sazónala, agrega los macarrones y cuécelos durante 12 minutos (o el tiempo que se indique en el envase). Escúrrelos y resérvalos.

Tuesta los cacahuetes y las almendras en una sartén con un poco de aceite. Incorpora la pasta y espolvoréala con perejil picado. Mezcla bien y saltea muy brevemente.

Pon la salsa de tomate en el fondo de una fuente y los macarrones encima. Riega con el aceite de maíz frito y sirve.

BOCADOS DE MORCILLA

INGREDIENTES **(4 P.)**

4 hojas de pasta *brick*

1 morcilla de verduras

250 ml de salsa de tomate (normal o picante) (véase *Salsa de tomate*)

perejil

ELABORACIÓN

Pon a calentar abundante agua en una cazuela. Introduce la morcilla y cuécela durante 20 minutos. Sácala del agua y retírale la piel.

Corta las hojas de pasta *brick* por la mitad. Pon una pequeña porción de morcilla en uno de los extremos de cada trozo de pasta *brick* y enróllalas (cubriendo la morcilla) hasta formar 8 rollitos.

Colócalos sobre una bandeja de horno cubierta con papel de hornear y hornéalos a 200 ºC durante 10-12 minutos, hasta que se doren.

Para servir, coloca 2 bocados de morcilla y un poco de salsa de tomate en cada plato. Decora con unas hojas de perejil.

CONSEJO: La morcilla es perfecta para degustar como entrante con un poco de pan a modo de *pintxo*, como relleno de pimientos rojos o en croqueta, así como para acompañar a las legumbres.

PALMERITAS SALADAS

INGREDIENTES **(4 P.)**

1 lámina de hojaldre rectangular

50 g de aceitunas negras (sin hueso)

50 g de aceitunas verdes (sin hueso)

4 tomates secos hidratados en aceite

100 g de *tapenade* de aceitunas negras

2 lonchas de jamón serrano (80 g)

1 cucharada de orégano

perejil

ELABORACIÓN

Pica las aceitunas verdes y las negras finamente (sin que lleguen a convertirse en una pasta). Pica los tomates secos y el jamón y resérvalos por separado.

Extiende el hojaldre y cubre una tercera parte con las aceitunas picadas; otra tercera parte con la *tapenade* y la otra con el jamón picado (deja los bordes del hojaldre sin cubrir). Salpica las partes cubiertas de *tapenade* y de jamón con los tomates picados y espolvorea todo con el orégano.

Para dar forma a las palmeritas, enrolla los dos lados largos (ayudándote con el papel del hojaldre) hacia el centro hasta que se junten. Córtalo en rodajas de 1 cm y extiende las palmeritas sobre una bandeja de horno cubierta con papel de hornear. Hornéalas a 190 ºC durante 15 minutos.

Sirve y decora los platos con unas hojas de perejil.

CONSEJO: Las palmeritas admiten todo tipo de ingredientes: desde dulces a salados. Solo tenéis que combinarlos según vuestros gustos.

TALLARINES CASEROS CON LOMO Y BRÓCOLI

INGREDIENTES **(4 P.)**

600 g de lomo de cerdo
1 brócoli
2 cucharadas de harina
400 ml de caldo de pollo
aceite de oliva virgen extra
pimienta negra
1 cucharadita de *curry*
sal

Para la masa:

300 g de harina + 50 g para estirar y espolvorear
2 huevos
4 yemas
2 cucharaditas de aceite de oliva virgen extra
1 pizca de sal

ELABORACIÓN

Para preparar la masa, pon en un bol la harina, los huevos, las yemas, la sal y el aceite. Mezcla todo y colócalo sobre una superficie lisa. Amasa con las manos hasta conseguir una masa homogénea. Si queda pegajosa, añade un poco de harina, hasta conseguir la consistencia deseada. Deja reposar durante 1 hora.

Corta trozos pequeños de masa y estíralos con la máquina de hacer pasta hasta que quede muy fina. Pasa las láminas de pasta por el cortador de tallarines. A medida que vayas cortando la pasta, junta varias tiras formando nidos, colócalos en una fuente espolvoreada con un poco de harina y espolvoréalos con otro poco de harina.

Pon a hervir abundante agua con sal en una cazuela grande. Añade un chorrito de aceite y cuece la pasta durante 1 o 2 minutos. Escurre y reserva.

Separa los ramilletes del brócoli y cuécelos en una cazuela con abundante agua hirviendo con sal durante 5 minutos. Escúrrelos y resérvalos.

Corta el lomo en dados, salpiméntalo y rehógalo en una sartén con un chorrito de aceite. Cuando empiece a dorarse, añade la harina y rehógala. Agrega el *curry* y el caldo y deja que hierva durante 2-3 minutos. Incorpora la pasta y deja que se cocine a fuego suave durante 1-2 minutos.

Sirve la pasta con su salsa en los platos y coloca unos ramilletes de brócoli alrededor.

PIZZALCHICHAS

INGREDIENTES **(4 P.)**

20 salchichas de cóctel
2 cucharadas de mostaza
3-4 cucharadas de salsa de tomate (véase *Salsa de tomate*)
50 g de queso semicurado rallado
1 huevo batido
1 rama de perejil

Para la masa:

300 g de harina + 50 g para estirar
30 g de levadura de panadería
150 ml de agua templada
1 pizca de sal

ELABORACIÓN

Mezcla en un bol la harina, la levadura desmenuzada y la sal. Agrega el agua poco a poco y amasa bien. Forma una bola, cúbrela con un paño de cocina limpio y deja que fermente durante 45 minutos, hasta que duplique su volumen.

Espolvorea la superficie de trabajo con harina y estira la masa con un rodillo.

Coloca la lámina de masa sobre papel de hornear, cúbrela con la mostaza y la salsa de tomate y extiéndelas bien.

Corta la masa en 20 rectángulos, coloca 1 salchicha en cada uno y espolvoréalas con el queso rallado. Envuelve cada salchicha en su rectángulo de masa y hazles dos cortes en la parte superior.

Pinta con huevo batido cada rollito y hornéalos a 200 ºC durante unos 12 minutos.

Sirve las *pizzalchichas* en una fuente y decora con la rama de perejil.

PASTA NEGRA CON CHAMPIÑONES Y GAMBAS

INGREDIENTES **(4 P.)**

250 g de champiñones
300 g de gambas peladas
3 dientes de ajo
aceite de oliva virgen extra
¼ de guindilla picante
perejil
sal

Para la masa:

300 g de harina + 50 g para estirar y espolvorear
tinta de calamar (3 bolsitas)
3 huevos
1 cucharada de aceite de oliva virgen extra
1 pizca de sal

ELABORACIÓN

Para preparar la masa, pon en un cuenco la harina, la tinta de calamar, la sal, los huevos y el aceite. Amasa con las manos hasta conseguir una masa homogénea (es conveniente utilizar guantes de látex para que no se tiñan las manos con la tinta). Déjala reposar durante 1 hora.

Corta la masa en 8 trozos, redondéalos, pásalos por harina y estíralos un poco. Pásalos por la máquina para hacer pasta hasta que queden muy finos. Pasa las láminas de masa por el cortador de tallarines (si no tienes máquina para hacer y cortar pasta, puedes estirar los trozos de pasta con un rodillo, hacer con ellos unos rollitos y cortarlos en rodajas). A medida que vayas cortando la pasta, junta varias tiras formando nidos, colócalos en una fuente espolvoreada con un poco de harina y espolvoréalos con otro poco de harina.

Cuece la pasta en agua hirviendo y sal durante 2-3 minutos. Escúrrela, refréscala con agua fría y resérvala.

Pela los dientes de ajo, córtalos en láminas y dóralos en una sartén con un chorrito de aceite. Añade la guindilla. Limpia bien los champiñones, córtalos en cuartos y agrégalos a la sartén. Sazona y cocina durante unos 5 minutos. Añade las gambas y saltea. Retira la guindilla de la sartén, incorpora la pasta, mezcla bien y saltea brevemente el conjunto.

Sirve la pasta en una fuente y decora con una ramita de perejil.

TALLARINES CON HUEVO Y QUESO

INGREDIENTES **(4 P.)**

350 g de pasta fresca (tallarines)
4 huevos
80 g de *mousse* de queso fresco
30 g de emmental rallado
500 ml de nata
40 g de almendras fileteadas
4 tomates
aceite de oliva virgen extra
perejil picado
sal

ELABORACIÓN

Cuece la pasta en una cazuela con abundante agua hirviendo y una pizca de sal durante el tiempo que se indique en el envase. Escúrrela, refréscala y resérvala.

Para preparar la salsa, pon la nata, la *mousse* de queso y el emmental rallado en otra cazuela y deja que reduzca.

En una sartén con un poco de aceite, dora las almendras fileteadas. Agrega los tallarines y saltéalos brevemente.

En una fuente amplia (apta para el horno), forma 4 nidos con los tallarines, casca 1 huevo sobre cada nido y vierte sobre los huevos un poco de la salsa de queso. Introdúcelos en el horno y gratínalos durante 3-4 minutos.

Lava los tomates, retírales la parte superior, córtalos en rodajas gruesas y fríelas en una sartén con aceite durante 2-3 minutos por cada lado.

Sirve los nidos de tallarines con las rodajas de tomate fritas alrededor y espolvorea con perejil picado.

PICA DE PUERRO

INGREDIENTES **(4 P.)**

1 puerro
2 láminas de pasta filo
50 ml de nata
10 g de azúcar moreno
perejil

ELABORACIÓN

Mezcla en un bol la nata con el azúcar moreno.

Limpia el puerro, córtalo en juliana fina y resérvalo.

Corta la pasta filo en 32 rectángulos y extiende 16 sobre 2 bandejas de horno cubiertas con papel de hornear.

Con ayuda de un pincel, pinta los rectángulos de pasta filo con la mezcla de nata y azúcar. Pon sobre cada uno unas tiras de puerro y, en el centro, un palillo largo de brocheta, de manera que sobresalga (como si fuera el palillo de una piruleta) del rectángulo de pasta filo.

Pinta los otros 16 rectángulos de pasta filo con la mezcla de nata y azúcar, y colócalos sobre los que están en las bandejas de horno. Presiónalos un poco con las manos y píntalos con un poco más de la mezcla de nata y azúcar.

Hornéalos a 200 ºC hasta que se doren (8-10 minutos aprox.).

Sirve y adorna con unas hojas de perejil.

CONSEJO: Cuando horneéis las picas de puerro, os recomiendo que no os alejéis del horno porque, en cuanto empiezan a dorarse, se queman rápidamente.

HUEVOS

RI
CO
RI
CO

BRICK DE HUEVOS CON JAMÓN Y SETAS

INGREDIENTES **(4 P.)**

4 huevos
4 hojas de pasta *brick*
4 lonchas gruesas de jamón
350 g de setas de cardo
2 patatas
400 g de salsa de tomate (véase *Salsa de tomate*)
aceite de oliva virgen extra
perejil
sal

ELABORACIÓN

Para hacer el relleno, pica el jamón y dóralo en una sartén con un chorrito de aceite. Limpia las setas, pícalas, añádelas a la sartén y cocina a fuego moderado durante 4-5 minutos. Retira el exceso de aceite y reserva.

Para hacer los *bricks*, coloca 1 hoja de pasta *brick* sobre un plato y pon encima la ¼ parte del relleno. Casca 1 huevo, ponlo en el centro del relleno y cierra con la pasta *brick* (en forma de paquetito). Fríelo por los dos lados en una sartén con aceite muy caliente hasta que quede bien dorado y retíralo a una fuente con papel absorbente para eliminar el exceso de aceite. Haz lo mismo con las otras 3 hojas de pasta *brick*. Reserva los paquetitos.

Pela las patatas, córtalas en rodajas muy finas (con ayuda de un pelador) y fríelas en una sartén con abundante aceite caliente. Retíralas a una fuente con papel absorbente, sazónalas y espolvoréalas con perejil picado. Resérvalas.

Pon a calentar en un cazo la salsa de tomate. Pon en cada plato 1 cucharada de salsa de tomate, coloca encima las patatas y, al otro lado del plato, 1 *brick* abierto por la mitad. Decora con una ramita de perejil y sirve.

FLAN DE ZANAHORIA Y QUESO CON CREMA DE JUDÍAS VERDES

INGREDIENTES **(6 P.)**

6 huevos
1 cebolla
800 g de zanahorias
250 g de queso
200 ml de leche
200 ml de nata
1 patata
200 g de judías verdes
pan rallado (para el molde)
aceite de oliva virgen extra
pimienta negra
nuez moscada
sal

ELABORACIÓN

Pela y pica la cebolla y ponla a pochar en una sartén con un chorrito de aceite. Pela las zanahorias, córtalas en rodajas finas y agrégalas a la sartén. Rehoga las hortalizas durante 10-12 minutos. Escurre y reserva.

Corta en dados el queso y colócalo en un cuenco. Añade los huevos y bátelos. Mezcla con la leche y la nata y condimenta con sal, pimienta y nuez moscada. Agrega las zanahorias y la cebolla rehogadas (bien escurridas).

Cubre con una lámina de papel de hornear la base de un molde rectangular y deja que sobresalga por los extremos. Unta el molde con aceite y espolvoréalo con pan rallado repartiéndolo bien por las paredes. Vierte en el molde la crema con las hortalizas y hornea al baño maría a 180 ºC durante 35-40 minutos. Deja templar.

Pela la patata, trocéala y ponla a cocer en una cazuela pequeña con un poco de agua y sal. Limpia las judías, retírales los hilos y las puntas, trocéalas y añádelas a la cazuela. Deja cocer durante 12-15 minutos. Tritura, cuela y reserva la crema.

Desmolda el flan y córtalo en porciones. Pon un poco de crema de judías en el fondo de un plato y coloca encima una porción de flan. Decora con una hojita de perejil y sirve.

HUEVOS CON BECHAMEL DE QUESO Y ESPINACAS

INGREDIENTES **(4 P.)**

5 huevos
100 g de queso de oveja curado
200 g de espinacas
1-2 láminas de hojaldre
60 g de harina
600 ml de leche
aceite de oliva virgen extra
perejil
sal

ELABORACIÓN

Con un cortapastas redondo, corta 4 discos de hojaldre y extiéndelos sobre una bandeja cubierta con papel de hornear. Corta también 4 aros del mismo tamaño y colócalos sobre los discos. Pincha las bases con un tenedor. Úntalos con 1 huevo batido y hornéalos a 200 ºC durante 15 minutos. Retira y espera a que se templen. Con una puntilla, bordéalos por la parte interior y retírales el hojaldre (de la parte central) que haya subido, procurando no romper los círculos.

Calienta 60 ml de aceite en una cazuela. Agrega la harina y rehógala bien. Añade la leche poco a poco sin dejar de remover. Sazona y cocina los ingredientes durante 6-8 minutos. Limpia las espinacas, pícalas e incorpóralas. Cocínalas con la bechamel durante 2 minutos y tritura. Ralla el queso encima y mezcla bien.

Calienta agua en una tartera (cazuela amplia y baja) y sazónala. Casca los otros 4 huevos, agrégalos y escálfalos durante 3 minutos aproximadamente. Retíralos a un plato.

Rellena los hojaldres con la bechamel de queso y espinacas, coloca 1 huevo encima de cada uno y sazónalos.

Sirve y acompaña con las tapas de hojaldre. Decora los platos con unas hojas de perejil.

CONSEJO: No es conveniente lavar los huevos antes de guardarlos en el frigorífico porque puede favorecer la contaminación microbiana.

HUEVO ESCALFADO CON MORCILLA Y PIMIENTOS

INGREDIENTES **(4 P.)**

4 huevos
2 morcillas de arroz
16 pimientos del piquillo
4 rebanadas de pan de molde
aceite de oliva virgen extra
vinagre
perejil
sal
azúcar

ELABORACIÓN

Corta los pimientos en juliana fina y ponlos a pochar en una sartén con un chorrito de aceite. Condimenta con una pizca de sal y otra de azúcar y deja que se cocinen a fuego suave durante 10-15 minutos.

Corta un cuadrado en las rebanadas de pan con la ayuda de un cortapastas. Fríe las rebanadas y los cuadrados de pan en una sartén con aceite bien caliente. Retíralos a un plato con papel absorbente para que absorba el exceso de aceite.

Retira la piel de la morcilla, córtala en rodajas de distinto grosor y ponlas a freír en una sartén con aceite. Deja que se cocinen a fuego moderado hasta que estén bien doraditas. Escúrrelas y resérvalas.

Pon agua abundante a calentar en una cazuela ancha. Añade un chorrito de vinagre y, cuando esté a punto de hervir, casca los huevos, añádelos y deja que se escalfen durante 4 minutos.

Coloca 1 huevo escalfado en el centro de un plato, pon al lado la rebanada de pan frito y rellena los huecos con tiras de pimiento. Pon la morcilla frita al otro lado y decora el plato con los cuadrados de pan frito y una hojita de perejil. Sirve.

HOMENAJE AL HUEVO

INGREDIENTES **(4 P.)**

4 huevos
1 cebolla
1 pimiento verde
4 dientes de ajo
2 patatas
4 pimientos del piquillo
1 morcilla de arroz
aceite de oliva virgen extra
perejil picado
sal

ELABORACIÓN

Pela la cebolla y córtala en juliana. Limpia el pimiento verde, retírale el tallo y las semillas y córtalo del mismo modo. Pela 2 dientes de ajo y córtalos en láminas. Rehoga todo (mientras preparas las patatas) en una sartén con un buen chorro de aceite. Pela las patatas, córtalas en rodajas y añádelas a la sartén. Sazona y fríe todo durante 15-20 minutos. Retira el exceso de aceite y mantén las patatas en la sartén a fuego mínimo para que se conserven calientes.

Pela los otros 2 dientes de ajo, pícalos y dóralos en una sartén con un chorrito de aceite. Corta los pimientos del piquillo en tiras, añádelos a la sartén y cocínalos durante 5 minutos. Quita la piel a la morcilla, incorpórala y mezcla con un tenedor para que se deshaga bien la morcilla. Cocina hasta que la morcilla esté bien doradita.

Para escalfar los huevos, calienta en una cazuela abundante agua y, cuando esté a punto de hervir, casca los huevos y añádelos. Deja cocer durante 3-4 minutos a fuego mínimo. Retira los huevos a una fuente y sazónalos.

Sirve en la base de un molde una capa de patatas (presiona un poco con ayuda de una cuchara), añade una capa de morcilla con pimientos (presiona con la cuchara), termina con otra capa de patatas (presiona) y retira el molde. Coloca encima 1 huevo escalfado. Haz un corte en la yema y espolvorea con perejil picado. Repite el proceso con los otros 3 huevos y el resto de los ingredientes y sirve.

HUEVOS CON CHAMPIÑONES Y PANCETA

INGREDIENTES **(4 P.)**

4 huevos

1 cebolla

1 puerro

100 g de panceta ahumada

250 g de champiñones

125 ml de vino blanco

375 ml de caldo de carne

1 cucharada de harina de maíz refinada

aceite de oliva virgen extra

sal

perejil

ELABORACIÓN

Pela la cebolla y limpia el puerro. Pica la cebolla y el puerro (limpio) en dados y rehógalos durante 5 minutos en una tartera (cazuela amplia y baja) con un chorrito de aceite. Corta la panceta en dados, agrégalos y sigue rehogando todo durante 3-4 minutos más.

Retira la parte inferior de los champiñones, enjuaga, seca, córtalos en láminas e incorpóralos. Sazona y rehoga todo durante 5 minutos más.

Diluye la harina de maíz refinada en el vino blanco y agrega la mezcla a la tartera. Añade también el caldo y cocina todo durante 3-4 minutos.

Casca los huevos encima e introduce la tartera en el horno a 220 ºC durante 6-7 minutos aproximadamente. Mientras se hornean es importante no alejarse del horno no vaya a ser que se sequen.

Sirve y decora los platos con unas hojas de perejil.

CONSEJO: Es importante limpiar bien los champiñones, no vaya a ser que les quede algún resto de tierra y os estropeen el plato.

HUEVOS A LA REINA CON CHAMPIÑONES

INGREDIENTES **(4 P.)**

4 huevos
200 g de champiñones
1 cebolla
200 g de jamón serrano
1 cucharada de harina
125 ml de vino blanco seco
250 ml de leche
250 ml de salsa de tomate (véase *Salsa de tomate*)
4 cucharadas de nata
4 rebanadas de pan de molde
aceite de oliva virgen extra
perejil
nuez moscada
sal

ELABORACIÓN

Para hacer el relleno, pela la cebolla, pícala y dórala en una sartén con un chorrito de aceite. Limpia los champiñones, córtalos en láminas y añádelos a la sartén. Corta el jamón en taquitos e incorpóralo. Agrega la harina y rehógala. Vierte encima el vino, la leche, la salsa de tomate y la nata y deja hervir durante 5-6 minutos. Ralla una pizca de nuez moscada por encima, sazona y reserva.

Retira los bordes a las rebanadas de pan, córtalas por la mitad (en triángulos) y fríelas en una sartén con abundante aceite. Retira los triángulos de pan a una fuente con papel absorbente para eliminar el exceso de aceite. Resérvalos.

Reparte el relleno en 4 recipientes aptos para el horno y casca 1 huevo encima de cada recipiente. Sazona, introduce en el horno y gratina durante 4-5 minutos.

Sirve los huevos acompañados por 2 triángulos de pan frito y una ramita de perejil.

HUEVOS AL GRATÉN CON MOLLEJAS DE PATO

INGREDIENTES **(4 P.)**

4 huevos
4 mollejas de pato confitadas
30 ajos frescos
4 cebolletas
1 pimiento verde
2 cucharadas de harina
500 ml de leche
aceite de oliva virgen extra
perejil
pimienta
sal

ELABORACIÓN

Limpia los ajos y córtalos en tiras finas. Escáldalos en una cazuela con agua hirviendo durante 2 minutos. Escúrrelos.

Pela las cebolletas y córtalas en 8 a lo largo. Retira el tallo y las semillas al pimiento y córtalo en tiras. Limpia de grasa las mollejas de pato y córtalas en láminas. Pon a dorar las cebolletas y el pimiento en una cazuela apta para el horno con 3 cucharadas de aceite. Cuando estén dorados, añade los ajos frescos y las mollejas y rehógalos brevemente. Reserva todo en la cazuela.

Pon 4 cucharadas de aceite en una cazuela. Cuando se caliente, agrega la harina y rehógala brevemente. Añade la leche poco a poco sin dejar de mezclar. Salpimienta.

Cubre con la bechamel las hortalizas con las mollejas, casca encima 4 huevos, introduce la cazuela en el horno y gratina durante 3 minutos. Decora con una ramita de perejil y sirve.

HUEVOS ESCALFADOS CON PISTO

INGREDIENTES **(4 P.)**

8 huevos
4 dientes de ajo
2 cebolletas
1 pimiento verde
2 calabacines
2 tomates
½ hogaza pequeña de pan
aceite de oliva virgen extra
perejil
comino (opcional)
sal

ELABORACIÓN

Golpea los dientes de ajo, pélalos, córtalos en láminas y rehógalos en una tartera (cazuela amplia y baja) con un chorrito de aceite. Corta las cebolletas en juliana fina y agrégalas. Retira el tallo y las semillas del pimiento, córtalo en dados grandes y añádelo. Lava los calabacines, córtalos en cuartos de luna e incorpóralos. Sazona y cocina las verduras durante 25 minutos.

Lava los tomates, pélalos, córtalos en dados y agrégalos a la tartera. Añade una pizca de comino y cocina el pisto durante 10-15 minutos más.

Calienta abundante agua en una tartera. Cuando empiece a hervir, casca los huevos y agrégalos. Baja el fuego y escálfalos (cuécelos) durante 2-3 minutos. Retíralos, escúrrelos bien y sazónalos.

Sirve en cada plato una porción de pisto, 2 huevos y 1 rebanada de pan. Decora los platos con unas hojas de perejil.

CONSEJO: El pisto no tiene por qué llevar mucho aceite, por lo que resulta un plato muy saludable y con pocas calorías, perfecto para que toda la familia consuma hortalizas.

HUEVOS ESCALFADOS Y GRATINADOS

INGREDIENTES **(4 P.)**

4 huevos
2-3 patatas
3 cucharadas de salsa de tomate (véase *Salsa de tomate*)
100-150 ml de leche
16 pimientos del piquillo
4 rebanadas de pan de molde
aceite de oliva virgen extra
perejil
pimienta
sal

ELABORACIÓN

Pon las patatas en un bol, tápalas con film transparente y cocínalas en el microondas durante 8-12 minutos (4 minutos por patata). Pélalas, trocéalas y ponlas en un bol. Aplástalas con un tenedor o con el machacador de patatas, añade la salsa de tomate y la leche, salpimienta y mezcla bien. Reserva el puré.

Pon a calentar un poco de aceite en una sartén, agrega los pimientos del piquillo, sazónalos y cocínalos durante 10-12 minutos.

Corta (con un cortapastas redondo) y retira un círculo de cada rebanada de pan, ponlas sobre una bandeja de horno y tuéstalas en el horno. Retira la bandeja del horno y reserva las rebanadas de pan.

Pon a calentar agua en una cazuela. Cuando empiece a hervir, casca los huevos, añádelos y baja un poco el fuego. Escálfalos brevemente, durante 1-2 minutos. Escúrrelos bien y coloca 1 huevo sobre cada agujero de cada rebanada de pan.

Napa los huevos con el puré y gratínalos brevemente en el horno hasta que se doren.

Sirve 1 huevo y 4 pimientos en cada plato. Decóralos con unas hojas de perejil.

CONSEJO: Si no tenéis microondas, podéis cocer las patatas en una cazuela con agua durante 25-30 minutos.

REVUELTO DE PATATA Y BERENJENA

INGREDIENTES **(4 P.)**

8 huevos
4 patatas
1 berenjena
2 cebolletas
2 dientes de ajo
75 g de jamón serrano
2 rebanadas de pan de molde
aceite de oliva virgen extra
perejil picado
pimentón
sal

ELABORACIÓN

Pela las patatas, córtalas en dados, sazónalas y fríelas en una sartén con aceite. Escúrrelas y resérvalas.

Pela las cebolletas y los ajos, pícalos y póchalos (6-8 minutos) en una sartén con un poco de aceite. Corta el jamón en dados, añádelos a la sartén y rehoga brevemente.

Corta la berenjena en medias lunas, extiéndelas en un plato, sazónalas y deja que suden durante 15 minutos. Sécalas y agrégalas a la sartén de las hortalizas con jamón y cocínalas durante 5 minutos. Incorpora las patatas fritas.

Coloca 6 huevos y 2 claras (reserva las otras 2 yemas) en un bol grande, sazona, añade un poco de perejil picado y bate bien. Vierte los huevos en la sartén y cocínalos hasta conseguir el punto deseado. Pásalos a una fuente grande.

Retira la corteza de las rebanadas de pan, corta cada una en 4 triángulos y fríelos en una sartén con un poco de aceite. Escúrrelos sobre un plato forrado con papel absorbente. Colócalos alrededor del revuelto.

Añade un poco de pimentón a las yemas reservadas anteriormente, bátelas bien y riega con ellas el revuelto. Sirve.

REVUELTO DE CECINA Y QUESO CON SALSAS DE PIMIENTO

INGREDIENTES **(4 P.)**

8 huevos
100 g de cecina
100 g de queso
2 pimientos morrones verdes
2 pimientos morrones amarillos
aceite de oliva virgen extra
perejil picado
sal

ELABORACIÓN

Limpia los pimientos, retírales los tallos y las semillas, pícalos y reserva por separado los verdes y los amarillos.

Pon los morrones verdes a pochar en una cazuela pequeña con un chorrito de aceite. Agrega 200 ml de agua, sazona y deja que se cocinen durante 15-20 minutos. Tritura con una batidora eléctrica, cuela y reserva la salsa.

Pon los morrones amarillos a pochar en una cazuela pequeña con un chorrito de aceite. Agrega 200 ml de agua, sazona y deja que se cocinen durante 15-20 minutos. Tritura con una batidora eléctrica, cuela y reserva la salsa.

Corta el queso en dados y resérvalo. Casca los huevos en un bol, sazónalos y bátelos.

Calienta una sartén con un poco de aceite, vierte encima los huevos batidos y remueve. Añade el queso, mezcla bien y vuelca esta mezcla en otro cuenco sumergido en una cazuela con agua caliente. Cocina al baño maría, removiendo, durante 10 minutos aproximadamente, hasta que el revuelto esté en su punto.

Pica la cecina finamente, incorpórala al revuelto y espolvorea con perejil picado al gusto.

Sirve el revuelto acompañado de las salsas de pimiento verde y amarillo y decora con una rama de perejil.

REVUELTO DE PATATAS Y MOLLEJAS

INGREDIENTES **(4 P.)**

6 huevos
4 patatas
6 mollejas de pato
1 cebolleta
1 pimiento verde
12 ajos frescos
2 rebanadas de pan de molde
25 g de mantequilla
aceite de oliva virgen extra
perejil picado
sal

ELABORACIÓN

Separa las mollejas de la grasa y pon esta a calentar.

Pela las patatas, córtalas en dados y fríelas en una sartén con la grasa de pato hasta que cojan un poco de color. Retíralas y resérvalas.

Pela la cebolleta, pícala e incorpórala a la sartén donde has frito las patatas. Lava el pimiento, retírale el tallo y las semillas y agrégalo. Cocina durante 8 minutos. Limpia los ajos frescos, pícalos y añádelos. Pica también las mollejas e incorpóralas. Cocina todo junto durante 3 minutos.

Coloca las patatas nuevamente en la sartén, agrega los huevos, sazona, espolvorea con perejil picado, mezcla bien y cocina el revuelto hasta que esté a tu gusto.

Retira la corteza de las rebanadas de pan, corta cada una en 4 triángulos y fríelos en una sartén con aceite. Cuando estén dorados, sácalos y escúrrelos. Unta una de las puntas de cada triángulo con mantequilla y pásalas por perejil picado.

Sirve el revuelto en una fuente amplia y acompaña con los triángulos de pan frito.

REVUELTO DE CHAMPIÑONES CON MIGAS

INGREDIENTES **(4 P.)**

8 huevos
200 g de champiñones
1 cebolleta
1 pimiento verde
100 g de panceta ibérica
2 dientes de ajo
½ hogaza de pan duro
aceite de oliva virgen extra
perejil
sal

ELABORACIÓN

Pela la cebolleta, lava el pimiento y retírale los tallos y las semillas. Pícalos y rehógalos durante 10 minutos en una sartén con un chorrito de aceite. Sazona. Limpia los champiñones, córtalos en 4, añádelos a la sartén y rehógalos durante 3-4 minutos.

Casca los huevos, ponlos en un cuenco, añade una pizca de sal y perejil picado y bátelos. Incorpora las hortalizas y los champiñones rehogados y mezcla.

Sumerge el cuenco en una cazuela con agua caliente y cocina al baño maría, removiendo, durante 10 minutos.

Corta la tocineta en taquitos y fríela en una cazuela. Pela los dientes de ajo, córtalos en láminas e incorpóralos a la cazuela. Corta el pan finamente, agrégalo y cocina todo junto durante 5-6 minutos.

Sirve las migas a un lado del plato y el revuelto en el otro y decora con una ramita de perejil.

REVUELTO DE ANCHOAS CON TOMATITOS

INGREDIENTES **(4 P.)**

8 huevos
500 g de anchoas (boquerones)
20 tomates cherry
3 dientes de ajo
2 cebolletas grandes
1 trocito de guindilla
aceite de oliva virgen extra
perejil
sal

ELABORACIÓN

Limpia las anchoas, retirándoles cabeza, vísceras y espina central. Reserva los lomos en un plato.

Pela 2 dientes de ajo, córtalos en daditos y ponlos a rehogar en una sartén con un chorrito de aceite. Retira la primera capa de las cebolletas, córtalas en juliana fina y añádelas. Añade la guindilla, sazona y cocina las hortalizas a fuego suave durante 6-8 minutos.

Retira la guindilla de la sartén. Sazona las anchoas, agrégalas y saltéalas brevemente.

Casca los huevos y ponlos en un bol, sazónalos y agrégales un poco de perejil picado. Vierte los huevos en la sartén de las anchoas y cuaja el revuelto a fuego suave.

Pela el otro diente de ajo, córtalo en daditos y rehógalo en una sartén con un chorrito de aceite. Lava los tomates e incorpóralos. Sazónalos y cocínalos durante 4-5 minutos.

Reparte el revuelto y los tomates cherry en 4 platos. Adórnalos con unas hojas de perejil.

CONSEJO: Para comprobar si un huevo está fresco, introdúcelo en un bol con agua. Si flota, indicará que no está muy fresco; en cambio, si se va al fondo, estará perfecto para su consumo.

REVUELTO DE SALMÓN Y AJOS FRESCOS

INGREDIENTES **(4 P.)**

8 huevos
300 g de salmón fresco
16 ajos frescos
8 rebanadas de pan tostadas
aceite de oliva virgen extra
perejil
pimienta
sal

ELABORACIÓN

Retira la parte inferior y superior de los ajos frescos, elimínales la primera capa y córtalos en cilindros. Rehógalos a fuego suave durante 5-6 minutos en una sartén con un chorrito de aceite.

Retira la piel del salmón, córtalo en dados y añádelo a la sartén. Salpimiéntalo y cocínalo brevemente (3 minutos).

Casca los huevos, ponlos en un bol y bátelos. Sazona y agrega un poco de perejil picado. Bate todo bien y viértelos en la sartén donde están los ajos y el salmón. Remueve los ingredientes y cuájalos a tu gusto.

Sirve el revuelto en 4 platos.

Unta una punta de cada rebanada de pan en un bol con un poco de aceite y después en un bol con perejil picado. Pon 2 rebanadas de pan tostado en cada plato.

CONSEJO: El punto del cuajado del huevo lo dejo a vuestro gusto. A mí personalmente me gusta que quede muy jugoso.

ROLLITOS DE TORTILLA CON ESPINACAS Y QUESO

INGREDIENTES **(4 P.)**

8 huevos
200 g de espinacas
100 g de queso
2 cebolletas
1 cucharada de semillas de sésamo
aceite de oliva virgen extra
perejil
sal

ELABORACIÓN

Pela las cebolletas, pícalas y ponlas a pochar en una sartén con un chorrito de aceite. Rehógalas a fuego suave durante 10 minutos. Retira el tallo de las hojas de espinacas, córtalas en juliana y añádelas a la sartén. Rehoga brevemente, durante 2-3 minutos. Escurre y reserva.

Corta el queso en 8 bastoncitos y resérvalos.

Bate los huevos, añade una pizca de sal y haz 4 tortillas (tipo crepe). Reparte la mezcla de cebolleta y espinacas sobre las tortillas. Coloca en el centro de cada tortilla 1 bastoncito de queso y enróllalas. Pasa los 4 rollitos a una fuente apta para el horno.

Reboza los otros 4 bastoncitos de queso en el sésamo y coloca 1 encima de cada tortilla. Hornea a 220º C durante 4-5 minutos.

Sirve 1 rollito en cada plato, pártelos por la mitad y decóralos con una ramita de perejil.

TORTILLA DE CHIPS CON MORRONES ASADOS

INGREDIENTES **(4 P.)**

8 huevos
1 bolsa de patatas chip (150 g)
3 pimientos morrones rojos
2 dientes de ajo
aceite de oliva virgen extra
perejil
sal
azúcar

ELABORACIÓN

Lava los pimientos y colócalos (mojados) en una bandeja apta para el horno. Rocíalos con un chorro de aceite, sazónalos y hornéalos a 180 ºC durante 30 minutos. Déjalos templar. Pélalos, retira las pepitas y córtalos en tiras finas. Reserva.

Pela los dientes de ajo, córtalos en láminas y dóralos en una sartén con un chorro de aceite. Incorpora los pimientos, añade una pizca de sal y otra de azúcar y deja cocinar a fuego suave durante 10-12 minutos. Reserva.

Casca 2 huevos, ponlos en un bol, sazónalos, añade una gota de aceite y bátelos con una varilla (hasta que los huevos se monten un poco). Agrega 2 puñaditos de patatas chip, estrujándolas un poco con las manos (sin romperlas del todo), al bol y mezcla.

Calienta una sartén con una gota de aceite y vierte en ella la mezcla de huevo y patatas. Cuaja por los dos lados y deja el interior bien jugoso. Haz otras 3 tortillas de esta manera.

Sirve en cada plato 1 tortilla, acompáñalas con los pimientos y decora con una ramita de perejil.

TORTILLITAS DE SAN JOSÉ

INGREDIENTES **(4-6 P.)**

4 huevos
4 dientes de ajo
70 g de pan rallado
1 cebolla
1 tomate
500 ml de caldo de ave
aceite de oliva virgen extra
perejil
unas hebras de azafrán
1 cucharadita de pimentón (al gusto)
sal

ELABORACIÓN

Bate los huevos en un cuenco y sazónalos. Pela 2 dientes de ajo, pícalos y añádelos al cuenco. Agrega abundante perejil picado. Incorpora 60 g de pan rallado poco a poco mientras bates hasta que quede una masa un poco espesa (debe quedar con textura pastosa, que no se desparrame ni se quede muy dura al ponerla en el aceite).

Con la ayuda de dos cucharas, haz pequeñas bolitas con la masa e introdúcelas en una sartén con un buen chorro de aceite hirviendo. Fríelas a fuego medio durante 3-4 minutos, hasta que queden doradas por fuera y cocinadas por dentro. Retíralas y resérvalas en una fuente con papel absorbente para eliminar el exceso de aceite. Cuela el aceite y resérvalo en un vaso.

Pela los otros 2 dientes de ajo, pícalos y dóralos en una cazuela con un chorrito del aceite reservado. Pela la cebolla, pícala, agrégala y deja que se poche bien. Añade el azafrán y el pimentón. Pela el tomate, córtalo en daditos, incorpóralo a la cazuela y rehógalo durante 5 minutos. Vierte encima el caldo y dale un hervor. Agrega el pan rallado restante (10 g) poco a poco para que espese un poco la salsa.

Introduce las tortillitas en la salsa y cocínalas durante 2-3 minutos.

Sirve las tortillitas en un plato, salséalas y decora con una ramita de perejil.

TORTILLA DE GUISANTES CON PIMIENTOS CONFITADOS

INGREDIENTES **(4 P.)**

6 huevos
600 g de guisantes (desgranados)
3 pimientos morrones
2 dientes de ajo
50 g de canónigos
aceite de oliva virgen extra
vinagre
sal
azúcar

ELABORACIÓN

Lava los pimientos y colócalos en una fuente apta para el horno. Vierte un chorro de aceite sobre ellos, sazónalos y hornéalos a 180 ºC durante 45 minutos. Déjalos templar, pélalos y córtalos en tiras. Reserva.

Pon a confitar los guisantes en una sartén con un buen chorro de aceite. Sazona, coloca la tapa y cocina (a fuego muy suave) durante 15 minutos. Escúrrelos y resérvalos en un cuenco.

Pela los dientes de ajo, córtalos en láminas y dóralos en una sartén con un chorrito de aceite. Agrega las tiras de pimiento y añade una pizca de sal y otra de azúcar. Cocina a fuego suave durante 5-8 minutos.

Para hacer la tortilla, bate los huevos en un cuenco. Añade los guisantes y mezcla bien. Vierte el contenido del cuenco en una sartén y cuaja la tortilla a fuego suave por los dos lados.

Corta la tortilla en 4 porciones. Lava los canónigos, sécalos y alíñalos con aceite, vinagre y sal.

Sirve una porción de tortilla en cada plato y acompaña con los pimientos y los canónigos.

TORTILLA DE PATATA A LA NAVARRA

INGREDIENTES **(4 P.)**

8-10 huevos
3 patatas (750 g)
2 cebolletas
1 pimiento verde
1 lechuga
1 cebolla roja
aceite de oliva virgen extra
vinagre
perejil
sal

ELABORACIÓN

Pela las patatas, córtalas en lascas y ponlas en un bol grande. Corta las cebolletas y el pimiento de la misma manera, a mano, sin apoyarlos sobre la tabla. Agrégalos al bol, sazona y mezcla bien con las manos.

Pon a calentar abundante aceite en una sartén y agrega la mezcla de patatas, cebolleta y pimiento. Fríe todo a fuego medio durante 15-20 minutos, hasta que empiece a dorarse. Retira la mayor parte del aceite.

Bate los huevos (solo un poco) en un bol y viértelos en la sartén. Cuaja la tortilla a fuego vivo solo por un lado (no hay que darle vuelta).

Retírala a una fuente doblándola sobre sí misma (como si fuera una tortilla francesa) de manera que quede con forma ovalada.

Lava la lechuga, sécala, trocea y ponla en una fuente. Corta la cebolla roja en juliana fina y agrégala. Sazona y adereza la ensalada con aceite y vinagre.

Reparte la tortilla en 4 platos y adórnalos con unas hojas de perejil. Acompáñala con la ensalada.

CONSEJO: Para que las cebolletas queden bien picadas, hazles unos cortes profundos en vertical y después córtalas en trocitos.

HUEVOS CON CEBOLLA Y TOMATE

INGREDIENTES **(4 P.)**

8 huevos
4 cebollas
250 ml de salsa de tomate (véase *Salsa de tomate*)
8 lonchas de queso
harina (para rebozar)
aceite de oliva virgen extra
vinagre
perejil
sal

ELABORACIÓN

Para la salsa de cebolla, pela 3 cebollas, pícalas y ponlas a pochar en una sartén con un poco de aceite. Cuando estén bien doradas, tritúralas con una batidora y reserva la salsa.

Calienta en una cazuela agua abundante con un chorro de vinagre y una pizca de sal. Cuando empiece a hervir, escalfa los huevos durante 3-4 minutos. Retíralos y pásalos a una fuente apta para el horno.

Cubre 4 huevos con la salsa de tomate, y los otros 4, con la salsa de cebolla.

Corta las lonchas de queso a la mitad y coloca 2 mitades sobre cada huevo. Gratina en el horno durante 2 minutos aproximadamente.

Corta la otra cebolla en aros, pásalos por harina y fríelos en una sartén con aceite bien caliente. Escúrrelos y colócalos alrededor de los huevos. Decora con una ramita de perejil y sirve.

TORTILLA RELLENA DE QUESO

INGREDIENTES **(4 P.)**

8 huevos
200 g de queso de oveja curado
8 lonchas de jamón cocido
250 ml de salsa de tomate (véase *Salsa de tomate*)
150 g de canónigos
25 g de pipas de girasol
25 g de pasas
aceite de oliva virgen extra
vinagre
perejil
sal

ELABORACIÓN

Calienta una sartén con un chorrito de aceite.

Casca 1 huevo, ponlo en un bol, sazónalo y bátelo bien (si quieres, puedes añadirle un poco de perejil picado). Viértelo en la sartén, cuaja la tortilla como si fuera un crepe y resérvala en un plato. Repite el proceso con el resto de los huevos.

Corta 16 bastones de queso y reserva un trozo para rallar.

Extiende 1 tortilla sobre la tabla, coloca 2 bastones de queso a uno de los lados y enróllala alrededor del queso. Dobla 1 loncha de jamón por la mitad y envuelve la tortilla con ella. Coloca el rollito sobre una bandeja de horno cubierta con papel de hornear. Repite el proceso con el resto de las tortillas.

Ralla el queso reservado y pon una pequeña porción sobre cada rollito. Gratínalos en el horno hasta que se doren un poco.

Coloca los canónigos (limpios) en un bol, agrega las pasas y las pipas y alíñalos con aceite, vinagre y sal.

Sirve en cada plato un poco de salsa de tomate, 2 tortillas rellenas y una porción de ensalada. Decora los platos con unas hojas de perejil.

CONSEJO: A la hora de añadir pasas a vuestras ensaladas, os recomiendo que utilicéis pasas sultanas o pasas de Corinto, pues son dos variedades que no tienen pepitas.

HUEVOS EN HOJALDRE CON CREMA

INGREDIENTES **(4 P.)**

4 huevos
1 lámina de hojaldre (rectangular)
1 huevo batido (para el hojaldre)
1 diente de ajo
2 chalotas
50 g de panceta
50 g de jamón cocido
8 champiñones limpios
120 ml de vino blanco
150 ml de nata
1 yema
30 g de mantequilla
1 cucharadita de orégano
perejil
sal

ELABORACIÓN

Para hacer los volovanes, extiende la lámina de hojaldre (con su papel) sobre la encimera. Con un cortapastas redondo de 9,5 cm de diámetro, corta 8 círculos. Extiende 4 (que servirán como base de los volovanes) sobre una bandeja de horno cubierta con un trozo grande de papel de hornear y úntales el borde con un poco del huevo batido.

Con un cortapastas de 6,5 cm de diámetro, corta los otros 4 círculos por la parte interior para conseguir 4 aros y 4 círculos pequeños. Coloca los aros sobre las bases y úntalos también con un poco de huevo batido. Pon al lado (sobre la bandeja) los círculos pequeños y úntalos con otro poco de huevo batido. Hornéalos a 200 ºC durante 15 minutos.

Para la salsa, calienta una sartén y pon la mantequilla a fundir. Pela el diente de ajo, córtalo en daditos y añádelo. Pela las chalotas, córtalas de la misma manera e incorpóralas. Rehoga todo durante 3- 4 minutos. Corta la panceta en daditos y agrégala. Corta el jamón cocido de la misma manera y añádelo. Rehoga todo durante 2 minutos. Corta los champiñones en daditos e incorpóralos. Sazona y cocínalos durante 2 minutos. Vierte encima el vino y dale un hervor. Agrega la nata y deja que reduzca durante 6-8 minutos.

Retira la bandeja del horno, pasa los círculos pequeños a un plato y resérvalos. Recorta la parte central de los volovanes y retírala. Casca 1 huevo en cada uno, sazónalos y hornéalos a 200 ºC durante 6 minutos.

Retira la sartén con la salsa del fuego y espera 1 minuto para que pierda un poco de calor. Añade la yema de huevo y remueve hasta que quede bien integrada. Agrega el orégano y mezcla bien.

Sirve los volovanes, salséalos y acompáñalos con los círculos de hojaldre reservados. Decora los platos con unas hojas de perejil.

CONSEJO: Al contrario de lo que mucha gente sigue creyendo, la ingesta de huevo no aumenta el colesterol sanguíneo ni el riesgo de enfermedades cardiovasculares.

SÁNDWICH CROQUE-MADAME

INGREDIENTES **(4 P.)**

4 huevos

8 rebanadas de pan de molde de centeno

4 lonchas de jamón cocido

4 lonchas de queso emmental

40 g de queso mozzarella rallado

aceite de oliva virgen extra

perejil

sal

Para la bechamel:

50 g de mantequilla

50 g de harina

500 ml de leche

sal

ELABORACIÓN

Tuesta el pan en una tostadora y resérvalo.

Prepara la bechamel (véase *Salsa bechamel*) y cocínala a fuego suave durante 6-8 minutos.

Unta 4 rebanadas de pan con un poco de bechamel y colócalas sobre una bandeja de horno cubierta con papel de hornear. Cubre cada una con 1 loncha de jamón y 1 loncha de queso. Unta las otras 4 rebanadas de pan con bechamel y tapa los sándwiches dejando la bechamel en contacto con el queso. Unta los sándwiches por la parte superior con más bechamel y espolvoréalos con el queso rallado. Introdúcelos en el horno y gratínalos hasta que se doren.

Fríe los huevos en una sartén con aceite bien caliente y pásalos a un plato.

Retira los sándwiches del horno, coloca 1 huevo frito encima de cada uno y sazónalos. Sirve y decora los platos con unas hojas de perejil.

CONSEJO: Para que los huevos salgan con puntilla, es importante que el aceite de la sartén esté bien caliente.

REVUELTO DE HABITAS CON CALZÓN

INGREDIENTES **(4 P.)**

8 huevos
400 g de habitas con calzón
4 rebanadas de pan
2 dientes de ajo
1 cebolleta
8 lonchas finas de jamón ibérico
aceite de oliva virgen extra
perejil
sal

ELABORACIÓN

Tuesta las rebanadas de pan en un tostador y resérvalas.

Pela los dientes de ajo y pícalos. Corta la cebolleta en juliana fina. Ponlos a rehogar en una sartén con un chorrito de aceite hasta que se doren (5-6 minutos).

Lava las habas (con vaina), retírales las puntas (de los dos lados) y córtalas en trocitos de 1 cm. Agrégalas a la sartén, sazónalas y cocínalas durante 8-10 minutos.

Casca los huevos, pásalos a un bol, sazónalos y bátelos bien. Viértelos en la sartén y cocínalos revolviéndolos hasta que cuajen (al punto deseado).

Reparte el revuelto en 4 platos y pon encima el jamón. Coloca 1 tostada de pan en cada plato, decora con unas hojas de perejil y sirve.

CONSEJO: Para los que no lo sepáis, se denomina *calzón* a la vaina de las habas. Cuando vayáis a comprarlas, hay que fijarse en que sean muy pequeñas, que estén verdes, firmes, brillantes y sin manchas.

CARNES Y AVES

SOPA DE OSOBUCO CON ARROZ Y BOLITAS DE CARNE

INGREDIENTES **(6 P.)**

500 g de osobuco
80 g de arroz
2 cebollas
1 puerro
1 zanahoria
1 huevo
aceite de oliva virgen extra
15 granos de pimienta negra
perejil
sal

ELABORACIÓN

Corta 1 cebolla (con piel) en rodajas de 2 cm, colócalas en una bandeja de horno, riégalas con un chorrito de aceite y hornéalas a 200 ºC durante 30 minutos. Resérvala.

Limpia el puerro y córtalo en 3. Pela la zanahoria y córtala del mismo modo.

Calienta en la olla rápida un poco de aceite y añade el puerro, la zanahoria, la cebolla tostada, 1 rama de perejil, unos granos de pimienta negra y un poco de sal. Cocina las hortalizas a fuego suave durante 10 minutos.

Calienta un poco de aceite en una sartén, sazona el osobuco, añádelo y dóralo (a fuego fuerte) por los dos lados. Incorpóralo a la olla, cubre con 2 litros de agua, tapa y cocina durante 20 minutos. Abre la olla, retira el osobuco, pica su carne finamente, ponla en un bol y resérvala.

Cuela el caldo, pásalo a una cazuela y ponlo al fuego. Cuando empiece a hervir, incorpora el arroz y cocínalo durante unos 12 minutos. Reserva.

Pela la otra cebolla, pícala finamente y póchala en una sartén con un poco de aceite y una pizca de sal. Agrega la cebolla a la carne picada, añade el huevo y mezcla bien. Haz bolas pequeñas con la masa y fríelas en abundante aceite caliente. Escúrrelas sobre un plato con papel absorbente.

Sirve la sopa de arroz en platos hondos, acompáñala con las bolitas de carne y decora con perejil.

ALAS DE POLLO AL AJILLO

INGREDIENTES **(4 P.)**

16 alas de pollo
½ cabeza de ajos
½ cebolla o cebolleta
½ tomate
1 cucharada de harina
1 vaso de caldo de ave o agua
4 patatas asadas (para acompañar)
aceite de oliva virgen extra
½ cucharada de perejil picado
sal

ELABORACIÓN

Sazona las alas de pollo y fríelas en una sartén con aceite hasta que queden bien doraditas. Retíralas y resérvalas.

Pela los dientes de ajo y córtalos en láminas; pela la cebolla y el tomate y pícalos. Retira parte del aceite de la sartén (deja unos 150 ml), añade el ajo y la cebolla y rehógalos durante 5 minutos. Incorpora el tomate, sazona y cocina todo durante 6-8 minutos más. Agrega la harina y rehógala bien. Incorpora el caldo, prueba de sal y cuece durante 10 minutos. Espolvorea la salsa con el perejil.

Sirve las alas bien calientes, salséalas y acompáñalas con las patatas asadas.

MUSLOS DE CONEJO CON POCHAS

INGREDIENTES **(4 P.)**

4 muslos de conejo
400 g de pochas (desgranadas)
1 cebolleta
1 puerro
1 zanahoria
1 tomate
aceite de oliva virgen extra
1 hoja de laurel
perejil
1 cucharadita de pimentón
pimienta
sal

ELABORACIÓN

Deshuesa los muslos de conejo y corta la carne en dados. Reserva la carne y los huesos por separado.

Calienta 3-4 cucharadas de aceite en una cazuela grande, añade los huesos y dóralos bien (4-5 minutos). Retira los huesos, introdúcelos en una red de las que se utilizan para cocer legumbres y resérvalos.

Pela la cebolleta y córtala en daditos. Limpia el puerro, retirándole la parte inferior, la superior y 1 capa, y córtalo en cuartos de luna. Pela la zanahoria y córtala en cuartos de luna. Añade las hortalizas a la cazuela donde has dorado los huesos de conejo, sazónalas y rehógalas durante 5 minutos.

Corta el tomate por la mitad, rállalo e incorpóralo. Cocina todo junto durante 2 minutos. Agrega la hoja de laurel, el pimentón, los huesos, las pochas, agua hasta cubrirlos y una pizca de sal. Tapa la cazuela y cuécelas durante 40 minutos a fuego medio. Retira la hoja de laurel.

Calienta 3 cucharadas de aceite en una sartén, salpimienta el conejo y agrégalo. Fríe los dados de conejo durante 4-5 minutos, hasta que estén bien dorados.

Reparte las pochas y los dados de conejo en 4 platos hondos y decóralos con unas hojas de perejil.

CONSEJO: Si las pochas quedaran muy líquidas, podéis retirar una pequeña porción, triturarlas hasta conseguir un puré, añadirlas de nuevo a la cazuela y mezclar todo.

RABO DE TORO A LA CORDOBESA

INGREDIENTES **(4 P.)**

1.200 g de rabo de toro o vaca
2 cebollas
2 zanahorias
1 pimiento verde
1 puerro
2 dientes de ajo
harina (para rebozar)
2 patatas
200 ml de vino tinto
500 ml de caldo de carne (o agua)
400 ml de salsa de tomate (véase *Salsa de tomate*)
aceite de oliva virgen extra
1 hoja de laurel
perejil
2 clavos
pimienta
sal

ELABORACIÓN

Calienta un poco de aceite en la olla rápida. Pela las cebollas y córtalas en dados. Pela las zanahorias y córtalas en cuartos de luna. Retira el tallo y las semillas del pimiento y córtalo en dados. Limpia el puerro y córtalo en rodajas finas. Pela los ajos y córtalos en dados. Incorpora todas las hortalizas a la olla, sazónalas y rehógalas durante 10-15 minutos a fuego medio.

Salpimienta los trozos de rabo, pásalos por harina y fríelos en una sartén con un buen chorro de aceite. Cuando estén dorados, añádelos a la olla. Agrega la hoja de laurel y los clavos. Vierte encima el vino tinto y dale un hervor para que se evapore el alcohol. Añade el caldo y la salsa de tomate. Mezcla bien, sazona, cierra la olla y cocina el rabo durante 1 hora.

Retira el rabo y resérvalo. Con una batidora eléctrica, tritura las hortalizas en la olla. Introduce de nuevo el rabo en la olla y caliéntalo con la salsa.

Pela las patatas, trocéalas (cascándolas) y fríelas en una sartén con abundante aceite caliente. Retíralas y escúrrelas sobre un plato cubierto con papel absorbente. Sazónalas y espolvoréalas con un poco de perejil picado.

Sirve el rabo, salséalo y acompáñalo con las patatas fritas. Decora con unas hojas de perejil.

CONSEJO: Si utilizáis una cazuela convencional, a la hora de añadir los líquidos es recomendable agregar también 500 ml de agua para que el guiso no se seque durante la cocción.

ALAS DE POLLO CON JAMÓN

INGREDIENTES **(4 P.)**

16 blanquetas de pollo (la parte más gruesa y carnosa de las alas)

16 lonchas de jamón serrano

pan rallado (para rebozar)

2 dientes de ajo

aceite de oliva virgen extra

sal

Para las patatas panadera:

2 patatas

1 cebolleta

1 pimiento verde

1 diente de ajo

aceite de oliva virgen extra

perejil picado

sal

ELABORACIÓN

Sazona las blanquetas y envuelve cada una con 1 loncha de jamón serrano. Pínchalas con un palillo, pásalas por pan rallado y fríelas en una sartén con aceite a fuego lento, para que se hagan bien, con los dientes de ajo (enteros y pelados).

Para preparar las patatas panadera, pela las patatas y córtalas en rodajas de ½ cm aproximadamente. Pela la cebolleta y córtala en juliana. Retira el tallo y las semillas al pimiento y córtalo también en juliana. Pela el ajo y córtalo en láminas. Rehoga el ajo, la cebolla y el pimiento en una sartén con aceite abundante durante 5 minutos. Incorpora las patatas, sazona y cocina todo junto durante 20 minutos a fuego medio. Espolvorea con perejil picado.

Retira el palillo de las alitas y sírvelas con las patatas panadera.

CALLOS CON GARBANZOS

INGREDIENTES **(4 P.)**

500 g de callos cocidos

500 g de garbanzos cocidos

2 dientes de ajo

1 cebolla

1 pimiento verde

2 chorizos pequeños

100 g de jamón curado

1 cucharada de harina

200 ml de salsa de tomate (véase *Salsa de tomate*)

250 ml del caldo de cocción de los garbanzos (o caldo o agua)

aceite de oliva virgen extra

perejil picado

1 cucharada de pimentón picante

sal

ELABORACIÓN

Pela los dientes de ajo y la cebolla, retira el tallo y las semillas al pimiento, pica todo y rehógalo en una cazuela con aceite y una pizca de sal durante 10 minutos. Pica el chorizo y el jamón, incorpóralos a la cazuela y rehógalos durante 2 minutos. Agrega la harina y rehógala un poco. Aparta la cazuela del fuego, añade el pimentón y rehógalo brevemente, con cuidado de que no se queme. Vuelve a poner la cazuela al fuego e incorpora la salsa de tomate, los callos, los garbanzos y el caldo. Mezcla bien y cocina todo junto durante 5 minutos para que se mezclen los sabores.

Espolvorea con perejil picado y sirve muy caliente.

ALBÓNDIGAS CASERAS

INGREDIENTES **(4 P.)**

500 g de carne de ternera picada
200 g de miga de pan
1 vaso de leche
2 dientes de ajo
1 huevo
harina (para rebozar)
3 cebollas
1 cucharada de harina
1 vaso de caldo de carne
1 vaso de vino tinto
aceite de oliva virgen extra
perejil
pimienta negra
sal

ELABORACIÓN

Mezcla la miga de pan con la leche en un bol y deja reposar hasta que la miga se empape bien.

Pon en un bol la carne picada. Pela los ajos, pícalos finamente y añádelos. Escurre la miga de pan e incorpórala. Agrega el huevo y un poco de perejil picado. Salpimienta y mezcla todo bien hasta que quede una masa homogénea.

Da forma a las albóndigas, pásalas por harina y fríelas en una sartén con unas 7 cucharadas de aceite. Cuando estén doradas, retíralas y colócalas en un plato con papel absorbente para que escurra el aceite. Pásalas a una cazuela.

Pela las cebollas, pícalas y dóralas en el mismo aceite donde has frito las albóndigas. Añade la cucharada de harina y rehoga brevemente. Vierte encima el caldo de carne y el vino tinto y cocina todo durante 15 minutos.

Pasa la salsa por un pasapurés y viértela sobre las albóndigas. Guisa las albóndigas con la salsa durante 10-15 minutos.

Sirve y decora con una ramita de perejil.

ALBÓNDIGAS DE POLLO

INGREDIENTES **(4 P.)**

800 g de carne de pollo picada
100 g de miga de pan
½ vaso de leche
3 dientes de ajo
1 huevo
harina (para rebozar)
aceite de oliva virgen extra
perejil picado
pimienta
sal

Para la salsa:
1 cebolla
1 pimiento rojo
2 zanahorias
2 tomates
1 cucharada de harina
2 vasos de vino blanco
aceite de oliva virgen extra
sal

ELABORACIÓN

Pon en un bol la miga de pan y la leche y deja reposar hasta que la miga se empape bien.

Para preparar la salsa, pela la cebolla, pícala finamente y rehógala en una sartén con aceite. Pela el pimiento y retírale el tallo y las semillas, pela las zanahorias y los tomates, pica todo finamente, incorpóralo a la sartén y sazona. Rehoga las hortalizas durante 15 minutos. Añade la cucharada de harina, rehógala brevemente y vierte encima el vino y 1 vaso de agua. Cocina la salsa durante 15 minutos.

Pela los dientes de ajo y májalos en el mortero con un poco de perejil picado.

Pon en un bol la carne de pollo, una pizca de sal, una pizca de pimienta, la miga remojada y escurrida y el majado de ajo y perejil. Mezcla bien y agrega el huevo. Sigue mezclando hasta conseguir una masa homogénea.

Forma las albóndigas, pásalas por harina y fríelas en una sartén con aceite hasta que se doren. Escúrrelas bien, introdúcelas en la salsa y cocina conjuntamente durante 10 minutos. Sirve.

MUSLOS DE PAVO AL LIMÓN

INGREDIENTES (4 P.)

4 muslos de pavo (cortados en 2 trozos)
3 dientes de ajo
2 cebolletas
2 cucharadas de harina
200 ml de vino blanco
zumo de 1 limón
200 g de aceitunas negras
1 escarola
aceite de oliva virgen extra
25 g de mantequilla
vinagre
1 cucharadita de tomillo picado
perejil
pimienta
sal

ELABORACIÓN

Salpimienta los trozos de pavo y dóralos en una sartén grande con un chorrito de aceite. Retíralo y resérvalo.

Calienta la mantequilla y un chorrito de aceite en una olla rápida. Pela los dientes de ajo, córtalos en láminas y agrégalos a la olla. Corta las cebolletas en dados y añádelas. Cocina las hortalizas hasta que se doren (unos 10 minutos). Agrega la harina, rehógala un poco e incorpora los trozos de pavo. Añade el vino blanco, el tomillo, 300 ml de agua y el zumo de limón. Sazona, agrega un poco de perejil picado, cierra la olla y cocina durante 12 minutos.

Pasa el pavo a una cazuela, tritura la salsa y viértela sobre el pavo. Añade las aceitunas y un poco más de perejil picado y cocina todo junto durante 3-4 minutos.

Lava la escarola, sécala, trocéala y ponla en una fuente. Sazónala y aderézala con aceite y vinagre.

Sirve el pavo y acompáñalo con la escarola. Decora los platos con unas hojas de perejil.

CONSEJO: La carne de pavo es baja en calorías y en colesterol, por lo que es muy apropiada para las personas que quieren llevar una dieta saludable y con pocas calorías, de ahí que cada vez tenga más adeptos.

ALBÓNDIGAS SENCILLAS CON CHAMPIÑONES

INGREDIENTES **(4 P.)**

500 g de carne de vaca picada
250 g de carne de cerdo (papada) picada
2 dientes de ajo
2 huevos batidos
15 g de miga de pan remojada en leche
harina (para rebozar)
aceite de oliva virgen extra
perejil picado
sal

Para los champiñones:
500 g de champiñones
2 dientes de ajo
500 ml de salsa de tomate (véase *Salsa de tomate*)
aceite de oliva virgen extra
sal

ELABORACIÓN

Para preparar la masa de las albóndigas, pon la carne picada en un bol, pela los ajos, pícalos finamente y agrégalos. Añade los huevos batidos, la miga de pan (escurrida), un poco de perejil picado y un poco de sal y mezcla bien hasta que quede todo bien unido. Forma las bolitas, pásalas por harina y fríelas en una sartén con aceite hasta que se doren. Escúrrelas sobre un plato con papel absorbente.

Para preparar los champiñones, límpialos bien, retírales los tallos y córtalos en láminas. Pela los ajos, pícalos y ponlos a rehogar en una cazuela con aceite. Agrega los champiñones y rehógalos durante 6-8 minutos. Añade la salsa de tomate, rehoga todo e incorpora las albóndigas.

Pon a punto de sal y cocina a fuego suave durante 10-15 minutos (si es necesario, añade un poquito de agua). Sirve.

ALETA CON JAMÓN Y QUESO

INGREDIENTES **(4-6 P.)**

1 aleta de ternera (1.250 g)
3 lonchas gruesas de jamón cocido
200 g de queso en lonchas
400 ml de nata
12 patatas pequeñas
20 chalotas
aceite de oliva virgen extra
perejil picado
pimienta
sal

ELABORACIÓN

Abre la aleta, dejándola abierta como si fuera un libro. Salpiméntala, extiende encima las lonchas de jamón cocido y cúbrelas con las lonchas de queso. Enróllala y átala con cuerda de cocina.

Dora bien la aleta en una sartén con un poco de aceite y pásala a una fuente apta para el horno. Vierte encima la nata y 2 vasos de agua y hornéala a 180 ºC durante 45 minutos.

Limpia bien las patatas (con piel) bajo el grifo de agua fría, colócalas en una cazuela con 4 cucharadas de aceite y cocínalas a fuego suave durante 20 minutos. Pela las chalotas y cocínalas a fuego suave en una sartén con 2 cucharadas de aceite durante 20 minutos.

Retira la aleta de la fuente, quítale la cuerda, córtala en rodajas y pásalas a una fuente.

Acompaña la aleta con las patatas y las chalotas, salsea todo un poco (sirve el resto de la salsa en una salsera), espolvorea con un poco de perejil picado y sirve.

GUISO MEDIEVAL DE CORDERO

INGREDIENTES **(4 P.)**

1.200 g de cordero troceado
2 cebollas
1 trozo de jengibre (al gusto)
2 cucharadas de miel
100 g de ciruelas pasas
50 g de pasas (sin pepitas)
100 g de rúcula limpia
aceite de oliva virgen extra
vinagre
1 rama de romero
2 hojas de laurel
perejil
15 granos de pimienta
12 hebras de azafrán
2 ramas de canela
sal

ELABORACIÓN

Sazona el cordero y dóralo en una cazuela grande con un chorrito de aceite. Retíralo a una fuente y resérvalo. Reserva la cazuela con el aceite.

Pela las cebollas, córtalas en dados, agrégalas a la cazuela y rehógalas a fuego suave durante 8-10 minutos. Incorpora los trozos de cordero. Pela el jengibre y rállalo encima. Añade también la miel, los granos de pimienta, las ciruelas pasas, las pasas, las hebras de azafrán, las ramas de canela, la rama de romero y las hojas de laurel. Mezcla, cubre con agua, tapa la cazuela y cocina el cordero durante 25-30 minutos.

Pon las hojas de rúcula en una ensaladera, sazónalas y alíñalas con aceite y vinagre.

Sirve el cordero y acompáñalo con una porción de ensalada. Decora los platos con unas hojas de perejil.

CONSEJO: La carne de cordero resulta un poco indigesta, por lo que cocinarla con jengibre, canela y azafrán es una buena opción, ya que las tres especias ayudan a mejorar la digestión.

CHULETILLAS DE CORDERO *VILLEROY*

INGREDIENTES **(4 P.)**

20 chuletillas de cordero
25 g de mantequilla
harina, huevo batido y pan rallado (para rebozar)
2 cogollos de Tudela
aceite de oliva virgen extra
vinagre
perejil
sal

Para la bechamel:

40 ml de aceite de oliva virgen extra
40 g de harina
500 ml de leche
perejil picado
sal

ELABORACIÓN

Limpia las chuletillas retirándoles la carne que tengan pegada al hueso (puedes reservar los recortes retirados para hacer un arroz o bien para freírlos con unos dientes de ajo cortados en láminas).

Unta una bandeja de horno con un poco de mantequilla, sazona las chuletillas y extiéndelas en la bandeja. Hornéalas a 200 ºC durante 5 minutos. Retíralas y deja que se enfríen.

Prepara la bechamel (véase *Salsa bechamel*), agrégale un poco de perejil picado y mezcla bien.

Introduce las chuletillas (agarrándolas por el hueso) en la bechamel hasta que queden bien impregnadas. Unta una fuente con mantequilla, colócalas en ella y deja que se enfríen.

Pasa las chuletillas por harina, huevo batido y pan rallado, y fríelas en una sartén con aceite caliente. Escúrrelas sobre un plato cubierto con papel absorbente.

Deshoja los cogollos y córtalos en juliana fina. Alíñalos con aceite, vinagre y sal.

Sirve en cada plato 5 chuletillas y un poco de ensalada y decora con unas hojas de perejil.

CONSEJO: Podéis utilizar aceite en vez de mantequilla (tanto para untar la bandeja del horno como para untar la fuente), pero la mantequilla le dará un toque francés muy diferente.

BRICK DE MORCILLA CON BOCADITOS DE *TXISTORRA*

INGREDIENTES **(4 P.)**

1 morcilla
150 g de *txistorra*
4 láminas de pasta *brick*
2 cebollas
2 dientes de ajo
1 huevo batido
4 tiras de puerro
12 pimientos verdes pequeños
150 ml de salsa de tomate (véase *Salsa de tomate*)
aceite de oliva virgen extra
perejil
sal

ELABORACIÓN

Pon agua en una cazuela, añade unas ramas de perejil y un poco de sal y cuece en ella la morcilla durante 20 minutos a fuego medio. Saca la carne de la morcilla y resérvala.

Pela las cebollas y los dientes de ajo, pícalos y rehógalos en una sartén con un poco de aceite. Cuando estén bien pochados, mézclalos con la carne de la morcilla y deja que se temple la mezcla.

Extiende las láminas de pasta *brick*, unta la superficie con huevo batido y reparte en ellas la mezcla de morcilla y cebolla.

Ciérralas como si fueran saquitos y átalas con 1 tira de puerro. Unta una placa de horno con unas gotitas de aceite, coloca encima los *bricks* de morcilla y hornéalos a 180 ºC durante 5 minutos.

Limpia los pimientos y retírales las semillas, el tallo y la parte superior. Pica la carne de la *txistorra* y rellena los pimientos con ella. Fríelos a fuego medio en una sartén con aceite.

Calienta la salsa de tomate, y disponla formando una banda en el centro de una fuente. Sirve encima los *bricks* de morcilla y, alrededor, los bocaditos de *txistorra*.

CONSEJO: Saca de la bolsa la pasta *brick* en el mismo momento en el que la vayas a rellenar, ya que es una pasta muy delicada que, al contacto con el aire, se reseca y se hace imposible de manipular.

BROCHETA DE CORDERO

INGREDIENTES **(4 P.)**

500 g de cordero deshuesado
4 tomates
2 manzanas
2 pimientos verdes
2 pimientos rojos
sal

Para la salsa:

½ cebolla
1 cucharada de mostaza
1 cucharada de azúcar
1 chorro de vinagre
4 cucharadas de aceite de oliva virgen extra
1 cucharada de pimentón
sal

ELABORACIÓN

Para preparar la salsa, corta la cebolla en daditos y rehógala durante 5 minutos en una sartén con el aceite. Incorpora el azúcar y mezcla bien. Añade la mostaza, el vinagre, el pimentón y una pizca de sal. Cocina los ingredientes conjuntamente durante 2 minutos. Reserva.

Corta el cordero en trozos de bocado. Lava los tomates y córtalos en cuartos. Lava los pimientos y córtalos en dados de 4 cm. Lava las manzanas (si quieres, puedes pelarlas) y córtalas en dados grandes.

Monta las brochetas insertando y alternando los dados de carne, de manzana, de pimiento y de tomate en los palillos. Sazona y cocina las brochetas a la parrilla durante 5 minutos por cada lado.

Sirve las brochetas en una fuente y salséalas.

CALLOS Y MORROS EN SALSA VIZCAÍNA

INGREDIENTES **(4 P.)**

500 g de callos de ternera (limpios)

600 g de morro de ternera (limpio)

1 zanahoria

1 cebolla

harina y 1 huevo batido (para rebozar)

aceite de oliva virgen extra

2 hojas de laurel

perejil

5 clavos

20 granos de pimienta negra

sal

Para la salsa vizcaína:

2 dientes de ajo

2 cebollas rojas

1 manzana

4-6 cucharadas de carne de pimiento choricero

aceite de oliva virgen extra

sal

ELABORACIÓN

Coloca los callos y el morro en una cazuela con abundante agua fría y ponla a calentar. Cuando el agua empiece a hervir, cuece a fuego fuerte durante 4-5 minutos. Escúrrelos y repite el proceso para blanquearlos una segunda vez. Escúrrelos y pásalos a la olla rápida.

Pela la zanahoria y la cebolla, trocéalas y añádelas a la olla con los callos y el morro. Agrega el laurel, los clavos y los granos de pimienta, cubre con agua y sazona. Tapa la olla y cocina durante 30 minutos.

Escurre los callos y el morro, córtalos en trocitos y resérvalos. Cuela y reserva 400 ml del caldo de cocción.

Para hacer la salsa vizcaína, pela los ajos y córtalos en láminas, pela las cebollas y la manzana, pícalas y pon todo en una cazuela con un chorrito de aceite y una pizca de sal. Rehoga durante 20 minutos, hasta que esté bien pochado. Añade la carne de pimiento choricero y el caldo reservado y cocina a fuego suave durante 15 minutos. Tritura la salsa con un pasapurés y pásala a una cazuela. Incorpora los callos y cocina a fuego suave durante 8-10 minutos.

Pasa los trozos de morro por harina y huevo batido y fríelos en una sartén con abundante aceite. Escúrrelos sobre un plato con papel absorbente.

Sirve los callos con la salsa, acompáñalos con el morro rebozado y decora con unas hojas de perejil.

CONSEJO: Las hojas de laurel conviene guardarlas en recipientes de cierre hermético y en un lugar oscuro y seco.

FILETES MARINADOS CON QUESO FRITO

INGREDIENTES **(4 P.)**

4 filetes finos de ternera

300 g de queso manchego tierno

zumo de 2 limones

pan rallado (para rebozar)

2 cebolletas

aceite de oliva virgen extra

pimienta negra

sal

ELABORACIÓN

Aplasta bien los filetes con ayuda de un mazo o similar, pásalos a una fuente y salpimiéntalos.

Mezcla en un bol el zumo de limón, 100 ml de aceite y sal y cubre los filetes con la mezcla. Introdúcelos en el frigorífico y déjalos enfriar durante 2 horas.

Corta el queso en tacos, pásalo por pan rallado, fríelo en una sartén con aceite y escúrrelo.

Corta la cebolla en juliana y fríela en otra sartén.

Sirve los filetes con el jugo de la maceración y acompáñalo con el queso y la cebolla fritos.

SAMOSAS DE POLLO CON SALSA DE YOGUR

INGREDIENTES **(4 P.)**

½ pechuga de pollo (250 g)
5-6 hojas de pasta filo
1 cebolleta
1 puerro
1 pimiento verde
1 pimiento rojo
2 yogures naturales
25 g de mantequilla fundida
1 cucharada de semillas de sésamo
aceite de oliva virgen extra
8 hojas de menta
pimienta
1 cucharadita de *curry*
sal

ELABORACIÓN

Corta la cebolleta en daditos y ponla a rehogar en una sartén con un chorrito de aceite. Limpia el puerro (retirándole la parte inferior, la superior y 2 capas de hojas), córtalo en cuartos de luna finos y añádelo. Lava el pimiento verde, retírale el tallo y las semillas, córtalo en daditos y agrégalo. Pela el pimiento rojo, córtalo de la misma manera e incorpóralo. Sazona y cocina las hortalizas durante 10 minutos a fuego medio.

Corta el pollo en filetes y después en dados. Salpimiéntalo y añádelo a la sartén con las hortalizas. Añade también el *curry* y 2 cucharadas de yogur. Mezcla, cocina todo junto durante 5 minutos y deja que se enfríe.

Corta cada hoja de pasta filo en tres tiras largas. Pon una porción de relleno en una de las puntas de cada tira y vete doblando la pasta filo alrededor del relleno (formando un triángulo). Repite el proceso hasta terminar con todo el relleno.

Cubre una bandeja de horno con papel de hornear, coloca encima los triángulos de pasta filo, úntalos con la mantequilla fundida y espolvoréalos con las semillas de sésamo. Hornéalos a 200 ºC durante 10-12 minutos.

Lava las hojas de menta, pícalas finamente y ponlas en un bol. Agrega el resto del yogur y mezcla bien.

Sirve 4 samosas en cada plato y acompáñalas con un poco de salsa de yogur y menta.

CONSEJO: Es importante conservar la pasta filo herméticamente cerrada porque se seca con mucha facilidad y tiende a romperse.

PAVO MECHADO CON PIMIENTOS

INGREDIENTES **(4 P.)**

½ pechuga de pavo (650-700 g)
100 g de tocino ibérico
2 pimientos morrones
1 cucharada de harina de maíz refinada
125 ml de vino blanco
2 dientes de ajo
1 lechuga
1 cebolleta pequeña
aceite de oliva virgen extra
vinagre
1 rama de tomillo
perejil
pimienta
sal

ELABORACIÓN

Corta el tocino en tiras largas, colócalas (de una en una) en el mechador y mecha con ellas la pechuga de pavo. Átala con cuerda de cocina, salpimiéntala y dórala bien en una sartén con un poco de aceite. Retírala y pásala a una fuente apta para el horno.

Agrega el vino a la sartén donde has dorado el pavo, mezcla y viértelo sobre la pechuga. Agrega también la rama de tomillo. Hornea la pechuga a 200 ºC durante 30 minutos.

Pela los ajos y córtalos en láminas. Pela los pimientos y córtalos en tiras (5 x 1,5 cm). Calienta una sartén con un chorrito de aceite, añade los ajos y los pimientos y cocínalos durante 6-8 minutos. Resérvalos.

Retira la pechuga del horno, deja que repose unos minutos y córtala en filetes. Pasa la salsa que ha soltado la pechuga a un cazo y dale un hervor. Añade un poco de harina de maíz refinada diluida en agua fría y remueve bien. Dale un hervor hasta que espese.

Limpia la lechuga, sécala, trocéala y ponla en una ensaladera. Corta la cebolleta en juliana fina y añádela. Alíñala la ensalada con aceite, vinagre y sal.

Sirve los filetes de pavo y saléalos. Acompáñalos con los pimientos y la ensalada y decóralos con unas hojas de perejil.

CONSEJO: Si notas que durante el asado la pechuga se está secando demasiado, puedes añadirle un poco de agua.

CARNE MECHADA

INGREDIENTES **(4 P.)**

1.250 g de redondo de ternera
500 g de tocino (cortado en tiras para mechar)
2 zanahorias cocidas (cortadas en tiras para mechar)
2 cebollas
2 zanahorias
2 tomates
2 puerros
1 pimiento verde
250 ml de caldo de verduras
400 ml de vino blanco
aceite de oliva virgen extra
sal

ELABORACIÓN

Con una aguja de mechar, mecha el redondo con las tiras de tocino y zanahoria cocida (así quedará más jugosa). Sazónalo y colócalo en una fuente apta para el horno.

Pela las cebollas, las zanahorias y los tomates, limpia bien los puerros y retira los tallos y las semillas al pimiento verde. Pica todas las hortalizas y cubre con ellas el redondo. Vierte por encima el caldo, el vino y un chorrito de aceite y hornea a 160 ºC durante 90 minutos. Retira el redondo y resérvalo.

Para preparar la salsa, pasa las hortalizas y el jugo producido durante el asado a un cazo, dale un hervor y tritura con la batidora.

Corta el redondo mechado en rodajas, pásalas a una fuente, salséalas y sirve.

ALAS DE POLLO CON BRÓCOLI FRITO

INGREDIENTES **(4 P.)**

12 alas de pollo
250 g de brócoli
2 ajos
2 huevos
aceite de oliva virgen extra
perejil
pimienta
1 cucharada de pimentón
sal

ELABORACIÓN

Limpia las alas de pollo y quítales las puntas. Córtalas en dos y salpiméntalas.

Pela los ajos, pícalos finamente y colócalos en un bol con 50 ml de aceite, el pimentón y un poco de perejil picado. Bate la mezcla, introduce en ella las alas, úntalas bien, colócalas en una bandeja de horno y hornéalas a 200 ºC durante 15 minutos.

Corta el brócoli en ramilletes, escáldalos durante 4 minutos en agua hirviendo con sal y escúrrelos.

Bate los huevos en un bol. Pasa los ramilletes de brócoli por el huevo batido y fríelos en aceite caliente. Retíralos y escúrrelos en un plato forrado con papel absorbente.

Sirve el brócoli en el centro de una fuente, coloca alrededor las alitas y decora con una ramita de perejil.

CARPACCIO DE TERNERA CON ENSALADA

INGREDIENTES **(4 P.)**

400 g de solomillo de ternera
50 g de queso parmesano
2 cucharadas de alcaparras
4 pepinillos en vinagre
100 g de canónigos
50 g de berros
50 g de germinado de alfalfa
½ diente de ajo
aceite de oliva virgen extra
vinagre de Módena
sal

ELABORACIÓN

Corta el solomillo en filetes muy finos, aplástalos con el cuchillo para que queden más finos y extiéndelos en una fuente amplia.

En un bol, mezcla 4 cucharadas de aceite, 1 cucharada de vinagre de Módena y sal. Con ayuda de un pincel, unta los filetes con la mezcla.

Corta finamente el queso parmesano y colócalo sobre el *carpaccio.* Salpica la superficie con las alcaparras y decora con los pepinillos cortados en forma de abanico.

Pica el ½ diente de ajo y ponlo en un bol. Limpia los canónigos, los berros y el germen de alfalfa, escúrrelos bien y colócalos en el bol. Aliña la ensalada con aceite, vinagre y sal (al gusto).

Sirve el *carpaccio* y acompáñalo con el bol de ensalada.

CARRÉ ASADO AL *BRANDY*

INGREDIENTES **(4 P.)**

1.500 g de *carré* de cerdo
100 g de paté
1 cebolla
1 tomate
2 puerros
1 pimiento verde
1 vaso de *brandy*
1 vaso de vino tinto
aceite de oliva virgen extra
sal
pimienta

Para el puré:

3 patatas
1 manzana
sal

ELABORACIÓN

Con un cuchillo bien afilado, separa la carne de las costillas sin llegar a desprenderla del todo (debe quedar unida por la parte inferior). Salpimienta el *carré* por dentro, cúbrelo con el paté, ciérralo y átalo con cuerda de cocina. Salpimiéntalo también por fuera y dóralo en una tartera (cazuela amplia y baja) apta para el horno con un poco de aceite.

Pela la cebolla y el tomate, limpia bien los puerros y retira el tallo y las semillas al pimiento. Pica las hortalizas, añádelas a la tartera, sazónalas y vierte encima el *brandy* y el vino. Introduce la tartera en el horno y hornea a 200 ºC durante 40-50 minutos. Si notas que durante la cocción se está secando, puedes agregar un poco de agua.

Para preparar el puré, pela las patatas y la manzana, trocéalas y cuécelas en agua con sal durante 20 minutos. Escúrrelas, pásalas por un pasapurés y reserva.

Saca el *carré* del horno, retira la cuerda y córtalo en tajadas. Pasa las hortalizas con el líquido de la bandeja del horno por el pasapurés o tritura todo con una batidora eléctrica hasta conseguir una salsa homogénea.

Sirve el *carré* con su salsa y acompáñalo con el puré.

LAGARTO AL AJILLO CON MOJO

INGREDIENTES **(4 P.)**

800 g de lagarto (cerdo ibérico o blanco)

3 dientes de ajo

4 pimientos verdes

aceite de oliva virgen extra

perejil

sal

Para el mojo picón:

6 dientes de ajo

2 cucharadas de pimentón

1 cucharada de perejil picado

2 cucharadas de comino

1 guindilla cayena

3 cucharadas de vinagre

75-100 ml de aceite de oliva virgen extra

sal

ELABORACIÓN

Pela los 3 dientes de ajo, trocéalos, colócalos en el mortero y májalos bien. Agrega un buen chorro de aceite y mezcla bien.

Corta la carne en tiras y ponla en un bol grande. Sazónala y vierte el majado encima. Unta la carne y déjala macerando durante 10-15 minutos.

Para el mojo, pela y trocea los 6 dientes de ajo y colócalos en un vaso batidor. Añade el pimentón, el perejil picado, el comino, la cayena, el vinagre y el aceite. Sazona y tritura los ingredientes con una batidora eléctrica. Reserva el mojo.

Limpia los pimientos, córtalos en trozos grandes y fríelos en una sartén con aceite. Sazónalos.

Calienta otra sartén con un chorrito de aceite, añade la carne y fríela a tu gusto.

Sirve en cada plato unas tiras de carne, unas tiras de pimiento y un poco de mojo y decóralos con unas hojas de perejil.

CONSEJO: El lagarto es una pieza de cerdo muy jugosa. Antes se utilizaba para la elaboración de embutidos, pero hoy en día es muy apreciada en cocina.

CARRÉ DE CERDO A LA MIEL

INGREDIENTES **(4 P.)**

1 kg de *carré* de cerdo
125 g de paté
3 cebollas
2 zanahorias
5 dientes de ajo
2 vasos de vino blanco
1 vaso de salsa de tomate (véase *Salsa de tomate*)
2 cucharadas de miel
aceite de oliva virgen extra
2 ramas de tomillo
2 ramas de romero
perejil
pimienta
sal

ELABORACIÓN

Limpia el *carré*. Separa la carne de las costillas sin llegar a separarlas del todo, dejándola unida por la parte inferior. Retira la carne pegada a las costillas hasta que queden limpias. Salpimienta el *carré* por dentro y por fuera, rellénalo con el paté y ciérralo sobre sí mismo. Átalo con cuerda de cocina y colócalo en una bandeja de horno.

Pela las cebollas, las zanahorias y los ajos, pícalos finamente y ponlos sobre el *carré*. Pica el tomillo y el romero y espolvorea todo con ellos. Sazona, riega con el vino, un chorrito de aceite y un poco de agua y hornea a 180 ºC durante 40 minutos.

Pasa las hortalizas a una cazuela, agrega la salsa de tomate y la miel y deja reducir durante 10 minutos. Tritura la salsa con una batidora.

Corta el *carré* en filetes y colócalos en una fuente. Sirve parte de la salsa en el centro de la fuente y pon el resto en una salsera. Decora con una rama de perejil.

CARRILLERAS CON CREMA DE GARBANZOS

INGREDIENTES **(4 P.)**

800 g de carrilleras de ternera limpias
100 g de garbanzos (remojados desde la víspera)
4 huesos de cañada
1 cebolla
1 zanahoria
aceite de oliva virgen extra
1 ramita de perejil
sal

ELABORACIÓN

Calienta 750 ml de agua en una olla rápida. Agrega los garbanzos (escurridos), las carrilleras y los huesos. Pela la cebolla y la zanahoria, córtalas por la mitad y agrégalas. Añade 1 rama de perejil y una pizca de sal (al gusto). Cierra la olla y cuece todo durante 40 minutos.

Retira los huesos, sácales el tuétano y resérvalo.

Retira las carrilleras, córtalas en filetes y resérvalas. Retira también la mitad del caldo, cuélalo y resérvalo (por si acaso tienes que aligerar la crema).

Tritura la cebolla, la zanahoria, el perejil y los garbanzos con una batidora eléctrica. Si ves que la crema está muy espesa, puedes añadir parte del caldo reservado.

Cubre el fondo de una fuente con la crema de garbanzos y coloca encima las rodajas de carrillera. Acompáñalas con el tuétano de los huesos, sazona con sal gruesa y riega con un chorrito de aceite crudo. Sirve.

AJO CARRETERO

INGREDIENTES **(4 P.)**

4 jarretes de cordero
1 pimiento rojo
2 cebollas
2 tomates
2 pimientos verdes
4 dientes de ajo
1 hogaza de pan
2 hojas de laurel
perejil
½ guindilla seca (picante)
1 cucharadita de pimentón ahumado
sal

ELABORACIÓN

Pon abundante agua (3 l aprox.) a calentar en una cazuela grande. Agrega los jarretes de cordero.

Pela el pimiento rojo, las cebollas y los tomates, córtalos en dados y añádelos. Lava los pimientos verdes, retírales los tallos y las semillas, córtalos en dados e incorpóralos. Agrega la guindilla, los dientes de ajo (aplastados y con piel), las hojas de laurel, el pimentón y sal (al gusto) y mezcla bien. Tapa la cazuela y guisa el cordero durante 2 horas. Retira los jarretes y resérvalos.

Con un cuchillo de sierra, corta 4 rebanadas de la hogaza de pan y resérvalas. Corta el resto del pan en trocitos (lascas), introdúcelos en la cazuela, pon a punto de sal y cuece durante 2-3 minutos más.

Sirve 1 jarrete y 1 rebanada de pan en cada plato y decóralos con unas hojas de perejil. Sirve la sopa en 4 platos hondos.

CONSEJO: El ajo carretero es un guiso tradicional de la gastronomía de Pinares, comarca situada entre Burgos y Soria, que consumían los carreteros y pastores de la zona.

CARRILLERAS CON SALSA DE CHORICEROS

INGREDIENTES **(4 P.)**

800 g de carrilleras de ternera
1 cebolla
1 zanahoria
1 cabeza de ajos
1 puerro
harina y 1 huevo batido (para rebozar)
2 dientes de ajo
aceite de oliva virgen extra
perejil
sal

Para la salsa de pimiento choricero:

3 cucharadas de carne de pimiento choricero
1 cebolla roja
2 cebolletas
1 tomate
1 pimiento verde
1 puerro
2 cucharadas de harina
aceite de oliva virgen extra
sal

ELABORACIÓN

Pon las carrilleras en una olla rápida y cúbrelas con agua. Pela la cebolla, la zanahoria y los ajos, córtalos por la mitad y agrégalos a la olla. Limpia el puerro, retirándole la parte inferior y la superior, enjuágalo bien bajo el grifo, córtalo en rodajas y añádelo. Sazona y pon la olla a calentar. Cierra la olla y cuece todo durante 40 minutos. Retira las carrilleras y resérvalas. Cuela y reserva el caldo.

Para la salsa, pela la cebolla, las cebolletas y el tomate, retira el tallo y las semillas al pimiento y limpia bien el puerro. Pica las hortalizas y ponlas a pochar en una cazuela con aceite. Sazónalas y rehógalas durante 15-20 minutos, hasta que se doren. Añade la harina y rehógala. Incorpora la carne de pimiento choricero, riega con 300 ml del caldo reservado, pon a punto de sal y deja reducir la salsa durante 10 minutos a fuego suave.

Corta las carrilleras en rodajas, rebózalas en harina y huevo y fríelas en una sartén con aceite junto con los dientes de ajo (aplastados y sin pelar).

Sirve las carrilleras en una fuente sobre la salsa de choriceros. (Puedes acompañarlas con huevos fritos.)

CARRILLERAS DE TERNERA CON ZANAHORIAS

INGREDIENTES **(4 P.)**

1 kg de carrilleras de ternera
4 zanahorias
1 cebolleta
1 puerro
1 pimiento verde
1 cucharada de harina
1 vaso de vino tinto
aceite de oliva virgen extra
1 pizca de tomillo
perejil picado
sal

ELABORACIÓN

Quítales la grasa a las carrilleras, trocéalas, sazónalas y resérvalas.

Pela las zanahorias, córtalas por la mitad a lo largo y luego en bastoncitos. Resérvalas.

Pela la cebolleta, limpia bien el puerro, retira el tallo y las semillas al pimiento, pica todo finamente y rehógalos en una olla rápida con aceite durante 15 minutos. Sazona.

Añade el tomillo y la harina a la olla y rehoga. Incorpora las zanahorias y las carrilleras y rehoga todo junto durante 5 minutos. Agrega el vino, mezcla todo bien y cubre con agua. Sazona, tapa la olla y deja cocer a fuego suave durante 20 minutos. Espolvorea con perejil picado.

Sirve las carrilleras en una fuente y salséalas.

CORDERO GUISADO CON TOMATE Y VERMÚ

INGREDIENTES **(4 P.)**

- 1 paletilla de cordero troceada (900 g)
- 800 g de tomate triturado en conserva
- 150 ml de vermú rojo
- 2 cebollas
- 8 dientes de ajo
- 100 g de arroz basmati
- aceite de oliva virgen extra
- 1 rama de romero
- 1 rama de tomillo
- perejil
- pimienta
- sal

ELABORACIÓN

Salpimienta el cordero y dóralo en una cazuela con un chorrito de aceite. Retira el cordero a un plato y resérvalo.

Pela las cebollas y 6 dientes de ajo, pícalos y ponlos a rehogar en la misma cazuela donde has dorado el cordero. Rehoga durante 10-12 minutos a fuego suave-medio.

Añade el vermú y dale un hervor fuerte y rápido. Incorpora el romero, el tomillo, el cordero y el tomate triturado y sazona. Guisa el cordero durante 30-35 minutos.

Pela los otros 2 dientes de ajo y dóralos en un cazo con un chorrito de aceite. Añade el arroz, rehógalo un poco, cúbrelo con agua (la cantidad que indique el paquete) y sazónalo. Cocínalo durante 12-15 minutos.

Sirve el cordero, salséalo y acompáñalo con el arroz basmati. Decora con unas hojas de perejil.

CONSEJO: La cantidad de agua y los tiempos de cocción del arroz basmati varían de una marca a otra, por lo que os recomiendo que sigáis las instrucciones que indique el fabricante.

ALITAS DE POLLO AGRIDULCES CON ARROZ CRUJIENTE

INGREDIENTES **(4 P.)**

16 alitas de pollo
100 g de arroz salvaje
zumo de 2 naranjas
2 cucharadas de miel
2 cucharadas de salsa de soja
aceite de oliva virgen extra
perejil
pimienta
sal

ELABORACIÓN

Elimina las puntas a las alitas, corta el resto en dos y recórtales el exceso de grasa con un cuchillo.

Mezcla bien en un bol grande el zumo de naranja, la miel y la salsa de soja.

Salpimienta las alitas, introdúcelas en el bol y déjalas macerando durante 15 minutos (mínimo). Colócalas en una bandeja de horno, riégalas con el líquido de la maceración y hornéalas a 220 ºC durante 25 minutos.

Calienta una sartén con abundante aceite, agrega una cuarta parte del arroz y fríelo brevemente hasta que se infle. Retíralo a un plato cubierto con papel absorbente. Repite el proceso (en tandas) con el resto del arroz.

Sirve 4 alitas en cada plato y acompáñalas con el arroz crujiente. Decora los platos con unas hojas de perejil.

CONSEJO: A la hora de freír el arroz salvaje es importante que el aceite esté bastante caliente. Para comprobar que el aceite ha alcanzado la temperatura perfecta, os recomiendo que hagáis una prueba agregando unos pocos granos de arroz a la sartén para ver cómo se fríen y se inflan.

CHULETAS RELLENAS CON SALSA DE PATÉ

INGREDIENTES **(4 P.)**

4 chuletas de cerdo gruesas
4 lonchas de jamón curado
4 pimientos del piquillo
pan rallado (para rebozar)
2 dientes de ajo
2 patatas
1 pimiento verde
1 cebolleta
aceite de oliva virgen extra
pimienta
sal

Para la salsa de paté:
70 g de paté
200 ml de caldo de carne
200 ml de nata líquida

ELABORACIÓN

Para preparar la salsa de paté, pon en una cazuela el caldo, la nata y el paté y deja reducir, removiendo, hasta que espese.

Abre las chuletas por la mitad e introduce en cada una 1 loncha de jamón y 1 pimiento del piquillo. Salpimiéntalas, pásalas por pan rallado y fríelas en una sartén con aceite y los dientes de ajo enteros y pelados.

Pela y trocea las patatas. Retira el tallo y las semillas al pimiento verde y córtalo en tiras. Pela y pica la cebolleta. Saltea las hortalizas en otra sartén con aceite hasta que esté todo bien pochado. Sazona.

Sirve en una fuente las chuletas, acompáñalas con la guarnición de patata, pimiento y cebolla y salsea con la salsa de paté.

CHULETILLAS DE CORDERO A LA GABARDINA

INGREDIENTES **(4 P.)**

16 chuletillas de cordero
4 dientes de ajo
200 ml de salsa de tomate (véase *Salsa de tomate*)
aceite de oliva virgen extra
sal

Para la pasta orly:
3 claras de huevo
250 g de harina
1 sobre de levadura
3 yemas de huevo
250 ml de cava
sal

ELABORACIÓN

Para preparar la pasta *orly*, monta en un bol las claras con una batidora. Añádeles la harina, una pizca de sal, la levadura, las yemas y el cava poco a poco y mezcla bien. Deja reposar durante 1 hora.

Sazona las chuletillas y colócalas en una placa de horno. Pela 2 dientes de ajo, pícalos y añádeselos a las chuletillas junto con unas gotas de aceite. Hornéalas a 220 ºC durante 5 minutos. Retíralas y deja que se enfríen.

Reboza las chuletillas con la pasta *orly* y fríelas en una sartén con abundante aceite caliente y los otros 2 dientes de ajo (enteros y pelados). Escúrrelas bien.

Pasa las chuletillas a una fuente, acompáñalas con la salsa de tomate y sirve.

CHULETILLAS DE CORDERO A LA PROVENZAL

INGREDIENTES **(4 P.)**

16 chuletillas de cordero
3 patatas medianas
500 ml de caldo de verduras
aceite de oliva virgen extra
sal

Para la provenzal:

1 diente de ajo picado fino
3 cucharadas de pan rallado
1 cucharada de aceite de oliva virgen extra
1 cucharadita de perejil picado fino
1 cucharada de vinagre

ELABORACIÓN

Pela las patatas, córtalas en rodajas no muy gruesas y rehógalas con aceite en una sartén. Escúrrelas, pásalas a una placa de horno y riégalas con el caldo (sin llegar a cubrirlas).

Sazona las chuletillas y ponlas encima de las patatas.

Mezcla bien los ingredientes de la provenzal y repártela sobre las chuletillas. Hornéalas a 200 ºC durante unos 20 minutos.

Retira las patatas y las chuletillas. Remueve bien el jugo de la bandeja del horno hasta que ligue.

Reparte las chuletillas en los platos, salséalas, acompáñalas con las patatas y sirve.

CIERVO CON SALSA

INGREDIENTES **(4 P.)**

800 g de solomillo de ciervo
250 g de pasta cocida
1 pimiento rojo
100 g de queso manchego tierno
aceite de oliva virgen extra
pimienta
sal

Para macerar:

2 dientes de ajo
1 cebolla
4 zanahorias
2 vasos de vino tinto
½ vaso de vino de Oporto
1 rama de romero
3 ramas de tomillo
20 granos de pimienta negra
sal

ELABORACIÓN

La víspera, pela los dientes de ajo, la cebolla y las zanahorias, córtalos en dados y ponlos en un bol. Agrega los vinos, las ramas de tomillo y de romero, los granos de pimienta y una pizca de sal. Mezcla los ingredientes, incorpora el solomillo y déjalo macerar en el frigorífico.

Escurre el solomillo y resérvalo.

Pasa a una cazuela el líquido de maceración con las hortalizas y las hierbas y redúcelo a fuego suave durante 25-30 minutos. Retira las hierbas (romero y tomillo) y tritura la salsa con una batidora eléctrica. Resérvala.

Trocea el solomillo, salpimiéntalo y dóralo en una tartera (cazuela amplia y baja) apta para el horno con un poco de aceite. Introduce la tartera en el horno y hornea a 200 ºC durante 5 minutos.

Agrega a la salsa el jugo que haya soltado el solomillo en el horno y resérvala.

Pela el pimiento, córtalo en daditos y rehógalo durante 5-6 minutos en una sartén con 3-4 cucharadas de aceite. Agrega la pasta, sazona y saltea todo conjuntamente durante 2 minutos.

Sirve el solomillo con el salteado de pasta, salséalo y acompáñalo con el queso cortado en triángulos.

CERDO SALTEADO CON SALSA CUMBERLAND

INGREDIENTES (4 P.)

800 g de tapa de cerdo
2 dientes de ajo
8 espárragos verdes
aceite de oliva virgen extra
perejil
pimienta
sal

Para la salsa Cumberland:

1 naranja
1 limón
4 chalotas
200 ml de vino de Oporto
6 cucharadas de jalea de frambuesas
1 cucharada de vinagre de manzana
1 cucharada de mostaza
1 trozo de jengibre
aceite de oliva virgen extra
sal

ELABORACIÓN

Para preparar la salsa Cumberland, pela la naranja y el limón con un pelador (evitando la parte blanca), corta las cortezas en juliana fina y cuécelas en un cazo con agua hirviendo durante 5 minutos. Escúrrelas y resérvalas. Exprime la naranja y el limón y reserva los zumos.

Pela las chalotas, córtalas en daditos y rehógalas durante 10 minutos en una cazuela con un chorrito de aceite. Añade las cortezas cocidas y el zumo de la naranja y el limón, el oporto, la jalea, el vinagre, la mostaza y un poco de jengibre (rallado). Mezcla bien, pon a punto de sal y deja que reduzca la salsa durante 15 minutos a fuego suave.

Corta la carne en dados (de bocado) y salpimiéntalos. Pon a calentar un poco de aceite en una sartén, añade los dientes de ajo (aplastados y con piel) y dóralos un poco. Incorpora los dados de cerdo y saltéalos durante 2-4 minutos. Corta cada espárrago en 3, agrégalos a la sartén y cocina todo conjuntamente durante 3-4 minutos más.

Sirve la salsa en el fondo de los platos y la carne con los espárragos encima. Decora con unas hojas de perejil.

CONSEJO: La salsa Cumberland es perfecta para acompañar la carne, sobre todo para carnes que se sirven frías, como, por ejemplo, las galantinas de ave.

CODILLO CON PIÑA Y PURÉ DE PATATA

INGREDIENTES **(4 P.)**

4 codillos de cerdo (de ración)
1 piña
3 patatas
2 cucharadas de azúcar moreno
2 cucharadas de mostaza
1 cucharada de miel de arce
12 chalotas
1 cucharadita de azúcar blanco
250 ml de vino tinto
aceite de oliva virgen extra
perejil
pimienta
12 clavos
sal

ELABORACIÓN

Pela la piña y córtala por la mitad a lo largo. Trocea la mitad, tritúrala en el vaso americano, cuela y reserva el zumo. Corta la otra mitad en dos a largo y después en trozos de 2 cm de grosor y resérvalos.

Haz 3 cortes superficiales en la piel de cada codillo, salpimiéntalos, introduce 3 clavos en cada uno y colócalos en una bandeja de horno.

Mezcla en un bol el azúcar moreno con la mostaza y la miel de arce. Unta los codillos con la mezcla y riégalos con la mitad del zumo de piña. Añade la piña troceada a la bandeja de horno. Hornea el codillo con la piña a 180 ºC durante 20 minutos.

Retira la bandeja del horno y riega con el resto del zumo de piña. Baja la temperatura del horno a 160 ºC, introduce de nuevo la bandeja en el horno y hornea todo durante 90 minutos más.

Calienta agua en una cazuela y, cuando empiece a hervir, agrega las patatas (lavadas y con piel) y cuécelas durante 30-35 minutos (según tamaño). Pélalas, ponlas en un bol y aplástalas un poco. Aderézalas con aceite, sal y un poco de perejil picado y mezcla bien hasta conseguir un puré homogéneo. Resérvalo.

Pela las chalotas, calienta un chorrito de aceite en un cazo y agrégalas. Dóralas un poco, sazónalas y añade el azúcar y el vino. Cocínalas a fuego suave durante 20-25 minutos.

Sirve el codillo con la piña, las chalotas y el puré de patatas. Adorna los platos con unas hojas de perejil.

CONSEJO: En esta receta se ha empleado zumo de piña natural, pero también podéis utilizar zumo de piña embotellado.

CHULETILLAS DE CORDERO CON BERENJENAS

INGREDIENTES **(4 P.)**

12 chuletillas de cordero

1 berenjena

harina, 3 huevos batidos y pan rallado (para rebozar)

3 patatas

aceite de oliva virgen extra

sal

ELABORACIÓN

Limpia de grasa las chuletillas, sazónalas y ponlas en una placa de horno. Rocíalas con aceite y hornéalas a 200 ºC durante 5 minutos.

Corta 12 rodajas finas de berenjena y fríelas brevemente (2 minutos) en una sartén con aceite para que se ablanden y resulten moldeables. Escúrrelas.

Envuelve cada chuletilla con una lámina de berenjena, pásalas por harina, huevo batido y pan rallado y fríelas en una sartén con aceite.

Pela las patatas, córtalas en láminas finas y después en bastoncitos finos, de forma que queden como patatas paja. Fríelas en una sartén con aceite y escúrrelas.

Sirve en una fuente las chuletillas y acompáñalas con las patatas.

CINTA DE CERDO ASADA CON COSTRA DE SAL

INGREDIENTES **(4 P.)**

1 kg de cinta de cerdo

2 kg de sal gruesa

Para las patatas panadera:

4 patatas grandes

1 diente de ajo

2 cebolletas

1 pimiento verde

aceite de oliva virgen extra

perejil picado

sal

ELABORACIÓN

Pela las patatas y córtalas en rodajas. Pela y pica el ajo. Pela las cebolletas, retira el tallo y las semillas al pimiento y córtalos en juliana. Pon aceite a calentar en una sartén, añade las hortalizas cortadas y rehógalas durante unos 10 minutos. Escúrrelas y pásalas a una fuente apta para el horno. Sazona, espolvorea con perejil picado, cubre la fuente con papel de aluminio y hornea a 180 ºC durante 15-20 minutos.

Coloca en el fondo de una fuente apta para el horno una capa de sal gruesa de 1 cm de grosor y del mismo largo y ancho que la cinta. Coloca encima la cinta de cerdo y cúbrela por completo con el resto de la sal. Hornéala a 180 ºC durante 1 hora aproximadamente (hasta que se resquebraje la sal).

Saca la cinta del horno, rompe la corteza de sal, retírale cualquier resto de sal y trínchala.

Acompaña la cinta con las patatas panadera y sirve.

COCHINILLO ASADO

INGREDIENTES **(4 P.)**

1 cochinillo de 1.500 g (limpio)
½ cabeza de ajos
½ vaso de vinagre
1 vaso de vino blanco
perejil
sal

Para el puré de castañas:
500 g de castañas
60 ml de anís

Para el puré de manzanas:
4 manzanas reineta
3 cucharadas de azúcar

ELABORACIÓN

Pela los dientes de ajo y májalos en un mortero con un poco de perejil. Pásalos a un bol, añade el vinagre, el vino y 2 vasos de agua, mezcla todo bien y reserva.

Coloca el cochinillo en una placa de horno. Envuelve las orejas y la cola con papel de aluminio para evitar que se quemen. Sazónalo, vierte por encima 1 cazo del majado y hornéalo durante 2 horas a 160 ºC.

Durante la cocción, cada 15 minutos aproximadamente, añade más majado para evitar que se seque la carne.

Para el puré de castañas, hazles un corte y cuécelas en agua durante 30 minutos. Pélalas, pásalas a una cazuela con el anís, añade agua hasta cubrir y cuécelas durante 10 minutos. Pásalas por el pasapurés y reserva el puré.

Para el puré de manzanas, pon el azúcar a caramelizar en una cazuela. Limpia las manzanas, córtalas en 8 gajos y retírales el corazón. Cuando el azúcar esté caramelizado, añade los trozos de manzana, cubre con agua y deja cocer durante 10 minutos. Tritura, pasa por el chino y reserva el puré.

Saca el cochinillo del horno, retírale el papel de aluminio y pásalo a una fuente. Cuela el jugo del asado, pásalo a un cazo y reduce la salsa durante 10-15 minutos.

Acompaña el cochinillo con los purés de castaña y manzana y la salsa en una salsera y sirve.

CODILLO ASADO CON PURÉ DE MANZANA

INGREDIENTES **(4 P.)**

2 codillos de cerdo
4 manzanas reineta
75 g de azúcar
1 puerro
1 cebolla
3 dientes de ajo
1 vaso de vino blanco
1 rama de perejil
pimienta negra en grano
sal

ELABORACIÓN

Pon agua en la olla rápida, introduce en ella los codillos y el perejil y sazona. Tapa y deja cocer durante 30 minutos. Escúrrelos.

Pela la cebolla, limpia bien el puerro y córtalos en juliana fina; pela los ajos y pícalos finamente. Coloca las hortalizas sobre una placa de horno forrada con papel de aluminio. Pon encima los codillos, riégalos con el vino, espolvoréalos con pimienta negra machacada y hornéalos a 200 ºC durante 30 minutos.

Pon el azúcar en una cazuela y, cuando vaya cogiendo color, añade las manzanas troceadas. Cubre con agua, deja cocer durante 30 minutos y tritura.

Sirve los codillos en una fuente y acompáñalos con el puré de manzana. Puedes servir la cebolla y el puerro al lado.

ALETA RELLENA

INGREDIENTES **(4 P.)**

1 aleta de ternera abierta (600 g)
1 cebolleta pequeña
1 puerro pequeño
180 g de setas de cultivo
1 manzana
50 g de *mousse* de ave
1 cebolla
2 dientes de ajo
1 zanahoria
150 ml de vino tinto
3 patatas
1 cucharada de harina de maíz refinada
75 ml de vino tinto (para diluir la harina)
aceite de oliva virgen extra
perejil
sal

ELABORACIÓN

Para hacer el relleno, corta la cebolleta en daditos y el puerro en cuartos de luna y ponlos a rehogar en una sartén con un poco de aceite. Corta las setas en dados y agrégalas. Sazona y rehoga todo bien. Pásalo a un bol. Pela la manzana, pícala y agrégala. Añade también la *mousse* de ave y mezcla bien todos los ingredientes.

Sazona la aleta, cúbrela con el relleno, enrolla y átala con cuerda de cocina. Dórala en una sartén grande con un chorrito de aceite. Resérvala.

Pela la cebolla, los ajos y la zanahoria. Corta los ajos en láminas y dóralos un poco en la olla rápida con un chorrito de aceite. Corta la cebolla en dados y agrégala. Corta la zanahoria en cuartos de luna e incorpórala. Sazona y rehoga las hortalizas durante 15 minutos. Introduce la aleta en la olla y agrega el vino y 300 ml de agua. Cierra la olla y cocina la aleta durante 20 minutos.

Pon las patatas en un bol, cúbrelas con film transparente, introduce el bol en el microondas y cocina las patatas durante 12 minutos. Pélalas y aplástalas con un tenedor. Sazónalas y aderézalas con aceite y un poco de perejil picado. Reserva el puré.

Retira la carne de la olla, deja que se enfríe y córtala en 8 rodajas. Tritura la salsa, ponla a hervir y lígala agregando la harina de maíz diluida en vino.

Sirve en cada plato 2 cucharadas de puré de patata y 2 rodajas de aleta con su salsa. Decora los platos con unas hojas de perejil.

CONSEJO: Es conveniente dorar la pieza a fuego fuerte para que, al caramelizarse, retenga los jugos. Se continúa la cocción teniendo en cuenta que cuanto mayor sea la pieza, la temperatura debe ser más baja.

CODILLO COCIDO CON PASTA

INGREDIENTES **(4 P.)**

800 g de codillo de cerdo
200 g de pasta (nidos de espinacas)
2 zanahorias
2 cebollas
2 dientes de ajo
4 lonchas de beicon
aceite de oliva virgen extra
3 hojas de laurel
sal

ELABORACIÓN

En una cazuela con agua con sal, cuece los codillos junto al laurel, las zanahorias, las cebollas y los ajos (pelados y cortados por la mitad) durante 2 horas (30 minutos si usas la olla rápida). Escúrrelos (reserva un poco del líquido de la cocción) y separa la carne de los huesos, retirando la grasa.

Cuece la pasta en agua hirviendo con sal durante el tiempo que indique el envase. Escúrrela y resérvala.

Corta el beicon en tiras y rehógalo en una sartén con un poco de aceite. Añade la carne de los codillos, agrega 150 ml del líquido de cocción reservado, incorpora la pasta, rehógala durante 2 minutos y sirve.

CODORNICES A LA SEGOVIANA

INGREDIENTES **(4 P.)**

6 codornices
2 cebollas
2 zanahorias
100 ml de vinagre
200 ml de vino blanco
4 patatas
aceite de oliva virgen extra
2 hojas de laurel
perejil
20 granos de pimienta negra
sal

ELABORACIÓN

Pela las cebollas y las zanahorias, pícalas y rehógalas en una cazuela con aceite, un poco de sal, los granos de pimienta y el laurel durante 15 minutos. Limpia bien las codornices, sazónalas e incorpóralas a la cazuela. Añade el vinagre y el vino y cocina durante 30-35 minutos (si ves que queda seco, añade un poco de agua).

Pela las patatas, córtalas en dados y fríelos en aceite bien caliente. Escurre bien, sazona y espolvorea con perejil picado.

Sirve las codornices con sus hortalizas en una fuente, salséalas y acompáñalas con las patatas.

CREPES DE GARBANZO CON SALCHICHAS DE POLLO

INGREDIENTES **(4 P.)**

8 salchichas de pollo
1 cebolla
1 zanahoria
1 remolacha
aceite de oliva virgen extra
perejil
sal

Para la masa de los crepes:

120 g de harina de garbanzo
290 ml de bebida de soja
1 cucharada de linaza molida
30 ml de aceite de oliva virgen extra
sal

Para la salsa de yogur:

1 yogur
zumo de ½ limón
1 pizca de *curry*
sal

ELABORACIÓN

Pela la cebolla, córtala en juliana fina y ponla a rehogar en una sartén con un chorrito de aceite. Pela la zanahoria, córtala por la mitad y después en juliana fina e incorpórala. Pela la remolacha, córtala en dados y agrégala. Sazona y rehoga todo bien (10 minutos aproximadamente).

Para la masa de los crepes, introduce en un vaso batidor la harina de garbanzo, la bebida de soja, la linaza, el aceite y una pizca de sal. Tritura todo bien y deja que repose durante 5 minutos.

Unta una sartén con un poco de aceite, agrega un poco de la masa, extiéndela bien y cocínala por los dos lados. Retira el crepe a un plato y resérvalo. Repite el proceso con el resto de la masa (necesitarás 8 crepes).

Calienta una sartén o cazuela amplia con un chorrito de aceite, agrega las salchichas y cocínalas a fuego medio durante 6-8 minutos.

Prepara la salsa mezclando el yogur de soja, el zumo de limón, el *curry* y una pizca de sal.

Coloca sobre cada crepe una porción de hortalizas y 1 salchicha, añade un poco de salsa y enróllalas.

Sirve 2 crepes en cada plato y decóralos con unas hojas de perejil.

CONSEJO: La harina de garbanzo se puede emplear en las dietas sin gluten como sustituto de la harina de trigo. En la cocina vegana se utiliza mezclada con agua como sustituto del huevo.

CODORNICES CON SALSA DE CHOCOLATE

INGREDIENTES **(4 P.)**

6 codornices (limpias)
50 g de chocolate
harina (para rebozar)
2 patatas medianas
aceite de oliva virgen extra
1 ramita de perejil
sal

Para la marinada:
3 dientes de ajo
1 cebolla
1 zanahoria
1 l de vino tinto
1 rama de tomillo
1 rama de romero
1 hoja de laurel
20 granos de pimienta negra
sal

ELABORACIÓN

La víspera, prepara la marinada. Pela y pica los dientes de ajo, la cebolla y la zanahoria y colócalos en un cuenco junto con el vino, el tomillo, el romero, el laurel, los granos de pimienta y sal. Introduce las codornices en el cuenco, cúbrelo con film transparente y deja marinar en el frigorífico durante 4 horas como mínimo.

Escurre las codornices y reserva la marinada. Pasa las codornices por harina y dóralas en una sartén con aceite.

Coloca las codornices en la olla rápida, añade la marinada, tapa y cocina durante 3-4 minutos. Saca las codornices de la olla y pásalas a una cazuela. Pasa la salsa por el pasapurés y viértela sobre las codornices. Trocea el chocolate, añádelo a la cazuela y cocina todo durante 4-5 minutos.

Pela las patatas, córtalas con forma de rejilla con la ayuda de una mandolina y pásalas a un cuenco con agua fría (para quitar el almidón y que queden firmes). Escúrrelas, sécalas y fríelas en una sartén con abundante aceite caliente. Retíralas y sazónalas.

Sirve 1 codorniz y media en cada plato, salséalas con la salsa de chocolate y acompáñalas con las patatas. Decora con una ramita de perejil.

CODORNICES ASADAS

INGREDIENTES **(4 P.)**

6 codornices
6 dientes de ajo
60 ml de *brandy*
1 patata
1 pimiento verde
1 pimiento rojo
8 espárragos verdes
8 cebolletas pequeñas
aceite de oliva virgen extra
6 ramas de tomillo
sal

ELABORACIÓN

Limpia bien las codornices y sazónalas por dentro y por fuera. Introduce en cada una 1 diente de ajo sin pelar y 1 ramita de tomillo. Colócalas sobre una bandeja de horno, rocíalas con un buen chorro de aceite y hornéalas a 250 ºC durante 10 minutos. Riégalas con el *brandy* y hornéalas durante 5 minutos más a la misma temperatura.

Pela la patata y córtala en rodajas con un cortador ondulado. Retira los tallos y las semillas al pimiento rojo (pelado) y al verde y córtalos en bastones gruesos. Pon a freír las patatas en una sartén con aceite. Cuando las patatas estén casi hechas (unos 8 minutos), añade los pimientos, los espárragos y las cebolletas y rehoga todo junto durante 5 minutos.

Sirve la guarnición de hortalizas en una fuente y coloca encima las codornices.

Con una paleta de cocina, rasca los restos de la bandeja de horno y salsea las codornices. Sirve.

SOPA DE AVE CON PATATA

INGREDIENTES **(4 P.)**

1.500 ml de consomé de ave
100 g de pechuga de ave
2 patatas pequeñas
2 huevos
50 g de queso manchego
4 rodajas de pan blanco
20 g de mantequilla
perejil
sal

ELABORACIÓN

Calienta agua en un cazo, introduce los huevos y cuécelos durante 10 minutos (contados desde el momento en que el agua empiece a hervir). Retíralos, refréscalos, pélalos, córtalos en daditos y resérvalos.

Pon el consomé a calentar en una cazuela. Agrega la pechuga de ave y retira la espuma que sube a la superficie. Cuece la pechuga durante 5-6 minutos. Retírala, córtala en dados y resérvala.

Pela las patatas y, con ayuda de una mandolina, córtalas en láminas finas. Introdúcelas en el consomé y cuécelas durante 8-10 minutos. Incorpora la pechuga y los huevos cocidos. Añade un poco de perejil picado, pon a punto de sal y cocina todo durante 2 minutos.

Ralla el queso y resérvalo.

Unta las rebanadas de pan con un poco de mantequilla, pon un poco de queso rallado sobre cada una, colócalas sobre una bandeja de horno y gratínalas.

Sirve la sopa y acompáñala con las rebanadas de pan con queso. Decora con unas hojas de perejil.

CONSEJO: Casi siempre asociamos los caldos con el invierno, pero aquí os dejo una buena idea para el verano: añade unas hojas de gelatina a la sopa, repártela en los recipientes (mejor si son pequeños) y deja que se solidifique. Listo. Un aperitivo original y muy sabroso para tomar con cucharilla.

CODORNICES ESCABECHADAS

INGREDIENTES **(4 P.)**

8 codornices (limpias)
2 cebolletas o cebollas
2 zanahorias
2 dientes de ajo
1 vaso de vino blanco
aceite de oliva virgen extra
vinagre
2 hojas de laurel
sal

ELABORACIÓN

Sazona las codornices (puedes atarlas para asegurarte de que no se rompan) y dóralas en una cazuela con un chorro de aceite. Pela las cebolletas y las zanahorias, córtalas en juliana y añádelas a la cazuela. Pela los ajos y agrégalos. Rehoga todo junto durante 5 minutos. Añade el vino, un chorro de vinagre y el laurel, y agua hasta cubrir las codornices. Tapa y deja cocer a fuego suave durante unos 30 minutos.

Sirve las codornices y salséalas.

CONSEJO: Puedes acompañarlas con puré de patata, de manzana o de ciruelas pasas. Este plato se puede comer tanto frío como caliente. También puedes guardar las codornices en su jugo para usarlas posteriormente.

CODORNICES GUISADAS EN CALDERETA

INGREDIENTES **(4 P.)**

6 codornices (limpias)
1 cebolla
1 pimiento verde
½ pimiento morrón
3 dientes de ajo
200 ml de vino blanco
3 patatas medianas
aceite de oliva virgen extra
2 ramas de tomillo
1 hoja de laurel
20 granos de pimienta
1 cucharadita de pimentón dulce
pimienta
sal

Para el puré de plátano:

3 plátanos medianos
2 cucharadas de azúcar
100 ml de vino de Jerez
1 cucharada de aceite de oliva virgen extra

ELABORACIÓN

Pela la cebolla y 1 diente de ajo y pícalos finamente. Retira el tallo y las semillas a los pimientos y pícalos también finamente. Calienta una cazuela con 4 cucharadas de aceite e incorpora las hortalizas. Sazónalas y rehógalas durante 6-8 minutos.

Salpimienta las codornices y añádelas a la cazuela. Dóralas un poco y agrega el vino y 1 vaso de agua.

Pela las patatas, córtalas por la mitad e incorpóralas. Agrega el tomillo, el laurel y los granos de pimienta.

Machaca en un mortero los otros 2 dientes de ajo, añade 1 cucharada de aceite y el pimentón y mezcla. Vierte el majado en la cazuela, mezcla bien y guisa todo durante 25 minutos.

Para el puré, pela los plátanos, córtalos en rodajas y ponlos en una cazuela con el aceite. Agrega el azúcar y el jerez y deja cocer durante 5 minutos. Tritúralo.

Sirve el puré en una salsera y la caldereta de codornices en una fuente.

COCHINILLO ASADO CON PURÉ DE MANZANA

INGREDIENTES **(4-6 P.)**

2 kg de cochinillo
4 manzanas
4-5 dientes de ajo
150 ml de vino blanco
150 ml de vinagre
1 escarola
aceite de oliva virgen extra
vinagre (para aliñar la escarola)
perejil
sal

ELABORACIÓN

Sazona el cochinillo por dentro y por fuera. Colócalo (dejándolo con la parte de la piel hacia arriba) en la bandeja del horno y hornéalo a 160 ºC durante 90-120 minutos, dándole la vuelta de vez en cuando.

Pela los dientes de ajo, trocéalos y ponlos en el mortero. Májalos bien y agrega un poco de perejil picado, el vino, el vinagre y 350 ml de agua. Cada 15 minutos, riega el cochinillo con un poco de esta preparación.

Retira el cochinillo del horno, envuelve la oreja y la cola con papel de aluminio (para evitar que se quemen) y vuelve a introducirlo en el horno. Sube la temperatura a 180 ºC y hornéalo durante 35-40 minutos (dejando la parte de la piel hacia arriba), hasta que se dore.

Para el puré de manzana, limpia y pela las manzanas, córtalas en 8 gajos, retírales el corazón y colócalas en una cazuela. Agrega 50 ml de agua, tapa y cocínalas a fuego medio durante 10 minutos. Reserva el puré.

Limpia la escarola, sécala, trocéala y ponla en una fuente grande. En el momento de servir, sazónala y aderézala con aceite y vinagre.

Una vez horneado el cochinillo, retíralo del horno y pásalo a una fuente. Vierte 100 ml de agua sobre la bandeja de horno, desglasa, cuela el líquido, pásalo a un cazo y dale un hervor. Agrégale un poco de perejil picado y salsea con él el cochinillo.

Sirve, en cada plato, 1 porción de cochinillo, un poco de puré de manzana y un poco de escarola. Adorna los platos con unas hojas de perejil.

CONSEJO: Si no quieres que el cochinillo pierda el crujiente de la piel, lo mejor será servir la salsa aparte en una salsera.

COSTILLAR DE TERNERA CON ALCACHOFAS Y PIMIENTOS

INGREDIENTES **(4 P.)**

1.200 g de costillar de ternera
4 alcachofas
2 pimientos rojos
3 dientes de ajo
200 ml de vino blanco
aceite de oliva virgen extra
perejil
12 granos de pimienta
sal

ELABORACIÓN

Sazona el costillar y colócalo en la bandeja de horno. Riégalo con un chorrito de aceite y hornéalo a 180 ºC durante 90-120 minutos.

Pela los dientes de ajo, pícalos y colócalos en el mortero. Agrega los granos de pimienta y maja todo bien. Añade el vino blanco y mezcla bien. Cada 20 minutos aproximadamente, abre el horno y riega la costilla con el majado.

Pela los pimientos y córtalos en tiras. Rehógalos a fuego medio durante 15-20 minutos en una sartén con un chorrito de aceite y sazónalos.

Retira a las alcachofas las hojas más duras, las puntas y los tallos y córtalas en gajos o en láminas. Saltéalas (6-8 minutos) a fuego fuerte en una sartén con un chorrito de aceite y sazónalas.

Corta el costillar en 4 trozos, sírvelo y acompáñalo con las alcachofas y los pimientos. Decora con unas hojas de perejil.

CONSEJO: Al cocinar la pieza entera, sin cortar, preserva mejor su aroma, sabor y textura.

CONEJO A LA CERVEZA

INGREDIENTES **(4 P.)**

1 conejo de 1 kg
5 cebolletas
2 dientes de ajo
1 cucharada de harina
1 copa de *brandy*
200 ml de salsa de tomate (véase *Salsa de tomate*)
500 ml de cerveza
aceite de oliva virgen extra
1 rama de tomillo
pimienta
sal

ELABORACIÓN

Pela las cebolletas y los ajos, pícalos y póchalos en la olla rápida con 3-4 cucharadas de aceite.

Trocea el conejo, salpimiéntalo, incorpóralo a la cazuela y dóralo un poco. Agrega el tomillo y la harina y rehoga. Vierte encima el *brandy* y flambéalo. Incorpora la salsa de tomate y la cerveza. Cierra la olla y cuece todo durante 10 minutos.

Retira el conejo y pásalo a una fuente. Pasa la salsa por el pasapurés y después por el chino, salsea el conejo y sirve.

CONEJO A LA BARBACOA

INGREDIENTES **(4 P.)**

1 conejo de 1 kg
2 patatas
aceite de oliva virgen extra
sal

Para la salsa:
3 dientes de ajo
½ pimiento verde
½ pimiento morrón
½ cebolleta
½ vaso de aceite de oliva virgen extra
1 chorro de vinagre
2 cucharaditas de orégano
perejil picado
½ cucharadita de pimentón picante
sal

ELABORACIÓN

Limpia bien las patatas, hazles un corte superficial en forma de cruz, envuélvelas con papel de aluminio, colócalas sobre una placa de horno y hornéalas a 200 ºC durante 30 minutos.

Corta el conejo en trozos pequeños y sazónalos. Mezcla en un cuenco un poco de agua, un chorro de aceite y sal. Cocina el conejo a la plancha durante 20 minutos, mojándolo con la mezcla de vez en cuando.

Para preparar la salsa, pela los dientes de ajo, pícalos y pásalos a un vaso batidor. Pica los pimientos y la cebolleta y añádelos. Agrega el pimentón, el orégano, el aceite, ½ vaso de agua, el vinagre (al gusto) y un poco de perejil picado. Sazona y tritura con una batidora eléctrica.

Sirve el conejo en una fuente amplia, riégalo con un poco de salsa (sirve el resto en una salsera) y acompáñalo con las patatas asadas. Espolvorea todo con perejil picado.

CONEJO A LA JARDINERA

INGREDIENTES **(4 P.)**

1 kg de conejo (troceado)
1 cebolla
2 tomates
1 pimiento verde
200 ml de vino blanco
200 ml de caldo de carne
4 alcachofas
200 g de guisantes (desgranados)
aceite de oliva virgen extra
1 hoja de laurel
pimienta negra
sal

ELABORACIÓN

Pela la cebolla y el tomate, retira el tallo y las semillas al pimiento y pica todo finamente. Rehoga la cebolla y los pimientos en una cazuela con aceite durante 10 minutos. Incorpora el tomate y cocina todo conjuntamente durante 6-8 minutos más. Salpimienta el conejo, añádelo a la cazuela junto con la hoja de laurel y rehógalo bien, dándole vueltas hasta que coja color. Sazona y agrega el vino. Deja cocer, con la cazuela destapada, hasta que se haya evaporado casi todo el vino (5-6 minutos).

Cubre el guiso con el caldo de carne. Retira a las alcachofas las hojas más duras, las puntas y los tallos y córtalas en cuartos. Cuando el guiso empiece a hervir, incorpora las alcachofas y los guisantes. Tapa la cazuela, baja el fuego y dejar cocer durante 45 minutos. Pon a punto de sal y sirve.

CONEJO CON MOSTAZA

INGREDIENTES **(4 P.)**

1 conejo de 1 kg
2 cucharadas de mostaza
200 ml de caldo de verduras
½ vaso de jerez
½ vaso de vino blanco
2 zanahorias
2 patatas
3 puerros
2 dientes de ajo
1 cucharada de harina de maíz refinada
aceite de oliva virgen extra
perejil picado
pimienta
sal

ELABORACIÓN

Corta el conejo en trozos grandes, salpimiéntalos y úntalos con la mostaza. Colócalo en una placa de horno y riégalo con el caldo, el jerez y el vino blanco. Hornea a 200 ºC durante 20 minutos.

Para la guarnición, pela las zanahorias y las patatas, trocéalas, tornéalas y cuécelas en una cazuela con agua y una pizca de sal durante 15 minutos. Escúrrelas y resérvalas.

Limpia bien los puerros, córtalos en bastones y confítalos en una sartén con 150 ml de aceite durante 15 minutos. Retira casi todo el aceite (deja 2 cucharadas), pela los ajos, córtalos en láminas finas, añádelos a la sartén y dóralos brevemente. Incorpora las patatas y las zanahorias y saltéalas brevemente.

Retira el conejo del horno y sírvelo en una fuente. Pasa el jugo de la bandeja a una cazuela, dale un hervor, espolvoréalo con perejil picado, añade un poco de la harina de maíz diluida en agua y mezcla bien.

Sirve el conejo con la guarnición al lado y salsea.

GUISO DE COSTILLA CON HORTALIZAS

INGREDIENTES **(4 P.)**

- 1.200 g de costilla de cerdo (troceada)
- 5 dientes de ajo
- 2 cebollas
- 3 zanahorias
- 1 puerro
- 2 pimientos verdes
- 2 patatas
- 1 pastilla de caldo de carne
- 200 g de guisantes pequeños (desgranados)
- aceite de oliva virgen extra
- perejil
- pimienta
- sal

ELABORACIÓN

Salpimienta las costillas y dóralas en una cazuela con un chorrito de aceite. Retira las costillas a una fuente y resérvalas.

Pela los ajos, las cebollas y las zanahorias. Limpia el puerro retirándole la parte superior, la inferior y la primera capa. Retira el tallo y las semillas de los pimientos. Corta todas las hortalizas en dados, añádelas a la cazuela donde has dorado las costillas, sazónalas y rehógalas durante 10-12 minutos (aproximadamente).

Cuando estén bien rehogadas, añade las costillas. Pela las patatas, trocéalas (cascándolas) e incorpóralas. Mezcla bien y cubre con agua. Desmenuza encima la pastilla de caldo, tapa la cazuela y guisa la costilla durante 25 minutos a fuego suave.

Añade los guisantes y cocina todo conjuntamente durante 4-5 minutos más.

Sirve y adorna los platos con unas hojas de perejil.

CONSEJO: Las costillas de cerdo, además de poder emplearlas en un sinfín de guisos, son perfectas para asarlas tanto en el horno como en la barbacoa.

CONEJO A LA VIZCAÍNA

INGREDIENTES **(4 P.)**

1 conejo de 1.500 g (troceado)
10 pimientos choriceros
2 cebollas rojas
4 dientes de ajo
aceite de oliva virgen extra
20 granos de pimienta blanca
sal

ELABORACIÓN

Retira el tallo y las pepitas a los pimientos choriceros y cuécelos en una cazuela con agua durante 10 minutos. Escúrrelos, retira la carne, pícala y resérvala.

Sazona el conejo y dóralo en una cazuela con un poco de aceite y los granos de pimienta. Retíralo y resérvalo.

Pela las cebollas y los ajos, pícalos y rehógalos en la misma cazuela donde has dorado el conejo. Añade la carne de los pimientos choriceros y mezcla bien. Incorpora el conejo, cubre con agua y deja cocer fuego suave durante 30 minutos.

Retira el conejo. Tritura la salsa con la batidora, introduce nuevamente el conejo en la cazuela y dale un hervor.

Sirve el conejo en una fuente amplia.

CONEJO A LA NAPOLITANA

INGREDIENTES **(4 P.)**

1 conejo de 1.500 g (troceado)
2 tomates maduros
250 ml de vino blanco
aceite de oliva virgen extra
1 cucharadita de albahaca picada
2 ramas de tomillo
pimienta
sal

ELABORACIÓN

Salpimienta el conejo y dóralo en una sartén con 6 cucharadas de aceite. Pásalo a una cazuela grande.

Pela los tomates, córtalos en dados y fríelos brevemente en la misma sartén en la que has frito el conejo. Sazona y agrega la albahaca, el tomillo y el vino. Cocina durante 5 minutos y pasa el tomate a la cazuela.

Dale un hervor rápido y guisa el conejo durante 20-25 minutos a fuego suave.

Sirve el conejo en una fuente amplia y salséalo.

CODORNICES CON PIMIENTOS MORRONES

INGREDIENTES **(4 P.)**

6 codornices
3 pimientos morrones
100 ml de vino blanco *(txakoli)*
6 dientes de ajo
aceite de oliva virgen extra
perejil
pimienta
sal

ELABORACIÓN

Lava los pimientos, colócalos sobre una bandeja de horno, riégalos con un chorrito de aceite, sazónalos y hornéalos a 200 ºC durante 35-40 minutos. Retira la bandeja del horno, pélalos, quítales las semillas y córtalos en tiras. En el momento de servir, pon a calentar un poco de aceite en una sartén, agrega los pimientos y rehógalos brevemente.

Corta las codornices por la mitad, salpimiéntalas y extiéndelas (con la piel en contacto con la bandeja) sobre una bandeja de horno untada con un poco de aceite. Rocíalas con un chorrito de aceite y riégalas con el vino. Aplasta los dientes de ajo (con piel) y agrégalos a la bandeja. Hornea a 220 ºC durante 10-12 minutos.

Sirve en cada plato 1 codorniz y media y salséalas. Acompáñalas con unas tiras de pimiento y decora con unas hojas de perejil.

CONSEJO: En otoño, los pimientos están en su mejor momento. Es una hortaliza que aporta mucha fibra, vitaminas y pocas calorías, por lo que resulta una guarnición muy sana, siempre que se cocinen con poco aceite.

CONEJO GUISADO CON CIRUELAS

INGREDIENTES **(4 P.)**

1 conejo troceado (1 kg)
8 ciruelas pasas (sin hueso)
8 cebollitas
3 zanahorias
100 ml de *brandy*
1 cebolla
1 pimiento verde
4 dientes de ajo
aceite de oliva virgen extra
1 hoja de laurel
1 rama de romero
perejil
pimienta
sal

ELABORACIÓN

Pon las ciruelas pasas a remojo en un bol con agua.

Pela las cebollitas y ponlas a cocer en una cazuela con agua. Pela las zanahorias, córtalas en bastones y agrégalas. Sazona y cuece todo a fuego suave durante 15 minutos. Escurre y reserva. Reserva también el caldo.

Salpimienta el conejo y dóralo a fuego fuerte en una tartera (cazuela amplia y baja) con un chorrito de aceite. Vierte encima el *brandy* y flambea. Pela la cebolla y lava el pimiento, córtalos en dados y añádelos. Agrega también el laurel, el romero y los dientes de ajo pelados. Rehoga todo durante 5 minutos.

Incorpora las cebollitas, los bastones de zanahoria y las ciruelas. Vierte encima 400 ml del caldo reservado, tapa la tartera y guisa el conejo durante 15 minutos.

Sirve el conejo con 2 ciruelas, 2 cebollitas y unos bastones de zanahoria en cada plato. Salsea y adorna con unas hojas de perejil.

CONSEJO: Para que las ciruelas se conserven bien, lo mejor es guardarlas en un lugar oscuro y fresco dentro de un bote de cristal bien cerrado.

CONEJO AL AJILLO CON PASTA

INGREDIENTES **(4 P.)**

1 conejo de 1 kg
250 g de pasta (espirales)
4 dientes de ajo
4 setas de cardo
½ pimiento verde
aceite de oliva virgen extra
perejil picado
pimienta
sal

ELABORACIÓN

Cuece la pasta en abundante agua hirviendo con sal durante el tiempo que indique el paquete. Escúrrela y resérvala.

Limpia el conejo, trocéalo y salpimiéntalo. Reserva el hígado y los riñones.

Pela los ajos, córtalos en láminas y dóralos en una sartén con aceite. Incorpora los trozos de conejo y saltéalos. Cocina a fuego medio durante 10-15 minutos, espolvorea con un poco de perejil picado y agrega la pasta cocida. Mezcla todo bien y pásalo a una fuente.

Pica el hígado y los riñones del conejo, sazónalos y saltéalos en una sartén con aceite. Limpia bien las setas, córtalas en tiras y agrégalas. Pica finamente el pimiento e incorpóralo. Saltea todo junto durante 5 minutos.

Vierte el salteado sobre el conejo con pasta y sirve.

CONEJO AL *CURRY*

INGREDIENTES **(4 P.)**

1 conejo troceado (1 kg)
1 cebolla
3 patatas
100 g de guisantes (desgranados)
1 diente de ajo
1 cucharada de pan rallado
aceite de oliva virgen extra
1 cucharadita de *curry*
pimienta
sal

ELABORACIÓN

Salpimienta el conejo y dóralo en una cazuela con un poco de aceite.

Pela la cebolla, pícala y añádela a la cazuela. Pela las patatas, córtalas en trozos e incorpóralas. Espolvorea con el *curry* y añade agua hasta cubrir. Guisa el conejo durante 20 minutos. Agrega los guisantes y cocina durante 5 minutos más.

Pela el diente de ajo, pícalo finamente y mézclalo con el pan rallado. Espolvorea el guiso con esta mezcla y remueve un poco la cazuela para que la salsa espese.

Sirve el conejo en una fuente amplia.

CONEJO CON ALCACHOFAS

INGREDIENTES **(4 P.)**

1 conejo de 1.500 g (troceado)
6 alcachofas
4 dientes de ajo
1 cucharada de harina
150 ml de vino blanco
2 pimientos verdes
2 cebolletas
aceite de oliva virgen extra
pimienta
sal

ELABORACIÓN

Pela los ajos, córtalos por la mitad y ponlos a dorar en una cazuela con un poco de aceite. Salpimienta el conejo, incorpóralo a la cazuela y dóralo. Agrega la harina y mezcla bien hasta que se disuelva.

Retira a las alcachofas las hojas externas, el tallo y las puntas, córtalas en cuartos y añádelas a la cazuela. Vierte encima el vino y 2 vasos de agua y guisa a fuego medio-alto durante 30 minutos.

Corta los pimientos en dados y las cebolletas en tiras y dora todo en una sartén con un poco de aceite.

Sirve el conejo en una fuente y coloca encima la fritada de pimientos y cebolletas.

CONEJO ASADO AL *TXAKOLI*

INGREDIENTES **(4 P.)**

1 conejo de 1 kg
1 vaso de *txakoli* (o vino blanco)
1 cebolla
2-3 dientes de ajo
1 pimiento morrón
2 tomates
1 cucharada de harina de maíz refinada
aceite de oliva virgen extra
1 rama de tomillo
1 ramita de perejil
sal

ELABORACIÓN

Suelta las hojitas de la rama de tomillo y pícalas finamente con un cuchillo.

Sazona el conejo, colócalo sobre una placa de horno, espolvoréalo con el tomillo, riégalo con un buen chorro de aceite y el *txakoli* y hornéalo a 180 ºC durante 30 minutos.

Pela la cebolla y los ajos, pícalos y póchalos en una sartén con un poco de aceite. Pela el pimiento, retírale el tallo y las semillas, pícalo finamente y añádelo. Pela los tomates, quítales las semillas, pícalos e incorpóralos a la sartén. Cocina durante 10-15 minutos.

Retira el conejo del horno. Pasa el jugo de la placa a una cazuelita, añádele un poco de la harina de maíz diluida en agua fría y mezcla con un batidor de varillas hasta conseguir que la salsa adquiera la consistencia deseada.

Sirve la fritada en el fondo de una fuente y coloca encima el conejo. Salsea y decora con la ramita de perejil.

JAMÓN CON TOMATE Y GUINDILLAS

INGREDIENTES **(4 P.)**

8 lonchas gruesas de jamón serrano (no muy curado)
1 kg de tomate pera
200 g de guindillas verdes frescas
2 pimientos choriceros
2 dientes de ajo
1 cebolleta grande
1 zanahoria
1 alegría riojana
aceite de oliva virgen extra
perejil
sal

ELABORACIÓN

Retira los tallos y las semillas de los pimientos choriceros. Pon agua a calentar en un cazo, agrega los pimientos y cuécelos durante 15 minutos. Retíralos, sécalos, sácales la pulpa con una puntilla y resérvala.

Pela los dientes de ajo, córtalos en láminas y ponlos a rehogar en una cazuela con un chorrito de aceite. Corta la cebolleta en dados y añádela. Pela la zanahoria, córtala en cuartos de luna e incorpórala. Rehoga todo durante 15 minutos aproximadamente.

Lava los tomates, trocéalos e incorpóralos. Agrega la pulpa de los pimientos choriceros y la alegría riojana troceada. Sazona y cocina los tomates durante 30 minutos. Pásalos por el pasapurés y reserva la salsa caliente.

Calienta una sartén con un chorrito de aceite, agrega las lonchas de jamón de dos en dos y fríelas brevemente por los dos lados.

Calienta otra sartén con abundante aceite. Añade las guindillas y fríelas a tu gusto. Retíralas y sazónalas.

Sirve la salsa de tomate en el fondo de los platos, coloca encima de cada plato 2 lonchas de jamón y ¼ parte de las guindillas y decora con unas hojas de perejil.

CONSEJO: Cuando vayáis a preparar salsa de tomate, podéis hacer el doble de cantidad y congelar en botes de cristal bien limpios lo que no vayáis a utilizar.

CONEJO CON CIRUELAS AL JEREZ

INGREDIENTES **(4 P.)**

1 conejo de 1.200 g (troceado)
12 ciruelas pasas deshuesadas
1 cebolla
100 g de panceta
1 cucharada de harina
150 ml de jerez seco
aceite de oliva virgen extra
1 hoja de laurel
2 ramas de tomillo
pimienta
20 granos de pimienta negra
sal

ELABORACIÓN

Pela la cebolla, pícala y ponla a rehogar en una cazuela.

Salpimienta el conejo y agrégalo a la cazuela. Pica la panceta y añádela junto con la harina. Rehoga todo durante 15 minutos y añade el jerez, el laurel, el tomillo y los granos de pimienta. Dale un pequeño hervor, añade las ciruelas y cocina todo junto durante 10 minutos.

Sirve el conejo con ciruelas y su salsa en una fuente.

CONEJO DE LA RIBERA

INGREDIENTES **(4 P.)**

1 conejo de 1.200 g (troceado)
2 pimientos rojos asados y pelados
3 dientes de ajo
1 cebolla
1 tomate
aceite de oliva virgen extra
vinagre
pimienta
sal

ELABORACIÓN

Salpimienta el conejo, pásalo a una fuente apta para el horno y riégalo con un poco de aceite, un chorrito de vinagre y otro de agua. Hornéalo a 200 ºC durante 35 minutos.

Corta los pimientos asados en tiras, saltéalos en una sartén con un poco de aceite y resérvalos.

Pela los dientes de ajo, la cebolla y el tomate, pícalos finamente y rehógalos en una sartén con un poco de aceite durante 10-15 minutos.

Sirve el sofrito en el fondo de una fuente y riégalo con un chorro de vinagre. Coloca encima el conejo y decora con los pimientos salteados.

CONFIT DE PATO CON MANZANA

INGREDIENTES **(4 P.)**

4 muslos de pato confitados
3 manzanas
50 g de mantequilla

ELABORACIÓN

Quita la grasa de los muslos de pato, colócalos en una placa de horno, introdúcelos en el horno (sin precalentarlo), pon el horno a 200 ºC y hornea los muslos durante 25 minutos aproximadamente.

Pela las manzanas, quítales el corazón, pártelas por la mitad y córtalas en láminas de ½ cm de grosor.

Derrite la mantequilla en una sartén y saltea en ella las manzanas durante unos 2 minutos, moviendo a menudo para que no se peguen.

Saca los muslos de pato del horno y sírvelos en los platos con las manzanas salteadas de guarnición.

ALBÓNDIGAS DE POLLO Y QUESO

INGREDIENTES **(4 P.)**

800 g de carne picada de pollo
125 g de queso del Roncal (queso curado de oveja)
1-2 cebollas
2 zanahorias
1 cucharada de harina
150 ml de vino blanco
500 ml de salsa de tomate (véase *Salsa de tomate*)
100 g de miga de pan
250 ml de leche
1 huevo pequeño
1 diente de ajo
harina (para rebozar)
aceite de oliva virgen extra
1 rama de tomillo
perejil
pimienta
sal

ELABORACIÓN

Corta la cebolla en dados y ponla a rehogar en una cazuela con un chorrito de aceite. Cuando esté dorada, pela las zanahorias, córtalas en dados y agrégalas. Añade de la cucharada de harina y cocínala un poco. Vierte encima el vino y dale un breve hervor. Incorpora la salsa de tomate y una rama de tomillo y sazona. Cocina la salsa durante 15 minutos aproximadamente.

Corta la miga de pan en dados, ponla en un bol, cúbrela con la leche y deja que se empape bien. Escurre la miga de pan y resérvala.

Pon la carne de pollo en un bol grande y salpiméntala. Agrega la miga de pan escurrida, el huevo, el diente de ajo finamente picado y el queso cortado en daditos. Mezcla todo bien.

Coge pequeñas porciones de masa, redondéalas y forma las albóndigas. Pásalas por harina y fríelas en una sartén con aceite. Escúrrelas.

Pasa las albóndigas a una tartera (cazuela amplia y baja), vierte la salsa encima, espolvorea con un poco de perejil picado y cocina todo junto durante 10 minutos.

Sirve y decora los platos con unas hojas de perejil.

CONSEJO: Si notas que la masa de las albóndigas te ha quedado muy ligera, puedes agregarle un poco más de miga de pan rallada (sin remojar) o un poco de pan rallado.

MUSLOS DE POLLO RELLENOS CON RÚCULA

INGREDIENTES **(4 P.)**

4 muslos de pollo
4 pimientos del piquillo
4 lonchas de jamón cocido
150 ml de vino blanco
400 ml de salsa de tomate (véase *Salsa de tomate*)
100 g de rúcula limpia
1 limón
aceite de oliva virgen extra
perejil
pimienta
sal

ELABORACIÓN

Deshuesa los muslos de pollo, reserva la carne y pon los huesos a dorar en una cazuela con un chorrito de aceite. Agrega el vino blanco, dale un hervor para que se evapore el alcohol y añade la salsa de tomate. Sazona y cocina los ingredientes durante 15 minutos. Retira los huesos y reserva la salsa caliente.

Extiende los muslos sobre la tabla, salpimiéntalos por la parte interior y coloca, sobre cada muslo, 1 pimiento del piquillo (abierto) y 1 loncha de jamón cocido. Enróllalos (de uno en uno), átalos con una cuerda de cocina y colócalos en una fuente apta para el horno. Salpimiéntalos por la parte exterior y riégalos con un chorrito de aceite. Hornéalos a 200 ºC durante 30 minutos. Sácalos del horno y retírales la cuerda. Si quieres que se vea el relleno, puedes filetearlos.

Sazona las hojas de rúcula y alíñalas con aceite y unas gotas de zumo de limón.

Pon un poco de salsa en cada plato, coloca 1 muslo encima y acompáñalos con la ensalada de rúcula. Decora con unas hojas de perejil.

CONSEJO: En todas las carnicerías y pollerías venden muslos de pollo. Si no queréis tomaros el trabajo de deshuesarlos, pedidle a vuestro carnicero que lo haga y que os guarde los huesos para la salsa.

CORDERO A LA PROVENZAL

INGREDIENTES **(4 P.)**

800 g de cordero (en trozos pequeños)
3 patatas
1 cebolleta
1 pimiento verde
2 dientes de ajo
60 ml de vino de Jerez
1 pizca de tomillo picado
aceite de oliva virgen extra
sal

Para la provenzal:

1 diente de ajo finamente picado
3 cucharadas de pan rallado
1 cucharadita de perejil picado

ELABORACIÓN

Pela las patatas, córtalas en rodajas no muy gruesas y ponlas a rehogar en una sartén con aceite. Pica la cebolleta y el pimiento y añádelos a la sartén. Agrega también los dientes de ajo enteros y con piel. Sazona y rehoga todo durante 15-20 minutos. Escurre sobre un plato con papel absorbente. Pasa las hortalizas a una fuente apta para el horno.

Sazona el cordero, espolvoréalo con el tomillo y saltéalo a fuego fuerte en una cazuela con aceite durante 10-15 minutos. Vierte encima el jerez, mezcla y cocínalo durante 5 minutos más.

Coloca el cordero sobre las patatas. Mezcla bien los ingredientes de la provenzal, espolvorea con ella el cordero y gratínalo durante 2 minutos. Sirve.

CONEJO EN ESCABECHE

INGREDIENTES **(4 P.)**

1 conejo de 1.200 g
4 dientes de ajo
2 pimientos asados y pelados
aceite de oliva virgen extra
perejil picado
sal

Para el escabeche:

4 dientes de ajo
1 cebolla
1 puerro
1 zanahoria
1 l de aceite de oliva virgen extra
500 ml de vinagre de vino
2 ramas de tomillo
3 hojas de laurel
20 granos de pimienta negra
sal

ELABORACIÓN

Corta el conejo, bien limpio, en trozos grandes, colócalo en una cazuela y agrégale los ingredientes del escabeche: los ajos enteros (con piel), la cebolla cortada en aros, el puerro cortado en juliana, la zanahoria cortada en rodajas, el tomillo, el laurel y los granos de pimienta. Sazona y añade el aceite y el vinagre. Cubre la cazuela con papel de aluminio, pon la tapa y cuece todo durante 35-40 minutos.

Corta los pimientos asados en tiras y saltéalos con los ajos (cortados en láminas) en una sartén con aceite durante 3-4 minutos. Sazónalos.

Sirve el escabeche de conejo (caliente, templado o frío) y acompáñalo con los pimientos salteados.

CORDERO ASADO AL VINAGRE

INGREDIENTES **(4 P.)**

1 kg de cordero (troceado)
5 dientes de ajo
200 ml de caldo de verduras
1 cebolla
1 pimiento verde
aceite de oliva virgen extra
100 ml de vinagre
sal
perejil

ELABORACIÓN

Sazona el cordero y colócalo en una placa de horno. Pela 2 dientes de ajo, córtalos en láminas y añádelos junto con 60 ml de aceite, el vinagre y el caldo. Hornea a 160 ºC durante 70 minutos.

Pela la cebolla y córtala en daditos. Retira el tallo y las semillas del pimiento y córtalo de la misma manera. Pela los otros 3 dientes de ajo y córtalos en láminas. Calienta 3 cucharadas de aceite en una sartén, agrega las hortalizas y rehógalas a fuego medio durante 15 minutos.

Pasa el jugo del asado a una sartén y hiérvelo a fuego fuerte durante 2 minutos.

Sirve el cordero en una fuente, salséalo y acompáñalo con las hortalizas rehogadas.

MEDALLONES DE CONEJO CON MENESTRA DE HORTALIZAS

INGREDIENTES **(4 P.)**

16 medallones de conejo
2 patatas
1 zanahoria grande
200 g de guisantes desgranados
4 alcachofas
1 cabeza de ajos
1 pimiento verde
200 g de champiñones (pequeños)
aceite de oliva virgen extra
2 ramas de romero fresco
2 ramas de tomillo fresco
perejil
pimienta
sal

ELABORACIÓN

Calienta agua en una cazuela. Pela las patatas y la zanahoria, córtalas en dados grandes y agrégalas. Incorpora los guisantes, sazona, tapa y cuece las hortalizas durante 10-12 minutos. Escúrrelas y resérvalas.

Calienta agua en otra cazuela. Limpia las alcachofas, retirándoles 2-3 capas de hojas, los tallos y las puntas. Agrégalas a la cazuela, sazona, tapa y cuécelas durante 15 minutos. Retíralas y déjalas escurrir boca abajo sobre un plato cubierto con papel absorbente. Córtalas en cuartos y resérvalas.

Pon los medallones de conejo en un bol y salpimiéntalos. Pica el romero y el tomillo y agrégalos. Añade un buen chorro de aceite y mezcla bien. Deja el conejo macerando durante 10-12 minutos.

Calienta una sartén grande con un chorrito de aceite, pela los dientes de ajo y agrégalos. Limpia el pimiento, retírale el tallo y las semillas, córtalo en dados e incorpóralo. Rehoga todo durante 3-4 minutos. Limpia bien los champiñones, añádelos y cocina durante 3-4 minutos más. Incorpora la patata, la zanahoria y los guisantes cocidos y escurridos y las alcachofas cortadas en cuartos. Cocina conjuntamente durante 2-3 minutos.

Cocina el conejo a fuego vivo en una plancha o sartén hasta que se dore bien.

Reparte la menestra en 4 platos hondos y coloca 4 medallones encima de cada uno. Decóralos con unas hojas de perejil.

CONSEJO: Podéis comprar el conejo entero o despiezado. La ventaja de comprarlo despiezado radica en que podéis elegir las partes que más os gusten.

CONEJO VILLEROY

INGREDIENTES **(4 P.)**

1 conejo de 1 kg
1 diente de ajo
harina, huevo batido y pan rallado (para rebozar)
2 patatas
aceite de oliva virgen extra
pimienta negra
sal

Para la salsa bechamel:

30 g de mantequilla
30 g de harina
250 ml de leche
sal

ELABORACIÓN

Corta el conejo en trozos pequeños, salpimiéntalos y fríelos en una sartén con aceite y el diente de ajo (pelado). Retíralos y resérvalos en un plato.

Prepara una salsa bechamel (véase *Salsa bechamel*) y cocínala, sin dejar de remover, hasta que espese. Sazona.

Introduce los trozos de conejo en la bechamel, intentando que queden totalmente cubiertos, colócalos en una fuente y deja que se enfríen. Pásalos por harina, huevo y pan rallado y fríelos en una sartén con aceite.

Pela las patatas, córtalas en bastones y fríelas en otra sartén con aceite.

Sirve en el centro de una fuente las patatas fritas, sazónalas con sal gruesa y coloca alrededor el conejo.

CORDERO A LA SEVILLANA

INGREDIENTES **(4 P.)**

1 kg de cordero (troceado)
8 dientes de ajo
500 ml de vino de Jerez
300 g de champiñones
150 ml de vino blanco
1 cucharadita de harina de maíz refinada (opcional)
aceite de oliva virgen extra
perejil picado
sal

ELABORACIÓN

Pela 3 dientes de ajo, córtalos en láminas y ponlos a rehogar en una tartera (cazuela amplia y baja) con aceite. Sazona el cordero y dóralo en la tartera con los ajos. Agrega el jerez y un poco de agua y deja cocer a fuego lento durante 20 minutos. Espolvorea con perejil picado.

Limpia bien los champiñones (si son grandes, córtalos en cuartos) y resérvalos. Pela los otros 5 dientes de ajo, pícalos finamente y ponlos a dorar en una cazuela con aceite. Cuando comiencen a dorarse, añade los champiñones, rehógalos durante 3-4 minutos y agrégales el vino blanco. Pon a punto de sal y deja que se guisen durante 20 minutos. Espolvorea con perejil picado.

Añade los champiñones al cordero y mezcla bien (si la salsa queda muy líquida, puedes espesarla con harina de maíz diluida en agua fría). Sirve.

GOULASH CHECO (HOVĚZÍ GULÁŠ)

INGREDIENTES **(4 P.)**

500 g de ternera para estofar (troceada)

10 g de manteca de cerdo

1 cebolla

300 ml de caldo de carne

165 ml de cerveza rubia

20 g de pan rallado grueso

15 g de pan rallado fino

2 dientes de ajo

pan al vapor (*parená knedľa*)

perejil

2 g de comino en polvo

9 g de pimentón

6 g de mezcla de especias (canela, clavo y nuez moscada)

pimienta

sal

ELABORACIÓN

Disuelve la manteca de cerdo en una cazuela. Pela la cebolla, córtala en juliana fina, agrégala y rehógala hasta que se ablande y empiece a transparentar un poco (unos 10 minutos). Sazona.

Añade 75 ml de agua, salpimienta la carne e incorpórala. Remueve, agrega el comino y ⅔ del pimentón (6 g) y mezcla bien. Vierte encima el caldo (de manera que cubra los trozos de carne), tapa la cazuela y guisa la carne durante 2 ½ horas removiendo los ingredientes de vez en cuando. A medida que el guiso se vaya secando, vete agregando la cerveza poco a poco.

Añade los dos panes rallados, lo que quede de cerveza, la mezcla de canela, clavo y nuez moscada y el resto del pimentón.

Pela los dientes de ajo, pícalos finamente e incorpóralos. Cocina todo durante 5-10 minutos más.

Sirve el guiso en 4 platos y decóralos con unas hojas de perejil. Acompaña con el pan al vapor.

CONSEJO: No es fácil encontrar *parená knedľa*, pero os voy a dar una opción: comprad un pan precocinado y después cocinadlo al vapor. De todos modos, cualquier pan será perfecto para comer con este maravilloso plato.

COSTILLA DE TERNERA ASADA

INGREDIENTES **(4 P.)**

1.200 g de costilla de ternera
4 patatas medianas
250 g de guindillas frescas
aceite de oliva virgen extra
1 ramita de tomillo
1 ramita de romero
sal

ELABORACIÓN

Corta la costilla en 4, sazónala y colócala sobre una bandeja de horno.

Pica finamente el tomillo y el romero y pásalos a un bol. Añade 2 cucharadas de aceite y sal y bate todo bien. Con la ayuda de una brocha, unta las costillas con la mezcla y hornéalas a 180 ºC durante 90 minutos.

Pela las patatas, córtalas en medias lunas y ponlas a freír en una sartén con aceite. Cuando estén casi hechas, añade las guindillas y termina de freírlas. Escurre las patatas y las guindillas y sazónalas.

Sirve las costillas en una fuente y acompáñalas con las patatas y las guindillas.

CREPES DE SALCHICHA CON MOSTAZA

INGREDIENTES **(4 P.)**

8 salchichas de ternera
4 patatas medianas
250 ml de vino blanco
50 g de mostaza
aceite de oliva virgen extra
sal

Para la masa de los crepes:

3 huevos
125 g de harina
250 ml de leche
1 cucharada de aceite de oliva virgen extra
perejil picado
sal

ELABORACIÓN

Pela las patatas, pícalas y cuécelas en una cazuela con agua y una pizca de sal durante 20 minutos. Escúrrelas y pásalas por el pasapurés.

Pon las salchichas en una tartera (cazuela amplia y baja) con el vino y cuécelas durante 10 minutos a fuego lento. Pínchalas con un tenedor durante la cocción. Agrega un chorro de aceite y mezcla bien.

Para la masa de los crepes, pon los huevos, la harina, la leche, un poco de perejil picado y una pizca de sal en un vaso batidor. Tritura con la batidora eléctrica, agrega el aceite y bate de nuevo. Unta una sartén con un poco de aceite, vierte en ella 1-2 cucharadas de la masa, extiéndela bien por toda la sartén y cocina el crepe por los dos lados. Desecha el primero. Prepara 8 crepes de este modo y resérvalos en un plato.

Extiende los crepes, úntalos con un poco de mostaza, coloca encima de cada uno 1 salchicha, envuélvelos y fríelos en una sartén con aceite.

Sirve el puré de patata en el fondo de una fuente amplia y coloca encima los crepes. Decora con unas ramas de perejil.

CONEJO AL AJILLO CON TOMATITOS

INGREDIENTES **(4 P.)**

1 conejo troceado (1 kg)
20 tomates cherry
12 dientes de ajo
150 ml de vino blanco
aceite de oliva virgen extra
2-3 ramas de tomillo
1 hoja de laurel
perejil
1 guindilla cayena
pimienta
sal

ELABORACIÓN

Pela 6 dientes de ajo, córtalos en láminas y ponlos en el mortero. Corta la cayena en aritos y agrégala. Maja todo bien. Desmenuza las ramas de tomillo, incorpóralas al mortero y májalas.

Coloca el conejo en un bol grande, salpimiéntalo y riégalo con un chorrito de aceite. Incorpora el majado y mezcla bien. Tapa el bol con film transparente, introdúcelo en el frigorífico y déjalo macerando como mínimo durante 1-2 horas.

Calienta un chorrito de aceite en una cazuela amplia, pela los otros 6 dientes de ajo y agrégalos (enteros). Incorpora el conejo y la hoja de laurel. Fríe el conejo hasta que se dore bien (8-10 minutos aproximadamente).

Vierte encima el vino, tapa la cazuela y cocina el conejo durante 12-15 minutos.

Saltea los tomates cherry en una sartén con un chorrito de aceite. Sazónalos y espolvoréalos con un poco de perejil picado.

Reparte el conejo y los tomates cherry en 4 platos, decóralos con unas hojas de perejil y sirve.

CONSEJO: La carne de conejo forma parte de la dieta mediterránea desde hace mucho tiempo. Gracias a sus cualidades nutricionales cada vez va ganando más adeptos.

FILETES DE HÍGADO EMPANADO

INGREDIENTES **(4 P.)**

- 4 filetes de hígado de ternera (500 g)
- 3 cebollas
- 3 pimientos verdes
- 3 patatas
- 3 dientes de ajo
- pan rallado (para rebozar)
- aceite de oliva virgen extra
- perejil picado
- pimienta
- sal

Para la vinagreta:

- 1 cucharada de mostaza
- 1 cucharada de vinagre
- 25 ml de caldo de carne
- 50 ml de zumo de naranja
- 75 ml de aceite de oliva virgen extra

ELABORACIÓN

Pela las cebollas y córtalas en juliana fina. Retira los tallos y las semillas a los pimientos y córtalos del mismo modo. Cubre de aceite el fondo de una sartén, agrega la cebolla y el pimiento y rehógalos a fuego suave durante 15-20 minutos (según os guste el punto). Reserva la fritada.

Pela las patatas, córtalas en bastones gruesos y fríelas en una sartén con abundante aceite. Escúrrelas, sazónalas y espolvoréalas con un poco de perejil picado. Resérvalas.

Pela los dientes de ajo, aplástalos y ponlos a freír en una sartén. Salpimienta los filetes de hígado, pásalos por pan rallado y fríelos 2 minutos por cada lado en la sartén con los ajos.

Para la vinagreta, mezcla en un bol la mostaza, el vinagre, el caldo de carne, el zumo de naranja y el aceite.

Sirve la fritada en una fuente amplia, coloca encima los filetes de hígado y acompaña con las patatas fritas. Sirve la vinagreta aparte.

CONSEJO: Para que no se abomben, antes de freír los filetes de hígado conviene hacerles unos cortes pequeños en los bordes.

FAISÁN AL LICOR DE MANZANA

INGREDIENTES **(4 P.)**

- 2 faisanes (de 800 g cada uno)
- 2 cebollas
- 150 ml de licor de manzana
- 1 l de caldo de ave
- 6 manzanas reineta
- aceite de oliva virgen extra
- 1 cucharada de harina de maíz refinada (opcional)
- sal

ELABORACIÓN

Limpia los faisanes, átalos con cuerda de cocina, sazónalos y fríelos en una tartera (cazuela ancha y baja) con aceite hasta que se doren. Pela la cebolla, córtala en juliana y añádela. Agrega el licor y el caldo hasta cubrir. Tapa la tartera y, cuando hierva, añade las manzanas (lavadas, enteras y sin pelar). Cocina durante unos 20 minutos.

En cuanto se ablanden las manzanas, sácalas. Sigue cociendo a fuego suave, moviendo de vez en cuando durante 45-60 minutos (dependiendo del tamaño). Saca los faisanes, retira las cuerdas, ábrelos por la mitad y retira el esqueleto y pásalos a una fuente

Deja reducir la salsa durante 10 minutos y, si hace falta, lígala con la harina de maíz diluida en agua fría.

Sirve los faisanes, salséalos y acompáñalos con las manzanas calientes.

HAMBURGUESA DE ENTRÉCULA CON PATATAS ESPECIADAS

INGREDIENTES **(4 P.)**

600 g de entrécula de ternera picada
1-2 cebollas rojas (unos 300 g)
90 g de arroz cocido
4 cucharadas de mayonesa (véase *Salsa mayonesa*)
1 cucharada de mostaza antigua
4 panes para hamburguesa
4 hojas de lechuga limpias
4 lonchas de queso cheddar
aceite de oliva virgen extra
perejil
pimienta
sal

Para las patatas especiadas:

3 patatas
½ cucharadita de orégano
½ cucharadita de tomillo
½ cucharadita de ajo en polvo
½ cucharadita de cebolla en polvo
aceite de oliva virgen extra
sal

ELABORACIÓN

Para las patatas especiadas, lava las patatas, corta cada una en 8 gajos y colócalas en un bol. Agrega el orégano, el tomillo, el ajo en polvo, la cebolla en polvo y una pizca de sal. Riégalas con un buen chorro de aceite y mezcla bien. Extiende los gajos de patata sobre una bandeja de horno y hornéalos a 200 ºC durante 30 minutos.

Calienta una sartén con un chorro de aceite. Pela la cebolla, córtala en juliana fina, agrégala y cocínala hasta que quede bien caramelizada (12-15 minutos).

Salpimienta la carne, ponla en un bol y mézclala con el arroz. Divide la masa en 4 porciones y forma las hamburguesas. Calienta una plancha con un chorrito de aceite y cocina las hamburguesas durante 2 minutos por cada lado.

Mezcla en un bol la mayonesa con la mostaza y unta (por la parte interior) las dos mitades de los bollos de pan. Rellena cada uno con 1 hoja de lechuga, 1 hamburguesa, un poco de cebolla pochada y 1 loncha de queso.

Sirve en cada plato una hamburguesa y unos gajos de patata y decora con unas hojas de perejil.

CONSEJO: Para que las albóndigas queden más jugosas, normalmente les añadimos un poco de miga de pan remojada en leche. En el caso de las hamburguesas, al añadir arroz cocido conseguiremos el mismo resultado.

LOMO DE CERDO MARINADO

INGREDIENTES **(4 P.)**

16 filetes de lomo de cerdo (800 g aprox.)
zumo de ½ limón
3 dientes de ajo
1 patata
½ pimiento morrón rojo
3 cebolletas
aceite de oliva virgen extra
orégano
pimienta
sal

ELABORACIÓN

Sazona los filetes de lomo y ponlos en un cuenco. Añade una pizca de orégano, el zumo de limón, un buen chorro de aceite y los dientes de ajo pelados y cortados en láminas. Condimenta con pimienta molida y deja marinar durante 2 horas.

Pela la patata y córtala en rodajas, corta en juliana el pimiento y las cebolletas y fríe todo en una sartén con aceite. Escurre y reserva la fritada.

Escurre los filetes de lomo y cocínalos en una plancha bien caliente durante 30 segundos por cada lado.

Coloca la fritada en el fondo de una fuente, pon el lomo encima, decora con una ramita de perejil y sirve.

LOMO DE TERNERA AL HORNO

INGREDIENTES **(4 P.)**

1.300 g de lomo de ternera
250 ml de vino tinto
250 ml de caldo de carne
2 dientes de ajo
1 cebolla
500 g de *boletus*
1 cucharada de harina de maíz refinada
aceite de oliva virgen extra
sal

ELABORACIÓN

Sazona el lomo por los dos lados, colócalo en una bandeja de horno, rocíalo con 4-5 cucharadas de aceite, la mitad del vino tinto y la mitad del caldo y hornéalo a 200 ºC durante 40 minutos. A los 20 minutos de cocción, añade el resto del vino y del caldo. Termina de asarlo. Retira el lomo. Pasa la salsa resultante a un cazo, ponla al fuego, añade un poco de la harina de maíz diluida en agua fría, mezcla y cocina hasta conseguir el punto de espesor deseado.

Pela los dientes de ajo, córtalos en láminas y ponlos a dorar en una sartén con aceite. Pela la cebolla, córtala en juliana fina e incorpórala. Sazona y deja que se dore (10 minutos).

Limpia los *boletus* y córtalos en mitades o en cuartos (según el tamaño). Cuando la cebolla esté dorada, añade los *boletus* y cocina a fuego suave durante 3-5 minutos.

Corta el lomo en filetes, colócalos en una fuente y salséalos. Acompaña con los *boletus* y sirve.

CONSEJO: Para que el asado te quede perfecto, calienta el horno antes de introducir la pieza de carne y no abras el horno continuamente, pero si ves que se está secando, rocíala con un poco de caldo.

HAMBURGUESAS DE PATATA Y RABO

INGREDIENTES **(4 P.)**

- 4-6 trozos de rabo de ternera (650 g)
- 2 patatas
- 6 dientes de ajo
- 1 cebolla
- 50 g de garbanzos
- harina, huevo batido y pan rallado (para rebozar)
- 250 g de champiñones
- 100 g de vino blanco
- 1 cucharadita de harina de maíz refinada
- aceite de oliva virgen extra
- perejil
- pimienta
- 1 guindilla cayena
- sal

ELABORACIÓN

Pon agua a calentar en una olla rápida y agrega los trozos de rabo. Pela 4 dientes de ajo y ponlos en la red de las legumbres; pela la cebolla, córtala en 4 y agrégala; añade también los garbanzos, cierra la red e introdúcela en la olla. Sazona, cierra la olla y cuece durante 30 minutos. Retira el rabo, desmenuza la carne, pícala bien y resérvala. (Reserva el caldo para otra receta.)

Lava las patatas y cuécelas durante 30-35 minutos en una cazuela con abundante agua. Retíralas, pélalas, ponlas en un bol y aplástalas hasta dejarlas reducidas a puré. Añade la carne de rabo picada y un poco de perejil picado y salpimienta. Mezcla bien los ingredientes, coge pequeñas porciones y forma 8 hamburguesas. Pásalas por harina, huevo batido y pan rallado y fríelas en una sartén con un chorrito de aceite. Retíralas y escúrrelas sobre un plato cubierto con papel absorbente.

Pela los otros 2 dientes de ajo, córtalos en daditos y rehógalos a fuego suave en una cazuela con un chorrito de aceite. Agrega la cayena. Retira la parte inferior del tallo de los champiñones, lávalos, corta cada uno en 4 trozos y agrégalos a la cazuela. Sazona y añade el vino y 1 cucharadita de perejil picado. Cocina los champiñones durante 15-20 minutos. Agrega la harina de maíz diluida en agua fría, dale un hervor y liga la salsa.

Sirve en cada plato 2 hamburguesas, acompáñalas con los champiñones en salsa y decora con unas hojas de perejil.

CONSEJO: Para hacer una cena informal, podéis servir las hamburguesas entre pan con unas hojas de lechuga, queso y un poco de mostaza o kétchup.

PASTEL DE CARNE MURCIANO

INGREDIENTES **(4 P.)**

2 láminas de hojaldre

1 lámina de pasta brisa (o quebrada)

200 g de carne picada de ternera

75 g de chorizo fresco (sin piel)

75 g de panceta fresca

2 huevos

50 ml de vino blanco

harina (para estirar la masa)

perejil

pimienta

sal

ELABORACIÓN

Pon un cazo con agua a calentar, agrega los huevos y cuécelos durante 10 minutos desde el momento en que el agua empiece a hervir. Retíralos, refréscalos, pélalos, pícalos y resérvalos.

Enharina ligeramente la encimera, extiende sobre ella la pasta brisa y divídela en 4 partes. Pon un molde de tartaleta boca abajo sobre una de las partes y corta un círculo un poco mayor que el molde. Forra el molde con la pasta y resérvalo. Repite el proceso hasta forrar 4 moldes y resérvalos.

Pon la carne en un bol y salpiméntala. Agrega el vino, mezcla bien y distribuye la carne en las 4 tartaletas. Pica el chorizo, corta en daditos la panceta y repártelos sobre la carne. Añade ½ huevo picado a cada tartaleta.

Extiende 1 lámina de hojaldre sobre la encimera y coloca encima la otra lámina (que coincidan las 4 puntas). Dóblalas por la mitad y después otra vez por la mitad. Enróllalas hasta conseguir un cilindro. Corta el cilindro en 4 rodajas de unos 2 cm de grosor. Espolvorea la encimera con un poco de harina y estira cada rodaja hasta conseguir unos círculos un poco más grandes que los moldes de las tartaletas. Cubre las tartaletas, retira los trozos sobrantes y presiona un poco los bordes para que la pasta brisa y el hojaldre se unan. Hornea los pasteles a 200 ºC durante 20-25 minutos (calor arriba y abajo).

Sirve y decora los platos con unas hojas de perejil.

CONSEJO: La receta típica murciana suele llevar morcón blanco, pero como no es fácil encontrarlo, puedes sustituirlo por un poco de panceta fresca, como se ha hecho en esta receta.

MAGRET DE PATO CON BONIATO Y SALSA DE OPORTO

INGREDIENTES **(4 P.)**

2 *magrets* de pato
1 boniato
200 ml de oporto
10 uvas pasas
10 ciruelas pasas
1 diente de ajo
1 escarola
aceite de oliva virgen extra
vinagre
pimienta
sal

ELABORACIÓN

Salpimienta los *magrets*, márcalos (formando rombos) por la parte grasa con un cuchillo y fríelos durante 2-3 minutos por cada lado (primero por la parte grasa) en una sartén sin aceite. Colócalos en una fuente apta para el horno y hornéalos a 200 ºC durante 3-4 minutos.

Retira la mitad de la grasa resultante de freír los *magrets*, añade a la sartén el oporto y deja reducir durante 5-8 minutos. Agrega el jugo que hayan soltado los *magrets* en el horno y dale un breve hervor. Reserva la salsa.

Pela el boniato, córtalo en rodajas finas, sazónalas y fríelas en una sartén con aceite. Retira el aceite, agrega las pasas y las ciruelas y saltea brevemente.

Lava la escarola, escúrrela, sécala y trocéala. Pela el diente de ajo, unta con él una fuente, coloca encima la escarola y alíñala con aceite, sal y vinagre.

Corta el *magret* en filetes, sírvelos en una fuente, salséalos y acompáñalos con la guarnición de boniato, ciruelas y pasas. Sirve la ensalada aparte.

MAGRET DE PATO A LA PARRILLA

INGREDIENTES **(4 P.)**

2 *magrets* de pato
1 patata
1 manzana
aceite de oliva virgen extra
pimienta
sal

ELABORACIÓN

Salpimienta los *magrets* y ásalos a la parrilla durante 5 minutos por cada lado. Resérvalos.

Pela la patata y, con ayuda de una mandolina, córtala en patatas paja. Ponlas en un bol con agua y déjalas a remojo durante 5 minutos. Escúrrelas, sécalas y fríelas en una sartén con aceite. Escúrrelas sobre un plato cubierto con papel absorbente.

Asa la manzana en el microondas durante 3-5 minutos. Córtala en gajos.

Corta los *magrets* en filetes.

Coloca las patatas paja en el centro de una fuente, dispón los filetes de *magret* en forma de abanico y acompaña con la manzana asada.

MANITAS DE CERDO EN SALSA

INGREDIENTES **(4 P.)**

4 manitas de cerdo
4 pimientos choriceros
1 puerro
3 cebollas
2 pimientos verdes
5 dientes de ajo
500 ml de salsa de tomate (véase *Salsa de tomate*)
4 lonchas de jamón serrano
aceite de oliva virgen extra
1 hoja de laurel
1 rama de tomillo
perejil picado
sal

ELABORACIÓN

Retira los tallos y las semillas de los pimientos choriceros, ponlos a remojo en un bol con agua caliente y deja que se hidraten durante 1 hora. Escúrrelos, retírales la pulpa, pícala y resérvala.

Limpia bien el puerro y pela 1 cebolla. Pon las manitas en la olla rápida con el puerro, la cebolla, 3 dientes de ajo sin pelar y unas ramas de perejil. Sazona, tapa y cuece durante 1 hora. Escurre las manitas y resérvalas. Cuela y reserva el caldo.

Pela las otras 2 cebollas y pícalas. Lava los pimientos verdes, retírales los tallos y las semillas y córtalos en juliana. Pela los otros 2 dientes de ajo y córtalos en láminas. Pon las hortalizas a rehogar en una cazuela con aceite, agrega el laurel y el tomillo y sazona. Cocina durante 10-12 minutos.

Incorpora las manitas a la cazuela y añade la salsa de tomate, 150-200 ml del caldo reservado y la carne de los pimientos choriceros. Deja cocer durante 10 minutos.

Corta las lonchas de jamón en 3 y fríelas (vuelta y vuelta) en una sartén con un poco de aceite.

Sirve las manitas, coloca encima el jamón frito y espolvorea todo con perejil picado.

MAGRET DE PATO CON CHAMPIÑONES

INGREDIENTES **(4 P.)**

2 *magrets* de pato
300 g de champiñones
1 cebolleta
2 dientes de ajo
1 cucharada de harina
150 ml de caldo de carne
150 ml de vino tinto
aceite de oliva virgen extra
perejil picado
pimienta
sal

ELABORACIÓN

Haz unos cortes superficiales en zigzag en la parte grasa de los *magrets*, salpimiéntalos y dóralos por ambos lados en una sartén sin aceite. Pásalos a una bandeja de horno y hornea a 200 ºC durante 10-12 minutos.

Limpia bien los champiñones, córtalos en cuartos y resérvalos. Pela la cebolleta, córtala en dados, ponla en una cazuela con un poco de aceite, sazónala y rehógala durante 6-8 minutos. Pela los dientes de ajo, córtalos en láminas, incorpóralos y saltéalos brevemente. Añade la harina y rehógala. Agrega el caldo, el vino y los champiñones, espolvorea con perejil picado y cocina todo durante 10-12 minutos.

Corta los *magrets* en filetes. Sirve en una fuente, a un lado los *magrets* y al otro los champiñones.

CONSEJO: El pato se puede cocinar de varias formas. Asado y frito resulta excepcional, aunque es importante no cocinarlo más tiempo del estrictamente necesario, porque se seca.

PECHUGA DE PAVO CON SALSA DE VINO

INGREDIENTES **(4 P.)**

600 g de pechuga de pavo (fileteada)

3 manzanas

harina y huevo batido (para rebozar)

aceite de oliva virgen extra

perejil

pimienta

sal

Para la salsa de vino:

100 ml de vino de Madeira

100 ml de *brandy*

100 ml de nata líquida

1 cucharada de harina de maíz refinada (opcional)

ELABORACIÓN

Para la salsa de vino, pon a calentar el vino de Madeira, el *brandy* y la nata en un cazo. Deja que reduzcan a fuego suave durante 10-12 minutos. Si ves que la salsa no queda suficientemente espesa, diluye la harina de maíz refinada en un poco de agua fría, agrega 1 cucharada a la reducción y dale un hervor hasta que espese.

Pela las manzanas, retírales el corazón con un descorazonador, córtalas por la mitad y después en gajos gruesos. Pon a calentar un poco de aceite en una sartén, agrega los gajos de manzana y dóralos durante 6-8 minutos.

Salpimienta los filetes de pavo, pásalos por harina y huevo batido y fríelos brevemente (por los dos lados) en una sartén con aceite. Retíralos y escúrrelos sobre un plato cubierto con papel absorbente.

Sirve en cada plato unos filetes de pavo, unos gajos de manzana y un poco de salsa y decóralos con unas hojas de perejil.

CONSEJO: Los filetes de pechuga de pavo se pueden sustituir por filetes de pechuga de pollo o bien por filetes finos de redondo.

PALETILLA DE CORDERO EN OLLA

INGREDIENTES **(4 P.)**

2 paletillas de cordero (sin muñón y cortadas en dos)

4 dientes de ajo

harina (para rebozar)

125 ml de vino blanco seco de Jerez

1 cucharada de harina de maíz refinada

1 lechuga

1 cebolleta

aceite de oliva virgen extra

vinagre

1 cucharadita de romero picado

1 cucharadita de tomillo picado

1 hoja de laurel

pimienta molida

12 granos de pimienta

perejil

sal

ELABORACIÓN

Coloca los trozos de cordero en un bol grande, salpimiéntalos y agrega el romero y el tomillo. Riega con un chorrito de aceite y mezcla bien. Déjalos macerando durante 10 minutos.

Pela los dientes de ajo y rehógalos enteros en la olla rápida con un poco de aceite (es importante que no se quemen). Retíralos y resérvalos.

Pasa los trozos de cordero por harina y fríelos (de dos en dos) en la misma olla donde has dorado los ajos. Introduce de nuevo los ajos en la olla y añade los granos de pimienta, el laurel, el jerez y 350 ml de agua. Cierra la olla y guisa el cordero durante 25-30 minutos. Espera a que la válvula baje y abre la olla.

Diluye la harina de maíz en un poco de agua fría, agrega un poco a la olla y dale un breve hervor (2-3 minutos) hasta que la salsa ligue. Añade también un poco de perejil picado.

Lava la lechuga, sécala, trocéala y ponla en un bol. Corta la cebolleta en juliana fina y agrégala. Sazona y adereza la ensalada con aceite y vinagre.

Sirve el cordero, acompáñalo con la ensalada y decora con unas hojas de perejil.

CONSEJO: Es importante diluir la harina de maíz refinada en agua fría. Si se emplea agua caliente, le saldrían grumos.

MANITAS DE CORDERO CON LENGUA

INGREDIENTES **(4 P.)**

- 16 manitas de cordero
- 300 g de lengua de ternera cocida
- 2 zanahorias
- 1 cebolla
- 1 puerro
- 1 tomate
- 1 pimiento choricero
- harina y huevo batido (para rebozar)
- aceite de oliva virgen extra
- 1 hoja de laurel
- sal

Para la salsa:

- 1 diente de ajo
- 1 cebolla roja
- 2 cucharaditas de harina
- 1 cucharadita de pimentón
- 400 ml del caldo de cocción de la lengua (o 400 ml de caldo de carne)
- aceite de oliva virgen extra
- sal

ELABORACIÓN

Limpia bien las manitas.

Pela la zanahoria y la cebolla, lava el tomate, limpia bien el puerro y corta todo por la mitad. Retira el tallo y las semillas al pimiento choricero.

Cuece las manitas en una cazuela con agua y sal con las zanahorias, la cebolla, el tomate, el puerro, el pimiento choricero y el laurel a fuego suave durante 2 horas (en olla rápida, durante 30 minutos). Retira las manitas y resérvalas. Retira las hortalizas, pásalas por el pasapurés y reserva el puré.

Para preparar la salsa, pela la cebolla y el ajo, pícalos finamente y rehógalos en una cazuela con aceite durante 6-8 minutos. Sazona, agrega la harina y rehógala durante 2 minutos. Incorpora el pimentón y rehógalo brevemente (con cuidado de que no se queme). Riega con el caldo de cocción de la lengua. Agrega a la salsa el puré de hortalizas reservado y cocina todo junto durante 15 minutos.

Corta la lengua en lonchas, rebózalas en harina y huevo y fríelas.

Incorpora a la salsa las manitas y la lengua rebozada y caliéntalas durante 3-5 minutos. Sirve.

MANITAS DE CORDERO EN SALSA DE TOMATE

INGREDIENTES **(4 P.)**

- 16 manitas de cordero
- 3 cebollas
- 1 puerro
- 4 tomates
- 2 dientes de ajo
- ½ pimiento verde
- ½ guindilla picante
- 3 cucharadas de carne de pimiento choricero
- harina y 3 huevos batidos (para rebozar)
- aceite de oliva virgen extra
- perejil
- sal

ELABORACIÓN

Pon las manitas a cocer en la olla rápida con agua, 1 cebolla, el puerro, ½ tomate y 1 rama de perejil. Sazona, tapa y deja cocer durante 20 minutos. Retira las manitas y resérvalas. Cuela y reserva el caldo.

Para la salsa, pela las otras 2 cebollas y los dientes de ajo y córtalos en trozos grandes; corta el pimiento del mismo modo y pon todo a pochar en una cazuela con un poco de aceite. Sazona, añade la guindilla y rehoga todo durante 12-15 minutos. Pela el resto de los tomates, córtalos en trozos grandes, agrégalos y cocina conjuntamente durante otros 20 minutos. Añade 200 ml del caldo de las manitas reservado y la carne de pimiento choricero, mezcla bien y cocina todo junto durante 10 minutos más.

Retira el hueso largo de las manitas, rebózalas con harina y huevo batido y fríelas durante 2 minutos por cada lado en una sartén con abundante aceite caliente.

Pasa directamente las manitas a la salsa y dales un breve hervor (si lo prefieres, puedes servir la salsa en el fondo de una fuente y las manitas encima). Decora con una rama de perejil y sirve.

MENESTRA DE CORDERO

INGREDIENTES **(4 P.)**

1 kg de paletilla de cordero troceada
harina (para rebozar)
2 zanahorias
1 cebolla
8 patatas pequeñas
250 ml de vino blanco
12 espárragos frescos
250 g de habas desgranadas
aceite de oliva virgen extra
2 hojas de laurel
pimienta
sal

ELABORACIÓN

Salpimienta los trozos de cordero, pásalos por harina, y fríelos brevemente en una sartén con aceite, hasta que cojan color.

Pela y pica finamente las zanahorias y la cebolla y ponlas a pochar en la olla rápida junto con el laurel. Cuando vayan tomando color, agrega las patatas (peladas) y el cordero. Vierte encima el vino blanco y 500 ml de agua, sazona y tapa. Cocina durante 7 minutos y destapa la olla.

Pela los espárragos, córtalos en 3 e incorpóralos al guiso junto con las habas. Deja cocer todo junto destapado durante 5 minutos más.

Sirve la menestra en una fuente amplia.

MORROS DE TERNERA EN SALSA

INGREDIENTES **(4 P.)**

1 morro de ternera
3 cebollas
4 zanahorias
harina y 2 huevos batidos (para rebozar)
1 tomate
1 cucharada de harina
150 ml de vino blanco
aceite de oliva virgen extra
perejil
½ cucharadita de pimentón (dulce o picante, al gusto)
sal

ELABORACIÓN

Pon abundante agua a calentar en la olla rápida e introduce en ella el morro (bien limpio). Pela 1 cebolla, trocéala y añádela. Pela 2 zanahorias e incorpóralas. Sazona, cierra la olla y cuece durante 30-35 minutos. Retira el morro, déjalo templar y córtalo en rodajas. Cuela y reserva el caldo.

Espolvorea los huevos batidos con un poco de perejil picado. Pasa los morros por harina y huevo y fríelos en una sartén con aceite durante 1-2 minutos por cada lado. Escúrrelos y resérvalos.

Pela las otras 2 cebollas y córtalas en daditos. Pela las otras 2 zanahorias y córtalas en rodajas. Pon a pochar la cebolla y la zanahoria en una cazuela con aceite. Cuando se doren, agrega el tomate (pelado y troceado). Añade la harina, rehógala brevemente y vierte encima el vino y 200 ml del caldo reservado. Añade el pimentón, mezcla bien y deja reducir durante 10 minutos. Tritura la salsa.

Introduce los morros rebozados en la salsa y cuece todo junto durante 4-5 minutos. Sirve en una fuente y decora con una rama de perejil.

PECHUGA DE PAVO CON PURÉ DE CASTAÑAS

INGREDIENTES **(6 P.)**

750 g de pechuga de pavo (½ pechuga)
500 g de castañas
1 cebolla
2 zanahorias
2 dientes de ajo
1 tomate
1 puerro
1 pimiento verde
200 ml de vino blanco
250 ml de leche
aceite de oliva virgen extra
perejil
1 vaina de vainilla
pimienta negra
sal

ELABORACIÓN

Salpimienta la pechuga de pavo y dórala en una sartén con un chorrito de aceite. Pásala a una fuente (honda) apta para el horno.

Pela la cebolla, las zanahorias y los ajos. Limpia el tomate, el puerro (eliminándole la parte inferior, la parte superior y la primera capa) y el pimiento (elimínale el tallo y las semillas). Corta las verduras en dados no muy pequeños y saltéalas brevemente en la misma sartén donde has dorado la pechuga.

Cubre la pechuga con las verduras salteadas. Agrega el vino y 200 ml de agua. Hornea a 200 ºC durante 30 minutos. A media cocción, dale la vuelta. Si ves que durante la cocción se seca, puedes añadirle un poco más de agua.

Corta una pequeña muesca en las castañas y cuécelas durante 10 minutos en un cazo con agua hirviendo. Refréscalas y pélalas. Ponlas de nuevo en un cazo, añade la leche, una pizca de sal y la vainilla y cuécelas a fuego suave durante 10 minutos. Retira la vainilla y tritúralas con una batidora eléctrica hasta conseguir un puré homogéneo.

Retira la pechuga del horno, córtala en filetes finos y resérvala en un plato. Pasa las hortalizas con su caldo a un vaso americano y tritúralas hasta conseguir una salsa homogénea.

Sirve en cada plato unos filetes de pavo con su salsa, espolvoréalos con un poco de perejil picado y acompáñalos con un poco de puré de castañas. Decóralos con unas hojas de perejil.

CONSEJO: Si la salsa o el puré quedaran muy espesos, puedes aligerarlos añadiéndoles un poco de agua.

MUSLOS DE PAVO CON MENESTRA

INGREDIENTES **(4 P.)**

4 jamoncitos de pavo
3 dientes de ajo
2 cucharadas de harina
150 ml de vino blanco
4 alcachofas
2 zanahorias
2 patatas
150 g de guisantes cocidos
4 espárragos en conserva
aceite de oliva virgen extra
perejil picado
pimienta
sal

ELABORACIÓN

Pela los dientes de ajo, pícalos y ponlos a rehogar en una cazuela con aceite. Salpimienta los jamoncitos de pavo, incorpóralos a la cazuela y fríelos hasta que estén bien dorados. Agrega la harina y rehógala durante 2 minutos. Añade el vino, remueve bien y cubre con agua. Limpia las alcachofas, retirándoles las hojas más duras y los tallos, córtalas en cuartos e incorpóralas. Pela las zanahorias, trocéalas y agrégalas. Cuece todo a fuego lento durante 30 minutos.

Pela las patatas, córtalas en dados y fríelas en una sartén con aceite. Escúrrelas bien e incorpóralas a la cazuela junto con los guisantes. Espolvorea con perejil picado, añade los espárragos, pon a punto de sal y dale un hervor. Sirve.

MUSLOS DE PAVO ESTOFADOS

INGREDIENTES **(4 P.)**

4 muslos de pavo
1 cebolla
2 puerros pequeños
2 zanahorias pequeñas
1 pimiento verde
1 tomate
150 ml de vino blanco
12 ciruelas pasas deshuesadas
aceite de oliva virgen extra
25 g de mantequilla
pimienta
sal

ELABORACIÓN

Pela la cebolla y córtala en daditos. Limpia bien los puerros, retírales la primera capa, la parte superior e inferior y córtalos en cuartos de luna. Pela las zanahorias y córtalas de la misma manera. Lava el pimiento, retírale el tallo y las semillas y córtalo en daditos. Rehoga todas las hortalizas en una cazuela con 4-5 cucharadas de aceite durante unos 10 minutos. Corta el tomate a la mitad, rállalo, agrégalo y rehógalo durante 2 minutos.

Salpimienta los muslos de pavo, incorpóralos a la cazuela y rehógalos durante unos 5 minutos. Vierte encima el vino y dale un hervor para que se evapore el alcohol. Cubre con agua, pon a punto de sal y cuece a fuego lento durante unos 90 minutos.

Retira los muslos de pavo y resérvalos. Pasa la salsa por el pasapurés y resérvala.

Pon a calentar una sartén con la mantequilla, saltea las ciruelas brevemente y añádelas a la salsa junto con el pavo. Cocina conjuntamente durante 4 minutos y sirve.

CONSEJO: Puedes emplear la olla rápida para cocinar el pavo. El proceso es el mismo, pero solo necesitarás cocinarlo durante 25 minutos.

MILANESA DE REDONDO A LA NAPOLITANA

INGREDIENTES **(4 P.)**

8 filetes de redondo (600 g)

4 lonchas de jamón cocido (200 g)

8 lonchas de queso emmental

huevo batido y pan rallado (para rebozar)

150 ml de salsa de tomate (véase *Salsa de tomate*)

aceite de oliva virgen extra

orégano

perejil

pimienta

sal

ELABORACIÓN

Salpimienta los filetes, pásalos por huevo batido y pan rallado y fríelos en una sartén con aceite. Retíralos y escúrrelos sobre una fuente cubierta con papel absorbente.

Pasa los filetes a una bandeja de horno, extiende, sobre cada uno, 1 cucharada de salsa de tomate, coloca encima ½ loncha de jamón cocido y, sobre esta, 1 loncha de queso. Espolvoréalos con un poco de orégano y hornéalos durante 2-3 minutos, hasta que el queso se funda.

Sirve 2 milanesas en cada plato y decora con unas hojas de perejil.

CONSEJO: Para que no se desprenda el pan rallado de los filetes, una vez rebozados, puedes aplastarlos un poco con la parte plana de la hoja de un cuchillo cebollero.

PICANTONES CON PERA

INGREDIENTES **(4 P.)**

2 picantones

4 peras

500 ml de cava

1 cucharada de harina de maíz refinada

aceite de oliva virgen extra

perejil

pimienta

sal

ELABORACIÓN

Pela las peras, córtalas por la mitad y retírales los corazones. Colócalas boca abajo apoyadas (por la parte interior) sobre una bandeja de horno.

Corta los picantones por la mitad y salpimiéntalos. Coloca cada mitad de picantón sobre 2 mitades de pera, riégalos con un poco de aceite e introdúcelos en el horno a 200 ºC. Cuando la carne se caliente (5-6 minutos), riégalos con parte del cava. Hornéalos a 200 ºC durante 25 minutos (a medida que se vayan secando, vete regándolos con el resto del cava).

Sirve en cada plato ½ picantón y 1 pera.

Pasa la salsa de la bandeja de horno a una sartén y caliéntala. Agrega la harina de maíz diluida en agua fría y dale un hervor hasta que espese. Espolvorea la salsa con un poco de perejil picado y remuévela. Salsea los platos y decóralos con unas hojas de perejil.

CONSEJO: Si hay niños o no podéis tomar nada de alcohol (aunque este se evapora durante el horneado), podéis sustituir el cava por agua, caldo o zumo.

MUSLOS DE POLLO AL VINO TINTO

INGREDIENTES **(4 P.)**

4 muslos de pollo
1 cebolla
1 pimiento rojo
3 dientes de ajo
400 ml de vino tinto
1 cucharada de harina de maíz refinada (opcional)
300 g de setas
aceite de oliva virgen extra
2 hojas de laurel
perejil picado
pimienta
sal

ELABORACIÓN

Pela la cebolla, pícala y ponla a rehogar en una cazuela con aceite. Pela el pimiento, retírale el tallo y las semillas, pícalo y agrégalo. Sazona y rehoga las hortalizas durante 6-8 minutos. Salpimienta los muslos de pollo, incorpóralos a la cazuela y dóralos con las hortalizas. Pela 2 dientes de ajo y añádelos (enteros) junto con las hojas de laurel. Agrega el vino y deja que reduzca durante unos 5 minutos. Añade 200 ml de agua y cocina todo a fuego suave durante 30 minutos.

Retira los muslos y pasa el resto por un pasapurés (si la salsa queda demasiado ligera, lígala con un poco de harina de maíz diluida en agua fría). Introduce los muslos en la salsa y resérvalos.

Limpia bien las setas y córtalas en tiras. Pela el otro diente de ajo, pícalo y ponlo a rehogar en una sartén. Incorpora las setas, agrega una pizca de sal y saltéalas. Espolvoréalas con un poco de perejil picado y añádelas al guiso de pollo. Cocina todo conjuntamente durante 3-4 minutos y sirve.

MUSLOS DE PAVO CON PURÉ DE MANZANA Y UVAS SALTEADAS

INGREDIENTES **(4 P.)**

4 muslos de pavo
4 manzanas reineta
500 g de uvas blancas
200 ml de vino blanco
1 cucharada de harina de maíz refinada
aceite de oliva virgen extra
1 rama de romero
unas hojas de cebollino
pimienta
sal

ELABORACIÓN

Salpimienta los muslos de pavo, colócalos sobre una bandeja de hornear y riégalos con un poco de aceite. Hornéalos a 200 ºC durante 20-25 minutos. Agrega el vino blanco y la rama de romero y hornéalos durante 20 minutos más.

Lava las manzanas, descorazónalas, trocéalas y cuécelas en una cazuela con un chorrito de agua durante 10-15 minutos. Pásalas por el pasapurés. Reserva.

Retira los muslos de pavo del horno y resérvalos. Agrega un poco de agua a la bandeja de horno, desglasa el jugo, cuélalo, pásalo a una cazuela y caliéntalo. Cuando empiece a hervir, añade un poco de harina de maíz diluida en agua fría, mezcla y cocina hasta que espese.

Desgrana el racimo de uvas, colócalas en un bol, lávalas y escúrrelas. Saltéalas en una sartén con un poco de aceite.

Sirve los muslos de pavo en una fuente amplia, salséalos y acompáñalos con el puré de manzana y las uvas salteadas. Decora con unas ramas de cebollino.

MUSLOS DE POLLO GUISADOS

INGREDIENTES **(4 P.)**

4 muslos de pollo deshuesados
50 g de jamón curado
1 pimiento morrón asado
harina (para rebozar)
1 cebolla
1 tomate
3 dientes de ajo
3 rebanadas de pan frito
150 ml de vino blanco
aceite de oliva virgen extra
1 hoja de laurel
perejil picado
sal

ELABORACIÓN

Pica el jamón y el pimiento y saltéalos brevemente en una sartén con un poco de aceite. Rellena los muslos de pollo con la mezcla y ciérralos con un palillo. Sazónalos, pásalos por harina y fríelos en una sartén con aceite hasta que se doren un poco.

Pela los dientes de ajo, trocéalos, pásalos a un mortero y májalos bien. Agrega las rebanadas de pan frito y májalas también. Reserva el majado.

Pela la cebolla, pícala y rehógala en una cazuela con aceite durante 6-8 minutos. Pela el tomate, pícalo, añádelo a la cazuela junto con al laurel y rehoga todo durante 5 minutos. Incorpora el majado a la cazuela, mezcla y cocina todo junto durante 3-4 minutos. Agrega el vino, 400 ml de agua y los muslos de pollo. Pon a punto de sal y cocina durante 20- 25 minutos.

Espolvorea con perejil picado y sirve los muslos con su salsa.

PALOMA RELLENA

INGREDIENTES **(4 P.)**

4 palomas (desplumadas)
1 pata (mano) de ternera
1 cebolla
1 zanahoria
1 pimiento verde
1 tomate
200 ml de vino tinto
12 ciruelas pasas
aceite de oliva virgen extra
perejil picado
sal

ELABORACIÓN

Limpia bien la pata de ternera, ponla en una olla rápida, cúbrela con agua, sazónala y cuécela durante 1 hora aproximadamente. Retírala (cuela y reserva el caldo), deshuésala y pícala.

Deshuesa las palomas quitándoles las carcasas.

Rellena las palomas con la carne de la pata, átalas con cuerda de cocina, sazónalas, dóralas en una sartén con aceite, escúrrelas y resérvalas.

Pela la cebolla y la zanahoria, córtalas en dados y ponlas a rehogar en la olla rápida con un chorrito de aceite. Retira el tallo y las semillas del pimiento, córtalo de la misma manera e incorpóralo. Cocina las hortalizas durante 8-10 minutos. Pela el tomate, córtalo en dados y añádelo. Cocina todo durante 5 minutos más. Introduce las palomas rellenas y agrega el vino y 400 ml del caldo reservado. Cierra la olla y cuece durante unos 20 minutos.

Retira las palomas, quítales las cuerdas y resérvalas.

Pasa la salsa por un pasapurés y caliéntala en una cazuela. Agrega las ciruelas y las palomas y cocina a fuego suave durante 10 minutos. Espolvorea con perejil picado y sirve.

POLLO TERIYAKI

INGREDIENTES **(4 P.)**

1 pechuga de pollo (2 medias)

150 ml de salsa *teriyaki*

2 pimientos rojos

1 brócoli

2 cebolletas con tallo

100 g de hojas de rúcula, canónigos y berros (limpias)

1 cucharada de semillas de sésamo

aceite de oliva virgen extra

pimienta

sal

ELABORACIÓN

Corta las pechugas de pollo en dados grandes, salpimiéntalos y ponlos en un bol. Cúbrelos con 100 ml de salsa *teriyaki* y marínalos durante 15 minutos. Transcurrido este tiempo, pásalos a un colador y deja que escurran bien.

Pela los pimientos, córtalos en dados grandes y resérvalos. Lava el brócoli, suéltalo en ramilletes y resérvalos. Corta los tallos de las cebolletas, córtalos en rodajas y resérvalos. Corta las cebolletas en dados grandes y resérvalos.

Calienta un wok (o una sartén) con un chorrito de aceite, añade el pollo y saltéalo durante 2-3 minutos. Incorpora los pimientos, los ramilletes de brócoli y 25 ml de salsa *teriyaki*. Mezcla bien y cocina todo a fuego medio durante 6-8 minutos. Agrega las cebolletas, vierte encima los 25 ml restantes de salsa *teriyaki* y cocina conjuntamente durante otros 6-8 minutos.

Pon la rúcula, los berros y los canónigos en un bol y alíñalos con aceite y una pizca de sal.

Reparte el pollo con las hortalizas en 4 platos, espolvoréalos con las semillas de sésamo y salpícalos con las rodajas de tallos de cebolleta (crudos). Acompaña los platos con la ensalada y sirve.

CONSEJO: Los tiempos aconsejados son los que he utilizado en esta receta, pero todo dependerá del punto en que os gusten las hortalizas.

PALOMA ASADA RELLENA DE MANZANA

INGREDIENTES **(4 P.)**

4 palomas
2 manzanas
2 boniatos
200 ml de vino tinto
1 cucharadita de harina de maíz refinada (opcional)
aceite de oliva virgen extra
pimienta
sal

ELABORACIÓN

Lava los boniatos y cuécelos en una cazuela con abundante agua durante 30 minutos. Pélalos, trocéalos y pásalos por el pasapurés. Reserva el puré.

Limpia bien las palomas, pero sin quitarles el hígado, y salpimiéntalas. Corta las manzanas a la mitad e introduce ½ manzana en el interior de cada paloma.

Coloca las palomas en una fuente apta para el horno y riégalas con un chorro de aceite, la mitad del vino (100 ml) y 100 ml de agua. Hornéalas a 200 ºC durante 20 minutos.

Retira las palomas del horno, pártelas por la mitad, separa la carne de las carcasas y resérvala. Pasa a una cazuela las carcasas, las medias manzanas y el jugo de la fuente. Agrega el resto del vino (100 ml) y 100 ml de agua. Calienta la salsa durante 6-8 minutos (si fuera necesario, liga la salsa con la harina de maíz diluida en un poco de agua fría).

Sirve la carne de las palomas en una fuente y salséala. Acompaña con el puré de boniato.

MUSLO DE POLLO RELLENO Y GUISADO

INGREDIENTES **(4 P.)**

4 muslos de pollo deshuesados
4 lonchas de jamón cocido
100 g de queso manchego tierno
150 ml de vino blanco
1 cebolleta
4 dientes de ajo
1 cucharadita de harina
500 ml de caldo de pollo
250 g de champiñones
aceite de oliva virgen extra
perejil
pimienta
sal

ELABORACIÓN

Extiende los muslos deshuesados sobre una superficie plana y salpimiéntalos. Rellena cada muslo con 1 loncha de jamón y 2 trozos de queso. Envuélvelos y átalos con cuerda de cocina. Colócalos sobre una bandeja de horno y riégalos con un poco de aceite y el vino. Hornéalos a 200 ºC durante 20 minutos.

Pela la cebolleta y 2 dientes de ajo, pícalos y rehógalos en una cazuela con aceite durante 6-8 minutos. Añade la harina, rehógala brevemente y vierte encima el caldo. Sazona, espolvorea con un poco de perejil picado y cuece todo durante 6-8 minutos.

Limpia bien los champiñones y córtalos en cuartos. Pela los otros 2 dientes de ajo, córtalos en láminas y dóralos en una sartén con aceite. Incorpora los champiñones y cocina a fuego suave durante 6-8 minutos.

Retira los muslos, quítales la cuerda y sírvelos en una fuente con los champiñones a un lado y la salsa al otro. Decora con una rama de perejil.

OSOBUCO GUISADO

INGREDIENTES **(6 P.)**

4 rodajas de osobuco (morcillo con hueso)
2 cebollas
2 zanahorias
2 dientes de ajo
1 pimiento verde
harina (para rebozar)
200 ml de vino tinto
8 champiñones
2 patatas
aceite de oliva virgen extra
perejil
pimienta
sal

ELABORACIÓN

Pela las cebollas, las zanahorias y los ajos, córtalos en dados y ponlos a rehogar en una cazuela amplia con un chorrito de aceite. Lava el pimiento, retírale el tallo y las semillas, córtalo en dados y agrégalo. Sazona y rehoga las hortalizas durante 10-15 minutos.

Salpimienta los trozos de osobuco, pásalos por harina y dóralos en una sartén con aceite. Añade el osobuco a las verduras. Riega con el vino y dale un hervor para que se evapore el alcohol. Cubre con agua, tapa la cazuela y guisa el osobuco durante 1 hora.

Retira la parte inferior del tallo de los champiñones, enjuágalos, sécalos y córtalos en cuartos. Resérvalos.

Pela las patatas, trocéalas (cascándolas) y fríelas en una sartén con abundante aceite. Cuando las patatas estén casi hechas, agrega los champiñones a la sartén y fríelos brevemente. Incorpora las patatas y los champiñones a la cazuela y cocina conjuntamente durante 5 minutos.

Espolvorea el guiso con perejil picado y sirve. Decora con unas hojas de perejil.

CONSEJO: Si tenéis pensado congelar el guiso, conviene hacerlo un poco más soso de lo normal, ya que la congelación pronuncia los sabores. Además, hay que esperar a que esté frío antes de congelarlo.

MEDALLONES DE CONEJO CON SALSA DE CÍTRICOS

INGREDIENTES **(4 P.)**

16 medallones de conejo
1 pomelo
1 naranja
1 limón
2 cebollas
3 dientes de ajo
20 ramilletes de canónigos
aceite de oliva virgen extra
2 ramas de tomillo
perejil
pimienta
sal

ELABORACIÓN

Pela los ajos y las cebollas. Corta los ajos en láminas y las cebollas en dados. Ponlos a rehogar en una cazuela grande con un chorrito de aceite. Sazona y cocínalos durante 6-8 minutos.

Salpimienta los medallones de conejo y dóralos en una sartén con un chorrito de aceite. Incorpora los medallones de conejo y las ramas de tomillo a la cazuela con los ajos y las cebollas.

Exprime el pomelo, la naranja y el limón y vierte el zumo en la cazuela. Tápala y guisa el conejo durante 15 minutos.

Retira los medallones de conejo a un plato, pasa las hortalizas a un vaso batidor y tritúralas con una batidora eléctrica.

Pasa de nuevo la salsa a la cazuela, introduce en ella los medallones de conejo y dales un hervor (2 minutos).

Lava los canónigos, sécalos, sazónalos y riégalos con un chorrito de aceite.

Sirve 4 medallones de conejo en cada plato, salséalos y acompáñalos con unos canónigos. Decora con unas hojas de perejil.

CONSEJO: La salsa de cítricos que hemos preparado hoy, además de ser fácil de hacer, dará un toque atrevido a casi cualquier plato.

MUSLOS DE POLLO PICANTES

INGREDIENTES **(4 P.)**

4 muslos de pollo
2 dientes de ajo
½ guindilla
2 tomates
12 aceitunas negras deshuesadas (en rodajas)
150 ml de vino blanco
3 patatas medianas
aceite de oliva virgen extra
perejil picado
sal

ELABORACIÓN

Sazona los muslos de pollo y fríelos en una sartén con aceite hasta que se doren.

Rehoga en una cazuela con un poco de aceite los tomates (pelados y picados), el ajo (pelado y picado) y la guindilla durante 6-8 minutos. Añade el pollo y las aceitunas, y rehoga todo durante 5 minutos. Incorpora el vino, pon a punto de sal y espolvorea con un poco de perejil picado. Cuece a fuego suave hasta que reduzca el vino (unos 10 minutos).

Pela las patatas, córtalas en rodajas y fríelas. Escúrrelas e incorpóralas a la cazuela.

Pasa todo a una fuente apta para el horno y hornea a 180 ºC durante unos 10 minutos. Sirve.

PATÉ CASERO A LA PIMIENTA VERDE

INGREDIENTES **(6 P.)**

500 g de hígados de pollo (limpios)
2 pencas de apio
2 dientes de ajo
1 cebolleta
60 ml de *brandy*
200 ml de nata
150 g de grasa de pato
1 barra de pan
aceite de oliva virgen extra
1 hoja de laurel
1 cucharadita de tomillo
10 granos de pimienta negra
25 granos de pimienta verde
sal

ELABORACIÓN

Trocea los hígados de pollo e introdúcelos en una cazuela con agua hirviendo junto con los granos de pimienta negra, la hoja de laurel y el apio (limpio y cortado en 8 trozos). Sazona y cuece durante 5 minutos. Retira la hoja de laurel. Escurre los hígados, el apio y la pimienta y resérvalos.

Pela los dientes de ajo y la cebolleta, pícalos y ponlos a pochar en una sartén con un poco de aceite. Cuando empiecen a dorarse, agrega los hígados con el apio y la pimienta. Rehoga todo brevemente y añade el tomillo y los granos de pimienta verde. Vierte encima el *brandy* y flambéalo.

Introduce todo en un vaso batidor y tritúralo con una batidora eléctrica (si está muy espeso, añade un poco de agua). Cuando esté bien triturado, añade la nata y bate hasta que esté bien integrada.

Forra un molde rectangular con papel de hornear, rellénalo con la mezcla, introdúcelo en el frigorífico y deja que se enfríe durante 3 horas.

Calienta la grasa de pato al baño maría hasta que se funda. Retira el paté del frigorífico, vierte encima la grasa fundida e introdúcelo nuevamente en el frigorífico hasta que la grasa se solidifique (unos 30 minutos).

Corta el pan en rodajas finas y tuéstalas en el horno. Desmolda el paté y sírvelo acompañado con el pan tostado.

CONSEJO: Para conservar las especias, basta con guardarlas en un sitio fresco y oscuro, en frascos herméticos para que no pierdan las propiedades que las hacen tan atractivas.

PATO CANARIO

INGREDIENTES **(4 P.)**

4 muslos de pato confitados
2 manzanas
2 plátanos
2 cucharadas de mantequilla
1 cucharada de azúcar
perejil

ELABORACIÓN

Coloca los muslos de pato sobre una bandeja de horno y hornéalos a 160 ºC durante 10 minutos. Para que se doren, en el último momento, antes de servir, sube la temperatura a 200 ºC y hornea durante 5 minutos más.

Pela las manzanas, descorazónalas, trocéalas y ponlas en una cazuela con 100 ml de agua y el azúcar. Cuécelas a fuego suave durante 10-15 minutos. Tritura y reserva el puré.

Pela los plátanos, córtalos en rodajas y dóralos en una sartén con la mantequilla.

Sirve 1 muslo en cada plato y acompáñalos con un poco de puré de manzana y unas rodajas de plátano salteadas. Decora los platos con unas hojas de perejil.

PATO A LA NARANJA

INGREDIENTES **(4 P.)**

1 pato de 1.500 g
5 naranjas
3 dientes de ajo
1 cebolla
2 zanahorias
1 tomate
1 pimiento verde
1 puerro
300 ml de vino blanco
300 ml de caldo de ternera o ave
zumo de ½ limón
100 ml de licor de naranja
1 patata grande
aceite de oliva virgen extra
25 g de mantequilla
sal

ELABORACIÓN

Elimina la grasa del pato, sazónalo y colócalo en una fuente apta para el horno. Introduce en su interior 1 naranja pelada y partida por la mitad.

Pela los dientes de ajo, la cebolla, las zanahorias y el tomate; lava el pimiento y retírale el tallo y las semillas; limpia bien el puerro y retírale la parte superior y la inferior. Pica todas las hortalizas e introduce la ¼ parte (reserva el resto) dentro del pato. Rocía el pato con un chorro de aceite y el zumo de 1 naranja y coloca encima el resto de las hortalizas picadas. Hornea a 175 ºC durante 60-90 minutos.

Cuando el pato empiece a dorarse, riégalo con el vino y dale la vuelta. Vete agregando el caldo poco a poco a medida que el vino se vaya reduciendo. Durante el horneado, con ayuda de una cuchara, rocía el pato con su jugo y dale la vuelta de vez en cuando, teniendo cuidado de que no se quemen las hortalizas.

Retira el pato y resérvalo. Añade al jugo de cocción el zumo de limón, el zumo de 2 naranjas y el licor de naranja. Pásalo todo por un colador o pasapurés y caliéntalo en una cazuela durante 5 minutos para que termine de ligarse la salsa.

Corta el pato por la mitad, retírale la carcasa y caliéntalo en el horno. Pela la patata, córtala en patatas paja, fríelas y escúrrelas sobre un plato forrado con papel absorbente.

Pela la naranja restante y sácale los gajos. Calienta la mantequilla en una sartén y saltea en ella brevemente los gajos de naranja.

Sirve el pato en una fuente, nápalo con la salsa y acompáñalo con las patatas paja y los gajos de naranja salteados.

MUSLOS DE PAVO GUISADOS

INGREDIENTES **(4 P.)**

4 muslos de pavo
1 cebolla
2 puerros
2 zanahorias
1 pimiento verde
1 tomate
400 ml de cerveza
1 cucharada de harina de maíz refinada (opcional)
2 peras
aceite de oliva virgen extra
½ cucharadita de romero
½ cucharadita de tomillo
perejil
pimienta negra
sal

ELABORACIÓN

Salpimienta los muslos de pavo y dóralos (de dos en dos) en la olla rápida con un chorrito de aceite. Retíralos y resérvalos.

Pela la cebolla y córtala en daditos. Limpia los puerros y córtalos en cuartos de luna. Pela las zanahorias y córtalas de la misma manera. Retira el tallo y las semillas del pimiento y córtalo en dados. Agrega las hortalizas a la olla (con el aceite empleado para dorar el conejo), sazónalas y rehógalas durante 10 minutos.

Corta el tomate por la mitad, rállalo e incorpóralo. Agrega el romero y el tomillo. Rehoga brevemente, introduce de nuevo los muslos en la olla, vierte encima la cerveza, cierra la olla y cocina durante 8 minutos.

Retira los muslos de pavo y tritura la salsa con una batidora eléctrica. Si queda muy ligera, puedes darle un hervor y espesarla agregándole un poco de harina de maíz diluida en agua fría.

Pela las peras, córtalas en gajos grandes y cocínalas durante 4-5 minutos en una sartén con un chorrito de aceite.

Sirve 1 muslo de pavo en cada plato, salsea y acompaña con los gajos de pera. Decora con unas hojas de perejil.

CONSEJO: No utilicéis la olla si notáis que tiene algún escape por las juntas o no cierra herméticamente, porque podría quedarse sin líquido en el interior y quemar el contenido.

PAVO ASADO CON SALSA DE UVAS

INGREDIENTES **(4-6 P.)**

1 pavo de 2 kg
1 kg de uvas blancas
4 dientes de ajo
1 trozo de jengibre (20 g)
2 cebolletas
aceite de oliva virgen extra
3 ramas de tomillo
pimienta
sal

ELABORACIÓN

Desgrana los racimos de uvas, pon 750 g en el vaso americano (reserva el resto) y tritúralas. Cuela y reserva el zumo.

Pela 2 dientes de ajo, pícalos y ponlos en un mortero. Añade las hojas de las ramas de tomillo y el jengibre y maja todo. Incorpora el zumo de uva, mezcla bien y reserva.

Limpia el pavo por dentro y por fuera, salpimiéntalo y colócalo sobre una bandeja de horno. Rocíalo con aceite y hornéalo a 170 ºC durante 2 horas. Cada 15 minutos, riégalo con un cazo de la mezcla de zumo de uvas y majado.

Pela las cebolletas y los otros 2 dientes de ajo, pícalos y ponlos a rehogar en una sartén con un poco de aceite. Cuando estén dorados, agrega el resto de las uvas y rehógalas brevemente.

Retira el pavo y sírvelo en una fuente amplia. Pasa la salsa a una cazuela y redúcela durante 10 minutos. Salsea el pavo y acompáñalo con la guarnición de uvas y el resto de la salsa servido en una salsera.

CONSEJO: Cuando vayáis a asar un pavo, es aconsejable untarlo con aceite de oliva virgen extra. El aceite de oliva va a sellar sus tejidos, protegiéndolo de la deshidratación por efecto del calor.

PAVO ASADO

INGREDIENTES **(4-6 P.)**

1 pavo de 2 kg
1 cabeza de ajos
3 cebolletas
2 puerros
1 tomate
500 ml de caldo de verduras
1 cucharada de harina de maíz refinada (opcional)
3 manzanas
150 ml de vino blanco
500 g de uvas
aceite de oliva virgen extra
40 g de mantequilla
pimienta
sal

ELABORACIÓN

Limpia bien el pavo, salpimiéntalo, introduce en su interior la cabeza de ajos y colócalo en una bandeja de horno honda. Pela las cebolletas y el tomate, limpia bien los puerros y retírales la parte superior y la inferior, pica las hortalizas finamente y añádeselas al pavo. Riega todo con un chorro de aceite, el vino y 400 ml de caldo. Hornea a 180 ºC durante unos 90 minutos. Durante el horneado, dale la vuelta al pavo de vez en cuando y añádele más caldo, si fuese necesario, para que no se seque.

Pela las manzanas, descorazónalas, trocéalas y cuécelas con un poco de agua y una pizca de sal durante 10-15 minutos. Tritúralas con el pasapurés y reserva el puré.

Retira el pavo de la placa, sácale la cabeza de ajos y resérvalo.

En una sartén con la mantequilla, saltea las uvas brevemente y resérvalas.

Pasa las hortalizas y el caldo de cocción del pavo por el pasapurés, pon la salsa en una cazuela y caliéntala. Si ves que ha quedado muy ligera, espésala con un poco de harina de maíz diluida en agua fría.

Trincha el pavo, sírvelo en una fuente y salséalo. Acompaña con las uvas salteadas y el puré de manzanas.

MORCILLO EN SALSA VIZCAÍNA

INGREDIENTES **(4 P.)**

1 morcillo (o zancarrón) de ternera (800 g)

1 puerro

1 cebolla blanca

10 pimientos choriceros

4 dientes de ajo

2 cebollas rojas

1 manzana reineta

harina y huevo batido (para rebozar)

aceite de oliva virgen extra

perejil

20 granos de pimienta negra

sal

ELABORACIÓN

Pon abundante agua a calentar en una olla rápida. Retira los nervios del morcillo e introdúcelo en la olla con los granos de pimienta, el puerro (limpio y partido en dos) y la cebolla blanca (pelada y entera). Sazona, cierra la olla y cuece el morcillo durante 30 minutos. Deja que la olla se enfríe, ábrela, retira el morcillo y deja que se enfríe. Cuela y reserva el caldo.

Retira los tallos y las semillas de los pimientos choriceros, ponlos en una cazuela con agua hirviendo, tápala y cuece durante 30 minutos. Retira los pimientos, escúrrelos, retírales la pulpa con una puntilla, pícala bien y resérvala.

Para hacer la salsa vizcaína, pela 2 dientes de ajo, córtalos en láminas y ponlos a rehogar en una cazuela con un chorrito de aceite. Pela las cebollar rojas, córtalas en juliana, agrégalas, sazona y cocina hasta que estén bien doradas. Pela la manzana, trocéala e incorpórala. Añade también la pulpa de los pimientos choriceros y 250 ml del caldo reservado. Cocina todo durante 10-15 minutos a fuego suave. Tritura la salsa con una batidora eléctrica y resérvala en la cazuela.

Calienta una sartén con bastante aceite. Aplasta los otros 2 dientes de ajo (con piel) y añádelos. Corta el zancarrón en filetes gruesos, pásalos por harina y huevo batido y fríelos brevemente en la sartén por los dos lados. Para eliminarles el exceso de grasa, escúrrelos sobre un plato cubierto con papel absorbente.

Coloca la salsa vizcaína en el fondo de los platos, pon encima los filetes de zancarrón y decora con unas hojas de perejil.

CONSEJO: El morcillo, zancarrón o jarrete de vacuno es una carne de segunda. Es ideal para utilizarla en guisos y estofados. El corte transversal (con hueso) es conocido como *osobuco*.

PIERNA DE CORDERO CON SETAS

INGREDIENTES **(4 P.)**

- 2 piernas de cordero (troceadas)
- 400 g de setas
- 7 dientes de ajo
- 1 cebolla
- 600 ml de vino blanco
- 3 rebanadas de pan
- aceite de oliva virgen extra
- vinagre
- perejil picado
- 30 granos de pimienta negra
- sal

ELABORACIÓN

Pela 2 dientes de ajo y córtalos en láminas, pela la cebolla y pícala. Dora las hortalizas en la olla rápida con un chorrito de aceite. Sazona los trozos de cordero y añádelos junto con los granos de pimienta. Agrega el vino y 250 ml de agua. Tapa y cocina durante 8-10 minutos.

Corta las rebanadas de pan en dados. Pela 2 dientes de ajo y córtalos en láminas. Calienta una sartén con un chorro de aceite y fríe en ella el pan. Cuando empiece a dorarse, añade los ajos y deja que se doren un poco. Escurre el pan y los ajos, colócalos en un mortero y májalos hasta formar una pasta. Agrega un chorrito de vinagre, mezcla bien e incorpora el majado a la cazuela. Cocina durante otros 8-10 minutos.

Limpia bien las setas y córtalas por la mitad. Pela los 3 dientes de ajo restantes, córtalos en láminas y dóralos en una sartén con un chorrito de aceite. Añade las setas y saltéalas. Sazona y espolvorea con perejil picado.

Sirve en una fuente el cordero con su salsa y acompáñalo con las setas salteadas.

CONSEJO: La carne de cordero puede conservarse de dos a cuatro días si lo guardas en la parte más fría del frigorífico. No obstante, también puedes congelarlo: los trozos grandes se conservan entre seis y nueve meses a -18 ºC; las chuletas, en cambio, no se deben guardar durante más de cuatro meses en el congelador.

PECHUGA DE PAVO AL OPORTO

INGREDIENTES **(4 P.)**

- 1 pechuga de pavo de 600 g
- 400 ml de vino de Oporto
- 3 zanahorias grandes
- 4 patatas medianas
- 8 chalotas
- 150 g de guisantes desgranados
- 200 ml de leche evaporada
- 1 cucharada de harina de maíz refinada
- aceite de oliva virgen extra
- 2-3 ramas de tomillo
- perejil
- pimienta
- sal

ELABORACIÓN

Salpimienta la pechuga, colócala en una fuente de horno y espolvoréala con el tomillo. Riégala con un chorrito de aceite y hornéala a 200 ºC durante 12-15 minutos.

Pela las zanahorias y las patatas y tornéalas. Cuécelas en un cazo con agua y una pizca de sal durante 10 minutos. Escúrrelas y resérvalas.

Pon una cazuela al fuego con el vino y la leche evaporada. Sazona. Cuando empiece a hervir, agrega los guisantes y cuece durante 10 minutos. Liga la salsa con un poco de harina de maíz diluida en agua fría.

Pela las chalotas y rehógalas en una sartén con un chorrito de aceite hasta que se doren. Agrega las zanahorias y las patatas cocidas y saltea todo brevemente a fuego fuerte. Espolvorea con perejil picado.

Retira la pechuga del horno y córtala en filetes. Sirve la pechuga de pavo en una fuente, salséala y acompáñala con las verduras salteadas. Sirve el resto de la salsa en una salsera. Decora con una rama de perejil.

POLLO EN PEPITORIA

INGREDIENTES **(4 P.)**

1 pollo troceado (1.200 g)
2 huevos
1 cebolla grande
zumo de 1 limón
1 pastilla de caldo de pollo
2 dientes de ajo
2 rebanadas de pan (30 g)
10 almendras
aceite de oliva virgen extra
perejil
1 pizca de canela en polvo
1 pizca de comino en polvo
2 clavos
unas hebras de azafrán
pimienta
sal

ELABORACIÓN

Pon agua en un cazo, añade los huevos y cuécelos durante 10 minutos. Pélalos, separa las claras de las yemas y resérvalas por separado.

Pela la cebolla, córtala en dados y ponla a rehogar en una tartera (cazuela amplia y baja) con un chorrito de aceite durante 6-8 minutos. Salpimienta los trozos de pollo, incorpóralos y rehógalos hasta que se doren un poco. Agrega la canela, el comino, los clavos y el zumo de limón y desmenuza encima la pastilla de caldo. Cubre con agua, tapa y cocina el pollo durante 35-40 minutos.

Calienta una sartén con un poco de aceite, agrega los ajos (pelados), las rebanadas de pan y las almendras. Fríe todo hasta que se dore. Corta el pan en dados y pica un poco los ajos y las almendras.

Pon en el mortero las yemas de los huevos, las hebras de azafrán, el pan, los ajos y las almendras y maja todo bien.

Incorpora el majado a la tartera y mezcla bien. Corta las claras en daditos y añádelas. Agrega también un poco de perejil picado y cocina todo durante 3-4 minutos.

Sirve y adorna los platos con unas hojas de perejil.

CONSEJO: Si os estáis preguntando cuánto es una pizca, os diría que utilicéis las especias a vuestro gusto. Pero, para que os hagáis una idea, yo he equiparado una pizca a ¼ de cucharadita de las de postre.

SOSENGA DE CONEJO

INGREDIENTES **(4 P.)**

- 1 conejo de 1 kg (troceado)
- 20 g de manteca
- 1 cebolla grande
- 1 hígado de conejo
- 1 rebanada de pan tostado
- 25 ml de vinagre de Jerez
- 20 g de miel
- 1 pastilla de caldo de carne
- 100 g de hojas de rúcula (limpias)
- aceite de oliva virgen extra
- vinagre
- 1 cucharada sopera de perejil picado
- 1 cucharadita de tomillo picado
- 1 cucharadita de mejorana picada
- hojas de perejil
- pimienta negra molida
- 3-4 clavos
- 3 granos de pimienta negra
- 1 cucharadita de canela molida
- sal

ELABORACIÓN

Pon a calentar (a fuego medio) la manteca y un chorrito de aceite en una cazuela. Cuando la manteca se funda, salpimienta el conejo y agrégalo. Dóralo bien, retíralo a una fuente y resérvalo.

Baja la temperatura del fuego, corta la cebolla en dados y agrégala a la cazuela donde has dorado el conejo. Sofríela hasta que quede bien pochada (15 minutos aproximadamente).

Trocea el hígado de conejo, sazónalo y saltéalo brevemente en una sartén con un chorrito de aceite.

Corta la rebanada de pan en dados y ponla en el mortero. Añade los clavos, los granos de pimienta, los 25 ml de vinagre y el hígado. Maja todo bien e introdúcelo en la cazuela donde está la cebolla. Agrega la miel, la canela, el perejil picado, el tomillo y la mejorana. Desmenuza encima la pastilla de caldo, agrega 500 ml de agua e incorpora el conejo. Tapa la cazuela y guisa el conejo durante unos 30 minutos.

En el último momento, adereza las hojas de rúcula con aceite, vinagre y sal.

Sirve el conejo, acompáñalo con la ensalada y decora los platos con unas hojas de perejil.

CONSEJO: Si el conejo es de campo, habrá que cocinarlo durante una hora aproximadamente.

PICANTONES ASADOS CON JUGO DE SANDÍA

INGREDIENTES **(4 P.)**

4 picantones
1 kg de sandía
6 chalotas
300 g de guisantes (desgranados)
1 lechuga
aceite de oliva virgen extra
vinagre
pimienta negra
sal

ELABORACIÓN

Salpimienta los picantones por dentro y por fuera y colócalos en una bandeja de horno. Riega cada picantón con un chorrito de aceite y hornéalos a 200 ºC durante 10 minutos.

Trocea la sandía, retira la piel, tritúrala con la batidora eléctrica y cuélala. Vierte un cacito de jugo de sandía por encima de cada picantón y hornéalos a la misma temperatura durante 20 minutos más.

Retira los picantones y colócalos en una fuente. Vierte el jugo de la bandeja en un cazo y deja que reduzca durante 10 minutos. Pasa de nuevo los picantones a la bandeja, introdúcelos en el horno (con el horno apagado) y déjalos dentro durante 10 minutos.

Cuece los guisantes en una cazuela con una pizca de sal durante 5 minutos. Retíralos y escúrrelos.

Pela las chalotas, pícalas y dóralas en una sartén con un chorrito de aceite. Añade los guisantes y saltéalos durante 4-5 minutos.

Lava la lechuga, escúrrela, sécala, trocéala y alíñala con aceite, vinagre y sal.

Sirve un picantón en cada plato, salséalos y acompáñalos con los guisantes salteados y la lechuga aliñada.

PERDIZ ESTOFADA

INGREDIENTES **(4 P.)**

4 perdices limpias
1 puerro
1 pimiento verde
2 zanahorias
½ cebolla
200 ml de vino blanco
2 manzanas
aceite de oliva virgen extra
40 g de mantequilla
1 cucharadita de orégano
3 hojas de laurel
pimienta
1 cucharada de pimentón
30 granos de pimienta negra
sal

ELABORACIÓN

Limpia bien el puerro y retírale la parte superior y la inferior; lava el pimiento y retírale el tallo y las semillas; pela las zanahorias y la cebolla. Pica todas las hortalizas y rehógalas en una cazuela con aceite durante 15 minutos. Sazona.

Salpimienta las perdices, dóralas en una sartén con aceite e incorpóralas a la cazuela. Añade el pimentón, el orégano, los granos de pimienta y el laurel. Agrega el vino, cubre con agua y pon a punto de sal. Cocina a fuego suave durante unos 75 minutos.

Retira las perdices y resérvalas. Tritura la salsa con una batidora eléctrica.

Pela las manzanas, córtalas en gajos y quítales el corazón. Calienta una sartén con la mantequilla, incorpora los gajos de manzana y saltéalos durante 3-4 minutos.

Sirve las perdices abiertas por la mitad, salséalas y acompáñalas con la manzana salteada.

PECHUGAS DE POLLO AGRIDULCE

INGREDIENTES **(4 P.)**

4 pechugas de pollo
250 ml de caldo de ave
1 cucharada de harina de maíz
aceite de oliva virgen extra
100 ml de vinagre
60 granos de pimienta rosa o verde
2 cucharadas de azúcar
pimienta
sal

ELABORACIÓN

Salpimienta las pechugas de pollo y fríelas en una sartén con aceite hasta que estén bien doradas. Escúrrelas y córtalas en filetes. Resérvalas.

Pon a calentar el azúcar en una cazuela. Cuando empiece a fundirse, añade el vinagre, el caldo y la pimienta. Deja que la salsa reduzca a fuego medio. Agrega un poco de harina de maíz diluida en agua fría, remueve y cocina hasta que espese la salsa.

Incorpora los filetes de pechuga a la cazuela y caliéntalos durante 1 minuto. Sirve. (Puedes acompañar con unos pimientos morrones asados o una ensalada.)

PIERNA DE CORDERO AL CAVA

INGREDIENTES **(4 P.)**

1.500 g de pierna de cordero
4 chalotas
4 dientes de ajo
250 ml de cava
1 cucharada de harina de maíz refinada (opcional)
aceite de oliva virgen extra
1 cucharadita de tomillo
1 hoja de laurel
perejil
30 granos de pimienta negra
sal

Para la guarnición:

8 patatas pequeñas
4 zanahorias pequeñas
1 brócoli
aceite de oliva virgen extra
sal

ELABORACIÓN

Pon en un recipiente 100 ml de aceite, los granos de pimienta, el tomillo, el laurel, 1 cucharada de perejil picado y sal. Pela las chalotas y añádelas. Pela los dientes de ajo, pícalos y agrégalos. Incorpora el cordero y deja que macere durante 4 horas.

Coloca el cordero en una bandeja de horno, riégalo con el preparado de la maceración y el cava y hornéalo a 200 ºC durante 1 hora aproximadamente, regándolo a menudo con el jugo del asado. Si fuera necesario, añade un poco de agua para evitar que se seque.

Pon agua a calentar en una cazuela y sazónala. Pela las patatas y las zanahorias y agrégalas. Cuécelas durante 10 minutos. Lava el brócoli, suéltalo en ramilletes e incorpóralo. Cuece todo junto durante 5 minutos más. Escurre las hortalizas y saltéalas en una sartén con un poco de aceite.

Retira el cordero, córtalo en rodajas y resérvalo. Pasa el jugo de la bandeja a una sartén y redúcelo durante 5 minutos (si quieres la salsa más espesa, agrega un poco de harina de maíz diluida en agua fría).

Sirve el cordero en una fuente, salséalo y acompáñalo con las hortalizas salteadas.

PALETILLA DE TERNASCO CON PATATAS Y CEBOLLA

INGREDIENTES **(4 P.)**

2 paletillas de ternasco
4 patatas
2 cebollas
1 cabeza de ajos
200 ml de vino blanco
1 cucharada de harina de maíz refinada
aceite de oliva virgen extra
6 ramas de tomillo
2 ramas de romero
perejil
sal

ELABORACIÓN

Para que resulte más fácil servir las paletillas, pide a tu carnicero que les dé unos cortes para asar.

Sazona las paletillas, colócalas en una bandeja de horno y riégalas con un chorrito de aceite. Separa los dientes de ajo, aplástalos (con piel) y repártelos en los cortes del cordero (si te sobran, ponlos también en la bandeja).

Lava las patatas, córtalas por la mitad, hazles unos cortes superficiales por la parte del interior, sazónalas y colócalas boca abajo en la bandeja del horno. Pela las cebollas, córtalas a la mitad y corta cada mitad en tres. Incorpóralas a la bandeja.

Agrega el tomillo y el romero y riega todo con el vino y un poco más de aceite. Hornea a 200 ºC durante 45 minutos.

Pasa las paletillas, las patatas y las cebollas a una fuente grande. Añade 2 cucharadas de agua al jugo de la bandeja, cuélalo, pásalo a una sartén, dale un hervor, añádele un poco de la harina de maíz diluida en agua fría, espera a que espese y espolvorea con un poco de perejil picado. Salsea todo.

Reparte el ternasco, las patatas y las cebollas en 4 platos y decóralos con unas hojas de perejil.

CONSEJO: Si notas que durante el asado la bandeja se está secando, puedes agregarle un poco de agua.

BOCADOS CRUJIENTES DE BEICON Y DÁTIL

INGREDIENTES **(4 P.)**

12 dátiles

12 lonchas finas de beicon

100 g de rúcula (limpia)

aceite de oliva virgen extra

vinagre

sal

ELABORACIÓN

Retira el hueso de los dátiles, envuelve cada uno con 1 loncha de beicon y pínchalos con un palillo.

Pon a calentar aceite en una sartén, introduce los bocados de beicon y dátil y fríelos hasta que queden dorados y crujientes. Escúrrelos sobre un plato cubierto con papel absorbente de cocina.

Sazona la rúcula, agrega un chorrito de vinagre y un buen chorro de aceite de oliva, mezcla y repártela en 4 platos. Coloca en cada uno 3 bocados de beicon y dátil y sirve.

CONSEJO: El aceite resultante de la fritura de los dátiles se puede utilizarparaguisarcualquier legumbre.

PIERNA DE CORDERO EN SALSA

INGREDIENTES **(4 P.)**

1.500 g de pierna de cordero troceada
2 cebollas
3 dientes de ajo
1 l de caldo de verduras
4 rebanadas de pan frito
300 g de arroz blanco cocido
aceite de oliva virgen extra
2 cucharadas de vinagre
1 cucharada de perejil picado
1 pizca de azafrán
sal

ELABORACIÓN

Sazona el cordero y rehógalo en una cazuela con aceite hasta que se dore. Pela las cebollas y los dientes de ajo, pícalos, añádelos y rehógalos durante 5 minutos. Agrega el azafrán y cubre con el caldo. Cocina durante unos 30 o 35 minutos, hasta que el cordero esté tierno.

En un mortero, maja las rebanadas de pan con el vinagre. Espolvorea con perejil picado e incorpora el majado a la cazuela. Cocina conjuntamente durante otros 5 minutos.

Sirve el cordero, salséalo y acompáñalo con el arroz.

PIMIENTOS RELLENOS DE CODORNIZ

INGREDIENTES **(4 P.)**

4 codornices
4 pimientos morrones
1 manzana
120 ml de *brandy*
1 cucharada de harina de maíz refinada
aceite de oliva virgen extra
4 ramitas de tomillo
perejil picado
sal

ELABORACIÓN

Limpia bien las codornices por dentro y por fuera y sazónalas. Limpia bien los pimientos y retírales los tallos y las semillas. Pela la manzana, descorazónala y córtala en 4 gajos. Introduce dentro de cada codorniz 1 gajo de manzana. Rellena cada pimiento con 1 codorniz, 1 ramita de tomillo y un chorrito de *brandy*, colócalos sobre una bandeja de horno, rocíalos con aceite y sazónalos. Hornéalos a 200 ºC durante 30-35 minutos.

Retira los pimientos del horno, pásalos a un plato y espera a que se templen. Pélalos y resérvalos en el horno a 100 ºC hasta el momento de servir.

Calienta en una cazuela el jugo de la bandeja de horno, espolvorea con un poco de perejil picado, agrega un poco de harina de maíz diluida en agua fría, remueve y cocina hasta conseguir que la salsa tenga el espesor deseado.

Sirve los pimientos en una fuente y salséalos.

POLLO A LA CERVEZA

INGREDIENTES **(4 P.)**

1 pollo troceado de 1.250 g
2 cebollas
1 ajo
1 pimiento verde
1 tomate
60 ml de *brandy*
200 ml de caldo de ave
400 ml de cerveza
aceite de oliva virgen extra
1 hoja de laurel
pimienta
sal

ELABORACIÓN

Salpimienta el pollo y rehógalo en una cazuela con un poco de aceite hasta que se dore. Pela el diente de ajo y las cebollas y lava el pimiento. Corta todo en dados y rehógalos en una cazuela con un chorrito de aceite durante 10 minutos. Pela el tomate, córtalo en dados e incorpóralo. Rehoga todo durante 10 minutos más. Añade el laurel y el *brandy* y cocina a fuego suave durante 5 minutos.

Agrega el caldo y la cerveza y cocina durante otros 35 minutos.

Pon a punto de sal, retira la hoja de laurel y sirve.

POLLO A LA CANELA

INGREDIENTES **(4 P.)**

1 pollo troceado de 1.250 g
4 dientes de ajo
200 ml de vino tinto
1 cucharadita de harina
aceite de oliva virgen extra
1 cucharadita de perejil picado
pimienta
1 cucharada de canela en polvo
sal

ELABORACIÓN

Salpimienta el pollo y sofríelo en una cazuela con un chorro de aceite hasta que se dore un poco. Pela los dientes de ajo y añádelos. Agrega el perejil picado y la harina, rehoga un poco, cubre todo con agua y cocina a fuego suave durante unos 20 minutos. Añade la canela y el vino y cocina durante unos 10 minutos más, hasta que el pollo esté tierno. Sirve.

POLLO A LA FLORENTINA

INGREDIENTES **(4 P.)**

1 pollo de 1 kg troceado
100 ml de vino blanco
500 g de espinacas cocidas y picadas
500 ml de bechamel (véase *Salsa bechamel*)
4 cucharadas de queso parmesano rallado
60 g de mantequilla
pimienta
sal

ELABORACIÓN

Salpimienta el pollo. Derrite la mitad de la mantequilla (30 g) en una cazuela, añade el pollo y dóralo. Agrega el vino y 250 ml de agua y pon a punto de sal. Tapa y cocínalo a fuego suave durante 30 minutos.

Saltea las espinacas en una sartén con el resto de la mantequilla (30 g) y ponlas en el fondo de una fuente apta para el horno. Coloca sobre ellas el pollo y nápalo con la bechamel. Espolvorea con el queso rallado y gratina en el horno durante 5 minutos. Sirve.

COSTILLA CON REPOLLO

INGREDIENTES **(4 P.)**

1 kg de costilla de cerdo (cortada en 2 a lo largo)

1 repollo

3 dientes de ajo

aceite de oliva virgen extra

perejil

pimienta

pimentón

sal

ELABORACIÓN

Pela los dientes de ajo, córtalos en láminas y dóralos en una cazuela con un chorrito de aceite. Retira los dientes de ajo y resérvalos.

Corta la costilla de cerdo en trozos (siguiendo los huesos). Salpimiéntalos, añádelos a la cazuela (donde has dorado los ajos) y dóralos bien.

Corta el repollo por la mitad, lávalo, córtalo en juliana fina e incorpóralo a la cazuela. Añade 250 ml de agua, sazona, tapa y cocina todo durante 30 minutos aproximadamente. Retira el repollo y la costilla (cuela el caldo y resérvalo para otra ocasión).

Para servir, pon un aro de emplatar en el centro de cada plato, cubre la base con el repollo y coloca encima 6 trozos de costilla y unas láminas de ajo.

Pon el pimentón en un colador y espolvorea con él los platos. Riégalos con un chorrito de aceite y decóralos con unas hojas de perejil.

CONSEJO: No se os ocurra tirar el caldo que ha soltado el guiso, porque además de ser nutritivo os entonará. Es perfecto para tomar a media mañana o a media tarde.

POLLO AL AROMA DE LAS PEDROÑERAS

INGREDIENTES **(4 P.)**

1 pollo de 1 kg troceado
6 dientes de ajo morado
1 puerro
½ pimiento rojo
2 cucharadas de harina
100 ml de vino blanco
2 patatas
aceite de oliva virgen extra
perejil picado
pimienta
sal

ELABORACIÓN

Pela el pimiento y limpia bien el puerro, retirándole la parte superior y la inferior, pícalos finamente y rehógalos en una cazuela con un chorro de aceite durante 6-8 minutos. Salpimienta el pollo, añádelo a la cazuela y rehógalo durante otros 6-8 minutos, hasta que se dore.

Pela los dientes de ajo y májalos en un mortero con un poco de sal gruesa. Incorpora el majado a la cazuela con el pollo, añade la harina y rehoga brevemente. Agrega el vino, removiendo para que no se formen grumos, y cubre todo con agua. Cocina durante 30-35 minutos.

Pela las patatas, córtalas en dados y fríelas en una sartén con aceite caliente. Escúrrelas bien y agrégalas al guiso. Cocina todo junto a fuego suave durante 5 minutos. Espolvorea con perejil picado y sirve.

POLLO ASADO CON UVAS

INGREDIENTES **(4 P.)**

1 pollo (1.200 g)
500 g de uva blanca
2 dientes de ajo
2 manzanas
25 ml de vinagre
aceite de oliva virgen extra
4 ramas de tomillo
perejil picado
pimienta negra
sal

ELABORACIÓN

Pela y trocea los ajos, suelta las hojitas de las ramas de tomillo y pon todo en el mortero. Añade una pizca de sal y maja todo bien. Agrega un chorrito de aceite y mezcla bien.

Corta el pollo por la mitad a la altura del esternón. Salpimiéntalo por la parte interior y por la parte exterior. Colócalo en una bandeja de horno y úntalo bien (por los dos lados) con el majado. Hornéalo a 200 ºC durante 30 minutos.

Lava las manzanas, pélalas, trocéalas y ponlas en el vaso americano. Agrega 150 ml de agua y el vinagre y tritura. Vierte el licuado sobre el pollo y hornéalo a 200 ºC durante 10 minutos más.

Suelta las uvas y saltéalas en una sartén con un chorrito de aceite.

Corta el pollo en 4 porciones y ponlo en una fuente. Cuela el líquido de la bandeja de horno, pásalo a un cazo, dale un hervor, espolvoréalo con un poco de perejil picado y salsea el pollo. Sirve con las uvas al lado.

CONSEJO: Si queréis que las uvas queden muy finas, podéis pelarlas y quitarles las pepitas. Es un poco más de trabajo, pero merece la pena.

POLLO ASADO CON FRUTAS

INGREDIENTES **(4 P.)**

1 pollo de 1 kg
1 manzana reineta
10 ciruelas pasas
8 orejones
50 g de uvas pasas
3 dientes de ajo
400 ml de caldo de ave
12 chalotas
1 cucharada de harina de maíz refinada
aceite de oliva virgen extra
sal

ELABORACIÓN

Limpia el pollo y sazónalo por dentro y por fuera.

Corta la manzana en cuatro, pélala y retírale el corazón. Rellena el pollo con la manzana, las ciruelas, los orejones, las pasas y los dientes de ajo y colócalo sobre una bandeja de horno. Riégalo con 3 cucharadas de aceite y el caldo e introdúcelo en el horno. Hornea a 180 ºC durante 45-50 minutos.

Pela las chalotas, ponlas en una sartén con un poco de aceite, sazónalas y confítalas a fuego suave durante 20 minutos.

Retira el pollo del horno, vacíalo y reserva las frutas en un plato. Pasa el jugo de la bandeja de horno a una cazuela y lígalo con la harina de maíz diluida en agua fría.

Sirve el pollo en el centro de una fuente y coloca a un lado las frutas del relleno y al otro las chalotas confitadas.

POLLO ASADO CON FINAS HIERBAS

INGREDIENTES **(4 P.)**

1 pollo de 1 kg
1 cebolleta
3 dientes de ajo
1 cucharada de harina de maíz refinada
500 g de *boletus*
8 lonchas de panceta
aceite de oliva virgen extra
100 ml de vinagre
3 ramas de tomillo
2 ramas de romero
30 hojas de cebollino
perejil picado
sal

ELABORACIÓN

Limpia el pollo, sazónalo por dentro y por fuera y colócalo en una fuente de horno. Pela la cebolleta y córtala a la mitad. Pela 2 dientes de ajo. Introduce en el pollo ½ cebolleta (reserva la otra mitad), los 2 dientes de ajo, 1 rama de tomillo, 1 rama de romero y 20 hojas de cebollino picadas. Coloca fuera el resto del tomillo, el romero y el cebollino. Riega el pollo con un chorro de aceite y el vinagre e introdúcelo en el horno. Hornea a 200 ºC durante unos 50-60 minutos. A media cocción, añade 200 ml de agua para que no se seque. Retira el pollo y resérvalo.

Cuela la salsa resultante del asado, pásala a un cazo pequeño y lígala con un poco de harina de maíz refinada disuelta en agua. Añade un poco de perejil picado.

Corta las lonchas de panceta y colócalas en una sartén a fuego suave para que vayan soltando la grasa. Pela el diente de ajo restante. Pica finamente la mitad de la cebolleta reservada y el ajo, incorpóralos a la sartén y deja que de doren un poco. Limpia bien los *boletus*, córtalos en láminas, incorpóralos y cocínalos a fuego suave durante 10 minutos. Espolvoréalos con un poco de perejil.

Sirve el pollo salseado en una fuente y los hongos en otra.

POLLO A LA CAMPESINA

INGREDIENTES **(4 P.)**

1 pollo troceado (1.200 g)
1 berenjena pequeña
1 cebolla
100 g de panceta
1 pimiento verde
¼ de pimiento rojo
½ calabacín
3 cucharadas de tomate frito o concentrado
500 ml de caldo de pollo
100 g de aceitunas negras
1 cucharada de harina de maíz refinada
aceite de oliva virgen extra
2 ramas de tomillo
perejil
pimienta
sal

ELABORACIÓN

Lava la berenjena y córtala en rodajas gruesas. Sazónalas y déjalas reposar durante 30 minutos en un bol o fuente grande para que suelten un poco de agua.

Pela la cebolla, córtala en dados y ponla a rehogar en una cazuela amplia y baja con un chorrito de aceite. Corta la panceta en tiras y agrégala. Salpimienta el pollo e incorpóralo. Cocínalo durante 6-8 minutos hasta que se dore.

Retira el tallo y las semillas del pimiento verde, córtalo en dados grandes y agrégalo. Corta el pimiento rojo (pelado) de la misma manera e incorpóralo.

Lava el calabacín, córtalo en cuartos de luna y añádelo a la cazuela. Corta la berenjena en dados e incorpórala. Agrega el tomillo, el tomate frito y el caldo de pollo. Añade las aceitunas, sazona, mezcla bien, tapa la cazuela y cocina el pollo durante 25-30 minutos.

Diluye la harina de maíz refinada en agua fría, agrega un poco al guiso, remuévelo y dale un hervor hasta que ligue la salsa.

Sirve y decora los platos con unas hojas de perejil.

CONSEJO: La carne de pollo es una de las más saludables, ya que la mayor parte de su grasa se concentra en la piel. Si queréis un guiso más sano, solo tendréis que eliminarla.

REDONDO MARINERA CON CHALOTAS

INGREDIENTES **(4 P.)**

8 filetes de redondo de ternera

20 chalotas

huevo batido y harina (para rebozar)

1 diente de ajo

1 escarola

aceite de oliva virgen extra

vinagre

perejil picado

pimienta negra

sal

ELABORACIÓN

Pela las chalotas y ponlas a confitar en una sartén con un buen chorro de aceite. Sazónalas y cocínalas a fuego suave hasta que se doren bien (20-30 minutos aprox.).

Pela el diente de ajo, córtalo por la mitad y frota con él una ensaladera. Suelta las hojas de la escarola, lávalas, sécalas, trocéalas y añádelas a la ensaladera. En el momento de servir, sazona y aliña con aceite y vinagre.

Salpimienta los filetes de redondo, pásalos por harina y huevo batido con perejil picado y fríelos en una sartén con aceite caliente. Retíralos y escúrrelos sobre un plato cubierto con papel absorbente.

Sirve los filetes con las chalotas y la ensalada de escarola.

CONSEJO: El redondo es una pieza clásica muy utilizada para asar. Para que quede más jugoso, se suele mechar con tiras de tocino o jamón. También se consume guisado e incluso crudo, en *carpaccio*.

POLLO ASADO CON PERAS Y MAÍZ FRITO

INGREDIENTES **(4 P.)**

1 pollo de 1 kg
4 peras
1 cucharada de maíz frito
6 dientes de ajo
100 ml de vino blanco
150 ml de caldo de ave
1 cucharadita de harina de maíz refinada
aceite de oliva virgen extra
2 ramas de tomillo
1 rama de romero
perejil
pimienta negra
sal

ELABORACIÓN

Limpia el pollo, sazona la parte interior e introduce los dientes de ajo enteros y sin pelar (golpeados con un cuchillo). Unta el pollo por fuera con aceite y salpimiéntalo. Colócalo en una fuente apta para el horno y hornéalo a 200 ºC durante 15 minutos.

Pica el tomillo y el romero finamente y mézclalos en un cuenco con el vino y el caldo.

Lava las peras y córtales la base de manera que las puedas colocar de pie.

Riega el pollo con la mezcla de vino, caldo y hierbas aromáticas e incorpora las peras. Hornea durante 20-25 minutos más. Aproximadamente cada 5 minutos, riega el pollo con el jugo de la bandeja.

Retira el pollo y trocéalo. Cuela el jugo de la bandeja de horno, pásalo a una sartén y redúcelo a fuego vivo. Si es necesario, liga la salsa con un poco de harina de maíz diluida en agua fría. Machaca el maíz frito en un mortero y añádelo a la salsa.

Sirve el pollo acompañado de las peras, salséalo y decora con una hojita de perejil.

CONSEJO: El maíz frito (kikos), el típico aperitivo, cada vez se utiliza más en la cocina. Da a los platos un crujiente que nunca viene mal, por ejemplo, en las ensaladas. Pruébalo y sorprenderás a tus invitados.

POLLO CASERO

INGREDIENTES **(4 P.)**

1 pollo de 1 kg troceado
1 cebolla
4 dientes de ajo
2 tomates
1 cucharada de harina
120 ml de *brandy*
200 ml de caldo de verduras
200 g de berros
aceite de oliva virgen extra
vinagre
pimienta
sal

ELABORACIÓN

Salpimienta el pollo y fríelo en una cazuela con aceite hasta que se dore. Reserva.

Pela la cebolla y los ajos, pícalos finamente y rehógalos en la misma cazuela durante 8-10 minutos. Pela el tomate, trocéalo, incorpóralo y cocina durante 5 minutos más. Añade la harina y rehógala un poco. Introduce el pollo en la cazuela, sazona y agrega el *brandy* y el caldo de verduras. Tapa y cocina el pollo durante 30 minutos.

Lava los berros, escúrrelos, sécalos y ponlos en un bol. Alíñalos con sal, aceite y vinagre.

Sirve el pollo, salséalo y acompáñalo con la ensalada de berros.

POLLO CON PIMIENTOS ROJOS

INGREDIENTES **(4 P.)**

1 pollo de 1.400 g (cortado en trozos pequeños)

3 pimientos morrones (asados y pelados)

4 dientes de ajo

1 cebolla o cebolleta

2 tomates

150 ml de vino blanco

1 cucharada de harina

aceite de oliva virgen extra

1 hoja de laurel

sal

ELABORACIÓN

Pela los dientes de ajo y la cebolla, pícalos y rehógalos durante 6-8 minutos en una cazuela con un poco de aceite. Pela los tomates, pícalos y agrégalos. Sazona, añade la hoja de laurel y rehoga todo junto durante 10 minutos. Sazona el pollo, incorpóralo y rehógalo durante 10 minutos. Agrega la harina y rehógala durante 2 minutos. Añade el vino, cubre con agua y cocina durante 30 minutos.

Corta los pimientos en tiras, agrégalos a la cazuela y cocina todo conjuntamente durante 5 minutos más. Sirve.

POLLO EN ESCABECHE A LA ANTIGUA

INGREDIENTES **(4 P.)**

1 pollo troceado de 1.250 g

400 g de frutas deshidratadas (dátiles, higos secos, uvas pasas, orejones)

250 ml de vino blanco

25 g de piñones

2 cucharadas de azúcar

sal

Para el escabeche:

1 cebolla grande

12 dientes de ajo

1 l de aceite de oliva

500 ml de vinagre de vino

1 ramita de tomillo seco

4 hojas de laurel

15-20 granos de pimienta negra

1 cucharada de sal

ELABORACIÓN

Sazona el pollo por fuera y colócalo en una cazuela grande. Pela la cebolla, trocéala y agrégala a la cazuela. Añade los dientes de ajo (enteros y con piel), el tomillo, el laurel, los granos de pimienta, el aceite, el vinagre y la sal. Pon al fuego y, cuando empiece a hervir, tapa la cazuela (para que no se evapore el vinagre). Cocina a fuego suave durante unos 90 minutos.

Pica las frutas pasas. Pon a calentar en otra cazuela 500 ml de agua con el vino blanco y el azúcar. Cuando comience a hervir, añade las frutas y los piñones y cuece a fuego suave durante unos 10 minutos. Escurre las frutas y los piñones y resérvalos.

Escurre el pollo y córtalo en porciones. Cuela el escabeche.

Sirve el pollo acompañado de las frutas y los piñones y salséalo.

CODORNICES EN SALSA CON GUISANTES

INGREDIENTES **(4 P.)**

- 8 codornices
- 300 g de guisantes (desgranados)
- 4 dientes de ajo
- 2 cebollas
- 1 l de cerveza
- 1 cucharada de harina de maíz refinada
- 6 ajos frescos
- aceite de oliva virgen extra
- 1 rama de romero
- 1 rama de tomillo
- perejil
- 15-20 granos de pimienta negra
- sal

ELABORACIÓN

Pon agua a calentar en una cazuela. Cuando el agua empiece a hervir, agrega los guisantes, sazónalos y cuécelos durante 15 minutos aproximadamente.

Calienta un chorrito de aceite en una sartén grande. Sazona las codornices, añádelas a la sartén y dóralas por los dos lados. Retíralas y resérvalas. Cuela el aceite de la sartén y pásalo a una olla rápida.

Pela los dientes de ajo, pícalos y añádelos a la olla. Pela las cebollas, córtalas en dados y agrégalas. Sazona y rehoga las hortalizas durante 8-10 minutos.

Incorpora a la olla las codornices, la rama de romero, la rama de tomillo, los granos de pimienta y la cerveza. Sazona, tapa la olla y cocina las codornices durante 4 minutos.

Retira las codornices y las ramas de romero y de tomillo. Tritura las hortalizas con la cerveza con una batidora eléctrica. Pon la salsa al fuego, agrégale un poco de harina de maíz refinada diluida en agua fría y dale un hervor hasta que ligue. Introduce las codornices en la salsa y caliéntalas durante 2-3 minutos.

Limpia los ajos frescos, retirándoles la parte inferior, la superior y una capa de hojas, córtalos en cilindros y rehógalos durante 2-3 minutos en una sartén con un chorrito de aceite. Incorpora los guisantes escurridos y saltéalos durante 2 minutos.

Sirve en cada plato 2 codornices y 1 porción de ajos frescos con guisantes y decora con unas hojas de perejil.

CONSEJO: Las codornices admiten un sinfín de preparaciones: fritas, asadas, confitadas, en escabeche, a la parrilla..., y combinan muy bien, entre otros ingredientes, con cítricos, café, cerezas, fresas, cardamomo y ajo.

CABRITO ASADO CON PATATAS Y ENSALADA

INGREDIENTES **(4 P.)**

2 kg de cabrito
4 patatas
1 lechuga
1 cebolleta
1 cebolla
2 dientes de ajo
aceite de oliva virgen extra
75 ml de vinagre
2 ramas de tomillo
perejil
pimienta
sal

ELABORACIÓN

Pela la cebolla, córtala en juliana gruesa y espárcela sobre una bandeja de horno. Pela las patatas, córtalas en rodajas de 1 cm de grosor, colócalas sobre la cebolla y sazónalas.

Salpimienta el cabrito, colócalo encima de las patatas y riégalo con un chorrito de aceite. Hornéalo a 200 ºC durante 45-50 minutos.

Pela los dientes de ajo, trocéalos, ponlos en un mortero y májalos un poco. Suelta las hojas de tomillo, incorpóralas y májalas bien. Agrega 50 ml de vinagre y 50 ml de agua y mezcla bien. Durante el asado, riega el cabrito de vez en cuando con un poco de la mezcla del majado.

Limpia la lechuga, sécala, trocéala y ponla en un bol grande. Corta la cebolleta en juliana fina y agrégala. Sazona y adereza con aceite y vinagre.

Sirve el cabrito, acompáñalo con las patatas y la ensalada y decora los platos con unas hojas de perejil.

CONSEJO: Lo mejor es conservar las patatas en un lugar oscuro y fresco. La exposición a la luz hace que los niveles de alcaloides crezcan y que en ocasiones la piel se vuelva verdosa y la carne amarga.

POLLO EN TEMPURA CON SALSA AGRIDULCE

INGREDIENTES **(4 P.)**

2 pechugas de pollo
150 g de harina de tempura
16 tomates cherry
aceite de oliva virgen extra
perejil picado
pimienta negra
sal

Para la salsa agridulce:
zumo de 2 naranjas
zumo de 1 limón
1 vaso de caldo de ave
1 cucharadita de harina de maíz
1 cucharadita de azúcar
1 trozo de guindilla
1 pizca de jengibre rallado
sal

ELABORACIÓN

Para hacer la salsa agridulce, pon en un cuenco el zumo de naranja, el zumo de limón, el caldo y la harina de maíz. Mezcla bien hasta que se disuelva la harina. Coloca la mezcla en un cazo, añade el azúcar, una pizca de sal, la guindilla y el jengibre. Deja reducir la salsa a fuego suave durante 15-20 minutos. Retira la guindilla y reserva la salsa.

Mezcla en un cuenco la harina de tempura con agua muy fría (en la proporción que indique el envase) hasta que no queden grumos.

Corta las pechugas en tiras y salpiméntalas. Pásalas por la mezcla de harina de tempura y agua, escúrrelas bien y fríelas en una sartén con un chorro de aceite bien caliente durante 1-2 minutos. Escúrrelas y pásalas a una fuente con papel absorbente para eliminar el exceso de aceite.

Lava los tomates, sécalos y saltéalos en una sartén con un poco de aceite durante 3 minutos. Sazónalos y espolvoréalos con un poco de perejil picado.

Sirve en una fuente las tiras de pollo en tempura, riégalas con la salsa agridulce y acompáñalas con los tomates salteados.

CONSEJO: Los cítricos, si son jugosos, deben ser pesados, por lo que las naranjas que están en su mejor momento de sazón resultan pesadas respecto a su tamaño. Se han de desechar los ejemplares que suenen a hueco al golpearlos, presenten golpes o magulladuras o tengan olor a rancio. El color de la piel no indica con seguridad la calidad del fruto, pues hay naranjas maduras con la cáscara verde.

POLLOS TOMATEROS A LA PARRILLA

INGREDIENTES **(4 P.)**

2 pollitos tomateros
2 dientes de ajo
3 patatas
aceite de oliva virgen extra
100 ml de vinagre
1 cucharadita de perejil picado
sal

ELABORACIÓN

Limpia bien los pollitos, córtalos a la mitad y sazónalos.

Pela los dientes de ajo y májalos en un mortero con el perejil picado. Añade 2 cucharadas de aceite y el vinagre y mezcla.

Coloca el pollo en una parrilla y úntalo con el majado según se vaya asando (10 minutos por cada lado).

Pela las patatas, córtalas en bastones y fríelas en una sartén con aceite. Escúrrelas.

Sirve los pollitos asados y acompáñalos con las patatas fritas. (También puedes utilizar como guarnición tiras de pimientos verdes y pimiento morrón fritas.)

POLLO ESCALFADO A LA SIDRA

INGREDIENTES **(4 P.)**

1 pollo de 1 kg troceado
300 ml de sidra
1 cebolleta
2 manzanas (cortadas en rodajas)
1 cucharada de harina de maíz refinada
200 ml de nata
aceite de oliva virgen extra
30 g de mantequilla
2 ramitas de estragón
pimienta molida
5 granos de pimienta
sal

ELABORACIÓN

Salpimienta el pollo. Calienta en una cazuela un chorro de aceite, incorpora el pollo y fríelo hasta que se dore. Pela la cebolleta, pícala, añádela y rehógala durante 6-8 minutos. Agrega la sidra, los granos de pimienta y el estragón. Cuando rompa a hervir, tapa la cazuela y deja que cueza a fuego suave durante 30 minutos. Incorpora las rodajas de manzana (reserva 8) y cocina todo a fuego suave durante otros 10 minutos.

Aparta la cazuela del fuego, retira el pollo y la manzana y pásalos a una fuente.

Mezcla en un bol la harina de maíz con la nata y agrégala a la cazuela donde has cocinado el pollo. Lleva a ebullición y deja que hierva durante unos 5 minutos, removiendo para que no se pegue, hasta que espese la salsa.

Calienta la mantequilla en una sartén y saltea en ella las rodajas de manzana reservadas.

Salsea el pollo, decóralo con la manzana salteada y sirve.

CONEJO CON SALSA BARBACOA

INGREDIENTES **(4 P.)**

4 muslos de conejo
1 patata
2 zanahorias
aceite de oliva virgen extra
1 rama de tomillo fresco
perejil
pimienta
sal

Para la salsa barbacoa:

2 dientes de ajo
2 cebollas
8 tomates pera (en conserva)
1 cucharada de harina de maíz refinada
2 cucharadas de vinagre
1 cucharada de miel
aceite de oliva virgen extra
1 trozo de guindilla
orégano
sal

ELABORACIÓN

Para preparar la salsa barbacoa, pon a calentar un poco de aceite en una cazuela. Pela los ajos, córtalos en láminas y añádelos. Añade también la guindilla. Pela las cebollas, córtalas en dados grandes e incorpóralas. Rehoga las hortalizas durante 8-10 minutos. Corta los tomates en trozos y agrégalos junto con el orégano, la harina de maíz refinada, el vinagre y la miel. Sazona y cocina todo a fuego suave durante 20-25 minutos. Pasa los ingredientes a un vaso batidor y tritúralos hasta conseguir una salsa homogénea. Resérvala.

Calienta un cazo con agua. Pela la patata y las zanahorias, saca bolitas con una cuchara parisién y agrégalas al cazo. Sazónalas y cuécelas durante 8-10 minutos. Escúrrelas y resérvalas.

Salpimienta los muslos, colócalos en una fuente apta para el horno, úntalos con la salsa barbacoa y hornéalos a 200-220 ºC durante 20 minutos.

Cuando al conejo le falten 3 minutos, calienta una sartén con un chorrito de aceite, añade las bolitas de patata y de zanahoria y sazónalas. Deshoja la rama de tomillo, espolvorea con él las hortalizas y saltéalas brevemente.

Sirve 1 muslo en cada plato y acompáñalos con las bolitas de patata y zanahoria. Decora los platos con unas hojas de perejil.

CONSEJO: Si no os gusta el picante, retirad la guindilla antes de triturar los ingredientes de la salsa.

RAMEN DE POLLO

INGREDIENTES **(4 P.)**

- 200 g de fideos para ramen
- 500 g de pollo
- 200 g de panceta fresca
- 250 g de huesos de vacuno
- 50 g de alga kombu
- 100 g de setas shitake (secas)
- 1 zanahoria
- 1 puerro
- 65 ml de salsa de soja
- 1 cucharilla de café de pasta de chile
- 1 pastilla de caldo de pollo
- 4 huevos
- 20 hojas de cilantro
- cebollino
- perejil

ELABORACIÓN

Pon abundante agua a calentar en una olla rápida. Agrega el pollo, la panceta, los huesos de vacuno, el alga kombu, las setas shitake, la zanahoria (pelada), el puerro (limpio y troceado), las hojas de cilantro, la salsa de soja, la pasta de chile y la pastilla de caldo. Cierra la olla y cuece todo durante 30 minutos.

Cuela el caldo, desgrásalo y ponlo a calentar. Cuando empiece a hervir, agrega los fideos y cuécelos durante 2-4 minutos. Cuela el caldo y reserva el caldo y los fideos por separado.

Pon agua a calentar en una tartera (cazuela amplia y baja), casca los huevos, añádelos y cuécelos durante 3-4 minutos. Retíralos y resérvalos.

Pica el cebollino, corta la panceta en trozos grandes, la pechuga de pollo en tiras y las setas en trocitos.

Para servir, coloca en un plato hondo unos trozos de panceta, unas tiras de pollo, unas setas, ¼ parte de los fideos y 1 huevo escalfado. Espolvorea con el cebollino picado y vierte encima 2 cazos de caldo. Sirve otros 3 platos de la misma manera y decóralos con unas hojas de perejil.

CONSEJO: ¡No os olvidéis de que hay que tomarse muy en serio la elaboración del caldo!, ya que es el alma de cualquier ramen.

RABO CON CERVEZA NEGRA

INGREDIENTES **(4 P.)**

1 rabo de ternera o vaca (1.250 g)
500 ml de cerveza negra
harina (para rebozar)
3 dientes de ajo
1 cebolla
1 zanahoria
1 pimiento verde
8 pimientos del piquillo
12 espárragos verdes
aceite de oliva virgen extra
1 hoja de laurel
25 granos de pimienta negra
sal
azúcar

ELABORACIÓN

Trocea el rabo, sazónalo, pásalo por harina y fríelo en una sartén con un chorro de aceite durante unos 5 minutos. Escúrrelo y resérvalo.

Pela los dientes de ajo y ponlos a rehogar en una olla rápida con un chorro de aceite. Pela la cebolla y la zanahoria, lava el pimiento y retírale el tallo y las semillas. Pica las hortalizas y añádelas a la olla. Sazona. Rehoga durante 8-10 minutos. Agrega el rabo, la hoja de laurel, la pimienta y la cerveza negra. Tapa y cocina durante 30 minutos.

Retira los trozos de rabo y ponlos en una cazuela. Pasa la salsa por el pasapurés, incorpórala a la cazuela y cocina conjuntamente durante 2-3 minutos. Reserva.

Pon los pimientos del piquillo en una sartén con un chorrito de aceite, añádeles una pizca de sal y otra de azúcar y cocínalos a fuego suave durante 15-20 minutos. Reserva.

Limpia los espárragos, retírales la parte inferior del tallo, córtalos por la mitad y saltéalos en una sartén con un chorrito de aceite durante 5 minutos.

Sirve el rabo con su salsa en una fuente y acompáñalo con los pimientos y los espárragos.

RABO DE TERNERA SAN FERMÍN

INGREDIENTES **(4 P.)**

1.500 g de rabo de ternera
3 pimientos morrones
harina (para rebozar)
5 dientes de ajo
1 cebolla
2 puerros
2 zanahorias
1 pimiento verde
1 l de vino tinto
aceite de oliva virgen extra
20 granos de pimienta negra
perejil picado
sal

ELABORACIÓN

Limpia los pimientos morrones, colócalos en una bandeja de hornear, riégalos con un chorro de aceite, sazónalos y hornéalos a 180 ºC durante 30 minutos. Deja que se templen, pélalos, córtalos en tiras, pásalos a una fuente y resérvalos.

Corta el rabo con un cuchillo, haciendo las incisiones entre las vértebras para no astillar el hueso. Sazona la carne, pásala por harina y dórala en una sartén con aceite. Resérvala.

Pela 4 dientes de ajo, la cebolla y las zanahorias. Limpia el puerro y retírale la parte superior y la inferior. Lava el pimiento y retírale el tallo y las semillas. Pica todas las hortalizas y rehógalas en la olla rápida junto con los granos de pimienta negra durante 15-20 minutos. Agrega el vino y 250 ml de agua. Incorpora el rabo y cierra la olla. Cocina durante 30-40 minutos. Retira el rabo. Pasa la salsa por el pasapurés, vuelve a ponerla en la olla, incorpora el rabo y cocina conjuntamente durante 5 minutos.

Pela el diente de ajo restante, pícalo finamente y añádeselo a los pimientos. Riégalos con un chorrito de aceite y sazónalos.

Sirve el rabo en una fuente, espolvoréalo con un poco de perejil picado y acompáñalo con los pimientos.

BOCADOS DE SALCHICHA

INGREDIENTES **(4 P.)**

8 salchichas de Frankfurt

1-2 láminas de hojaldre (rectangulares)

150 g de hojas de lechugas variadas (limpias)

aceite de oliva virgen extra

vinagre

perejil

sal

Para la salsa de mostaza y miel:

3 cucharaditas de mayonesa

2 cucharaditas de miel

1 cucharadita de mostaza

ELABORACIÓN

Corta 16 tiras de hojaldre de 1,5 cm de ancho y envuelve cada salchicha con 2 tiras de hojaldre.

Calienta abundante aceite en una sartén y fríe las salchichas a fuego medio hasta que el hojaldre se dore. Retíralas y escúrrelas sobre una fuente cubierta con papel absorbente.

Para preparar la salsa, pon en un bol la mayonesa, la mostaza y la miel y mezcla bien hasta que los ingredientes queden bien integrados.

Trocea las hojas de lechuga, ponlas en un bol, sazónalas y aderézalas con aceite y vinagre. Mezcla bien.

Sirve en cada plato 2 salchichas, aderézalas con la salsa y acompáñalas con una porción de ensalada. Decora los platos con unas hojas de perejil.

CONSEJO: En esta receta hemos aderezado las salchichas con una salsa de mostaza y miel, pero también quedan muy bien con salsa de tomate, kétchup o salsa barbacoa.

SALCHICHAS CON PURÉ AL HORNO

INGREDIENTES **(4 P.)**

1 kg de salchichas frescas
3 patatas
1 yema de huevo
60 g de queso rallado
200 ml de salsa de tomate (véase *Salsa de tomate*)
aceite de oliva virgen extra
1 cucharadita de perejil picado
pimienta negra
sal

ELABORACIÓN

Pela las patatas, trocéalas y cuécelas en una cazuela con agua hirviendo, un chorrito de aceite y sal durante 20 minutos. Retíralas, añádeles 100 ml del caldo del agua de cocción y tritúralas con una batidora eléctrica. Agrega la yema de huevo, el perejil picado, un poco de pimienta molida y un chorrito de aceite. Mezcla bien, pon a punto de sal y reserva el puré.

Pincha las salchichas con la punta de un cuchillo (para que al hornearlas no revienten) y colócalas sobre una rejilla de horno. Introdúcelas en el horno y coloca debajo de la rejilla una bandeja de horno con agua (para evitar que salpiquen y se queme la grasa que desprenderán). Hornéalas a 200 ºC durante 10 minutos.

Cubre una fuente apta para el horno con el puré de patatas (reserva un poco).

Retira las salchichas del horno y colócalas sobre la fuente con el puré. Decóralas con un poco del puré reservado, espolvorea con el queso rallado y gratina en el horno durante 2-3 minutos (hasta que se dore el queso).

Sirve y acompaña con la salsa de tomate caliente.

ROSBIF

INGREDIENTES **(4 P.)**

1.250 g de lomo alto deshuesado
4 patatas
8 chalotas
1 cucharada de miel
200 ml de vino tinto
200 ml de oporto
1 cucharada de harina de maíz refinada
aceite de oliva virgen extra
25 g de mantequilla
sal

Para la salsa tártara:

1 vaso de mayonesa
1 cucharada de cebolleta picada
1 cucharada de alcaparras picadas
1 cucharada de pepinillos en vinagre picados
1 cucharada de mostaza
1 cucharada de zumo de limón
1 cucharadita de perejil picado

ELABORACIÓN

Lava las patatas y cuécelas en una cazuela con agua y una pizca de sal durante 30-40 minutos. Deja que se templen y pélalas. Trocéalas un poco y pásalas por el pasapurés. Riega el puré con un chorrito de aceite y un poco de perejil picado y pon a punto de sal.

Ata la pieza de carne con una cuerda de cocina y dórala en una cazuela con un poco de aceite. Colócala en una fuente apta para el horno, sazónala y hornéala a 170 ºC durante 35-40 minutos, dándole la vuelta a los 20 minutos. Retírala, deja que se enfríe, córtala en filetes finos y resérvala.

Pela las chalotas y cocínalas a fuego suave en una sartén con la mantequilla, 100 ml de aceite y la miel durante 15-20 minutos.

Para la salsa de oporto, pon el vino tinto y el oporto a calentar en una cazuela y deja que reduzcan a fuego suave durante unos 10 minutos. Añade un poco de harina de maíz diluida en agua fría, mezcla bien y calienta hasta que se espese un poco la salsa.

Para la salsa tártara, pon en un bol, la mayonesa, la cebolleta, las alcaparras, los pepinillos, la mostaza, el zumo de limón y el perejil y mezcla bien.

Sirve la carne y acompáñala con el puré de patatas, las chalotas y las salsas.

MUSLOS DE CONEJO A LA CERVEZA NEGRA

INGREDIENTES **(4 P.)**

4 muslos de conejo
330 ml de cerveza negra
50 ml de vinagre de Jerez
2 manzanas
1 cucharada de harina de maíz refinada
aceite de oliva virgen extra
1 hoja de laurel
1 rama de romero
1 rama de tomillo
perejil
1 cucharadita de comino en polvo
2 clavos
15-20 granos de pimienta negra
sal

ELABORACIÓN

Sazona los muslos de conejo y ponlos en una fuente apta para el horno. Riega con el vinagre y la cerveza y agrega el comino, los clavos, los granos de pimienta, el laurel, el romero y el tomillo. Tápalo con film transparente y déjalo marinando en el frigorífico durante 12 horas.

Retira los muslos de conejo (reserva el líquido de la marinada), sécalos bien y dóralos en una tartera (cazuela amplia y baja) con un chorrito de aceite.

Agrega el líquido de la marinada a la tartera y guisa el conejo a fuego suave-medio durante 30-35 minutos aproximadamente (si notas que durante la cocción se va secando, agrégale un poco de agua). Saca los muslos de conejo, cuela el caldo, vuelve a colocar todo (salsa y muslos) en la tartera y ponla a calentar. Diluye la harina de maíz en agua fría y agrega un poco a la salsa. Remueve la cazuela y dale un hervor hasta que la salsa espese un poco.

Pela las manzanas, descorazónalas, córtalas en gajos y saltéalas en una sartén con un chorrito de aceite.

Sirve en cada plato 1 muslo de conejo, salséalo y acompáñalo con unos gajos de manzana. Decora con unas hojas de perejil.

CONSEJO: El conejo es una de las carnes con menor contenido en grasas saturadas, por lo que es una buena elección para las personas con problemas cardiovasculares. Es una carne magra, fácil de masticar y de digerir.

SOLOMILLO CON SETAS Y FRUTAS SECAS

INGREDIENTES **(4 P.)**

800 g de solomillo
300 g de setas
4 ciruelas pasas
2 orejones de melocotón
4 orejones de albaricoque
50 g de uvas pasas
4 higos secos
100 g de beicon
250 ml de vino tinto
3 dientes de ajo
aceite de oliva virgen extra
perejil picado
pimienta negra
sal

ELABORACIÓN

Salpimienta el solomillo, colócalo en una bandeja de horno, riégalo con un chorrito de aceite y hornéalo a 220 ºC durante 15-20 minutos.

Corta el beicon en dados y fríelos brevemente en una cazuela sin aceite. Añade las ciruelas, los orejones, las pasas y los higos y rehoga todo brevemente. Agrega el vino y cocina a fuego suave durante 15 minutos.

Limpia las setas y córtalas en láminas. Pela los dientes de ajo, córtalos en láminas y rehógalos en una sartén con un poco de aceite hasta que se doren un poco. Incorpora las setas y cocínalas a fuego suave durante 10 minutos.

En el momento de servir, corta el solomillo en rodajas. Sírvelo acompañado de las setas salteadas y las frutas. Espolvorea con perejil picado.

ZANCARRÓN CON FRITADA Y HUEVOS FRITOS

INGREDIENTES **(4 P.)**

1 kg de zancarrón de ternera (cortado en rodajas gruesas)
4 huevos
1 puerro
2 cebollas blancas
1 cebolla roja
1 pimiento rojo
1 pimiento verde
4 dientes de ajo
3 tomates maduros
aceite de oliva virgen extra
perejil
sal

ELABORACIÓN

Pon abundante agua a cocer en la olla rápida. Pela 1 cebolla blanca y limpia bien el puerro, retirándole la parte superior y la inferior. Córtalos en trozos grandes e incorpóralos a la olla junto con 2-3 ramas de perejil, una pizca de sal y el zancarrón. Cuando empiece a hervir, desespuma, cierra la olla y cuece durante 20 minutos.

Pela la otra cebolla blanca y la roja. Pela el pimiento rojo y lava el verde y retírales los tallos y las semillas. Corta las hortalizas en juliana fina y ponlas a rehogar en una tartera (cazuela ancha y baja). Pela los ajos y añádelos (enteros). Sazona y cocina hasta las hortalizas estén bien doradas. Pela los tomates, córtalos en gajos, incorpóralos a la tartera y cocina durante unos 10 minutos.

Retira el zancarrón de la olla, añádelo a la cazuela y cocina todo durante 3-4 minutos más para que se mezclen los sabores.

Fríe los huevos en una sartén con aceite. Escúrrelos y sazónalos.

En una fuente grande, sirve a un lado las rodajas de zancarrón y, al otro, la fritada con los huevos fritos encima. Decora con una rama de perejil.

ALBÓNDIGAS GRATINADAS

INGREDIENTES **(4 P.)**

600 g de carne de ternera picada (pasada 1 vez)
40 g de miga de pan
200 ml de leche
1 huevo
1 cucharada de mostaza
harina (para rebozar)
50 g de canónigos limpios
aceite de oliva virgen extra
vinagre
1 cucharadita de pimentón
pimienta
sal
perejil

Para la velouté*:*

75 g de mantequilla
75 g de harina
600 ml de caldo de carne
nuez moscada
perejil picado
sal

ELABORACIÓN

Corta la miga de pan en dados y ponla en un bol. Viértele la leche encima y deja que se hidrate.

Pon en un bol la carne picada con la miga de pan escurrida, el huevo, la mostaza, el pimentón, una pizca de sal y otra de pimienta y mezcla los ingredientes a mano. Coge pequeñas porciones de masa, forma las albóndigas (bolas), pásalas por harina y fríelas en una sartén con aceite hasta que se doren un poco. Retíralas y colócalas sobre una fuente apta para el horno. Resérvalas.

Prepara la *velouté* (véase *Salsa* velouté) y cocínala durante 6-8 minutos. Ralla encima un poco de nuez moscada, agrega un poco de perejil picado y mezcla bien.

Napa las albóndigas con la *velouté*, introdúcelas en el horno y gratínalas durante 2-3 minutos.

Aliña los canónigos con aceite, vinagre y sal.

Sirve las albóndigas en 4 platos y acompáñalas con una porción de ensalada. Decóralos con unas hojas de perejil.

CONSEJO: A la hora de comprar carne picada, lo mejor es pedirle al carnicero que te la pique al momento. De esta manera, además de saber a qué pieza corresponde, sabrás que está recién picada.

FILETES RUSOS CON QUESO

INGREDIENTES **(4 P.)**

600 g de carne picada de ternera

100 g de queso de oveja

1 huevo

50 g de pan rallado

3 dientes de ajo

harina y huevo batido (para rebozar)

12 setas shitake

200 ml de salsa de tomate (véase *Salsa de tomate*)

aceite de oliva virgen extra

pimienta

perejil

sal

ELABORACIÓN

Coloca la carne en un bol y agrega el huevo, el pan rallado, 1 diente de ajo (bien picado) y el queso (cortado en daditos). Salpimienta y mezcla bien. Amasa hasta que los ingredientes queden bien amalgamados. Divide la masa en 8 porciones, enharínalas, redondéalas hasta conseguir 8 bolas y aplástalas. Resérvalas.

Mezcla en un bol los otros 2 dientes de ajo bien picados, 1 cucharada de perejil picado y 3 cucharadas de aceite.

Calienta la plancha y coloca encima las setas (primero dejando la parte redondeada hacia arriba), sazónalas y úntalas con el aceite de ajo y perejil. Cocínalas durante 3 minutos, dales la vuelta, úntalas con otro poco de aceite de ajo y perejil y cocínalas durante 3 minutos más. Resérvalas.

Pasa los filetes rusos por huevo batido y fríelos en una sartén con aceite. Retíralos a una fuente cubierta con papel absorbente.

Calienta la salsa de tomate.

Sirve en cada plato 2 filetes rusos, 3 setas y un poco de salsa de tomate y decóralos con unas hojas de perejil.

CONSEJO: Es importante comprar la carne recién picada, y recordad que como máximo aguanta tres días en el frigorífico y tres meses en el congelador.

POLLO, PAN Y VINO

INGREDIENTES **(4 P.)**

1 pollo de 1.250 g troceado

4 rebanadas de pan

125 ml de vino blanco

3 dientes de ajo

3 cebolletas

2 pimientos verdes

750 ml de caldo de ave

1 cucharadita de harina de maíz refinada (opcional)

2 tomates

aceite de oliva virgen extra

1 hoja de laurel

perejil

pimienta

sal

ELABORACIÓN

Calienta aceite en una sartén y fríe en ella las rebanadas de pan hasta que se doren. Escúrrelas bien y pásalas a un mortero. Pela los dientes de ajo, añádelos al mortero, maja todo y reserva.

Pela las cebolletas, lava los pimientos y retírales los tallos y las semillas, pica todo finamente y rehógalo en una cazuela con un chorro de aceite y el laurel durante 10-15 minutos. Salpimienta el pollo, incorpóralo a la cazuela y rehógalo hasta que se dore. Agrega el vino y el caldo y cocina todo durante 10 minutos.

Agrega el majado y cocina durante 30-40 minutos más. Pon a punto de sal. Si la salsa quedara muy ligera, puedes espesarla añadiéndole un poco de harina de maíz diluida en agua fría.

Lava los tomates, córtalos en rodajas gruesas, cocínalas en una sartén con aceite durante 1 minuto por cada lado y espolvoréalas con perejil picado.

Sirve el pollo con su salsa en una fuente y acompáñalo con las rodajas de tomate fritas.

GUISO DE TERNERA A LA ALBAHACA

INGREDIENTES (4 P.)

600 g de carne de ternera (aguja)

harina (para rebozar)

2 dientes de ajo

1 cebolla

1 puerro

1 zanahoria

125 ml de vino blanco

400 ml de tomate natural triturado

3 patatas

aceite de oliva virgen extra

16 hojas de albahaca

perejil

pimienta negra

sal

ELABORACIÓN

Corta la carne en dados grandes (tacos), salpimiéntalos, pásalos por harina y dóralos en una sartén con 4-5 cucharadas de aceite. Cuando estén bien dorados, retíralos a un plato. Reserva la sartén con el aceite.

Pela los dientes de ajo y la cebolla, córtalos en dados y agrégalos a la sartén donde has dorado la carne. Limpia el puerro, retirándole la parte inferior, la superior y 2 capas de hojas, córtalo en cuartos de luna e incorpóralo. Pela la zanahoria, córtala de la misma manera y añádela. Sazona. Rehoga las hortalizas durante 6-8 minutos.

Agrega el vino a la sartén y dale un hervor (para que se evapore el alcohol). Añade el tomate triturado y 12 hojas de albahaca picadas y cocina conjuntamente durante 4-5 minutos. Pasa los ingredientes al vaso americano y tritura bien.

Pasa la salsa a una olla rápida, agrega la carne, cierra la olla y cocina todo durante 12 minutos.

Pela las patatas, córtalas en dados y fríelas en una sartén con abundante aceite. Retíralas y escúrrelas sobre un plato cubierto con papel absorbente. Sazónalas y espolvoréalas con las otras 4 hojas de albahaca bien picaditas.

Sirve la carne con su salsa, acompáñala con las patatas y decora los platos con unas hojas de perejil.

CONSEJO: Las macetas de albahaca se suelen colocar en las ventanas de las casas para evitar la entrada de insectos.

PESCADOS Y MARISCOS

PASTEL DE CALAMARES Y PIMIENTOS

INGREDIENTES **(4 P.)**

1 kg de calamares (limpios, enteros y con sus tintas)
16 pimientos del piquillo
3 dientes de ajo
2 cebollas
2 tomates
200 ml de vino blanco
2 cucharadas de harina
250 ml de leche
aceite de oliva virgen extra
perejil
pimienta negra
sal
azúcar

ELABORACIÓN

Abre los pimientos. Vierte un chorrito de aceite sobre la bandeja de horno, coloca encima los pimientos estirados, riégalos con un chorrito de aceite y espolvoréalos con una pizca de sal y otra de azúcar. Hornéalos a 180 ºC durante 10-15 minutos.

Pon un chorro de aceite en la olla rápida. Pela los dientes de ajo y las cebollas, pícalos y rehógalos durante 5 minutos. Pela el tomate, pícalo e incorpóralo a la olla. Sazona y cocina todo junto durante 6-8 minutos. Agrega el vino blanco y los calamares enteros. Cierra la olla y cocina durante 8-10 minutos. Retira los calamares, pícalos y resérvalos en un plato. Pon la tinta de los calamares con un chorrito de agua en un vaso batidor, sazona, tritura todo e incorpóralo a la olla. Deja que la salsa reduzca durante 5-10 minutos. Tritura la salsa, cuélala y resérvala.

Pon a calentar 3 cucharadas de aceite en una sartén, añade la harina y rehógala un poco. Agrega la leche poco a poco y sin dejar de remover. Salpimienta, espolvorea con una pizca de perejil picado, mezcla bien y cocina a fuego suave, sin dejar de remover, durante 6-8 minutos. Incorpora los calamares picados, mezcla y deja que se temple.

Monta los pasteles en 4 platos aptos para el horno alternando los pimientos (4 pimientos por pastel) con los calamares (empieza y termina con los pimientos) y hornéalos a 180 ºC durante 5-6 minutos.

Vierte la salsa alrededor de los pasteles, decora con perejil y sirve.

ALMEJAS EN SALSA ROJA

INGREDIENTES **(4 P.)**

1 kg de almejas
1 cebolleta
2 dientes de ajo
1 cucharada de harina
100 ml de vino blanco
200 ml de salsa de tomate (véase *Salsa de tomate*)
aceite de oliva virgen extra
perejil picado
sal

ELABORACIÓN

Pela los dientes de ajo, córtalos en daditos y corta la cebolleta del mismo modo. Ponlos a rehogar en una cazuela con un poco de aceite y sazona. Cuando empiecen a tomar color, añade la harina y rehógala bien. Riega con el vino, dale un hervor y mezcla todo bien.

Agrega la salsa de tomate y mezcla. Incorpora las almejas, tapa la cazuela y cocina el tiempo justo para que se abran.

Espolvorea con un poco de perejil picado y sirve.

SOPA DE RAPE Y PASTA

INGREDIENTES **(6 P.)**

- 1 rape (1 kg)
- 125 g de pasta para sopa (orzo)
- 2 huevos
- 1½ cebolletas
- 150 ml de salsa de tomate (véase *Salsa de tomate*)
- aceite de oliva virgen extra
- perejil
- 12 hebras de azafrán
- sal

ELABORACIÓN

Pon 2 litros de agua a calentar en una cazuela. Añade la cabeza y la espina del rape, unas ramas de perejil y una pizca de sal. Cuece todo durante 15-20 minutos. Cuela y reserva el *fumet.*

Pon los huevos en un cazo, cúbrelos con agua y cuécelos durante 10 minutos (contados desde el momento en que el agua empiece a hervir). Retíralos, refréscalos, pélalos y resérvalos.

Corta las cebolletas en daditos y ponlas a rehogar en una cazuela con un chorrito de aceite. Cuando se doren, añade las hebras de azafrán, el orzo, la salsa de tomate y el *fumet.* Cuece todo durante 5 minutos.

Corta el rape en dados pequeños, sazónalos e incorpóralos a la sopa. Pica los huevos y añádelos. Espolvorea la sopa con un poco de perejil picado y sirve. Decora los platos con unas hojas de perejil.

CONSEJO: Cuando compréis pescado, pedidle al pescadero que os guarde las cabezas y las espinas. Con ellas podréis preparar en casa un caldo y, si lo congeláis, lo tendréis listo para utilizar en cualquier ocasión.

ALBÓNDIGAS DE ATÚN EN SALSA VERDE

INGREDIENTES **(4 P.)**

600 g de atún limpio
2 huevos
2 dientes de ajo
2 cucharadas de pan rallado
harina (para rebozar)
aceite de oliva virgen extra
perejil picado
pimienta
sal

Para la salsa verde:

1 cebolleta
2 dientes de ajo
1 cucharada de harina
1 cucharada colmada de perejil picado
aceite de oliva virgen extra
sal

ELABORACIÓN

Pica el atún finamente y mézclalo con los huevos, los ajos (picados), 1 cucharada rasa de perejil picado y el pan rallado. Salpimienta y amasa bien. Coge pequeñas porciones y redondéalas. Pásalas por harina, fríelas en aceite, escúrrelas y resérvalas.

Para preparar la salsa verde, corta los ajos y la cebolleta en daditos, ponlos a rehogar en una cazuela amplia y baja con un chorrito de aceite y sazona. Cuando empiecen a blanquear, añade la cucharada de harina y rehógala. Agrega 1 vaso de agua y remueve hasta que la salsa quede bien ligada.

Espolvorea la salsa con un poco de perejil picado y deja que reduzca durante 3-4 minutos. Incorpora las albóndigas y cocínalas (a fuego suave) en la salsa durante 5 minutos. Sirve.

ALBÓNDIGAS DE BACALAO EN SALSA

INGREDIENTES **(4 P.)**

500 g de bacalao fresco o desalado
2 huevos
1 cucharada de pan rallado
harina (para rebozar)
aceite de oliva virgen extra
1 cucharada de perejil picado
pimienta
sal

Para la salsa:

1 cebolla roja
1 diente de ajo
1 cucharada de harina
½ vaso de vino blanco
20 g de almendras
aceite de oliva virgen extra
unas hebras de azafrán
sal

ELABORACIÓN

Para preparar la salsa, pela el diente de ajo y la cebolla y córtalos en daditos. Ponlos a rehogar en una cazuela con un chorrito de aceite durante 5-6 minutos a fuego medio. Añade la harina y rehógala un poco. Vierte encima el vino y dale un hervor. Agrega 1 vaso de agua, sazona y cocina la salsa durante 5-6 minutos. Machaca las almendras y añádelas junto con una pizca de azafrán. Reserva.

Para preparar las albóndigas, retira las espinas del bacalao, si las tuviera, y desmígalo muy bien. Mézclalo con el perejil picado, la pimienta, los 2 huevos algo batidos, el pan rallado y una pizca de sal. Amásalo todo bien, da forma a las albóndigas y pásalas por harina. Fríelas en aceite hasta que se doren, escúrrelas e introdúcelas en la salsa. Guisa todo a fuego lento durante 10 minutos y sirve.

SOPA DE PULPO

INGREDIENTES **(6 P.)**

50 g de pulpo seco
130 g de *zopako* (pan de sopa)
1 diente de ajo
½ cebolla
1 puerro pequeño
50 ml de vino blanco
25 ml de *brandy*
60 ml de salsa de tomate (véase *Salsa de tomate*)
aceite de oliva virgen extra
perejil
1 cucharadita de pimentón picante
sal

ELABORACIÓN

La víspera, pica el pulpo y ponlo a remojo en un bol grande con abundante agua.

Escurre bien el pulpo y resérvalo. Reserva por separado el agua del remojo (para hacer la sopa).

Con un cuchillo de sierra, corta el pan en rebanadas finas y resérvalas.

Pela el ajo y la cebolla y limpia el puerro, retirándole la parte superior, la inferior y la primera capa. Corta las hortalizas en daditos y rehógalas a fuego suave en una cazuela con un chorrito de aceite durante 4-5 minutos.

Cuando las hortalizas estén doradas, añade el pulpo y cocina conjuntamente a fuego suave durante 25-30 minutos.

Agrega el vino, el *brandy*, el pimentón, la salsa de tomate y el pan. Vierte encima el agua del remojo y cuece todo a fuego suave durante 1 hora (si fuera necesario, añade más agua durante la cocción). Pon a punto de sal y espolvorea con un poco de perejil picado.

Sirve y decora los platos con unas hojas de perejil.

CONSEJO: Si no disponéis de *zopako*, podéis hacer la receta utilizando pan tostado. Y si no tenéis pulpo seco, podéis hacerla con pulpo fresco y aprovechar el agua de la cocción del pulpo para hacer la sopa.

TORTILLITAS DE BACALAO

INGREDIENTES **(6 P.)**

125 g de migas o copos de bacalao

1 cebolleta pequeña

75 g de harina de trigo

75 g de harina de garbanzo

aceite de oliva virgen extra

perejil

ELABORACIÓN

Pon los copos de bacalao en un colador y enjuágalos bajo el grifo de agua. Pásalos a un bol, cúbrelos con agua y déjalos a remojo durante 15 minutos. Escúrrelos de nuevo.

Pica la cebolleta muy finamente y ponla en un bol. Incorpora la harina de trigo, la harina de garbanzo, el bacalao, 300 ml de agua fría y un poco de perejil picado. Mezcla bien hasta conseguir una masa homogénea. Deja que repose durante 15 minutos.

Calienta abundante aceite en una sartén. Con una cuchara sopera, vete cogiendo porciones de masa y extendiéndolas suavemente sobre el aceite (es mejor que las tandas sean pequeñas). Fríelas por los dos lados (hasta que se doren) y escúrrelas sobre un plato cubierto con papel absorbente.

Sirve las tortillitas de bacalao y decora los platos con unas hojas de perejil.

CONSEJO: La ventaja de utilizar copos de bacalao es que, al ser muy pequeños, el tiempo necesario para desalarlos es mínimo.

ALMEJAS AL HORNO

INGREDIENTES **(4 P.)**

40 almejas
2 dientes de ajo
1 cebolleta tierna
8 hojas de cebollino
2 cucharadas de pan rallado
2-3 cucharadas de aceite de oliva virgen extra
1 cucharada de perejil picado
sal

ELABORACIÓN

Mezcla el ajo, la cebolleta, el perejil y el cebollino, todo picado muy fino, con el pan rallado y sal. Liga esta mezcla con el aceite hasta conseguir una especie de provenzal.

En un cazo con un poco de agua, abre las almejas al calor. Cuela el caldo que hayan soltado y resérvalo. Coloca las almejas en una fuente de horno. Pon sobre cada almeja un poco de provenzal y gratínalas durante 3-5 minutos.

Calienta el caldo reservado y viértelo sobre las almejas gratinadas antes de servir. Puedes decorar con un poco de cebollino.

ANCHOAS AL ESTILO DE LA ABUELA

INGREDIENTES **(4 P.)**

32 anchoas frescas (boquerones)
16 anchoíllas en salazón
harina y huevo batido (para rebozar)
1 diente de ajo
1 cebolla
1 pimiento verde
aceite de oliva virgen extra

Para la salsa de pimientos rojos:

16 pimientos del piquillo o 2 pimientos morrones asados (pelados y limpios)
1 cebolleta
aceite de oliva virgen extra
sal
azúcar

ELABORACIÓN

Para la salsa de pimientos, corta la cebolleta en dados y rehógala en una cazuela con un chorrito de aceite durante 5 minutos. Trocea los pimientos e incorpóralos. Añade una pizca de sal y otra de azúcar y cocina todo durante otros 5 minutos. Agrega 100 ml de agua y cocina durante 5 minutos más. Tritura con una batidora eléctrica y, si hiciera falta, cuélala. Reserva.

Limpia las anchoas, retirándoles las cabezas y las vísceras, y ábrelas por la mitad. Coloca encima de la mitad de las anchoas (16) las anchoíllas y tápalas con el resto de las anchoas. Reboza en harina y huevo batido y fríe las anchoas rellenas en una sartén con aceite y el diente de ajo entero y pelado. Reserva.

Pela la cebolla, córtala en aros y corta también en aros el pimiento. Pásalos por harina, fríelos en otra sartén con aceite y escúrrelos.

Para servir, acompaña las anchoas rellenas con los aros de cebolla y pimiento y 200 ml de salsa de pimientos rojos.

ANCHOAS PICANTES CON CEBOLLA

INGREDIENTES **(4 P.)**

4 docenas de anchoas frescas (boquerones)

3 cebollas

½ pimiento rojo

1 vaso de sidra

aceite de oliva virgen extra

perejil picado

½ guindilla picante

sal

ELABORACIÓN

Pela las cebollas, córtalas en juliana fina y ponlas a pochar en una tartera (cazuela amplia y baja) con aceite. Pica bien el pimiento e incorpóralo. Sazona y agrega la guindilla troceada.

Limpia las anchoas, retirándoles las cabezas y las vísceras, y sazónalas. Cuando las hortalizas estén pochadas, coloca las anchoas sobre ellas. Riégalas con la sidra y deja que se hagan durante 4 minutos (aproximadamente).

Espolvorea con perejil picado y sirve.

ANCHOAS AL HORNO

INGREDIENTES **(4 P.)**

24 anchoas frescas (boquerones)

3 cebollas

2 dientes de ajo

100 ml de *txakoli*

aceite de oliva virgen extra

1 cucharada de pimentón (dulce o picante)

perejil

sal

ELABORACIÓN

Limpia las anchoas, retirándoles las cabezas y las vísceras.

Pela las cebollas y los ajos, córtalos en dados y rehógalos en una sartén con un chorrito de aceite durante 15 minutos. Agrega el vino y dale un hervor. Pasa la salsa a una fuente apta para el horno.

Sazona las anchoas, colócalas en la fuente y espolvoréalas con el pimentón.

Hornéalas a 180 ºC durante 5 minutos. Adorna con perejil y sirve.

MERLUZA ASADA CON CHAMPIÑONES

INGREDIENTES **(4 P.)**

2 lomos de merluza limpios (700 g)

250 g de champiñones

1 cebolleta

60 g de berros (limpios)

8 cucharadas de mayonesa (véase *Salsa mayonesa*)

aceite de oliva virgen extra

vinagre

perejil

pimienta

sal

ELABORACIÓN

Corta la cebolleta en daditos y rehógala durante 5-6 minutos en una sartén con un chorrito de aceite. Elimina la parte inferior de los champiñones, enjuágalos, sécalos, córtalos en láminas y agrégalos a la sartén. Sazona y cocina durante unos 10 minutos. Agrega un poco de perejil picado y mezcla bien.

Corta cada lomo en dos y salpiméntalos. Riega una bandeja de horno con un chorrito de aceite, coloca en ella la merluza (dejando la parte de la piel en contacto con la bandeja), cúbrela con los champiñones y hornea a 220 ºC durante 10-12 minutos.

Aliña los berros con aceite, vinagre y sal.

Sirve la merluza y acompáñala con los berros aliñados y 2 cucharadas de mayonesa en cada plato. Decora los platos con unas hojas de perejil.

CONSEJO: Si compráis la merluza entera, podéis aprovechar la cabeza y las espinas para hacer un caldo para otra ocasión.

ANCHOAS MARINADAS

INGREDIENTES **(4 P.)**

- 500 g de anchoas frescas (boquerones)
- 350 ml de vinagre de manzana
- 1 diente de ajo
- aceite de oliva virgen extra
- perejil

ELABORACIÓN

Limpia las anchoas, retirándoles las cabezas, las tripas y las espinas centrales, e introduce los filetes en un bol con agua y unos hielos. Déjalas reposar durante 15 minutos (de esta manera, los restos de sangre desaparecerán).

Sácalas y extiéndelas sobre una fuente amplia. Vierte encima el vinagre y 500 ml de agua e introdúcelas en el frigorífico. Déjalas marinar durante 4 horas como mínimo.

Retira las anchoas, sécalas y colócalas en 4 recipientes. Pela el diente de ajo, pícalo finamente y repártelo sobre las anchoas. Cúbrelas con aceite, tápalas con film transparente, introdúcelas en el congelador a -20 ºC y congélalas por lo menos durante 24 horas.

En el momento de ir a comerlas, descongélalas en el frigorífico. Sirve y decora las raciones con unas hojas de perejil.

CONSEJO: Para evitar cualquier intoxicación por anisakis, lo mejor será congelar las anchoas o bien antes de marinarlas o después de ponerlas en aceite por lo menos durante 24 horas y a una temperatura de -20 ºC.

ANGULAS A LA BILBAÍNA

INGREDIENTES **(4 P.)**

- 400 g de angulas cocidas
- 2 dientes de ajo
- 8 cucharadas de aceite de oliva virgen extra
- 1 guindilla seca

ELABORACIÓN

Pela los ajos, córtalos en láminas y ponlos a rehogar en una cazuela con el aceite. Añade también la guindilla, sin pepitas y troceada. Antes de que el ajo se dore, agrega las angulas y rehógalas brevemente (1 minuto) sin dejar de remover.

Sirve las angulas en una cazuela de barro que habrás calentado con anterioridad.

ANCHOAS PICANTITAS

INGREDIENTES **(4 P.)**

- 800 g de anchoas frescas (boquerones)
- 2 dientes de ajo
- 1 pimiento verde
- 1 pimiento rojo
- 1 cebolleta o ½ cebolla
- 4 huevos
- aceite de oliva virgen extra
- perejil picado
- ½ guindilla
- sal

ELABORACIÓN

Limpia las anchoas, retirándoles las cabezas y las vísceras, quítales la espina central y sepáralas en filetes.

Pela el ajo y córtalo en láminas; pica el pimiento verde, el pimiento rojo y la cebolleta. Póchalo todo en una cazuela (apta para el horno) con aceite junto con la guindilla. Una vez pochado, agrega las anchoas y sazona. Rehoga bien durante 3-4 minutos.

Casca encima los huevos y gratina durante 2 o 3 minutos. Espolvorea con perejil picado y sirve.

CAZUELA DE BACALAO DESMIGADO

INGREDIENTES **(4 P.)**

- 4 trozos de bacalao desalado (600 g)
- 1 cebolla
- 1 pimiento verde
- 3 dientes de ajo
- 2 cucharadas de carne de pimiento choricero
- 8 cucharadas de salsa de tomate (véase *Salsa de tomate*)
- 100 ml de caldo de pescado
- aceite de oliva virgen extra
- 1 guindilla

ELABORACIÓN

Limpia el bacalao, quitándole la piel y las espinas, córtalo en trozos pequeños y resérvalo.

Pela la cebolla y los ajos. Corta la cebolla y el pimiento en juliana, y los ajos, en láminas. Rehoga todo en una sartén con un poco de aceite durante 15 minutos a fuego suave-medio. Añade la carne del pimiento choricero, la salsa de tomate y la guindilla. Sofríe todo durante 7 minutos.

Incorpora el bacalao a la sartén y rehoga. Deja cocer a fuego lento durante 10 minutos, agregando un poco de caldo si fuese necesario. Sirve.

ATÚN AROMÁTICO

INGREDIENTES **(4 P.)**

- 600 g de atún o bonito en rodajas
- 1 cebolleta
- 2 tomates maduros
- 1 cucharada de harina
- ½ vaso de caldo de pescado
- aceite de oliva virgen extra
- 1 pizca de tomillo
- 1 pizca de orégano
- 1 hoja de laurel
- unas hojas de albahaca fresca
- sal

ELABORACIÓN

Corta las rodajas de atún en cuartos y sazónalas con sal gruesa.

Pica la cebolleta y el tomate y sofríelos en un poco de aceite de oliva. Sazona y añade el tomillo, el orégano y el laurel. Cuando esté todo bien pochado, incorpora la harina y rehógala. Agrega el caldo de pescado y la albahaca picada y déjalo reducir durante 5 minutos.

Fríe el atún en una sartén con aceite caliente, escúrrelo e incorpóralo a la cazuela. Deja que se haga durante 1 minuto y sirve.

MINIPASTELITOS DE ATÚN CON TOMATE

INGREDIENTES **(4 P.)**

150 g de atún en aceite en conserva

850 g de tomate triturado en conserva

16 obleas para empanadillas

3 huevos

2 dientes de ajo

1 cebolleta

1 pimiento verde

8 aceitunas verdes (sin hueso)

aceite de oliva virgen extra

perejil

sal

ELABORACIÓN

Pon agua a calentar en un cazo, agrega 2 huevos y cuécelos durante 10 minutos (contados desde el momento en que el agua empiece a hervir). Retíralos, refréscalos, pélalos, córtalos en daditos y resérvalos en un bol.

Calienta un poco de aceite en una cazuela, pela los dientes de ajo, córtalos en láminas y agrégalos. Pela la cebolleta, córtala en dados y añádela. Lava el pimiento, retírale el tallo y las semillas, córtalo de la misma manera e incorpóralo. Sazona y rehoga las hortalizas durante 10 minutos aproximadamente. Agrega el tomate triturado y cocina la salsa durante 25-30 minutos. Tritúrala con una batidora eléctrica y resérvala.

Desmenuza el atún sobre el bol donde están los huevos picados. Agrega también las aceitunas verdes (picadas) y unas 8 cucharadas de salsa de tomate y mezcla todo bien. En el momento de servir, calienta el resto de la salsa de tomate.

Extiende 8 obleas sobre una superficie lisa y pon una pequeña porción de la farsa de atún en el centro de cada una. Estira las otras 8 obleas con un rodillo (de manera que queden un poco más grandes que las anteriores) y cubre con ellas la farsa. Séllalas (para que el relleno no se salga) presionando los bordes con un tenedor.

Cubre una bandeja de horno con papel de hornear y coloca encima los pastelillos. Casca el otro huevo, ponlo en un bol pequeño, bátelo y, con ayuda de un pincel, pinta la parte superior de los pastelillos. Hornéalos a 200 ºC durante 15-20 minutos.

Sirve los minipastelitos y acompáñalos con la salsa de tomate. Decora los platos con unas hojas de perejil.

ATÚN EN FRITADA CON VINAGRE

INGREDIENTES **(4 P.)**

1 kg de atún

1 cebolleta

2 dientes de ajo

1 pimiento verde

1 tomate

aceite de oliva virgen extra

vinagre

sal

ELABORACIÓN

Limpia el atún, córtalo en trozos grandes y sazónalos.

Pica la cebolleta, los ajos y el pimiento, trocea el tomate y ponlo todo en una sartén con aceite. Sazona y rehoga todo de 10 a 15 minutos.

Añade a la sartén el atún y un chorro de vinagre y cocínalo durante 1-2 minutos por cada lado (dependiendo de su grosor).

Déjalo reposar durante 2 minutos fuera del fuego y sirve.

BACALAO CON MAYONESA DE AJO

INGREDIENTES **(4 P.)**

800 g de bacalao fresco (en filetes)

2 zanahorias

200 g de judías verdes

200 g de brócoli

aceite de oliva virgen extra

10 granos de pimienta

sal

Para la mayonesa de ajo:

3 dientes de ajo

2 huevos

200 ml de aceite de oliva virgen extra

1 chorro de vinagre

sal

ELABORACIÓN

Lava las hortalizas. Separa el brócoli en ramilletes; retira los hilos y las puntas a las judías, pela las zanahorias y córtalas en juliana. Cuece todo en una vaporera con agua, sal y los granos de pimienta durante unos 10 minutos. Retira y reserva.

En la misma vaporera, cuece los filetes de bacalao troceados, sin espinas ni piel, durante unos 6 minutos.

Prepara la mayonesa de ajo (véase *Salsa mayonesa de ajo*).

Sirve el bacalao en una fuente acompañado de las hortalizas. Salsea el bacalao con la mayonesa de ajo, y las hortalizas, con un chorro de aceite.

COGOTE DE MERLUZA CON VINAGRETA CALIENTE

INGREDIENTES **(4 P.)**

1 cogote de merluza (1.300 g)
1 diente de ajo
1 cebolleta
1 pimiento verde
3 patatas
aceite de oliva virgen extra
perejil
sal

Para la vinagreta caliente:

¼ de pimiento rojo
1 pimiento verde pequeño
2 dientes de ajo
1 cebolleta pequeña
2-3 cucharadas de vinagre
perejil picado
sal

ELABORACIÓN

Para preparar las patatas panadera, pela el diente de ajo, córtalo en láminas y ponlo a rehogar en una sartén grande con abundante aceite. Corta la cebolleta en juliana fina y agrégala. Lava el pimiento verde, retírale el tallo y las semillas, córtalo en rodajas (aros) finas y añádelo. Pela las patatas, córtalas en rodajas finas (½ cm) e incorpóralas a la sartén. Sazona y fríe todo durante 12-15 minutos. Retira las patatas panadera y pásalas a un colador con un bol debajo para escurrirlas bien. Reserva el aceite de freír las patatas y extiende las patatas panadera sobre una bandeja de horno.

Sazona el cogote, colócalo (boca arriba) sobre las patatas panadera, riégalo con un chorrito de aceite y hornéalo a 200º durante 12-15 minutos.

Para preparar la vinagreta, pela el pimiento rojo, lava el pimiento verde y retírale el tallo y las semillas y pela los dientes de ajo y la cebolleta. Corta todo en daditos. Pon a calentar en una sartén 100 ml del aceite reservado, incorpora las hortalizas picadas, sazónalas y rehógalas durante 8-10 minutos a fuego suave. Añade el vinagre y cocina todo conjuntamente durante 2-3 minutos más. Agrega un poco de perejil picado.

Vierte la vinagreta sobre el cogote de merluza, sirve y decora los platos con unas hojas de perejil.

CONSEJO: Cuando preparéis cogote, retirad primero la boca de la merluza, ya que tiene los dientes muy afilados y podéis pincharos, y la herida que producen se infecta con facilidad.

BACALAO FRESCO CON PATATAS Y PIMIENTOS

INGREDIENTES **(4 P.)**

- 4 tajadas de bacalao fresco sin espinas (700 g)
- 3 patatas
- 3 pimientos verdes
- aceite de oliva virgen extra
- perejil
- pimienta
- sal

ELABORACIÓN

Lava las patatas y cuécelas (con piel) en una cazuela con agua hirviendo durante 30 minutos. Retíralas, deja que se templen, pélalas y córtalas en gajos.

Limpia los pimientos, córtalos en trozos de bocado y fríelos en una sartén grande con aceite durante unos 10 minutos.

Añade los gajos de patata a la sartén de los pimientos, sazona y saltea conjuntamente durante 4 o 5 minutos.

Extiende un poco de aceite en una placa de horno. Salpimienta las tajadas de bacalao, colócalas encima, con el lado de la piel hacia arriba, y, con ayuda de un pincel, úntalas con un poco de aceite. Hornéalas a 180 ºC durante 10 minutos. Retíralas.

Sirve el bacalao en una fuente, acompáñalo con las patatas y los pimientos y decora con unas hojas de perejil.

BACALAO FRESCO CON SALSA DE MARISCO

INGREDIENTES **(4 P.)**

- 800 g de bacalao fresco
- 8 mejillones
- ½ vaso de vino blanco
- 12 langostinos
- aceite de oliva virgen extra
- perejil picado
- pimienta
- sal

Para la salsa:

- 1 cebolla
- 2 tomates maduros
- 2 zanahorias
- 2 puerros
- 1 copita de *brandy*
- aceite de oliva virgen extra
- estragón
- perejil
- 2 cucharadas de pimentón dulce
- sal

ELABORACIÓN

Limpia los mejillones, retírales las barbas y colócalos en una cazuela. Añade el vino y ponlos al fuego. Tápalos y espera a que se abran. Retíralos a un plato y resérvalos. Cuela el líquido resultante de la cocción y resérvalo.

Retira las cabezas de los langostinos y pélalos. Reserva las cabezas por un lado y las colas por otro.

Para preparar la salsa, pela las cebollas, los tomates y las zanahorias y limpia bien los puerros. Corta todo en dados grandes y ponlos a rehogar en una cazuela con un chorrito de aceite. Añade un poco de perejil picado y sazónalas. Agrega el caldo reservado y cocina todo durante 15 minutos aproximadamente.

Pon a calentar un poco de aceite en una sartén y añade las cabezas de los langostinos, un poco de estragón y el pimentón. Rehoga las cabezas, aplastándolas con una cuchara, durante 5 minutos. Vierte encima el *brandy* y flambea.

Agrega el flambeado a la cazuela de las hortalizas y cocina conjuntamente durante 5 minutos. Tritura con una batidora eléctrica y pasa el puré por un chino. Reserva la salsa

Salpimienta el bacalao y las colas de langostino y saltéalos en una sartén con un chorrito de aceite.

Cubre el fondo de una fuente con la salsa de marisco y sirve encima el bacalao, los langostinos y los mejillones (se pueden poner con cáscara o sin ella). Espolvorea con un poco de perejil picado y sirve el resto de la salsa en una salsera.

CREPES DE *TXANGURRO* CON SALSA VERDE

INGREDIENTES **(4 P.)**

1 buey de mar (800 g)
3 chalotas
50 ml de *brandy*
150 ml de salsa de tomate (véase *Salsa de tomate*)
aceite de oliva virgen extra
1 cucharadita de estragón
perejil
sal

Para la masa de los crepes:
75 g de harina tamizada
165 ml de leche
2 huevos
1 cucharada de aceite de oliva virgen extra
sal

Para la salsa verde:
2 dientes de ajo
1 trozo de guindilla
1 cucharada de harina
300 ml de caldo de pescado
aceite de oliva virgen extra
1 cucharada de perejil picado
sal

ELABORACIÓN

Pon abundante agua a calentar en una cazuela grande. Agrega 3 cucharadas de sal y, cuando empiece a hervir, introduce el buey de mar. Cuécelo durante 10-12 minutos (contados desde el momento en que el agua empiece a hervir de nuevo). Retíralo y deja que se enfríe. Ábrelo, retírale la carne, ponla en un bol, desmenúzala bien y resérvala.

Pela las chalotas, córtalas en daditos y rehógalas en una sartén con un chorrito de aceite a fuego suave durante 6-8 minutos. Incorpora la carne del buey de mar y el estragón, mezcla y rehoga brevemente (para que se caliente el buey). Vierte encima el *brandy* y flambéalo hasta que se evapore el alcohol. Agrega la salsa de tomate y cocina el conjunto durante 2 minutos. Espolvorea con un poco de perejil picado y mezcla. Pasa la farsa a una fuente y deja que se enfríe.

Para hacer la masa de los crepes, pon la leche en un vaso batidor, agrega la harina, los huevos, una pizca de sal y el aceite. Tritura los ingredientes con una batidora eléctrica hasta conseguir una masa homogénea.

Calienta una sartén con un poco de aceite, vierte un cacillo de la masa, espárcela bien y espera a que se cuaje. Dale la vuelta y deja que se cuaje por el otro lado. Retíralo y resérvalo. Repite el proceso con el resto de la masa (se necesitan 8 crepes).

Rellena los crepes con la farsa de buey de mar, enróllalos y colócalos sobre una bandeja de horno. Hornéalos a 200 ºC durante 5-6 minutos.

Para la salsa verde, pela los dientes de ajo, pícalos y rehógalos brevemente (hasta que empiecen a dorarse) en una sartén con un chorrito de aceite. Añade la guindilla. Incorpora la harina y rehógala un poco. Vierte el caldo de pescado, remueve, sazona y cocina la salsa durante 4-5 minutos. Agrega el perejil picado y mezcla bien.

Cubre el fondo de los platos con la salsa verde, coloca 2 crepes en cada uno, decóralos con unas hojas de perejil y sirve.

CONSEJO: Normalmente el primer crepe queda impregnado de aceite, por lo que lo mejor será desecharlo.

MERLUZA RELLENA DE GAMBAS

INGREDIENTES **(4 P.)**

1 cola de merluza o de mediana (unos 800 g)

20 gambas

1 tallo de cebolleta

2 zanahorias

2 patatas

100 ml de *txakoli*

1 cucharada de harina de maíz refinada

aceite de oliva virgen extra

perejil

pimienta

sal

ELABORACIÓN

Pela las gambas y resérvalas. Reserva también las cabezas y las cáscaras.

Saca los dos lomos de la cola de merluza y resérvalos.

Trocea la espina central de la merluza y ponla en una cazuela con 1 litro de agua. Agrega también las cabezas y las cáscaras de las gambas, 3 ramas de perejil y el tallo de cebolleta troceado. Sazona y cuece todo (a fuego medio) durante 15 minutos. Durante la cocción, retira la espuma que sube a la superficie. Cuela y reserva el caldo.

Pela las zanahorias y las patatas. Corta cada zanahoria en 4 trozos y cada patata en 6. Tornéalas redondeando los bordes con una puntilla (cuchillo pequeño), añádelas a una cazuela con agua hirviendo, sazónalas y cuécelas durante 15-20 minutos. Escúrrelas y resérvalas.

Corta (a la vez) los 2 lomos de merluza en 4 trozos y salpimiéntalos. Extiende 4 trozos (dejando la parte de la piel hacia abajo) sobre la tabla de cocina, coloca 5 gambas encima de cada uno y cúbrelas con los otros 4 trozos de merluza (en este caso, dejando la parte de la piel hacia arriba). Ata las 4 porciones de merluza rellenas con cuerda de cocina.

Unta el fondo de una bandeja apta para el horno con un poco de aceite, coloca encima las porciones de merluza rellena y riégalas con el vino y 4 cazos del caldo de pescado. Hornea a 220-230 ºC durante 8 minutos.

Retira los trozos de merluza y ponlos en una fuente. Pasa el caldo de la bandeja del horno a una sartén, agrega un poco de perejil picado, las patatas y las zanahorias torneadas y un poco de harina de maíz diluida en agua fría. Da un hervor hasta que espese la salsa.

Sirve en cada plato 1 porción de merluza rellena, 3 patatas y 2 zanahorias. Salsea y decora los platos con unas hojas de perejil.

CONSEJO: Para hacer este plato podemos utilizar merluza congelada. El único requisito es descongelarla adecuadamente, es decir, durante 24 horas en el frigorífico.

BERBERECHOS EN SALSA

INGREDIENTES **(4 P.)**

1.200 g de berberechos
½ vaso de vino blanco
perejil

Para la salsa:

1 puerro
1 cebolla
1 cebolleta
1 pimiento morrón asado
5 tomates maduros
aceite de oliva virgen extra
½ guindilla picante
sal

ELABORACIÓN

Limpia los berberechos. Pon el vino a calentar en una tartera (cazuela amplia y baja), agrega los berberechos, tápalos y espera a que se abran. Escúrrelos, retira una de las conchas y coloca el resto en una fuente grande.

Limpia bien el puerro y pela la cebolla.

Para hacer la salsa, pica el puerro, la cebolla y la cebolleta y ponlos a pochar en una cazuela con un chorrito de aceite. Cuando cojan un poco de color, agrega el pimiento asado (troceado). Trocea los tomates e incorpóralos. Añade también la guindilla. Sazona y cocina todo a fuego medio durante 20 minutos aproximadamente. Tritura la salsa y, si hiciera falta, pásala por un chino.

Salsea los berberechos y adorna la fuente con unas hojas de perejil.

BESUGO ASADO CON HORTALIZAS

INGREDIENTES **(4 P.)**

1 besugo de 1.200 g
6 dientes de ajo
1 cebolleta
1 pimiento rojo pelado
1 calabacín
aceite de oliva virgen extra
1 cucharada de vinagre
perejil
½ guindilla
sal

ELABORACIÓN

Pela 4 dientes de ajo y córtalos en láminas. Corta la cebolleta y el pimiento en juliana fina. Lava el calabacín y córtalo en medias lunas de 1 cm de grosor.

Pon a calentar abundante aceite en una sartén, agrega las hortalizas, sazona y cocina durante unos 10 minutos. Pasa todo a una placa de horno.

Limpia bien el besugo, retírale la cabeza y la cola (resérvalas para hacer un caldo) y saca los lomos retirando la espina central. Sazónalos, colócalos (dejando la parte de la piel hacia arriba) sobre las hortalizas rehogadas, rocíalos con un poco de aceite y ásalos en el horno a 200 ºC durante 10 minutos. Pasa todo a una fuente y salpica el besugo con la cucharada de vinagre.

Pela los otros 2 dientes de ajo, córtalos en láminas y dóralos en una sartén con un poco de aceite. Añade la guindilla troceada y espolvorea con un poco de perejil picado. Mezcla, vierte el refrito sobre el besugo y sirve.

CONSEJO: Después de limpiar el besugo de vísceras y escamas, no es conveniente mojarlo porque pierde muchas propiedades. Lo mejor es pasarle una servilleta en seco, por dentro y por fuera.

BOCADITOS DE ANCHOAS CON TOMATE

INGREDIENTES **(4 P.)**

1 kg de anchoas frescas (boquerones)

4 tomates

16 lonchas de queso graso

1 cebolla

harina (para rebozar)

1 cucharada de mostaza

aceite de oliva virgen extra

unas ramitas de perejil

sal

Para macerar las anchoas:

125 ml de vinagre

250 ml de aceite de oliva virgen extra

2 dientes de ajo

perejil picado (1 cucharada)

ELABORACIÓN

Limpia las anchoas, retirándoles las cabezas, las vísceras y las espinas centrales. Sepáralas en filetes y extiéndelas sobre una fuente grande. Sazónalas.

Pela los dientes de ajo, córtalos en daditos y ponlos en un bol. Agrega el vinagre, el aceite y un poco de perejil picado. Vierte la mezcla sobre las anchoas y déjalas macerando de un día para otro.

Pela los tomates, escáldalos en agua con sal durante 30 segundos y córtalos en rodajas.

Escurre las anchoas y reserva el líquido de maceración.

En una placa de horno, coloca 1 rodaja de tomate y, encima, 2 anchoas (4 filetes); cubre con otra rodaja de tomate y pon 2 anchoas (4 filetes) sobre ella; para terminar, cubre con 2 lonchas de queso. Monta así todos los bocaditos (reserva las anchoas sobrantes), introdúcelos en el horno y gratínalos durante 3 o 4 minutos, hasta que se derrita el queso.

Corta la cebolla en aros, enharínalos y fríelos en una sartén con aceite junto con unas ramitas de perejil. Escúrrelos y resérvalos.

Para preparar la salsa, tritura las anchoas reservadas con 150 ml del líquido de la maceración y la mostaza.

Sirve los bocaditos de anchoas con tomate acompañados de los aros de cebolla y la salsa.

BONITO ASADO

INGREDIENTES **(4 P.)**

800 g de bonito

2 cebollas

3 pimientos verdes

2 dientes de ajo

½ vaso de caldo

aceite de oliva virgen extra

perejil picado

pimienta

sal

ELABORACIÓN

Corta las cebollas y los pimientos en dados y rehógalos en una sartén con aceite durante 10 minutos. Escúrrelos y pásalos a una fuente apta para el horno. Reserva el aceite.

Pela los dientes de ajo, pícalos y májalos junto con el perejil en un mortero.

Limpia el bonito, trocéalo, salpiméntalo y dóralo, vuelta y vuelta, en una sartén con el aceite reservado. Escúrrelo y colócalo sobre la fritada de cebolla y pimiento. Vierte encima el majado y riega con el caldo. Hornea a 200 ºC durante 5 minutos aproximadamente.

Sirve el bonito acompañado de la fritada.

ACEDÍAS REBOZADAS CON CHAMPIÑONES

INGREDIENTES **(4 P.)**

24 acedías (limpias)
450 g de champiñones (pequeños)
3 dientes de ajo
1 cebolleta
1 cucharada de harina
75 ml de *txakoli*
1 trozo de guindilla
sémola de trigo fina (para rebozar)
aceite de oliva virgen extra
perejil
sal

ELABORACIÓN

Retira la parte inferior de los champiñones, colócalos en un bol, cúbrelos con agua y remuévelos para que suelten cualquier resto de tierra que puedan tener. Escúrrelos, sécalos y resérvalos.

Calienta un chorrito de aceite en una cazuela. Pela los dientes de ajo, pícalos y agrégalos a la cazuela. Pica la cebolleta y añádela. Rehoga las hortalizas durante 6-8 minutos a fuego medio. Incorpora la harina, rehógala un poco, vierte encima el *txakoli* y mezcla bien. Añade los champiñones y la guindilla, sazónalos, tapa la cazuela y cocínalos durante 20 minutos a fuego medio.

Agrega un poco de perejil picado y mezcla bien.

Sazona las acedías, pásalas por la sémola de trigo y fríelas en una sartén con aceite durante 1 minuto por cada lado. Retíralas y escúrrelas sobre una fuente cubierta con papel absorbente.

Sirve 6 acedías y una porción de champiñones en cada plato y decóralos con unas hojas de perejil.

CONSEJO: En esta receta hemos rebozado el pescado con sémola de trigo fina, pero también podéis hacerlo con harina de trigo, harina de garbanzo o incluso pan rallado.

BONITO EN SALSA

INGREDIENTES **(4 P.)**

600 g de bonito limpio
3 dientes de ajo
3 cebolletas
1 pimiento verde
800 g de tomate triturado en conserva
aceite de oliva virgen extra
perejil
pimienta
sal

ELABORACIÓN

Pela los ajos y las cebolletas y córtalos en dados. Lava el pimiento, retírale el tallo y las pepitas y córtalo en dados. Rehoga las hortalizas en una cazuela con un chorrito de aceite a fuego suave durante 15 minutos. Incorpora el tomate y cocina todo durante 30 minutos. Pásalo por el pasapurés y pon la salsa a calentar en una cazuela amplia y baja.

Corta el bonito en filetes gruesos. Salpimiéntalos y cocínalos (vuelta y vuelta) en una sartén con un chorrito de aceite.

Sirve en el fondo de los platos una buena porción de salsa de tomate, pon encima los filetes de bonito y decora los platos con unas hojas de perejil.

BONITO CON CALAMARES

INGREDIENTES **(4 P.)**

1 kg de bonito limpio
4 calamares
2 cebollas
1 tomate
1 pimiento verde
4 dientes de ajo
harina y 2 huevos batidos (para rebozar)
aceite de oliva virgen extra
sal

ELABORACIÓN

Limpia los calamares, trocea los cuerpos y deja los tentáculos unidos a las cabezas. Disuelve las tintas en un vasito con un poco de agua y sal. Reserva.

Pela las cebollas y 2 de los ajos, limpia el tomate y el pimiento, pica todo y ponlo a pochar en aceite en la olla rápida. Cuando esté doradito, incorpora los cuerpos de calamar troceados, la tinta y un poco de agua. Sazona, tapa la olla y cuece durante 10 minutos.

Retira los trozos de calamar y tritura la salsa con una batidora. Mezcla la salsa con los calamares y reserva.

Corta el bonito en rodajas, sazónalas, rebózalas con harina y huevo y fríelas en aceite bien caliente, vuelta y vuelta. Escúrrelo.

Fríe los tentáculos en una sartén con aceite y los otros 2 ajos sin pelar. Escúrrelos.

Para servir, coloca en el fondo de una fuente los calamares en salsa, pon encima las rodajas de bonito y decora con los tentáculos.

CONSEJO: si los calamares no tienen mucha tinta, en las pescaderías venden unas bolsitas con tinta natural que os solucionarán el problema.

ALMEJAS RELLENAS CON ENSALADA VERDE

INGREDIENTES **(6 P.)**

1 kg de almejas

2 cebollas

80 g de harina

500 ml de leche

harina, huevo batido y pan rallado (para rebozar)

aceite de oliva virgen extra

perejil

sal

Para la ensalada verde:

150 g de brotes tiernos de hojas verdes limpias (canónigos, rúcula, lechuga, berros, cilantro)

½ manzana verde

2 cucharadas de pistachos (pelados)

4 aceitunas verdes

100 ml de aceite de oliva virgen extra

25 ml de vinagre de manzana

sal

ELABORACIÓN

Pon a calentar un poco de agua en una cazuela. Cuando empiece a hervir, añade las almejas, tapa la cazuela y cocínalas hasta que se abran. Sácalas, retírales la carne, pícala y resérvala. Cuela el caldo y resérvalo. Reserva también las conchas.

Pela las cebollas, córtalas en daditos y ponlas a rehogar en una cazuela con un chorrito de aceite. Sazónalas y cocínalas durante 10 minutos (aprox.). Agrega la harina y rehógala bien. Añade 100 ml del caldo de cocción de las almejas y mezcla bien. Vierte la leche poco a poco y cocina la bechamel sin dejar de remover durante 15 minutos. Agrega las almejas picadas y un poco de perejil picado. Pon a punto de sal, mezcla bien, pasa la bechamel a un bol y tápala a piel con film transparente (con el film en contacto con la bechamel, para evitar que se forme costra). Deja que se enfríe bien (mejor si es de un día para otro).

Rellena las conchas (sin separarlas) con la bechamel. Pásalas por harina, huevo batido y pan rallado y fríelas en una sartén con abundante aceite. Escúrrelas sobre una fuente cubierta con papel absorbente.

Para preparar la ensalada, trocea las hojas verdes, ponlas en una fuente y sazónalas. Corta la manzana en dados y añádelos. Agrega también 1 cucharada de pistachos enteros.

Pica la otra cucharada de pistachos y las aceitunas y ponlos en un bol pequeño. Añade el vinagre y el aceite y mezcla. Aliña la ensalada con la vinagreta.

Sirve en cada plato 4-6 almejas y un poco de ensalada.

CONSEJO: Para que las almejas no queden duras es muy importante no cocinarlas demasiado. ¡No lo olvidéis!

BONITO CON PIMIENTO VERDE

INGREDIENTES **(4 P.)**

- 500 g de bonito limpio (lomo)
- 4 pimientos verdes
- 3 dientes de ajo
- 1 cebolla
- 4 cucharadas de salsa de tomate (véase *Salsa de tomate*)
- aceite de oliva virgen extra
- pimienta
- sal

ELABORACIÓN

Pela los dientes de ajo, córtalos en láminas y ponlos a dorar en una sartén con aceite. Pela y pica la cebolla y agrégala. Corta el pimiento en juliana e incorpóralo. Sazona. Rehoga a fuego suave hasta que se poche (10 minutos).

Corta el lomo de bonito a la contra en filetes, salpimiéntalos y fríelos en otra sartén con aceite de 3 a 4 minutos. Escúrrelos.

Pon las hortalizas pochadas en el fondo del plato, coloca encima el bonito, cubre con la salsa de tomate y sirve.

BONITO REBOZADO CON CREMA DE MARMITAKO

INGREDIENTES **(4 P.)**

- 1 kg de bonito o atún
- 1 cebolla
- 3 dientes de ajo
- 1 pimiento verde
- 2 tomates
- 3 patatas
- 2 cucharadas de carne de pimiento choricero
- harina y huevo batido (para rebozar)
- aceite de oliva virgen extra
- perejil
- 1 guindilla picante
- sal

ELABORACIÓN

Limpia el lomo de bonito, retira las pieles y espinas, córtalo en filetes y resérvalo.

En una cacerola pequeña con agua, sal y 1 rama de perejil, pon a cocer las espinas y pieles para hacer un caldo. Deja cocer durante 10 minutos. Desespuma y reserva el caldo.

Pela la cebolla y 2 ajos y pícalos. Pica también el pimiento. Pela los tomates y córtalos en dados. Rehoga en una cazuela con un buen chorro de aceite la cebolla, los ajos y los pimientos. Una vez pochados, añade los tomates y cocínalos durante 10 minutos.

Pela y trocea las patatas e incorpóralas a la cazuela. Rehoga bien y agrega la guindilla y la carne de pimiento choricero. Cubre las patatas con el caldo reservado. Sazona y deja cocer durante 20-25 minutos. Tritura, cuela y reserva la crema de marmitako.

Sazona los filetes de bonito, pásalos por harina y huevo batido y fríelos en una sartén con abundante aceite bien caliente y el otro diente de ajo. Escúrrelos.

Sirve el bonito frito acompañado de la crema de marmitako.

CONSEJO: Si compras el bonito o el atún fresco, no lo conserves más de un día en el frigorífico. La congelación es una buena alternativa porque apenas altera su textura y sabor.

CAZUELA DE RAPE CON ALMEJAS

INGREDIENTES **(4 P.)**

4 rapes de ración (limpios)
16 almejas
1 cebolleta
2 patatas
2 dientes de ajo
1 cucharada de harina
100 ml de vino blanco
harina y huevo batido (para rebozar)
aceite de oliva virgen extra
perejil
pimienta
sal

ELABORACIÓN

Calienta 2 litros de agua en una cazuela grande. Corta las cabezas de los rapes, trocéalas y añádelas. Agrega el tallo de la cebolleta y 2-3 ramas de perejil. Sazona y cuece todo durante 15 minutos. Cuela el caldo.

Pela las patatas, córtalas en rodajas de ½ cm de grosor y ponlas en una cazuela. Cúbrelas con el caldo de pescado y cuécelas durante 10-12 minutos. Apártalas del fuego y resérvalas.

Pela los ajos y la cebolleta, pícalos finamente y rehógalos durante 3-4 minutos en una tartera (cazuela amplia y baja) con un chorrito de aceite. Sazona, añade la cucharada de harina y rehógala un poco sin dejar de remover. Agrega el vino y 2 cazos del caldo de pescado (del que has empleado para cocer las patatas). Incorpora las almejas, espolvoréalas con un poco de perejil picado y cocínalas hasta que se abran.

Corta los rapes por la mitad, salpiméntalos, pásalos por harina y huevo batido y fríelos en una sartén con aceite. Retíralos y añádelos a la tartera donde están las almejas. Incorpora también las patatas y cocina todo junto durante 6-8 minutos.

Reparte la cazuela de rape en 4 platos y decóralos con unas hojas de perejil.

CONSEJO: Si alguna almeja no se abre, retírala, pues es señal de que no estaba viva.

BROCHETAS DE RAPE CON CHAMPIÑONES

INGREDIENTES **(4 P.)**

12 trozos de rape pequeños (400 g)

12 lonchas de beicon

12 champiñones

12 trozos de pimiento rojo (morrón)

8 tomates cherry

2 pimientos verdes

aceite de oliva virgen extra

pimienta

sal

ELABORACIÓN

Envuelve cada trozo de rape en 1 loncha de beicon.

Coloca en cada palo de la brocheta 1 trozo de rape, 1 champiñón bien limpio, 1 trozo de pimiento y así hasta que quede completa la brocheta, empezando y terminando con 1 tomatito. Salpimienta.

Corta los pimientos verdes en tiras, fríelos en una sartén con aceite, sazónalos y resérvalos.

Fríe las brochetas en una sartén (o en una parrilla) con aceite durante 3-4 minutos por cada lado.

Sírvelas enseguida y acompáñalas con los pimientos verdes fritos.

RAPE REBOZADO CON HORTALIZAS SALTEADAS

INGREDIENTES **(4 P.)**

8 trozos de rape

2 pimientos verdes

12 tomates cherry

4 alcachofas

1 manojo de ajos frescos

harina y huevo batido (para rebozar)

zumo de ½ limón

aceite de oliva virgen extra

perejil

pimienta

sal

ELABORACIÓN

Retira el tallo y las semillas de los pimientos verdes y córtalos en trozos de bocado. Escalda los tomates cherry y pélalos. Limpia los ajos frescos y córtalos en trozos de 1 cm. Retira las hojas exteriores más duras de las alcachofas, quítales los tallos y las puntas y córtalas en láminas.

Calienta una sartén grande con un poco de aceite, incorpora las hortalizas y saltéalas durante 10 minutos aproximadamente. Sazónalas y salpícalas con el zumo de limón.

Salpimienta los trozos de rape, pásalos por harina y huevo batido y fríelos en una sartén con aceite. Escúrrelos.

Reparte el rape rebozado y las hortalizas salteadas en 4 platos, adórnalos con unas hojas de perejil y sirve.

DORADA EN ADOBO CON ARROZ

INGREDIENTES **(4 P.)**

2 doradas (4 lomos)
100 g de arroz jazmín
2 dientes de ajo
1 cebolla morada
zumo de 1 limón
1 chile seco
100 ml de agua con gas
250 g de manteca de cerdo
aceite de oliva virgen extra
2 cucharaditas de orégano
1 cucharadita de romero
1 cucharadita de tomillo
perejil
1 cucharadita de pimentón dulce
1 cucharadita de pimentón picante
1 cucharadita de clavo en polvo
1 cucharadita de comino en polvo
sal

ELABORACIÓN

Pela los dientes de ajo, córtalos por la mitad y dóralos en una cazuela con un chorrito de aceite. Incorpora el arroz jazmín, agrega agua (1 parte y media), sazona y cocínalo durante 10 minutos aproximadamente. Retira los ajos y resérvalo.

Pela la cebolla, córtala en juliana fina y ponla en un bol. Añade el zumo de limón, 2 cucharadas de aceite, 1 cucharadita de orégano, el chile (picado) y el agua con gas. Mezcla bien y deja reposar.

Pon la manteca de cerdo en un bol, agrega el pimentón dulce, el pimentón picante, el clavo, el comino, el romero, el tomillo y la otra cucharadita de orégano. Mezcla bien y reserva el adobo.

Haz tres cortes oblicuos en la parte de la piel de los lomos de dorada y sazónalos. Unta una bandeja de horno con un poco de aceite y coloca en ella los lomos de dorada dejando la parte de la piel hacia arriba. Úntalos bien (por la parte de la piel) con el adobo y hornéalos a 220-230 ºC durante 8-10 minutos.

Sirve en cada plato 1 lomo de dorada, 1 porción de arroz y 1 porción de cebollas maceradas. Decora los platos con unas hojas de perejil.

CONSEJO: Para servir el arroz, unta un bol de ración con un poco de aceite, llénalo con arroz, presiónalo un poco, y vuélcalo sobre un plato. Repite el proceso con el resto de los platos.

CABALLA Y MEJILLONES EN VINAGRETA CALIENTE

INGREDIENTES **(4 P.)**

4 caballas (400 g cada una)
16 mejillones
2 dientes de ajo
1 tomate
½ vaso de jerez
aceite de oliva virgen extra
vinagre
perejil picado
1 cucharadita de pimentón dulce
sal

ELABORACIÓN

Limpia las caballas, córtalas en filetes, sazónalos y colócalos en una placa de horno.

Pela y pica los ajos. Mezcla en un bol 8 cucharadas de aceite, 4 cucharadas de vinagre, el jerez, el ajo picado y el pimentón. Rocía las caballas con la mezcla y hornéalas a 180 ºC durante 8 minutos.

Abre los mejillones en una cazuela con un poco de agua y sácales la carne.

Corta el tomate en rodajas finas y cubre con ellas el fondo de una fuente. Sazona y pon encima las caballas y la carne de los mejillones.

Pasa la vinagreta de la placa del horno a una sartén y lígala añadiendo un poco de vinagre y perejil picado, riega con ella las caballas y los mejillones y sirve.

CABALLA EN ADOBO

INGREDIENTES **(4 P.)**

4 caballas de ración (300 g cada una)
harina y huevo batido (para rebozar)
½ limón
aceite de oliva virgen extra
sal

Para el adobo:
3-4 dientes de ajo
½ vaso de aceite
½ vaso de vinagre
½ cucharada de orégano
1 cucharada de pimentón (dulce o picante)

ELABORACIÓN

Limpia las caballas, córtalas en filetes y quítales la piel. Sazona por los dos lados y pásalos a un recipiente.

Para el adobo, pela y pica los ajos y májalos en un mortero junto con el pimentón y el orégano. Añade el vinagre y el aceite y mezcla.

Cubre los filetes de caballa con el adobo y deja reposar durante 2 o 3 horas. Escurre los filetes, rebózalos con harina y huevo y fríelos en aceite. Escúrrelos.

Sirve y decora con el limón.

DORADA AL LIMÓN

INGREDIENTES **(4 P.)**

4 doradas de ración (limpias)
1 cebolla
2 puerros
zumo de 1 limón
100 g de hojas de lechugas variadas (limpias)
aceite de oliva virgen extra
50 g de mantequilla
vinagre
perejil
pimienta
sal

ELABORACIÓN

Pela la cebolla, córtala en juliana fina y ponla a rehogar en una sartén con un chorrito de aceite. Retira la parte inferior y la superior de los puerros, lávalos bien, córtalos en trozos de 4-5 cm y después en juliana fina y agrégalos a la sartén. Sazona y rehoga todo a fuego suave durante 8-10 minutos. Extiende la fritada sobre una bandeja de horno.

Con un cuchillo bien afilado, retira las cabezas de las doradas y sácales los lomos. Salpimiéntalos y colócalos encima de la fritada, dejando la parte de la piel hacia abajo.

Pon a fundir la mantequilla en la misma sartén donde has rehogado las hortalizas, agrega el zumo de limón y un poco de perejil picado y dale un breve hervor (2-3 minutos).

Sirve en cada plato 1 dorada con su cama de hortalizas y salséalas con la salsa de limón y mantequilla.

Aliña las hojas de lechuga con aceite, vinagre y sal y pon una porción en cada plato.

CONSEJO: Si queréis conseguir un poco más de salsa, podéis agregar un poco de caldo a la sartén con la mantequilla y el zumo de limón y darle un buen hervor al conjunto durante 5 minutos.

CALAMARES A LA PLANCHA

INGREDIENTES **(4 P.)**

16 calamares con sus tintas
2 cebollas
2 pimientos verdes
3 dientes de ajo
aceite de oliva virgen extra
sal

ELABORACIÓN

Limpia bien los calamares y reserva las tintas. Separa las aletas y los tentáculos. Pica finamente las aletas y la mitad de los tentáculos y reserva. Reserva también la mitad de los tentáculos enteros.

Sazona los cuerpos de los calamares, riégalos con un poco de aceite y hazlos a la plancha, 3 minutos por cada lado.

Pica las cebollas y los pimientos finamente y ponlos a pochar en una sartén con un poco de aceite. Corta los ajos en láminas e incorpóralos. Deja pochar. Cuando las hortalizas estén doradas, añade las aletas y los tentáculos picados. Saltea brevemente, pon a punto de sal, sirve en el centro de una fuente y reserva.

Añade un poco de aceite a la misma sartén, agrega las tintas, dales un hervor y disuélvelas bien. Tritura con una batidora eléctrica y cuela la salsa.

Pon una cazuela con agua y una pizca de sal al fuego y, cuando empiece a hervir, escalda brevemente el resto de los tentáculos.

Sirve los cuerpos de los calamares sobre las hortalizas pochadas y coloca en el centro los tentáculos escaldados. Salsea con la salsa de tinta de calamar.

CONSEJO: Cuando compréis calamares, elegidlos de buen color, apariencia resbaladiza, olor fresco y salado. Evita los que tengan la piel dañada o estén sobre charcos de tinta.

CALAMARES EN SU TINTA

INGREDIENTES **(4 P.)**

1 kg de calamares limpios con sus tintas
4-5 cebollas
2 dientes de ajo
200 g de arroz blanco cocido
8 triángulos de pan tostado o frito
aceite de oliva virgen extra
perejil picado
sal

ELABORACIÓN

Pela la cebolla y córtala en juliana, pela y pica los ajos, pon todo a sofreír en una cazuela con aceite y sazona. Cuando estén bien pochados, añade la tinta disuelta con un poquito de agua y sal gruesa. Mezcla bien, tritura todo con la batidora y pasa la salsa a una cazuela.

Trocea los calamares e incorpóralos a la cazuela con la salsa. Guísalos durante 35 minutos aproximadamente, hasta que estén tiernos.

Sírvelos acompañados del arroz blanco y los triángulos de pan y espolvorea con perejil picado.

TOSTA DE BONITO EN ESCABECHE

INGREDIENTES **(4 P.)**

1 rodaja de bonito (o atún) de 600 g
4 rebanadas grandes de pan de hogaza
8 dientes de ajo
2 cebolletas
2 zanahorias
125 ml de vino blanco
300 ml de aceite de oliva virgen extra
125 ml de vinagre de manzana
1 hoja de laurel
1 rama de tomillo
perejil
10 granos de pimienta negra
pimienta
sal

ELABORACIÓN

Calienta el aceite en una tartera (cazuela amplia y baja). Aplasta los dientes de ajo (con piel) y añádelos. Corta las cebolletas en juliana y agrégalas. Rehoga las hortalizas durante unos 5 minutos, hasta que se doren un poco. Pela las zanahorias, córtalas en juliana fina, incorpóralas y rehógalas durante 2-3 minutos.

Añade a la tartera el vino, el vinagre, los granos de pimienta, la hoja de laurel y la rama de tomillo. Sazona y cocina el escabeche durante 10 minutos.

Retira las espinas y la piel de la rodaja de bonito, córtala en 4 trozos, salpimiéntalos e introdúcelos en el escabeche. Cocínalos a fuego muy suave durante 2-3 minutos por cada lado. Para que absorba mejor el sabor del escabeche, puedes apagar el fuego y dejar el bonito dentro de la tartera durante 15 minutos.

Corta las rebanadas de pan por la mitad y tuéstalas en un tostador.

Sirve en la base de cada plato 2 medias tostadas y pon, encima de cada una, una porción de verduras y 1 trozo de bonito separado en lascas. Decora los platos con 1 diente de ajo y unas hojas de perejil.

CONSEJO: Si os sobra escabeche, podéis aprovecharlo para aliñar otros platos; por ejemplo, un puré de patatas o una ensalada.

CARRILLERAS DE BACALAO CON MEJILLONES EN SALSA VERDE

INGREDIENTES **(4 P.)**

800 g de carrilleras de bacalao
16 mejillones
1 cebolleta
2 dientes de ajo
1 cucharada de harina
2 vasos de vino blanco
aceite de oliva virgen extra
perejil picado
sal

ELABORACIÓN

Limpia bien los mejillones, retirando las barbas y las impurezas que puedan tener, y resérvalos.

Pica la cebolleta y los dientes de ajo finamente y póchalos en una cazuela ancha con un poco de aceite y una pizca de sal. Añade la harina, rehógala brevemente, agrega el vino y mezcla bien.

Incorpora los mejillones a la cazuela, tápala y cocínalos hasta que se abran. Pásalos a un plato, retírales la mitad de la cáscara (las vacías) y resérvalos.

Vierte un poco de agua en la cazuela, espolvorea con un buen puñado de perejil, sazona las carrilleras e incorpóralas. Tapa la cazuela y cocina durante 2 minutos.

Introduce de nuevo los mejillones en la cazuela y dales un hervor.

Sirve en una fuente alargada: las carrilleras en el centro y los mejillones a un lado.

CONSEJO: La carrillera corresponde al moflete de la cara del pescado. Es una carne muy tierna y jugosa, pero es aconsejable retirar la telilla que las cubre antes de cocinarlas.

CALDERETA DE PESCADOR

INGREDIENTES **(4 P.)**

12 colas de langostinos peladas
4 ijadas de merluza o pescadilla
1 cebolla
2 dientes de ajo
100 g de arroz
2 patatas
½ vaso de vino blanco
750 ml de caldo de pescado (o agua)
2 huevos cocidos
aceite de oliva virgen extra
perejil picado
sal

ELABORACIÓN

Pela la cebolla y los ajos, pícalos y dóralos en una cazuela con aceite. Añade el arroz y rehógalo. Pela las patatas, córtalas en rodajas, incorpóralas, rehoga durante 2 minutos, agrega el vino y cubre con el caldo (o con agua). Pon a punto de sal y deja cocer todo durante 15 minutos a fuego lento. Incorpora las ijadas de merluza (mejor sin la tela negra) y deja que se hagan durante 3 o 4 minutos por cada lado.

Pela los huevos cocidos y trocéalos. En una sartén con aceite, saltea las colas de langostino con los huevos cocidos y perejil picado. Vierte todo sobre la caldereta y sirve.

TIZNAO MANCHEGO

INGREDIENTES (4 P.)

400 g de bacalao desalado
3 patatas
3 pimientos choriceros
1 cabeza de ajos
1 cebolleta
aceite de oliva virgen extra
perejil
1 cucharadita de pimentón dulce
sal

ELABORACIÓN

Lava las patatas, ponlas en una cazuela, cúbrelas con agua y cuécelas durante 35 minutos. Reserva las patatas y un poco del agua de la cocción.

Retira los tallos y las semillas de los pimientos choriceros y ponlos en una bandeja de horno. Suelta los ajos y añádelos (con piel). Pela la cebolleta, córtale un poco el tallo y agrégala. Riega las hortalizas con un chorrito de aceite y hornéalas a 200 ºC. A los 10 minutos, retira los pimientos choriceros y resérvalos. A los 20 minutos, retira los ajos y resérvalos. A los 30 minutos, retira la cebolleta y resérvala.

Corta el bacalao en rodajas y cocínalas brevemente (2 minutos por cada lado) en una sartén con un chorrito de aceite. Resérvalo. Reserva también el jugo que ha soltado.

Pela las patatas, córtalas en gajos, ponlas en una fuente y sazónalas. Desmenuza encima (con las manos) los pimientos choriceros. Pela los ajos y agrégalos. Pela la cebolleta, córtala en 4 (a lo largo) y añádela. Espolvorea con el pimentón. Pon encima los trozos de bacalao y riega todo con el jugo que ha soltado el bacalao. Agrega 2-3 cucharadas del agua resultante de la cocción de las patatas, un chorrito de aceite y un poco de perejil picado y mezcla suavemente.

Sirve en 4 platos y decora con unas hojas de perejil.

CONSEJO: Comprando el bacalao ya desalado ahorraréis tiempo, pero, si os apetece, también lo podéis desalar vosotros mismos colocándolo en el frigorífico dentro de un bol con abundante agua durante 24-48 horas (según el grosor) y cambiándole el agua cada 8 horas.

SUQUET DE PEIX

INGREDIENTES **(4 P.)**

1 cabracho (1.200 g)

4 dientes de ajo

4 patatas medianas

250 ml de tomate triturado (natural)

16 almejas

aceite de oliva virgen extra

perejil

1 hoja de laurel

sal

Para el majado:

1 ñora

1 diente de ajo frito

4 avellanas tostadas

4 almendras tostadas

1 rebanada de pan de la víspera (tostada)

8-10 hebras de azafrán

ELABORACIÓN

Pon a calentar 2 litros de agua en una cazuela.

Saca los lomos del cabracho, retirándole la cabeza y la espina central, córtalos en dados grandes y resérvalos. Introduce la cabeza y la espina en la cazuela, agrega 3-4 ramas de perejil, sazona y cuece durante 20 minutos.

Pela los 4 dientes de ajo, córtalos en láminas y rehógalos (sin que se quemen) en una cazuela con un chorrito de aceite. Pela las patatas, trocéalas (cascándolas) e incorpóralas a la cazuela. Añade el tomate triturado y la hoja de laurel. Cuela el caldo encima de la cazuela, pon a punto de sal y cuece las patatas durante 15-20 minutos.

Para preparar el majado, retira el tallo y las semillas a la ñora, trocéala y ponla en el mortero. Agrega el diente de ajo (frito), las avellanas, las almendras, las hebras de azafrán y la rebanada de pan (troceada) y maja todo bien.

Agrega el majado a la cazuela. Incorpora también las almejas y los dados de cabracho. Espolvorea con un poco de perejil picado, pon a punto de sal y cocina todo durante 5 minutos.

Sirve el *suquet* en platos hondos y decóralos con unas hojas de perejil.

CONSEJO: Antes de trocear y majar la ñora, hay quienes la utilizan tal cual, otros la ponen previamente a remojo durante 10 minutos y otros la doran en una sartén con un chorrito de aceite. Os lo dejo a vuestro gusto.

CAZUELA DE MAR

INGREDIENTES **(4 P.)**

1 cabracho (600 g)
1 calamar limpio
300 g de rape limpio
8 langostinos
16 almejas
2 dientes de ajo
1 cebolleta
4 cucharadas de salsa de tomate (véase *Salsa de tomate*)
125 ml de vino blanco
aceite de oliva virgen extra
perejil picado
unas hebras de azafrán
sal

ELABORACIÓN

Limpia el cabracho y trocéalo. Corta el calamar en tiras y el rape en trozos de bocado. Sazona.

Corta los ajos y la cebolleta en daditos y ponlos a rehogar en una cazuela con un chorrito de aceite. Añade el calamar, el rape y el cabracho y rehógalos brevemente. Incorpora los langostinos y las almejas y rehoga durante unos 2 minutos, hasta que las almejas se abran.

Agrega la salsa de tomate, el vino, 125 ml de agua, el azafrán y un poco de perejil picado. Cocina todo a fuego suave durante 6-8 minutos, removiendo la cazuela de vez en cuando. Sirve.

CARRILLERAS DE RAPE *VILLEROY*

INGREDIENTES **(4 P.)**

600 g de carrilleras de rape
harina, huevo batido y pan rallado (para rebozar)
3 dientes de ajo
200 ml de salsa de tomate (véase *Salsa de tomate*)
aceite de oliva virgen extra
pimienta
sal

Para la salsa bechamel:
30 g de mantequilla
30 g de harina
250 ml de leche
perejil picado
sal

ELABORACIÓN

Prepara la salsa bechamel (véase *Salsa bechamel*) y espolvoréala al final con perejil picado.

Limpia bien las carrilleras, ábrelas por la mitad y salpiméntalas. Pásalas por la bechamel y colócalas extendidas en una fuente previamente humedecida. Déjalas enfriar hasta que se endurezca.

Reboza las carrilleras en harina, huevo batido y pan rallado y fríelas durante 1 minuto por cada lado en una sartén con aceite junto con los dientes de ajo.

Sirve las carrilleras cubiertas con la salsa de tomate bien caliente.

COLA DE SALMÓN AL ENELDO

INGREDIENTES **(4 P.)**

1 cola de salmón (750 g)
5 dientes de ajo
8 patatas pequeñas
aceite de oliva virgen extra
1 cucharada de eneldo picado
perejil picado
sal gruesa
sal

ELABORACIÓN

Lava bien las patatas y cuécelas (con piel) en una cazuela con agua durante unos 15 minutos. Escúrrelas y resérvalas.

Cubre una bandeja de horno con papel de aluminio y espolvorea el fondo con el eneldo picado. Pela los dientes de ajo, córtalos en láminas y colócalos encima.

Retira la espina de la cola de salmón para conseguir 2 filetes grandes. Sazónalos y colócalos sobre la bandeja de horno con la piel hacia arriba. Cúbrelos con abundante sal gruesa y hornea a 220 ºC durante 6 minutos.

Corta las patatas por la mitad, colócalas en el centro de una fuente y espolvoréalas con perejil picado. Retira el salmón del horno y retira la piel y la sal a la vez. Sirve los filetes a los lados de las patatas y riega todo con un buen chorro de aceite.

CONSEJO: El salmón es un pescado que tiene el mérito de soportar bien la congelación, ya sea crudo o cocido. Si está crudo, debe ser fresco del día y haber sido destripado. Una vez descongelado, no esperes demasiado tiempo para prepararlo.

CHICHARRO A LA BRETONA

INGREDIENTES **(4 P.)**

1 kg de chicharro
2 dientes de ajo
2 cebolletas
200 g de champiñones
2 cucharaditas de harina
½ vaso de vino blanco
½ vaso de caldo de pescado
aceite de oliva virgen extra
unas ramitas de tomillo fresco
1 hoja de laurel
perejil picado
sal

ELABORACIÓN

Limpia el chicharro, córtalo en rodajas y sazónalas.

Pica los ajos y las cebolletas. Limpia bien los champiñones y córtalos en láminas.

Pocha el ajo y la cebolleta en una cazuela con aceite. Cuando la cebolleta esté bien pochada, incorpora los champiñones y rehógalos durante 3 minutos. Agrega la harina y rehógala brevemente. Añade el vino blanco y cocina hasta que se evapore el alcohol.

Agrega el tomillo, el laurel y el perejil picado junto con un poco de caldo de pescado. Cocina durante unos 10 minutos.

En una sartén con aceite, dora las rodajas de chicharro por los dos lados. Retíralas, escúrrelas e incorpóralas a la cazuela.

Sirve la salsa en el fondo de los platos y coloca encima los lomos de chicharro.

SARDINAS RELLENAS

INGREDIENTES **(4 P.)**

24 sardinas
2 puerros
2 manzanas reineta
1 lechuga
1 cebolla roja
aceite de oliva virgen extra
vinagre
perejil
sal

Para la provenzal:

1 diente de ajo
35 g de pan rallado
1 cucharada de perejil picado

ELABORACIÓN

Retira la parte inferior y la superior de los puerros, enjuágalos y córtalos primero en trozos de 4 cm y después en juliana fina. Calienta un poco de aceite en una sartén, agrega los puerros, sazónalos y rehógalos a fuego suave durante 10 minutos aproximadamente, hasta que se ablanden.

Pela las manzanas, córtalas en daditos y agrégalas a la sartén. Cocina todo durante 6-8 minutos.

Para la provenzal, pela el diente de ajo, pícalo finamente (daditos) y mézclalo con el perejil y el pan rallado. Resérvala.

Retira la cabeza, las tripas y la espina central de las sardinas y déjalas abiertas. Riega una bandeja de horno con un chorrito de aceite. Sazona las sardinas y extiende 12 sobre la bandeja (dejando la parte de piel en contacto con la bandeja), cúbrelas con la mezcla de puerro y manzana y tapa el relleno con las otras 12 sardinas (dejando la parte de la piel hacia arriba). Espolvoréalas con la provenzal y hornéalas a 240 ºC durante 5-6 minutos. Retíralas, pásalas a una fuente y riégalas con el jugo (de la bandeja) que hayan soltado.

Lava la lechuga, sécala, trocéala y ponla en una fuente. Pela la cebolla, córtala en juliana fina y añádela. Sazona y aliña con aceite y vinagre.

Sirve las sardinas y acompáñalas con la ensalada. Decora los platos con unas hojas de perejil.

CONSEJO: Incluid sardinas en vuestra dieta porque son una buena fuente de omega 3, vitaminas y minerales como fósforo, selenio o yodo. Se pueden elaborar de muchas maneras: rebozadas, asadas, en escabeche, en un pastel... o, como en esta receta, rellenas.

SARDINAS EN CAZUELA

INGREDIENTES **(4 P.)**

24 sardinas
2 patatas
2 dientes de ajo
1 cebolla
2 tomates
125 ml de albariño
aceite de oliva virgen extra
1 hoja de laurel
perejil
sal

ELABORACIÓN

Calienta abundante agua en una cazuela. Pela las patatas, córtalas en rodajas de 1 cm de grosor, introdúcelas en la cazuela, sazónalas y cuécelas durante 10 minutos. Resérvalas en la cazuela.

Calienta 4-5 cucharadas de aceite en una sartén grande. Pela los ajos, córtalos en láminas y añádelos a la sartén. Pela la cebolla, córtala en juliana fina y agrégala. Rehoga las hortalizas durante 5-6 minutos.

Lava los tomates, córtalos en rodajas y colócalas sobre el sofrito. Sazona y cocina el tomate durante 2-3 minutos por cada lado.

Extiende las patatas cocidas sobre el tomate, agrega la hoja de laurel, el albariño y 125 ml del agua de la cocción de las patatas y cocina todo conjuntamente durante 6-8 minutos.

Limpia las sardinas, retirándoles las cabezas y las tripas. Sazónalas y extiéndelas sobre las patatas. Tapa la sartén y cocina todo durante 5 minutos más.

Sirve y decora los platos con unas hojas de perejil.

CONSEJO: Podemos encontrar sardinas durante todo el año, pero las más sabrosas son las que se pescan *de Virgen a Virgen* (del 16 de julio al 15 de agosto), porque están más gorditas y contienen más grasa.

CHICHARRO A LA PLANCHA CON GUINDILLAS Y ENSALADA

INGREDIENTES **(4 P.)**

4 chicharros de ración (8 lomos limpios)
200 g de guindillas frescas
100 g de canónigos
100 g de rúcula
4 dientes de ajo
1 chapata
aceite de oliva virgen extra
vinagre
perejil
sal

ELABORACIÓN

Corta el pan en rebanadas, ponlas sobre una placa y tuéstalas en el horno.

Fríe las guindillas en una sartén con aceite. Retíralas, pásalas a una fuente y sazónalas.

Limpia las hojas de canónigo y de rúcula, escúrrelas y ponlas en una fuente. En el momento de servir, aliña con aceite, vinagre y sal.

Pela los dientes de ajo, pícalos, colócalos en el mortero y májalos. Agrega un buen chorro de aceite, mezcla bien y pasa a una fuente.

Sazona los lomos de chicharro con sal gruesa, úntalos en el majado y colócalos sobre una plancha bien caliente. Cocínalos 2 minutos por cada lado.

Sirve los chicharros y acompáñalos con la ensalada, las rebanadas de pan tostado y las guindillas fritas. Decora con una rama de perejil.

CHICHARRO RELLENO DE MEJILLONES

INGREDIENTES **(4 P.)**

4 chicharros de ración
16 mejillones
1 cebolleta
12 lonchas de beicon
40 g de mantequilla
aceite de oliva virgen extra
sal
perejil picado

ELABORACIÓN

Abre los mejillones cociéndolos en un poco de agua. Cuela y reserva el caldo de cocción. Retira la carne de los mejillones, reserva 4 enteros, pica el resto y resérvalos.

Pica la cebolleta. Pon la mitad de la mantequilla (20 g) y un poco de aceite en una sartén y rehógala. Cuando esté bien pochada, agrega los mejillones picados y saltéalos. Limpia los chicharros, quítales la espina central y sazónalos. Rellénalos con el salteado de los mejillones y envuelve cada uno con 2 lonchas de beicon.

Coloca los chicharros rellenos en una fuente o bandeja de horno y riégalos con un chorro de aceite y un poco del caldo reservado. Hornéalos, cuidando de que no se queden secos, durante unos 10 minutos a 210 ºC.

Pica las 4 lonchas de beicon restantes y saltéalas en una sartén con el resto de la mantequilla (20 g) y los mejillones reservados.

Sirve los chicharros acompañados del beicon y los mejillones salteados y espolvorea con perejil picado.

CHIPIRONES CON SALSA DE PEREJIL

INGREDIENTES **(4 P.)**

1 kg de chipirones grandes
harina (para rebozar)
1 tomate
1 cabeza de ajos
aceite de oliva virgen extra
1 cucharada de perejil picado
sal

ELABORACIÓN

Limpia bien los chipirones, sazónalos, pásalos por harina y fríelos en aceite caliente para que se doren. Escúrrelos y pásalos a una cazuela apta para el horno. Corta el tomate en cuartos y añádelo.

Pela y trocea los ajos, tritúralos con la batidora junto con un poco de sal, el perejil, un chorro de aceite y 1 vaso de agua y agrega la mezcla a la cazuela.

Hornea a 180-190 ºC durante 30 minutos (si ves que se queda seco, puedes añadir un poquito más de agua).

Reparte los chipirones en 4 platos y salséalos.

CHIPIRONES A LO PELAYO

INGREDIENTES **(4 P.)**

24 chipirones pequeños (de anzuelo o potera)
4 cebolletas
2 pimientos verdes
2 dientes de ajo
aceite de oliva virgen extra
perejil picado
sal

ELABORACIÓN

Limpia los chipirones y retírales las aletas, la cabeza y los tentáculos. Corta los tentáculos y límpialos bajo el grifo de agua fría. Retírales la pluma y la telilla que cubre el cuerpo. Dales la vuelta y limpia bien el interior bajo el grifo de agua fría. Rellena los chipirones con los tentáculos y las aletas.

Corta las cebolletas y los pimientos en juliana fina y los ajos en láminas.

Pon a pochar en una sartén con un poco de aceite la cebolleta, los pimientos y los ajos y sazónalos. Rehoga hasta que el sofrito empiece a dorarse (unos 15 minutos). Retíralo a un plato y resérvalo.

Agrega un poco más de aceite a la sartén y saltea en ella los chipirones brevemente. Espolvoréalos con perejil picado y pásalos a una fuente amplia. Añade el sofrito por encima y sirve.

CONSEJO: Si no vas a aprovechar las tintas que tiene el chipirón, las puedes congelar para utilizarlas en otra ocasión. Para ello, lo más indicado es colocarlas en un bol, añadir un poco de sal gruesa, aplastarlas con un tenedor, agregar un poco de agua, mezclar y congelar.

SALTEADO DE CABALLA CON AJETES Y PIQUILLOS

INGREDIENTES **(4 P.)**

4 caballas o verdeles
8-10 ajos frescos
16 pimientos del piquillo
2 dientes de ajo
aceite de oliva virgen extra
perejil
pimienta
sal

ELABORACIÓN

Pon a calentar un chorrito de aceite en una sartén. Pela los dientes de ajo, córtalos en láminas y agrégalos a la sartén. Incorpora los pimientos, sazónalos y confítalos a fuego suave durante 10-15 minutos, dándoles la vuelta de vez en cuando.

Corta las cabezas de las caballas y sácales los lomos. Corta cada lomo en dos a lo largo (retirándoles la fila de espinas que tienen a lo largo por la parte central) y después en trozos de bocado. Salpimiéntalos y resérvalos.

Retira la parte inferior, la superior y la primera capa de los ajos frescos y córtalos en trozos de 3 cm. Calienta una sartén con un chorrito de aceite, añade los ajos frescos y rehógalos durante 5-6 minutos. Retíralos a un plato.

Agrega los trozos de caballa a la sartén (donde has rehogado los ajos frescos) y saltéalos brevemente.

Sirve en cada plato 1 porción de la caballa salteada, 4 pimientos del piquillo y unos ajos frescos. Decora los platos con unas hojas de perejil

CONSEJO: La caballa se consume tanto en fresco como en conserva. En Murcia utilizan sus huevas para hacer mojama.

SALMÓN MARINADO CON ARROZ Y TORTILLA

INGREDIENTES **(4 P.)**

4 tajadas de salmón (110 g cada una)
120 g de arroz basmati
4 huevos
120 ml de salsa de soja
zumo de 1 limón
2 cucharadas de azúcar
2 dientes de ajo
1 cebolleta
100 g de canónigos (limpios)
aceite de oliva virgen extra
vinagre
perejil
pimienta
sal

ELABORACIÓN

Mezcla en una fuente la salsa de soja con el zumo de limón y el azúcar. Corta los trozos de salmón por la mitad, introdúcelos en la mezcla anterior, muele encima un poco de pimienta y déjalos marinando durante 20 minutos (10 por cada lado).

Pon a calentar una cazuela con un chorrito de aceite. Pela los dientes de ajo, añádelos y rehógalos un poco. Agrega el arroz, vierte encima agua (en la proporción que indique el paquete), sazona, tapa y cocina durante 15 minutos. Retíralo y resérvalo.

Corta la cebolleta en daditos y rehógala en una sartén con aceite. Incorpora el arroz cocido y mezcla. Bate 2 huevos, sazónalos y añádelos a la sartén. Remueve bien hasta que los huevos cuajen. Reserva.

Bate los otros 2 huevos en un bol y sazónalos. Calienta una sartén con unas gotas de aceite, vierte ½ huevo batido, extiéndelo bien por toda la superficie de la sartén y cuájalo por los dos lados como si fuera un crepe. Repite el proceso hasta conseguir 4 tortillas finas. Resérvalas.

Para servir, coloca en un bol pequeño (hará las funciones de molde) ¼ de la mezcla de arroz, cebolleta y huevo, presiónala un poco y dale la vuelta sobre un plato. Cúbrelo con 1 tortilla. Repite el proceso con el resto de los ingredientes hasta montar 4 platos.

Calienta una sartén con un chorrito de aceite. Escurre los trozos de salmón, añádelos y cocínalos durante 2-3 minutos por cada lado. Retíralos y resérvalos. Vierte en la sartén el líquido del marinado, sube la temperatura del fuego y deja que reduzca un poco.

Adereza las hojas de canónigo con aceite, vinagre y sal.

Para servir, coloca (junto al arroz con tortilla) 2 trozos de salmón en cada plato, riégalos con un poco de la reducción de la marinada y acompáñalos con una porción de ensalada. Decora los platos con unas hojas de perejil.

CONSEJO: El arroz basmati es un arroz de grano largo que se caracteriza por su exquisito aroma y sabor.

CEVICHE DE DORADA Y GAMBAS

INGREDIENTES **(4 P.)**

600 g de dorada limpia sin piel
200 g de gambas
2 guindillas picantes
1 cebolla roja
zumo de 2 limones
zumo de 1 lima
hojas de lechuga
perejil
pimienta
sal

ELABORACIÓN

Corta la dorada y las gambas en dados pequeños, colócalos en un bol y salpimiéntalos.

Corta las guindillas por la mitad, retírales las pepitas y añádelas al bol.

Pica la cebolla en juliana fina e incorpórala. Cubre todo con el zumo de limón y de lima y deja macerar durante 1 hora. Escurre.

Limpia las hojas de lechuga, escúrrelas, sécalas, sazónalas y cubre con ellas el fondo de una fuente. Pon encima la dorada y las gambas marinadas, adorna con unas hojas de perejil y sirve.

CHIPIRONES SELLADOS

INGREDIENTES **(4 P.)**

12 chipirones con sus tintas
2 dientes de ajo
3 cebollas
2 cucharadas de harina
1 vaso de vino blanco
1 zanahoria
1 pimiento verde
harina de tempura
aceite de oliva virgen extra
perejil
sal

ELABORACIÓN

Limpia los chipirones. Separa los tentáculos y las aletas y pícalos. Coloca las tintas en el vaso batidor con un poco de agua, sazona, tritura, cuela y reserva.

Para hacer el relleno, pica los dientes de ajo y las cebollas y ponlos a pochar en una sartén con un chorrito de aceite. Sazona. Añade los tentáculos y las aletas y mezcla bien. Agrega las 2 cucharadas de harina y rehoga. Vierte encima el vino y la tinta reservada. Cocina durante 10-15 minutos y deja templar.

Rellena los chipirones y ciérralos con una pinza metálica de papelería para que queden bien sellados y al freír no salga nada. Unta los chipirones en aceite y cocínalos a la plancha por los dos lados hasta que se doren. Pásalos a un plato, quítales la pinza y resérvalos.

Corta la zanahoria y el pimiento verde en juliana. En un cuenco, diluye la harina de tempura en agua fría y mezcla bien. Reboza la zanahoria y el pimiento verde en la tempura y fríelos en una sartén con aceite bien caliente. Retíralos antes de que empiecen a dorarse (2-3 minutos) y pásalos a un plato con papel absorbente para eliminar el exceso de aceite. Sirve 3 chipirones en cada plato y acompáñalos con las hortalizas en tempura. Decora con una ramita de perejil.

CONSEJO: Para limpiar los chipirones, estira los tentáculos hacia una parte y el cuerpo hacia la contraria: los tentáculos salen con la cabeza y con las vísceras. Corta los tentáculos por encima de los ojos y desecha el resto de la cabeza. Aparta con cuidado, y reserva, la bolsita de tinta y extrae también la pluma transparente que hay dentro del cuerpo. Aclara el cuerpo del chipirón bajo el chorro de agua fría y elimina su piel exterior y los restos del interior. Enjuaga también los tentáculos si los vas a utilizar.

CONGRIO A LA GALLEGA

INGREDIENTES **(4 P.)**

500 g de congrio en rodajas
2 cebolletas
1 tomate
2 dientes de ajo
1 cucharada de harina
1 vaso de vino blanco
harina (para rebozar)
100 g de guisantes cocidos
125 ml de caldo de pescado (o 150 ml de agua)
aceite de oliva virgen extra
perejil picado
sal

ELABORACIÓN

Pica bien las cebolletas y el tomate, corta el ajo en láminas y pocha todo en una cazuela con aceite. Sazona. Añade la cucharada de harina, rehógala, vierte encima el vino y el caldo (o el agua) y cocina durante 5 minutos.

Sazona el congrio, pásalo por harina y fríelo en una sartén con aceite durante 1 minuto por cada lado. Escúrrelo, colócalo sobre la salsa y guísalo durante 8 minutos.

Agrega los guisantes y dales un hervor. Espolvorea con perejil picado y sirve.

CONGRIO A LA CERVEZA

INGREDIENTES **(4 P.)**

8 rodajas de congrio
1 vaso de cerveza
1 cebolla pequeña
2 dientes de ajo
1 cucharada de harina
12 langostinos
aceite de oliva virgen extra
perejil picado
1 cucharadita de pimentón
sal

ELABORACIÓN

Pica la cebolla y los dientes de ajo y ponlos a pochar en una cazuela con 3-4 cucharadas de aceite. Cuando se doren, añade la harina y el pimentón y mezcla bien. Agrega la cerveza, espolvorea con perejil picado y deja reducir durante 10 minutos.

Sazona las rodajas de congrio e incorpóralas a la cazuela. Cocínalas durante 3-4 minutos por cada lado.

Retira la cabeza a los langostinos, pélalos, sazónalos y saltéalos brevemente en una sartén con un poco de aceite. Incorpóralos a la cazuela y mezcla un poco.

Sirve las rodajas de congrio en el centro de una fuente y los langostinos a los lados.

CONSEJO: La cabeza de congrio es muy apropiada para preparar caldos y sopas de pescado. Es más sabrosa y barata que la de otros pescados.

SALMÓN EN SALSA VERDE

INGREDIENTES **(4 P.)**

4 lomos de salmón (150 g cada uno)
8 huevos de codorniz
2 dientes de ajo
1 cebolleta
1 cucharada de harina
100 ml de vino blanco
8 espárragos verdes frescos
aceite de oliva virgen extra
perejil
pimienta
sal

ELABORACIÓN

Pon a cocer los huevos de codorniz en un cazo con agua y una pizca de sal. Deja que hiervan durante 5 minutos. Pélalos, córtalos por la mitad y resérvalos.

Calienta una tartera (cazuela amplia y baja) con un chorrito de aceite. Salpimienta los lomos de salmón, añádelos y séllalos por los dos lados. Retíralos a un plato y resérvalos.

Pela los ajos y la cebolleta, córtalos en daditos y agrégalos a la tartera donde has sellado el salmón. Rehoga las hortalizas brevemente (4-5 minutos), sin que lleguen a dorarse. Incorpora la harina y rehógala un poco. Añade el vino y 200 ml de agua y mezcla bien. Agrega un poco de perejil picado y cocina la salsa durante 2-3 minutos a fuego suave. Introduce los lomos de salmón en la salsa y cocínalos durante 3 minutos.

Corta los espárragos en cilindros de 1-2 cm y saltéalos en una sartén con un chorrito de aceite.

Sirve en cada plato 1 lomo de salmón, unos espárragos salteados y 2 huevos de codorniz. Decóralos con unas hojas de perejil.

CONSEJO: La salsa verde es conocida internacionalmente, aunque en cada país el nombre se asocia a diferentes salsas. En España se elabora con un sofrito de ajo, harina, vino blanco y *fumet* de pescado (o agua) al que se le añade perejil. En México, por ejemplo, se elabora con tomate verde molido y chile.

CONGRIO CON GUISANTES

INGREDIENTES **(4 P.)**

4 rodajas de congrio (150 g cada una)
1 taza de guisantes desgranados
12 mejillones
200 ml de vino blanco
1 cebolleta
3 dientes de ajo
harina (para rebozar)
1 limón
aceite de oliva virgen extra
perejil picado
3-4 clavos
sal

ELABORACIÓN

Pon agua a calentar en un cazo, añade los guisantes, sazónalos y cuécelos durante 5 minutos. Resérvalos (guisantes y caldo) en el cazo.

Calienta 50 ml de vino blanco en una cazuela, agrega los mejillones (limpios sin barbas), tápalos y cocínalos hasta que se abran. Sácales la carne y resérvala.

Pica la cebolleta y los ajos en daditos y rehógalos en una tartera (cazuela amplia y baja) con un chorrito de aceite durante 6 minutos.

Sazona las rodajas de congrio, pásalas por harina y añádelas a la tartera con las hortalizas rehogadas. Vierte encima el resto del vino (150 ml) y 150 ml del caldo de cocción de los guisantes.

Incorpora los guisantes y los clavos y cocina el congrio durante 2-3 minutos por cada lado. Añade la carne de los mejillones reservada y espolvorea con perejil picado.

Sirve y decora con el limón.

CONGRIO CON PATATAS Y ALMEJAS

INGREDIENTES **(4-6 P.)**

800 g de congrio en rodajas
1 patata grande
300 g de almejas
1 cebolla roja
3 dientes de ajo
1 pimiento verde
harina (para rebozar)
aceite de oliva virgen extra
perejil picado
unas hebras de azafrán
pimienta
sal

ELABORACIÓN

Pica la cebolla, un diente de ajo y el pimiento y rehógalos en una cazuela con un poco de aceite durante 2-3 minutos. Pela la patata, córtala en medias rodajas y añádela. Cubre con agua, pon a punto de sal y deja cocer durante 15 minutos.

Salpimienta las rodajas de congrio, pásalas por harina y fríelas hasta que estén ligeramente doradas. Escúrrelas e incorpóralas a la cazuela. Agrega también las almejas y las hebras de azafrán. Una vez que se hayan abierto las almejas, espolvorea con perejil picado y sirve.

SALMÓN CON AGUACATE Y RÚCULA

INGREDIENTES **(4 P.)**

4 lomos de salmón (800 g)
2 aguacates
100 g de rúcula (limpia)
1 cucharada de zumo de limón
50 ml de nata (35 % de materia grasa)
1 cucharada de semillas de amapola
aceite de oliva virgen extra
vinagre
10 hojas de cebollino
flores de cebollino (opcional)
pimienta
sal

ELABORACIÓN

Corta los aguacates por la mitad, retírales los huesos, trocea la pulpa y ponla en un vaso batidor. Añade el zumo de limón y la nata, sazona y tritura con una batidora eléctrica hasta conseguir una crema homogénea. Introdúcela en una manga pastelera y resérvala.

Pica el cebollino finamente y ponlo en un bol. Agrega las semillas de amapola y un buen chorro de aceite. Mezcla bien y reserva.

Salpimienta los lomos de salmón. Calienta la plancha, coloca en ella los lomos de salmón (sin añadir nada de aceite) y cocínalos durante 2-3 minutos por cada lado.

Sazona las hojas de rúcula y alíñalas con aceite y vinagre.

Sirve en cada plato 1 lomo de salmón, riégalos con un poco del aceite de cebollino y semillas de amapola y acompáñalos con una porción de ensalada y un poco de crema de aguacate. Puedes decorar los platos con unas flores de cebollino.

CONGRIO ZARAUTZ

INGREDIENTES **(4 P.)**

1.200 g de congrio
1 pimiento morrón
1 cebolleta
2 dientes de ajo
½ pimiento verde
12 almejas
1 cucharada de harina
½ vaso de vino blanco
4 espárragos
1 huevo cocido
aceite de oliva virgen extra
perejil
sal

ELABORACIÓN

Corta el congrio en lomos, retirando las espinas y la piel, y resérvalo. Pon las espinas a cocer en una cazuela con 500 ml de agua, una pizca de sal y unas ramas de perejil. Deja cocer durante 8-10 minutos, cuélalo y resérvalo.

Limpia el pimiento morrón, colócalo en una fuente apta para el horno, rocíalo con aceite, sazónalo y hornéalo a 180 ºC durante 30 minutos. Pélalo, colócalo en un vaso batidor, añade 100 ml del caldo reservado y tritúralo. Reserva el puré de pimiento.

Pica la cebolleta, los ajos y el pimiento verde finamente y ponlos a pochar en una cazuela amplia y baja con aceite. Cuando estén dorados, añade la harina y rehoga brevemente. Incorpora las almejas, vierte encima el vino blanco y 200 ml del caldo reservado y espolvorea con perejil picado. Agrega el puré de pimiento y mezcla bien.

Sazona los lomos de congrio, introdúcelos en la salsa (si está espesa, añade más caldo) y cocínalos durante 6 minutos. Corta los espárragos a la mitad, pica el huevo y agrégalos a la cazuela.

Decora con una rama de perejil y sirve.

CONSEJO: El congrio fresco debe tener una consistencia firme y ojos brillantes y saltones. Para que se conserve en óptimas condiciones, lo mejor es dejar su compra para el último momento, justo antes de volver a casa. Si se va a consumir en el día o al día siguiente, se colocará en la parte más fría del frigorífico; en caso contrario, es mejor que lo congeles.

CONGRIO DEL CANTÁBRICO

INGREDIENTES **(4 P.)**

800 g de congrio en rodajas
3 dientes de ajo
1 cucharada de harina
½ vaso de *brandy*
½ vaso de vino tinto
1 vaso de caldo de pescado
150 g de setas frescas
1 rama de romero
2 ramas de tomillo
1 hoja de laurel
perejil picado
aceite de oliva virgen extra
sal

ELABORACIÓN

Pela los ajos, córtalos en láminas y dóralos en una cazuela con aceite. Agrega la harina y rehógala. Sazona las rodajas de congrio e incorpóralas. Riega con el *brandy*, el vino y el caldo. Limpia y trocea las setas y añádelas junto con el romero, el tomillo y el laurel. Espolvorea con el perejil picado y guisa todo durante 10 minutos a fuego medio.

Pasa las rodajas de congrio a una fuente y salséalas (puedes acompañar con unos costrones de pan frito).

SABIRÓN CON FIDEOS

INGREDIENTES **(4 P.)**

8 sabirones
200 g de fideos (n.º 2)
6 chalotas
1 pimiento verde
aceite de oliva virgen extra
perejil
1 guindilla cayena
sal

ELABORACIÓN

Saca los lomos de los sabirones y resérvalos.

Pon las espinas y las cabezas de los sabirones en una cazuela con 1 litro de agua hirviendo, sazona, añade 3-4 ramas de perejil y cuece durante 15 minutos. Cuela y reserva el caldo.

Calienta una tartera (cazuela amplia y baja) apta para el horno con un chorrito de aceite. Agrega los fideos y tuéstalos un poco. Retíralos a un plato y resérvalos.

Añade 2 cucharadas de aceite a la tartera. Pela las chalotas, córtalas en daditos, agrégalas a la tartera y rehógalas durante 3-4 minutos. Lava el pimiento, retírale el tallo y las semillas, córtalo de la misma manera y añádelo. Rehoga todo conjuntamente durante 3-4 minutos. Sazona, incorpora la guindilla, los fideos y 400 ml de caldo. Cocina a fuego fuerte durante 2-3 minutos. Introduce la tartera en el horno a 220 ºC y hornea los fideos durante 5-6 minutos.

Sazona los filetes de sabirón, extiéndelos en una fuente apta para el horno, riégalos con un chorrito de aceite y hornéalos a 220 ºC durante 4 minutos aproximadamente.

Sirve los fideos en 4 platos y coloca los lomos de sabirón a un lado. Espolvorea el caldo de la fuente de horno con un poco de perejil picado, mezcla bien y salsea los sabirones. Decora los platos con unas hojas de perejil.

CONSEJO: Al sabirón también se le conoce como *pez escorpión, pez araña, faneca brava, escaparapote* o *salvario*.

ROLLITOS DE SALMÓN Y AGUACATE

INGREDIENTES **(4 P.)**

4 lonchas grandes de salmón ahumado (300 g)

2 aguacates

1 cebolleta pequeña

1 tomate pequeño

1 cucharada de zumo de limón

sal

perejil

ELABORACIÓN

Pela la cebolleta y el tomate, córtalos en daditos y ponlos en un bol (no demasiado grande).

Corta los aguacates por la mitad, retírales los huesos y, con ayuda de una cuchara, sácales la pulpa. Reserva ½ aguacate. Pica el resto del aguacate (1½) e incorpóralo al bol de la cebolleta y el tomate. Sazona, agrega el zumo de limón y, con un tenedor, aplasta todo bien hasta conseguir una pasta.

Corta el ½ aguacate reservado en 8 gajos finos y resérvalos.

Pon un trozo grande de film transparente sobre una superficie plana (tabla), extiende encima una loncha de salmón ahumado y cúbrela con la pasta de aguacate, tomate y cebolleta. Coloca encima 2 gajos de aguacate y, ayudándote con el film, enrolla el salmón ahumado hasta conseguir un rulo. Repite el proceso con el resto de los ingredientes. Deja que reposen en el frigorífico hasta que se endurezcan un poco.

Sirve 1 rollito en cada plato y decóralos con unas hojas de perejil.

CONSEJO: Para hacer la pasta de aguacate, cebolleta y tomate es importante que los aguacates estén en su punto: ni muy duros ni demasiado maduros.

DORADA EN PAPILLOTE CON TAPIOCA DE AZAFRÁN

INGREDIENTES **(4 P.)**

1 dorada
4 cucharadas de perlas de tapioca
2 cebolletas
2 zanahorias
2 puerros
1 copita de vino blanco o *txakoli*
12 espárragos verdes
aceite de oliva virgen extra
8 hebras de azafrán
pimienta negra
sal

ELABORACIÓN

Corta las cebolletas, la zanahoria y los puerros en juliana fina y ponlos a dorar en una sartén con un chorrito de aceite. Sazónalos y cocínalos durante 5 minutos.

Agrega el azafrán a una cacerola con agua hirviendo y un poco de sal. Deja que hierva a fuego moderado durante unos minutos (hasta que tome color el agua). Cuela para retirar las hebras y cuece en esta agua la tapioca durante 15 minutos a fuego suave (hasta que la tapioca quede transparente).

Limpia la dorada y saca los lomos. Corta cada lomo en dos y salpimienta.

Corta 4 trozos grandes de papel de aluminio y extiéndelos sobre una superficie plana. Pon en el centro de cada papel un chorrito de aceite y ½ lomo de dorada, reparte encima las hortalizas salteadas y riega con 1 cucharada de vino. Cierra los paquetes herméticamente.

Coloca los paquetes sobre un par de bandejas de horno y hornéalos a 180 ºC durante 10 minutos o hasta que se inflen.

Corta los espárragos, saltéalos en una sartén con un chorrito de aceite y sazónalos.

Retira el papel de aluminio, sirve en cada plato 1 ración de dorada con hortalizas acompañada con unos espárragos y 1 cucharada de tapioca.

DORADA AL HORNO

INGREDIENTES **(4 P.)**

2 doradas (1 kg)
2 tomates
5 dientes de ajo
1 guindilla
aceite de oliva virgen extra
perejil picado
sal gruesa

ELABORACIÓN

Limpia las doradas y sácales los lomos. No les retires la piel.

Cubre la placa del horno con papel de aluminio, riega con un chorrito de aceite y coloca encima los 4 lomos de dorada, dejando la piel hacia arriba. Pon un puñadito de sal gruesa sobre cada uno y extiéndela. Hornea a 220 ºC durante 10 minutos. Sácalos del horno, retírales la piel con cuidado y pásalos a una fuente amplia.

Limpia los tomates, córtalos en rodajas gruesas y fríelas en una sartén con un poco de aceite. Colócalas en la misma fuente que la dorada.

Pela los dientes de ajo y córtalos en láminas. Calienta unas 8 cucharadas de aceite en otra sartén y añade los ajos. Cuando se doren un poco, agrega la guindilla cortada en tiras.

Vierte el aceite con los ajos y la guindilla sobre el pescado, espolvorea con perejil picado y sirve.

DORADA A LA SAL

INGREDIENTES **(4 P.)**

1 dorada de 1.500 g (aprox.)
2 kg de sal gruesa
200 g de patatas paja (fritas)

Para la mayonesa:

1 huevo
200 ml de aceite
1 cucharada de vinagre
sal

Para la salsa tártara:

mayonesa
1 pepinillo en vinagre
1 puñado de alcaparras en vinagre
1 huevo cocido

ELABORACIÓN

Desescama la dorada y límpiala bien por dentro. Humedece la sal con un poco de agua, para que se haga más compacta, y prepara con ella una cama de sal en una placa de horno. Coloca la dorada encima y cúbrela totalmente con el resto de la sal. Hornea durante 20 minutos a 180 ºC.

Sácala del horno, rompe la costra de sal dándole unos golpes y retírala.

Prepara la mayonesa (véase *Salsa mayonesa*).

Para la salsa tártara, pica bien el pepinillo, las alcaparras y el huevo y mézclalos con la mayonesa.

Retira la piel y la cabeza a la dorada, ábrela por la mitad y quítale las espinas.

Sirve la dorada en una fuente y acompáñala con la salsa y unas patatas paja.

CREPES DE BACALAO FRESCO Y SALMÓN AHUMADO

INGREDIENTES **(4 P.)**

200 g de bacalao fresco (lomo)
200 g de salmón ahumado
1 cebolleta
2 dientes de ajo
2 cucharadas de harina
400 ml de leche
aceite de oliva virgen extra
perejil
sal

Para la masa de los crepes:

3 huevos
125 g de harina
250 ml de leche
1 cucharada de aceite de oliva virgen extra
1 nuez de mantequilla
perejil picado
sal

ELABORACIÓN

Para la masa de los crepes, pon los huevos, una pizca de sal, un poco de perejil picado, la harina y la leche en una jarra. Tritura con la batidora eléctrica. Agrega el aceite y bate de nuevo. Deja reposar durante 15-20 minutos.

Unta una sartén con un poco de mantequilla, vierte en ella 1-2 cucharadas de masa, extiéndela bien por toda la sartén y cocínala por los dos lados. Desecha el primer crepe y reserva el resto en un plato.

Pica finamente la cebolleta y 1 diente de ajo y ponlos a rehogar en una cazuela con un poco de aceite. Cuando cojan un poco de color, agrega la harina y rehógala un poco. Sazona y vete incorporando la leche poco a poco, sin dejar de remover. Cocina durante 10 minutos.

Corta en dados el bacalao y el salmón. Pela y pica el otro diente de ajo y dóralo un poco en una sartén con aceite. Agrega los dados de bacalao y salmón y saltéalos. Deja templar un poco. Rellena con ellos los crepes, fríelos en una sartén con un poco de aceite y escúrrelos sobre papel absorbente de cocina. Sirve la salsa bechamel en el fondo de una fuente y coloca los crepes encima. Decora con una ramita de perejil.

ROLLITOS DE ATÚN

INGREDIENTES **(4 P.)**

200 g de atún en aceite
4 hojas de pasta *brick*
1 huevo
25 g de aceitunas negras (deshuesadas)
100 ml de salsa de tomate (véase *Salsa de tomate*)
1 cucharada de semillas de sésamo
125 g de hojas verdes (canónigos, rúcula) limpias
aceite de oliva virgen extra
vinagre
perejil
½ cucharadita de cayena (molida)
sal

ELABORACIÓN

Pon agua a calentar en un cazo, añade el huevo y cuécelo durante 10 minutos (contados desde el momento en que el agua empiece a hervir). Refréscalo, pélalo, pícalo y resérvalo.

Desmenuza el atún y ponlo en un bol. Pica las aceitunas y añádelas. Agrega la cayena, el huevo picado y la salsa de tomate y mezcla bien.

Extiende sobre la tabla (o encimera) una hoja de pasta *brick* y córtala por la mitad. Pon una porción de la farsa de atún en el centro de cada trozo y enróllalas formando un paquete. Repite el proceso con el resto de las hojas de pasta *brick* y del relleno.

Coloca los rollitos sobre una bandeja de horno cubierta con papel de hornear, úntalos con un poco de aceite y espolvoréalos con el sésamo. Hornéalos a 200 ºC durante 10 minutos, hasta que doren.

Mezcla en un bol los canónigos y la rúcula. Sazónalos y alíñalos con aceite y vinagre.

Sirve 2 rollitos en cada plato y acompáñalos con una porción de ensalada. Decora los platos con unas hojas de perejil.

CONSEJO: En esta receta hemos utilizado el horno para tostar la pasta *brick*, pero, si os apetece más, fritos también quedan muy bien.

RODABALLO CON SALSA DE PIMIENTO

INGREDIENTES **(4 P.)**

- 1 rodaballo de 1.500 g (de cultivo)
- 1 pimiento rojo
- 1 cebolleta
- 1 cucharada de harina de maíz refinada (opcional)
- aceite de oliva virgen extra
- perejil
- pimienta
- sal

ELABORACIÓN

Saca los lomos del rodaballo y resérvalos. Trocea la cabeza y las espinas.

Pon agua (1 litro aprox.) a calentar en una cazuela. Añade la cabeza y las espinas del rodaballo. Agrega también 2-3 ramas de perejil y el tallo y la capa externa de la cebolleta. Sazona y cocina durante 15 minutos. Cuela y reserva el caldo.

Corta la cebolleta en daditos y ponla a rehogar en una cazuela con un chorrito de aceite. Pela el pimiento, retírale el tallo y las semillas, córtalo en dados e incorpóralos a la cazuela. Rehoga las hortalizas durante 15 minutos a fuego medio. Añade 200 ml del caldo reservado y cocina conjuntamente durante 5 minutos. Tritura y reserva la salsa (si queda muy ligera, puedes espesarla agregando un poco de harina de maíz diluida en agua fría).

Unta una bandeja de horno con un poco de aceite, salpimienta los lomos de rodaballo y colócalos encima (dejando la parte de la piel en contacto con la bandeja). Riégalos con un chorrito de aceite y hornéalos a 230 ºC durante 8-10 minutos.

Cubre la base de los platos con la salsa de pimiento, pon encima los lomos de rodaballo y riégalos con el jugo que queda en la bandeja de horno. Decora los platos con unas hojas de perejil y sirve.

CONSEJO: El rodaballo es un pescado bajo en calorías, de fácil digestión y con pocas espinas, por lo que es perfecto para los más pequeños de la casa.

CABRACHO CON PATATAS Y MOJO

INGREDIENTES (4 P.)

2 cabrachos (1.200 g)
16 patatas pequeñas
1 cebolla
2 zanahorias
1 manojo de perejil
10-20 granos de pimienta negra
sal

Para el mojo:

5 dientes de ajo
1 trozo de guindilla picante
6 cucharadas de aceite de oliva virgen extra
1 cucharada de vinagre
perejil picado
1 pizca de comino
sal gruesa

ELABORACIÓN

Lava las patatas y cuécelas (con piel) tapadas en una cazuela con agua y sal durante 15 minutos. Deja que se templen, pélalas y resérvalas.

Para el mojo, pela los ajos, pícalos un poco y colócalos en el mortero. Agrega la guindilla, el comino y un poco de sal gruesa y maja bien. Añade el aceite, el vinagre y un poco de perejil picado, mezcla bien y reserva.

Pela la cebolla y córtala en trozos. Pela las zanahorias y córtalas en bastones. Pon agua en una cazuela, sazónala e introduce en ella la cebolla, la zanahoria, los granos de pimienta y el perejil. Pon la cazuela al fuego y hierve durante 5 minutos.

Limpia los cabrachos, corta cada uno en tres rodajas gruesas y añádelas a la cazuela. Pon la tapa y deja cocer durante 3 minutos. Retira el pescado y los bastones de zanahoria y escúrrelos.

Distribuye el cabracho, las zanahorias y las patatas en una fuente amplia, aliña con el mojo y sirve.

BACALAO CON HORTALIZAS Y SALSA DE ALMENDRAS Y TOMATE

INGREDIENTES **(4 P.)**

300 g de bacalao desalado y desmigado
2 dientes de ajo
1 berenjena
3 patatas cocidas
4 pimientos verdes asados y pelados
16 aceitunas rellenas
aceite de oliva virgen extra
perejil picado
sal

Para la salsa de almendras y tomate:

1 cucharada de almendras
1 diente de ajo
1 tomate
aceite de oliva virgen extra
una pizca de orégano
sal

ELABORACIÓN

Lava la berenjena, córtala en rodajas, sazónalas y déjalas reposar en un escurridor durante 15-30 minutos para eliminar el amargor. Acláralas, sécalas bien y fríelas en una sartén con aceite. Escúrrelas y resérvalas.

Corta el ajo en láminas, dóralo un poco en una sartén con aceite y saltea en ella el bacalao. Espolvorea con perejil picado.

Pela las patatas, córtalas en rodajas y extiéndelas bien sobre una bandeja. Dispón sobre ellas el salteado de bacalao. Corta los pimientos en tiras, colócalos, junto con las aceitunas, sobre el bacalao y cubre con las rodajas de berenjena frita.

Para preparar la salsa, coloca en el vaso de la batidora las almendras, el ajo, el tomate pelado y troceado, el orégano, un buen chorro de aceite y sal y tritura todo con la batidora eléctrica.

Salsea el bacalao con las hortalizas y sirve.

FANECA RELLENA EN SALSA

INGREDIENTES **(4 P.)**

8 filetes de faneca
1 diente de ajo
4 puntas de espárragos trigueros
300 g de setas
100 g de jamón curado
aceite de oliva virgen extra
sal

Para la salsa:
1 diente de ajo
aceite de oliva virgen extra
1 cucharada de harina
16 almejas
1 vaso de caldo de pescado (o agua)
2 cucharadas de puré de pimiento rojo asado
perejil picado

ELABORACIÓN

Limpia bien las setas y pícalas. Pica también los espárragos y el jamón. Pela el diente de ajo, pícalo finamente y ponlo a dorar en una sartén con aceite. Incorpora las setas, los espárragos y el jamón y saltea todo durante unos 5 minutos.

Sazona los filetes de faneca y coloca la mitad sobre una placa de horno untada con aceite. Reparte sobre ellos el salteado y cubre con el resto de los filetes. Hornea durante 5-7 minutos a 180 ºC.

Para la salsa, pela y pica el diente de ajo y dóralo en una sartén con aceite. Añade la harina y rehógala. Incorpora las almejas, el caldo (o agua), abundante perejil picado y el puré de pimientos. Cocina durante unos minutos, hasta que se abran las almejas.

Sirve los filetes de faneca con las almejas y salsea.

FANECA AL VAPOR CON CREMA DE PUERROS

INGREDIENTES **(4 P.)**

2 fanecas (250 g cada una)
6 puerros
1 zanahoria
aceite de oliva virgen extra
2 clavos
pimienta
½ cucharada de pimentón dulce
sal

ELABORACIÓN

Limpia las fanecas, córtalas en filetes y salpimiéntalos.

Limpia los puerros. Cuece la parte verde de los puerros (bien picados) en una cazuela con 100-150 ml de agua y una pizca de sal durante 20 minutos. Tritura todo con la batidora y reserva la crema.

Corta en juliana la zanahoria y el blanco de 5 puerros e introdúcelos en una cazuela con agua y sal y los clavos. Pon encima una vaporera y coloca en ella los filetes de faneca con la piel hacia abajo. Cuece durante unos 4 minutos.

Corta en juliana el blanco del puerro restante, fríelo en una sartén con aceite y escúrrelo. Mezcla en un cuenco un chorro de aceite con el pimentón.

Cubre el fondo de una fuente con la crema de puerro, coloca los filetes encima, acompaña con el puerro frito y decora con el aceite de pimentón. Sirve.

RAYA EMPANADA CON MAYONESA DE AJO

INGREDIENTES **(4 P.)**

4 aletas pequeñas de raya (800 g)

16 espárragos verdes

300 g de champiñones

1 calabacín

2 endibias

huevo batido y pan rallado (para rebozar)

aceite de oliva virgen extra

perejil

pimienta

sal

Para la mayonesa de ajo:

1 diente de ajo pequeño

1 huevo

150 ml de aceite de oliva virgen extra

15 ml de vinagre

sal

ELABORACIÓN

Retira la parte inferior de los espárragos y córtalos en trozos de 4 centímetros. Retira la parte inferior del tallo de los champiñones, lávalos bien, sécalos y córtalos en cuartos. Lava el calabacín y córtalo en cuartos de luna. Pon a calentar un poco de aceite en una cazuela, agrega las hortalizas, sazónalas y cocínalas durante 8-10 minutos aproximadamente.

Suelta las hojas de endibia, córtalas en juliana gruesa, incorpóralas a la cazuela y cocínalas brevemente (2-3 minutos). Reserva las hortalizas.

Prepara la mayonesa de ajo (véase *Salsa mayonesa de ajo*).

Salpimienta las aletas de raya, pásalas por huevo batido y pan rallado y fríelas brevemente por los dos lados en una sartén con abundante aceite (1 minuto por cada lado). Retíralas y escúrrelas sobre una fuente cubierta con papel absorbente.

Sirve la raya con las hortalizas y la mayonesa de ajo. Decora los platos con unas hojas de perejil.

CONSEJO: La raya es un pescado que no tiene espinas, sino cartílagos, por lo que es muy recomendable para los más peques de la casa.

FILETES DE GALLO RELLENOS DE ESPÁRRAGOS

INGREDIENTES **(4 P.)**

16 filetes de gallo
32 espárragos verdes
2 patatas cocidas (peladas)
150 ml de caldo de pescado
2 zanahorias cocidas
4 nueces de mantequilla
aceite de oliva virgen extra
sal

ELABORACIÓN

Pon agua a calentar en una cazuela con una pizca de sal y 1 cucharada de aceite. Retira la parte inferior (la más dura) de los espárragos. Corta las puntas o yemas (5 cm) y ponlas a cocer junto con los tallos. A los 5 minutos, retira las yemas y resérvalas. Cuece los tallos durante 10 minutos más, retíralos (reserva el caldo de cocción), trocéalos y pásalos a un vaso batidor. Trocea las patatas cocidas e incorpóralas. Agrega un poco del caldo reservado (50 ml) y tritura bien.

Sazona los filetes de gallo y coloca sobre cada uno 2 yemas de espárrago. Enróllalos y pásalos a una fuente apta para el horno untada con un poco de mantequilla. Vierte encima el caldo de pescado y hornéalos a 200 ºC durante 10 minutos aproximadamente.

Corta las zanahorias en rodajas. Baña el fondo de una fuente con la crema de espárragos, coloca encima los filetes de gallo, acompáñalos con las rodajas de zanahoria y sirve.

FILETES DE LENGUADO AL CAVA CON VERDURITAS

INGREDIENTES **(4 P.)**

4 lenguados de ración
2 copas de cava
8-10 ajos frescos
100 g de champiñones
1 vaso de nata
6 ostras
aceite de oliva virgen extra
perejil
pimienta
sal

ELABORACIÓN

Limpia los lenguados, saca los filetes y resérvalos. Cuece las espinas y las cabezas, junto con una rama de perejil, en una cazuela con agua y una pizca de sal durante 15 minutos. Cuela el caldo y resérvalo.

Para preparar la salsa, vierte en una cazuela la nata, 1 copa de cava y 3 cacillos del caldo reservado. Abre las ostras, agrega el jugo de su interior a la cazuela y deja reducir a fuego moderado durante 15-20 minutos.

Corta los ajos frescos en bastoncitos y ponlos a dorar en una sartén con un chorrito de aceite. Limpia los champiñones, córtalos en cuartos e incorpóralos a la sartén. Cocina todo durante 6-8 minutos.

Salpimienta los filetes de lenguado y enróllalos en espiral con la parte de la piel hacia dentro. Pasa las popietas a una placa de horno y riégalas con un chorrito de aceite y la otra copa de cava. Hornea a 180-200 ºC durante 5-8 minutos.

Coloca las popietas de lenguado en una fuente, salséalas y acompáñalas con los champiñones con ajos frescos por un lado y las ostras por otro. Decora con una hojita de perejil y sirve.

CONSEJO: Para abrir las ostras fácilmente, guárdalas en una bolsa de plástico e introdúcelas en el congelador durante 30 minutos.

RAYA AL PIMENTÓN

INGREDIENTES **(4 P.)**

4 aletas de raya (800 g)
1 rebanada de pan
3 dientes de ajo
1 cebolla
125 ml de vino blanco
aceite de oliva virgen extra
1 hoja de laurel
perejil
1 cucharada de pimentón
1 cucharada de comino en grano
sal

ELABORACIÓN

Corta las aletas de raya por la mitad, sazónalas y resérvalas.

Pon a calentar 4-5 cucharadas de aceite en una cazuela. Añade la rebanada de pan y fríela por los dos lados hasta que se dore. Retírala a un plato cubierto con papel absorbente.

Pela los dientes de ajo, córtalos en dados y agrégalos a la cazuela donde has frito el pan. Pela la cebolla, córtala en daditos e incorpórala. Sazona y cocina las hortalizas durante 6-8 minutos.

Corta el pan en dados y ponlos en un mortero. Agrega el pimentón, el comino y un poco de agua (2-3 cucharadas) y maja todo bien. Incorpora el majado a la cazuela y mezcla. Añade el vino y la hoja de laurel y cocina todo durante 8-10 minutos a fuego medio. Retira la hoja de laurel, pasa los ingredientes de la salsa a un vaso batidor y tritúralos con una batidora eléctrica.

Pasa la salsa a una cazuela grande, introduce en ella los trozos de raya y cocínalos durante 3 minutos por cada lado.

Sirve la raya con su salsa, espolvorea con un poco de perejil picado y decora los platos con unas hojas de perejil.

CONSEJO: Si vais a introducir algo muy caliente en un vaso batidor de cristal, lo mejor es introducir un par de cucharas de metal dentro. Las cucharas absorberán parte del calor de los alimentos y evitaremos que el vaso se raje.

GALLO A LA MEUNIÈRE

INGREDIENTES **(4 P.)**

800 g de filetes de gallo
harina (para rebozar)
1 calabacín
½ limón
aceite de oliva virgen extra
pimienta
sal

Para la salsa:
50 g de mantequilla
1 cucharada de harina
1½ vasos de caldo de carne
zumo de ½ limón
perejil picado

ELABORACIÓN

Salpimienta los filetes de gallo, enharínalos y fríelos en una sartén con aceite. Escúrrelos y pásalos a una fuente.

Para preparar la salsa, derrite en un cazo la mitad de la mantequilla, añade la harina y rehógala. Agrega el caldo y el zumo de limón y remueve hasta que ligue. Espesa la salsa añadiendo el resto de la mantequilla y espolvorea con perejil picado.

Corta el calabacín en rodajas y fríelas en una sartén con aceite. Escúrrelas y sazónalas.

Napa los filetes de gallo con la salsa y acompáñalos con las rodajas de calabacín fritas y espolvoreadas con perejil picado. Decora con el limón y sirve.

FILETES DE CABALLA AL VINO BLANCO

INGREDIENTES **(4 P.)**

2 caballas fileteadas
3 puerros (solo la parte blanca)
1 cucharada de carne de pimiento choricero
1 vaso de vino blanco
2 patatas cocidas
aceite de oliva virgen extra
perejil picado
pimienta
sal

ELABORACIÓN

Limpia los puerros, córtalos en juliana, ponlos a pochar en una sartén con aceite y sazónalos. Cuando comiencen a dorarse, incorpora la carne de pimiento choricero y rehoga. Agrega el vino blanco y deja que la salsa reduzca a fuego suave durante 5 minutos.

Salpimienta los filetes de caballa y fríelos en otra sartén con aceite. Escúrrelos.

Sirve las caballas con las patatas (cortadas en gajos) en una fuente, salséalas y espolvorea con perejil picado.

RAPE RELLENO DE BECHAMEL DE GAMBAS

INGREDIENTES **(4 P.)**

- 8 filetes de rape
- 200 g de gambas
- 1 cebolla
- 1 puerro
- 2 zanahorias
- 1 tomate
- 2 dientes de ajo
- 40 g de arroz
- 75 ml de *brandy*
- 20 g de harina
- 200 ml de leche
- harina y huevo batido (para rebozar)
- 12 ramilletes de canónigos (limpios)
- aceite de oliva virgen extra
- 12 hojas de cebollino
- perejil
- pimienta
- sal

ELABORACIÓN

Pela las gambas y resérvalas. Reserva también las cabezas y las cáscaras.

Para hacer la salsa, pela la cebolla, córtala en dados y ponla a rehogar en una cazuela con 3 cucharadas de aceite. Limpia el puerro, retirándole la parte inferior, la superior y la primera capa, hazle un corte en cruz por la parte superior, enjuágalo bien bajo el grifo, córtalo en medias lunas y añádelo. Pela las zanahorias, córtalas en cuartos de luna y agrégalas. Sazona y rehoga las hortalizas durante 5-6 minutos. Corta el tomate por la mitad, rállalo e incorpóralo. Pela 1 diente de ajo, trocéalo y añádelo. Añade también las cabezas y las cáscaras de las gambas y rehoga todo bien durante 5 minutos. Agrega el arroz y el *brandy*, y flambea. Vierte encima 800 ml de agua y cocina la salsa a fuego suave durante 25-30 minutos. Tritúrala, cuélala y resérvala.

Para la bechamel de gambas, calienta una cazuela con 2 cucharadas de aceite. Pela el otro diente de ajo, pícalo finamente y agrégalo. Corta las gambas peladas en trocitos, añádelas y rehógalas brevemente. Incorpora la harina, rehógala un poco y agrega la leche poco a poco y sin dejar de remover. Cocina la bechamel durante 5-6 minutos. Sazona, añade un poco de perejil picado y mezcla bien. Pásala a una fuente, extiéndela, espera a que se enfríe y córtala en 4 porciones.

Salpimienta los 8 filetes de rape, pon 1 porción de bechamel sobre 4 de los filetes y cubre con los otros 4. Pásalos (con mucho cuidado) por harina y huevo batido y fríelos en una sartén con bastante aceite durante unos 2 minutos por cada lado. Escúrrelos sobre un plato cubierto con papel absorbente.

Sirve la salsa en la base de los platos y coloca encima el rape relleno. Decora los platos con las hojas de cebollino, los ramilletes de canónigo y unas hojas de perejil.

CONSEJO: No conviene deshacerse de las pieles del rape, ya que son muy ricas en colágeno y se pueden trocear y guisar como si fueran unas *kokotxas*.

RABAS CON SALSA PICANTE

INGREDIENTES **(4 P.)**

1 calamar grande (700 g)
250 ml de salsa de tomate (véase *Salsa de tomate*)
1-2 cucharaditas de salsa picante
aceite de oliva virgen extra
perejil

Para la pasta orly:
2 huevos
170 g de harina
8 g de levadura
200 ml de cava
sal

ELABORACIÓN

Para la pasta *orly,* casca los huevos y separa las yemas de las claras. Con una batidora de varillas eléctrica, monta las claras en un bol. Mezcla la harina con la levadura, incorpóralas al bol y bate de nuevo. Añade las yemas y una pizca de sal y bate hasta que se integren. Finalmente, agrega el cava y bate hasta conseguir una masa homogénea. Déjala reposar durante 30 minutos.

Limpia el calamar, retirándole la cabeza con los tentáculos, la corbata, la tripa y la tinta. Retira las aletas, la piel y la pluma, enjuaga bien el cuerpo (tubo) y córtalo en aros.

Pasa los aros de calamar por la pasta *orly* y fríelos brevemente, hasta que se doren un poco, en una sartén con abundante aceite caliente. Escúrrelos sobre un plato cubierto con papel absorbente.

Mezcla la salsa de tomate con la salsa picante.

Sirve las rabas y acompáñalas con la salsa picante. Decora los platos con unas hojas de perejil.

CONSEJO: Al freír calamares, el aceite puede salpicar y causar quemaduras importantes. Para evitarlo, utiliza una tapa, mejor si es de rejilla.

GUISO DE MEJILLONES

INGREDIENTES **(4 P.)**

2 kg de mejillones
1 cebolla
2 dientes de ajo
4 tomates
1 copita de jerez
1 cucharada de pan rallado
2 manojos de ajos tiernos
aceite de oliva virgen extra
perejil picado
sal

ELABORACIÓN

Pica la cebolla, el ajo y el tomate, pon todo a pochar en una cazuela con aceite y sazona. Cocina a fuego suave durante 15-20 minutos, removiendo de vez en cuando. Pasa todo por el pasapurés y reserva la salsa en una cazuela.

Calienta el jerez en una cazuela. Limpia los mejillones, retírales las barbas y añádelos a la cazuela. Tápalos y cocínalos hasta que se abran. Escúrrelos y retírales la concha vacía. Cuela el caldo y resérvalo.

Incorpora los mejillones a la cazuela con la salsa. Añade el pan rallado y un poco del caldo reservado y rehoga todo junto durante 3-4 minutos. Espolvorea con perejil picado.

Limpia los ajos tiernos y fríelos en una sartén con aceite. Escúrrelos y sazónalos con sal gruesa.

Sirve en una fuente los mejillones y acompáñalos con los ajos fritos.

GALLO AL VAPOR CON SALTEADO DE VERDURAS

INGREDIENTES **(4 P.)**

16 filetes de gallo
1 puerro
2 zanahorias
1 patata
200 g de judías verdes
1 diente de ajo
aceite de oliva virgen extra
1 manojo de perejil
10-12 granos de pimienta negra
pimienta
sal

ELABORACIÓN

Limpia el puerro retirándole la parte inferior, la superior y la primera capa y córtalo en 4 trozos. Pela las zanahorias y córtalas en 4. Pela la patata y córtala en 8. Retira las puntas de las judías y córtalas en trozos de 5 cm. Distribuye las hortalizas en el accesorio para cocer al vapor e introdúcelo en una cazuela con agua y una pizca de sal. Tápala y cuece las verduras durante 10 minutos. Escúrrelas bien.

Pon agua en la vaporera con el perejil, una pizca de sal y los granos de pimienta. Salpimienta los filetes de gallo y colócalos en la parte superior de la vaporera. Cuécelos a fuego fuerte durante 5-6 minutos, retíralos y resérvalos.

Saltea las hortalizas en una sartén con aceite y el diente de ajo picado.

Sirve los filetes de gallo en una fuente, acompáñalos con el salteado de verduras y decora con un chorro de aceite por encima.

KOKOTXAS EN SALSA CON ESPINACAS

INGREDIENTES **(4 P.)**

600 g de *kokotxas* de bacalao frescas
200 g de espinacas
½ cebolla blanca
½ cebolla roja
1 diente de ajo
1 pimiento verde
1 tomate
2 cucharaditas de harina
1 vaso de caldo de pescado
150 g de jamón curado
aceite de oliva virgen extra
sal

ELABORACIÓN

Limpia bien las espinacas y cuécelas en agua hirviendo con sal durante 2 minutos aproximadamente. Escúrrelas y resérvalas.

Pica bien la cebolla, el ajo, el pimiento y el tomate y ponlos a pochar en una cazuela con aceite. Una vez dorados, añade la harina y rehógala. Sazona las *kokotxas*, incorpóralas a la cazuela junto con el caldo y cocínalas durante 2-3 minutos.

Corta el jamón en tacos y saltéalo en una sartén con un poco de aceite. Agrega las espinacas y saltéalas.

Vierte el salteado de jamón y espinacas sobre las *kokotxas* y sirve.

KOKOTXAS CON REFRITO PICANTE

INGREDIENTES **(4 P.)**

800 g de *kokotxas* de bacalao (frescas o desaladas)
½ vaso de vino blanco
3 dientes de ajo
2-3 cayenas
aceite de oliva virgen extra
perejil picado

ELABORACIÓN

Coloca en una placa de horno las *kokotxas* con un chorro de aceite y el vino blanco. Hornéalas a 210 ºC durante 3-5 minutos (según le guste el punto a cada uno). Retíralas y reserva aparte el jugo de la placa.

Pela los ajos, córtalos en láminas y ponlos a dorar en una sartén con aceite junto con las cayenas y un poco de perejil. Cuando estén dorados, rocíalos con el jugo reservado.

Sirve las *kokotxas* en un plato o fuente y salséalas con este refrito.

PULPO A LA PLANCHA CON *PARMENTIER*

INGREDIENTES **(4 P.)**

1 pulpo (o 4 patas de pulpo cocidas)
3 patatas (800 g)
80 g de mantequilla
200 ml de nata
aceite de oliva virgen extra
perejil
nuez moscada
pimentón dulce y/o picante (al gusto)
sal

ELABORACIÓN

Pon a calentar una cazuela con agua, introduce las patatas (lavadas) y cuécelas durante 35 minutos. Escúrrelas, pélalas, trocéalas y ponlas en un bol. Agrega la mantequilla troceada y aplástalas con un machacador (aplastador) de patatas. Ralla encima un poco de nuez moscada, añade la nata, sazona y mezcla bien. Reserva el *parmentier.*

Pon a calentar abundante agua en una cazuela. Cuando el agua empiece a hervir, agarra el pulpo por la cabeza y, sin soltarlo, introdúcelo en el agua y sácalo tres veces. Finalmente, déjalo dentro. Sazona, tapa la cazuela y cuece el pulpo durante 40-45 minutos. Retíralo y espera a que se temple. Corta 4 patas (puedes congelar la cabeza y las otras 4 patas para utilizarlas en otra ocasión).

Calienta una sartén con un chorrito de aceite. Añade las 4 patas de pulpo y dóralas un poco.

Sirve en cada plato 1 pata de pulpo y una porción de *parmentier.* Espolvorea con pimentón (dulce o picante, al gusto) y decora los platos con unas hojas de perejil.

CONSEJO: Para que las patatas no pierdan parte de su almidón, es conveniente cocerlas con piel, pero antes deben lavarse muy bien.

LANGOSTINOS AL AJILLO

INGREDIENTES **(4 P.)**

24 langostinos
4 dientes de ajo
aceite de oliva virgen extra
perejil picado
1 guindilla cayena
sal

ELABORACIÓN

Pela los langostinos y quítales las cabezas.

Pela los ajos, córtalos en láminas y ponlos a dorar en una sartén con aceite. Añade la guindilla.

Sazona los langostinos e incorpóralos. Saltéalos y pásalos a una fuente. Espolvoréalos con un poco de perejil picado.

LANGOSTINOS AL HORNO

INGREDIENTES **(4 P.)**

24 langostinos (congelados)
3 ajos picados
1 copa de *brandy*
zumo de 1 limón
1 vaso de aceite de oliva virgen extra
½ guindilla
perejil picado
sal

ELABORACIÓN

Si los langostinos son congelados, déjalos descongelar por completo.

Pela y pica los ajos, trocea la guindilla y pasa todo a un vaso batidor. Agrega el zumo de limón y el aceite y tritura todo con la batidora. Reserva la salsa.

Abre los langostinos por la mitad y colócalos en una fuente apta para el horno con la cáscara hacia abajo. Sazónalos, riégalos con la salsa reservada y hornéalos a 220 ºC durante 5 minutos. Retíralos y colócalos en una fuente.

Pasa el jugo que han soltado los langostinos al asarse a una sartén, agrega el *brandy* y flambéalo. Espolvorea con perejil picado, riega con esta mezcla los langostinos y sirve.

POPIETAS DE LENGUADO CON SALSA DE LANGOSTINOS

INGREDIENTES **(4 P.)**

2 lenguados (1 kg)
8 langostinos
2 dientes de ajo
1 cebolla
50 ml de *brandy*
1 cucharada de harina
200 ml de tomate triturado
100 ml de *txakoli* (o vino blanco)
2 patatas
aceite de oliva virgen extra
1 cucharadita de estragón seco
perejil
sal

ELABORACIÓN

Pela los langostinos y resérvalos. Reserva también las cabezas y las cáscaras.

Pela los dientes de ajo, córtalos en daditos y ponlos a rehogar en una cazuela con un chorrito de aceite. Pela la cebolla, córtala de la misma manera y agrégala. Rehoga las hortalizas durante 6-8 minutos.

Incorpora las cabezas y las cáscaras de los langostinos a la cazuela y rehógalas un poco. Vierte encima el *brandy* y flambea. Añade la harina y cocínala un poco. Incorpora el estragón y el tomate triturado. Sazona, agrega 250 ml de agua y cocina los ingredientes durante 15 minutos. Tritura y pasa la salsa por un colador chino. Resérvala.

Limpia los lenguados, retirándoles la piel (de arriba y de abajo). Saca los filetes y sazónalos. Extiéndelos sobre la tabla y coloca 1 cola de langostino en un extremo de cada filete. Enróllalos hasta conseguir 8 popietas.

Pon las popietas en una fuente apta para horno, riégalas con el *txakoli* y hornéalas a 220 ºC durante 12-13 minutos.

Pela las patatas y, con un sacabolas (o cuchara parisién), saca bolitas. Pon a calentar agua en un cazo y sazónala. Agrega las bolitas y cuécelas durante 10 minutos. Escúrrelas y saltéalas en una sartén con un chorrito de aceite. Sazónalas y espolvoréalas con un poco de perejil picado.

Sirve la salsa en el fondo de 4 platos y coloca, encima de cada uno, 2 popietas de lenguado y unas bolitas de patata. Decóralos con unas hojas de perejil.

CONSEJO: Cuando vayáis a flambear cualquier alimento, es muy importante apagar el extractor de la campana para evitar que se incendie.

PINTXO DE ANCHOA CON RÚCULA

INGREDIENTES **(4 P.)**

12 filetes de anchoa en aceite

40 g de hojas de rúcula (limpias)

3 zanahorias

12 rebanadas de pan de semillas

1 cucharadita de semillas de sésamo tostado

aceite de oliva virgen extra

sal

Para la vinagreta:

2 cucharadas de aceite de oliva virgen extra

1 cucharadita de vinagre

1 cucharadita de miel

ELABORACIÓN

Pela las zanahorias, córtalas en medias lunas y cuécelas en una cazuela con abundante agua con una pizca de sal durante 18 minutos. Escúrrelas, ponlas en un vaso batidor, añade una pizca de sal, 1 cucharada de aceite y 75 ml del agua de la cocción de las zanahorias. Tritura con una batidora eléctrica hasta conseguir una crema homogénea.

Tuesta las rebanadas de pan (en un tostador o en el horno) y úntalas con un poco de crema de zanahoria.

Extiende 1 anchoa sobre un plato, pon unas hojas de rúcula encima, envuélvelas con la anchoa y ponla sobre una de las tostadas de pan. Repite el proceso con el resto de las anchoas y las tostadas.

Para preparar la vinagreta, mezcla en un bol la miel, el vinagre y el aceite. Aliña los *pintxos* con la vinagreta, espolvoréalos con las semillas de sésamo y sirve.

CONSEJO: Es importante que las hojas de rúcula estén bien limpias y secas. Si no las secamos bien, los *pintxos* quedarán aguados.

LENGUADO EN PAPILLOTE

INGREDIENTES **(4 P.)**

8 filetes de lenguado
2 puerros
2 cebolletas
2 zanahorias
1 calabacín
aceite de oliva virgen extra
perejil
sal

ELABORACIÓN

Limpia bien los puerros. Corta la parte inferior y superior de los puerros y de las cebolletas, retírales la primera capa y córtalos en juliana fina. Pela las zanahorias, limpia el calabacín y córtalos del mismo modo.

Corta 4 trozos grandes de papel de aluminio, distribuye entre ellos (en un lado) las hortalizas y sazónalas. Coloca los filetes de lenguado sobre las hortalizas (2 en cada papel), sazónalos y riégalos con un chorrito de aceite. Dobla sobre ellos la otra parte del papel y cierra presionando los bordes de manera que queden 4 paquetes herméticamente cerrados.

Coloca los paquetes sobre 2 placas de horno y hornéalos a 180 ºC durante 12 minutos.

Abre los paquetes con cuidado y pasa el contenido de cada uno a un plato. Sirve y decora con unas hojas de perejil.

LENGUADO AL HORNO CON PATATAS

INGREDIENTES **(4 P.)**

1 lenguado de 1.500 g
3 patatas
125 ml de caldo de pescado
2 dientes de ajo
aceite de oliva virgen extra
vinagre
perejil
sal

ELABORACIÓN

Pela las patatas y córtalas en rodajas finas.

Unta una bandeja de horno con un poco de aceite y extiende encima las rodajas de patata. Sazónalas y riégalas con otro poco de aceite. Hornéalas a 200 ºC durante 20 minutos.

Limpia el lenguado, sazónalo y colócalo sobre las patatas. Riégalo con otro poco de aceite y vierte encima el caldo de pescado. Hornéalo a 190 ºC durante 12 minutos y gratínalo luego durante 3 minutos, hasta que se dore un poco.

Rocía el lenguado con un chorrito de vinagre y pasa las patatas y el lenguado a una fuente.

Pela los dientes de ajo, córtalos en láminas y dóralos en una sartén con aceite. Agrega al refrito el líquido de la bandeja del horno y remueve todo bien. Riega con esta mezcla el lenguado, espolvoréalo con un poco de perejil picado y sirve.

LOCHA EN SALSA VERDE

INGREDIENTES **(4 P.)**

2 lochas (1.200 g)
16 almejas
6 espárragos en conserva
1 cebolleta
2 dientes de ajo
2 cucharadas de harina
½ vaso de vino blanco
½ vaso del caldo de los espárragos en conserva
2 huevos cocidos
aceite de oliva virgen extra
perejil picado
sal

ELABORACIÓN

Limpia las lochas y córtalas en rodajas.

Pica la cebolleta y los dientes de ajo finamente y ponlos a dorar en una cazuela (amplia y baja) con aceite. Sazona y, cuando comiencen a tomar color, agrega la harina y rehógala brevemente. Espolvorea con perejil picado.

Sazona las rodajas de locha e incorpóralas. Vierte encima el vino, el caldo de los espárragos y ½ vaso de agua. Agrega las almejas y cocina todo junto durante 5 minutos.

Añade los espárragos y caliéntalos. Pela los huevos cocidos, córtalos en dados y espárcelos sobre la locha. Espolvorea nuevamente con un poco de perejil picado y sirve.

CONSEJO: Para preparar una buena cazuela de pescado hay que poner especial atención en la frescura del pescado y en el punto de cocción. Con 2-3 minutos por cada lado será suficiente.

LOMOS DE MERLUZA ZARAUTZ

INGREDIENTES **(4 P.)**

800 g de lomos de merluza
500 g de mejillones
2 cebolletas
3 dientes de ajo
1 cucharada de harina
½ vaso de puré de pimientos rojos
10-12 granos de pimienta
aceite de oliva virgen extra
perejil picado
sal

ELABORACIÓN

Limpia bien los mejillones y cuécelos al vapor en una cazuela con agua, sal y los granos de pimienta hasta que se abran. Retírales la carne y resérvala.

Pica finamente las cebolletas y los ajos y rehógalos en una cazuela amplia y baja con aceite. Añade la harina y rehógala. Sazona los lomos de merluza e incorpóralos. Agrega el puré de pimientos y ½ vaso de agua y deja cocer los lomos 2-3 minutos por cada lado.

Incorpora la carne de los mejillones cocidos a la cazuela, espolvorea con perejil picado y deja cocer otros 2 minutos a fuego lento.

Sirve en una fuente los lomos con los mejillones y salséalos.

PESCADILLA CON MANTEQUILLA *MAÎTRE D'HÔTEL*

INGREDIENTES **(4 P.)**

4 pescadillas de ración limpias
4 zanahorias
harina (para rebozar)
20 g de mantequilla
aceite de oliva virgen extra
perejil
pimienta
sal

Para la mantequilla maître d'hôtel:
100 g de mantequilla
1 cucharadita de perejil picado
zumo de ½ limón

ELABORACIÓN

Para preparar la mantequilla *maître d'hôtel*, mezcla en un bol la mantequilla (a punto de pomada) con el perejil y el zumo de limón. Pon la mezcla sobre un trozo de film transparente, envuélvela formando un rulo y resérvala en el frigorífico.

Pela las zanahorias, tornéalas y cuécelas en una cazuela con abundante agua y una pizca de sal durante 10-15 minutos. Escúrrelas y resérvalas.

Calienta abundante aceite en una sartén, salpimienta las pescadillas, pásalas por harina y fríelas (por los dos lados) en una sartén con aceite hasta que se doren. Retíralas y escúrrelas sobre un plato cubierto con papel absorbente.

Pon a calentar los 20 g de mantequilla en una sartén, agrega las zanahorias y saltéalas brevemente.

Sirve en cada plato 1 pescadilla, unas zanahorias salteadas y 1 rodaja de mantequilla *maître d'hôtel*. Decora los platos con unas hojas de perejil.

LUBINA A LA SAL

INGREDIENTES **(4 P.)**

1 lubina de 2 kg (aprox.)
1 kg de sal gruesa
perejil picado

Para la salsa:

250 ml de mayonesa (véase *Salsa mayonesa*)
2 pepinillos en vinagre
1 puñado de alcaparras en vinagre
1 huevo cocido
perejil picado

ELABORACIÓN

Desescama la lubina y límpiala bien por dentro. Humedece la sal con un poco de agua, para que se haga más compacta, y prepara con ella una cama de sal en una placa de horno. Coloca la lubina encima, cúbrela totalmente con el resto de la sal y hornéala a 180 ºC durante 30-40 minutos.

Sácala del horno, rompe la costra de sal dándole unos golpes y retírala.

Para la salsa, pica finamente los pepinillos, las alcaparras y el huevo cocido, pásalos a un bol y mézclalos con la mayonesa y un poco de perejil picado.

Retira la cabeza a la lubina, ábrela por la mitad, retírale las espinas (si quieres, también puedes quitarle la piel) y sírvela en una fuente. Acompáñala con la salsa y espolvorea con perejil picado.

LUBINA CON PATATAS

INGREDIENTES **(4 P.)**

1 lubina de 1.200 g
2-3 patatas
1 cebolla
1 pimiento verde
1 tomate
2 dientes de ajo
1 vaso de vino blanco
aceite de oliva virgen extra
pimienta
perejil
sal

ELABORACIÓN

Limpia la lubina, retírale la cabeza (resérvala) y córtala en filetes.

Pon agua a calentar en una cazuela y añade la cabeza, la espina central, 1 rama de perejil y una pizca de sal. Cuece durante 15 minutos. Cuela y reserva el caldo.

Pela las patatas, córtalas en rodajas finas y colócalas sobre una bandeja de horno. Pela la cebolla, el tomate y los ajos. Corta la cebolla, el pimiento y el tomate en juliana fina y el ajo en láminas y añádelos a las patatas. Riega todo con un buen chorro de aceite y el vino y sazona. Hornea a 200 ºC durante 10-15 minutos.

Salpimienta los filetes de lubina y colócalos sobre las hortalizas. Rocía con un poco del caldo reservado y un buen chorro de aceite y hornea a 220 ºC durante 10 minutos.

Sirve las hortalizas en el fondo de una fuente y coloca encima la lubina. Añade un poco de perejil picado al jugo de la bandeja del horno, remueve bien y salsea la lubina.

CONSEJO: Una lubina fresca tiene que tener la carne firme, las escamas bien adheridas a la piel y los ojos brillantes y saltones. Además, el color plateado del vientre será más intenso y brillante cuanto más fresca sea.

PASTEL DE PESCADO CON HIJIKI

INGREDIENTES **(4-6 P.)**

1 perlón grande (1.500 g)

20 g de algas hijiki

8 langostinos

4 huevos

250 ml de nata

250 ml de salsa de tomate (véase *Salsa de tomate*)

mantequilla y harina (para el molde)

12 rebanadas de pan tostado

200 ml de mayonesa (véase *Salsa mayonesa*)

perejil

sal

ELABORACIÓN

Pon las algas en un bol con agua y déjalas a remojo por lo menos durante 10-15 minutos. Escúrrelas.

Limpia el perlón, retírale la cabeza (resérvala para hacer un caldo en otra ocasión), córtalo en trozos y ponlo a cocer en una cazuela con abundante agua hirviendo, sal y 4-6 ramas de perejil. Cuécelo durante 5-6 minutos. Escúrrelo, deja que se temple y desmenúzalo, eliminándole las espinas y las pieles. Ponlo en un bol y agrégale las algas.

Pela los langostinos, córtalos en trocitos pequeños e incorpóralos al bol.

Bate los huevos en otro bol, sazónalos, añade la nata y la salsa de tomate y mezcla todo bien. Vierte la mezcla en el bol con el perlón, las algas y los langostinos y remueve hasta que los ingredientes queden bien integrados.

Unta un molde rectangular (tipo bizcocho) con un poco de mantequilla, coloca a lo largo una tira de papel de hornear, de manera que sobresalga una pestaña de 5 cm por cada extremo, unta el papel con otro poco de mantequilla y espolvoréalo con un poco de harina. Vierte dentro la mezcla del pastel y cocínalo en el horno al baño maría a 180 ºC durante 45-50 minutos. Deja que se enfríe, desmóldalo y córtalo en rodajas.

Sirve en cada plato 2 rodajas de pastel de perlón, 3 tostadas de pan y un poco de mayonesa. Decora los platos con unas hojas de perejil.

CONSEJO: En esta receta hemos acompañado el pescado con mayonesa, pero también lo podéis acompañar con salsa rosa. Bastará con añadirle a la mayonesa (200 ml) 3 cucharadas de salsa de tomate, 2 cucharadas de zumo de naranja, 1 cucharada de *brandy*, unas gotas de salsa picante y unas gotas de salsa inglesa (Worcestershire).

PASTEL DE SALMÓN Y JUDÍAS VERDES

INGREDIENTES **(6 P.)**

400 g de salmón fresco (limpio, sin espinas ni piel)

300 g de judías verdes

mantequilla y harina (para el molde)

1 cebolleta

4 huevos

150 ml de nata

1 barra de pan de semillas

aceite de oliva virgen extra

perejil

pimienta

sal

ELABORACIÓN

Unta un molde rectangular (tipo bizcocho) con un poco de mantequilla y extiende a lo largo del molde una tira de papel de hornear de manera que sobresalga un buen trozo de papel por cada extremo. Úntalo de nuevo con un poco de mantequilla y espolvoréalo con un poco de harina.

Lava las judías y córtales las puntas (si tuvieran hilos, retíralos con un pelador de verduras). Corta las judías en trozos de 5 centímetros. Calienta agua en una cazuela. Cuando empiece a hervir, sazona, añade las judías y cuécelas durante 10 minutos. Escúrrelas y deja que se templen.

Calienta 2 cucharadas de aceite en una sartén. Corta la cebolleta en dados, agrégala y rehógala a fuego suave durante 6-8 minutos.

Corta el salmón en daditos, salpiméntalo, incorpóralo a la sartén y saltéalo brevemente (2-3 minutos). Espera a que se temple.

Casca los huevos, pásalos a un vaso batidor y sazónalos. Agrega el salmón con la cebolleta y tritura todo bien. Añade la nata y tritura la mezcla un poco más.

Distribuye las judías verdes en la base del molde y agrega un poco de la mezcla de huevos, salmón y nata. Repite el proceso hasta rellenar el molde (terminando con una capa de la mezcla de huevos, salmón y nata). Hornea el pastel al baño maría a 180 ºC durante 40-45 minutos. Retíralo del horno y deja que se temple.

Corta el pan en rodajas finas, tuéstalas en el horno o en un tostador y resérvalas.

Dale la vuelta al molde y saca el pastel. Córtalo en porciones (rebanadas o dados).

Sirve el pastel con las rodajas de pan y decora los platos con unas hojas de perejil.

CONSEJO: Para saber si el pastel está cuajado, introduce un palillo de brocheta en el centro. Si no sale limpio, prosigue la cocción durante unos minutos más.

MARMITAKO DE BONITO

INGREDIENTES **(4 P.)**

500 g de bonito
1 kg de patatas
2 cebollas
2 tomates
1 pimiento verde
2 dientes de ajo
1.000-1.250 ml de caldo de pescado
aceite de oliva virgen extra
perejil picado
sal

ELABORACIÓN

Pela las cebollas, los tomates y los ajos y pícalos. Pica también el pimiento. Rehoga todo en una cazuela con un buen chorro de aceite y sazona.

Pela las patatas, córtalas en trozos, incorpóralas a la cazuela y rehógalas bien. Calienta el caldo de pescado y añádelo. Cuece todo durante unos 30 minutos.

Quita la piel y las espinas al bonito, córtalo en dados, sazónalos, incorpóralos a la cazuela y deja cocer de 3 a 5 minutos.

Espolvorea con perejil picado, pon a punto de sal y sirve.

LUBINA CON VINAGRETA

INGREDIENTES **(4 P.)**

4 lubinas de ración
2 cebolletas
2 zanahorias
aceite de oliva virgen extra
perejil
pimienta
sal

Para la vinagreta:

1 pimiento verde
1 cebolleta
1 diente de ajo
100 ml de aceite de oliva virgen extra
25 ml de vinagre
sal

ELABORACIÓN

Limpia las lubinas retirándoles las cabezas, las vísceras y las espinas centrales y sácales los lomos.

Pela las cebolletas y las zanahorias, córtalas en juliana fina y saltéalas en un wok con un chorrito de aceite durante 6-8 minutos.

Unta una bandeja de horno con un poco de aceite. Salpimienta los lomos de lubina, colócalos encima, riégalos con un chorrito de aceite y hornéalos a 200 ºC durante 6 minutos.

Para hacer la vinagreta, corta en daditos el pimiento, la cebolleta y el diente de ajo y ponlos en un bol. Agrega aceite, vinagre y sal (a tu gusto) y mezcla bien.

Sirve la lubina en los platos, aderézala con la vinagreta y acompáñala con las hortalizas salteadas. Adorna los platos con perejil.

MEJILLONES A LA MARINERA

INGREDIENTES **(4 P.)**

2 kg de mejillones
3 cebolletas
4 dientes de ajo
1 cucharada de harina
1 vaso de vino blanco
aceite de oliva virgen extra
1 hoja de laurel
perejil picado

ELABORACIÓN

Limpia bien los mejillones, ráscalos bien con un estropajo hasta quitarles todas las barbas y los restos que puedan tener adheridos.

Pica las cebolletas finamente y ponlas a pochar en una cazuela baja con un poco de aceite. Pica los dientes de ajo y añádelos. Cocina hasta que se doren un poco. Agrega la harina y rehógala un poco. Añade el vino y el laurel y dale un hervor para que se evapore el alcohol.

Incorpora los mejillones, tapa la cazuela y deja cocer aproximadamente 5 minutos, hasta que se abran.

Pasa los mejillones a una fuente. Espolvorea la salsa con perejil picado, dale un breve hervor, salsea con ella los mejillones y sirve.

MARMITAKO DE SALMÓN

INGREDIENTES **(4-6 P.)**

300 g de salmón
3 patatas grandes
1 pimiento verde
1 pimiento rojo
2 ñoras
150 ml de vino blanco
2 tomates
aceite de oliva virgen extra
cebollino
perejil
1 trocito de guindilla
pimienta
sal

ELABORACIÓN

Retira las pepitas de las ñoras y ponlas a hervir en una cazuela con abundante agua hasta que queden blanditas (unos 5 minutos). Retira la carne de las ñoras, pícala y resérvala.

Pica los pimientos y los tomates y póchalos en una cazuela con un chorrito de aceite. Añade la carne de las ñoras, rehógala y agrega la guindilla y el vino blanco. Pela las patatas, trocéalas e introdúcelas en la cazuela. Cocina las patatas durante 15 minutos aproximadamente.

Mientras tanto, retira las espinas, la piel y la cabeza del salmón y ponlas a hervir en una cazuela con abundante agua y 2 ramas de perejil. Cuece durante unos 10 minutos y desespuma el caldo con la ayuda de un cazo.

Cuela el caldo y añádelo a la cazuela de las hortalizas. Mezcla bien y cuece todo durante 20 minutos.

Corta el salmón en daditos, salpiméntalos e incorpóralos a la cazuela. Deja cocer durante unos 2 minutos.

Pon el marmitako en la base de un plato, agrega por encima cebollino picado al gusto y sirve.

CONSEJO: La ñora es un pimiento murciano, de pequeño tamaño y de forma redonda, que se deja secar y que tiene un sabor un poco picante. Es muy utilizado en la gastronomía de la Región de Murcia, la Comunidad Valenciana, Cataluña y el Levante en general.

PALITOS DE MERLUZA CON SETAS

INGREDIENTES (4 P.)

- 800 g de merluza (sin espinas ni piel)
- 12 setas de cardo
- 2 dientes de ajo
- zumo de 1 limón
- 1 lechuga
- harina, huevo batido y pan rallado (para rebozar)
- aceite de oliva virgen extra
- vinagre
- perejil
- sal

ELABORACIÓN

Pela 1 diente de ajo, pícalo un poco, ponlo en el mortero y májalo bien. Añade el zumo de limón, un buen chorro de aceite de oliva y un poco de perejil picado.

Corta la merluza en bastones, ponlos en un bol, sazónalos y vierte encima el majado. Déjalos macerando durante 15-20 minutos.

Pon a calentar un poco de aceite en una tartera (cazuela amplia y baja). Introduce las setas, sazónalas y cocínalas durante 5-6 minutos aproximadamente. Retíralas a una fuente.

Pela el otro diente de ajo, córtalo en daditos y ponlo en un bol. Agrega unos 100 ml de aceite y mezcla. Unta las setas con la mezcla.

Suelta las hojas de la lechuga, lávalas bajo el grifo de agua, sécalas, córtalas en juliana y ponlas en una fuente. En el momento de servir, aderézalas con aceite, vinagre y sal.

Escurre los bastones de merluza, pásalos por harina, huevo y pan rallado y fríelos en una sartén con bastante aceite. Retíralos y escúrrelos sobre una fuente cubierta con papel absorbente.

Sirve los palitos de merluza con las setas y la ensalada. Decora los platos con unas hojas de perejil.

CONSEJO: El aceite resultante de freír los palitos de merluza se puede aprovechar (colado) para hacer un guiso marinero.

MEJILLONES A LA PIMIENTA VERDE

INGREDIENTES **(4 P.)**

1 kg de mejillones
1-2 cebolletas
1 vaso de vino blanco
1 cucharada de vinagre
15 granos de pimienta verde
aceite de oliva virgen extra

Para la provenzal:

3 dientes de ajo
6 cucharadas de pan rallado
1 cucharada de perejil picado

ELABORACIÓN

Limpia bien los mejillones.

Pica las cebolletas y rehógalas brevemente en una cazuela con aceite. Incorpora los mejillones, el vino, el vinagre y la pimienta verde. Tapa y deja hervir a fuego medio, hasta que se abran los mejillones. Retira las mitades de las conchas vacías y pasa las que tienen carne a una bandeja de horno. Tritura y reserva la salsa.

Para la provenzal, pica finamente los ajos y mézclalos en un cuenco con el pan rallado y el perejil.

Vierte la salsa sobre los mejillones, espolvoréalos con la provenzal y gratina en el horno durante 3-4 minutos. Sirve en una fuente.

CONSEJO: Para limpiar los mejillones, retira todas las barbas y suciedades que puedan tener pegadas a las conchas. Lávalos perfectamente bajo el chorro de agua fría fijándote en que no quede ningún resto de arena.

MEJILLONES AL JEREZ

INGREDIENTES **(4 P.)**

2 kg de mejillones
1 vaso de jerez seco
½ vaso de vino blanco
2 cebollas
3 dientes de ajo
250 g de tomates maduros
aceite de oliva virgen extra
½ guindilla
sal

ELABORACIÓN

Limpia bien los mejillones, pásalos a una cazuela con el vino blanco, tapa y cuece hasta que se abran. Retírales la valva vacía y resérvalos. Cuela y reserva el caldo.

Pica la cebolla, el ajo y el tomate y póchalo todo en una cazuela con aceite junto con la guindilla. Sazona. Añade el jerez y el caldo reservado, mezcla bien y deja cocer todo junto durante unos 15 minutos, hasta que reduzca la salsa.

Sirve los mejillones en una fuente y salséalos.

MOJARRA CON PATATAS PANADERA

INGREDIENTES **(4 P.)**

1 mojarra (1.200 g)
3 patatas
3 cebolletas
100 ml de vino blanco
10 aceitunas negras
aceite de oliva virgen extra
perejil
sal

ELABORACIÓN

Retira la capa externa de las cebolletas y córtalas en juliana. Pela las patatas y córtalas en rodajas de ½ cm de grosor. Pon a calentar una sartén con aceite, añade las patatas y las cebolletas, sazónalas y fríelas durante 15 minutos aproximadamente.

Corta la cabeza y la cola del pescado. Sácale los lomos (retirándoles la espina central) y sazónalos.

Escurre las patatas y las cebolletas y extiéndelas sobre una bandeja de horno. Coloca encima los lomos de la mojarra (dejando la parte de la piel hacia abajo) y rocíalos con un chorrito de aceite y el vino. Hornea a 220 ºC durante 8-10 minutos.

Sirve la mojarra con las patatas panadera en 4 platos.

Corta las aceitunas en aros, añádelas a la bandeja de horno, mézclalas con el jugo de la bandeja y un poco de perejil picado y salpica los platos con la mezcla. Decora con unas hojas de perejil.

CONSEJO: Para que la patata no se mueva al cortarla en rodajas, córtale primero una rodaja a lo largo para tener una base plana que asiente bien en la tabla.

MOJARRA A LA BILBAÍNA

INGREDIENTES **(4 P.)**

1 mojarra (1.200 g)
20 tomates cherry
6 dientes de ajo
aceite de oliva virgen extra
vinagre de vino blanco
perejil
2-3 guindillas cayena
1 cucharadita de pimentón dulce
sal

ELABORACIÓN

Corta la cabeza de la mojarra, sácale los lomos y sazónalos.

Unta la bandeja del horno con un poco de aceite, coloca en ella los lomos de pescado (dejando la parte de la piel hacia abajo), riégalos con un poco de aceite y hornéalos a 230 ºC durante 10 minutos.

Calienta una sartén con un chorrito de aceite, agrega los tomates cherry, sazónalos y saltéalos.

Retira la bandeja del horno y riega la mojarra con un chorrito de vinagre.

Pela los dientes de ajo y córtalos en láminas. Calienta una sartén con abundante aceite, agrega los ajos y las guindillas y rehoga todo hasta que los ajos se doren un poco. Vierte el refrito sobre la mojarra.

Pasa el aceite, con el jugo que ha soltado el pescado, de nuevo a la sartén, dale un breve hervor y vuelve a regar con él la mojarra. Vierte de nuevo el jugo en la sartén, añade el pimentón y un poco de perejil picado, remueve la sartén, dale un hervor y riega el pescado de nuevo.

Sirve la mojarra, salséala y acompáñala con los tomates salteados. Decora los platos con unas hojas de perejil.

CONSEJO: Regar el pescado con el refrito y volver a darle un hervor en la sartén dos o tres veces hará que la salsa ligue un poco.

MEJILLONES EN SALSA

INGREDIENTES **(4 P.)**

1.200 g de mejillones limpios
100 ml de vino blanco
1 cebolleta
1 tomate
2 dientes de ajo
150 g de jamón curado
100 g de chorizo
1 cucharada de harina
2 cucharadas de carne de pimiento choricero
150 ml de salsa de tomate
1 trocito de guindilla
aceite de oliva virgen extra
perejil picado
sal

ELABORACIÓN

Pon a calentar el vino en una cazuela amplia, incorpora los mejillones, tápalos y espera a que se abran. Retírales una concha y resérvalos. Cuela el caldo y resérvalo.

Pica finamente la cebolleta, el tomate y los ajos, póchalos en una cazuela con un chorro de aceite y sazona. Corta en taquitos el jamón y el chorizo y añádelos a la cazuela. Agrega la harina y rehógala. Incorpora la carne de pimiento choricero, la salsa de tomate, la guindilla y el caldo reservado. Remueve todo bien y cocina la salsa durante 20 minutos a fuego lento. Tritura la salsa con la batidora eléctrica, introduce en ella los mejillones y caliéntalos durante 2 o 3 minutos.

Sirve y decora los platos con perejil picado.

MEJILLONES CON QUESO GRATINADOS

INGREDIENTES **(4 P.)**

2 kg de mejillones
150 g de queso rallado
1 vaso de vino blanco
150 g de salsa de tomate (véase *Salsa de tomate*)
1 limón
sal

Para la velouté*:*

1 cucharada de mantequilla
1 cucharada de harina
1 vaso del caldo de los mejillones

ELABORACIÓN

Limpia bien los mejillones, pásalos a una cazuela con el vino blanco y un poco de sal, tapa y cuece hasta que se abran. Separa la carne de las valvas y resérvala. Reserva también la mitad de las valvas. Cuela el caldo.

Prepara la *velouté* (véase *Salsa* velouté).

Coloca las valvas reservadas en una bandeja de horno, pon un poco de salsa de tomate en cada una y, encima, la carne de los mejillones. Cubre con la *velouté* y el queso rallado y gratina en el horno durante 3-5 minutos.

Pasa los mejillones gratinados a una fuente, decora con el limón y sirve.

MERLUZA EN AJADA A LA GALLEGA

INGREDIENTES **(4 P.)**

4 rodajas de merluza
2 patatas medianas
aceite de oliva virgen extra
1 rama de perejil
12 granos de pimienta
sal

Para la salsa:

6 cucharadas de aceite de oliva virgen extra
3 dientes de ajo
1 cucharada de vinagre
150 ml de caldo
½ cucharadita de pimentón dulce
½ cucharilla de pimentón picante
sal

ELABORACIÓN

Pela las patatas, córtalas en rodajas de medio centímetro de grosor y ponlas en una cazuela con un chorro de aceite, el perejil, los granos de pimienta y sal. Cubre con agua y deja hervir durante unos 15 minutos. Cuando la patata esté cocida, incorpora la merluza a la cazuela, tapa y deja cocer durante unos 5 minutos. Retira del fuego y deja reposar durante 10 minutos.

Para la salsa, pon el aceite en una sartén, pela los ajos, córtalos en láminas, agrégalos y dóralos bien. Añade el pimentón y el caldo y remueve bien. Vierte encima el vinagre y sazona.

Coloca la merluza en una fuente, salséala, acompáñala con las patatas y sirve.

MERLUZA BELLAVISTA

INGREDIENTES **(4 P.)**

1 cola de merluza (1 kg)
1 puerro
1 cebolla
1 zanahoria
1 pimiento rojo (en conserva)
1 patata cocida
12-16 tomates cherry
3 huevos de codorniz cocidos
6 pepinillos
200 ml de salsa alioli
1 rama de perejil
sal

ELABORACIÓN

Limpia bien el puerro, pela la cebolla y la zanahoria y ponlos a cocer en una cazuela con agua fría y sal junto con la merluza y unas ramas de perejil. Cuando empiece a hervir, retira la cazuela del fuego, tápala y deja reposar durante 30 minutos.

Retira la zanahoria, córtala en rodajas y resérvala. Retira la cola de merluza y tira de la espina central (saldrá entera); quítale la piel y el resto de las espinas y pasa la merluza a una fuente.

Pela la patata cocida y córtala en rodajas. Pela los huevos de codorniz y pártelos a la mitad. Corta el pimiento en tiras.

Para servir, coloca las rodajas de zanahoria en forma de abanico en la zona de la cola; las rodajas de patata y los tomates, en la parte delantera, y los pepinillos, en los laterales. Dispón sobre la merluza las tiras de pimiento alternándolas con 1 cucharadita de alioli y, sobre este, las mitades de huevos de codorniz.

MERLUZA EN TEMPURA CON SETAS DE PRIMAVERA

INGREDIENTES (4 P.)

700 g de merluza limpia
400 g de setas de primavera
2 dientes de ajo
140 g de harina
280 ml de cerveza (muy fría)
aceite de oliva virgen extra
perejil
pimienta blanca
sal

ELABORACIÓN

Pela los dientes de ajo, córtalos en láminas y rehógalos (sin que se doren) en una sartén con un chorrito de aceite. Incorpora las setas enteras (si son grandes, trocéalas a mano), sazónalas y cocínalas a fuego suave durante 5-6 minutos. Espolvoréalas con un poco de perejil picado.

Corta la merluza en trozos de bocado (dados) y salpimiéntalos

Pon la harina en un bol, agrega la cerveza (bien fría), sazona y mezcla bien.

Introduce los dados de merluza en la tempura y pásalos a una sartén con aceite caliente. Fríelos brevemente y retíralos a una fuente cubierta con papel absorbente.

Sirve en cada plato 5 dados de merluza y una porción de setas. Decora los platos con unas hojas de perejil.

CONSEJO: Si tenéis problemas con el gluten de la harina, no os preocupéis, porque en el mercado podréis encontrar diferentes harinas sin gluten.

MERLUZA CON ESPÁRRAGOS VERDES AL PAPILLOTE

INGREDIENTES **(4 P.)**

- 4 lomos de merluza (unos 800 g)
- 10 espárragos verdes
- 1 puerro grande
- 1 zanahoria grande
- aceite de oliva virgen extra
- perejil
- sal

ELABORACIÓN

Limpia el puerro, retírale la parte superior y la inferior y córtalo en juliana fina. Pela la zanahoria y córtala de la misma manera. Retira la parte inferior del tallo de los espárragos, corta 8 en láminas finas con la ayuda de un pelador de verduras y reserva los otros 2 enteros.

Corta un trozo grande de papel de aluminio y coloca encima (en uno de los lados) una porción de hortalizas (puerro, zanahoria y espárragos) y un lomo de merluza. Sazona y riégalo con un chorrito de aceite. Dobla el papel de aluminio sobre el pescado y las verduras formando un paquete y ciérralo herméticamente. Repite el proceso con el resto de los ingredientes (hortalizas y lomos de merluza).

Coloca los paquetes sobre 2 bandejas de horno y hornéalos a 220 ºC durante 12 minutos. Retira los paquetes del horno, ábrelos (con cuidado) y sirve uno en cada plato.

Corta los otros 2 espárragos en láminas finas, ponlas en un bol, sazónalas, riégalas con un chorrito de aceite y espárcelas sobre la merluza. Decora los platos con unas hojas de perejil y sirve.

CONSEJO: Abrid los paquetes de papel de aluminio con mucho cuidado, pues en el interior se condensa mucho vapor y podríais quemaros.

MERLUZA RELLENA DE JAMÓN Y QUESO

INGREDIENTES **(4 P.)**

800 g de merluza
4 lonchas de jamón cocido
4 lonchas de queso
8-12 mejillones
1 vaso de vino blanco
harina y huevo batido (para rebozar)
4 dientes de ajo
1 cucharada de harina
aceite de oliva virgen extra
perejil
sal

ELABORACIÓN

Limpia la merluza, sácale los lomos y resérvalos. Retira las espinas y la piel y ponlas en una cazuela con agua y 1 rama de perejil. Sazona y cocina durante unos 10 minutos. Cuela y reserva el caldo.

Limpia bien los mejillones y ponlos a cocer en una cazuela con el vino blanco. Deja que se cocinen durante 4-5 minutos (hasta que se abran). Retíralos y resérvalos. Cuela el caldo y resérvalo.

Corta cada lomo de merluza en dos, ábrelos por la mitad, como si fuera un libro y sazónalos. Coloca en el centro de cada porción 1 loncha de jamón y 1 de queso. Cierra, enharina, pasa por huevo batido y fríe en una sartén con aceite caliente. Retira la merluza y pásala a una fuente con papel absorbente.

Pela los ajos, córtalos en láminas y dóralos en la misma sartén. Cuando tomen color, añade la harina, rehógala y agrega 2-3 cacillos del caldo de pescado y otros 2 del de mejillones. Espolvorea con perejil picado y mezcla bien.

Introduce la merluza rellena en la salsa y cocínala a fuego suave durante 3-4 minutos. Sirve en una fuente, acompaña con los mejillones y decora con una ramita de perejil.

CONSEJO: La merluza tiene la boca provista de unos dientes muy afilados. Hay que tener especial cuidado en no pincharse con ellos porque es habitual que la herida se infecte y no es nada fácil de curar.

MERLUZA CON MARISCO EN SALSA VERDE

INGREDIENTES **(4 P.)**

4 rodajas de merluza (200 g cada una)
8 almejas
8 langostinos
4 cigalas
4 dientes de ajo
1 cucharada de harina
harina (para rebozar)
600 ml de caldo de pescado
12 espárragos en conserva
aceite de oliva virgen extra
perejil picado
sal

ELABORACIÓN

Pela los dientes de ajo, córtalos en láminas y fríelos en una cazuela con aceite. Cuando comiencen a dorarse, retíralos y resérvalos.

Agrega la cucharada de harina a la cazuela con el aceite de freír los ajos y rehógala. Sazona las rodajas de merluza, enharínalas, incorpóralas a la cazuela y cocínalas vuelta y vuelta. Agrega las almejas, los langostinos y las cigalas y vierte encima caldo hasta cubrir la merluza por la mitad.

Espolvorea con abundante perejil picado. Deja cocer a fuego lento durante unos 10 minutos, dándole vuelta a las rodajas de merluza y cuidando de que no se sequen (puedes añadir caldo de los espárragos en conserva).

Sirve en una fuente la merluza con el marisco. Calienta los espárragos en la salsa, sírvelos y salsea todo. Por último, añade los ajos dorados.

MERO AL ESTILO CANARIO

INGREDIENTES **(4 P.)**

800 g de mero limpio
500 g de patatas
3 dientes de ajo
75 g de nueces peladas
2 pimientos morrones asados y pelados
2 huevos cocidos
aceite de oliva virgen extra
perejil picado
1 cucharadita de pimentón dulce
sal

ELABORACIÓN

Pela las patatas, trocéalas, fríelas en una sartén con aceite y resérvalas.

Corta el mero en trozos, fríelo en una sartén con aceite hasta que se dore y pásalo a una cazuela.

Pela y pica los ajos, corta los pimientos en trozos y pasa todo a un vaso batidor. Añade las nueces, el pimentón y un poco de agua. Tritura todo con la batidora y agrégalo a la cazuela del mero. Añade también las patatas fritas y 1 vaso de agua. Pon a punto de sal y deja cocer a fuego suave durante unos 5-7 minutos.

Corta en cuartos los huevos cocidos, repártelos sobre el mero y espolvorea con perejil picado. Sirve el mero en una fuente y salséalo.

MERO AL GUSTO DE PATXI

INGREDIENTES **(4 P.)**

4 rodajas de mero (de unos 200 g cada una)
½ barra de pan del día anterior
2 dientes de ajo
3 cebolletas
aceite de oliva virgen extra
perejil
sal

Para la vinagreta:

30 granos de pimienta verde en vinagre
100 ml de aceite de oliva virgen extra
25 ml de vinagre de Módena
sal

ELABORACIÓN

Corta el pan en dos a lo largo. Saca la miga y rállala. Corta la corteza en 6 trozos, fríelos en una sartén con aceite y resérvalos.

Sazona las rodajas de mero y pásalas por la miga de pan. Pon un poco de aceite en una sartén, añade los dientes de ajo con piel y, cuando esté caliente, fríe el mero. Pásalo a una fuente.

Para preparar la vinagreta, pica la mitad de los granos de pimienta y pásalos a un bol junto con los granos enteros. Añade aceite, vinagre y sal, bate todo bien y reserva.

Corta en juliana fina las cebolletas y fríelas, a fuego rápido, en la misma sartén donde has frito el pescado.

Acompaña el mero con los dientes de ajo y la cebolleta y las cortezas de pan fritas. Salsea con la vinagreta y decora con una rama de perejil.

CONSEJO: Después de freír el pescado, es conveniente retirar las migas tostadas que quedan en el aceite antes de freír la cebolleta, porque pueden quemarse y darle mal sabor.

MERLUZA A LA SIDRA

INGREDIENTES **(4 P.)**

- 1 cola de merluza (800 g)
- 200 ml de sidra
- 2 dientes de ajo
- 2 cebollas rojas
- 1 manzana
- 2 cucharadas de carne de pimiento choricero
- 200 ml de salsa de tomate (véase *Salsa de tomate*)
- 2 patatas
- aceite de oliva virgen extra
- perejil
- pimienta
- sal

ELABORACIÓN

Saca los lomos de la cola de la merluza (manteniendo la piel), corta cada uno en dos y resérvalos.

Pela los ajos y las cebollas, córtalos en daditos y ponlos a rehogar en una cazuela con un chorrito de aceite. Sazona y cocina las hortalizas a fuego suave-medio durante 10 minutos. Pela la manzana, trocéala e incorpórala. Agrega también la carne de pimiento choricero, la salsa de tomate y la sidra. Cocina todo a fuego suave durante 10-15 minutos. Tritura la salsa con una batidora eléctrica y, si hiciera falta, cuélala. Resérvala.

Pela las patatas, córtalas en rodajas de ½ cm de grosor y fríelas en una sartén con abundante aceite hasta que estén bien doradas. Escúrrelas, extiéndelas en una tartera (cazuela amplia y baja), vierte encima la salsa y cocina las patatas en la salsa durante 5 minutos.

Salpimienta los lomos e introdúcelos en la tartera (primero dejando la parte de la piel hacia arriba). Cocina el pescado durante 4-5 minutos por cada lado.

Sirve, espolvorea los platos con un poco de perejil picado y decóralos con unas hojas de perejil.

CONSEJO: Si la salsa queda demasiado espesa, podéis aligerarla agregando un poco de agua o de sidra.

MEJILLONES EN ESCABECHE

INGREDIENTES **(4 P.)**

1.300 g de mejillones
100 ml de vino blanco
½ hogaza pequeña de pan (4 rebanadas)
1 cebolleta
3 dientes de ajo
1 kg de tomate pera
100 ml de aceite de oliva virgen extra
100 ml de vinagre
1 hoja de laurel
perejil
10 granos de pimienta
1 cucharadita de azúcar
sal

ELABORACIÓN

Limpia los mejillones, retirándoles las barbas y cualquier adherencia que puedan tener. Pon a calentar el vino blanco en una tartera (cazuela amplia y baja). Cuando empiece a hervir, añade los mejillones, tápalos y espera a que se abran. Sácalos de la tartera, retírales las conchas y resérvalos. Cuela el líquido resultante y resérvalo.

Pon el aceite a calentar en una tartera (cazuela amplia y baja). Corta la cebolleta en juliana y agrégala. Pela los dientes de ajo, córtalos en láminas y añádelos. Agrega también la hoja de laurel y los granos de pimienta. Rehoga todo a fuego medio durante 6-8 minutos.

Pon abundante agua a calentar en una cazuela. Haz un corte en forma de cruz en la base de los tomates y escáldalos brevemente. Pélalos y córtalos en rodajas. Incorpora los tomates a la tartera, sazónalos y añade el vinagre, el azúcar y el líquido de la cocción de los mejillones reservado. Cocina el escabeche durante 15-20 minutos.

Introduce los mejillones en el escabeche y cocínalos durante 2-3 minutos.

Corta 4 rebanadas de pan y corta cada una por la mitad. Sirve los mejillones con su salsa sobre las tostadas de pan y decora con unas hojas de perejil.

CONSEJO: Si no encontráis tomate pera, no dudéis en utilizar tomate en conserva. El éxito está asegurado, pues las conservas se realizan cuando el producto está en su mejor momento.

PALOMETA CON FRITADA

INGREDIENTES **(4 P.)**

800 g de palometa negra (zapatero) limpia
1 cebolla
1 pimiento verde
½ pimiento rojo
2 dientes de ajo
1 vaso de salsa de tomate (véase *Salsa de tomate*)
½ vaso de caldo de pescado
aceite de oliva virgen extra
perejil picado
sal

ELABORACIÓN

Pela la cebolla, limpia los pimientos y pícalos; pela los ajos y córtalos en láminas. Pon las hortalizas a pochar en una cazuela con aceite y sazónalas. Cocina durante 10 minutos. Agrega la salsa de tomate y el caldo de pescado y cocina todo a fuego lento durante 10 minutos más.

Corta la palometa en trozos, quítales las pieles y las espinas, sazónalos, úntalos con aceite y dóralos en una plancha. Colócalos sobre la fritada y dales un hervor por ambos lados. Espolvorea con perejil picado, deja reposar 5 minutos y sirve.

MERO CON SALSA DE NARANJA

INGREDIENTES **(4 P.)**

4 lomos de mero (de unos 200 g cada uno)
2 pimientos verdes
3 dientes de ajo
zumo de 2 naranjas
zumo de 1 limón
2 cucharaditas de harina de maíz refinada
1 naranja
aceite de oliva virgen extra
perejil
pimienta negra
unas hebras de azafrán
sal

ELABORACIÓN

Corta en tiras los pimientos verdes y saltéalos en un sartén con un chorrito de aceite. Sazónalos y resérvalos.

Pela los dientes de ajo, córtalos en láminas y dóralos en una cazuela con aceite. Haz unos cortes superficiales en los lomos de mero para que no se encojan al cocinar, salpimiéntalos, incorpóralos a la sartén y dóralos.

Retira el mero a un plato. Agrega a la cazuela el zumo de las naranjas y del limón y el azafrán. Deja que reduzca la salsa durante 6-8 minutos. Diluye la harina de maíz con un poco de agua fría, añádela y dale a la salsa el punto de espesor deseado.

Incorpora de nuevo el mero a la cazuela con la salsa y cocina durante 2-3 minutos. Pela una naranja y sácale los gajos limpios. Retira el mero, añade los gajos de naranja a la salsa y calienta todo durante 3 minutos.

Sirve 1 lomo de mero por ración, acompaña con las tiras de pimiento frito y salsea. Decora el plato con una hojita de perejil.

PALOMETA JUANA

INGREDIENTES **(4 P.)**

1 kg de palometa
3 cebolletas
3 dientes de ajo
2 tomates
2 cucharadas de carne de pimiento choricero
harina (para rebozar)
aceite de oliva virgen extra
½ hoja de laurel
sal

ELABORACIÓN

Pica las cebolletas y los ajos y póchalos en una sartén con aceite junto con el laurel. Pica los tomates y añádelos. Agrega también una pizca de sal y la carne de pimiento choricero y cocina todo durante 15 minutos.

Limpia la palometa, córtala en rodajas y sazónalas. Rebózalas en harina y fríelas en una sartén con aceite hasta que estén bien hechas.

Introduce las rodajas de palometa en la salsa, deja que se cocine todo junto durante 2-3 minutos para que se mezclen los sabores y sirve.

PASTEL DE GAMBAS Y MEJILLONES

INGREDIENTES **(4 P.)**

300 g de hojaldre
300 g de gambas peladas
1 kg de mejillones
1 cebolleta
1 diente de ajo
3 huevos
100 g de queso fresco
150 ml de nata
pimienta negra molida
sal

ELABORACIÓN

Extiende el hojaldre, colócalo en un molde rectangular de 3 cm de altura y hornéalo a 200 ºC durante 15 minutos.

Limpia bien los mejillones y ponlos a cocer en una cazuela con un poco de agua a fuego vivo hasta que se abran. Separa la carne de sus valvas.

Coloca sobre el hojaldre la carne de los mejillones alternando con las gambas.

Bate los huevos en un bol. Pica finamente la cebolleta y el ajo, trocea el queso e incorpóralos al bol. Agrega la nata, mezcla todo, salpimiéntalo, y viértelo sobre el hojaldre con los mejillones y las gambas. Hornea durante 30-35 minutos a unos 100 ºC.

Retira del horno y sirve (puedes acompañarlo con salsa de tomate).

MEJILLONES AL VERMÚ

INGREDIENTES **(4 P.)**

1.500 g de mejillones

125 ml de vermú blanco

2 puerros

1 cucharada de harina de maíz refinada

aceite de oliva virgen extra

1 hoja de laurel

perejil

20 granos de pimienta negra

sal

ELABORACIÓN

Limpia bien los puerros, retírales la parte inferior y la superior, córtalos en rodajas oblicuas y rehógalos (sin que se doren) durante 2-3 minutos en una cazuela grande con un chorrito de aceite. Sazona.

Limpia los mejillones retirándoles las barbas e incorpóralos a la cazuela. Agrega el vermú, la hoja de laurel y los granos de pimienta. Tapa la cazuela y cocina los mejillones hasta que se abran.

Saca los mejillones de la cazuela, retírales la concha que no tiene carne y colócalos en una fuente grande.

Calienta la salsa que queda en la cazuela, añádele un poco de harina de maíz diluida en agua fría y dale un hervor (sin dejar de remover) hasta que espese.

Cuela la salsa, añádele un poco de perejil picado, mezcla bien y salsea los mejillones. Decora los platos con unas hojas de perejil.

CONSEJO: A la hora de cocer los mejillones, si hay alguno que no se abre, lo mejor es retirarlo, porque lo más probable es que no esté en buenas condiciones.

MARMITAKO PICANTITO DE CABALLA

INGREDIENTES **(4 P.)**

3-4 caballas o verdeles (800 g)
3 dientes de ajo
1 cebolla
1 pimiento verde
1 tomate
3 patatas
1 cucharada de pulpa de pimiento choricero
aceite de oliva virgen extra
perejil
1 guindilla cayena
pimienta
sal

ELABORACIÓN

Calienta 2 litros de agua en una cazuela. Corta las cabezas de las caballas y agrégalas. Saca los lomos y resérvalos. Añade a la cazuela las espinas y 2-3 ramas de perejil, sazona y cuece todo durante 15-20 minutos.

Calienta un poco de aceite en otra cazuela. Pela los dientes de ajo, córtalos en daditos, agrégalos y rehógalos un poco. Pela la cebolla, córtala en dados y añádela. Añade también la cayena. Rehoga las hortalizas durante 4-5 minutos. Lava el pimiento, retírale el tallo y las semillas, córtalo en dados grandes e incorpóralo. Lava el tomate, córtalo por la mitad, rállalo y añádelo a la cazuela.

Pela las patatas, cáscalas e introdúcelas en la cazuela. Incorpora la carne de pimiento choricero. Cuela el caldo encima de la cazuela, tápala y cocina todo durante 25 minutos aproximadamente.

Para eliminar las espinas de los lomos de las caballas, córtalas por la mitad a lo largo y, con un cuchillo, retírales la fila de espinas que tienen a lo largo de la parte central de los lomos. Córtalos en dados, salpimiéntalos y agrega ¾ partes a la cazuela. Cocínalos durante 1 minuto.

Saltea el resto de la caballa en una sartén con un chorrito de aceite.

Sirve el marmitako y coloca en cada plato unos dados de caballa salteada. Decora los platos con unas hojas de perejil.

CONSEJO: Las caballas (o verdeles) se pueden comer de mil maneras: en ensaladas, en escabeche, en croquetas, en albóndigas, en empanadas, en *sashimi*, en tortilla, asadas o marinadas.

PERLÓN KIRKILLA

INGREDIENTES **(4 P.)**

1.200 g de perlón (rodajas)
2 cebolletas
3 patatas
1 pimiento verde
3 dientes de ajo
aceite de oliva virgen extra
vinagre
perejil picado
pimienta
sal

ELABORACIÓN

Pela las patatas y trocéalas. Trocea también las cebolletas y corta el pimiento en tiras. Pon todo a rehogar en una cazuela con aceite, cubre con agua y deja cocer a fuego lento durante 20 minutos aproximadamente. Pon a punto de sal. Salpimienta las rodajas de perlón, incorpóralas y cocina durante 5 minutos más.

Pela los ajos, córtalos en láminas y dóralos en una sartén con aceite.

Sirve el perlón en una fuente, riégalo con un chorrito de vinagre y con el refrito de ajo y espolvoréalo con perejil picado.

PERCA AL HORNO CON MAYONESA

INGREDIENTES **(4 P.)**

2 filetes de perca (700 g)
4 patatas
12 hojas de albahaca
80 g de canónigos
50 g de rúcula
aceite de oliva virgen extra
vinagre
perejil picado
pimienta
sal

Para la mayonesa de ajo:

1 diente de ajo
1 huevo
150 ml de aceite de oliva virgen extra
vinagre
sal

ELABORACIÓN

Prepara la mayonesa de ajo (véase *Salsa mayonesa de ajo*) y resérvala.

Pela las patatas, córtalas en bastones gruesos y fríelos en una sartén con abundante aceite caliente. Escúrrelas, sazónalas, espolvoréalas con perejil picado y resérvalas. En el mismo aceite, fríe las hojas de albahaca y resérvalas.

Unta con aceite el fondo de una fuente apta para el horno. Corta por la mitad los filetes de perca, salpiméntalos e introdúcelos en la fuente. Unta la parte superior de los filetes con la mayonesa de ajo y hornéalos a 180 ºC durante 12 minutos.

Limpia los canónigos y la rúcula bajo el grifo, escúrrelos y ponlos en un cuenco. Alíñalos con aceite, vinagre y sal.

Para servir, coloca los filetes de perca en una fuente amplia y rectangular, decóralos con la albahaca frita y acompáñalos con las patatas fritas y la ensalada.

CONSEJO: La mayonesa debe consumirse recién preparada o guardada en la nevera para el mismo día. Tiene un elevado riesgo de contaminación por *Salmonella* debido al uso de huevo crudo. Si quieres conservarla durante 2 o 3 días, puedes sustituir el huevo por la misma cantidad de leche. Es menos sabrosa, pero también liga.

PESCADILLA A LA ROMANA CON TOMATES DE ZARAUTZ

INGREDIENTES **(4 P.)**

800 g de pescadilla limpia
1 cabeza de ajos
harina y 2 huevos batidos (para rebozar)
3 tomates
aceite de oliva virgen extra
perejil picado
sal

ELABORACIÓN

Pon a calentar abundante aceite en una sartén. Corta la cabeza de ajos por la mitad y pon a freír la parte superior.

Corta la pescadilla en 4 lomos, sazónalos y pásalos por harina y huevo. Fríelos por los dos lados (es importante no freírlos demasiado para que el interior quede jugoso). Escúrrelos.

Pela los tomates y córtalos en rodajas gruesas. Fríelas por los dos lados, a fuego medio, en otra sartén con un poco de aceite durante 2 minutos por cada lado. Sirve las rodajas de tomate en una fuente amplia. Espolvorea con un poco de perejil picado el jugo de la sartén y salsea con él los tomates. Coloca encima los filetes de pescadilla y decora con una rama de perejil.

PESCADILLA AL VAPOR CON PISTO

INGREDIENTES **(4 P.)**

1 pescadilla de 1.200 g (aprox.)
1 puerro
1 cebolla
10-12 granos de pimienta
sal

Para el pisto:
3 dientes de ajo
1 cebolla
1 pimiento morrón
1 pimiento verde
2 calabacines
2 tomates
aceite de oliva virgen extra
sal

ELABORACIÓN

Para preparar el pisto, pela los ajos y la cebolla, corta en láminas los ajos y en dados la cebolla y ponlos a rehogar en una sartén grande con 4-5 cucharadas de aceite. Lava los pimientos (pela el rojo), córtalos en dados e incorpóralos a la sartén. Lava los calabacines, córtalos en cuartos de luna y añádelos. Cocina las hortalizas durante 15-20 minutos. Pela los tomates, córtalos en dados y añádelos. Sazona y cocina todo junto durante 10 minutos.

Limpia la pescadilla, córtala en rodajas y sazónalas. Limpia el puerro y pela la cebolla y trocéalos. Coloca la pescadilla en una vaporera con agua, el puerro, la cebolla y los granos de pimienta y cuécela durante 5 minutos.

Sirve el pisto y coloca las rodajas de pescadilla encima.

LUBINAS ENCEBOLLADAS EN HOJALDRE

INGREDIENTES (4 P.)

4 lubinas de ración
2 láminas de hojaldre (rectangulares)
1 huevo batido
2 cebollas grandes
1 puerro
aceite de oliva virgen extra
4 hojas de albahaca
perejil
pimienta
sal

Para la vinagreta:

100 g de habas (desgranadas)
1 cucharada de mostaza en grano
100 ml de aceite de oliva virgen extra
25 ml de vinagre
sal

ELABORACIÓN

Corta 1 lámina de hojaldre en 4 rectángulos, estíralos un poco con un rodillo, colócalos sobre una bandeja de horno cubierta con papel de hornear y pínchalos (deja los bordes sin pinchar) con un tenedor. Corta la otra lámina de hojaldre en 16 tiras (8 largas y 8 cortas) de 2 cm de ancho (para bordear las bases de hojaldre). Unta los bordes de las bases de hojaldre con huevo batido y coloca encima las tiras. Cubre las bases con unos garbanzos secos (destinados a este fin) y hornéalos a 200-210 ºC durante 18-20 minutos. Retíralos del horno, deja que se templen, quítales los garbanzos y resérvalos.

Pela las cebollas y limpia bien el puerro, retirándole la parte superior y la inferior. Córtalos en juliana fina y ponlos a rehogar en una sartén con un chorrito de aceite. Sazona y cocina las hortalizas durante 20 minutos, hasta que queden bien caramelizadas.

Calienta agua en un cazo. Cuando empiece a hervir, agrega las habas y escáldalas durante 2 minutos. Retíralas, refréscalas y pélalas.

Corta las cabezas de las lubinas, sácales los lomos y salpimiéntalos.

Reparte la fritada sobre las 4 bases de hojaldre, coloca encima los lomos de lubina, riégalos con un chorrito de aceite y hornéalos a 220 ºC durante 8 minutos.

Para la vinagreta, pon las habas en un bol y añade la mostaza, el vinagre, el aceite y una pizca de sal. Mezcla suavemente.

Sirve un hojaldre de lubina en cada plato y aderézalos con las habas en vinagreta. Decora los platos con las hojas de albahaca y unas hojas de perejil.

CONSEJO: Si queréis que la base de los hojaldres no suba, es importante pincharlas antes de hornearlas con un tenedor y cubrirlas con unas legumbres destinadas a ese fin.

LUBINA A LA PIMIENTA VERDE

INGREDIENTES **(4 P.)**

2 lubinas de cultivo (de 500 g cada una)

2 pimientos verdes

350 ml de leche evaporada

2 limas

20 trozos de 6 x 3 centímetros de alga kombu

aceite de oliva virgen extra

perejil

2 cucharadas de pimienta verde en grano

sal

ELABORACIÓN

Limpia los pimientos verdes, retírales el tallo y las semillas, córtalos en dados y ponlos a rehogar en una cazuela con un chorrito de aceite. Sazónalos y cocínalos a fuego suave durante 10 minutos. Agrega 1 cucharada de pimienta verde y la leche evaporada. Deja que la salsa reduzca a fuego suave durante 10-15 minutos. Tritura, cuela la salsa y resérvala.

Limpia las lubinas, córtales las cabezas, sácales los lomos y resérvalos.

Lava las limas, rállales la cáscara finamente y ponla en una fuente. Corta las limas por la mitad, exprímelas y vierte el zumo en la fuente. Sazona los filetes de lubina y úntalos en la mezcla.

Riega una bandeja de horno con un poco de aceite, coloca encima los lomos de lubina (dejando la piel de los lomos hacia abajo) y agrega un chorrito de aceite y la mezcla de zumo y ralladura de lima que haya quedado en la fuente. Hornea a 220 ºC durante 8-10 minutos.

Calienta abundante aceite en una sartén, agrega las algas (en tandas) y fríelas. Escúrrelas sobre un plato cubierto con papel absorbente.

Sirve la salsa en el fondo de los platos y coloca 1 lomo en cada uno. Salpica la salsa con el resto de la pimienta verde. Agrega las algas y decora los platos con unas hojas de perejil.

CONSEJO: También podéis enjuagar las algas para quitarles parte de la sal. En ese caso, antes de freírlas, hay que escurrirlas, secarlas bien y pasarlas por un poco de harina.

PESCADILLA CON SALSA DE MARISCO

INGREDIENTES **(4 P.)**

750 g de pescadilla (rodajas)
16 mejillones
1 calamar pequeño limpio
16 gambas peladas
16 almejas
2 dientes de ajo
1 cebolla
½ cucharada de harina
aceite de oliva virgen extra
½ cucharada de pimentón
perejil picado
sal

ELABORACIÓN

Cuece los mejillones en un poco de agua hasta que se abran. Cuela el caldo. Extrae la carne de los mejillones y resérvala en el caldo.

Pela y pica los ajos y la cebolla y sofríelos en una sartén con aceite. Sazona. Cuando estén pochados, aparta la sartén del fuego, añade el pimentón y rehógalo. Vuelve a poner al fuego, agrega la harina, rehógala e incorpora la carne de los mejillones con ½ vaso de su caldo. Mezcla todo bien y tritúralo con la batidora. Reserva la salsa de marisco.

Corta el calamar en trozos y saltéalo, junto a las gambas y las almejas, en una cazuela con un poco de aceite. Sazona y cocina durante 3-4 minutos.

Agrega la salsa de marisco a la cazuela. Sazona las rodajas de pescadilla, incorpóralas y guísalas durante 5 minutos (2 minutos y medio por cada lado).

Espolvorea con perejil picado y sirve.

POPIETAS DE GALLO Y CALABACÍN

INGREDIENTES **(4 P.)**

2 gallos grandes
1 calabacín
2 cebolletas
3 ajos
8 espárragos verdes
1 vaso de nata
aceite de oliva virgen extra
perejil
sal

ELABORACIÓN

Limpia los gallos, retírales la piel y las cabezas, saca los filetes y resérvalos.

Cuece a fuego medio las espinas de los gallos en una cazuela con agua, sal y unas ramas de perejil durante 15 minutos. Cuela y reserva el caldo.

Corta las cebolletas en juliana fina y los ajos en daditos y ponlos a dorar en una cazuela con 3-4 cucharadas de aceite. Limpia los espárragos y córtalos en dos a lo largo. Cuando la cebolleta y el ajo empiecen a tomar color, añade los espárragos y deja que todo se poche bien. Agrega 2 cazos del caldo reservado y la nata y deja reducir la salsa a fuego suave durante 15-20 minutos.

Pela el calabacín y saca tiras finas con un pelador. Sazona los filetes de gallo, coloca encima de cada uno 2-3 tiras de calabacín y enróllalos, de forma que el calabacín quede en el interior.

Pon un poco de aceite sobre una placa de horno, coloca sobre ella las popietas y hornea a 230 ºC durante 6-8 minutos.

Sirve la salsa en una fuente y coloca encima las popietas.

CONSEJO: A la hora de obtener los filetes de gallo hay que procurar que no encojan; para ello, una vez extraídos del pescado, se agarran por uno de los extremos y se golpean sobre el mármol u otra superficie plana, por los dos lados.

PESCADILLA ASADA

INGREDIENTES **(4 P.)**

1 pescadilla de 1 kg
2 dientes de ajo
4 cebolletas
1 vaso de vino blanco
aceite de oliva virgen extra
1 limón
perejil picado
sal

ELABORACIÓN

Limpia la pescadilla, córtala en filetes, sazónalos y colócalos en una bandeja de horno.

Corta los ajos en láminas y las cebolletas en juliana, ponlos a pochar en una sartén con aceite y sazónalos. Cuando estén casi pochados, añade el vino y deja reducir durante 10 minutos a fuego lento.

Cubre los filetes de pescadilla con el ajo y la cebolleta pochados, espolvorea con perejil picado y riega con un chorro de aceite. Hornea a 180 ºC durante unos 10-12 minutos, hasta que la pescadilla esté hecha.

Sirve la pescadilla en una fuente, salséala y decora con el limón.

POPIETAS DE CABALLA AL HORNO

INGREDIENTES **(4 P.)**

4 caballas de ración (300 g cada una)
4 puerros
12 ajos frescos
8 espárragos verdes
4 patatas pequeñas
1 vaso de vino blanco
1 cucharada de harina de maíz refinada
aceite de oliva virgen extra
perejil picado
pimienta blanca
sal

ELABORACIÓN

Saca los filetes de las caballas y córtalos por la mitad. Envuélvelos sobre si mismos (dejando la piel hacia fuera) y pínchalos con un palillo. Salpimienta las popietas y resérvalas.

Limpia los puerros, los ajos frescos y los espárragos y pela las patatas. Corta la parte blanca del puerro en juliana fina, y los ajos y los espárragos por la mitad, retirando el tallo. Corta las patatas en gajos gruesos y ponlas a freír en una sartén con aceite. Cuando se hayan cocinado un poco, agrega los puerros, los ajos y las puntas de espárrago. Salpimienta y rehoga brevemente.

Pasa las hortalizas rehogadas a una bandeja de horno y distribúyelas bien. Coloca encima las popietas, riega todo con el vino y hornea a 220-240 ºC durante 10 minutos.

Sirve las hortalizas en el centro de una fuente y coloca alrededor las popietas.

Vierte un poco de agua sobre la bandeja de horno, rasca bien, pasa la mezcla a una sartén y ponla a hervir. Agrega la harina de maíz diluida en agua, mezcla bien y espolvorea con perejil picado.

Salsea con la mezcla las popietas y las hortalizas y sirve.

CONSEJO: Si peláis las patatas con antelación, conviene ponerlas en un bol con agua para que no se oxiden y oscurezcan. Después las cortáis a vuestro gusto y, antes de freírlas, las secáis bien con un trapo limpio para que no salpiquen.

LUBINA A LA MARINERA

INGREDIENTES **(4 P.)**

2 lubinas de cultivo de 700 g
250 g de tomates cherry
2 dientes de ajo
1 guindilla
aceite de oliva virgen extra
vinagre
1 rama de hinojo
perejil
pimienta
sal

ELABORACIÓN

Limpia las lubinas retirándoles la cabeza y la espina central. Salpimienta los lomos y colócalos (con la piel hacia abajo) sobre una bandeja de horno untada con un poco de aceite.

Lava los tomates cherry, agrégalos a la bandeja de horno y riégalos con un chorrito de aceite. Pica la rama de hinojo, agrégalo a la bandeja y hornea a 220 ºC durante 5 minutos. Retira y salpica el pescado con unas gotas de vinagre.

Para el refrito, pela los dientes de ajo, córtalos en láminas y dóralos con la guindilla en una sartén con 100 ml de aceite. Agrega un poco de perejil picado, mezcla bien y riega el pescado con el refrito.

Sirve y decora los platos con unas hojas de perejil.

CONSEJO: Si optáis por añadir el vinagre a la sartén del refrito, os recomiendo que la apartéis del fuego antes de hacerlo. Y, por si acaso, nunca está de más tener a mano una buena tapa.

PULPO EN SU SALSA

INGREDIENTES **(4-6 P.)**

1 pulpo (1.400 g)
4 patatas medianas
1 cabeza de ajos
1 cebolla
sal

Para la salsa:
2 dientes de ajo
1 cebolla
1 pimiento rojo
1 tomate maduro
1-2 cucharadas de harina
1 vaso de vino de vino blanco
3-4 cucharadas de aceite de oliva virgen extra
perejil picado
1 cucharada de pimentón
sal

ELABORACIÓN

Pon a hervir abundante agua con sal en una cazuela. Introduce y saca el pulpo del agua tres veces para asustarlo. Pela las patatas, córtalas por la mitad y añádelas a la cazuela. Pela la cebolla y agrégala junto con la cabeza de ajos entera. Deja cocer durante 35 minutos. Retira el pulpo y las patatas, escúrrelos, trocéalos y resérvalos. Cuela y reserva el caldo.

Para la salsa, pela los ajos y córtalos en láminas. Pela el tomate y la cebolla y pícalos finamente. Pica también finamente el pimiento. Sofríe el ajo, la cebolla y el pimiento en una cazuela con el aceite hasta que estén pochados. Agrega el tomate y cocina durante 10 minutos. Sazona, añade la harina y rehógala brevemente. Agrega el pimentón, el vino y 1 litro del caldo del pulpo.

Incorpora el pulpo y las patatas a la cazuela y deja cocer durante 4 minutos a fuego lento para que se mezclen bien los sabores. Espolvorea con perejil picado y sirve en una fuente.

PULPO A LA GALLEGA

INGREDIENTES **(4 P.)**

1 pulpo grande o 2 pequeños (1.400 g)
1 patata mediana con piel
aceite de oliva virgen extra
pimentón dulce o picante (según gustos)
sal gruesa

ELABORACIÓN

Pon a calentar en una cazuela abundante agua con sal. Limpia el pulpo y, cuando el agua comience a hervir, asústalo tres veces (introdúcelo en el agua hirviendo, sujetándolo con unas pinzas, durante unos segundos; retíralo unos segundos; repite la operación otras dos veces).

Pela la patata y añádela a la cazuela. Cuando la patata esté cocida (unos 35 minutos), el pulpo estará en su punto. Deja reposar durante 5-10 minutos antes de servir.

Retira la patata del agua, escúrrela y córtala a la mitad y luego en cuartos. Retira y escurre también el pulpo y córtalo en pequeños trozos (de bocado).

Sirve el pulpo y las patatas sobre un plato de madera (si no dispones de él, cualquier plato puede servir). Sazona, espolvorea con el pimentón, rocía con un chorro de aceite y sirve.

GUISO DE VIERNES SANTO

INGREDIENTES **(4 P.)**

400 g de lomo de bacalao desalado

8 alcachofas

4 huevos

harina y huevo batido (para rebozar)

1 cebolleta

2 dientes de ajo

1 cucharada de harina

100 ml de vino blanco

150 ml de salsa de tomate (véase *Salsa de tomate*)

aceite de oliva virgen extra

perejil

½ cucharada de pimentón

sal

ELABORACIÓN

Calienta abundante agua en una cazuela, pela las alcachofas, retirándoles 2-3 capas de hojas, los tallos y las puntas, y añádelas. Cuécelas durante 15 minutos. Retíralas y escúrrelas (boca abajo) sobre una fuente cubierta con papel absorbente.

Pon agua a calentar en un cazo. Añade los huevos y cuécelos durante 10 minutos (contados desde el momento en que el agua empiece a hervir). Refréscalos, pélalos, córtalos por la mitad (a lo largo), pásalos por harina y huevo batido y fríelos brevemente en una sartén con abundante aceite. Retíralos y escúrrelos sobre una fuente cubierta con papel absorbente.

Corta el bacalao en trozos de 2 centímetros de grosor, pásalos por harina y huevo batido y fríelos brevemente en la misma sartén. Retíralos y escúrrelos sobre la fuente cubierta con papel absorbente.

Corta las alcachofas por la mitad, pásalas por harina y huevo batido y fríelas en la misma sartén. Escúrrelas sobre otra fuente cubierta con papel absorbente.

Pela la cebolleta y los ajos, pícalos y rehógalos en una tartera (cazuela amplia y baja) con un chorro de aceite durante 5-6 minutos. Incorpora la harina, rehógala un poco, vierte encima el vino y dale un hervor. Agrega el pimentón, la salsa de tomate y 200 ml de agua y dale un hervor. Introduce las alcachofas, los huevos y el bacalao y cocina el guiso durante 4-5 minutos a fuego suave. Pon a punto de sal.

Sirve y decora los platos con unas hojas de perejil.

CONSEJO: En esta receta hemos utilizado alcachofas, pero podéis sustituirlas por cualquier otra hortaliza de temporada.

PULPO GUISADO

INGREDIENTES **(4 P.)**

600 g de pulpo
2-3 dientes de ajo
1 cebolla
1 cucharada de harina
1 vaso de vino blanco
3 patatas (fritas en dados)
2 pimientos asados cortados en tiras
aceite de oliva virgen extra
perejil picado
1 cucharada de pimentón
sal

ELABORACIÓN

Cuece el pulpo en una cazuela con abundante agua con sal durante 35 minutos. Retíralo, escúrrelo y déjalo reposar durante 5-10 minutos. Córtalo en trozos pequeños y resérvalo.

Pela los ajos y la cebolla, pícalos finamente y póchalos en una cazuela con aceite. Aparta del fuego, añade el pimentón y rehógalo. Vuelve a poner en el fuego, agrega la harina y rehógala. Riega todo con el vino blanco y 2 cazos de agua e incorpora el pulpo cocido, las patatas y los pimientos. Espolvorea con perejil picado y guisa todo junto durante unos 5 minutos. Sirve.

RAPE EN SALSA AMERICANA

INGREDIENTES **(4 P.)**

800 g de rape limpio
aceite de oliva virgen extra
perejil
pimienta
sal

Para la salsa americana:
4 dientes de ajo
1 cebolla
3 tomates maduros
100 g de gambas
100 g de langostinos
½ copa de *brandy*
500 ml de caldo de pescado
1 cucharada de harina de maíz refinada
aceite de oliva virgen extra
1 puñadito de estragón

ELABORACIÓN

Pela los ajos y la cebolla, pícalos finamente. Pica también finamente el tomate. Pon a pochar en una cazuela con aceite los ajos y la cebolla y, cuando empiecen a tomar color, agrega el tomate y rehógalo.

Para hacer la salsa americana, trocea las gambas y los langostinos (enteros y sin pelar) e incorpóralos a la cazuela. Rehógalos bien y añade el estragón. Vierte encima el *brandy* y flambéalo hasta que se evapore todo el alcohol. Mezcla bien y agrega el caldo. Deja reducir durante 20-30 minutos. Tritura la salsa y pásala por el chino. Si la salsa queda muy líquida, lígala con la harina de maíz diluida en agua fría.

Salpimienta el rape y dóralo en una sartén con aceite. Añade la salsa y cocínalo todo junto a fuego suave durante unos 5 minutos.

Sirve y espolvorea con perejil.

GALLO EMPANADO CON SALSA DE LIMÓN

INGREDIENTES **(4 P.)**

4 gallos de ración (limpios)
4 chalotas
125 ml de vino blanco
zumo de 3 limones
1 cucharadita de harina de maíz refinada
20 rabanitos
pan rallado (para empanar)
2 dientes de ajo
aceite de oliva virgen extra
6 hojas de cebollino
perejil
pimienta
sal

ELABORACIÓN

Pela las chalotas, córtalas en daditos y rehógalas a fuego suave en una cazuela pequeña con un chorrito de aceite durante 5-6 minutos. Agrega el vino y cocina durante 2 minutos para que se evapore el alcohol. Añade el zumo de limón, sazona y cocina la salsa hasta que reduzca a la mitad. Agrega un poco de harina de maíz diluida en agua fría y dale un hervor (removiéndola) hasta que espese. Pica el cebollino finamente y añádelo.

Pon 10 cubos de hielo en un bol grande y cúbrelos con agua. Lava los rabanitos, hazles 4 cortes como si fueras a pelarlos, pero sin retirar los cortes del todo (tienen que quedar unidos a la base) e introdúcelos en el bol (con el efecto del frío, se abrirán y quedarán como flores con 4 pétalos). Déjalos en el agua hasta el momento de servir. Retíralos, escúrrelos sobre una fuente cubierta con papel absorbente y sazónalos.

Corta la cabeza de los gallos. Salpiméntalos y pásalos por el pan rallado. Calienta abundante aceite en una sartén con los dientes de ajo (con piel y aplastados). Añade 1 gallo y fríelo durante 3 minutos por cada lado. Escúrrelo sobre una fuente cubierta con papel absorbente. Repite el proceso con los otros 3 gallos.

Sirve 1 gallo y 5 rabanitos en cada plato. Salsea el pescado y sirve el resto de la salsa en una salsera. Decora los platos con unas hojas de perejil.

CONSEJO: Si usáis aceite de oliva para freír, no lo tiréis. Cuando se enfríe, lo coláis y lo guardáis en un tarro (que no se os olvide ponerle una etiqueta indicando que es de pescado). Os vendrá muy bien para utilizarlo en cualquier guiso de pescado.

RAPE MANQUIÑA

INGREDIENTES **(4 P.)**

1 cola limpia de rape (800 g)
500 g de patatas
1 cebolla roja
2 dientes de ajo
aceite de oliva virgen extra
1 cucharadita de pimentón
pimienta
sal

ELABORACIÓN

Pela las patatas y córtalas en rodajas gruesas. Pela la cebolla y córtala en juliana. Cuece las patatas y la cebolla en agua hirviendo con sal durante unos 15 minutos. Escúrrelas y sírvelas en el fondo de una fuente.

Corta el rape en rodajas, salpiméntalas y saltéalas en una sartén con un poco de aceite bien caliente. Colócalo sobre la cama de patata y cebolla.

Pela los dientes de ajo, córtalos en láminas y dóralos en una sartén pequeña con aceite. Cuando estén dorados, aparta la sartén del fuego y deja templar ligeramente el aceite. Incorpora el pimentón, rehógalo brevemente y vierte el sofrito sobre el rape. Sirve.

RAPE ALANGOSTADO

INGREDIENTES **(4 P.)**

1 lomo de rape de 1 kg
unas hojas de lechuga
100 g de pimentón dulce
sal

Para la salsa rosa:

200 ml de mayonesa (véase *Salsa mayonesa*)
3 cucharadas de tomate concentrado
3 cucharadas de zumo de naranja
1 cucharada de *brandy*
1 cucharada de mostaza
unas gotas de tabasco

ELABORACIÓN

Sazona el lomo de rape. Extiende el pimentón sobre un papel de aluminio y pasa el lomo por él hasta que quede bien impregnado. Envuelve el lomo en papel de aluminio y cuécelo en una cazuela con agua durante 6 minutos a fuego lento.

Retíralo, deja que se enfríe un poco y córtalo en rodajas de medio centímetro de grosor.

Para la salsa rosa, pasa a un bol la mayonesa, el tomate, el zumo de naranja, el *brandy*, la mostaza y el tabasco y mezcla hasta que quede una salsa homogénea.

Limpia las hojas de lechuga, escúrrelas, sécalas y córtalas en juliana fina. Coloca la lechuga en el fondo de una fuente, sazónala, dispón sobre ella las rodajas de rape y sirve con la salsa rosa a los lados. Si sobra algo de salsa, sírvela aparte en una salsera.

CONSEJO: La salsa rosa es muy apropiada para aliñar un buen cóctel de marisco, acompañar unas gambas cocidas o untar en un sándwich de huevo y lechuga.

FILETES DE GALLO CON PATATAS *DELUXE*

INGREDIENTES **(4 P.)**

3 gallos (limpios)
1 diente de ajo
harina y huevo batido (para rebozar)
aceite de oliva virgen extra
perejil
sal

Para las patatas deluxe*:*

3 patatas
1 cucharadita de ajo en polvo
1 cucharadita de tomillo
1 cucharadita de orégano
1 cucharadita de estragón
1 cucharadita de pimentón dulce
aceite de oliva virgen extra
sal

Para la salsa:

2 cucharadas de yogur natural
1 cucharada de mayonesa (véase *Salsa mayonesa*)
1 cucharada de mostaza
1 cucharadita de ajo en polvo
1 cucharadita de estragón

ELABORACIÓN

Para hacer las patatas *deluxe*, lava bien las patatas y corta cada una en 6-8 gajos. Pon en un bol grande el pimentón, el tomillo, el orégano, el estragón y el ajo en polvo. Añade los gajos de patata y sal (al gusto) y mezcla bien, hasta que las patatas queden bien impregnadas.

Extiende un poco de aceite en una bandeja de horno y coloca encima las patatas. Hornéalas a 200 ºC durante 30 minutos. Después, gratínalas durante 2-3 minutos.

Corta las cabezas de los gallos, saca los filetes (4 filetes de cada uno) y sazónalos. Calienta aceite abundante en una sartén. Aplasta 1 diente de ajo (con piel) y agrégalo. Pasa los filetes de gallo por harina y huevo batido y fríelos brevemente por los dos lados.

Para la salsa, mezcla en un bol pequeño el yogur con la mayonesa, la mostaza, el estragón y el ajo en polvo.

Sirve en cada plato 3 filetes de gallo y unos gajos de patata y acompaña con la salsa. Decora los platos con unas hojas de perejil.

CONSEJO: Si queréis adelantar el horneado de las patatas, podéis cocinarlas (enteras) en el microondas durante 5 minutos, después cortarlas en gajos, aderezarlas con las hierbas y las especias y asarlas en el horno durante 10 minutos.

RODABALLO A LA GALLEGA

INGREDIENTES **(4 P.)**

1 rodaballo de 2 kg en filetes
1 cebolla o cebolleta
3 zanahorias
1 puerro
250 ml de vino blanco
1 hoja de laurel
1 rama de romero
10 granos de pimienta negra
3 clavos
pimienta
sal

Para la salsa gallega:

6 dientes de ajo
1 cebolla
zumo de ½ limón
250 ml de aceite de oliva virgen extra
1 hoja de laurel
1 cucharada de pimentón
sal

ELABORACIÓN

Pela la cebolla y las zanahorias y limpia bien el puerro. Corta la cebolla a la mitad, corta en rodajas las zanahorias y el puerro y pásalos a una cazuela. Añade 1 hoja de laurel, la rama de romero, los granos de pimienta, los clavos y el vino y 1 l de agua y espera a que hierva. Baja el fuego y cuece durante 30 minutos. Cuela y reserva el caldo.

Salpimienta los filetes de rodaballo, incorpóralos al caldo y deja cocer durante 5-10 minutos.

Para hacer la salsa, pela los ajos y córtalos en láminas, pela la cebolla y córtala en aros. Pon el aceite en una cazuela, añade el ajo, la cebolla y el laurel, sazona y pocha todo a fuego lento. Cuando esté todo pochado, retira del fuego y añade el pimentón, el zumo de limón y 2 cucharadas del caldo reservado. Rehoga y cuela la salsa.

Sirve el rodaballo en una fuente y salséalo (se puede acompañar con unas puntas de espárragos).

ROBADALLO ASADO CON PATATAS PANADERA

INGREDIENTES **(4 P.)**

1 rodaballo (1.500 g)
4 patatas
5 dientes de ajo
1 cebolleta
1 pimiento verde
1 trozo de guindilla
aceite de oliva virgen extra
perejil picado
sal

ELABORACIÓN

Pela las patatas, córtalas en rodajas y ponlas a freír en una sartén con aceite. Pela 3 dientes de ajo, córtalos a la mitad y añádelos. A los 3-4 minutos, corta la cebolleta en juliana fina e incorpórala. Cuando se haga un poco (3-4 minutos), pica el pimiento a tu gusto y añádelo. Cocina todo hasta conseguir el punto deseado, escurre y pasa a una bandeja de horno.

Limpia el rodaballo, sazónalo, colócalo sobre las patatas y riégalo con un poco de aceite. Hornea a 220 ºC durante 20-25 minutos. Pasa el rodaballo y las patatas a una fuente.

Pela los otros 2 dientes de ajo, córtalos en láminas finas y fríelas en una sartén con aceite. Cuando se doren, pica el trozo de guindilla, agrégala y fríela brevemente. Espolvorea con un poco de perejil picado, vierte el sofrito sobre el pescado y sirve.

BACALAO DORADO CON ENSALADA

INGREDIENTES (4 P.)

2 lomos de bacalao desalado (400 g)
1 cebolla
2 dientes de ajo
3 patatas
8 huevos
80 g de aceitunas negras
1 lechuga (limpia y troceada)
½ cebolla roja
aceite de oliva virgen extra
vinagre
sal
perejil

ELABORACIÓN

Pon agua a calentar en una cazuela. Introduce los lomos de bacalao y mantenlos en el agua (a fuego suave) durante 10 minutos. Escúrrelos, retírales la piel y las espinas y desmenúzalos en lascas.

Pela la cebolla, córtala en juliana y rehógala en una sartén con un chorrito de aceite durante 6-8 minutos. Pela los dientes de ajo, córtalos en daditos e incorpóralos. Sazona y rehoga (a fuego suave) la cebolla y los ajos durante 5 minutos más.

Pela las patatas, córtalas en láminas finas, ponlas en un bol con agua y déjalas a remojo durante 15 minutos. Retíralas, sécalas, junta 3 o 4 láminas y córtalas en bastones finos. Calienta bastante aceite en una sartén, añade una porción de patatas y fríelas hasta que se doren. Escúrrelas sobre una fuente cubierta con papel absorbente. Repite el proceso hasta terminar con todas las patatas.

Añade las patatas (reserva unas cuantas para decorar los platos) y el bacalao (alternándolos) a la sartén.

Casca los huevos, ponlos en un bol, sazónalos y bátelos bien. Vierte los huevos en la sartén y cocina el revuelto.

Para servir, utiliza un aro de emplatar y pon dentro una porción de bacalao dorado. Coloca encima unas aceitunas y unas patatas paja (de las reservadas anteriormente). Repite el proceso hasta montar otros 3 platos. Decora los platos con unas hojas de perejil.

Pon la lechuga en un bol, corta la cebolla roja en juliana fina y agrégala. Sazona y adereza con aceite y vinagre. Sirve la ensalada para acompañar.

CONSEJO: Para freír las patatas es importante que el aceite esté caliente, pero no demasiado, porque al ser tan finas pueden quemarse con facilidad.

SALMÓN CON SALSA TÁRTARA

INGREDIENTES **(4 P.)**

4 rodajas de salmón
1 limón
aceite de oliva virgen extra
pimienta
sal

Para la salsa tártara:
200 ml de mayonesa
4 pepinillos
1 cebolleta
½ pimiento verde
1 huevo cocido
1 diente de ajo
1 cucharada de alcaparras

ELABORACIÓN

Salpimienta las rodajas de salmón, úntalas con un poquito de aceite y cocínalas por los dos lados sobre una plancha bien caliente.

Para la salsa tártara, pica finamente los pepinillos, la cebolleta, el pimiento verde, el huevo cocido y el diente de ajo. Mezcla todo en un cuenco con la mayonesa y las alcaparras.

Sirve el salmón con la salsa y decora con el limón cortado por la mitad.

CONSEJO: Las tablas para cortar siempre tienen tendencia a deslizarse por la superficie de trabajo. Para evitarlo, basta con doblar un paño por la mitad y colocar la tabla encima.

SALMÓN AL HORNO

INGREDIENTES **(4 P.)**

1 kg de salmón (cola)
400 g de patatas
½ pimiento morrón
½ cebolla
1 limón
perejil picado
pimienta
sal

ELABORACIÓN

Pela las patatas, córtalas en rodajas no muy finas y colócalas en el fondo de una placa de horno. Corta en tiras el pimiento morrón y la cebolla y añádelos. Añade también ½ limón cortado en medias lunas. Riega con 1 vaso de agua, sazona y hornea a 180 ºC durante 15 minutos.

Limpia el salmón retirándole pieles y espinas y ábrelo en dos. Salpimiéntalo, colócalo sobre la cama de patatas y hornea a 180 ºC durante 5-6 minutos. Sirve el salmón con las patatas en una fuente.

Liga la salsa de la bandeja calentándola con unas patatas aplastadas con un tenedor, un poco de perejil picado y un chorrito de agua.

Salsea el salmón y decóralo con el otro ½ limón.

BACALAO FRESCO CON LANGOSTINOS

INGREDIENTES **(4 P.)**

- 4 lomos de bacalao fresco (800 g)
- 8 langostinos
- 1 diente de ajo
- 1 cebolleta
- 1 pimiento verde
- 1 cucharadita de harina
- 100 ml de vino blanco
- harina y huevo batido (para rebozar)
- aceite de oliva virgen extra
- perejil
- sal

ELABORACIÓN

Retira la cabeza de los langostinos y pélalos, dejándoles la punta de la cola sin pelar. Córtalos por la mitad a lo largo (dejándolos unidos por la punta de la cola). Resérvalos.

Calienta una cazuela amplia y baja con un chorrito de aceite. Pela el diente de ajo, pícalo y añádelo. Corta la cebolleta en daditos y agrégala. Lava el pimiento, retírale el tallo y las semillas, córtalo en daditos e incorpóralos. Sazona y rehoga las hortalizas durante 10 minutos a fuego suave. Añade la harina y rehógala un poco. Vierte encima el vino blanco y dale un hervor. Agrega un poco de agua, una pizca de sal y un poco de perejil picado. Sazona los langostinos e introdúcelos en la cazuela. Cocínalos brevemente (1-2 minutos) y resérvalos.

Sazona los lomos de bacalao, pásalos por harina y huevo batido y fríelos en una sartén con abundante aceite durante unos 2 minutos por cada lado. Retira los lomos de bacalao y escúrrelos sobre un plato cubierto con papel absorbente.

Sirve en cada plato 1 lomo de bacalao, 2 langostinos y una porción de salsa. Decora los platos con unas hojas de perejil.

CONSEJO: En esta receta hemos añadido vino blanco para elaborar la salsa, pero, si os apetece, podéis sustituirlo por vermú, sidra, cerveza o jerez.

BACALAO FRITO CON SALSA DE PUERRO

INGREDIENTES **(4 P.)**

- 4 tajadas de lomo de bacalao desalado (600 g)
- 3 puerros
- 1 patata
- 2 pimientos verdes
- 1 pimiento rojo
- 4 dientes de ajo
- harina (para rebozar)
- aceite de oliva virgen extra
- perejil
- sal

ELABORACIÓN

Retira la parte inferior y superior de los puerros y enjuágalos bajo el grifo de agua fría. Córtalos en cuartos de luna y ponlos a rehogar en una cazuela con un poco de aceite. Pela la patata, trocéala y agrégala. Cubre con agua, sazona y cuece todo durante 15-20 minutos. Añade un poco de perejil picado y tritura bien hasta conseguir una salsa homogénea. Resérvala.

Lava los pimientos verdes, pela el pimiento rojo, retírales los tallos y las semillas y córtalos en tiras finas. Calienta una sartén con un poco de aceite, agrega los pimientos y cocínalos durante 10-12 minutos a fuego medio. Sazónalos y resérvalos.

Calienta una sartén con aceite. Aplasta los dientes de ajo (con piel) y añádelos. Enharina las tajadas de bacalao y agrégalas. Fríelas durante 2-3 minutos por cada lado.

Pon un poco de salsa de puerro en la base de 4 platos, coloca en cada uno 1 tajada de bacalao y unas tiras de pimiento y decóralos con unas hojas de perejil.

CONSEJO: Si compráis el bacalao sin desalar, podéis desalarlo en casa. Basta con colocarlo en un bol cubierto con agua y dejarlo en el frigorífico durante 24-48 horas (según el grosor) cambiando el agua cada 8 horas.

CALAMARES RELLENOS CON GAMBAS

INGREDIENTES **(4 P.)**

4 calamares de ración (limpios)
250 g de carne picada de ternera
150 g de gambas peladas
½ cebolla
3 dientes de ajo
1 huevo
3 cucharadas de pan rallado
aceite de oliva virgen extra
2 cucharadas de vinagre
½ cucharadita de orégano
perejil
1 cucharada de pimentón
sal

ELABORACIÓN

Pela la cebolla y 2 dientes de ajo, córtalos en daditos y ponlos en un bol. Añade el huevo. Pica las gambas (reserva 8 para la salsa) y agrégalas. Pica los tentáculos e incorpóralos al bol junto con la carne picada y el pan rallado. Sazona, mezcla bien y rellena los cuerpos de los calamares. Para que no se salga el relleno, sella la abertura de los calamares pinchándolos con un palillo.

Coloca los calamares en una tartera (cazuela amplia y baja), riégalos con un chorrito de aceite y añade el pimentón, el relleno sobrante y las gambas reservadas anteriormente. Cúbrelos con agua, sazona e incorpora el otro diente de ajo (picado finamente), el orégano y el vinagre. Tapa la tartera y cocínalos a fuego medio durante 30-35 minutos.

Retira los calamares a un plato y cocina la salsa durante 5 minutos más para que reduzca un poco. Pasa la salsa a un vaso batidor, tritúrala con una batidora eléctrica y ponla de nuevo en la tartera. Introduce los calamares y cocínalos en la salsa durante 3-4 minutos.

Sirve 1 calamar en cada plato, salséalos y decora los platos con unas hojas de perejil.

CONSEJO: Es importante no rellenar demasiado los calamares, porque durante la cocción menguan de tamaño y podrían reventarse.

CALDERO DE GALLO

INGREDIENTES **(4 P.)**

1 gallo de san Pedro (limpio)
3 ñoras
6 dientes de ajo
1 tomate maduro rallado
2 l de caldo de pescado
2 patatas grandes
200 g de arroz
200 ml de mayonesa de ajo (véase *Salsa mayonesa de ajo*)
120 ml de aceite de oliva virgen extra
30 hojas de perejil
1 rama de perejil
pimienta blanca
sal

ELABORACIÓN

Para hacer la salmorreta, retira el tallo y las semillas de las ñoras, córtalas en trozos y rehógalas en un cazo con 120 ml de aceite. Pela los ajos, córtalos en láminas y agrégalos al cazo. Cocina todo a fuego suave hasta que los ajos se empiecen a dorar. Agrega las hojas de perejil y el tomate rallado. Sazona y cocina conjuntamente durante 5 minutos. Pasa todo a un vaso batidor y tritura hasta conseguir una salsa homogénea.

Rehoga la salmorreta durante 3-4 minutos en una cazuela amplia. Vierte encima el caldo de pescado. Pela las patatas, córtalas en rodajas de 1 cm de grosor, incorpóralas a la cazuela y cuécelas durante 12-14 minutos.

Corta el pescado en rodajas, salpiméntalo y agrégalo a la cazuela. Cocínalo durante 5-6 minutos. Apaga el fuego y reserva.

Retira 500-600 ml de caldo y ponlo a calentar en una cazuela. Agrega el arroz y cocínalo durante 5 minutos a fuego fuerte; después, baja el fuego y cocínalo durante 12 minutos más. Deja que repose durante 5 minutos.

Sirve el gallo con patatas en 4 platos y decóralos con unas hojas de perejil. Sirve el arroz en 4 platillos y acompáñalo con un poco de mayonesa de ajo.

TRUCHA EN SALSA VERDE

INGREDIENTES **(4 P.)**

4 filetes grandes de trucha
2 cebolletas
3 dientes de ajo
1 cucharada de harina
½ vaso de vino blanco
200 g de guisantes en conserva
8 espárragos en conserva (con su caldo)
2 huevos cocidos
aceite de oliva virgen extra
perejil picado
pimienta
sal

ELABORACIÓN

Pica las cebolletas y los dientes de ajo y dóralos en una cazuela con un poco de aceite. Añade la harina y rehógala brevemente. Vierte encima el vino y 100-150 ml del caldo de los espárragos. Espolvorea con un poco de perejil picado y deja que espese la salsa, moviendo la cazuela suavemente, durante 5 minutos.

Corta los filetes de trucha por la mitad, salpimiéntalos, colócalos en la cazuela (primero con la piel hacia arriba) y cocínalos 2 minutos por cada lado.

Incorpora los guisantes y los espárragos a la cazuela. Corta los huevos en cuartos y agrégalos. Cocina todo junto durante 2 minutos y sirve en una fuente amplia.

CONSEJO: En primavera, y aprovechando la temporada, puedes emplear guisantes y espárragos frescos para esta receta.

TACOS DE CABALLA AL HORNO

INGREDIENTES **(4 P.)**

2-3 caballas (800 g)
2 patatas
1 tomate
2 cebolletas
100 g de aceitunas negras
aceite de oliva virgen extra
sal

Para el majado:

1 diente de ajo
1 cucharadita de orégano
20 granos de pimienta negra
8 cucharadas de aceite de oliva virgen extra
sal

ELABORACIÓN

Para el majado, pica el diente de ajo, aplasta los granos de pimienta con un cuchillo y pásalos a un mortero junto con el orégano y una pizca de sal. Maja todo bien, agrega el aceite y mezcla bien. Pásalo a un recipiente.

Limpia las caballas, retirándoles las vísceras y la cabeza, y córtalas en rodajas. Introdúcelas en el recipiente con el majado y déjalas macerando durante unos 20-25 minutos.

Pasa las caballas a una fuente apta para el horno y hornéalas a 200 ºC durante unos 10 minutos.

Lava las patatas y cuécelas en una cazuela con agua y una pizca de sal durante 20-25 minutos. Deja que se templen, pélalas, córtalas en rodajas y extiéndelas sobre una fuente amplia.

Pela el tomate, córtalo en dados y colócalos sobre las patatas. Corta la cebolleta en juliana, disponla alrededor de las patatas y sazona. Pon encima las rodajas de caballa y salpica la fuente con las aceitunas negras. Aliña con un poco de aceite y sirve.

CONSEJO: La caballa, conocida también como *verdel*, es un pescado azul rico en grasas. Se puede disfrutar de la caballa durante todo el año, pero su presencia en los mercados aumenta significativamente durante los meses de primavera, época en que se acerca a la costa.

TRUCHA REBOZADA

INGREDIENTES **(4 P.)**

2 filetes grandes de trucha asalmonada
2 dientes de ajo
harina y huevo batido (para rebozar)
12 pimientos del piquillo
150 g de hojas de lechugas variadas
1 limón
aceite de oliva virgen extra
vinagre
pimienta
azúcar
sal

ELABORACIÓN

Aplasta los dientes de ajo y ponlos en una sartén con abundante aceite.

Retira la piel de los filetes de trucha, córtalos en 8 trozos, salpiméntalos, pásalos por harina y huevo y fríelos por los dos lados en la sartén con los dientes de ajo.

Pon los pimientos en una sartén con un poco de aceite y sazónalos. Fríelos por un lado, espolvoréalos con una pizca de azúcar, dales la vuelta y fríelos brevemente. Pásalos a una fuente apta para el horno y hornéalos a 180 ºC durante 4-5 minutos.

Limpia las hojas de lechuga, escúrrelas, sécalas, trocéalas, mézclalas en una fuente amplia y alíñalas con aceite, vinagre y sal.

Sirve en otra fuente la trucha rebozada y los pimientos, decora con el limón y acompaña con la ensalada.

CONSEJO: A la hora de rebozar las truchas, no es necesario retirarles la piel porque es muy suave. De todas formas, si las queréis sin piel, lo mejor será que pidáis en la pescadería que os las preparen así.

TRUCHAS A LA PAISANA

INGREDIENTES **(4 P.)**

4 truchas limpias
2 cebollas
2 zanahorias
1 rama de apio
1 vaso de vino blanco
4 patatas medianas
aceite de oliva virgen extra
perejil picado
sal

ELABORACIÓN

Corta las cebollas, las zanahorias y la rama de apio en juliana y póchalos en una sartén con aceite.

Cuando esté todo pochado, pásalo a una bandeja de horno. Sazona las truchas y colócalas encima. Agrega el vino y 1 vaso de agua y hornea a 200 ºC durante 6-8 minutos.

Pela las patatas, córtalas en rodajas de 2 cm de grosor y cuécelas durante 2 minutos en la olla rápida con un poco de agua y una pizca de sal. Escúrrelas, colócalas en una fuente, riégalas con aceite y espolvoréalas con perejil picado.

Sirve las truchas en una fuente amplia y coloca las verduras en el centro. Espolvorea el caldo de la bandeja del horno con un poco de perejil picado, mezcla bien y salsea con él las truchas.

Sirve las truchas y acompáñalas con las patatas.

CONSEJO: La trucha que consumimos habitualmente es de acuicultura, lo que garantiza su frescura y disponibilidad durante todo el año y a un precio excepcional.

CARRILLERAS DE BACALAO CLUB RANERO

INGREDIENTES **(4 P.)**

- 20 carrilleras de bacalao (desaladas)
- 2 pimientos choriceros
- 8 dientes de ajo
- ½ guindilla
- 2 cebollas rojas
- 2 pimientos verdes
- aceite de oliva virgen extra
- perejil
- sal

ELABORACIÓN

Retira los tallos y las semillas de los pimientos choriceros y cuécelos en un cazo con agua durante 15 minutos. Retíralos, sécalos y sácales la pulpa raspándolos con una puntilla o con una cucharilla. Pica la pulpa finamente y resérvala.

Pela los ajos y dóralos (sin que se quemen) en una sartén grande con abundante aceite (150-200 ml). Corta la guindilla en rodajas y agrégalas. Retira los ajos y la guindilla y resérvalos.

Introduce en la sartén con el aceite las carrilleras y cocínalas durante 2-3 minutos por cada lado. Retira las carrilleras y resérvalas. Deja que el aceite se temple.

Pon el aceite templado en un vaso de batidora, añade 1 carrillera y tritura todo con la batidora eléctrica hasta que ligue. Reserva el pilpil.

Corta las cebollas en juliana fina. Lava los pimientos verdes, retírales los tallos y las semillas y córtalos en juliana fina. Calienta una sartén con un poco de aceite, añade las hortalizas, sazónalas y rehógalas a fuego suave durante 15-20 minutos, hasta que queden bien doradas. Agrega la carne de los pimientos choriceros y mezcla bien.

Pon de nuevo las carrilleras en la sartén donde las cocinaste, vierte encima el pilpil y remueve la sartén hasta que las carrilleras se calienten y el pilpil adquiera la consistencia deseada. Incorpora la fritada de cebolla, pimiento verde y pimiento choricero y sirve. Decora con los ajos y la guindilla reservados y unas hojas de perejil.

CONSEJO: Para desalar las carrilleras, enjuágalas bajo el grifo de agua, colócalas en un bol, cúbrelas con agua, introdúcelas en el frigorífico y déjalas desalar durante 48 horas, cambiándoles el agua cada 8 horas.

CAZUELA DE SARGO CON PATATAS

INGREDIENTES **(6 P.)**

2 sargos limpios (2 kg)
3 patatas
2 dientes de ajo
1 cebolleta
1 pimiento rojo
1 tomate
aceite de oliva virgen extra
1 cucharada de perejil picado
1 cucharada de cilantro picado
ramas de perejil
1 cucharadita de comino (molido)
1 cucharadita de pimentón dulce
1 guindilla cayena
pimienta
sal

ELABORACIÓN

Calienta agua en una cazuela. Corta las cabezas y las colas de los sargos y añádelas. Añade también unas 6 ramas de perejil. Sazona y cuece todo durante 15-20 minutos. Reserva el caldo.

Pela los dientes de ajo, córtalos en dados y ponlos a rehogar en una cazuela con un chorrito de aceite. Corta la cebolleta en dados y agrégala a la cazuela. Pela el pimiento, retírale el tallo y las semillas, córtalo en dados y añádelo. Sazona y rehoga las hortalizas durante 15 minutos. Ralla el tomate e incorpóralo junto con el perejil picado, el cilantro picado, el pimentón, el comino y la cayena. Cuela el caldo encima.

Pela las patatas, córtalas en rodajas de ½ cm de grosor y agrégalas. Tapa la cazuela y cuécelas durante 20 minutos.

Corta los sargos en rodajas, salpimiéntalos e introdúcelos en la cazuela. Tapa la cazuela y cocina conjuntamente durante 4-5 minutos.

Sirve y decora los platos con unas hojas de perejil.

CONSEJO: El sargo recibe, entre otros, los nombres de *mojarra*, *vidriada*, *verada*, *muxarra*, *muxar arrunta* o *muxkarra*.

TXANGURRO A LA DONOSTIARRA

INGREDIENTES **(4 P.)**

2 centollos
2 cebollas
2 dientes de ajo
1 tomate
1 copa de *brandy*
50 g de pan rallado
25 g de mantequilla
aceite de oliva virgen extra
perejil picado
sal

ELABORACIÓN

Pon abundante agua a cocer en una cazuela. Cuando empiece a hervir, añade sal (unos 50-60 g de sal por cada litro de agua) y cuece los centollos de uno en uno, aproximadamente durante 10 minutos. Deja que se templen.

Saca la carne del cuerpo de los centollos, procurando que no queden partes duras, y pásala a un bol. Saca también el contenido del caparazón y añádelo al bol. Limpia bien los caparazones y resérvalos.

Pica finamente las cebollas y los ajos y dóralos en una sartén con un poco de aceite. Pica bien el tomate, añádelo y rehógalo brevemente. Incorpora la carne de los centollos reservada y mezcla bien. Vierte encima el *brandy* y flambea.

Rellena con la mezcla los caparazones, espolvorea con el pan rallado y perejil picado y coloca encima unas nueces de mantequilla. Gratina en el horno durante 4 minutos.

Sirve en una fuente amplia.

CONSEJO: Para seguir gozando del centollo gallego, lo primero que hay que hacer es respetar como consumidores la talla mínima de comercialización: 12 cm desde los ojos a la parte trasera de su caparazón, y, lo segundo, abstenerse de consumirlo durante los meses de verano porque está en veda.

TRUCHAS CON JAMÓN

INGREDIENTES **(4 P.)**

4 truchas (de 200 g cada una)
4 lonchas de jamón serrano
3 dientes de ajo
harina (para rebozar)
1 limón
aceite de oliva virgen extra
1 ramita de perejil
sal

ELABORACIÓN

Limpia bien las truchas y rellena cada una con 1 loncha de jamón.

Sazónalas por los dos lados, pásalas por harina y fríelas con los dientes de ajo en una sartén con abundante aceite. Cuando estén doradas, sácalas a una fuente.

Decora con el limón y el perejil y sirve.

CONSEJO: La trucha es un pescado semigraso de gran consumo y gran importancia económica. Hoy en día se cría abundantemente en piscifactorías, sobre todo la trucha arcoíris, aunque también se cultiva la trucha común.

CHICHARRO EN ESCABECHE

INGREDIENTES **(4-6 P.)**

3 chicharros
harina (para rebozar)
12 dientes de ajo
4 cebolletas
24 ajos frescos
aceite de oliva virgen extra
vinagre
4 hojas de laurel
1 rama de perejil
30 granos de pimienta blanca
sal

ELABORACIÓN

Limpia bien los chicharros y sácales los filetes. Sazónalos, pásalos por harina y fríelos brevemente, vuelta y vuelta, en una sartén con aceite. Pásalos a una cazuela amplia y baja.

Pela los dientes de ajo, corta las cebolletas a la mitad, limpia los ajos frescos y pocha todo en el mismo aceite donde has frito los chicharros. Cuando estén pochados, añade los granos de pimienta y las hojas de laurel y vierte encima 150 ml de vinagre y 300 ml de aceite. Cocina todo durante 5 minutos y agrega el escabeche a la cazuela donde están los filetes de chicharro.

Cubre la superficie de la cazuela con una hoja de papel de aluminio y después coloca la tapa. Cuece todo 5 minutos a fuego suave.

Sirve en una fuente amplia y decora con una ramita de perejil.

CABALLA CON GUISANTES

INGREDIENTES **(4 P.)**

2-3 caballas (800 g)
300 g de guisantes desgranados
3 dientes de ajo
1 cebolleta
2 tomates maduros
1 cucharada de harina
aceite de oliva virgen extra
perejil picado
sal

ELABORACIÓN

Limpia las caballas, córtalas en rodajas hermosas y sazónalas.

En una cazuela con agua hirviendo con sal, blanquea los guisantes durante 5 minutos. Escúrrelos y resérvalos. Cuela y reserva también el caldo.

Pela los ajos y córtalos en láminas, pica finamente la cebolleta y póchalos en una sartén con aceite. Trocea los tomates, incorpóralos y deja que se cocinen durante unos minutos, hasta que terminen de pocharse. Agrega la harina y rehógala. Incorpora los guisantes y 1 vaso del caldo reservado y mezcla todo bien.

Introduce las rodajas de caballa en la salsa y cocínalas durante 2-3 minutos por cada lado. Espolvorea con perejil picado y sirve.

CHOCOS COMPUESTOS

INGREDIENTES **(4 P.)**

700 g de sepia (choco) limpia
2 dientes de ajo
1 cebolla
125 ml de vino tinto
3 patatas
4 cucharadas de salsa de tomate (véase *Salsa de tomate*)
aceite de oliva virgen extra
1 hoja de laurel
perejil
1 cucharadita de pimentón dulce
sal

ELABORACIÓN

Calienta un poco de aceite en una cazuela. Pela los ajos, córtalos en dados y agrégalos. Pela la cebolla, córtala de la misma manera y añádela. Sazona y rehoga las hortalizas durante 5 minutos.

Corta la sepia en trozos de bocado y añádela. Cocínala durante 5 minutos. Agrega el vino y dale un hervor para que se evapore el alcohol (2-3 minutos).

Pela las patatas, trocéalas cascándolas e incorpóralas. Agrega la hoja de laurel, el pimentón y la salsa de tomate. Mezcla bien, añade agua hasta cubrir, pon a punto de sal, tapa la cazuela y guisa todo durante 25 minutos. Deja que repose durante 2 minutos.

Reparte el guiso en 4 platos y decóralos con unas hojas de perejil.

CONSEJO: Os recomiendo que compréis la sepia limpia, porque la tinta que tienen en su interior mancha mucho.

CABALLA EN SALSA VERDE

INGREDIENTES **(4 P.)**

4 caballas de ración
harina y huevo batido (para rebozar)
4 dientes de ajo
8 puntas de espárragos verdes
aceite de oliva virgen extra
sal

Para la salsa verde:

2 dientes de ajo
½ cebolla o 1 cebolleta
1 cucharada de harina
300-400 ml de caldo de pescado
1 taza de guisantes cocidos
4-5 cucharadas de aceite de oliva virgen extra
1 cucharada de perejil picado
sal

ELABORACIÓN

Para preparar la salsa verde, corta el ajo en láminas, pica la cebolla o cebolleta y dóralos en una cazuela con el aceite. Sazona. Una vez pochados, añade la harina y rehógala. Incorpora poco a poco el caldo, espolvorea con el perejil picado y remueve la salsa hasta que espese (añade más o menos caldo para conseguir la textura que desees). Agrega los guisantes y deja que reduzca durante 5 minutos.

Limpia bien las caballas, retírales la piel y las espinas y filetéalas. Trocea los filetes, sazónalos y rebózalos con harina y huevo batido. Fríe en abundante aceite caliente junto con los ajos y las puntas de los espárragos.

Cubre una fuente con la salsa verde y dispón encima la caballa rebozada. Decora con los espárragos y sirve.

CABALLA CON MEJILLONES

INGREDIENTES **(4 P.)**

4 caballas de ración
16 mejillones
2 dientes de ajo
1 puerro
1 zanahoria
500 ml de crema de marisco
8 puntas de espárragos trigueros cocidas
aceite de oliva virgen extra
pimienta molida
12 granos de pimienta
sal

ELABORACIÓN

Limpia las caballas, quítales las espinas y córtalas en filetes. Salpiméntalas y fríelas en una sartén con aceite y los dientes de ajo, enteros y con piel.

Pon a calentar agua en la parte inferior de una vaporera. Limpia el puerro y pela la zanahoria, córtalos en juliana fina y añádelos. Añade también los granos de pimienta y sazona. Coloca encima el accesorio superior y añade los mejillones (limpios y sin barbas). Tapa y cuécelos hasta que se abran. Retira la carne de los mejillones de las conchas.

Cubre el fondo de una fuente con la crema de marisco, coloca encima las caballas, decora con los mejillones y las puntas de espárragos y sirve.

CHOCOS ENCEBOLLADOS

INGREDIENTES **(4 P.)**

8 chocos (sepias) pequeños limpios
2 cebollas
200 ml de vino blanco
2 dientes de ajo
200 g de arroz
aceite de oliva virgen extra
1 hoja de laurel
perejil
sal

ELABORACIÓN

Pela las cebollas, córtalas en juliana fina y rehógalas en una cazuela con un chorrito de aceite hasta que se doren un poco (15 minutos aprox.). Añade la hoja de laurel y el vino y dale un hervor para que se evapore el alcohol.

Corta los chocos en trozos y añádelos a la cazuela. Sazona, agrega 200 ml de agua, tapa la cazuela y cocínalos durante 20 minutos a fuego suave-medio.

Aplasta 2 dientes de ajo (con piel), colócalos en una cazuela con un chorrito de aceite y dóralos un poco. Agrega el arroz, vierte encima agua (el doble y un poco más que de arroz), sazona y cocina durante 18-20 minutos.

Pon unas gotas de aceite en un bol, rellénalo con arroz y vuélcalo sobre un plato. Repite el proceso otras tres veces.

Reparte los chocos en los 4 platos al lado del arroz y decóralos con unas hojas de perejil.

CONSEJO: La sepia tiene un hueso interno compuesto de carbonato de calcio que es utilizado como complemento alimenticio para las aves de compañía.

VIEIRAS GRATINADAS CON PROVENZAL

INGREDIENTES **(4 P.)**

8 vieiras
2 cebolletas
1 tomate
2 dientes de ajo
1 vaso de *brandy*
1 lechuga
aceite de oliva virgen extra
sal

Para la provenzal:
3 cucharadas de pan rallado
2 dientes de ajo
½ cucharadita de perejil picado

ELABORACIÓN

Abre las vieiras, pásalas por el grifo de agua fría para eliminar la arena, retira las telillas, separa los corales de los troncos, corta estos en dos y reserva. Reserva también las conchas (hondas).

Pica finamente las cebolletas y rehógalas en una sartén con un poco de aceite. Pela el tomate, pícalo finamente e incorpóralo. Sazona y pocha todo bien.

Pela los dientes de ajo, pícalos finamente y dóralos en una sartén con aceite. Incorpora las vieiras y saltéalas. Vierte encima el *brandy* y flambéalo.

Sirve en cada concha un poco de la fritada y pon encima 1 coral y 1 tronco (cortado en dos).

Para la provenzal, pica finamente el ajo y mézclalo en un bol con el pan rallado y el perejil. Espolvorea con la mezcla las vieiras y gratínalas en el horno durante 3 minutos.

Limpia la lechuga, escúrrela, sécala y pásala a una fuente amplia. Pon encima las vieiras y sirve.

CONSEJO: Si se tienen las muñecas fuertes, las vieiras se pueden abrir como las ostras, pero hay una forma más fácil para el novato: introdúcelas en el horno a 200 ºC y sácalas cuando se abran (en 2 o 3 minutos).

TACOS DE BONITO CON PIPERRADA

INGREDIENTES **(4 P.)**

500 g de bonito (limpio)
2 dientes de ajo
1 cebolleta
1 pimiento morrón
2 pimientos verdes
1 tomate
aceite de oliva virgen extra
perejil
pimienta
sal

ELABORACIÓN

Pon a calentar una sartén con un chorrito de aceite. Pela los ajos, córtalos en láminas y añádelos a la sartén. Pela la cebolleta, córtala en juliana fina y agrégala.

Pela el pimiento morrón y lava los pimientos verdes. Retira los tallos y las semillas a los pimientos (morrón y verdes), córtalos en juliana e incorpóralos a la sartén. Sazona y rehoga conjuntamente durante 15 minutos.

Lava el tomate, córtalo por la mitad, rállalo y agrégalo a la sartén. Cocina todo durante 10-15 minutos a fuego suave. Sirve la fritada en una fuente grande.

Calienta otra sartén con un chorrito de aceite. Corta el bonito en dados grandes, salpimiéntalos, añádelos y saltéalos brevemente (1-2 minutos). Reparte los dados de bonito sobre la fritada y espolvoréalo con un poco de perejil picado.

Reparte la fritada y el bonito en 4 platos.

CONSEJO: El punto de cocción del bonito es fundamental, por lo que es muy importante no pasarse, pues si se seca demasiado, no resultará agradable de comer.

POSTRES

TARTA SAN MARCOS

INGREDIENTES **(6 P.)**

Para el bizcocho:

4 huevos

100 g de azúcar

100 g de harina

mantequilla (para el molde)

Para el almíbar:

90 g de azúcar

110 ml de agua

40 ml de licor de naranja

Para el relleno de nata:

600 g de nata líquida para montar

80 g de azúcar glas

1 vaina de vainilla

Para la crema de yemas:

4 huevos

15 g de harina de maíz refinada

160 g de azúcar

120 ml de agua

½ cucharadita de zumo de limón

45 g de mantequilla

Para decorar:

100 g de almendras garrapiñadas picadas

50 g de azúcar

hojas de menta

ELABORACIÓN

Unta el molde con un poco de mantequilla y fórralo con papel de hornear.

Para hacer el bizcocho, casca los huevos y ponlos en un bol grande, agrega el azúcar y móntalos bien (durante unos 5 minutos) con una batidora de varillas eléctrica. Tamiza la harina, incorpórala y mézclala con una lengua o cuchara de madera con movimientos envolventes hasta que los ingredientes queden bien integrados. Vierte la mezcla en el molde y hornea a 180 ºC durante 30 minutos. Retira el bizcocho del horno y deja que se enfríe. Desmóldalo y córtalo en 3 planchas del mismo grosor.

Para el almíbar, pon a calentar en un cazo el azúcar y el agua. Cuando el azúcar se disuelva, retira la cazuela del fuego, deja que se temple y añade el licor de naranja. Mezcla bien, pásalo a un biberón y resérvalo.

Para el relleno de nata, pon la nata en un cazo, agrega la vaina de vainilla abierta y caliéntala a fuego suave durante 10 minutos para que la nata quede bien aromatizada. Deja que se enfríe y ponla en un bol. Retira la vaina de vainilla. Incorpora el azúcar glas, móntala con una batidora de varillas eléctrica, introdúcela en una manga pastelera y resérvala.

Para la crema de yema, pon la harina de maíz en un cazo, agrega el azúcar y un poco del agua. Mezcla los ingredientes removiéndolos con una varilla manual. Incorpora los huevos, rómpelos y bátelos bien. Añade el resto del agua, mezcla bien y calienta a fuego suave hasta que hierva y espese. Agrega el zumo de limón y mezcla bien. Retira la cazuela del fuego, incorpora la mantequilla y mezcla bien hasta que quede integrada. Pasa la crema de yema a una manga pastelera y resérvala.

Para montar la tarta, coloca 1 plancha de bizcocho sobre una fuente grande, riégala con almíbar y cúbrela con nata montada. Tápala con otra plancha de bizcocho, riégala con almíbar y cúbrela con más nata. Riega la última plancha de bizcocho (por la parte que vas a dejar hacia abajo) con otro poco de almíbar y colócala encima.

Cubre con un poco de nata montada todo el contorno de la tarta y espárcela bien. Coge un poco de almendra garrapiñada en la mano y presiónala sobre el contorno de la tarta. Repite el proceso hasta todo el contorno quede bien cubierto.

Cubre la superficie de la tarta con la crema de yema, espolvoréala con el azúcar y quémala con un soplete de cocina. Decora la tarta con unas hojas de menta y sirve.

CONSEJO: Si os sobra un poco de almíbar y de nata montada, preparad una macedonia de frutas, endulzadla con el almíbar y decoradla con la nata montada.

BOCADITOS DE FRAMBUESA Y QUESO

INGREDIENTES
(6 P./24 TARTALETAS)

1 kg de frambuesas
200 g de queso tierno
1 vaso de vino blanco
800 g de azúcar
1 lámina de hojaldre
harina (para estirar el hojaldre)
50 g de mantequilla fundida
hojas de menta

ELABORACIÓN

Coloca las frambuesas en un bol. Añade el vino blanco y déjalas a remojo durante 10 minutos. Escúrrelas, ponlas en una cazuela, añade el azúcar, mezcla y cuece a fuego suave durante 20 minutos, hasta que reduzca a la mitad. Reserva la mermelada de frambuesa.

Espolvorea la superficie de trabajo con un poco de harina, estira la lámina de hojaldre y córtala por la mitad. Extiende una mitad sobre una superficie lisa, úntala con mantequilla fundida, coloca encima la otra mitad y úntala también con mantequilla. Enrosca el hojaldre sobre sí mismo, córtalo en rodajas y cubre con ellas 24 moldecitos individuales con forma de barquita. Hornea las tartaletas a 160 ºC durante 20-30 minutos.

Unta las tartaletas con un poco de la mermelada de frambuesa. Corta el queso en pequeños triángulos, coloca 1 en cada tartaleta y cúbrelas con más mermelada. Decora con unas hojas de menta y sirve.

NATILLAS EN VASO

INGREDIENTES **(6 P.)**

1 l de leche
12 yemas de huevo
1 cucharada de harina de maíz refinada
200 g de azúcar
2 vainas de vainilla
hojas de menta

ELABORACIÓN

Pon a calentar 850 ml de leche (reserva el resto) en una cazuela.

Con la ayuda de una puntilla, abre las vainas de vainilla, ráspales la parte interior y agrega las semillas a la cazuela de la leche. Incorpora también las vainas. Calienta la leche a fuego suave hasta que quede bien aromatizada (6-8 minutos aproximadamente).

Pon las yemas en un bol grande, añade la harina de maíz y el azúcar y mezcla bien. Incorpora la leche fría reservada anteriormente (150 ml) y remueve hasta que los ingredientes queden bien integrados. Retira las vainas de vainilla de la leche caliente aromatizada, incorpórala al bol y mezcla bien. Pasa todo a una cazuela y cocina las natillas a fuego suave-medio hasta que espesen (unos 5-10 minutos).

Pasa las natillas a un bol y espera a que se enfríen.

Sirve las natillas en 6 vasos y decóralas con unas hojas de menta.

CONSEJO: Las natillas se pueden hacer sin agregar harina de maíz refinada, pero si la añadís, en caso de que hiervan, evitaréis que se corten.

MINITORRIJAS

INGREDIENTES **(4 P.)**

8 bollitos de pan de hamburguesa
1 l de leche
2 cucharadas de leche condensada
3 trozos de corteza de naranja
3 trozos de corteza de limón
1 cucharada de agua de azahar (opcional)
2-3 huevos (para rebozar)
aceite de oliva virgen extra
5 cucharadas de azúcar
1 cucharada de canela en polvo
hojas de menta

ELABORACIÓN

Pon a calentar en una cazuela la leche y la leche condensada. Agrega las cortezas de limón y de naranja y cuece todo a fuego suave durante 5 minutos aproximadamente, hasta que la leche quede bien aromatizada. Cuela la leche y espera a que se enfríe.

Coloca los bollitos en un recipiente hondo, riégalos con el agua de azahar (opcional) y vierte la leche aromatizada por encima. Deja reposar hasta que los bollitos queden bien empapados (1 hora aproximadamente). Escúrrelos.

Calienta abundante aceite en una sartén. Bate los huevos, introduce en ellos los bollitos y fríelos a fuego medio por los dos lados hasta que se doren. Escúrrelos sobre un plato cubierto con papel absorbente.

Mezcla el azúcar con la canela en polvo y espolvorea las minitorrijas con la mezcla. Sirve y decora los platos con unas hojas de menta.

CONSEJO: Las torrijas se toman durante todo el año, pero durante la Semana Santa es cuando más se consumen. Antiguamente, por su alto contenido en nutrientes, era un plato destinado a mujeres que habían dado a luz.

BROCHETAS DE CÍTRICOS

INGREDIENTES **(4 P.)**

1 pomelo rosa
1 pomelo amarillo
1 limón
1 naranja
1 piña
8 *kumquats*
500 ml de helado
40 ml de aceite de vainilla
hojas de menta

Para el azúcar de especias:
4 cucharadas de azúcar
1 pizca de canela
1 pizca de perejil seco
1 pizca de sal de naranja
1 pizca de hierbaluisa seca
1 pizca de nuez moscada
1 pizca de cuatro especias

Para el aceite de cítricos:
1 cucharada de zumo de pomelo rosa
1 cucharada de zumo de limón
1 cucharada de zumo de naranja
3 cucharadas de aceite de oliva virgen extra
6 hojas de menta

ELABORACIÓN

Para preparar el azúcar de especias, pon en un bol el azúcar, la canela, el perejil, la sal de naranja, la hierbaluisa, la nuez moscada y las cuatro especias. Mezcla bien y reserva.

Mezcla los ingredientes del aceite de cítricos y resérvalo.

Pela los pomelos, el limón y la naranja y córtalos en gajos. Pela la piña, retira el tronco central y trocéala. Limpia los *kumquats*.

Ensarta la fruta en 4 palillos de brocheta en este orden: *kumquat*, piña, pomelo rosa, pomelo amarillo, naranja, limón y *kumquat*. Espolvorea con el azúcar de especias, salsea con el aceite de cítricos y riégalas con el aceite de vainilla.

Pon las brochetas en una bandeja de horno y gratínalas durante 4-8 minutos.

Sirve en cada plato 1 brocheta, acompáñalas con un poco de helado y decora con unas hojas de menta.

BOCADITOS DE UVA

INGREDIENTES **(4 P./24 UNIDADES)**

24 uvas blancas
12 tartaletas de pasta quebrada
12 tartaletas de hojaldre
125 g de queso fresco
50 ml de nata
75 ml de leche
1 huevo
50 g de azúcar
30 g de harina
40 g de mermelada de albaricoque
12 grosellas
12 arándanos
24 frambuesas
hojas de menta

ELABORACIÓN

Pela las uvas, córtalas por la mitad y retírales las pepitas.

Pon en una jarra el queso, la nata, la leche, el huevo, el azúcar y la harina y mezcla bien con una batidora eléctrica. Introduce la mezcla en una manga pastelera.

Pon sobre cada tartaleta un poco de mermelada de melocotón, cubre con un poco de la mezcla de queso y coloca encima ½ uva. Hornea nuevamente durante 15 minutos a 180 ºC.

Deja que se enfríen y desmolda los bocaditos. Lústralos con mermelada, decora con las frambuesas (troceadas), las grosellas, los arándanos y unas hojitas de menta y sirve.

BOCADOS DE QUESO CON MERMELADA DE TOMATE

INGREDIENTES **(4 P.)**

12 perlas de queso fresco de cabra

16 rebanadas de pan con semillas

12 hojas de albahaca

3 cucharadas de aceite de oliva virgen extra

perejil

Para la mermelada de tomate:

1 kg de tomates maduros

350 g de azúcar

zumo de ½ limón

ELABORACIÓN

Para hacer la mermelada de tomate, retira el pedúnculo de los tomates, hazles un corte superficial (en forma de cruz) por la parte inferior y escáldalos brevemente en una cazuela con agua hirviendo. Retíralos y deja que se templen. Pélalos, retírales las semillas y córtalos en dados.

Pesa el tomate (quedará en unos 700 g; si quedara más o menos tomate, calcula que la cantidad de azúcar que se emplea es la mitad del peso del tomate ya limpio) y ponlo en una cazuela. Agrega el azúcar y el zumo de limón. Mezcla y cocina los ingredientes a fuego suave durante 45 minutos. Retira la mermelada del fuego y deja que se enfríe.

Pica la albahaca y májala un poco en el mortero. Añade el aceite, mezcla bien y reserva el aceite de albahaca.

Tuesta las rebanadas de pan (horno o tostador).

Unta las tostadas de pan con un poco de mermelada, pon encima una perla de queso cortada por la mitad y riégalas con un poco del aceite de albahaca.

Sirve 3 tostadas en cada plato y decora con unas hojas de perejil.

BUÑUELOS DE PASAS

INGREDIENTES **(6 P.)**

100 g de mantequilla
2 cucharadas de azúcar
100 g de harina
ralladura de ½ limón
3 huevos
100 g de pasas remojadas (en té, ron o agua)
aceite de oliva virgen extra
1 pizca de sal

Para acompañar:

20 uvas
150 g de chocolate de cobertura
50 g de miel
50 g de mermelada de fresa
1 racimo de grosellas
hojas de menta

ELABORACIÓN

Limpia las uvas y sécalas bien. Funde el chocolate de cobertura. Baña las uvas en el chocolate, pásalas a un plato y resérvalas.

Pon al fuego una cazuela con 250 ml de agua, la mantequilla, el azúcar y la sal. Cuando rompa a hervir, añade la harina y remueve con una espátula de madera hasta conseguir una masa densa. Retira del fuego y agrega la ralladura de limón. Deja templar un poco y añade los huevos, de uno en uno, removiendo enérgicamente. Agrega las pasas (escurridas) y mezcla bien.

Calienta abundante aceite en una sartén. Cuando esté caliente, toma pequeñas porciones de la masa con la ayuda de dos cucharas y fríelas. Dales la vuelta para que se doren por los dos lados y escurre los buñuelos sobre una fuente con papel absorbente.

Para servir, dispón los buñuelos en una fuente y acompáñalos de las uvas bañadas en chocolate, la miel, la mermelada de fresas, las grosellas y unas hojas de menta.

CONSEJO: Antes de dar la vuelta a los buñuelos, conviene mojar la espumadera en el aceite caliente para evitar que se peguen a ella. Cuando se retiren de la sartén, lo mejor es escurrirlos sobre papel absorbente sin que se amontonen.

CAÑAS DE CREMA

INGREDIENTES **(6 P.)**

400 g de harina
100 ml de leche
200 ml de aceite de oliva virgen extra
50 g de azúcar
5 g de canela en polvo
40 g de mermelada de albaricoque
1 pizca de sal

Para la crema pastelera:

500 ml de leche
40 g de harina
75 g de azúcar
4 huevos
1 vaina de vainilla

ELABORACIÓN

Para hacer la masa, pon la harina, la leche, la sal y el aceite en un bol y amasa con la mano hasta que la masa quede bien ligada. Tapa y deja reposar durante 2-3 horas.

Estira la masa con ayuda de un rodillo. Corta trozos de 10 cm, enróllalos sobre unas cañas de metal y fríelas en una sartén con aceite templado. Desmóldalas y deja que se enfríen.

Para la crema pastelera, calienta en una cazuela 400 ml de leche con la vaina de vainilla abierta hasta que hierva. En un bol, mezcla bien la harina y el azúcar. Vierte encima el resto de la leche fría (100 ml) y disuelve todo bien. Añade los huevos y bátelos con una varilla. Incorpora un chorrito de la leche caliente y bate de nuevo. Retira la vainilla, pasa el contenido del bol a la cazuela y cocina a fuego medio, sin dejar de remover, hasta que espese la crema. Deja enfriar.

Coloca la crema en una manga pastelera, rellena con ella las cañas y colócalas en una fuente.

Mezcla el azúcar con la canela en un bol. Diluye la mermelada en 25 ml de agua y cuélala. Espolvorea las cañas con la mezcla de azúcar y canela, acompáñalas con la mermelada diluida y sirve.

ARROZ CON LECHE EXPRÉS

INGREDIENTES **(6 P.)**

1 l de leche
100 g de arroz
2 trozos de corteza de limón
2 trozos de corteza de naranja
50 g de azúcar glas
20 g de azúcar en grano
1 rama de canela
1 cucharada de canela en polvo
hojas de menta

ELABORACIÓN

Calienta en una olla rápida la leche con la rama de canela y las cortezas (lavadas) de limón y de naranja, removiendo con una cuchara de madera.

Cuando empiece a hervir, retira la canela y las cortezas de limón y de naranja. Incorpora el arroz y sigue removiéndolo hasta que empiece a hervir de nuevo. Cierra la olla y cocínalo a fuego suave-medio durante 8 minutos.

Abre la olla, agrega el azúcar (glas y grano) y cocínalo a fuego suave-medio durante 2-3 minutos, sin dejar de remover.

Reparte el arroz con leche en 6 recipientes y deja que se templen. Espolvoréalos con un poco de canela, decóralos con unas hojas de menta y sirve.

CONSEJO: El arroz con leche también se puede endulzar utilizando miel o azúcar de caña. Quedará igual de rico, pero no tan blanco.

CARICIAS DE LIMÓN

INGREDIENTES **(6 P.)**

4 limones

4 huevos

4 cucharadas de azúcar

4 cucharadas de leche condensada

300 g de mantequilla (a punto de pomada)

Para el merengue:

4 claras de huevo

6 cucharadas de azúcar

Para decorar:

12 barquillos

6 lenguas de gato

3 cucharadas de virutas de chocolate

6 cucharadas de salsa de caramelo

6 grosellas

hojas de menta

ELABORACIÓN

Corta los limones por la mitad y exprímelos.

Coloca en un cuenco grande los huevos y el azúcar. Bate bien y añade la leche condensada sin dejar de batir. Agrega el zumo de los limones y mezcla todo.

Pasa la crema a una cazuela y cocínala, sin dejar de batir con una varilla, hasta que espese.

Pasa la mezcla a un vaso americano, incorpora la mantequilla, bate bien y pasa la crema a un bol. Introduce en el frigorífico y deja que se enfríe durante dos horas como mínimo.

Monta las claras en un bol con una batidora de varillas eléctrica. Cuando estén bien montadas, añade el azúcar poco a poco y termina de montar.

Para servir, usa 6 cuencos individuales y pon en cada uno 1 cucharada de merengue y 1 de crema de limón, acompaña con 2 barquillos y 1 lengua de gato y decora con 1 grosella, virutas de chocolate, un poco de caramelo y una hojita de menta.

CAPRICHO MARIJO

INGREDIENTES **(4 P.)**

4 manzanas

200 ml de nata

75 g de azúcar

2 yogures naturales

4 cucharadas de leche condensada

25 ml de *brandy*

4 bizcochos de soletilla

12 avellanas

1 racimo de grosellas

hojas de menta

ELABORACIÓN

Pela las manzanas, trocéalas y cuécelas en una cazuela con 150 ml de agua durante 15 minutos. Retira las manzanas (reserva el caldo de cocción), aplástalas con un tenedor y reserva la compota.

Con una varilla manual, monta la nata con el azúcar. Resérvala.

Pon los yogures y la leche condensada en un bol y mezcla bien. Reserva.

Añade el *brandy* al caldo de cocción de las manzanas, mézclalos y emborracha los bizcochos de soletilla con la mezcla.

Reparte la mezcla de yogur y leche condensada en 4 copas, pon encima un poco de compota de manzana, introduce en cada copa 1 bizcocho de forma que sobresalga un extremo y sirve encima la nata montada. Decora con las avellanas, las grosellas y unas hojas de menta y sirve.

CORONA DE PASTA *CHOUX*

INGREDIENTES **(4 P.)**

100 g de mantequilla
125 g de harina
4 huevos
100 g de nata montada
350 g de crema pastelera
aceite de oliva virgen extra
sal
hojas de menta

Para el caramelo:
100 g de azúcar
1 cucharadita de zumo de limón

ELABORACIÓN

Calienta 250 ml de agua en una cazuela, agrega la mantequilla y una pizca de sal. Remueve los ingredientes hasta que la mantequilla se disuelva. Aparta la cazuela del fuego e incorpora la harina (tamizada) de golpe. Vuelve a poner la cazuela al fuego (suave) y mezcla bien con un batidor de varillas manual hasta conseguir una masa homogénea (1 minuto aproximadamente).

Pasa la masa a un bol, añade 1 huevo y remueve con la varilla hasta que el huevo quede perfectamente integrado. Repite el proceso con el resto de los huevos, añadiéndolos de uno en uno. Introduce la pasta *choux* en una manga pastelera con boquilla lisa.

Dibuja 4 círculos de 12 cm de diámetro sobre un trozo grande de papel de hornear y colócalo sobre una bandeja de horno. Cubre el borde de los círculos con 2 vueltas de pasta *choux*. Introduce la manga pastelera con boquilla lisa dentro de otra con boquilla rizada y forma 4 botones (montoncitos) de 4-5 cm sobre el espacio libre del papel.

Hornea a 180 ºC (calor arriba y abajo con ventilador) durante 30 minutos. Retira la bandeja del horno y espera a que las coronas y los botones se enfríen.

Introduce la nata en una manga pastelera (con boquilla lisa), agujerea los botones de pasta *choux* con la boquilla de la manga, rellénalos y resérvalos. Pon la crema pastelera en otra manga con boquilla lisa. Con un cuchillo de sierra, corta las coronas por la mitad (como si fueran bocadillos), rellénalas con la crema pastelera y resérvalas.

Para hacer el caramelo, calienta el azúcar con el zumo de limón en una sartén. Espera a que el azúcar se funda sin que se tueste demasiado. Unta una cuchara con un poco de aceite, coge con ella el caramelo y vete bañando con él la superficie de las coronas y de los botones hasta que queden brillantes.

Coloca los botones en el agujero de las coronas y sirve. Decora los platos con unas hojas de menta.

CONSEJO: Para que la masa no se baje, es muy importante no abrir el horno hasta que estén bien dorados.

BATIDO DE MELÓN

INGREDIENTES **(4 P.)**

½ melón (1 kg)

500 ml de sorbete de limón (helado)

1 lima

hojas de menta

ELABORACIÓN

Pela el melón, quítale las pepitas, trocéalo y ponlo en una jarra americana. Añade el sorbete de limón y el zumo de lima y tritura bien.

Reparte el sorbete en 4 vasos, decóralos con unas hojas de menta y sirve.

CONSEJO: La combinación del melón con lima y limón es perfecta y, además, muy refrescante. Si probáis a hacerlo, se convertirá en un clásico de vuestros hogares.

CHURROS

INGREDIENTES **(4 P.)**

250 g de harina

250 ml de agua

1 cucharadita (de las de café) de sal

25 g de mantequilla

200 g de azúcar

aceite de oliva virgen extra

ELABORACIÓN

Tamiza la harina.

En una cazuela pon a calentar el agua, la mantequilla y la sal. Cuando hierva, agrega la harina, sin dejar de remover con una cuchara de madera hasta que la masa se desprenda del recipiente (si ves que queda muy dura, puedes añadirle un poco más de agua). Aparta del fuego y deja reposar la masa hasta que esté templada.

Introduce la masa en la churrera y corta los churros sobre una sartén con abundante aceite bien caliente (ten cuidado de que no se peguen). Escúrrelos sobre un plato con papel absorbente, espolvoréalos con el azúcar y sirve.

CREMA DE ALBARICOQUE CON CHOCOLATE

INGREDIENTES **(4 P.)**

500 g de albaricoques

100 g de chocolate de cobertura

4 cucharadas de azúcar

zumo de ½ limón

ralladura de 1 naranja

250 ml de nata montada

Para el merengue:

1 clara de huevo

2 cucharadas de azúcar

Para decorar:

100 g de mermelada de frutos rojos diluida con 25 ml de agua

4 frambuesas

8 grosellas

hojas de menta

ELABORACIÓN

Funde el chocolate al baño maría.

Corta 12 tiras de acetato o plástico de las de carpeta (plástico duro maleable) de 5 cm x 15 cm y extiéndelas sobre la encimera o una tabla de mármol. Coloca en un extremo de cada tira un trozo de cinta adhesiva, dales la vuelta y vuelve a extenderlas (alineadas) sobre la encimera o tabla.

Vierte el chocolate sobre las láminas de acetato y, con una espátula de pastelería, extiéndelo bien (sin que toque la cinta adhesiva). Espera 2 minutos y junta los extremos de las láminas de acetato (dejando el chocolate por la parte interior de las láminas) hasta formar una especie de lágrimas. Dobla la cinta adhesiva y ciérralos de manera que queden bien sujetos. Introdúcelos en el frigorífico y déjalos enfriar durante 10 minutos, hasta que estén bien duros.

Limpia los albaricoques, retírales los huesos y trocéalos. Colócalos en una cazuela con el azúcar y el zumo de limón, y cocínalos a fuego lento durante 10 minutos. Deja enfriar, tritura y reserva la crema de albaricoque.

Con una batidora de varillas, monta la clara de huevo con el azúcar hasta conseguir un merengue.

Mezcla la ralladura de naranja con la nata montada.

En un bol, mezcla suavemente la crema de albaricoques, el merengue y la nata con ralladura de naranja.

Retira el acetato del chocolate, con cuidado de no romper el molde, coloca los moldecitos de chocolate en un plato y rellénalos con la mezcla anterior.

Decora con un poco de salsa de frutos rojos, las frambuesas, las grosellas y unas hojas de menta y sirve. (Si no se va a consumir en el momento, reserva en el frigorífico hasta el momento de servir.)

CREPES DE MANZANA Y NATA

INGREDIENTES **(6 P.)**

3 manzanas
200 ml de nata montada
aceite de oliva virgen extra

Para la masa de los crepes:

2 huevos
125 g de harina
250 ml de leche
25 g de mantequilla
1 pizca de sal

Para acompañar y decorar:

4 bolitas de helado
4 cucharadas de nata montada
hojas de menta

ELABORACIÓN

Para preparar la masa de los crepes, coloca en una jarra los huevos, la harina, la mantequilla, la leche y la sal y bate bien con una batidora eléctrica.

Pon un poco de aceite en una sartén, caliéntalo y retira el exceso de grasa. Vierte un poco de masa en la sartén y extiéndela bien. Cuando empiece a cuajar, dale la vuelta. Desecha el primer crepe y repite el proceso hasta terminar toda la masa. Reserva los crepes en un plato.

Pela las manzanas, descorazónalas, trocéalas y ponlas en un recipiente apto para el microondas. Tápalo con film transparente, introdúcelo en el microondas y cocínalas durante 10 minutos. Deja que las manzanas se templen.

Mezcla las manzanas con la nata montada y rellena los crepes. Dobla a tu gusto (en forma de rollito, de pañuelo o de media luna).

Sirve 2 crepes por ración, acompáñalos con helado y nata montada y decora con unas hojas de menta.

CREMA DE NARANJA GRATINADA

INGREDIENTES **(4 P.)**

3 naranjas
1½ cucharadas de harina de maíz refinada
3 cucharadas de licor de naranja
6 claras
6 cucharadas de azúcar
mantequilla y harina (para los moldes)
30 g de almendras fileteadas
hojas de menta

ELABORACIÓN

Limpia las naranjas. Pela 2 naranjas, sácales los gajos en vivo (sin piel blanca) y resérvalos. Ralla la otra naranja (reserva la ralladura), córtala a la mitad y exprímela. Diluye la harina de maíz en el zumo de naranja.

Coloca todo (los gajos, la ralladura y la harina diluida en zumo) en una cazuela al fuego. Añade el licor, mezcla bien y cuece la crema durante unos 5 minutos, hasta que espese. Deja que se enfríe.

Con una batidora de varillas, monta las claras. Cuando estén bien esponjadas, agrega el azúcar y monta brevemente. Añade la mitad de las claras montadas a la crema de naranja y mezcla suavemente con movimientos envolventes.

Unta 4 moldes individuales con mantequilla y espolvoréalos con un poco de harina. Llena los moldes con la crema de naranja. Pasa el resto de las claras montadas a una manga pastelera y decora con ellas la crema. Espolvorea con las almendras fileteadas y gratina en el horno durante 2-3 minutos. Decora con unas hojas de menta y sirve.

PANTXINETA

INGREDIENTES **(6 P.)**

2 láminas de hojaldre (redondas)
100 g de almendras laminadas
1 yema de huevo
3 cucharadas de azúcar glas
hojas de menta

Para la crema pastelera:
350 ml de leche
1 trozo de corteza de limón
1 trozo de corteza de naranja
20 g de harina de maíz refinada
50 g de azúcar
2 claras de huevo
10 g de mantequilla
1 cucharada de licor de almendra amarga
100 g de almendra tostada molida
1 rama de canela

ELABORACIÓN

Pon las almendras laminadas en un bol, cúbrelas con agua y déjalas a remojo al menos durante 2 horas.

Para hacer la crema pastelera, pon 275 ml de leche (reserva el resto) en una cazuela. Agrega la rama de canela y las cortezas de limón y de naranja y caliéntala a fuego suave durante 5 minutos (hasta que quede bien aromatizada).

Pon la harina de maíz refinada y el azúcar en un bol. Vierte encima la leche reservada anteriormente (75 ml) y mezcla bien con un batidor de varillas manual. Incorpora las claras y bátelas. Cuela encima la leche aromatizada, mezcla bien y pasa todo a una cazuela. Cocina los ingredientes sin dejar de remover hasta que espesen (unos 10 minutos). Apaga el fuego, incorpora la mantequilla, mezcla bien y pasa la crema a un bol. Deja que se enfríe durante unos 45 minutos.

Añade el licor de almendra amarga y la almendra tostada molida y mezcla bien.

Cubre una bandeja de horno con papel de hornear.

Extiende 1 lámina de hojaldre, apoya encima una base redonda de tarta (de 6 porciones) y con un cuchillo bien afilado corta una circunferencia. Colócala sobre la bandeja de horno y cúbrela con la crema dejando los bordes libres. Mezcla la yema con 1 cucharada de agua y unta los bordes con la mezcla.

Extiende la otra lámina de hojaldre y corta otra circunferencia, un poco mayor que la base. Cubre con esta circunferencia la crema y presiona los bordes suavemente con los dedos. Unta la superficie con la mezcla de huevo y agua. Escurre las almendras laminadas y cubre con ellas toda la superficie de la tarta.

Introduce la tarta en el horno y hornéala a 180 ºC durante 15 minutos. Baja la temperatura a 170 ºC y hornéala durante 45 minutos más. Retírala y deja que se temple.

Espolvoréala con el azúcar glas, córtala en porciones, decora los platos con unas hojas de menta y sirve.

CONSEJO: La almendra laminada necesita remojarse para que no se queme al hornear la tarta. El remojo debe de ser al menos de 2 horas, pero si lo haces de un día para otro, mucho mejor.

BOCADO DE AVELLANAS Y CHOCOLATE

INGREDIENTES **(4 P.)**

200 g de avellanas peladas
150 g de chocolate negro (55 %)
hojas de menta

ELABORACIÓN

Trocea el chocolate y ponlo en un bol. Introduce el bol en una cazuela con un poco de agua y funde el chocolate al baño maría. Retira el bol de la cazuela, incorpora las avellanas (tostadas o no, a vuestro gusto) y mezcla bien.

Con ayuda de dos cucharas, coge pequeñas porciones de la mezcla y colócalas sobre una fuente grande. Deja que se templen e introdúcelas en el frigorífico hasta que estén bien duras.

Sirve y adorna los platos con unas hojas de menta.

CONSEJO: El chocolate se puede aromatizar agregándole un poco de ralladura de naranja o de lima, un poco de canela en polvo, sal o menta picada..., siempre a gusto del consumidor.

FLAN DE FRUTAS ROJAS

INGREDIENTES **(6 P.)**

150 g de cerezas
150 g de fresas
300 g de azúcar
5 huevos
1 l de leche
2 cucharadas de vinagre
6 frambuesas
12 grosellas
hojas de menta

ELABORACIÓN

Limpia las fresas y retírales el tallo. Limpia las cerezas y deshuésalas. Trocea las frutas. Pon 100 g de azúcar en una sartén y caliéntalo hasta conseguir un caramelo tostado. Añade las frutas rojas troceadas, mezcla bien y vierte encima 1 cucharada de vinagre. Mezcla de nuevo y cocina durante 5 minutos para que las frutas vayan soltando el líquido.

Pon a calentar otros 100 g de azúcar en otra sartén a fuego medio y espera (sin remover) a que se funda y vaya cogiendo color. Viértelo en un molde apto para el horno, extiéndelo y resérvalo.

Pon en un cuenco grande los huevos, bátelos como para hacer una tortilla, añade el resto del azúcar (100 g) y bate de nuevo. Incorpora la leche poco a poco.

Cuela las frutas (reserva el jugo que han soltado) e incorpóralas al cuenco con la mezcla del flan. Vierte todo en el molde caramelizado y hornea al baño maría a 200 ºC durante 30 minutos. Retira del horno y deja que se enfríe.

Pasa el jugo reservado de nuevo a la sartén, añade la otra cucharada de vinagre y reduce a fuego lento hasta conseguir una salsa espesa.

Desmolda el flan y decóralo con las frambuesas, las grosellas y unas hojas de menta. Acompaña con la salsa y sirve.

FLAN DE CHOCOLATE CON CREMA DE ARROZ CON LECHE

INGREDIENTES **(4 P.)**

500 ml de leche
200 g de chocolate negro de cobertura
5 huevos
175 g de azúcar
4 fresas
4 nueces

Para la crema de arroz con leche:

500 ml de leche
2 trozos de corteza de limón (2 cm x 5 cm)
1 cucharada de azúcar
100 g de arroz
1 rama de canela
hojas de menta

ELABORACIÓN

Para preparar la crema de arroz, pon a hervir en una cazuela la leche con la canela, las cortezas de limón y el azúcar. Cuando la leche empiece a hervir, añade el arroz y deja que hierva, sin dejar de remover, durante 15 minutos. Retira la canela y la corteza de limón y aparta la cazuela del fuego. Añade 4-6 hojas de menta y tritura todo con la batidora eléctrica. Reserva la crema.

En otra cazuela, pon a calentar la leche. Cuando empiece a hervir, aparta la cazuela del fuego, añade el chocolate troceado y remueve hasta que se derrita y quede todo bien integrado.

Mezcla en un bol los huevos y el azúcar. Añade, poco a poco, la leche con chocolate, mezcla todo bien y viértelo en un molde. Hornea al baño maría a 160-170 ºC durante 40 minutos. Deja enfriar.

Desmolda el flan y sírvelo con la crema de arroz en una fuente. Decora con las fresas y las nueces peladas.

FLAN DE PERA CON CREMA DE FRESAS

INGREDIENTES **(4-6 P.)**

2 peras
250 g de fresas
250 ml de leche
100 g de azúcar
1 cucharada de zumo de limón
2 huevos
200 g de leche condensada
2 yogures
50 ml de salsa de caramelo
1 racimo de grosellas
2 ramas de canela
hojas de menta

ELABORACIÓN

Cuece en un cazo la leche con la canela durante 10 minutos. Deja que se enfríe.

Pela las peras, trocéalas y colócalas en un bol de cristal. Tápalo con film transparente y cocina las peras en el microondas durante 10-12 minutos.

Pon el azúcar, el zumo de limón y 1 cucharada de agua en una sartén y cocina hasta conseguir un caramelo tostado.

Cubre el fondo de 4-6 moldes individuales (aptos para el microondas) con el caramelo y reparte entre ellos las peras.

Bate los huevos en un bol, añade la leche condensada y mezcla. Incorpora la leche (retírale las ramas de canela) poco a poco sin dejar de batir. Vierte la mezcla en los moldes, introdúcelos en el microondas y cocina a potencia media durante 7 minutos.

Limpia las fresas, retírales el tallo y colócalas en una jarra. Agrega los yogures y tritura con una batidora eléctrica hasta conseguir una crema ligera.

Sirve 1 flan en cada plato, acompaña con un poco de crema de fresas y decora con las grosellas, la salsa de caramelo y unas hojas de menta.

FLAN DE MANDARINA

INGREDIENTES **(4-6 P.)**

6 mandarinas
9 cucharadas de azúcar
3 huevos
50 ml de licor de mandarina
300 ml de nata líquida
1 cucharada de zumo de limón
hojas de menta

ELABORACIÓN

Pon 4 cucharadas de azúcar en una sartén, añade 1 cucharada de agua y el zumo de limón. Pon al fuego y hierve hasta conseguir un caramelo oscuro. Baña con él un molde apto para el horno y reserva.

Exprime 4 mandarinas y reserva el zumo.

Ralla la piel de las otras 2 mandarinas y mezcla en un bol la ralladura con las otras 5 cucharadas de azúcar. Añade los huevos y bate con una varilla manual. Agrega el licor de mandarina, 100 ml de nata y el zumo de las mandarinas. Bate bien y vierte la mezcla en el molde caramelizado.

Hornea el flan al baño maría a 175-180 ºC durante unos 25 minutos. Deja templar y desmóldalo.

Monta el resto de la nata (200 ml) con una batidora de varillas eléctrica e introdúcela en una manga pastelera. Pela las 2 mandarinas reservadas, sepáralas en gajos y córtalos por la mitad a lo largo.

Decora el flan con la nata montada y los gajos de mandarina y sirve.

CONSEJO: Para caramelizar un molde, es importante que el caramelo sea oscuro.

GALLETAS DE AVENA Y UVAS PASAS

INGREDIENTES **(6 P.)**

300 g de copos de avena
150 g de pasas
200 ml de ron
125 g de harina
200 g de azúcar
1 cucharadita de levadura en polvo
2 huevos
200 ml de leche
1 cucharadita de canela
1 pizca de sal
hojas de menta

ELABORACIÓN

Deja a remojo las pasas en el ron durante 2-3 horas. Tuesta los copos de avena en una sartén sin aceite.

Pon la harina en un bol con el azúcar, la levadura, la canela y la sal. Añade la avena y mezcla bien. Agrega las pasas escurridas, los huevos y la leche y mezcla de nuevo.

Coge pequeñas porciones con la ayuda de dos cucharas, colócalas sobre un par de bandejas forradas con papel de hornear y hornéalas a 200 ºC durante 15 minutos.

Retira las galletas del horno, sírvelas en una fuente y decora con unas hojas de menta. (Puedes acompañarlas con un chocolate caliente.)

FRESAS MONTECARLO

INGREDIENTES **(4 P.)**

24 fresas
280 g de azúcar
500 ml de curasao
500 ml de nata
100 g de frambuesas
4 yemas de huevo
hojas de menta

ELABORACIÓN

Limpia las fresas, retírales los tallos y pasa 12 a un bol (reserva el resto). Espolvoréalas con 40 g de azúcar, rocíalas con la mitad del curasao (250 ml) y déjalas macerar.

Pon otros 40 g de azúcar en un bol y añade la mitad de la nata (250 ml) y las frambuesas. Machácalas un poco con una varilla manual. Pica el resto de las fresas (12) y añádelas. Reserva.

Calienta en una cazuela el resto del azúcar (200 g) con 200 ml de agua y hierve hasta conseguir un jarabe. Pon las yemas de huevo en un bol y móntalas con una batidora de varillas eléctrica. Agrégales el jarabe poco a poco, sin dejar de batir. Cuando esté todo bien montado, añade el resto del curasao (250 ml) poco a poco y mezcla con una varilla manual. Monta el resto de la nata (250 ml) e incorpórala al bol.

Vierte la masa en moldes individuales, introdúcelos en el congelador y deja que endurezca.

Desmolda y acompaña con la mezcla de frutas rojas y nata y con las fresas al curasao. Decora con unas hojas de menta y sirve.

CONSEJO: El curasao es un licor de exquisito aroma, elaborado con la piel de las naranjas que se cultivan en la isla del mismo nombre. Sabed que siempre se puede sustituir por algún otro licor que os guste.

GAZPACHO DE MELÓN

INGREDIENTES **(6 P.)**

1 melón cantalupo (1 kg aprox.)

1 melón piel de sapo (2 kg aprox.)

1 tomate

1 melocotón

2 cucharaditas de aceite de oliva virgen extra

2 ramilletes de hojas de orégano

pétalos de rosa (opcional)

ELABORACIÓN

Corta el melón cantalupo por la mitad, retírale las pepitas y sácale la carne. Corta el otro melón, pela una de las mitades y, con la ayuda de un pelador, corta 12 tiras largas y resérvalas; retírale las pepitas y trocea la carne; retira también las pepitas de la otra mitad y sácale la carne. Pasa la carne de los dos melones a un vaso americano.

Pela el tomate, quítale las pepitas, trocéalo, añádelo al vaso americano junto con el orégano y tritura todo bien. Agrega el aceite y tritura de nuevo.

Pela el melocotón, trocéalo en dados pequeños y resérvalo.

Sirve en el centro de cada plato 2 tiras de melón y unos dados de melocotón y vierte encima el gazpacho de melón. Decora con unos pétalos de rosa y unas hojitas de orégano.

GRANIZADO DE KIWI

INGREDIENTES **(4 P.)**

5-6 kiwis

300 g de frutos rojos (grosellas, arándanos, frambuesas)

zumo de 1 limón

9 cucharadas de azúcar

125 ml de granadina

500 g de hielo

ELABORACIÓN

Coloca en una cazuela los frutos rojos, la mitad del zumo de limón y 6 cucharadas de azúcar y cuece todo a fuego lento durante 10 minutos. Tritura y reserva la salsa.

Calienta en una sartén la granadina y deja que reduzca durante 5 minutos.

Pela los kiwis, corta 4 rodajas y resérvalas para decorar las copas. Trocea el resto y ponlos en el vaso de la batidora junto con 2 cucharadas de azúcar y el resto del zumo de limón. Tritura bien y cuela el puré.

Tritura el hielo hasta que quede finamente picado.

Coloca en un platillo la granadina reducida y en otro 1 cucharada de azúcar. Pasa el borde de las copas por la granadina y seguidamente por el azúcar.

Sirve en cada copa una buena base de hielo picado, añade el puré de kiwis y riega con la salsa de frutos rojos.

CONSEJO: Cuando vayas a comprar kiwis, elige los que tengan una apariencia firme e intacta y la piel sin marcas ni manchas. No debes tener en cuenta su tamaño, ya que este solo está relacionado con la variedad a la que pertenecen, no con su calidad.

BOMBONES DE PLÁTANO

INGREDIENTES **(4 P.)**

4 plátanos

180 g de chocolate de cobertura negro

180 g de chocolate de cobertura blanco

2 cucharadas de arroz inflado

hojas de menta

ELABORACIÓN

Trocea los chocolates, pon cada uno en un bol y fúndelos al baño maría por separado.

Corta los plátanos en trozos de bocado e introduce la mitad de ellos en el chocolate blanco y la otra mitad en el chocolate negro. Retíralos con cuidado y extiéndelos sobre dos platos cubiertos con papel de hornear. Espera a que se templen un poco. Adorna los bañados en chocolate blanco con unas hojitas de menta y con arroz inflado los bañados en chocolate negro. Introdúcelos en el frigorífico y enfríalos durante 15 minutos.

CONSEJO: En esta receta hemos fundido los chocolates al baño maría, pero este proceso también se puede hacer en el microondas calentándolos de 30 en 30 segundos (para evitar que se quemen).

HELADO DE YOGUR DE LIMÓN

INGREDIENTES **(6 P.)**

- 200 ml de nata
- 4 yogures de limón
- 4 cucharadas de leche condensada
- 200 g de fresas
- 200 ml de leche
- 2 cucharadas de mermelada de fresas
- 2 racimos de grosellas
- hojas de menta

ELABORACIÓN

Pon la nata en un bol y móntala con una batidora de varillas eléctrica.

Pon los yogures en un bol, añade de la leche condensada y mezcla bien. Incorpora la nata montada y mezcla. Vierte todo en un molde de cristal, tápalo con film transparente e introdúcelo en el congelador y mantenlo en él durante 4 horas.

Lava las fresas, retírales el tallo, trocéalas y colócalas en un vaso americano. Agrega la mermelada de fresas y la leche y tritura. Cuela la mezcla.

Para servir, utiliza 6 recipientes individuales. Coloca, en el fondo de cada uno, un poco de sopa de fresa, y encima, 2 bolas de helado. Decora con las grosellas y unas hojas de menta.

LECHE MERENGADA HELADA

INGREDIENTES **(4-6 P.)**

- 500 ml de leche
- 250 ml de nata
- 1 trozo de corteza de limón (de 2 cm x 5 cm)
- 75 g de azúcar
- 2 hojas de gelatina
- ½ sobre de gelatina de fresa
- 3 claras de huevo
- 50 g de azúcar glas
- 1 rama de canela
- hojas de menta

ELABORACIÓN

Pon a remojar las hojas de gelatina en agua fría.

Mezcla en una cazuela la leche, la nata, el azúcar, la corteza de limón y la rama de canela. Calienta la mezcla a fuego suave durante 10 minutos. Retira del fuego e incorpora las hojas de gelatina (escurridas). Retira la rama de canela y la corteza de limón y deja templar.

Calienta 125 ml de agua en otra cazuela. Cuando empiece a hervir, retira la cazuela del fuego, añade la gelatina de fresa y disuélvela. Pasa a un molde la gelatina y deja que se enfríe y endurezca (1-2 horas).

Con la batidora de varillas, monta las claras a punto de nieve. Agrega el azúcar glas y termina de montar.

Incorpora las claras montadas a la leche templada y mezcla bien.

Vierte la mezcla en moldes individuales de silicona para helados, introduce en el congelador y deja que se endurezca.

Trocea la gelatina de fresa. Desmolda los helados y sírvelos con un poco de gelatina troceada y unas hojas de menta.

MAGDALENAS DE ACEITE DE OLIVA

INGREDIENTES **(4-6 P.)**

4 huevos
250 g de azúcar
100 ml de aceite virgen extra
200 g de harina
1 sobre de levadura en polvo
hojas de menta

ELABORACIÓN

Pon en un bol los huevos y 200 g de azúcar y bate con una batidora de varillas eléctrica. Agrega el aceite poco a poco sin dejar de batir.

Mezcla en otro bol la levadura con la harina, tamízalas e incorpóralas a la masa de huevos. Mezcla con movimientos envolventes y siempre en la misma dirección.

Pon la masa en la manga pastelera y rellena con ella unos moldes de papel. Coloca sobre cada magdalena una pizca de azúcar y hornéalas a 180 ºC durante 15-18 minutos. Retíralas del horno y deja que se enfríen.

Sirve y decora con unas hojas de menta.

LENGUAS DE GATO

INGREDIENTES **(6 P./UNAS 40 UNIDADES)**

125 g de mantequilla
125 g de azúcar glas
1 cucharada de leche templada
1 huevo
125 g de harina
2 cucharadas de cacao en polvo
1 ramita de menta

ELABORACIÓN

Coloca la mantequilla en un bol y deja que se ablande (punto pomada). Bátela con una batidora de varillas manual e incorpora el azúcar. Añade la leche y el huevo y bate todo hasta que quede una masa homogénea. Agrega la harina y une todo suavemente con una cuchara de madera.

Retira la mitad de la masa a otro bol, incorpora el cacao y mezcla bien. Pasa la masa a una manga pastelera con boquilla redonda lisa.

Introduce el resto de la masa en otra manga pastelera con el mismo tipo de boquilla.

Sobre una placa de horno forrada con papel de hornear, extiende pequeñas porciones con forma alargada de las dos masas y hornéalas a 200 ºC durante 12-15 minutos. Retíralas del horno y deja que se enfríen.

Sirve las lenguas de gato sobre un plato forrado con una blonda y decora con la ramita de menta.

CONSEJO: En caliente, las lenguas de gato son flexibles y se pueden moldear. Podéis enroscarlas o curvarlas y dejarlas enfriar sobre algún utensilio que se adapte a la forma deseada.

MELÓN AL HORNO

INGREDIENTES **(4 P.)**

1 melón (2 kg)
50 g de nueces peladas
2 cucharadas de azúcar
4 cucharadas de miel
zumo de 1 lima
1 vaina de vainilla
12 frambuesas

Para el caramelo:

6 cucharadas de azúcar
1 cucharadita de zumo de limón
1 cucharada de agua

ELABORACIÓN

Mezcla en un bol el azúcar con la vaina de vainilla para se aromatice.

Para preparar el caramelo, calienta en una sartén el azúcar con el zumo de limón y el agua. Deja que el azúcar vaya fundiéndose hasta conseguir un caramelo tostado. Introduce las nueces en la sartén y báñalas en el caramelo. Escúrrelas, retíralas y extiéndelas sobre un trozo grande de papel sulfurizado (papel de hornear).

Vierte el caramelo restante sobre otro papel de hornear y deja que se enfríe.

Corta el melón por la mitad a lo ancho y retírale las pepitas y la piel. Córtalo en rodajas gruesas, extiéndelas sobre una bandeja de hornear, espolvoréalas con el azúcar vainillado y rocíalas con el zumo de lima. Hornéalas a 200 ºC durante 6-8 minutos.

Sirve el melón en una fuente y rellena el centro de las rodajas con las nueces caramelizadas. Trocea el resto del caramelo y espolvoréalo sobre el melón. Riega todo con la miel y decora con las frambuesas.

MAGDALENAS DE CASTAÑAS

INGREDIENTES **(4-6 P.)**

500 g de castañas
3 claras
150 g de azúcar
1 yema
150 g de mantequilla (a punto de pomada)
1 cucharada de ron
150 g de harina
1 cucharadita de levadura en polvo
100-150 ml de chocolate a la taza espeso
2 anises estrellados
hojas de menta

ELABORACIÓN

Limpia las castañas, hazles una muesca con un cuchillo y ponlas en la olla rápida junto con el anís estrellado y un poco de agua. Cuécelas durante unos 10 minutos, retíralas y pélalas. Aplástalas con un cuchillo y resérvalas.

Pon en un bol las claras y móntalas con una batidora de varillas eléctrica. Cuando estén casi montadas, añade 50 g de azúcar y termina de montarlas.

Pon la yema en otro bol, agrega 50 g de azúcar y monta con la batidora de varillas eléctrica. Incorpora el resto del azúcar (50 g) y termina de montar. Agrega la mantequilla y bate todo bien. Añade el ron y bate un poco más. Incorpora las castañas trituradas, la harina, la levadura y las claras montadas y mezcla todo con movimientos envolventes.

Introduce la masa en una manga pastelera y rellena con ella los moldes de magdalenas sin llegar al borde.

Hornea las magdalenas a 170 ºC durante 15-20 minutos. Déjalas enfriar. Con la ayuda de una jeringuilla, introduce en cada una un poco de chocolate a la taza. Sirve en una bandeja y decora con unas hojas de menta.

CEREZAS CON MERENGUE

INGREDIENTES **(4 P.)**

400 g de cerezas

150 g de azúcar

½ cucharadita de zumo de limón

3 claras de huevos

hojas de menta

ELABORACIÓN

Pon a calentar en un cazo 50 ml de agua y el azúcar y cuece la mezcla durante 5 minutos. Retira la cazuela del fuego y reserva el jarabe.

Coloca las claras en un bol grande y bátelas con una batidora eléctrica de varillas hasta que monten. Vierte encima el jarabe, poco a poco, y sigue montándolas. Agrega el zumo de limón y sigue batiéndolas hasta que se enfríen.

Pon el merengue en una manga con boquilla rizada (grande) y repártelo, formando montoncitos, en 4 recipientes aptos para el horno. Introdúcelos en el horno y gratínalos hasta que se doren un poco.

Retira los recipientes del horno y reparte por encima las cerezas. Decora con unas hojas de menta y sirve.

CONSEJO: El merengue se puede aromatizar añadiéndole distintos ingredientes, como vainilla, cacao en polvo, café soluble, cáscara de lima o naranja rallada...

NATILLAS CON AVELLANAS

INGREDIENTES **(6 P.)**

1 l de leche
250 g de azúcar
200 g de avellanas picadas
9 yemas
18 grosellas
4 ramas de canela
hojas de menta

Para las avellanas garrapiñadas:

125 g de avellanas (peladas)
125 g de azúcar
1 cucharada de zumo de limón
20 g de mantequilla

ELABORACIÓN

Pon en una cazuela grande 750 ml de leche (reserva el resto), 175 g de azúcar y las ramas de canela. Calienta la mezcla a fuego suave durante 6-8 minutos, removiéndola de vez en cuando. Apaga el fuego, agrega las avellanas y mezcla bien.

En un bol, pon el resto del azúcar (75 g), la leche fría (250 ml) y las yemas y mezcla bien. Agrega un poco de la leche templada con avellanas y mezcla de nuevo. Vierte esta mezcla en la cazuela y cocina hasta que espese, aproximadamente 5-6 minutos, sin dejar que llegue a hervir. Aparta del fuego y deja que se enfríe (1 hora aprox.).

Para el caramelo de las avellanas garrapiñadas, pon a calentar el azúcar con el zumo de limón en una sartén. Cuando tome un color blanquecino (sin que llegue a dorarse), incorpora las avellanas enteras (sin la piel fina que cubre el fruto) y mezcla bien con una cuchara de palo para que se caramelicen.

Retíralas y extiéndelas para que queden sueltas sobre una superficie lisa (mármol o papel de aluminio) untada con mantequilla. Deja que se enfríen.

Sirve las natillas en recipientes individuales, decora con las grosellas y unas hojas de menta y sirve al lado las avellanas garrapiñadas.

MOUSSE DE UVA

INGREDIENTES **(4-6 P.)**

600 g de uva blanca
250 ml de vino blanco
4 cucharadas de azúcar
½ hoja de gelatina
125 ml de nata
100 ml de salsa de frambuesas
4 frambuesas
4 moras
12 grosellas
hojas de menta

Para el merengue:

2 claras
4 cucharadas de azúcar

ELABORACIÓN

Pon a remojo la gelatina en un cuenco con agua fría y deja que se hidrate durante unos 5 minutos (hasta que se ablande).

Lava las uvas, desgránalas y cuécelas a fuego medio en una cazuela con el vino blanco y el azúcar durante 45 minutos. Remueve de vez en cuando con una cuchara de madera. Añade la gelatina (escurrida), mezcla y pasa todo por un colador, procurando aplastar bien para que pase la pulpa. Reserva la salsa.

Monta la nata. Monta las claras de huevo con el azúcar. Mezcla en un bol, suavemente, la nata montada, el merengue y la salsa de uvas.

Sirve la *mousse* en 4 cuencos individuales, salsea con la salsa de frambuesas y decora con las frambuesas, las moras, las grosellas y unas hojas de menta.

CLAFOUTIS DE FRESA

INGREDIENTES **(4 P.)**

24 fresas (½ kg)
75 g de harina
25 g de mantequilla
75 g de azúcar
3 huevos
100 ml de nata
180 ml de leche
azúcar glas
hojas de menta

ELABORACIÓN

Lava las fresas (reserva 4 para decorar), retírales el tallo y córtalas por la mitad.

Cubre 4 moldes individuales aptos para el horno con papel de hornear y ponlos sobre una bandeja de horno. Coloca 5 fresas (10 mitades) en cada uno.

Pon la harina, la mantequilla, el azúcar, los huevos, la nata y la leche en un bol. Mezcla todo bien y reparte la crema en los 4 moldes.

Introduce la bandeja en el horno y hornea los *clafoutis* a 180-190 ºC durante 35-40 minutos. Retíralos del horno y deja que se templen.

Sácalos de los moldes y sirve uno en cada plato. Pon azúcar glas en un colador y espolvoréalos. Decora con las fresas reservadas y las hojas de menta.

CONSEJO: Lo mejor es comer las fresas en cuanto las compréis, pero, si las tenéis que conservar, el mejor modo es colocarlas en una fuente (sin que se toquen entre ellas) y guardarlas en el frigorífico.

PALMERAS

INGREDIENTES
(4-6 P./20-26 UNIDADES)

1 lámina de hojaldre
100 g de azúcar glas
15 g de mantequilla fundida
harina (para estirar el hojaldre)
hojas de menta

ELABORACIÓN

Espolvorea la mesa de trabajo con un poco de harina, coloca encima la lámina de hojaldre y estírala bien con un rodillo. Unta la superficie del hojaldre con mantequilla, coloca 80 g de azúcar glas en un colador y espolvorea con él el hojaldre. Dóblalo en tres y estíralo nuevamente. Repite la operación dos o tres veces.

Una vez obtenida una placa bien estirada, unta de nuevo con mantequilla la superficie y enróllalo desde los extremos hacia el centro, de tal forma que queden dos rollos de hojaldre unidos.

Corta el hojaldre en rodajas finas y colócalas sobre una placa de horno, dejando suficiente espacio entre ellas. Hornéalas a 160 ºC durante 30 minutos.

Coloca las palmeras sobre una fuente adornada con blonda, espolvoréalas con el resto del azúcar glas (20 g), decora con unas hojas de menta y sirve.

PASTEL DE CALABAZA

INGREDIENTES **(6 P.)**

200 g de pasta quebrada
400 g de calabaza
2 huevos
400 ml de leche evaporada
130 g de azúcar moreno
150 g de nata montada
24 avellanas
30 g de mermelada de albaricoque
6 frambuesas
6 arándanos
6 moras
1 racimo de grosellas
1 cucharada de canela molida
1 pizca de jengibre molido
hojas de menta

ELABORACIÓN

Estira la pasta quebrada y forra con ella un molde redondo. Hornéala a 180 ºC hasta que se tueste (aproximadamente 15 minutos).

Pela la calabaza, retírale las pepitas y trocéala. Coloca los trozos de calabaza sobre un trozo grande de papel de aluminio. Cierra bien el papel por los cuatro extremos (para evitar que salga el vapor), formando un paquete. Hornea la calabaza a 200 ºC durante 10-15 minutos o hasta que se hinche el papel. Retira el paquete del horno y deja que se enfríe (10 minutos aprox.). Corta el papel de aluminio (con cuidado de no quemarte con el vapor), retira la calabaza y pásala a una jarra con los huevos, la leche, el azúcar moreno, la canela y el jengibre. Tritura con una batidora. Vierte la mezcla sobre el molde de pasta quebrada horneada y hornea todo a 180 ºC durante 30 minutos. Déjala templar y úntala con la mermelada de albaricoque para darle brillo.

Desmolda el pastel y decóralo con la nata montada, las avellanas, las frambuesas, las moras, los arándanos, las grosellas y unas hojas de menta.

CRUMBLE CON FRUTOS ROJOS

INGREDIENTES **(4 P.)**

250 g de fresas
150 g de frambuesas (limpias)
110 g de azúcar
zumo de 1 limón
ralladura de 1 naranja
150 g de harina
100 g de mantequilla fría
hojas de menta

ELABORACIÓN

Limpia las fresas, retírales el tallo, córtalas en 4 y ponlas en un bol. Añade las frambuesas, 40 g de azúcar, el zumo de limón y la ralladura de una naranja. Mezcla bien y deja que macere durante 15 minutos.

Pasa las frutas maceradas a una cazuela y cocínalas a fuego suave durante 5 minutos. Deja que se enfríen y repártelas en 4 copas.

Pon la harina, el azúcar restante (70 g) y la mantequilla en un bol. Mezcla bien con las manos hasta conseguir una especie de migas y extiéndelas sobre una bandeja de horno cubierta con papel de hornear. Hornéalas a 200 ºC durante 20 minutos y deja que se enfríen.

Rompe la galleta y pon una porción en cada copa. Decora con unas hojas de menta y sirve.

CONSEJO: El *crumble* se puede enriquecer añadiéndole otros ingredientes, como, por ejemplo, copos de avena, frutos secos o galletas variadas.

CUAJADA CON MIEL

INGREDIENTES **(4 P.)**

600 ml de leche de oveja

12 gotas de cuajo (de farmacia)

miel

hojas de menta

ELABORACIÓN

Pon la leche a calentar en una cazuela. Introduce en ella un termómetro de cocina y controla la temperatura. Cuando suba a 50 ºC, retira la cazuela del fuego.

Prepara 4 recipientes y pon 3 gotas de cuajo en cada uno. Reparte la leche encima y espera (sin mover los recipientes) a que la leche cuaje (unos 30 minutos).

Riega las cuajadas con un poco de miel, decóralas con unas hojas de menta y sirve.

CONSEJO: Si no tienes un termómetro de cocina, sabrás que está a 50 ºC cuando la leche empiece a humear.

PIÑA ASADA

INGREDIENTES **(4-6 P.)**

1 piña
1 naranja
150 g de azúcar
100 ml de vinagre de frambuesa
5 frambuesas
2 cucharadas de miel
1 yogur natural
1 racimo de grosellas
1 nuez moscada
4-5 clavos
1 cucharada de canela
hojas de menta

ELABORACIÓN

Pela la piña, córtala en rodajas, retírales el corazón y colócalas en una bandeja de horno.

Lava la naranja, ralla la cáscara y mezcla en un bol la ralladura con el azúcar (reserva 1 cucharada de azúcar). Ralla un poco de nuez moscada e incorpórala al bol. Pon los clavos bajo un paño de cocina limpio, machácalos con el mazo y agrégalos. Agrega también la canela y mezcla bien.

Espolvorea las rodajas de piña con el azúcar especiado y vierte el vinagre de frambuesa en los huecos de las rodajas. Hornea a 220 ºC durante 15 minutos. Retira las rodajas de piña a una fuente y resérvalas.

Pasa el caldo de la bandeja a una sartén y añade la cucharada de azúcar reservada, las frambuesas y 1 hoja de menta. Aplasta las frambuesas con una cuchara de palo y cocina la salsa durante 3-4 minutos.

Sirve las rodajas de piña y salséalas. Acompaña unas con miel y otras con el yogur batido y decóralas con las grosellas y unas hojas de menta.

POSTRE DE NAVIDAD

INGREDIENTES **(4-6 P.)**

8 higos secos
4 orejones de albaricoque
4 orejones de melocotón
100 g de pasas
1 bote pequeño de leche condensada (370 g)
1 l de vino tinto
5 cucharadas de azúcar
4 manzanas
1 bizcocho
1 rama de canela
hojas de menta

ELABORACIÓN

Coloca los higos secos y los orejones (de albaricoque y de melocotón) en un bol y las pasas en otro, cúbrelos con agua y déjalos a remojo durante 1 hora.

Pon 4 dedos de agua en una olla rápida, envuelve el bote de leche condensada con un paño e introdúcelo en la olla. Cierra la olla y deja cocer a fuego medio durante 45 minutos.

Para la compota, vierte el vino en una cazuela, añade el azúcar, la canela, los higos y los orejones (escurridos) y cocina a fuego medio-bajo durante unos 30 minutos. Añade las pasas (escurridas). Pela las manzanas, córtalas en 4 y agrégalas. Cuece todo a fuego muy bajo durante otros 15 minutos.

Corta el bizcocho en rodajas (si son largas, córtalas por la mitad) y sirve 2 en cada plato. Dibuja sobre el bizcocho, con una cuchara, unos hilos de dulce de leche y acompaña con un poco de compota. Decora con unas hojas de menta.

SOPA DE CHUFAS CON HELADO DE PISTACHO

INGREDIENTES **(6 P.)**

200 g de chufas
500 ml de helado de pistacho
1 sobre de gelatina de fresa
1 l de leche
200 g de azúcar
100 ml de nata
hojas de menta

ELABORACIÓN

Deja las chufas a remojo durante 24-30 horas.

Calienta 250 ml de agua en una cazuela. Cuando empiece a hervir, apártala del fuego, agrega la gelatina de fresa y disuélvela bien. Añade 250 ml de agua fría y mezcla. Pasa la gelatina a un recipiente bajo, introdúcela en el frigorífico y déjala enfriar hasta que cuaje (unas 3 horas).

Escurre las chufas, lávalas bien bajo el grifo de agua fría, pásalas a un vaso americano, agrega la leche y tritúralas. Cuela la mezcla sobre un bol grande y añade el azúcar y la nata. Mezcla bien, introduce la sopa en el frigorífico y déjala enfriar durante unas 2 horas.

Sirve la sopa de chufas en cuencos y coloca sobre cada uno 1 bola de helado de pistacho y unos trocitos de gelatina de fresa. Decora con unas hojas de menta.

ROSQUILLAS DE LECHE

INGREDIENTES **(6 P.)**

3 huevos
8 cucharadas de leche
8 cucharadas de azúcar
3 cucharadas de anís
ralladura de 1 limón
600 g de harina
2 cucharadas de levadura
8 cucharadas de aceite de oliva virgen extra
aceite de oliva virgen extra (para freír)
30 g de azúcar glas

ELABORACIÓN

Separa las yemas de las claras y ponlas en 2 boles. Monta las claras con una batidora eléctrica de varillas.

Añade al bol con las yemas la leche, el azúcar, el anís y la ralladura de limón y mezcla. Incorpora la mezcla a las claras montadas. Tamiza la harina, mézclala con la levadura y agrégala poco a poco. (La masa debe quedar blanda, pero si ves que está muy pegajosa, puedes añadir un poco más de harina.) Añade las 8 cucharadas de aceite y trabaja la masa con las manos hasta que quede homogénea.

Estira la masa y dale forma de rosquillas.

Fríe las rosquillas en una sartén con aceite a fuego medio. Escúrrelas sobre un plato forrado con papel absorbente.

Pasa las rosquillas a una fuente, espolvoréalas con el azúcar glas y sirve.

CONSEJO: A la hora de freír las rosquillas, es importante que el aceite no esté muy caliente para que el interior quede bien cocido a la vez que se tuestan por fuera.

CUCURUCHOS RELLENOS DE *MOUSSE* DE CHOCOLATE

INGREDIENTES **(4 P.)**

1 lámina de hojaldre (230 g)
1 huevo batido
hojas de menta

Para la mousse *de chocolate:*
175 g de chocolate de cobertura
30 g de mantequilla
3 huevos
80 g de azúcar glas

ELABORACIÓN

Estira el hojaldre con un rodillo hasta que quede bien fino. Corta 8 tiras de 6 cm de ancho, manteniendo el largo de la lámina de hojaldre, y enróllalas alrededor de 8 canutillos de metal (especiales para repostería). Coloca los canutillos sobre una bandeja de horno cubierta con papel de hornear. Bate el huevo, unta con él los canutillos y hornéalos a 200 ºC durante 20 minutos.

Trocea el chocolate, colócalo en un bol y fúndelo al baño maría. Retíralo del fuego y resérvalo.

Casca los huevos y pon las yemas en un bol y las claras en otro.

Incorpora la mantequilla al bol del chocolate fundido, mezcla y agrega las yemas. Vuelve a mezclar y deja que se enfríe.

Monta las claras con una batidora de varillas eléctrica. Añade el azúcar glas en cuatro veces y termina de montarlas. Incorpóralas al bol del chocolate con mantequilla y yemas. Mezcla con movimientos suaves y envolventes, introduce la *mousse* en el frigorífico y deja que se enfríe bien (1-2 horas). Pasa la *mousse* a una manga pastelera y rellena con ella los canutillos.

Sirve 2 canutillos rellenos por ración y decora los platos con unas hojas de menta.

CONSEJO: Para que los cucuruchos queden crujientes, lo mejor será rellenarlos en el último momento, justo antes de ir a comerlos.

EMPANADILLAS DE ARÁNDANOS

INGREDIENTES **(4 P.)**

12 obleas para empanadillas

250 g de arándanos frescos

2 cucharadas de azúcar

1 cucharada de harina de maíz refinada

1 huevo

2 yogures naturales

1 cucharada de miel

hojas de menta

ELABORACIÓN

Coloca los arándanos (reserva algunos para decorar) en un bol, añade el azúcar y la harina de maíz y mezcla con una cuchara, aplastando los arándanos un poco.

Extiende una oblea (con su papel) sobre la encimera, rellénala con un poco de la mezcla de arándanos, azúcar y harina y ciérrala doblándola por la mitad. Sella los bordes presionando el contorno con un tenedor. Repite el proceso con el resto de las obleas.

Coloca las empanadillas sobre una bandeja de horno cubierta con papel de hornear. Casca el huevo y bátelo en un bol. Unta las empanadillas con el huevo batido y hornéalas a 200 ºC durante 12-15 minutos. Retíralas y deja que se enfríen.

Sirve 3 empanadillas en cada plato y acompáñalas con un poco de yogur, unos hilos de miel y unos arándanos. Decora los platos con unas hojas de menta.

CONSEJO: El yogur natural es una gran fuente de calcio, un nutriente clave para mantener nuestros huesos en perfectas condiciones.

SEMIFRÍO DE PIÑA

INGREDIENTES **(4-6 P.)**

1 kg de piña en almíbar
200 ml de nata
6 cucharadas de leche condensada
125 ml de licor de frutas
9 bizcochos de soletilla
6-8 guindas en almíbar
mantequilla (para el molde)
125 ml de natillas
75 ml de salsa de frutos rojos
1 cucharadita de hierbaluisa molida
12 moras
12 arándanos
12 grosellas
hojas de menta

ELABORACIÓN

Monta la nata con una batidora de varillas eléctrica. Añade la leche condensada y mezcla suavemente. Trocea una rodaja de piña e incorpórala a la mezcla.

Mezcla el almíbar de la piña con el licor de frutas. Con ayuda de un pincel, baña con la mezcla los bizcochos.

Unta un molde con mantequilla y cubre el fondo y las paredes con las rodajas de piña. En el centro de cada rodaja, coloca una guinda cortada por la mitad. Cubre con la mezcla de nata y leche condensada. Coloca encima 3 bizcochos, pon encima una nueva capa de nata y leche y cubre todo con el resto de los bizcochos. Introduce en el frigorífico y deja que se enfríe durante 6 horas.

A la hora de desmoldar, sumerge brevemente el molde en una cazuela con agua caliente y, con ayuda de una espátula, despega los bordes. Vuélcalo sobre un plato.

Salsea el plato con las natillas y la salsa de frutos rojos y espolvorea con la hierbaluisa. Decora con las moras, los arándanos, las grosellas y 1 ramita de menta y sirve.

SOPA DE COCO CON BARQUILLO

INGREDIENTES **(4 P.)**

Para la sopa de coco:
300 g de coco rallado
3 g de gelatina en polvo
500 ml de agua
1 l de leche
100 g de azúcar
1 manzana
1 pera
1 naranja
6 fresas
hojas de menta

Para el barquillo:
60 g de mantequilla fundida
60 g de azúcar glas
60 g de harina
2 claras

ELABORACIÓN

Humedece la gelatina en un bol con 100 ml de agua y el coco en otro bol con 250 ml de leche.

Pela la manzana y la pera, córtalas por la mitad, retírales el corazón, córtalas en dados y pásalos a un bol. Pela la naranja, sácale los gajos, retírales la membrana, pícalos y añádelos al bol. Lava las fresas, retírales el tallo, pícalas y agrégalas al bol. Reserva la macedonia.

Pon en una cazuela el resto de la leche (750 ml), 400 ml de agua, el coco remojado y el azúcar. Mezcla todo y caliéntalo. Cuando empiece a hervir, retíralo del fuego, vierte un poco en el bol de la gelatina, mezcla bien e incorpora la mezcla a la cazuela. Deja que se temple y cuela la sopa de coco. Espera a que se enfríe (1 hora aproximadamente).

Para los barquillos, pon en un bol la mantequilla, el azúcar, la harina y las claras y bate todo bien hasta que quede una masa homogénea. Pasa la masa a una manga pastelera. Forra una bandeja con papel de hornear y extiende la masa sobre ella dibujando figuras. Hornea los barquillos a 200 ºC durante unos 7 minutos. Retira la bandeja del horno y, en caliente, pasa cada barquillo a unos vasos para que cojan forma.

Sirve en 4 recipientes individuales, primero, un poco de macedonia, y encima, la sopa de coco. Decora con los barquillos y unas hojas de menta.

TARTA DE CHOCOLATE Y TOFE

INGREDIENTES **(6 P.)**

- 1 lámina de hojaldre o de pasta brisa
- 8 frambuesas
- flores comestibles (opcional)
- hojas de menta

Para el relleno de chocolate:

- 200 g de chocolate de cobertura (mínimo 55 % cacao)
- 150 ml de nata (36 % materia grasa)
- 50 g de mantequilla

Para el tofe:

- 180 g de azúcar
- 25 g de mantequilla
- 200 ml de nata (36 % materia grasa)
- 3 hojas de gelatina (6 g)

ELABORACIÓN

Cubre con la lámina de hojaldre un molde redondo de fondo desmontable. Pincha el hojaldre con un tenedor y, para que la masa no suba, cúbrelo con unos garbanzos secos (destinados solo para este uso). Hornéalo a 180 ºC durante 20 minutos aproximadamente. Retira la tartaleta del horno y deja que se enfríe.

Para el relleno de chocolate, pon la nata a calentar en un cazo. Cuando empiece a hervir, apaga el fuego y añade el chocolate troceado. Mezcla bien y remueve hasta que los ingredientes queden bien integrados. Incorpora la mantequilla y sigue removiendo hasta que se disuelva en el chocolate.

Pon un poco del relleno de chocolate en una manga pastelera y resérvala. Vierte el resto sobre la tartaleta de hojaldre, extiéndelo y deja que se enfríe un poco.

Para hacer el tofe, pon la gelatina a remojo en un bol con agua fría y deja que se hidrate durante 10 minutos. Pon un cazo a calentar y añade el azúcar. Remueve el cazo (sin introducir ninguna cuchara) y mantenlo al fuego hasta que el azúcar se funda. Agrega la mantequilla y mezcla bien. Vete incorporando la nata caliente muy poco a poco y mezcla hasta que los ingredientes queden bien integrados. Agrega la gelatina (escurrida) y sigue mezclando hasta que se disuelva (30 segundos). Deja que se temple.

Vierte el tofe (templado) sobre el relleno de chocolate y extiéndelo bien. Deja que se enfríe.

Corta la punta de la manga con el relleno de chocolate y dibuja una filigrana (hilos de chocolate enroscados) sobre el tofe. Decora la tarta con las frambuesas, las flores comestibles y unas hojas de menta y sirve.

CONSEJO: Es importante añadir la nata caliente poco a poco sobre el azúcar fundido porque si echáis mucha puede desbordarse y estaréis expuestos a sufrir una quemadura.

ROLLITOS DE MANZANA Y PLÁTANO

INGREDIENTES **(6 P.)**

- 2 láminas de hojaldre
- 1 manzana
- 3 plátanos
- harina (para estirar el hojaldre)
- aceite de oliva virgen extra
- 4 cucharadas de azúcar
- 1 cucharada de canela
- 12 frambuesas

ELABORACIÓN

Espolvorea con harina la mesa. Coloca encima las láminas de hojaldre, estíralas con el rodillo hasta que queden bien finas y córtalas en tiras de 4 cm de ancho.

Pela los plátanos y córtalos en trozos de 4 centímetros. Pela la manzana, descorazónala y córtala en gajos.

Envuelve cada trozo de fruta con el hojaldre (para que no se suelte, unta con un poco de agua el extremo de cada tira).

Pon a calentar abundante aceite en una sartén y fríe los rollitos. Escúrrelos sobre un plato cubierto con papel absorbente.

Mezcla en un plato el azúcar y la canela y pasa los rollitos por la mezcla. Sirve y decora con las frambuesas.

FLAN DE DULCE DE LECHE

INGREDIENTES (4-6 P.)

250 g de dulce de leche
600 ml de leche
4 huevos
75 g de azúcar (para el caramelo)
12 frambuesas
hojas de menta

ELABORACIÓN

Para hacer el caramelo, pon el azúcar a calentar en una sartén. Agrega 1 cucharada de agua, mezcla y cocina hasta conseguir un bonito caramelo tostado. Viértelo en una flanera y espárcelo bien.

Pon el dulce de leche en un bol e incorpora la leche poco a poco, sin dejar de remover, hasta que quede todo perfectamente integrado.

Casca los huevos y ponlos en un bol. Bátelos con un batidor de varillas manual, incorpóralos al bol con la mezcla de dulce de leche y leche y remueve hasta que los ingredientes queden bien integrados. Vierte la mezcla en la flanera, tápala e introdúcela en la olla rápida con 2 dedos de agua. Cierra la olla y cocina el flan a fuego medio durante 8 minutos.

Retira el flan de la olla, deja que se temple y sirve. Decora los platos con unas hojas de menta y unas frambuesas.

FLAN EXPRÉS CON LECHE CONDENSADA

INGREDIENTES **(4 P.)**

4 huevos

500 ml de leche

4 cucharadas de leche condensada

100 g de azúcar (para el caramelo)

hojas de menta

ELABORACIÓN

Para hacer el caramelo, pon el azúcar a calentar en una sartén. Deja que se funda hasta conseguir un caramelo tostado. Viértelo en una flanera (de aluminio con tapa) y extiéndelo bien (con mucho cuidado de no quemarte) por el fondo y las paredes. Deja que se enfríe un poco.

Casca los huevos y bátelos en un bol. Agrega la leche y la leche condensada y bate de nuevo. Pasa la mezcla a la flanera y ponle la tapa.

Vierte 2 dedos de agua en la olla rápida, introduce en ella la flanera y cocina el flan durante 4 minutos. Retíralo y deja que se temple.

Desmolda el flan y sirve. Decóralo con unas hojas de menta.

CONSEJO: Si no tenéis una flanera con tapa, no os preocupéis. Podéis tapar el flan con un trozo doble de papel de aluminio de manera que quede cerrado herméticamente.

TARTA DE CUAJADA Y PLÁTANO

INGREDIENTES **(6 P.)**

750 ml de leche de oveja
2 plátanos
30 galletas
100 g de mantequilla fundida
3 cucharadas de azúcar
2 hojas de gelatina
25 gotas de cuajo (de farmacia)
12 nueces picadas
2 cucharadas de miel
hojas de menta

ELABORACIÓN

Aplasta las galletas, añádeles la mantequilla fundida y mezcla bien con las manos. Cubre el molde con la masa de galletas, introdúcelo en el frigorífico y deja que endurezca durante unos 15 minutos.

Pela los plátanos, corta uno en rodajas (en diagonal) largas, ponlas sobre una bandeja de horno forrada con papel de hornear, espolvoréalas con 1 cucharada de azúcar, gratínalas en el horno y resérvalas. Corta el otro plátano en rodajas redondas (en vertical) y cubre con ellas el fondo del molde con la masa de galletas.

Pon las hojas de gelatina en un bol con agua fría y deja que se hidraten durante 5 minutos. Pon a cocer la leche de oveja con el resto del azúcar. Cuando empiece a hervir, apaga el fuego e incorpora las hojas de gelatina (escurridas). Deja templar hasta que esté a unos 37 ºC y añade el cuajo. Mezcla bien, vierte todo en el molde, introdúcelo en el frigorífico y deja que cuaje (60 minutos aproximadamente).

Decora la tarta con las rodajas de plátano gratinadas, las nueces picadas, unos hilos de miel y unas hojas de menta y sirve.

TARTA DE COMPOTA

INGREDIENTES **(4-6 P.)**

1 kg de manzana reineta
300 g de galletas tostadas
250 g de mantequilla
3 cucharadas de azúcar
ralladura de ½ limón
1 cucharadita de canela
150 ml de nata montada
50 g de virutas de chocolate
6 guindas (rojas y verdes)
hojas de menta

ELABORACIÓN

Pela las manzanas, retírales los corazones, trocéalas y ponlas a cocer en una cazuela con el azúcar, la ralladura de limón y la canela. Tapa la cazuela y cocínalas a fuego suave durante 20 minutos aproximadamente. Aplástalas con un tenedor y reserva la compota.

Tritura las galletas (puedes colocarlas dentro de un paño de cocina limpio y pasar por encima el rodillo) y pásalas a un bol. Funde la mantequilla en el microondas, añádela a las galletas trituradas y amasa todo bien con las manos.

Pon la mitad de la masa de galletas sobre un molde desmoldable y extiéndela bien. Coloca encima la compota.

Para hacer la tapa de la tarta, coloca film transparente sobre una superficie plana y redonda (un plato llano o una base de molde desmoldable del mismo tamaño que el molde empleado) y extiende encima el resto de la masa de galletas. Deja que se enfríe en el frigorífico durante 30 minutos y vuélcalo sobre la compota para cubrir la tarta.

Introduce la tarta en el frigorífico y déjala enfriar durante 1 hora para que se endurezca.

Desmolda la tarta, decórala con la nata montada, las virutas de chocolate, las guindas y unas hojas de menta y sirve.

CONSEJO: Una compota de manzana se puede hacer simplemente con manzanas y azúcar. Si quieres mejorar su sabor, añade una ramita de canela o una vaina de vainilla y la ralladura de medio limón.

TARTA DE HIGOS FRESCOS

INGREDIENTES **(6 P.)**

10-12 higos
3 huevos
4 cucharadas de azúcar
200 ml de nata
30 g de mermelada de albaricoque
hojas de menta

Para la pasta quebrada (para 4 bases de tarta):
250 g de azúcar glas
250 g de mantequilla (a punto de pomada)
1 huevo
350 g de harina

ELABORACIÓN

Para preparar la pasta quebrada, pon en un bol el azúcar y la mantequilla y mézclalos bien. Añade el huevo y mezcla de nuevo. Incorpora la harina de golpe y amasa todo con las manos. Envuelve la pasta en film transparente, introdúcela en el frigorífico y déjala reposar durante 24 horas.

Corta ¼ parte de la pasta (congela el resto para otra ocasión), estírala con un rodillo y forra con ella un molde de unos 25 cm de diámetro de base desmontable. Hornea la tartaleta a 180 ºC durante 10 minutos.

Pela los higos, córtalos a la mitad y colócalos sobre la tartaleta.

Bate con una varilla los huevos con el azúcar y la nata y vierte esta mezcla sobre los higos. Hornea durante 20 minutos a 180 ºC. Desmolda la tarta y deja que se enfríe.

Pinta la superficie de la tarta con la mermelada de albaricoque, decora con unas hojas de menta y sirve.

CONSEJO: Los higos verdes, de piel fina, son más jugosos que los morados (brevas), de piel más gruesa. Los higos pequeños de finales de verano son muy melosos, sobre todo los que, al abrirlos, desprenden lágrimas de almíbar.

TARTA DE CUAJADA

INGREDIENTES **(6 P.)**

4 cuajadas
1 huevo
125 g de azúcar
50 g de mantequilla (a punto de pomada)
50 g de harina
ralladura de 1 limón
1 cucharadita de canela
25 g de azúcar glas
12 grosellas
12 arándanos
6 moras
hojas de menta

ELABORACIÓN

Bate el huevo en un bol. Agrega el azúcar y bate de nuevo. Incorpora las cuajadas y la mantequilla (reserva un poco para untar el molde) y bate hasta que quede una masa homogénea. Añade la harina poco a poco y mezcla con movimientos envolventes. Agrega la ralladura de limón y la canela y mezcla bien.

Unta el molde con la mantequilla reservada, vierte en él la masa de la tarta y hornéala a 200 ºC durante 45 minutos. Deja enfriar.

Desmolda la tarta. Para que quede más presentable, dale nuevamente la vuelta, de forma que la parte tostada quede hacia arriba. Decora con el azúcar glas, las grosellas, las moras, los arándanos y unas hojas de menta y sirve.

YOGUR CON DADOS DE MELOCOTÓN

INGREDIENTES **(4 P.)**

4 yogures naturales
1 melocotón
50 g de azúcar
hojas de menta

ELABORACIÓN

Calienta en un cazo el azúcar con 250 ml de agua hasta que el azúcar se disuelva.

Pela el melocotón, córtalo en daditos, añádelos al cazo y cuécelos durante 2-5 minutos (al gusto). Retíralos y escúrrelos bien.

Pon los yogures en un bol, remuévelos bien y repártelos en 4 copas. Agrega unos dados de melocotón a cada copa, decóralas con unas hojas de menta y sirve.

ÍNDICES

A B

ÍNDICE DE RECETAS

LEGUMBRES 176

HUEVOS 288

CARNES Y AVES 314

Lorsqu'elles étaient petites, Elsa et Anna adoraient écouter les histoires que leur racontait leur père. Agnarr, le roi d'Arendelle, leur dit un soir :

– Dans le Nord, les Northuldra, un peuple nomade, vivaient en harmonie avec les Esprits de la Nature. En signe de paix, les Arendelliens firent construire un barrage pour relier leurs terres. Mais un jour, une guerre éclata entre les deux clans. Furieux, les Esprits emprisonnèrent la Forêt Enchantée dans un brouillard impénétrable…

Cette histoire suscita beaucoup de questions chez Elsa et Anna. Pour les endormir, la reine Iduna leur chanta une berceuse qui parle d'Ahtohallan, une rivière légendaire qui détient les réponses aux mystères du passé.

– Tu crois qu'Ahtohallan sait pourquoi j'ai des pouvoirs ? lui demanda Elsa.

– Oui, sans doute, lui chuchota sa mère. Et bien d'autres choses encore…

Cette nuit-là, une aurore boréale illumina le ciel.
Aussitôt, Anna bondit hors du lit :
– Elsa ! Le ciel est réveillé, et moi aussi.
Allons jouer !

Les années ont passé… Après la mort d'Agnarr et d'Iduna dans un naufrage, Elsa est devenue reine. Anna la soutient, et les deux sœurs veillent l'une sur l'autre. Elles sont entourées d'Olaf qui a appris à lire, et de Kristoff, l'amoureux d'Anna. Encouragé par Sven, son renne, le jeune homme veut demander Anna en mariage…

Un soir, Elsa, Anna et leurs amis se réunissent
dans la bibliothèque du château pour jouer aux mimes.
Kristoff fait équipe avec Olaf.
– Licorne ! Théière ! crie-t-il en devinant toutes
les propositions du bonhomme de neige.
Lorsque Sven sonne la fin de la manche, Kristoff exulte.

C'est maintenant au tour
des deux sœurs, mais Elsa n'arrive
pas à mimer. Elle semble ailleurs…
– Je suis fatiguée, s'excuse-t-elle
en quittant la pièce.

Elsa se réfugie dans sa chambre. Depuis quelque temps, une voix qu'elle est seule à entendre l'appelle, cherchant à l'attirer hors du royaume.

– Tu portes le châle de Maman, remarque Anna en la rejoignant. Tu le mets quand quelque chose ne va pas… Que se passe-t-il ?

– Rien, ment Elsa pour ne pas inquiéter sa sœur.

Au cours de la nuit, Elsa est réveillée par la mystérieuse voix. Partagée entre la peur et la curiosité, elle la suit dehors, jusqu'au fjord. Elle répond à l'appel en chantant et en utilisant sa magie. De ses doigts s'échappent alors des flocons formant des images qu'elle n'avait jamais vues avant : une forêt, des rennes, une jeune fille et un garçon…

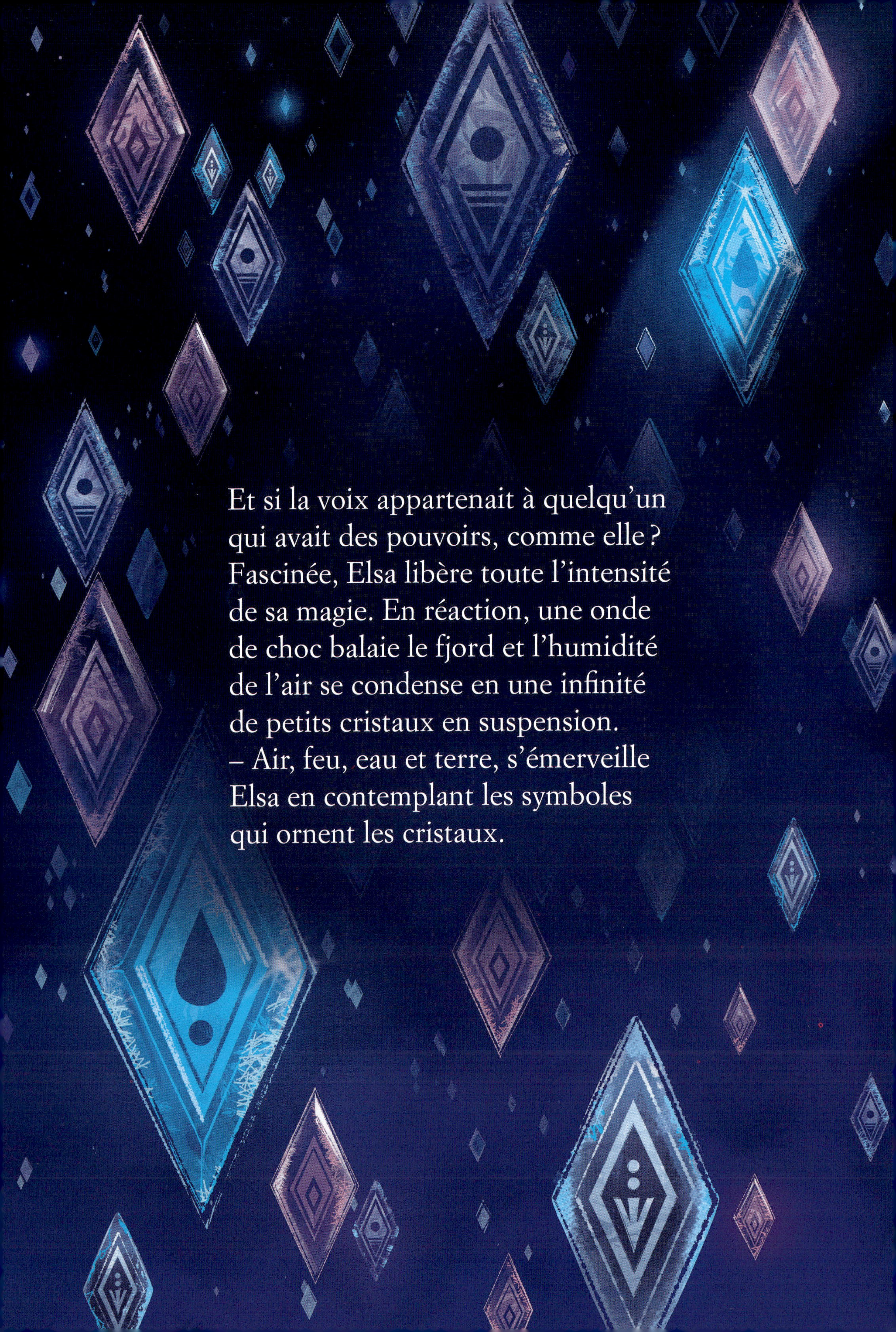

Et si la voix appartenait à quelqu'un qui avait des pouvoirs, comme elle ? Fascinée, Elsa libère toute l'intensité de sa magie. En réaction, une onde de choc balaie le fjord et l'humidité de l'air se condense en une infinité de petits cristaux en suspension.

– Air, feu, eau et terre, s'émerveille Elsa en contemplant les symboles qui ornent les cristaux.

Réveillée à son tour par l'onde de choc, Anna sort sur le balcon. Elle aperçoit les cristaux dans le ciel, et sa sœur qui se tient près du fjord.

Elsa se retourne. À l'instant où son regard croise celui d'Anna, une lumière aveuglante surgit du Nord, précipitant les cristaux sur le sol.
Affolée, Elsa court jusqu'au village.

Tandis que les cristaux se brisent, les fontaines d'Arendelle se vident, les feux s'éteignent, le vent se déchaîne et la terre se met à trembler. Elsa retrouve Kristoff et Anna. Ensemble, ils évacuent les habitants hors du village.
– J'entends une voix, avoue Elsa à Anna, une fois en sécurité.
– Qu'est-ce qu'elle te dit ? la questionne sa sœur.

– Elle m'a montré la Forêt Enchantée, répond Elsa.
Soudain, les trolls de la montagne dévalent le col.
Grand Pabbie, leur chef, explique à Elsa que les Esprits
de la Nature sont en colère :

– Allez vers le Nord, dans la Forêt Enchantée, et découvrez la vérité. Nous veillerons sur les villageois.
En retour, Anna promet à Grand Pabbie de protéger Elsa.

Dès l’aube, Elsa, Anna, Kristoff, Olaf et Sven rassemblent leurs affaires dans le traîneau du jeune homme. Laissant Arendelle derrière eux, ils commencent leur voyage vers le Nord et l’inconnu…

Bientôt, le petit groupe aperçoit le Palais de glace qu'Elsa a construit trois ans plus tôt.

– Saviez-vous que l'eau a une mémoire ? intervient Olaf.

Depuis qu'il a appris à lire, le bonhomme de neige adore partager ses découvertes.

– Et saviez-vous que les hommes ont six fois plus de chances de se faire foudroyer que les femmes ? Désolé, Kristoff !

À l’aube, Elsa arrête le traîneau.
– La voix m’appelle, déclare-t-elle. Nous sommes arrivés.
Non loin de la route se dresse un mur de brouillard scintillant.
– La Forêt Enchantée se trouve juste derrière, indique Elsa en guidant ses compagnons.
Kristoff tente de traverser le mur, mais une force mystérieuse le repousse.
Résolue, Elsa prend la main d’Anna et s’avance.

Tout à coup, la brume se dissipe pour les laisser entrer.
Elle dévoile également de grands menhirs ornés des symboles des quatre éléments : l'eau, le feu, la terre et l'air.
Elsa et ses compagnons ont à peine le temps de contempler les monolithes que le brouillard se referme et les pousse en direction d'une clairière.

Olaf touche la brume derrière eux et rebondit contre la paroi redevenue opaque.

– Apparemment, on ne veut pas qu'on sorte d'ici, constate Kristoff.

– Quelle beauté ! s'exclame Elsa en contemplant les couleurs de l'automne, illuminées par les rayons du soleil.

Plus loin, Anna découvre un grand barrage. L'histoire que leur racontait leur père était donc vraie !

Pendant ce temps, Olaf s'est éloigné.
– Anna ? Elsa ? appelle-t-il.

Personne ne lui répond. À présent, la Forêt lui semble inquiétante, surtout quand la terre s'ouvre devant lui !

– Il y a quelqu'un ? crie le bonhomme de neige en se penchant au-dessus du gouffre.

En guise de réponse, des étincelles embrasent les feuilles mortes autour de lui.

Vite, Olaf se réfugie près d'une rivière. Alors qu'il s'approche pour contempler son reflet, une forme menaçante apparaît sous l'eau. De plus en plus effrayé, le bonhomme de neige prend la fuite.

– Tout va bien, tout va bien, se répète-t-il afin de se rassurer.

C'est alors qu'un vent violent se lève et l'emporte auprès de ses amis.

Olaf est démantelé par la puissance du souffle.
Elsa et ses compagnons tentent de lui porter secours, avant d'être également aspirés par le tourbillon.
Elsa comprend qu'ils sont face à l'Esprit du Vent.
Grâce à ses pouvoirs, elle écarte une branche d'arbre qui menaçait de s'écraser sur Anna.
L'Esprit du Vent réagit en se concentrant sur Elsa et en expulsant les autres du vortex.

Le vent resserre son étreinte sur la jeune femme jusqu'à ce qu'elle ouvre les bras et projette toute sa magie. Le vent reflue, et la neige emplit l'air avant de former de magnifiques sculptures de glace.

– L’eau a de la mémoire, rappelle Olaf. Ces statues racontent le passé !
L’une d’elles montre le roi Agnarr adolescent, inconscient, dans les bras d’une jeune fille.

Soudain, un bruit se fait entendre dans les buissons. Aussitôt, Anna attrape l'épée d'une des statues de glace et se retrouve face à un groupe de nomades. Quand des soldats surgissent à leur tour, les deux sœurs comprennent qu'elles sont en présence des Northuldra et des Arendelliens de l'histoire de leur père ! Les deux peuples sont toujours en guerre.

– Mattias, ce sont nos prisonniers, pas les vôtres ! l'apostrophe Yelena, qui commande les Northuldra.

Mattias, le lieutenant des Arendelliens, semble familier à Anna… Tandis qu'il se dispute avec Yelena, la princesse se rapproche de lui, son épée à la main. Se sentant menacés, les deux clans veulent l'attaquer, mais Elsa les repousse à l'aide d'un impressionnant jet de glace.

– C'est de la magie, Yelena ! s'étonne Mattias.

– J'avais remarqué, merci, réplique-t-elle sèchement.

Curieux, Olaf en profite pour faire connaissance avec deux jeunes Northuldra qui lui paraissent sympathiques.
– Bonjour, je m'appelle Olaf, se présente-t-il. J'adore vos chapeaux !
– Je m'appelle Ryder, répond le jeune homme, surpris de discuter avec un bonhomme de neige. Et voici ma sœur, Honeymaren.

– Mattias, je vous reconnais ! s'exclame Anna. Votre portrait est accroché au château, vous faisiez partie de la garde officielle de notre père.

Le lieutenant est heureux d'apprendre que le prince Agnarr est devenu roi et qu'il a eu deux filles.

– D'où viennent vos pouvoirs ? demande Yelena à Elsa d'un ton soupçonneux. Pourquoi la nature aurait-elle fait un tel don à une Arendellienne ?

– Elsa est née ainsi, la défend Anna.

Elles sont interrompues par une vive lueur qui apparaît entre les arbres.

– L'Esprit du Feu ! hurle Yelena.

Enflammant tout sur son passage, une boule incandescente traverse la Forêt.

– Repliez-vous vers la rivière ! ordonne Mattias.

Tout le monde s'enfuit, sauf Elsa, qui étouffe l'incendie sous le givre. Réduit à une petite forme flamboyante, l'Esprit du Feu se cache derrière un rocher.

Elsa découvre alors qu'il a l'apparence d'une minuscule salamandre. Hérissée de flammes, la créature la regarde, à la fois furieuse et effrayée. En signe de paix, Elsa lui tend la main. Attirée par la fraîcheur de sa paume, la salamandre s'y blottit. Ses flammes grésillent puis s'éteignent, à la stupeur des Northuldra et des Arendelliens.

Lorsque la mystérieuse voix retentit à nouveau,
Elsa et la salamandre se tournent dans sa direction.
– Toi aussi, tu l'entends ? s'étonne Elsa. Qui nous appelle ?
Que devons-nous faire ?
La salamandre saute sur le sol et fixe l'horizon.
– Nous devons continuer vers le Nord, comprend la jeune
femme en la regardant s'éloigner.

Anna rejoint sa sœur et la serre contre elle.
– J'ai eu si peur pour toi ! s'écrie-t-elle.
– C'est fini, la rassure Elsa en l'enveloppant dans l'étole de leur mère.
– D'où tenez-vous ce châle ? les questionne Yelena, toujours intriguée.
Anna lui raconte que leur père en avait fait cadeau à leur mère. Ryder et Honeymaren se rapprochent à leur tour car le châle est d'origine Northuldra. Et c'est exactement le même que celui de la jeune fille de la sculpture de glace, celle qui soutient Agnarr !

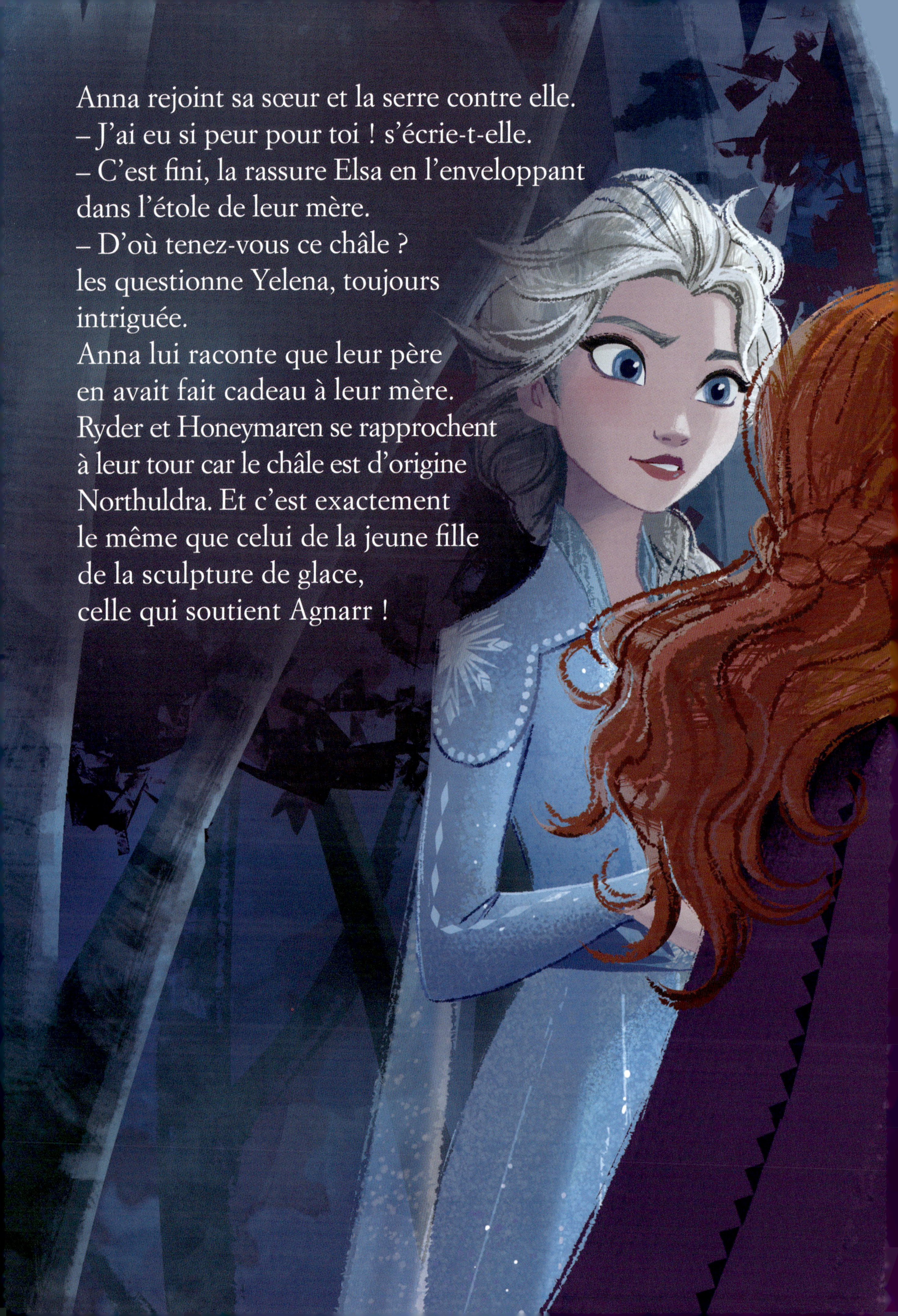

Stupéfaits, tous comprennent qu'une Northuldra a autrefois secouru le prince d'Arendelle. La colère des deux peuples ennemis s'apaise enfin. Les Northuldra commencent à chanter. Bouleversée, Yelena saisit la main des deux sœurs.
– Je ferai tout ce que je peux pour vous libérer, lui promet Elsa. Et pour sauver Arendelle, ajoute-t-elle à l'attention de Mattias.

Comme la nuit s'apprête à tomber, un camp s'improvise au cœur de la Forêt Enchantée. Olaf s'amuse avec les enfants, tandis que Kristoff se lie d'amitié avec Ryder.

– Je suis amoureux d'Anna, lui confie-t-il en lui montrant sa bague.

– Nous avons une magnifique tradition
pour les demandes en mariage, lui révèle Ryder.
Si nous commençons maintenant, nous serons
prêts à l'aube…

À l’autre bout du camp, Anna écoute Mattias partager la sagesse qu’il a acquise.
– Au moment où l’on pense avoir trouvé sa voie, la vie nous oblige parfois à suivre un autre chemin, déclare-t-il.

Près du feu, Honeymaren explique à Elsa que les broderies du châle d'Iduna symbolisent les Esprits de la Nature :

– Outre les quatre éléments, il existe un cinquième Esprit appelé « le Pont », qui reliait la nature aux humains. Hélas, il a disparu parce que les peuples ont cessé de l'écouter.

À cet instant, le sol se met à trembler et des Géants de la Terre font leur apparition. Pour protéger le campement, Elsa projette deux boules de neige dans les airs. Intrigués, les Géants les suivent et s'éloignent. Elsa sent qu'elle peut les apaiser, comme elle l'a fait pour le vent et le feu.
– Je dois suivre cette voix que j'entends… Il faut partir tout de suite, avoue-t-elle à sa sœur.

Anna cherche Kristoff partout, en vain…
– Yelena, pouvez-vous dire à Kristoff que nous avons dû partir ? ajoute Anna avec regret.
Le lendemain matin, Yelena trouve Kristoff dans une clairière. Toute la nuit, il a décoré l'endroit pour demander Anna en mariage. Il est si triste…

… Anna aussi est peinée d'avoir laissé Kristoff. Elle aurait aimé qu'il soit avec eux, mais elle ne pouvait pas abandonner sa sœur.
Après avoir marché plusieurs heures, le trio aperçoit un bateau d'Arendelle échoué. Devinant qu'il s'agit du vaisseau naufragé de leurs parents, Anna et Elsa décident de l'explorer.

Elles dénichent une carte qui indique l'emplacement d'Ahtohallan, au Nord de la Mer Sombre. Ainsi, leurs parents cherchaient des réponses sur les pouvoirs d'Elsa !
La jeune femme utilise l'humidité de l'air pour matérialiser le voyage de leurs parents sous forme de sculptures de glace. La dernière statue montre Agnarr et Iduna enlacés, juste avant le naufrage…

Envahie par la culpabilité, Elsa court hors de l'épave.
– Tout est ma faute, sanglote-t-elle lorsque Anna pose doucement la main sur son épaule.
– Tu n'es pas responsable des choix de nos parents, lui rappelle sa sœur. Tu es la seule qui peut sauver Arendelle et libérer ceux qui sont retenus dans cette Forêt. J'ai confiance en toi.

Une fois de plus, Anna a su trouver les mots pour réconforter Elsa.

– Tu as raison, admet-elle, je vais trouver Ahtohallan, et je le ferai seule…

– Non ! proteste Anna. Je refuse de te perdre !

– Je ne pourrais pas non plus le supporter !

D'un geste vif, Elsa pousse Anna et Olaf dans une barque de glace qu'elle fait apparaître, avant de les propulser sur un chemin de gel pour les éloigner.

– Non ! crie Anna, en déviant leur trajectoire.
Emportée par la vitesse, leur embarcation dévale une pente et tombe au milieu d’une rivière.
Comme Olaf est terrifié, Anna s’efforce de le rassurer :
– Ne t’en fais pas, je promets de rester avec toi.

Alors que le bonhomme de neige s'apprête à parler,
Anna met la main sur sa bouche :
– Chut, Olaf ! Plus un bruit…
Leur barque passe au milieu des Géants de la Terre,
endormis sur les deux rives.
– Ils sont gigantesques, chuchote Olaf.

De son côté, Elsa a enfin atteint la Mer Sombre. Elle sait qu'au-delà des vagues, il y a l'île où se trouve Ahtohallan. Déterminée, la jeune femme ôte ses bottes et son manteau, puis elle attache ses cheveux. Elle recule ensuite pour prendre son élan et court vers les flots. À chaque foulée, une plaque de glace apparaît sous ses pieds, lui permettant d'avancer sur l'eau.

Cependant, les vagues sont trop hautes et Elsa est rejetée sur la plage.
Elle fait une nouvelle tentative. Cette fois-ci, elle gèle une vague qu'elle utilise comme un toboggan pour avancer.

Au moment où la mer le détruit, Elsa plonge dans les flots, sans remarquer qu'une immense créature l'observe. C'est le Nokk, l'Esprit de l'Eau !

Malmenée par la houle, Elsa est attirée vers le fond. Un éclair zèbre le ciel, illuminant le Nokk. Il nage jusqu'à Elsa. Hostile, il la fixe droit dans les yeux, avant de disparaître. La jeune femme remonte à la surface et se raccroche à un fragment de banquise qu'elle a créé. Voyant que le Nokk s'apprête à la charger, Elsa tente de lui échapper sur un pont de glace.

Malheureusement, l'Esprit de l'Eau est si puissant qu'il percute la glace et la brise, précipitant Elsa dans les flots. Tout en luttant contre le Nokk, à la fois sous l'eau et à la surface, Elsa fait apparaître une bride de glace. Elle parvient à harnacher le Nokk et monte sur son dos. Au début, il rue pour la désarçonner. Mais Elsa tient bon. Le Nokk finit par se calmer et galope jusqu'à l'île.

Arrivée de l'autre côté de la Mer Sombre, Elsa ôte la bride du Nokk. Elle a atteint Ahtohallan ! La voix mystérieuse qui l'appelait s'est tue.

Pour la première fois de sa vie, Elsa est sereine. Ce périlleux voyage l'a transformée, libérée. Bientôt, ce sera le tour de la Forêt Enchantée et de ses prisonniers, car Elsa sait qu'avec Anna, elles ramèneront la paix et l'harmonie…

RETROUVEZ TOUS LES TITRES DE LA COLLECTION

Disney • CINÉMA

- ALADDIN
- ALICE AU PAYS DES MERVEILLES
- BAMBI
- BLANCHE-NEIGE ET LES SEPT NAINS
- CARS
- CARS 2
- CARS 3
- CASSE-NOISETTE ET LES QUATRE ROYAUMES
- CENDRILLON
- CLOCHETTE ET L'EXPÉDITION FÉERIQUE
- CLOCHETTE ET LA FÉE PIRATE
- CLOCHETTE ET LA PIERRE DE LUNE
- CLOCHETTE ET LE SECRET DES FÉES
- COCO
- DUMBO
- ELENA D'AVALOR
- LA BELLE AU BOIS DORMANT
- LA BELLE ET LA BÊTE
- LA BELLE ET LE CLOCHARD
- LA FÉE CLOCHETTE
- LA PETITE SIRÈNE
- LA PRINCESSE ET LA GRENOUILLE
- LA REINE DES NEIGES
- LA REINE DES NEIGES 2
- LA REINE DES NEIGES, JOYEUSES FÊTES AVEC OLAF
- LA REINE DES NEIGES, UNE FÊTE GIVRÉE
- LE LIVRE DE LA JUNGLE
- LE MONDE DE NEMO
- LE ROI LION
- LE VOYAGE D'ARLO
- LES 101 DALMATIENS
- LES ARISTOCHATS
- LES INDESTRUCTIBLES
- LES INDESTRUCTIBLES 2
- LES NOUVEAUX HÉROS
- MONSTRES & CIE
- PETER PAN
- PINOCCHIO
- RAIPONCE
- RATATOUILLE
- REBELLE
- STAR WARS, ÉPISODE 7
- STAR WARS, ÉPISODE 8
- TOY STORY 4
- VAIANA, LA LÉGENDE DU BOUT DU MONDE
- VICE-VERSA
- ZOOTOPIE

Édité par Hachette Livre – 58 rue Jean Bleuzen, 92178 Vanves – Imprimé par Rotolito en Italie – Achevé d'imprimer : octobre 2019
ISBN : 978-2-01-709476-0 – Édition : 01 – Dépôt légal : octobre 2019 – Loi n°49-956 du 16 juillet 1949 sur les publications destinées à la jeunesse.

Pour tout renseignement concernant nos parutions, nous contacter par téléphone au 01 43 92 38 88 ou par e-mail : disney@hachette-livre.fr

Pour l'éditeur, le principe est d'utiliser des papiers composés de fibres naturelles, renouvelables, recyclables et fabriquées à partir de bois issus de forêts qui adoptent un système d'aménagement durable. En outre, l'éditeur attend de ses fournisseurs de papier qu'ils s'inscrivent dans une démarche de certification environnementale reconnue.